通信与导航专业系列教材

卫星通信系统与网络

梁　俊　肖　楠　主　编

刘　剑　孙晨华　刘　波　副主编

电子工业出版社

Publishing House of Electronics Industry

北京·BEIJING

内 容 简 介

本书比较系统、深入浅出地讲述了卫星通信技术与网络的基本概念、卫星通信网络基础、关键技术、发展趋势等问题，基本反映了卫星通信发展的现状。本书共 11 章，包括卫星通信概述、卫星的轨道与星座设计、卫星通信传播信道、卫星通信中的信号传输、卫星通信系统与链路预算、卫星通信多址技术、卫星通信网络、卫星通信网络协议与典型应用技术、VSAT 卫星通信网、卫星数据链、卫星移动通信系统。

本书可作为高等院校卫星通信专业的高年级学生及研究生的教材，也可供从事卫星通信工程的技术人员和管理人员参考。

图书在版编目（CIP）数据

卫星通信系统与网络 / 梁俊，肖楠主编. -- 北京：电子工业出版社，2025. 8. -- ISBN 978-7-121-50907-0

Ⅰ. TN927

中国国家版本馆 CIP 数据核字第 2025066ZZ0 号

责任编辑：赵玉山
印　　刷：三河市鑫金马印装有限公司
装　　订：三河市鑫金马印装有限公司
出版发行：电子工业出版社
　　　　　北京市海淀区万寿路 173 信箱　　　　邮编：100036
开　　本：787×1 092　　1/16　　印张：25.5　　字数：646.4 千字
版　　次：2025 年 8 月第 1 版
印　　次：2025 年 8 月第 1 次印刷
定　　价：79.00 元

凡所购买电子工业出版社图书有缺损问题，请向购买书店调换。若书店售缺，请与本社发行部联系，联系及邮购电话：(010) 88254888，88258888。

质量投诉请发邮件至 zlts@ phei. com. cn，盗版侵权举报请发邮件至 dbqq@ phei. com. cn。

本书咨询联系方式：(010) 88254556，zhaoys@ phei. com. cn。

序

卫星通信的最初设想由英国物理学家 A. C. 克拉克在 1945 年提出，其核心思想是采用地球同步轨道上的人造地球卫星作为中继站进行地球上的通信，并在《无线电世界》杂志上发表了《地球外的中继》一文，这一设想在 20 世纪 60 年代成为现实，至今已走过了六十余年的发展历程。卫星通信具有覆盖范围大，通信距离远，组网灵活，支持超视距通信等特点，与地面通信系统相比，还具有不受地震、洪水等自然灾害影响的优势。目前卫星通信得到越来越广泛的应用，从卫星通信到卫星互联网，为人们提供了丰富多彩的卫星电视广播和语音广播服务，为地面蜂窝网络尚未部署的偏远地区、海上和空中提供了通信和互联网接入服务，为发生自然灾害的区域应急抢险提供了通信保障服务，为欠发达或人口密度低的地区提供了远程教育、远程医疗和互联网接入服务，以及为交通、能源、国防等国家重要领域服务。

卫星通信的迅速发展得益于航天技术、通信技术、信号处理技术、装备制造技术的进步和应用需求的不断增长。本书系统介绍了卫星通信技术与网络的基本概念、关键技术、发展趋势和典型应用。首先回顾了卫星通信发展历程，针对卫星通信系统特点，以通信卫星传输与交换技术，航空、地面等终端运用为主，侧重卫星通信网系应用，系统介绍了卫星网络体系结构、动态网络信息传输理论、空间信息处理等新技术的发展；卫星的轨道与星座设计，卫星通信传播信道的特性，卫星通信中的基带传输、信道编译码、调制和解调等信号传输技术，卫星通信系统与链路预算，以及卫星通信中频分多址、时分多址、码分多址、空分多址、随机连接时分多址等多址技术；通信网络基础、通信网络数学基础、卫星通信中的网络协议、卫星通信网络中的数据链路层协议、空间信息网络协议和卫星通信网络研究中的综合应用；卫星通信网络中路由、TCP 增强、HTTP 增强、IP 压缩、不同体制卫星网络的 QoS 实现和卫星数字视频广播技术与典型应用；VSAT 卫星通信网发展、特点、组成、原理、网络协议、网络管理和典型应用；卫星数据链特点、卫星数据链典型应用、天基带宽数据链应用；卫星移动通信系统技术与特点、典型高轨卫星移动通信系统和低轨卫星移动通信系统。

本书各章节内容是作者长期从事卫星通信科研、教学工作的总结归纳，内容全面、深入浅出、通适性强。对高等院校卫星通信专业的高年级学生及研究生，以及从事卫星通信工程的技术人员和管理人员深入了解卫星通信系统、研究卫星通信技术和应用卫星通信手段具有较好的参考价值。

前　言

卫星通信发展中涉及许多综合性技术，如火箭发射技术、轨道测控技术、卫星平台技术、有效载荷技术、宇航器件技术、空间信息传输与交换技术、航空/航天/地面终端运用技术、卫星互联网技术、通导遥一体化综合运用技术等。本书以空间信息传输与交换技术、航空/航天/地面终端运用技术为主，侧重卫星通信网应用，同时保持卫星通信系统与网络的完整性，对空间网络体系结构、动态网络信息传输理论、空间信息处理等新技术的发展加以介绍。卫星通信具备全球多层次无缝隙覆盖；以广播方式工作，多址连接能力强；采用微波、激光、太赫兹频段，传输容量大、业务种类多、信道质量稳定；低轨卫星传输时延小，支持时间敏捷行动；能够快速构建动态、灵活、低成本陆、海、空、天一体化覆盖网络，可独立构建全球卫星互联网，也可和地面通信基础网络互联互通、互为备份、业务互补。随着卫星互联网技术的发展，新技术应用和业务的拓展层出不穷，主要体现在采用高中低轨多层星座组网立体覆盖、采用面向用户的软件定义网络架构提高了卫星通信的灵活性、高通量卫星突破了带宽瓶颈、通导遥一体化提高卫星综合服务能力、多种频段共用并向更高频段发展、卫星与5G/6G融合技术的发展、人工智能应用的发展等。随着大国竞争加剧，网络中心战、马赛克战持续推进中，卫星互联网支撑下的通导遥一体化所构建的天基数据链必将成为最重要的支撑力量。

本书讲述了以下几个方面的内容：①卫星通信概述，主要讲解卫星通信网络的发展历程与分类、卫星通信的特点、卫星通信系统的基础、卫星通信系统频段的划分和卫星通信的发展趋势；②卫星的轨道与星座设计，主要讲解卫星在空间运动的轨道、轨道参数与轨道位置、卫星与地球站的关系、卫星轨道的分类、影响卫星通信的因素、卫星座设计等；③卫星通信传播信道，主要讲解电波传输信道的基本特性、卫星移动通信信道的传播特性等；④卫星通信中的信号传输，主要讲解卫星通信中的基带传输、信道编码（差错控制编码和高效编译码）、调制技术；⑤卫星通信系统与链路预算，主要讲解通信卫星、卫星地球站、卫星通信链路预算；⑥卫星通信多址技术，主要讲解卫星通信体制概述、频分多址、时分多址、码分多址、空分多址、随机连接时分多址；⑦卫星通信网络，主要讲解通信网络基础、通信网络数学基础、卫星通信中的网络协议、卫星通信网络中的数据链路层协议、空间信息网络协议、卫星通信网络研究中的综合应用；⑧卫星通信网络协议与典型应用技术，主要讲解卫星通信中典型的路由技术与应用、卫星网络TCP增强技术与应用、HTTP增强技术在卫星网络中的应用及优化设计、卫星网络IP压缩技术的典型应用、不同体制卫星网络的QoS实现和卫星数字视频广播；⑨VSAT卫星通信网，主要讲解VSAT的发展及特点、VSAT系统的基本组成与原理、VSAT网络协议、VSAT卫星通信网的新应用、VSAT的网络管理和典型

VSAT 卫星通信网；⑩卫星数据链，主要讲解卫星数据链的特点、卫星数据链的应用、美英军典型卫星数据链、天基宽带数据链；⑪卫星移动通信系统，主要讲解地面移动通信系统、卫星移动通信系统概述、卫星移动通信系统的特点、卫星移动通信技术、卫星移动通信系统中信道分配与切换策略、典型高轨卫星移动通信系统和典型低轨卫星星座发展现状。

　　本书由空军工程大学信息与导航学院梁俊教授、肖楠副教授主编，空军工程大学信息与导航学院刘剑副教授、刘波副教授及中国电子科技集团公司第五十四研究所孙晨华研究员参与了部分章节的编写工作，空军工程大学信息与导航学院尹译、丁然、孙伟超、陈威龙、郭子桢、陈金涛、谢宝华、王杰等同学做了大量具体工作。由于卫星通信涉及面较广且军事卫星通信系统建设发展迅速，以及时间和编者水平有限，书中难免存在疏漏和不足之处，敬请广大读者批评指正。

编　者

目　　录

第 1 章　卫星通信概述

卫星通信是指地球上（包括地面、水面和低层大气中）的无线电通信站之间利用人造卫星作为中继站而进行的通信。卫星通信属于宇宙无线电通信的一种形式，工作在微波频段，是地面微波接力通信的继承和发展，属于微波接力通信的一种特殊形式。现代卫星通信网络是传统卫星通信与计算机通信结合发展的产物，它可以独立构建全球通信网络或区域通信网络，也可以和电信网络共同构建全球通信网络或区域通信网络。电信网络包括公共交换电话网（PSTN）、公共地面移动网（PLMN）和地面互联网等。

1.1　卫星通信网络的发展历程与分类

现代卫星通信网络是传统卫星通信与计算机通信结合发展而产生的，通过卫星传输网络，使通信双方能够方便实现远程话音和计算机通信，特别是那些地面传输手段难以满足长途通信需求的国家和地区。1965 年以后，美国、苏联的卫星通信逐步走向实用。1980 年，世界上第一个甚小口径终端（Very Small Aperture Terminal，VSAT）问世，为卫星通信网络大规模应用奠定了基础。1998 年，美国铱星公司建成了世界上第一个低轨道移动卫星星座网络铱星系统，但因商业运营失败，在 2000 年 3 月 17 日宣布倒闭，并在 2000 年年底，美国国防部获得电话使用权，以向驻扎在全球各地的美国海军和特种作战部队提供保密电话服务。目前，卫星终端集成度与小型化程度越来越高，并逐步与 IP 技术相结合，出现了一大批卫星路由器、卫星 IP 终端等产品。卫星网络与地面互联网融合已经是发展趋势。

1.1.1　卫星通信的发展

1. 火箭的发明

火药是火箭的基础，火箭是现代发射人造卫星和宇宙飞船的运载工具。火药的研究始于中国古代炼丹术，隋代时诞生了硝石、硫黄和木炭三元体系火药。火药、火箭最初用于节日庆祝时的娱乐表演，在两宋时期因战争需要而得到迅速发展。在宋代，大炮、火枪、火箭在军事运用上已经相当成熟。宋元以后，我国还有关于制作"飞弹""热气球"等的记载。

我国古代火药、火箭技术的发展，其时间之早，技艺之高，在世界遥遥领先。13 世纪以后，随着商船的往来和蒙古族的西征，火药、火箭技术在传入阿拉伯国家后逐渐传入欧洲，并对后来西方文明的进步产生了深远的影响。

据传，在明朝（14 世纪末），士大夫万户（原名陶广义，道长，在历次战事中屡建功勋，受朱元璋封赏"万户"，赐名"成道"，又称陶成道）是世界上第一个想利用火箭飞天的人。他把 47 个自制的火箭绑在椅子上，而自己坐在椅子上，双手举着大风筝，设想利用火箭的推力，加上风筝的升力起飞。不幸的是，火箭爆炸，万户为此献出了生命，但他表现出了惊人的胆略和非凡的预见。为了纪念这位世界上"火箭载人"飞行的先驱，1970 年国际天文联合会将月球背面一座环形山命名为"Wan Hou"（万户）。

我国明朝发明了一种武器，即"一窝蜂"火箭，一次能发射 32 支火箭，杀伤力较大，当时已经用于战争。明朝发明的另一种用于水战的武器"火龙出水"，达到了更高水平。它通过多枚火箭联用和"两级"火箭接力，可在水面上飞行数里远。我国古代这种"多极"火箭的设计思想是十分有创见的。

2. 洲际导弹技术的发展

早在 1883 年，苏联科学家康斯坦丁·齐奥尔科夫斯基就在《外层空间》一文中提出了关于宇宙飞船的最初设计方案，显示了他对宇宙航行的天才设想。齐奥尔科夫斯基于 1898 年完成了航天学经典论文《用火箭推进器探索宇宙》，但这篇论文直到 1903 年才在莫斯科的《科学评论》杂志上发表。一般认为，这篇论文的发表标志着航天学理论的诞生。接着，他又于 1910 年、1911 年、1912 年、1914 年在《航空报告》上发表了多篇关于火箭理论和太空飞行的论文，涉及火箭运动、火箭发动机、火箭推进剂、火箭飞行控制、失重与超重、宇宙飞船设计、航天应用等各个方面，较为系统地建立了火箭运动和航天学的理论基础，成为现代宇宙航行学的奠基人，被称为航天之父。齐奥尔科夫斯基最先论证了利用火箭进行星际交通、制造人造地球卫星和近地轨道站的可能性，指出发展宇航和制造火箭的合理途径，找到了火箭和液体发动机结构的一系列重要工程技术解决方案。他有一句名言："地球是人类的摇篮，但人类不可能永远被束缚在摇篮里。"

卫星通信的发展起源于洲际导弹技术的发展，洲际导弹通常指射程大于 8000km 的远程弹道式导弹。洲际弹道导弹的设计思想可以追溯到 1930 年由德国著名专家沃纳·冯·布劳恩提议的 A9/10 系列。最早的中程导弹是冯·布劳恩在第二次世界大战期间主持设计制造的 V2 火箭，V2 火箭上装备的是液体燃料发动机和惯性制导系统，可从移动发射车上发射。

苏联和美国都是从第二次世界大战开始研制洲际弹道导弹的。1949 年苏联自行研制的 P-1A 火箭发射成功，为设计和制造大型火箭奠定了基础。苏联从 1954 年开始研制洲际弹道导弹，到 1957 年 8 月首次试射成功了第一枚 SS-6（P7）弹道导弹，其长为 30m，直径为 4.5m，质量为 267t，可携带 4100kg 的百万吨当量核弹，射程达 8000km。美国第一枚洲际弹道导弹"宇宙神"于 1959 年开始装备部队。

3. 卫星通信与计算机技术的发展

1931 年，英国多费尔与法国加莱之间建起了世界上第一条微波通信（工作于 1.667GHz 频段、调幅调制）线路，使无线电通信技术进入了一个新时代。1951 年，美国开通了纽约至旧金山的微波通信线路，该线路途经 100 多个接力站，工作在 4GHz 频段，带宽为 20MHz，能承载 480 路的模拟语音，实现了远距离、中容量通信。20 世纪 60 年代，PCM 技术和时分复用技术的应用促进了数字交换技术的发展，70 年代多制式调制和数字再生消除了接力通信中的噪声积累，八九十年代数字信号处理技术和大规模集成电路随着计算机技术的发展和融合应用，促进了高质量、大容量数字微波通信的广泛应用，并为卫星通信、光纤通信提供了体系建立的基础。卫星通信系统与计算机网络发展历程，如图 1-1 所示。

卫星通信的频段使用微波频段（300MHz～300GHz），其原因除了该频段具有通信容量大的优点，还考虑到卫星处于外层空间（即电离层之外），地面上发射的电磁波必须能够穿透电离层才能到达卫星。

作为中继站的卫星处于外层空间，这就使得卫星通信不同于其他地面无线电通信方式，属于宇宙通信范畴。随着航天技术的巨大发展，人类的活动领域已经扩展到地球大气层以外的空间。为了满足宇宙航行中传递信息的需求，宇宙（空间）无线电通信也随之发展起来。国际电信联盟（ITU）的国际无线电咨询委员会（CCIR）从 1959 年开始把宇宙（空间）通信列为新课题，提出了许多重要建议。1963 年召开的临时世界无线电行政会议（EARC），分配了 10GHz 以下的频带。1971 年，世界无线电行政会议（WARC）把分配的频带扩展到 275GHz。1979 年，无线电行政会议规定了卫星通信属于宇宙通信。宇宙（空间）无线电通信有以下三种形式：宇宙站与地球站之间的通信、宇宙站之间的通信、地球站之间通过宇宙站转发或反射进行的通信。

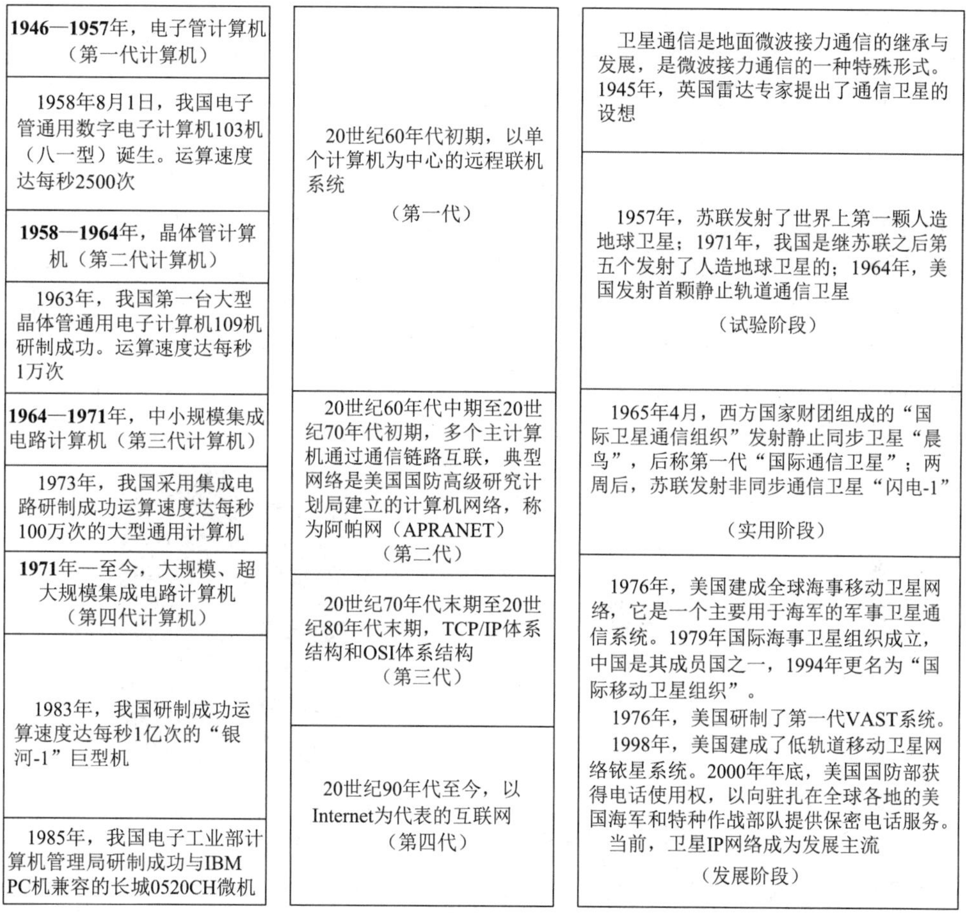

1946—1957 年，电子管计算机（第一代计算机）	20 世纪 60 年代初期，以单个计算机为中心的远程联机系统 （第一代）	卫星通信是地面微波接力通信的继承与发展，是微波接力通信的一种特殊形式。1945 年，英国雷达专家提出了通信卫星的设想
1958 年 8 月 1 日，我国电子管通用数字电子计算机 103 机（八一型）诞生。运算速度达每秒 2500 次		1957 年，苏联发射了世界上第一颗人造地球卫星；1971 年，我国是继苏联之后第五个发射了人造地球卫星的；1964 年，美国发射首颗静止轨道通信卫星 （试验阶段）
1958—1964 年，晶体管计算机（第二代计算机）		
1963 年，我国第一台大型晶体管通用电子计算机 109 机研制成功。运算速度达每秒 1 万次		
1964—1971 年，中小规模集成电路计算机（第三代计算机）	20 世纪 60 年代中期至 20 世纪 70 年代初期，多个主计算机通过通信链路互联，典型网络是美国国防高级研究计划局建立的计算机网络，称为阿帕网（APRANET） （第二代）	1965 年 4 月，西方国家财团组成的"国际卫星通信组织"发射静止同步卫星"晨鸟"，后称第一代"国际通信卫星"；两周后，苏联发射非同步通信卫星"闪电-1" （实用阶段）
1973 年，我国采用集成电路研制成功运算速度达每秒 100 万次的大型通用计算机		
1971 年一至今，大规模、超大规模集成电路计算机（第四代计算机）	20 世纪 70 年代末期至 20 世纪 80 年代末期，TCP/IP 体系结构和 OSI 体系结构 （第三代）	1976 年，美国建成全球海事移动卫星网络，它是一个主要用于海军的军事卫星通信系统。1979 国际海事卫星组织成立，中国是其成员之一，1994 年更名为"国际移动卫星组织"。 1976 年，美国研制了第一代 VAST 系统。 1998 年，美国建成了低轨道移动卫星网络铱星系统。2000 年年底，美国国防部获得电话使用权，以向驻扎在全球各地的美国海军和特种作战部队提供保密电话服务。 当前，卫星 IP 网络成为发展主流 （发展阶段）
1983 年，我国研制成功运算速度达每秒 1 亿次的"银河-1"巨型机	20 世纪 90 年代至今，以 Internet 为代表的互联网 （第四代）	
1985 年，我国电子工业部计算机管理局研制成功与 IBM PC 机兼容的长城 0520CH 微机		

图 1-1 卫星通信系统与计算机网络发展历程

这里，宇宙站是指设在地球大气层之外的宇宙飞行器或其他天体（如月球或别的行星等）上的通信站。地球站是指设在地球表面（包括陆地、水上和大气层中）的通信站。

宇宙无线电通信业务包括宇宙研究业务、电波天文业务、卫星间业务、标准频率卫星业务、报时卫星业务、气象卫星业务、全球探测卫星业务、无线电导航卫星业务、无线电测位卫星业务、广播卫星业务、固定卫星业务、移动卫星业务等。

静止轨道通信卫星的概念是 1945 年由英国作家（以撰写科幻小说闻名）、发明家（曾在英国皇家空军担任雷达技师，参与预警雷达防御系统的研制）阿瑟·克拉克首先提出来的，这个概念实际上是基于齐奥尔科夫斯基的思想。1956 年 1 月，苏联政府批准了航天火箭科学家谢尔盖·帕夫洛维奇·科罗廖夫提出的发射一颗卫星的申请。1957 年 10 月 4 日，苏联发射了世界上第一颗人造地球卫星"斯普特尼克 1 号"，其外观如图 1-2 所示。

1958 年 12 月，美国发射了低轨道卫星"斯柯尔"，利用磁带录音，将甲站发送的信息延迟转发到乙站。1963 年，美国开始进行同步地球卫星通信试验。1963 年 7 月和 1964 年 8 月，美国航空航天局先后发射了三颗 SYNCOM 卫星，最后一颗进入了近似圆形的静止轨道，成为世界上第一颗试验性静止轨道通信卫星，成功地进行了电话、电视和传真的传输试验，并于 1964 年秋向美国转播了在日本东京举行的奥林匹克运动会的实况。1964 年 8 月，国际通信卫星组织成立。1965 年 4 月，第一颗商用卫星"晨鸟"进入静止轨道，正式承担国际通信业务，如图 1-3 所示。两周后，苏联也成功地发射了第一颗非同步通信卫星"闪电-1"，进入倾角为 65°、远地点为 40000km、近地点为 500km 的准同步轨道（运行周期为12h)，为其北方、西伯利亚、中亚地区提供电视、广播、传真和部分电话业务。这标志着卫星通信进入实用与提高、发展的新阶段。

1975 年，第一次通过卫星从美国到印度成功地实现了直接广播试验，开始了广播卫星业务。1976 年，美国为满足海军通信需要，先后向大西洋、太平洋和印度洋上空发射了三颗海事通信卫星，建立了世界上第一个海事卫星通信系统。其中，大部分通信容量供美国海军使用，小部分通信容量向国际商船开放。1979 年，国际海事卫星组织成立，中国是其成员国之一。20 世纪 70 年代到 20 世纪 80 年代中期，是卫星通信发展的成熟期，其应用仍然以面向干线通信为主。随着卫星功率的提高，集成电路、射频器件及编码和调制等数字信号处理技术日趋成熟，VSAT 应运而生，其应用开始面向小型用户。

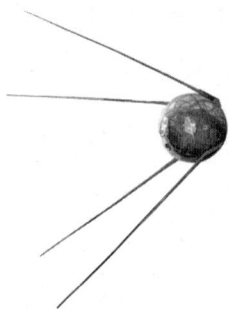

图 1-2　"斯普特尼克 1 号"卫星外观　　　　图 1-3　第一颗商用卫星"晨鸟"

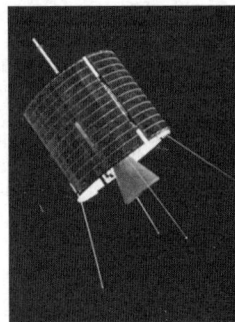

20 世纪 80 年代的小卫星技术热潮对星座的发展起到了巨大的推动作用，20 世纪 90 年代初期，低轨通信星座开始盛行，最多时有十几个卫星通信星座计划，典型的系统包括轨道通信系统（ORBCOM）、全球星系统（Global Star）和铱星系统（Iridium）。1995 年，世界无线电行政委员会（WRC）对非静止轨道卫星系统分配新频谱，商用低地球轨道（LEO）卫星系统第一次传送低速数据试验成功，1998 年通过低轨星座引入手机通信业务，主要用于低成本的数据通信和定位系统；全球星系统主要是满足国防、边远、沙漠地区通信的需要，填补了地面通信网的空白；以铱星系统为代表的低轨星座移动卫星通信系统代表了当时民用卫星通信技术的最高水平。但是，由于受到光纤通信和地面蜂窝移动通信发展的影响和冲击，卫星通信发展缓慢，1999—2000 年引入卫星直接广播语音业务。

近年来，各大国为了在天基资源竞赛中抢占先机，出现了更猛烈的发展浪潮，大型低轨卫星星座提供全球卫星宽带互联网，并且融全球通信、导航、遥感于一体，构建空、天、地一体化网络，为军民提供广泛的服务，不断推进"可上九天揽月，可下五洋捉鳖"的能力。

图 1-4　"东方红一号"卫星

1958 年 5 月 17 日，党的八大二次会议提出我们也要搞人造卫星，启动了"581"工程，即我国的人造卫星发展计划。1970 年 4 月 24 日，我国发射第一颗科学试验卫星"东方红一号"，使我国成为世界上第五个能够发射人造地球卫星的国家，由于采用国产长征一号运载火箭，所以我国是世界上第三个可以独立发射卫星的国家。图 1-4 所示为"东方红一号"卫星。"东方红一号"卫星上的仪器舱装有电源、测轨用的雷达应答机、雷达信标机、遥测装置、发射机、探测电离层和大气密度的科学试验仪器、电子音乐发生器等。

1975 年 3 月 31 日，中共中央批准了国家计委和国防科委联合向中共中央、中央军委提出的《关于发展我国卫星通信问题的报告》，即"331"工程。1984 年 4 月 8 日，"东方红二号"试验通信卫星发射成功；1988 年 3 月 7 日，"东方红二号甲"通信卫星发射成功；1994 年 12 月 1 日，"东方红三号"广播通信卫星发射成功，如图 1-5 所示。具有国际先进水平的"东方红四号"通信卫星如图 1-6 所示。

"东方红五号"卫星平台的各项技术指标国际领先，发射质量为 10t，承载有效载荷为 2000kg，提供有效载荷功率为 22kW，具有高承载、大功率、高散热、长寿命、可扩展等特点，采用桁架式结构、大功率供电系统及先进综合电子和大推力多模式电推进等先进技术，可广泛应用于高轨通信、微波遥感、光学遥感、空间科学探测、科学试验、在轨服务等，是世界航天领域少有的多适应性平台。

图 1-5　"东方红三号"广播通信卫星

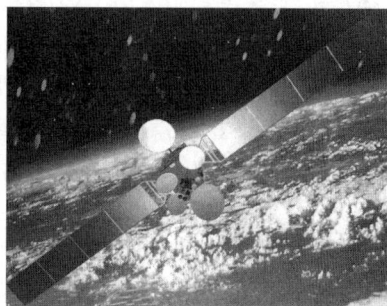

图 1-6　"东方红四号"通信卫星

我国返回式遥感卫星研制工作始于 1966 年。1975 年 11 月 26 日，我国第一颗返回式遥感卫星试验成功，该卫星在太空运行三天后，按预定计划成功地返回地面，使我国成为世界上第三个具有这种能力的国家。

1966 年，我国制定了第一个"载人宇宙航行规划"，设想在 1973 年至 1975 年发射我国第一艘载人宇宙飞船，并开始了我国载人飞船的总体方案论证工作。1970 年 7 月 14 日，党中央批准实施了"曙光一号"载人飞船工程，也叫"714"工程。1992 年 9 月 21 日，党中央批准实施了载人航天工程（代号为"9212"工程），后来被定名为"神舟"飞船载人航天工程，确定了三步走的发展战略。

进入 21 世纪的今天，我国空间技术高歌猛进。在重大工程方面，随着"神舟十四号"载人飞船发射升空，载人航天工程已经全面转入空间站在轨建造任务阶段，"北斗"全球卫星导航系统完成组网，"嫦娥五号"探测器实施了月球采样返回任务。

在遥感卫星领域，"高分"系列卫星相继发射，推动我国空间分辨率迈进亚米级时代；已启动第三代风云低轨气象卫星——"风云五号"的预研工作，预计到 2035 年，"风云五号"卫星系列将全面替代和扩展目前在役的"风云三号"卫星系列，构建晨昏、上午和下午卫星组网的第三代极轨气象卫星观测体系，实现主动和被动结合的高精度全球三维大气垂直立体探测，大幅提升对大气温湿廓线、降水、风场、云和辐射、气溶胶和大气成分等探测的精度和稳定性，满足气候观测的高精度要求，同时提高对气象及其衍生灾害的应急监测能力；将达到国际领先水平，构建我国首个海洋动力环境卫星星座，海洋动力环境卫星迎来三星组网时代，实现对全球海面高度、有效波高、海面风场、海面温度的全天时、全天候、高精度观测，直接为海洋防灾减灾、海洋权益维护、海洋资源开发、海洋环境保护、海洋科学研究及国防建设提供支撑服务。

此外，近年来"悟空"暗物质粒子探测卫星、"墨子号"墨子科学实验卫星、"慧眼"硬 X 射线调制望远镜、"太极一号"空间引力波探测技术实验卫星等"科学新星"冉冉升起，为科学界仰望星空、探索宇宙发挥着重要作用。

1.1.2　计算机网络与协议的发展

计算机网络是通过通信介质将地球上分散的、独立的计算机互联，在网络操作系统、网络管理和网络协议的管控协调下，实现资源共享和信息传递的系统。20 世纪 50 年代中期，美国的半自动地面防空系统开始了计算机技术与通信技术相结合的尝试，将远程雷达和其他测控设备的信息，通过通信线路汇集至一台 IBM 计算机上进行集中处理与控制。1969 年世界上第一个计算机网络由美国国防高级研究计划局主持建立，称为 ARPANET（Advanved Research Projects Agency Network，高级研究计划局网络，又称阿帕网），即互联网的前身。

第一代计算机网络，主要指 20 世纪 60 年代初期使用的，以单个计算机为中心的远程联机系统。其典型应用是由一台计算机和全美范围内 2000 多个终端组成的飞机订票系统。终端是一台计算机的外部设备，包括显示器和键盘，无 CPU 和内存。当时，人们把计算机网络定义为"以传输信息为目的而连接起来，实现远程信息处理或进一步达到资源共享的系统"，具备了计算机网络的雏形。

第二代计算机网络，主要指 20 世纪 60 年代中期至 20 世纪 70 年代初期使用的，以多个主机通过通信链路互联，典型网络是美国国防高级研究计划局建立的计算机网络，即阿帕网。主机之间通过接口报文处理机转接后互联，接口报文处理机和通信链路构成通信子网。通信子网互联的主机负责运行程序，提供资源共享，组成资源子网。这一时期，计算机网络的概念为"以能够相互共享资源为目的互联起来的具有独立功能的计算机的集合体"。

第三代计算机网络，主要指 20 世纪 70 年代末期至 20 世纪 80 年代末期使用的，具有统一网络体系结构，并遵循国际标准的开放式和标准化网络。阿帕网兴起后，计算机网络发展迅猛，各大计算机公司相继推出自己的网络体系结构及实现这些结构的软件产品。由于没有统一标准，不同厂商的产品之间实现互联十分困难，人们迫切需要一种开放式的标准化实用网络环境，这样就应运而生了两种国际通用的最重要的体系结构，即传输控制协议/因特网协议（TCP/IP，Transmission Control Protocol/Internet Protocol）体系结构和国际标准化组织的 OSI 体系结构。

第四代计算机网络,主要指 20 世纪 90 年代至今,随着光纤通信传输技术、微波传输技术、移动通信技术、卫星通信技术的进步,推进了互联网技术的发展,开启了互联网的新时代。

1.1.3 卫星通信系统的分类

卫星通信系统根据不同的卫星制式、覆盖范围、用户的性质、业务类型、多址方式、基带信号体制、工作频段可做以下划分。

（1）按卫星制式划分:随机卫星通信系统、相位卫星通信系统、静止卫星通信系统。

（2）按覆盖范围划分:国际卫星通信系统、国内卫星通信系统、区域卫星通信系统。

（3）按用户的性质划分:公用卫星通信系统、专用卫星通信系统、军用卫星通信系统。

（4）按业务类型划分:固定业务卫星通信系统、移动业务卫星通信系统、广播业务卫星通信系统。

（5）按多址方式划分:频分多址卫星通信系统、时分多址卫星通信系统、空分多址卫星通信系统、码分多址卫星通信系统、混合多址卫星通信系统。

（6）按基带信号体制划分:数字制卫星通信系统、模拟制卫星通信系统。

（7）按工作频段划分:特高频（UHF）卫星通信系统、超高频（SHF）卫星通信系统、极高频（毫米波）（EHF）卫星通信系统、激光卫星通信系统。

上述分类从不同角度出发,反映出卫星通信系统的特点、性质和用途。随着高、低轨卫星星座的发展,卫星通信系统走综合运用的道路,星座通过空间链路实现全球覆盖,实现国际、国内、区域一体化运用;轨道通过高、中、低轨组网运用,发挥各自在成本、时延、寿命等方面的优势;多址方式采用两种及以上模式提高卫星使用效率;星上多频段综合,光电一体化,地面终端多频段应用,提高了灵活性。

1.2 卫星通信的特点

由于卫星覆盖范围大,因此卫星通信系统能为用户的无线连接提供很大的自由度,并能支持用户的移动性,从而使得卫星通信系统具有以下优点。

（1）覆盖范围大,服务面广且不受地理条件的限制,建站成本与通信距离无关。

卫星覆盖范围由卫星的轨道高度和允许的最小仰角确定。在卫星覆盖范围内,通信成本与通信距离无关。一颗 GEO 卫星能有效地覆盖地球表面的 1/3（当零仰角时能覆盖地球表面的 42%）左右,因此三颗 GEO 卫星即可组成全球覆盖系统（南、北两极地区除外）。虽然单颗低轨卫星的覆盖范围十分有限,但是可以通过星座组网实现全球覆盖。卫星通信是唯一能对偏远地区,海岛、大山、沙漠、丛林等地形地貌复杂区域,以及空中和海上,提供可靠移动通信的手段,从而真正实现任何时间、任何地点的信息传输。

（2）以广播方式工作,便于实现多址连接。

通常,微波接力、散射、光缆、地下电缆等方式都是“干线”或“点对点”通信。以微波接力通信为例,北京到武汉之间的通信线路,南京是不能够直接利用的,除非增加北京到南京或武汉到南京的微波接力线路,而卫星通信系统类似于一个多发射台的广播系统,每个有发射机的地球站,都是一座广播发射台,在卫星天线波束的覆盖区内,无论什么地方,都可以收到所有的广播，而我们可以通过接收机选出所需要的某一个或某几个发射台的信号。地球站有发射机和接收机，只要架设起来，相互间都可以同时通信，这种能同时实现多方向、多地点通信的能力称为多址连接。这是卫星通信系统具有的突出优点，它为通信网络的组成提供了高效率和灵活性。

（3）可利用频带宽，通信容量大。

卫星通信系统可利用的频带很宽，从 VHF 频段（150MHz）到目前已实用化的 Ka 频段（20/30GHz），并在向更高的 Q 频段（36~46GHz）和 V 频段（46~56GHz）及太赫兹、光通信频段拓展。对于 C 频段（4/6GHz）和 Ku 频段（12/14GHz），可利用的频带宽度达1GHz。因此，卫星通信系统的容量较大。如果采用多波束星载天线等频率再利用技术，可进一步扩大系统的容量。此外，空间光链路正逐步成为星际通信的主流。与此同时，相应技术的改进和发展将使得星-地之间的激光通信成为可能。

（4）可自发自收进行监测。

由于地球站以卫星为中继站，卫星将系统内所有地球站发来的信号转发回地面，因此进入地球站接收机的信号一般包括由本站发出的信号，从而可以监视本站所发消息是否正确，以及传输质量的优劣。

（5）与地面通信的基础设施相对独立，网络路由简捷、灵活，网络建设速度快、成本低。

由于卫星提供了空间转发器，用户之间的通信不依赖于地面通信网，这对于那些地面通信基础设施不足的地区和国家（如发展中国家）具有重要意义。同时，对于建立或使用地面通信网需要付出高昂代价的稀业务密度地区，卫星通信系统发挥着重大作用。此外，对于跨国或全国性的公司、行业和政府部门，利用卫星通信系统构建了专用数据网，绕开了网络结构复杂的地面公用网，其路由简捷、延时小，对数据的传输和处理十分有利。

卫星通信系统与地面光纤或微波接力系统相比，不需要大量地面工程的基础设施，建设速度快。同时，系统的运行和维护费用低。在系统容量范围内，增加一个地面站（又称地球站）的成本较低，特别是对小容量或个人终端而言所需投资更低。

卫星通信可以不受自然条件和自然灾害的影响，如地震、雪灾、洪水等，实现全球范围的普遍服务。在快速、灵活地组成响应世界重大事件的全球视频网络业务方面，卫星通信具有无可争辩的优势。

（6）统一的业务提供商有助于系统的均匀服务，并有利于新业务的引入。

通常一个卫星通信系统由统一的业务供应商提供服务，有利于为系统内各地区提供一致的服务，有助于建立跨国公司或行业的远程专用网，同时对个人用户也较为有利。卫星通信系统对新业务的引入和对原有业务的拓展也较地面通信网便利。例如，为个人用户可提供 Internet 业务、直接到户（Direct-To-Home，DTH）业务，以及接入功能的数字用户线（Digital Subscriber Line，DSL）等。同时，可用 VSAT 小站（特别是工作于 Ku 频段和 Ka 频段的小站）支持多种类型的业务。

需要指出的是，卫星通信系统在民用领域只是地面公用网的补充、扩展和备份，而在军事领域，特别是在满足全球覆盖的需求中，将发挥着核心作用。在国家、地区骨干网覆盖的高业务密度地区，利用卫星系统进行通信是不经济的，它只能作为因灾害等事故造成地面通信网故障时的备份。而对广大低业务密度地区来说，使用卫星系统比建设地面通信网经济。同时，对于某些类型的业务和应用场合，卫星系统具有一定的优势，如视频广播（含直播系统和视频分配系统）、因特网接入、国际（越洋）通信等。

1.3　卫星通信系统的基础

1.3.1　系统组成

卫星通信系统是由空间段的空间分系统（通信卫星）、地面段的通信地球站分系统（通信地球站）、跟踪遥测及指令分系统和监控管理分系统四大部分组成的，如图 1-7 所示。其中，直接用来进行通信的包括通信卫星、地面段的关口站和用户段

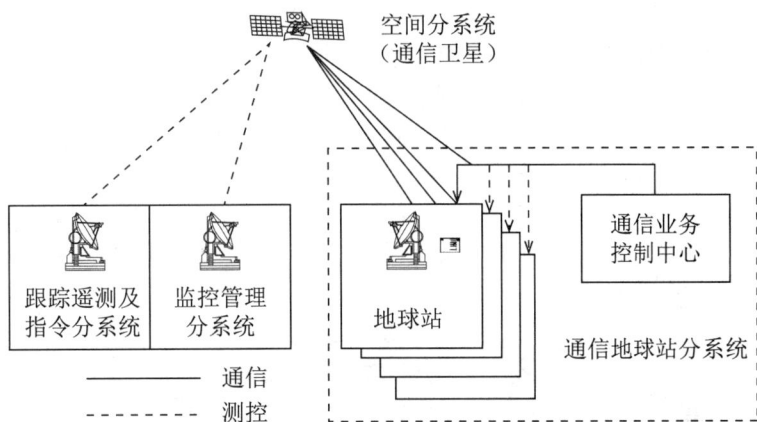

图 1-7　卫星通信系统的基本组成

的地球站或通信终端设备，而跟踪遥测及指令分系统和监控管理分系统是负责保障卫星通信正常工作的。

通信卫星主要起到无线中继站的作用，通过星上转发器（微波收、发信机）或交换机无线转发或交换地面、空中、海上固定站和移动站的信息。通信卫星由通信装置、遥测指令装置、控制装置和电源装置组成。一个卫星的通信装置可以包括一个或多个转发器，每个转发器能同时接收和转发多个地球站或通信终端的信号，星上交换机能提供多通道间的信号交换。当每个转发器提供的功率和宽带一定时，转发器越多，卫星通信系统的容量越大。

跟踪遥测及指令分系统能对卫星进行跟踪测量，控制其准确进入卫星预定轨道，在卫星正常运行后，承担定期对卫星进行轨道修正和位置姿态保持的任务。

监控管理分系统的功能是对定点轨道的卫星在通信业务开通前后进行通信性能的监测和控制，如对卫星转发器功率、卫星天线增益及各地球站或通信终端发射功率、载波频率和带宽等基本通信参数进行监控，以保证该系统正常通信，同时符合不同卫星通信系统间的协调要求。

通信地球站分系统由各类地球站网络控制中心（又称通信业务控制中心）组成。地球站是微波无线电收发信台（站），用户通过它们接入卫星线路进行通信。典型的地球站由天馈线设备、发射设备、接收设备、信道终端设备、天线跟踪伺服设备、电源设备组成。

网络控制中心是对卫星通信网络进行网络管理与控制的，网络控制中心又称网络管理中心。网络管理是对网络的运行状态进行监测和控制，使其能够有效、可靠、安全、经济地提供服务。它包括网络运行、管理、维护和配置（Operation、Administration、Maintenance & Provisioning，OAM&P）等功能。制定网络管理标准或建议的机构主要有两个，即国际标准化组织（ISO）和国际电信联盟。国际标准化组织的代表性标准是用于计算机网络的开放系统互联（OSI）网络管理标准；而国际电信联盟制定的网络管理标准是用于电信网的电信管理网（TMN）。由于互联网发展迅速，前两个国际标准推出缓慢，一些政府、公司、厂家为了抢占先机，于 1990 年推出简单网管协议（SNMP），并被有线、无线及卫星通信网络中的

设备大量使用，该协议可以对卫星通信网络进行故障管理、计费管理、配置管理、性能管理和安全管理。

1.3.2 卫星通信网络的结构

每个卫星通信系统，都有一定的网络结构，使各地球站通过卫星按一定形式进行联系。

由多个地球站构成的通信网络，可以是星形的，也可以是网格形的，如图 1-8 所示。在星形网络中，外围各边远站仅与中心站直接建立联系，各边远站之间不能通过卫星直接相互通信（必要时，经中心站转接才能建立联系）；网格形网络中的各站，彼此可经卫星直接通信。除此之外，也可以是上述两种网络的混合形式。网络的组成要根据用户的需要在系统总体设计中加以考虑。

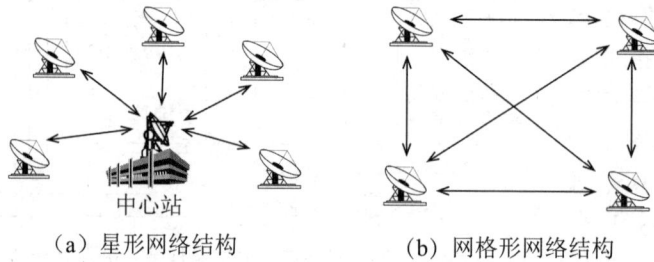

（a）星形网络结构   （b）网格形网络结构

图 1-8 卫星通信网络结构

1.3.3 系统的工作过程

在一个卫星通信系统中，甲、乙两个地球站是通过卫星中继站进行双向（双工）通信的。卫星通信线路构成示意图如图 1-9 所示。图 1-9 中有甲、乙两个地球站，卫星与网络控制中心（NCC）。

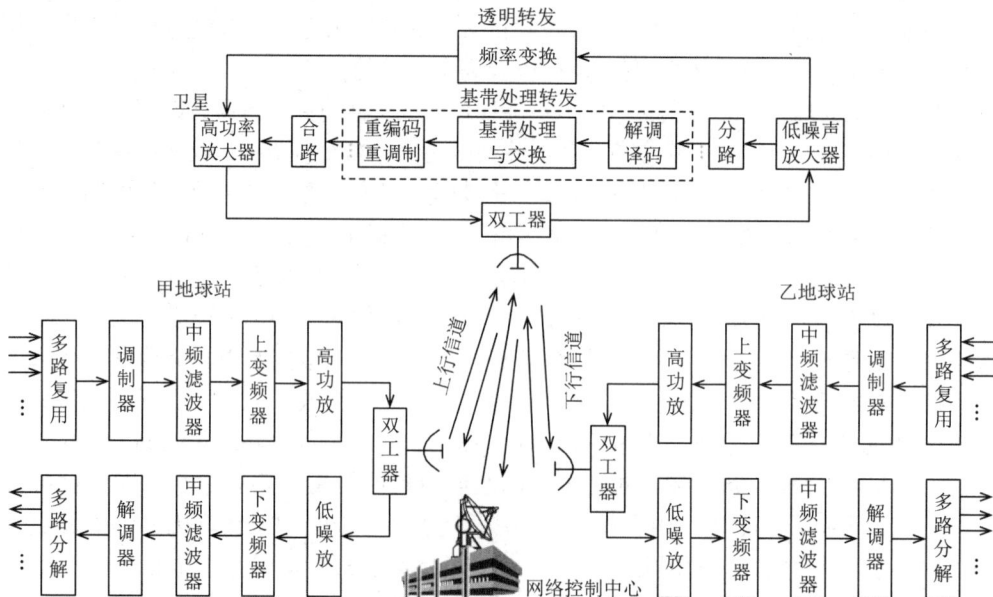

图 1-9 卫星通信线路构成示意图

　　下面简要描述甲地球站用户和乙地球站用户双向通信的工作过程，首先要建立卫星上下行双向通道，以卫星通信中常用的按需分配为例，甲地球站与乙地球站进行双向通信要经过呼叫建立、通信和拆线三个阶段，它是通过网络控制中心完成的。

　　工作流程：甲地球站用户产生基带信号通过多路复用完成信号复接，经调制、中频滤波送往上变频器，形成需要的卫星射频工作频段，经高功率放大器放大到需要功率，送往双工器（根据天线互易原理，完成收发共用天线）后，由天线发射，经卫星上行信道到达卫星天馈系统，通过卫星低噪声放大器放大、分路、解调/译码、基带信号处理与交换、重编码/重调制、合路、功率放大（透明转发，只需要经过频率变换即可），经过卫星下行信道到达乙地球站，乙地球站经低噪声放大、下变频器、中频滤波、解调、多路解复用，送往各用户，从而完成单向（单工）传输；乙地球站用户向甲地球站传输的过程也是如此，从而完成甲、乙两个地球站双向通信。

　　在静止卫星通信系统中，大多数是单跳工作的，即只经过一次卫星转发就被对方接收。但有少部分是双跳工作的，即发送的信号要经过两次卫星转发才被对方接收。通常有两种场合：一是在国际卫星通信系统中，分别位于两个卫星覆盖区内且处于其共视区外的地球站之间的通信，必须经共视区的中继站，构成双跳的卫星接力线路，如图 1-10（a）所示；二是在同一卫星覆盖区内的星形网络中，边远站之间需要经中心站的中继，两次通过同一卫星的转发来沟通通信线路，如图 1-10（b）所示。

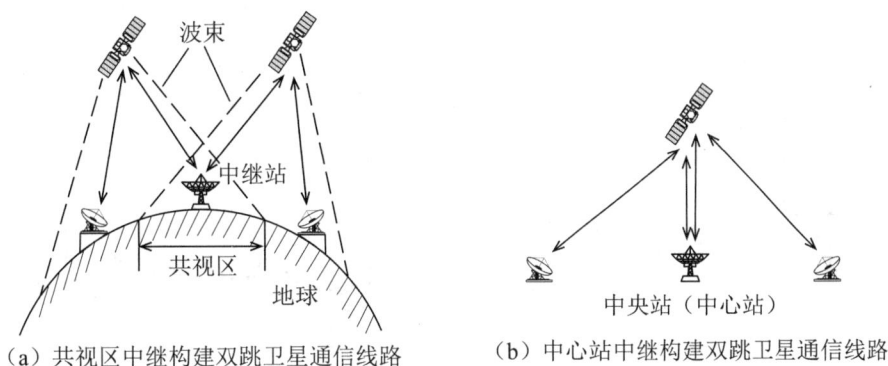

（a）共视区中继构建双跳卫星通信线路　　　（b）中心站中继构建双跳卫星通信线路

图 1-10　卫星通信双跳工作示意图

1.4　卫星通信系统频段的划分

　　在卫星转发器与地球站之间，信息是利用电磁波来承载的。通常使用较高的频段天线才能有效地进行电磁波的辐射，同时有利于承载更高的信息速率。卫星通信系统常用的频率范围为 150MHz~300GHz。然而，在不同的频段，大气（在晴天或雨天）对电磁波传播的影响是不同的，因此设计系统时需要特别考虑。国际电信联盟于 1963 年召开临时世界无线电行政会议，分配了 10GHz 以下的频带；1971 年，世界无线电行政会议把分配的频带扩展到 275GHz。

　　3GHz 以下的频率区域定义了甚高频（VHF）和超高频（Ultra High Frequency，UHF）两个频段。VHF 频段的频率范围为 30~300MHz，而 100MHz 以下的频段不能用于空间通信。

UHF 频段的频率范围为 300~3000MHz。在卫星通信领域，通常认为 UHF 频段的频率范围为 300~1000MHz。实际上，这一频率范围的大部分已经被地面无线通信占用。对卫星系统而言，由于 UHF 频段只能传输较低的数据速率，通常只用于低轨小卫星数据通信系统和静止卫星的遥测与指令系统，以及某些军用卫星通信系统。

更高的超高频（Super High Frequency，SHF）又进一步被划分为常用的 L、S、C、X、Ku 和 Ka 等频段。各频段的大致频率范围如下：L 频段，1~2GHz；S 频段，2~4GHz；C 频段，4~7GHz；X 频段，7~12GHz；Ku 频段，12~18GHz；Ka 频段，20~40GHz。C 频段用于固定卫星业务，卫星直播不允许使用该频段；Ku 频段目前主要用于卫星直播及部分固定卫星业务。VHF 频段用于部分移动业务和导航业务。在卫星通信系统中，在某一频段内的上行链路频率往往比下行频率高很多。这是因为 RF 功率放大器的效率随着频率的升高而下降，而地球站较卫星更加能容忍这种功率放大器的低效性。同时，地球站发射功率通常比卫星发射功率高几十倍。几个常用频段的上/下链路频率的习惯性表达为：L 频段，1.6/1.5GHz；C 频段，6/4GHz；X 频段，8/7GHz；Ku 频段，14/12GHz；Ka 频段，30/20GHz。

由于卫星通信系统覆盖范围大，因此频率的分配和协调工作十分重要。国际电信联盟在有关规定中将全球划分为三个频率区域：第一区包括欧洲、非洲和俄罗斯亚洲部分、西亚地区及蒙古国等，第二区包括南美洲、北美洲和格陵兰等，第三区为其他亚洲部分（包括中国）和大洋洲等。图 1-11 所示为频率划分区域图。频率区域的划分有利于区域性业务的频率再用和全球业务频率的统一规划。

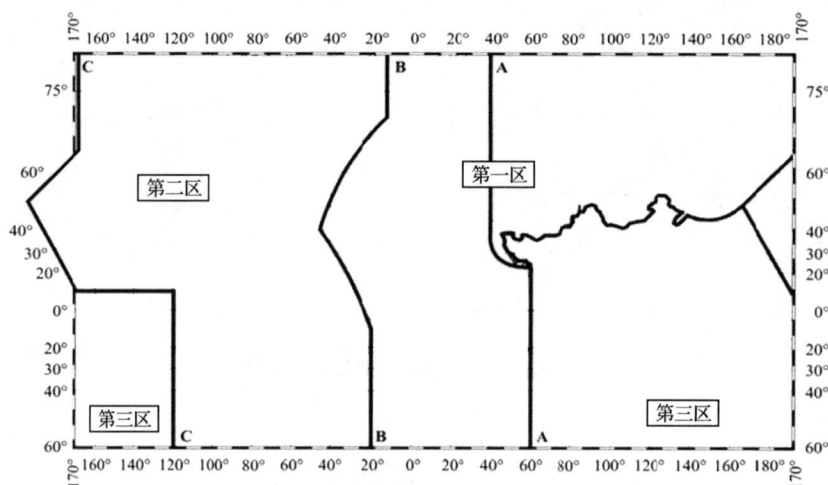

图 1-11　频率划分区域图

按不同的业务类型，不同频段有一个大致的划分。低于 2.5GHz 的 S 频段和 L 频段大部分用于移动通信业务和静止卫星测控链路的指令传输，以及特殊的卫星通信业务。多数商用卫星固定业务使用 C 频段（6/4GHz），该频段目前已十分拥挤，且存在与地面微波中继网的同频干扰问题。Ku 频段（14/12GHz）正在被大量利用，同时 Ka 频段（30/20GHz）的应用已逐渐增多。

由于低频段频率资源日益紧张，使用 Ku 频段和 Ka 频段的系统不断增加，不久 Ku 频段和 Ka 频段也将趋于饱和，需要开发更高的频段资源。目前开始开发 Q 频段和 V 频段，其中 Q 频段的频率范围为 36~46GHz，V 频段的频率范围为 46~56GHz。为了支持更高的传输速率，太赫兹频段也在加紧开发中。太赫兹频段的范围为 0.1~10THz，资源丰富，容量大，可提供 10Gbit/s 以上的高传输速率。此外，星间通信采用激光，可以进一步提高星间传输速率。

在使用已发布的频段时必须注意，雷达与通信应用的频段分配方式有所不同。此外，不同国家可能使用不同的频率分配规则。表 1-1 为国际电信联盟提出的频段划分方案。

表 1-1　国际电信联盟提出的频段划分方案

频段		频率范围	带宽	应用
UHF		200~400MHz		军用
	L	1.5~1.6GHz	47 MHz	商用
SHF	C	6/4GHz	800MHz	商用
	X	8/7GHz	500MHz	军用
	Ku	14/12GHz	500MHz	商用
			2500MHz	商用
	Ka	30/20GHz	1000MHz	军用
EHF	Q	44/20GHz	3500MHz	军用
	V	64/59GHz	5000MHz	军用

UHF 频段的优点是信号传播损耗小；星上天线波束宽，覆盖面广，地面天线对准卫星无须复杂的跟踪机构。其缺点是频带窄（几十兆赫兹）、传输速率低（2.4~9.6kbit/s）、抗干扰能力较差。UHF 频段一般用于战术机动通信。

SHF 和 EHF 频段的优点是频带宽（几百兆赫兹）、传输速率高（2Mbit/s 以上）；可实现宽带跳频；星上天线波束窄，具有多点波束和天线增益调零等抗干扰能力；机载天线尺寸小。SHF 和 EHF 频段的缺点是信号传播损耗大（尤其是其雨衰大），窄波束天线对准卫星要采用复杂的跟踪技术。SHF 和 EHF 频段一般用于战略通信。

1.5　卫星通信的发展趋势

卫星通信系统是信息基础设施的重要组成部分，也是航天产业的主体。长期以来，卫星通信作为地面通信的补充、备份和延伸，其凭借着覆盖范围大、通信系统容量大、灾难容忍性强、灵活性高等独特优势，在浩瀚的太空、广阔的海洋、边远地区、军事通信、科考勘探等应用领域中发挥着不可替代的作用。近年来，随着卫星通信技术的进步和卫星带宽成本的下降，在高通量卫星带宽巨大需求的刺激下，国内外掀起了卫星互联网星座发展的热潮，卫星通信进入到一个新的发展阶段。

目前，全球主要卫星通信用户以 GEO 卫星为主，由于轨道资源有限，地球静止卫星轨道只能有一条，目前十分拥挤，数据传输时延大，单向传输达 270ms，双向传输达 540ms（不算处理时延），而低轨卫星时延在 50ms 以内，和地面光纤网络相当，可以支持实时性要求高的用户应用，如无人驾驶、数据链等。

现代卫星通信采用星上交换、星上处理、星际链路、多波束天线覆盖、相控阵天线、卫星 ATM、卫星 IP、软件定义网络（Software Defined Network，SDN）、分布式弹性组网、容迟/容断网络（Delay/Disruption Tolerant Networks，DTN）、高效编码与调制方式等技术，提高信息处理和传输能力；具有星载路由器，可有效连接全球信息栅格。

新一代低轨星座融通信、导航、遥感等多种功能于一体，是构建空天地一体化信息网络的基础，在未来空天战场上发挥着重要信息支撑的作用，必将大大提高新型数据链全球作战应用能力。

随着互联网业务的发展，卫星通信将面向宽带数据服务，即发展宽带卫星通信，一方面为了快速适应未来的多媒体数据服务，另一方面为了满足广域宽带覆盖需求，尤其是航空、航海和偏远地区的通信覆盖。在这样的背景下，卫星通信由于其所处位置的特殊性，能够为未来的空天地一体化全球无缝覆盖提供有力支撑。

（1）采用高、中、低轨多层星座组网实现立体覆盖。

在多层卫星网络中，卫星按照轨道高度由高到低分布在不同层次，结合不同轨道上卫星的特点提供差别化服务，既能满足不同 QoS 要求，又能充分利用各种信息资源。此外，多层卫星网络星间路径选择性大，可替换链路多，星座抗毁能力强，具有单层卫星网络无法替代的优势。

其中，位于高层飞行轨道的卫星称为高轨卫星，一般作为路由算法决策的中枢；位于低层飞行轨道的卫星称为低轨卫星，一般负责保障地球站点对卫星网络的接入；介于高层飞行轨道和低层飞行轨道之间的卫星称为中轨卫星，对地球表面完成全面覆盖。另外，还有一些同样运行在卫星轨道上的侦察卫星、气象卫星等需要接入卫星通信网络进行工作。多层卫星网络具有更加复杂多样的拓扑和功能。与传统单层卫星网络相比，其具有更高的稳定性、更大的吞吐量，可以更好地保证卫星系统为全球提供高质量的通信服务。

远距离广覆盖的多层卫星通信网络因其具有差异化的任务、泛在接入需求及动态多样的拓扑结构，需要满足用户随时接入与退出的需求，保障低时延的接入调度。在传统的随机接入技术基础上，为了突破其因过高的传输时延导致的接入效率低下的问题，需要提出一种适用对象更明确的、时延在一定限度内可以被保障的多层卫星随机接入机制。

对地静止轨道资源非常有限，因此国际电信联盟鼓励采用中低轨道、高倾斜圆轨道及 IGSO 轨道。

（2）采用面向用户的软件定义网络架构提高了卫星通信的灵活性。

由于传统卫星网络存在可拓展性差、设备难以更新升级、多种协议并存、无法为不同需求的用户提供细粒度服务等问题，近年来软件定义卫星网络开始走进研究人员的视野。软件定义卫星网络采用控制与转发分离的软件定义网络架构，通过控制器管理整个网络，提高了网络的可扩展性和可编程性。

传统 GEO 卫星技术状态在发射前两三年就要冻结，在入轨后的 15 年寿命期内无法更改，难以满足如今动态变化的信息市场。基于数字载荷和软件定义技术的灵活卫星可以根据应用需求的变化，对卫星的覆盖、连接、带宽、频率、功率、路由等性能进行动态调整和功能重构。据统计，目前全球一半左右的高通量卫星带有灵活性载荷，其中覆盖灵活性占35%，连接、带宽和频率各占 15%，功率占 9%。

（3）高通量卫星突破了带宽瓶颈。

为了满足宽带接入、基站中继、机载通信、高清/超高清视频分发等应用带来的带宽增长需求，基于多点波束和频率复用技术的高通量卫星应运而生。目前，全球大部分卫星运营商在积极发展高通量卫星，宽带已经成为与直播电视并驾齐驱的业务领域。高通量卫星包括地球静止轨道（GEO）、中地球轨道（MEO）、低地球轨道（LEO）三种形式，其中应用较多的是 GEO 高通量卫星，其次是 MEO 高通量卫星，而 LEO 高通量卫星正在快速发展建设中。

（4）通导遥一体化提高了卫星的综合服务能力。

低轨星座构建宽带骨干网络、全球移动通信网络、天基互联网、卫星物联网、广域视频直播/组播低轨星座以支持通信应用需求；实现各类红外/视频/合成孔径雷达遥感数据图像应用需求；实现全球航空广播式自动相关监视（Automatic Dependent Surveillance-Broadcast, ADS-B）、全球船舶自动识别系统（Automatic Identification System, AIS）、全球气象/水文/地理位置观测（GEOScan）遥感侦察应用需求；实现导航增强、独立导航、定位/导航/授时数据、通信与导航融合实现导航备份的导航应用需求。

卫星通信与卫星导航具有相似的技术基础，在很多环境下，卫星导航定位信息需要借助卫星通信链路来传输，以满足用户的综合信息服务的需求。基于 LEO 的星基增强系统具有覆盖面广、信号衰减小、计算收敛速度快、通信和导航可以融合设计的优点。铱星公司的铱星二代搭载了美军集成全球定位系统（iGPS）有效载荷，可将 GPS 定位精度由原来的米级提高到厘米级。铱星公司和全球星公司的二代星上都带有 ADS-B、AIS 等载荷。欧洲航空安全局（European Aviation Safety Agency, EASA）认证了空中交通管制公司的星载 ADS-B 监视服务。轨道公司的二代星也增加了 AIS 载荷，用于海上资产的跟踪与管理。

（5）多种频段共用并向更高频段发展。

由于卫星通信频率资源日益紧张，常用的 C 频段和 Ku 频段已经趋于饱和，而 Ka 频段被大规模应用。为了满足日益增长的通信需求，更高频段的毫米波频段，如 Q、V、W 等频段正逐渐走向实用。随着 6G 标准的建立与完善，太赫兹技术、激光通信技术的发展将成为下一代高带宽、高数据率保密通信的重要手段。

根据卫星通信应用中不同频段的特点，选用 UHF、L、S、C、X、Ku、Ka 和 EHF 等频段来进行定波束、区域波束、全球波束的覆盖，满足不同军民用户的需求。

（6）空天地一体化网络的发展。

卫星通信与有线电视、宽带互联网、移动互联网等融合。卫星通信、有线电视、宽带互联网、移动互联网等都属于信息服务业，相互融合是共同的发展趋势。

天基骨干网络、空基骨干网络和地面骨干网络互联互通，构建空天地一体化骨干网网络，支撑通导遥一体化综合运用。

（7）卫星与 5G、6G 融合发展。

国际电信联盟早在 IMT-2000（3G）网络中进行了卫星接入技术的研究，在 IMT-Advanced（4G）出现后，进一步提出了 IMT-Advanced 卫星无线接口的详细规范。目前，随着 IMT-2020（5G）网络的发展，针对卫星与地面 5G 融合的问题，国际电信联盟提出了星地 5G 融合的 4 种应用场景，包括中继到站、小区回传、动中通及混合多播场景，并提出支持这些场景必须考虑的关键因素，包括多播支持、智能路由支持、动态缓存管理及自适应流支持、延时、一致的服务质量、网络功能虚拟化（Network Function Virtualization, NFV）/SDN 兼容、商业模式的灵活性等。3GPP 报告研究组十分重视卫星和其他地面非蜂窝网络将在 5G 中扮演的角色，早在 3GPPR14 中，3GPP 标准组织就开展了卫星通信对 5G 移动通信益处的研究。2017 年 6 月，BT、Avanti、SES 等 16 家企业及研究机构联合成立了 SaT5G（Satellite and Terrestrial Network for 5G）联盟，计划在 30 个月内完成卫星通信与 5G 无缝集成的方案，并进行试用。ALIX 项目来源于欧洲航天局和"5G 卫星计划"，其目标是积极参与 3GPP 标准化过程，以定义 5G 卫星组件及其与其他网络的接口。

中国移动于 2022 年 6 月 21 日在 2022 科技周暨移动信息产业链创新大会主论坛上发布了《中国移动 6G 网络架构技术白皮书》（以下简称《白皮书》），提出"三体四层五面"总体架构设计，是业界首次系统化的 6G 网络架构设计，从空间视图、分层视图与功能视图三个视角呈现跨越、跨层、多维立体的 6G 网络架构全视图。其中，"三体"为网络本体、管理编排体、数字孪生体，"四层"为资源与算力层、路由与连接层、服务化功能层、开放使能层，"五面"为控制面、用户面、数据面、智能面、安全面。6G 网络需要支持卫星通信、空间通信与地面通信的一体化发展，从业务、体制、频谱、系统等不同层次进行融合，构建空天地海一体化通信系统，实现全球无缝立体覆盖，用户随时随地接入。《白皮书》对 6G 网络架构做出"十个研判"，包括为了支持天地一体化、元宇宙等新技术和新场景，6G 应在一定范围和局部网络进行架构变革，以及 6G 网络架构不仅是通信架构，还是通信、感知、计算等融合架构，应支持新能力的一体化管理和调度。

习　题

1. 什么是卫星通信？
2. 简述卫星通信系统的分类。
3. 为什么卫星通信的频率使用微波频段？卫星通信主要使用哪些频段？
4. 卫星通信的特点是什么？在技术上带来的新问题有哪些？
5. 卫星通信系统主要由哪几个部分组成？各部分的作用是什么？卫星通信网的结构可分为哪几类？
6. 假设某全球静止卫星通信系统（星座）建有星际链路，用以建立不能同时看到同一颗卫星的两个地球站之间的通信（假定地球为理想圆球，不考虑大气对电波的折射），试计算：

（1）两卫星之间不被地表阻挡的最大通信距离是多少？星际链路传输延时是多少？

（2）ITU 允许的最大（单向）传输延时为 400ms。若两地球站到各自卫星的距离都是 36000km，为了满足国际电信联盟对延时的限制，此时两个卫星之间的最大延时是多少？

（3）若卫星采用星上处理（技术），两卫星处理延时合计为 35ms，此时两卫星最大距离是多少？

7. 试述计算机技术的发展是如何促进微波通信与卫星通信发展的。
8. 简述卫星通信的发展趋势。

第 2 章　卫星的轨道与星座设计

在卫星通信系统中，卫星的轨道与星座设计决定了通信卫星的分类。通信卫星受地球、月亮、太阳等合成力的影响，在地球外层空间中按一定规律绕地心做高速运动，其运动轨迹称为轨道。

2.1　卫星在空间运动的轨道

卫星围绕地球飞行的轨道与行星围绕太阳飞行的轨道满足相同的规律。人类早期对行星运动规律的认知是通过大量的观察得到的。约翰尼斯·开普勒（1571—1630 年）通过观测数据推导出了行星运动的三大定律，即开普勒定律；艾萨克·牛顿（1643—1727 年）从力学原理出发证明了开普勒定律，并创立了万有引力理论。

假设地球是质量均匀分布的理想球体，同时忽略太阳、月亮及其他行星和外层大气对卫星的引力作用，则卫星仅在地球引力作用下绕地球的运动是一个力学中的"二体问题"，符合开普勒定律。

2.1.1　开普勒第一定律

开普勒第一定律（1602 年）：卫星在围绕地球运动时的轨道是一个椭圆，并以地球的质心作为一个焦点。图 2-1 所示为卫星轨道的几何特性。

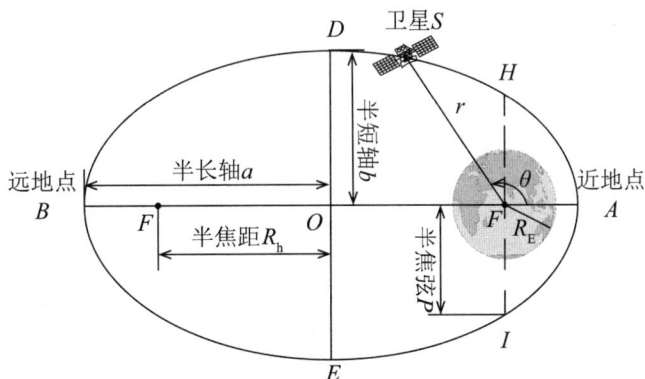

图 2-1　卫星轨道的几何特性

图 2-1 中，F 为地心，位于椭圆轨道的两个焦点之一；O 为椭圆轨道中心；a 为轨道半长轴，b 为轨道半短轴；R_E 为地球平均半径，常取值为 6378.137km；r 为卫星到地心的瞬时距离；θ 是瞬时卫星-地心连线与地心-近地点连线的夹角，是卫星在轨道面内相对于近地点的相位偏移量。通常会使用以下参量来描述轨道的特性。

（1）偏心率 e：这是一个非常重要的轨道参数，决定了椭圆轨道的扁平程度。偏心率与轨道半长轴和半短轴之间满足以下关系：

$$e = \sqrt{1-(b/a)^2} \tag{2-1}$$

（2）半焦距：F 和 O 之间的距离称为半焦距，半焦距的长度由半长轴和偏心率确定：

$$R_h = ae \tag{2-2}$$

（3）远地点：r 取值最大的点称为远地点，远地点长度为

$$R_a = a(1+e) \tag{2-3}$$

（4）近地点：r 取值最小的点称为近地点，近地点长度为

$$R_p = a(1-e) \tag{2-4}$$

根据几何关系，可以推导卫星轨道平面的极坐标表达式为

$$r = \frac{a(1-e^2)}{1+e\cos\theta} \tag{2-5}$$

2.1.2 开普勒第二定律

开普勒第二定律（1605 年）：卫星在轨道上运动时，在相同的时间内扫过的面积相同。

根据开普勒第二定律，椭圆轨道上的卫星做非匀速运动，在近地点速度最快，在远地点速度最慢。根据机械能守恒原理，可推导出椭圆轨道上卫星的瞬时速度为

$$v(r) = \sqrt{\mu\left(\frac{2}{r}-\frac{1}{a}\right)} \tag{2-6}$$

卫星的远地点速度 v_a 和近地点速度 v_p 分别为

$$\begin{cases} v_a = \sqrt{\dfrac{\mu}{a} \cdot \dfrac{1-e}{1+e}} \\ v_p = \sqrt{\dfrac{\mu}{a} \cdot \dfrac{1+e}{1-e}} \end{cases} \tag{2-7}$$

对于圆轨道，理论上卫星将具有恒定的瞬时速度：

$$v = \sqrt{\frac{\mu}{r}} \tag{2-8}$$

式中，μ 为开普勒常数，$\mu = 398601.58 \text{km}^3/\text{s}^2$。

2.1.3 开普勒第三定律

开普勒第三定律（1618 年）：卫星运行周期的平方与椭圆轨道半长轴的立方呈正比关系。

根据开普勒第三定律，卫星围绕地球飞行的周期为

$$T = 2\pi\sqrt{\frac{a^3}{\mu}} \tag{2-9}$$

卫星的轨道周期只与半长轴有关，而与椭圆轨道的偏心率（椭圆轨道的扁平度）无关。这就意味着对于具有相同半长轴的椭圆轨道，半短轴越小（偏心率越大）的轨道上，卫星的运动速度越大。对于圆轨道，轨道的半长轴 a 为地球平均半径 R_E 与卫星轨道高度 h 之和，此时卫星的运行周期为

$$T = 2\pi \sqrt{\frac{\left(R_{\mathrm{E}} + h\right)^3}{\mu}} \qquad (2\text{-}10)$$

2.2　轨道参数与轨道位置

在天体动力学中应用了许多坐标系,当描述卫星轨道运动时只涉及其中一部分。这些坐标系之间是可以转换的,如地心坐标系、日心坐标系和近焦点坐标系等。

2.2.1　地心坐标系

最常用且最方便使用的是以地心为坐标原点的地心坐标系。在地心坐标系中,赤道是基准平面,坐标系以地心 O 为原点,X 轴和 Y 轴确定的平面与赤道平面重合,X 轴指向春分点方向,Z 轴与地球的自转轴重合,指向北极点。地心坐标系中的 X、Y、Z 轴构成一个右手坐标系。地心坐标系和卫星轨道参数如图 2-2 所示。

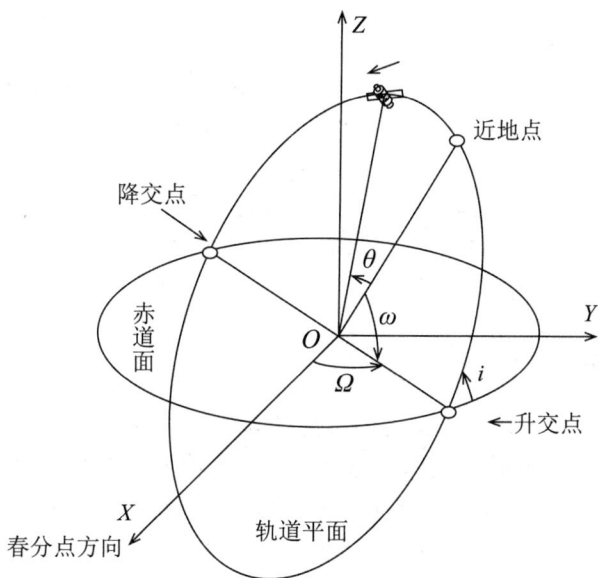

图 2-2　地心坐标系和卫星轨道参数

(1) 与坐标系相关的一些天文概念。

① 黄道面:地球绕太阳公转的轨道平面,与地球赤道面交角为 23°26′。由于月球和其他行星等天体的引力影响地球的公转运动,因此赤道面在空间的位置总是不规则地连续变化。但在变动中,任一时间这个平面总是通过太阳中心的。

② 黄道:黄道面和天球相交的大圆。

③ 春分点:赤道平面和黄道的两个相交点之一。太阳相对地球从南向北移动。在春分那一天穿越这一交点。

④ 升交点:卫星由南向北穿越参考平面(赤道)的点。

⑤ 降交点:卫星由北向南穿越参考平面(赤道)的点。

⑥交点线：升交点和降交点之间穿越地心的连线。

（2）在地心坐标系中，为了完整地描述任意时刻卫星在空间中的位置，通常使用以下6个轨道参数。

①右旋升交点赤经 Ω：赤道平面内从春分点方向到轨道面交点线间的角度，按地球自转方向度量。

②轨道倾角 i：轨道平面与赤道平面之间的夹角。

③近地点幅角 ω：轨道平面内，升交点与近地点之间的夹角，从升交点按卫星运行方向度量。

④轨道偏心率 e：反映了轨道面的扁平程度，取值在 [0,1] 范围内。

⑤轨道半长轴 a：椭圆轨道中心到远地点的距离。

⑥平均近点角 M：假设卫星经过近地点的时间为 t_p，则在时间 $(t-t_p)$ 内卫星以平均角速度离开近地点的角度。

通过平均近点角可以计算卫星的真近点角 θ。有时会用卫星过近地点的时间 t_p 代替平均近点角作为轨道参数给出，则等价的平均近点角 M 为

$$M = \frac{2\pi}{T_s}(t - t_p) \tag{2-11}$$

式中，T_s 为卫星的轨道周期。

上述参数中，Ω、i 和 ω 这3个参数定义了轨道方位，用于确定卫星相对地球的位置；e、a 和 M（或 t_p）这3个参数定义了轨道的几何形状和卫星的运动特征，用于确定卫星在轨道面的位置。

对于圆轨道，通常认为轨道偏心率恒为0，近地点和升交点重合，因此只需要4个参数就可以完整地描述卫星在空间的位置，分别为右旋升交点赤经 Ω、轨道倾角 i、轨道高度 h 和初始时刻的真近点 v（也称为初始幅角）。

2.2.2　日心坐标系

日心坐标系用来描述绕着太阳运动的行星的轨道。坐标系是以太阳中心为原点，其中 XY 基准面与地球绕着太阳旋转的椭圆轨道面重合。X 轴为连接原点和椭圆面与地球赤道面的断面的连线，其正方向指向春分点方向；Y 轴的正方向指向 X 轴正方向的东方，Z 轴的正方向指向原点的北方。所谓春分点方向是指春季第一天连接地球和太阳中心的直线的方向。日心坐标系如图2-3所示。

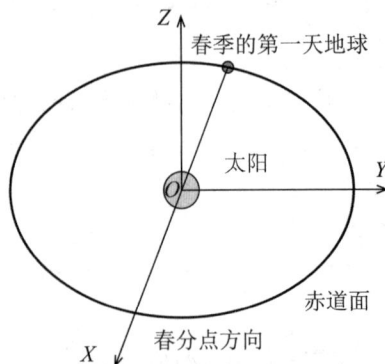

图2-3　日心坐标系

2.2.3 近焦点坐标系

对于近焦点坐标系，其基准平面是卫星运动平面，地心是原点，X 轴指向卫星轨道的近地点，Y 轴是在轨道面内顺着卫星运动方向旋转 90°，Z 轴指向使此构成右手坐标系的方向。近焦点坐标系如图 2-4 所示。

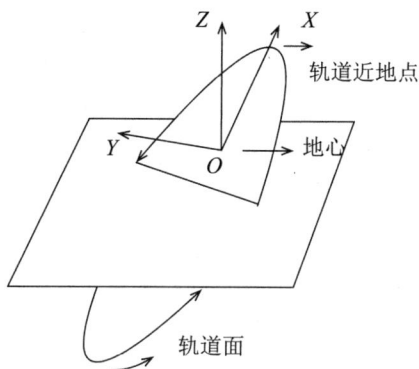

图 2-4 近焦点坐标系

2.3 卫星在轨道上的位置

2.3.1 卫星在轨道平面内的定位

对于圆轨道，通常以升交点代替近地点作为面内相位参考点。由于卫星以近似恒定的速度 V_s 飞行，因此瞬时卫星与升交点之间的夹角为

$$\theta = v + V_s t \tag{2-12}$$

对于椭圆轨道，由于卫星的在轨飞行速度是时变的，因此确定卫星在轨道上的位置的方法相对复杂。

图 2-5 所示为椭圆轨道面内卫星位置的确定方法示意图。

根据开普勒第二定律，可以推导偏心近点角 E 与平均近点角 M 之间满足以下关系：

$$M = E - e\sin E \tag{2-13}$$

式（2-13）通常称为开普勒方程（Kepler's Equation），在偏心率 $e \neq 0$ 时没有理论解，通常使用数值方法（如牛顿迭代法和线性迭代法）来计算 E 的值。

使用牛顿迭代法计算：

$$\begin{cases} M_k = E_k - e\sin E_k \\ E_{k+1} = E_k + \dfrac{M - M_k}{1 - e\sin E_k} \end{cases} \tag{2-14}$$

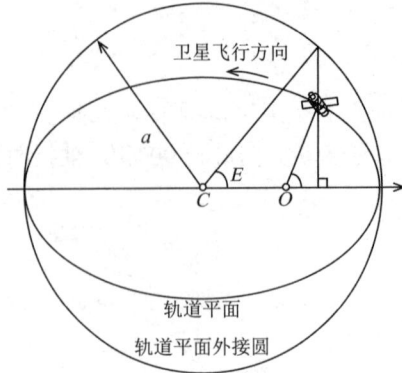

图 2-5　椭圆轨道面内卫星位置的确定方法示意图

迭代终止条件为

$$|M_{k+1} - M_k| < \varepsilon \tag{2-15}$$

式中，ε 为允许的最大误差。

使用数值方法计算出瞬时的偏心近点角 E 后，可以通过高斯方程（Gauss's Equation）计算真近点角 θ：

$$\theta = 2\arctan\left(\sqrt{\frac{1+e}{1-e}} \cdot \tan\frac{E}{2}\right) \tag{2-16}$$

可通过以下方程计算瞬时卫星到地心的距离 r：

$$r = a(1 - e\cos E) \tag{2-17}$$

至此，在已知初始平均近点角 M_0（或过近地点时间 t_{p}）、偏心率 e、半长轴 a 的情况下，确定 t 时刻卫星在椭圆轨道面内的瞬时位置。真近点角 θ 的计算流程如下。

①根据式（2-9）计算轨道周期 T，进而计算平均轨道速率 $\eta = 2\pi/T$。

②计算平均近点角 $M = M_0 + \eta t$。

③通过开普勒方程式（2-13）计算偏心近点角 E。

④通过高斯方程式（2-16）计算卫星的瞬时真近点角 θ。

2.3.2　卫星对地球的定位——星下点轨迹

卫星的星下点指卫星-地心连线与地球表面的交点。星下点随时间在地球表面上的变化路径称为星下点轨迹。

星下点轨迹是直接描述卫星运动规律的方法。由于卫星在空间沿轨道绕地球运行，而地球又在自转，因此卫星运行一圈后，其星下点一般不会重复前一圈的运行轨迹。假定在 0 时刻卫星经过其右升交点，则卫星在任意时刻（$t>0$）的星下点经度（用 λ_{s} 表示）和纬度（用 φ_{s} 表示）由以下方程组确定：

$$\lambda_{\mathrm{s}}(t) = \lambda_0 + \arctan(\cos i \cdot \tan\theta) - \omega_{\mathrm{e}} t \pm \begin{cases} -180°\,(-180° \leqslant \theta \leqslant -90°) \\ \quad\; 0°\,(-90° \leqslant \theta \leqslant 90°) \\ \;\; 180°\,(90° \leqslant \theta \leqslant 180°) \end{cases} \tag{2-18}$$

$$\varphi_{\mathrm{s}}(t) = \arcsin(\sin i, \sin\theta)$$

式中，λ_{s}、φ_{s} 是卫星星下点的地理经、纬度；λ_0 是升交点经度；i 是轨道倾角；θ 是 t 时刻

卫星在轨道平面内相对于右升交点的角距；ω_{e} 是地球自转角速度；±分别表示用于顺行和逆行轨道。

　　由方程可知，地球自转仅对卫星星下点的经度产生影响（式中的 $\omega_{\mathrm{e}}t$ 项）；卫星的倾角决定了星下点的纬度变化范围，星下点的最高纬度值为 i（当 $i \leqslant 90°$）或 $180°-i$（当 $i > 90°$）。一颗轨道高度为 13892km、轨道倾角为 60°、初始位置为（0°E，0°N）的卫星 24h 的星下点轨迹示意图如图 2-6 所示。

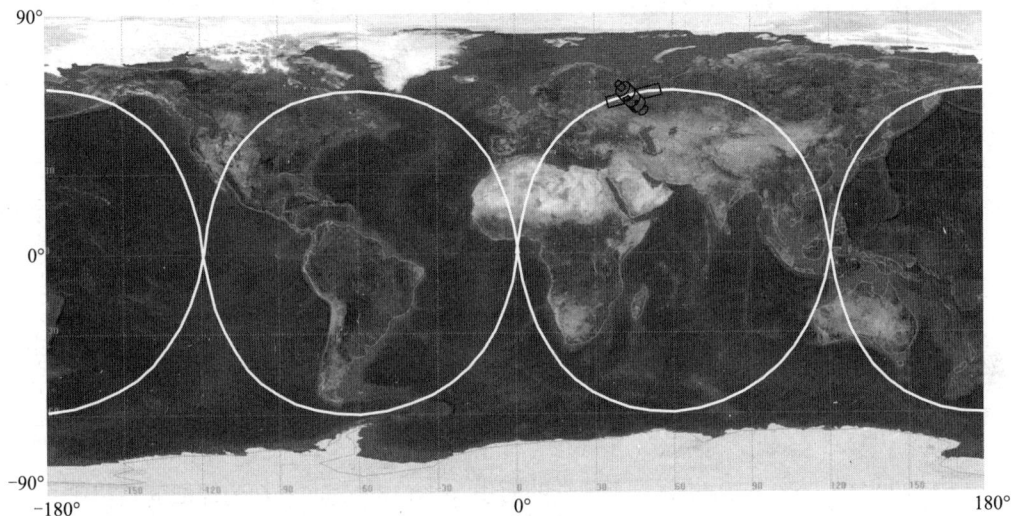

图 2-6　卫星 24h 的星下点轨迹示意图

2.4　卫星与地球站的关系

2.4.1　全球波束覆盖区的几何关系

　　一般来说，星上天线全球波束的主轴是指向星下点 S' 的，如图 2-7 所示。

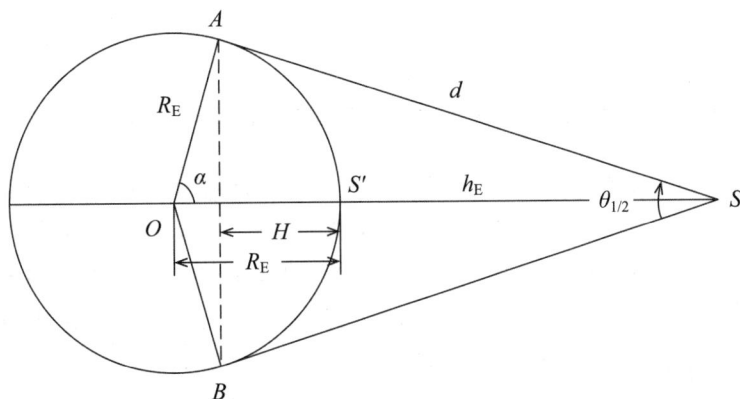

图 2-7　全球波束覆盖区几何关系

由图 2-7 不难求得以下参数。

（1）卫星的全球波束宽度 $\theta_{1/2}$：

$$\theta_{1/2} = 2\sin^{-1}\frac{R_E}{R_E + h_E} \tag{2-19}$$

式中，$\theta_{1/2}$ 为波束的半功率宽度，即卫星对地球的最大视角；R_E 为地球半径；h_E 为卫星离地面高度。

（2）覆盖区边缘所对的最大地心角：

$$\angle AOB = 2\alpha = 2\cos^{-1}\frac{R_E}{R_E + h_E} \tag{2-20}$$

（3）卫星到覆盖区边缘的距离 d：

$$d = (R_E + h_E)\sqrt{1-\left(\frac{R_E}{R_E + h_E}\right)^2} \tag{2-21}$$

（4）覆盖区的绝对面积 S 与相对面积 S/S_0：

$$S = 2\pi R_E H = 2\pi R_E(R_E - R_E\cos\alpha) = 2\pi R_E^2\left(1-\frac{R_E}{R_E + h_E}\right) \tag{2-22}$$

$$\frac{S}{S_0} = \frac{1}{2}\left(1-\frac{R_E}{R_E + h_E}\right) \tag{2-23}$$

式（2-22）中，$S = 2\pi R_E H$ 是一个球缺的面积（不包括底面），H 为球缺的高；式（2-23）中，$S_0 = 4\pi R_E^2$，即地球的总表面积。

对静止卫星来说，$R_E + h_E = 42164.6\text{km}$，利用上述各式可算出其全球波束宽度 $\theta_{1/2} = 17.4°$；星下点到覆盖区边缘所对的地心角 $\alpha = 81.3°$；卫星到覆盖区边缘的距离 $d = 41679.4\text{km}$；覆盖面积与总表面积之比 $\frac{S}{S_0} = 42.4\%$。

区域波束覆盖区的几何关系较复杂，必须根据波束主轴的指向与波束截面形状的不同做具体分析。对于截面为圆形、主轴对准星下点的区域波束，覆盖区的几何关系可参照图 2-8 进行分析与计算。例如，当已知 h_E 和 $\theta_{1/2}$ 时，其覆盖区面积为

$$S = 2\pi R_E^2(1-\cos\alpha) \tag{2-24}$$

$$\alpha = \sin^{-1}\left(\frac{R_E + h_E}{R_E}\sin\frac{\theta_{1/2}}{2}\right) - \frac{\theta_{1/2}}{2} \tag{2-25}$$

2.4.2 对准静止卫星时地球站天线主波束的方位角和仰角

通信卫星地球站在安装完毕开通前，要进行对准卫星计算和调试工作，主要涉及天线的方位角、俯仰角的计算和方位角、俯仰角、极化角的调整。方位角、俯仰角、极化角是卫星天线调整的三大要素。对准静止卫星时地球站天线主波束的方位角和仰角的函数关系：假设地球站 A 的经纬度为 φ_1 和 θ_1，静止轨道卫星 S 的星下点 S' 的经纬度为 φ_2 和 θ，则图 2-8 中的 $\varphi = \varphi_2 - \varphi_1$，为星下点 S' 对地球站 A 的经度差。

根据图 2-9，利用几何学和球面三角学的计算公式，可以得到当地球站 A 的天线对准卫星 S 时，其仰角 φ_e、方位角 φ_a 与经度差 φ、地球站纬度 θ_1 之间的函数关系：

$$\varphi_e = \arctan \frac{\cos\theta_1\cos\varphi - \dfrac{R_E}{R_E + h_E}}{\sqrt{1 - (\cos\theta_1\cos\varphi)^2}} \qquad (2-26)$$

$$\varphi_a = \arctan \frac{\tan\varphi}{\sin\theta_1} \qquad (2-27)$$

对于静止卫星：$\dfrac{R_E}{R_E + h_E} = \dfrac{6378}{6378 + 35786.6} \approx 0.151$

地球站 A 到达卫星的距离为

$$d = (R_E + h_E)\sqrt{1 + \left(\frac{R_E}{R_E + h_E}\right)^2 - 2\left(\frac{R_E}{R_E + h_E}\right)\cos\theta_1\cos\varphi} \qquad (2-28)$$

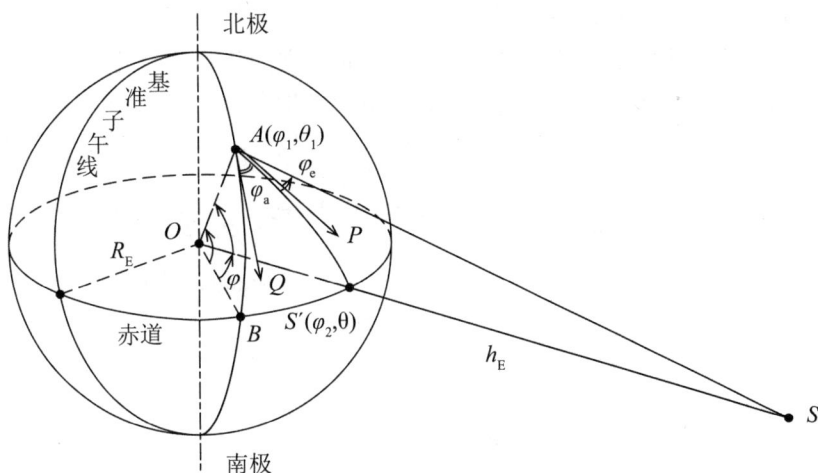

图 2-8　地球站 A 与静止轨道卫星 S 的几何关系

当 θ_1 一定时，仰角 φ_e 是经度差 φ 的偶函数，方位角 φ_a 是 φ 的奇函数；当经度差 φ 为 $0°$ 时，φ_e 出现极大值，φ_a 为 0。由于地球站天线的 φ_e 一般应不小于 $5°$，故经度差 φ 一般在 $\pm 90°$ 范围内。根据公式（2-27）计算的方位角 φ_a 的符号与 φ 一致。位于北半球的地球站，φ_a 以正南为基准，若计算得到的 $\varphi_a > 0°$，则表示南偏东角度为 φ_a；若 $\varphi_a < 0°$，则表示南偏西角度为 φ_a。

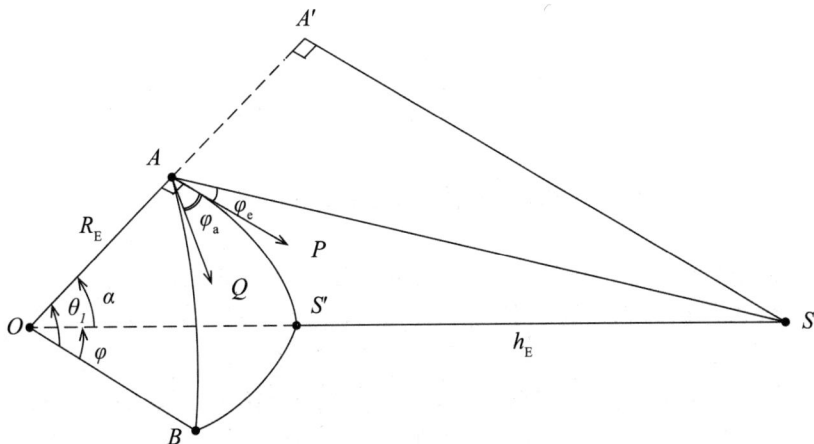

图 2-9　地球站 A 与静止轨道卫星 S 的几何关系局部放大图

极化是天线的基本特征之一，表述了天线产生的电场性质。卫星天线主要分线极化和圆极化。水平极化和垂直极化为线性极化，即天线场强方向不变；左旋极化和右旋极化属于圆极化，即天线场强方向会发生旋转。

【例】我国于 1984 年 4 月 8 日发射的第一颗同步轨道试验通信卫星 1 号（STW-1）定点于 125°E，求陕西西安（108.93°E，34.27°N）、江苏南京（118.7°E，32.07°N）卫星地球站对该卫星的方位角、仰角与距离。

【解】根据仰角、方位角和距离的计算公式可得：

（1）西安：$\varphi_a = +27.1°$（南偏东），$\varphi_e = +46.641°$，$d = 37315 \text{km}$；

（2）南京：$\varphi_a = +11.93°$（南偏东），$\varphi_e = +43.26°$，$d = 37895 \text{km}$。

需要指出的是，式（2-26）、式（2-27）不仅适用于静止卫星，还适用于赤道平面上的圆心轨道非静止卫星，只是 h_E 的值与静止卫星不同，而且 φ 不是恒定的，因此计算出来的 φ_a 和 φ_e 是随卫星位置而变化的。

对于不在赤道平面上的非静止卫星，若已知其星下点的某一时刻的经度、纬度为（φ_2，θ_2），$\theta_2 > 0°$，如图 2-10 所示，则 A 站对准卫星的瞬时仰角、方位角，可以分别按下式计算：

$$\varphi_e = \arctan \left[\frac{\cos\varphi\cos\theta_2\cos\theta_1 + \sin\theta_2\sin\theta_1 - \dfrac{R_E}{R_E + h_E}}{\sqrt{1 - (\cos\varphi\cos\theta_2\cos\theta_1 + \sin\theta_2\sin\theta_1)^2}} \right] \qquad (2-29)$$

$$\varphi_a = \arctan \left[\frac{\sin\varphi\cos\theta_2}{\cos\varphi\cos\theta_2\sin\theta_1 - \cos\theta_1\sin\theta_2} \right] \qquad (2-30)$$

$$d = (R_E + h_E)\sqrt{1 + \left(\frac{R_E}{R_E + h_E}\right)^2 - 2\frac{R_E}{R_E + h_E}(\cos\varphi\cos\theta_2\cos\theta_1 + \sin\theta_2\sin\theta_1)} \qquad (2-31)$$

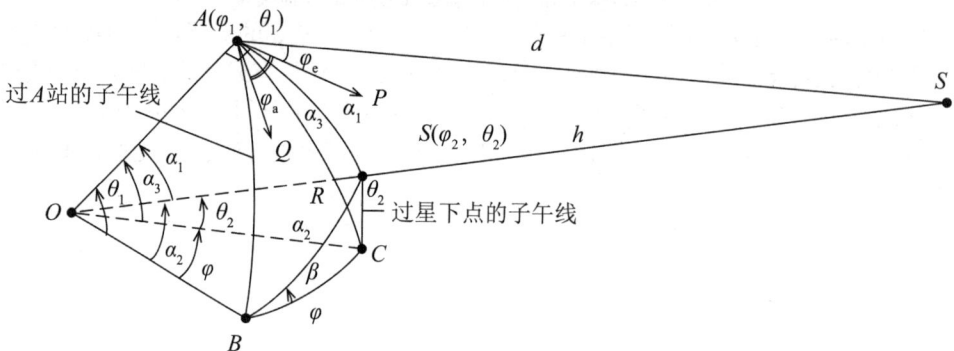

图 2-10　倾斜轨道卫星 S 与地球站之间的几何关系

显然，式（2-26）、式（2-27）、式（2-28）是式（2-29）、式（2-30）、式（2-31）的特例，当图 2-10 中的卫星趋近赤道平面时，$\theta_2 \to 0°$、$\alpha_2 \to \varphi$、$\alpha_1 \to \alpha_3 \to \alpha$（见图 2-9），这时式（2-29）、式（2-30）、式（2-31）便转化成式（2-26）、式（2-27）、式（2-28）了。

地心角和卫星半视角与轨道高度的关系。当仰角 $\varphi_e = 10°$ 时，地心角 α 和卫星半视角 β 随卫星轨道高度 h 的变化情况（h 为 500~36000 km），如图 2-11 所示。

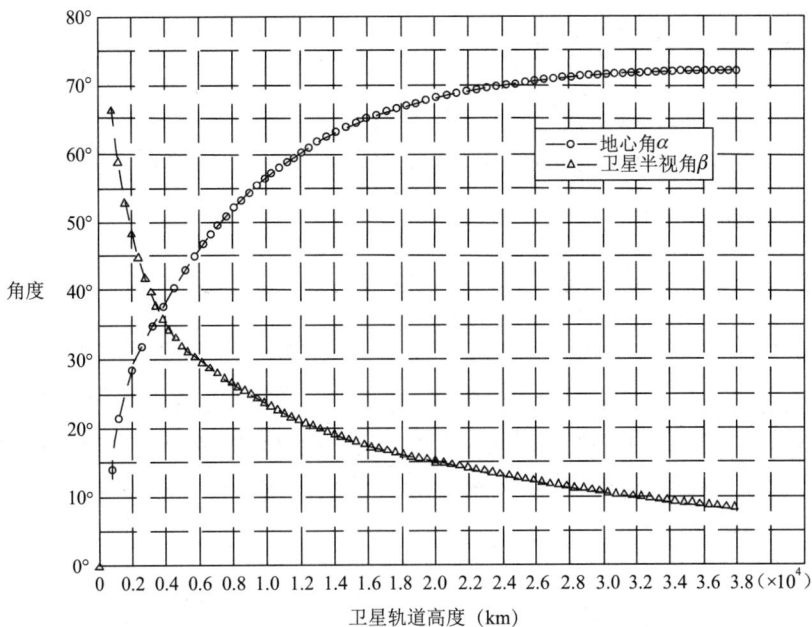

图 2-11　地心角和卫星半视角与轨道高度的关系

由图 2-11 可见，地心角随轨道高度的增加而增大，卫星半视角随轨道高度的增加而减小，单颗静止轨道卫星的覆盖地心角约为 72°，星下半视角约为 8.5°。

星地距离与轨道高度的关系，当仰角 $\varphi_e = 10°$ 时，星地距离 d 随卫星轨道高度 h 的变化情况（h 为 500~36000km），如图 2-12 所示。

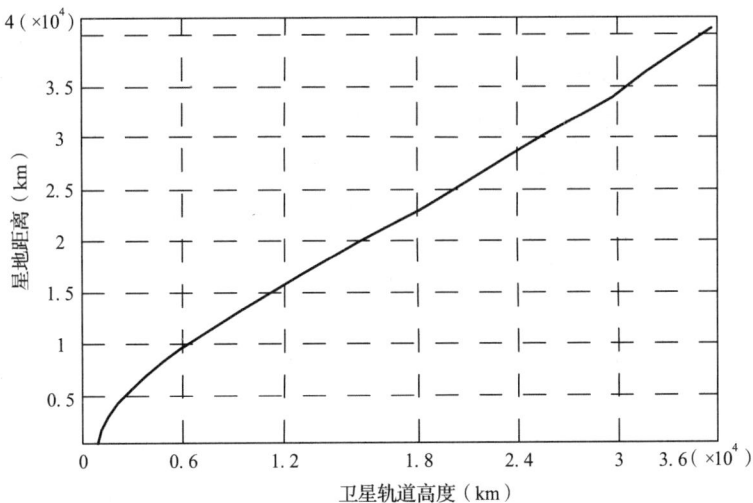

图 2-12　星地距离与轨道高度的关系

由图 2-12 可见，静止轨道卫星的星地距离随轨道高度的增加而增大，最大约为 41000km（10°仰角时）。

2.4.3　卫星信道的传输时延及其影响

图 2-13 所示为单跳卫星通信线路的空间传输路径，用式（2-31）可分别算出上、下行空间传输路径的距离 d_1 和 d_2。因此，由 A 站经卫星 S 到 B 站的单程传输时延为

$$\tau = \frac{d_1 + d_2}{C} \tag{2-32}$$

式中，C 为电波在自由空间传播速度。而在信息传到 B 站后，又从 B 站经卫星回到 A 站的双程传输时延则为式（2-32）计算结果的两倍，即

$$\tau_2 = 2\tau_1 \tag{2-33}$$

当 S 为静止卫星时，d_1 和 d_2 的最小值为 35786.6km，最大值为 41679.4km，一般估取 $d_1 \approx d_2 \approx 40000$km。所以，通常把任意两站经静止卫星单程和双程传输时延近似地认为 $\tau_1 = 0.27$s 和 $\tau_2 = 0.54$s。若双跳卫星通信线路的空间传输路径如图 2-14 所示，则其单程和双程传输时延分别为单跳线路的两倍。

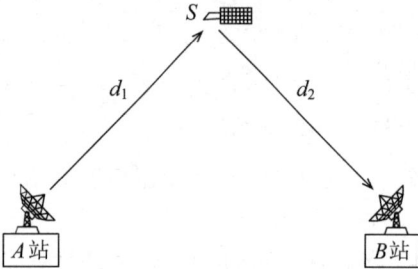

图 2-13　单跳卫星通信线路的空间传输路径　　　图 2-14　双跳卫星通信线路的空间传输路径

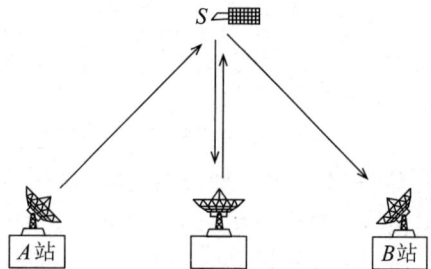

传输时延大，是卫星通信的一个缺点。在电话线路中，大的传输时延，除容易使双方通话发生重叠外，还会出现较严重的回波干扰。参看图 2-15，因为二线/四线变换电路（又称混合线圈）的不平衡等，接收的话音会有一些泄露到发话端，又经卫星返回到送话者的耳中。这一问题在一般的地面电话通信线路中虽然同样存在，但因时延很短而不会被送话者觉察到。在长时延的卫星通信线路中，送话者就会被自己发出话音的回波所干扰。

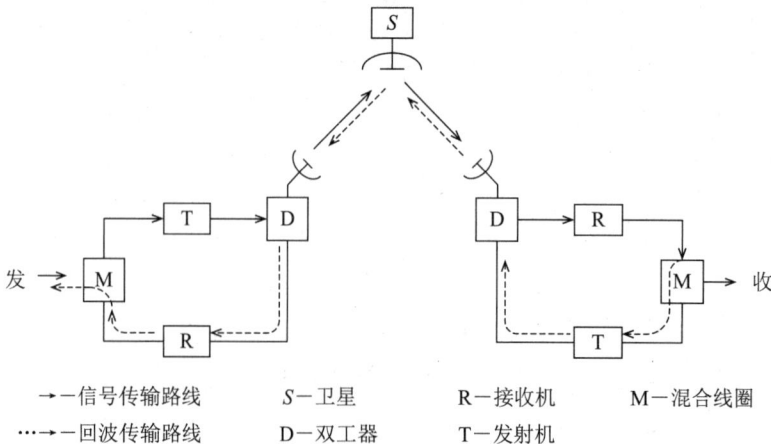

→—信号传输路线　　　S—卫星　　　R—接收机　　　M—混合线圈
⋯⋯→—回波传输路线　　D—双工器　　　T—发射机

图 2-15　卫星通信中二线/四线变换图

2.5　卫星轨道的分类

卫星轨道的形状和高度对于卫星的覆盖特性和能够提供的服务性能有非常大的影响，是确定完成指定区域覆盖所需的卫星数量和系统特性的一个非常重要的因素。

2.5.1　按轨道形状分类

目前，卫星所采用的轨道从空间形状上可以分为椭圆轨道和圆轨道两类，如图 2-16 所示。

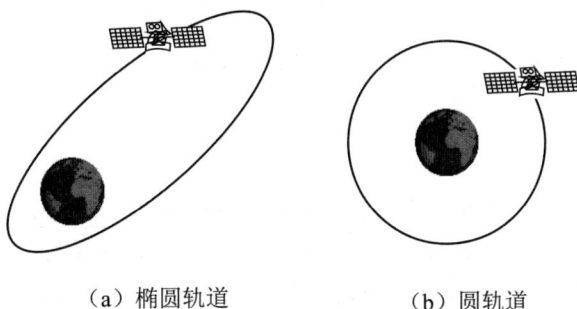

（a）椭圆轨道　　　　　　　（b）圆轨道

图 2-16　椭圆轨道和圆轨道示意图

椭圆轨道是偏心率不等于 0 的卫星轨道，卫星在轨道上做非匀速运动，近地点速度快而远地点速度慢。通常，椭圆轨道卫星在相对运动速度较慢（即位于远地点附近）时才提供通信服务，更加适合为特定区域提供服务（特别是高纬度地区），因此被俄罗斯等高纬度国家广泛使用。圆轨道卫星具有相对恒定的运动速度，可以提供较为均匀的覆盖特性，通常用于全球覆盖的卫星通信系统。

2.5.2　按轨道倾角分类

根据轨道倾角不同，卫星轨道可以分为赤道轨道、倾斜轨道和极轨道 3 类，如图 2-17 所示。

当赤道轨道倾角为 0° 时，轨道上卫星的运动方向与地球自转方向相同，且卫星相对于地面的运动速度随着卫星轨道高度的增加而降低。当轨道高度为 35786km 时，卫星的运动速度与地球自转速度相同，此时若轨道倾角为 0°，则卫星对地的运动速度几乎为 0，这种轨道就是静止轨道。若卫星轨道倾角不为 0°，则卫星仍然存在对地的相对速度，这种轨道称为地球同步轨道，其星下点轨迹呈现出 "8" 字形。极轨道的轨道面垂直于赤道平面，轨道倾角为 90°，卫星穿越南北两极。倾斜轨道根据轨道倾角的不同又可分为顺行倾斜轨道和逆行倾斜轨道，顺行倾斜轨道的轨道倾角为 0°～90°，轨道上的卫星在赤道面上投影的运行方向与地球自转方向相同；逆行倾斜轨道的轨道倾角为 90°～180°，轨道上的卫星在赤道面上投影的运行方向与地球自转方向相反。

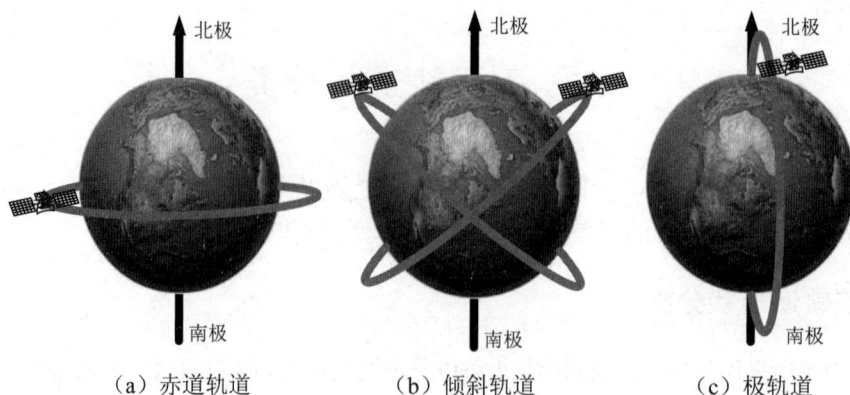

（a）赤道轨道　　　　　　（b）倾斜轨道　　　　　　（c）极轨道

图 2-17　卫星按轨道倾角分类

2.5.3　按轨道高度分类

根据轨道高度的不同，卫星轨道可以分为低地球轨道（Low Earth Orbit，LEO）、中地球轨道（Medium Earth Orbit，MEO）、静止/同步轨道（Geostationary/Geosynchronous Orbit，GEO/GSO）和高椭圆轨道（Highly Elliptical Orbit，HEO）。图 2-18 所示为各种卫星轨道的高度对比示意图。为了便于进行高度的比较，图 2-18 中各种轨道的倾角均以 0°倾角给出。

图 2-18 中的两个圆环分别表示内范·艾伦辐射带、外范·艾伦辐射带。范·艾伦辐射带是围绕地球的高能粒子辐射带，共内外两层。其中，高度较低的称为内范·艾伦辐射带，主要包含质子和电子混合物；高度较高的称为外范·艾伦辐射带，主要包含电子。范·艾伦辐射带的辐射强度与时间、地理位置、地磁和太阳活动有关。通常认为，内范·艾伦辐射带、外范·艾伦辐射带中带电粒子的浓度分别在距地面 3700km 和 18500km 附近达到最大值。实际上，高能粒子的辐射在任何高度都存在，只是强度不同，范·艾伦辐射带是粒子浓度较高、较为集中的地区。由于内范·艾伦辐射带、外范·艾伦辐射带对电子电路具有很大的破坏性，因此选择卫星轨道高度时应避开这两个轨道高度区域，这就限制了卫星的可用轨道高度。

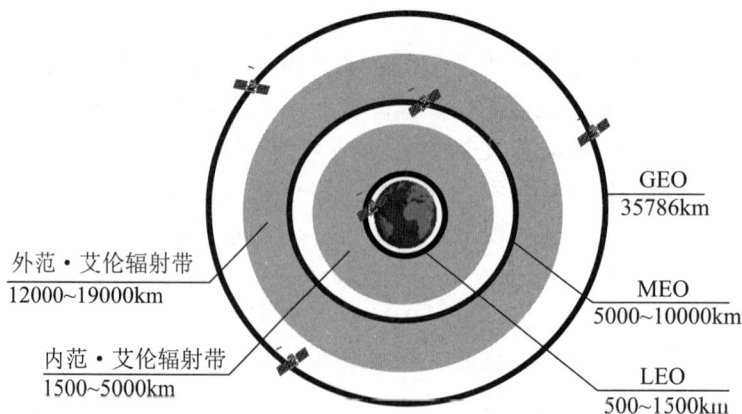

图 2-18　各种卫星轨道的高度对比示意图

2.6　影响卫星通信的因素

2.6.1　卫星轨道摄动

卫星在空间飞行的时候，会受到其他星体，特别是太阳和月球引力场的作用。地球是一个质量分布不均匀的椭圆球体，赤道的平均半径比极地的平均半径略大，太阳光压和大气阻力也会对卫星轨道带来不同程度的影响。通常将这些卫星轨道的影响因素统称为卫星轨道的摄动。

太阳和月球引力场将会导致静止轨道卫星倾角的变化。地球的椭圆球体本质会带来轨道升交点的漂移和近地点的旋转。大气阻力会影响卫星轨道的衰退速度和卫星寿命，并使得椭圆轨道的形状更趋向于圆形。

为了抵消摄动带来的影响，卫星在其生存周期内需要进行周期性的轨道保持和姿态调整。

2.6.2　星蚀

所有静止卫星，每年在春分和秋分前后各 23 天中，当星下点（即卫星与地心连线同地球表面的交点）进入当地时间午夜前后时，卫星、地球和太阳共处在一条线上。地球挡住了太阳，卫星进入地球的阴影区，造成了卫星的日蚀，我们称之为星蚀，如图 2-19 所示。在此期间，每天发生星蚀的持续时间不等，如图 2-20 所示。从图 2-20 中可以看出持续时间最长可达 72min，一年中约有 52 天星蚀持续 1h 以上（3 月 8 日~4 月 3 日以及 9 月 9 日~10 月 6 日）。星蚀期间，星载蓄电池虽然能维持星体正常运转的需要，但是难以为各转发器提供充分的电能。因此，希望星蚀发生在服务区的通信业务量最低的时间里，为了调整星蚀发生时间，可以适当地使星下点位置东移或西移。卫星位置西移 1°，星蚀开始时间可推迟 4min，东移 1°则可提前 4min。

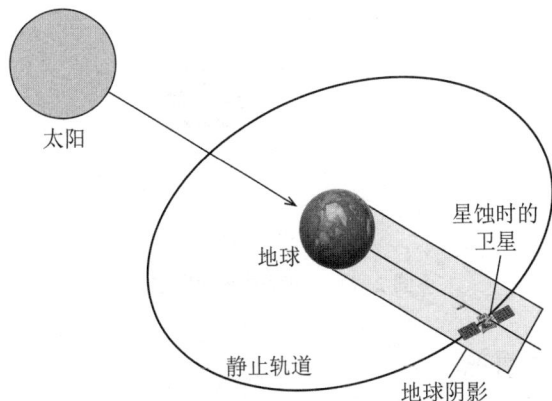

图 2-19　星蚀示意图

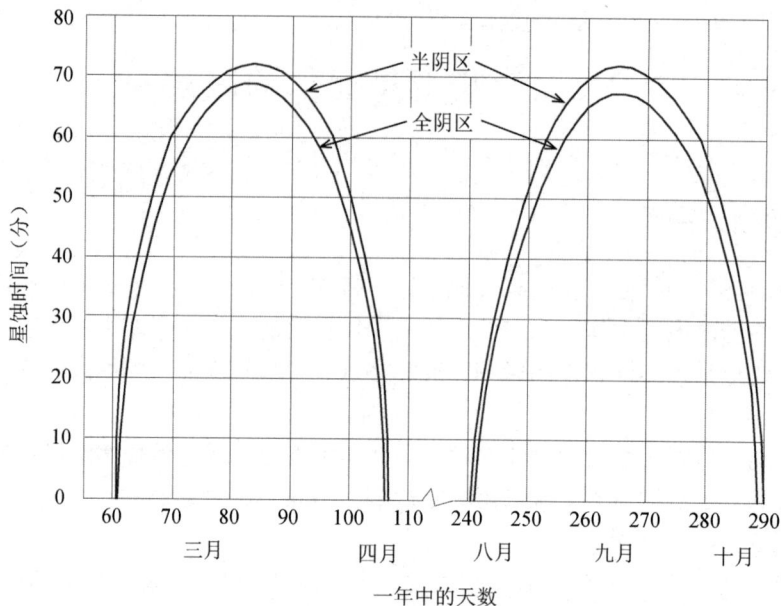

图 2-20　一年中星蚀时间分布图

2.6.3　日凌中断

　　每年春分和秋分前后，在静止卫星星下点进入当地中午前后的一段时间里，卫星处于太阳与地球之间，地球站天线在对准卫星的同时可能也对准了太阳，这时强大的太阳噪声使通信无法进行，这种现象称之为日凌中断，如图 2-21 所示。这种中断每年发生两次，每次延续约 6 天，每天出现中断的最长时间与地球站天线口径、工作频率有关。例如，10 米抛物面天线，工作在 4GHz 频段，日凌中断期间出现太阳干扰的最长时间约为 4min。

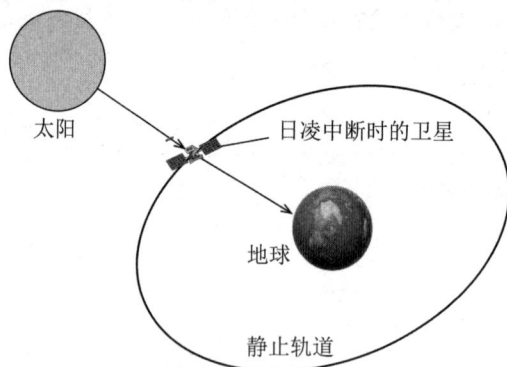

图 2-21　日凌中断示意图

2.6.4　同步卫星受力情况

　　由于赤道处凸起，使得地球的赤道平面不再是真正的圆，其偏心率约为 10^{-5}，这就是所谓的赤道椭圆率。赤道椭圆率产生的重力梯度对静止卫星有显著影响，使之在两个固定点漂移，即东经 75°、西经 105°，即将退役的卫星总会漂移到这个点，又称"卫星墓园"。同步卫星受力情况图如图 2-22 所示。

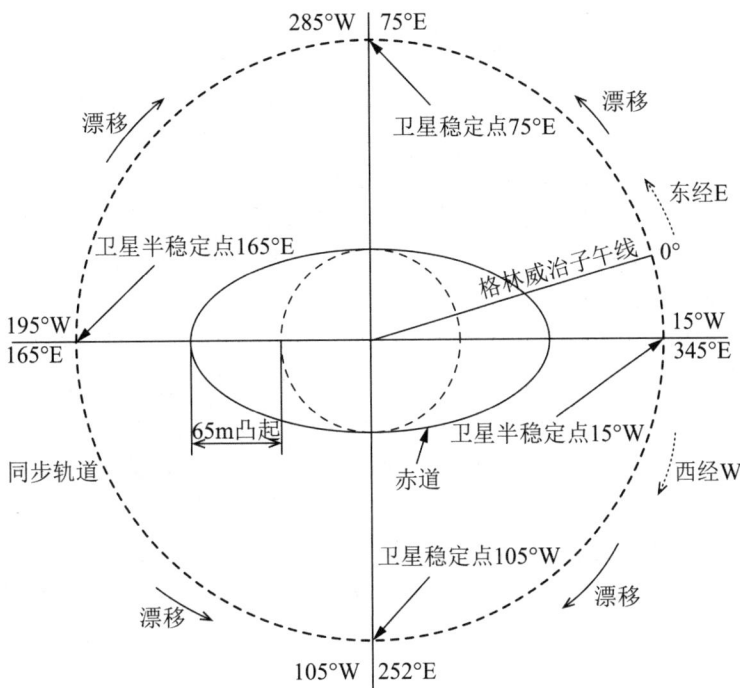

图 2-22　同步卫星受力情况图

2.7　卫星星座设计

2.7.1　卫星星座的定义

卫星在地球万有引力作用下始终以一定的速度绕地球质心飞行。除地球静止轨道卫星外，卫星不能够固定在地球表面某点的上空，其覆盖区域总是随着时间的变化而不断变化，而且这种变化规律严格受轨道高度和倾角等因素的制约，因此在一般情况下，单靠一颗卫星难以实现全球或特定区域的不间断通信和观测。由于卫星在轨道上的运动在时间上和空间上遵循一定的规律，所以可以利用多颗卫星相互补充和衔接共同完成同一个任务。例如，同时覆盖更为广阔的区域或使特定区域的覆盖特性得到改善，从而保障目标区域能够以任务要求的时间间隔或覆盖重数被卫星覆盖。

为了完成某特定空间任务而协同工作的多颗卫星的集合称为卫星星座。卫星星座中卫星都部署在地球大气层以外的太空轨道上，并且这些卫星的轨道在太空中形成一个相对稳定的空间几何构型，同时这些卫星之间保持着相对固定的时空关系。显然，卫星星座的应用主要是扩大对地球的覆盖范围或形成对目标区域的多重覆盖，通过卫星间的协调配合，大幅度提高通信、导航及对地观测等的应用效果。

由于卫星星座成本高、建设成本周期长、运行管理复杂等现实约束，只有少数国家具备经济和技术实力发展卫星星座。进入 21 世纪，随着计算机技术、小型化技术、载荷技术、发射技术等一系列先进技术的出现和发展，利用卫星星座来完成各种航天任务的可行性不断增强。

分布式卫星系统是 20 世纪 90 年代提出的概念，其基本思想就是用低成本的小卫星实现一个复杂的大卫星的功能。与传统的单颗卫星相比，分布式卫星系统能够提供较长的基线，在对地遥感、侦察监视、空间探测等领域具有很高的应用价值。这种分布式卫星系统主要基于高精度测量与控制、分布式载荷等先进技术，并常用卫星编队飞行技术来实现，各颗卫星之间通过信息交换和任务支持形成一个完整系统。从功能上来讲，分布式卫星系统可以被视为一颗"虚拟卫星"；从轨道动力学角度来讲，分布式卫星系统表现为多颗卫星的编队飞行，并且要求卫星轨道之间满足一定的关系，从而形成封闭的相对运动轨迹，再利用编队卫星构成的这种特定空间几何构型来实现任务目标，更像紧凑型的卫星星座。

卫星星座是通过把多颗卫星分布在不同轨道上，利用多颗卫星之间的配合来实现整个系统功能的扩展。分布式卫星系统的各卫星之间存在着更加紧密的信息互联和协同控制。

通常用星座轨道构型和星间链路构型来描述卫星星座。星座轨道构型是指以卫星轨道为基础，对星座的空间几何结构及卫星之间相互关系的描述，它反映了星座中卫星的时空布局。星间链路是指星座中卫星之间的信息链路，分为永久星间链路和临时星间链路，这两种链路又称静态星间链路和动态星间链路。星间链路构型是指星座中星间链路的拓扑结构，它描述了星座中各卫星之间的信息传递关系。

2.7.2　卫星星座的分类

基本的卫星星座就是在地球静止轨道上等间隔放置 3 颗卫星，这样可以实现全球除两极部分地区以外的覆盖。典型的高轨卫星系统有美国的军事星（Milstar）、宽带全球卫星通信系统（WGS）、国防卫星通信系统（DSCS）、移动用户目标系统（MUOS）等。

卫星星座的主要分类方法如下。

（1）按照星座中卫星的空间分布划分。

按照星座中卫星的空间分布划分，卫星星座可分为全球分布卫星星座和局部分布卫星星座。全球分布卫星星座中的卫星分布在以地心为中心的天球表面，它相对地心有一定的对称性；而局部分布卫星星座中的卫星则会形成一个卫星集群，像一个卫星编队一样围绕地球运动，且完成一次任务需要所有卫星合作。例如，美国 GPS 导航卫星星座就属于全球分布卫星星座；而子午仪导航卫星星座就属于局部分布卫星星座。

（2）按照星座中卫星的轨道构型划分。

按照星座中卫星的轨道构型划分，卫星星座可分为同构卫星星座和异构卫星星座。星座中所有卫星的轨道具有相同的长半轴、偏心率和近地点幅角，相对于某个参考平面有相同的倾角，且每个轨道平面中均匀分布着相同数量的卫星，这样的卫星星座称为同构卫星星座，具有多种轨道类型的卫星星座称为异构卫星星座，又称混合卫星星座。例如，美国 GPS 导航卫星星座就属于同构卫星星座；我国北斗三代导航卫星星座就属于异构卫星星座，它的空间段由 30 颗卫星组成，包括 3 颗地球静止轨道卫星、24 颗中圆地球轨道卫星、3 颗倾斜地球同步轨道卫星。

（3）按照星座中卫星的功能划分。

按照星座中卫星的功能划分，卫星星座可分为单一功能卫星星座和混合功能卫星星座。面向某种具体应用，装载相同类型有效载荷的卫星星座称为单一功能卫星星座，如通信星座、导航星座等；面向同一航天任务，星座中的卫星装载不同的有效载荷时称为混合功能卫星星座。例如，美国"锁眼"系列（其中 KH-12 精度可达 0.05m）光学侦察卫星与"白云"系列海洋监视卫星组成的侦察卫星星座就属于混合功能卫星星座。

（4）按照星座对地覆盖区域划分。

按照星座对地覆盖区域划分，卫星星座可分为全球覆盖卫星星座、纬度带覆盖卫星星座和区域覆盖卫星星座。严格意义上的全球覆盖卫星星座是指对地覆盖范围经度为-180°～180°、纬度为-90°～90°的卫星星座，而通常情况下对覆盖经度不变、纬度小于60°的地球人口主要分布区的星座也称为全球覆盖卫星星座；纬度带覆盖卫星星座是指对地覆盖范围经度为-180°～180°，纬度小于南北90°的卫星星座；区域覆盖卫星星座是指对地球表面上任意给定区域实现覆盖的卫星星座。例如，美国 GPS 导航卫星星座就属于全球覆盖卫星星座；我国北斗一代导航卫星星座就属于区域覆盖卫星星座。

（5）按照星座覆盖时间分辨率划分。

按照星座覆盖时间分辨率划分，卫星星座可分为连续覆盖卫星星座和间歇覆盖卫星星座。连续覆盖卫星星座是指能够对目标区域内的任意点实现不间断覆盖的卫星星座；间歇覆盖卫星星座是指以一定的时间间隔对目标区域实现覆盖的卫星星座。例如，通信星座、导航星座、预警星座通常要求是连续覆盖卫星星座，而侦察卫星星座多采用间歇覆盖卫星星座。

（6）按照星座覆盖重数划分。

按照星座覆盖重数划分，卫星星座可分为单重覆盖卫星星座和多重覆盖卫星星座。单重覆盖卫星星座是指覆盖区内的任意一点在任意时刻都至少被星座中的一颗卫星覆盖的星座；多重覆盖卫星星座是指覆盖区域内的任意一点在任意时刻都至少被星座中的多颗卫星覆盖的星座。例如，美国 GPS 导航卫星星座就属于多重覆盖卫星星座；而全球星（Global Star）通信星座为单重覆盖卫星星座。

2.7.3　简明全球卫星星座设计方法

卫星星座可由单轨道多颗卫星组成，也可由多轨道多颗卫星组成，目的是通过多颗卫星协调工作，完成单星无法完成的任务，使系统性能发挥到最佳。20 世纪 60 年代初期，卫星星座设计主要集中在圆形的极地轨道上，戈贝茨（Gobetz）于 1961 年指出，实现全球连续覆盖至少需要 6 颗卫星；20 世纪 70 年代，其研究重点转向任意轨道倾角的星座，尤其关注当时正处于研制阶段的"全球定位系统（GPS）"，英国航空研究院的约翰·沃克提出了只需要 5 颗卫星就能实现对地球单重覆盖的卫星星座构型的设想，为以后的星座设计工作奠定了基础。一些经典的星座设计方法也先后被提出，它们针对不同应用场景，包括以卢德斯（Luders）为代表的覆盖带星座设计方法，以来德（Rider）和亚当斯（Adams）为代表的极轨道星座设计方法，以及以沃克（Walker）和巴拉德（Ballard）为代表的倾斜圆轨道星座设计方法等。

1. 星座设计的基本考虑

在卫星星座的设计中，首先应该考虑以最少的卫星实现对指定区域的覆盖问题。当给定最低用户仰角时，轨道高度是影响单颗卫星覆盖区域大小的唯一因素。单颗静止轨道卫星能够提供大范围的连续覆盖，但非静止轨道星座构建的卫星移动通信系统的低时延、大容量、通导遥一体化应用优势非常突出。卫星星座设计时应考虑以下几方面。

（1）用户仰角应尽可能大。随着仰角的增大，多径和遮蔽问题将得到缓解，使得通信链路质量得到提高，因此大仰角对卫星移动业务特别重要。大仰角的卫星意味着覆盖半径小，在同样的区域覆盖下，需要更多的卫星，在星座设计时，必须综合考虑。

（2）信号传输延时应尽可能低。低时延对开展话音、数据、视频会议服务十分重要，它限制了星座的轨道高度选择。

（3）卫星有效载荷的能量消耗应尽可能低。卫星只能依靠有限大小的太阳能电池帆板和蓄电池。

（4）星际链路的干扰要小。星际链路的建设大大满足了对地面信关站的需求，但必须使轨道面内、面间的星际链路干扰减少到可以接受的指标内。

（5）星座多重覆盖，抗毁设计。多重覆盖能够提升星座的物理抗毁，信号的分集接收有利于保障特定用户的服务质量。

通常，对一个最佳卫星星座而言，轨道平面是那些卫星在面内均匀分布的平面，而同时这些轨道平面的升交点应在赤道平面内等间隔分布。此时，星座中总的卫星数量为轨道面数量和轨道面内数量的乘积。

2. 卫星覆盖带

卫星覆盖带（Street of Coverage）的概念是极轨道星座设计的基础，如图 2-23 所示。覆盖带是基于同一轨道面内多颗卫星的相邻重叠覆盖特性，在地面上形成的一个连续覆盖区域。在图 2-7 中，单颗卫星覆盖的半地心角 α 与同一轨道面内卫星组合而成的覆盖带半宽度 c 之间满足以下关系：

$$c = \arccos\left[\frac{\cos\alpha}{\cos(\pi/S)}\right] \tag{2-34}$$

$$\alpha = \arccos\left[\frac{R_E}{h + R_E} \cdot \cos E\right] - E \tag{2-35}$$

式中，S 为每个轨道面内的卫星数量；R_E 为地球半径；h 为卫星高度；E 为观察点的仰角。

3. 极轨道星座设计方法

当卫星轨道平面相对于赤道平面的倾角为 90°，并且穿越地球南北极上空时，这种类型的轨道称为极轨道。极轨道星座由多个卫星数量相同、具有特定空间间隔关系的极轨道平面构成。由于极轨道星座中轨道面的升交点和降交点在赤道平面上各占据 180° 相位，因此有的文献中将其称为 π 型星座。极轨道星座中相邻卫星存在顺行与逆行（缝隙）两种关系，顺行轨道间卫星的相位关系不变，逆行轨道间卫星的相位关系不断变化。并且，不同的轨道在相对运动关系、星座轨道面间的经度差不同。图 2-24 所示为在极点处观察时，极轨道星座的轨道在赤道平面上的投影。

在极轨道星座中，相邻两轨道面由于存在两种相对运动关系，所以覆盖的几何关系也不同，如图 2-25 所示。

若极轨道实现全球覆盖，则星座参数应满足以下关系：

$$(P - 1)\,\alpha + (P + 1)\arccos\left[\frac{\cos\alpha}{\cos(\pi/S)}\right] = \pi \tag{2-36}$$

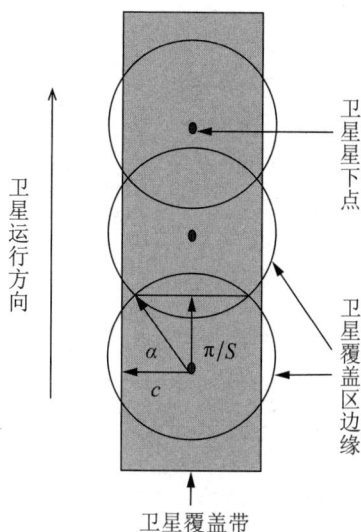

图 2-23 卫星覆盖带

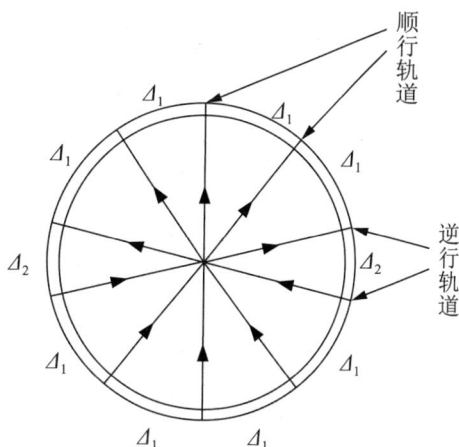

图 2-24 极轨道星座极点观察投影图

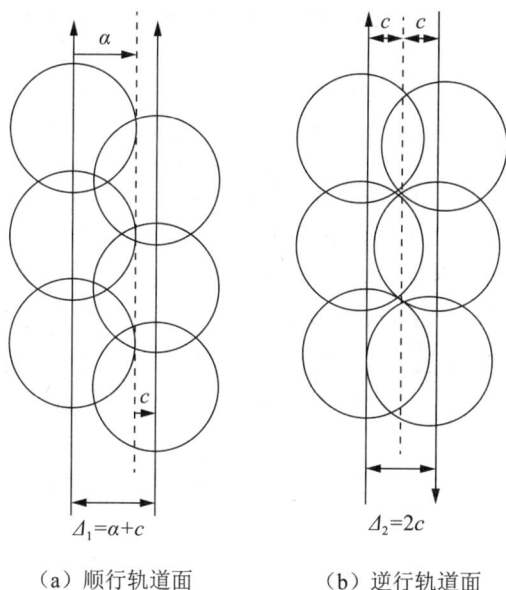

（a）顺行轨道面 （b）逆行轨道面

图 2-25 相邻轨道面覆盖几何关系图

$$\Delta_\gamma = \pi/S \qquad (2\text{-}37)$$

$$(P-1)\Delta_1 + \Delta_2 = \pi \qquad (2\text{-}38)$$

$$\Delta_2 = 2c \qquad (2\text{-}39)$$

式中，P 为星座总的轨道面数量；Δ_γ 为相邻轨道面相邻卫星之间的相位差。

极轨道星座顺行轨道面上卫星相位保持不变，适于建立星间链路，在实际中应用较多，著名的铱星（Iridium）系统和 Teledesic 系统均采用的是极轨道星座。

根据式（2-36），可以在给定星座轨道面数量和轨道面内卫星数量时，求解单颗卫星的最大覆盖地心角 α，从而确定最小轨道高度及所需的轨道面升交点的经度差 Δ_1 和 Δ_2；也可以在给定轨道高度和轨道面内卫星数量时，求解确定所需的轨道平面数 P。表 2-1 所示为一些全球单重覆盖极轨道星座参数（10°用户仰角）。

表 2-1　全球单重覆盖极轨道星座参数（10°用户仰角）

P	S	最大地心角 α（°）	顺行轨道面升交点经度差 Δ_1（°）	轨道高度（km）	P	S	最大地心角 α（°）	顺行轨道面升交点经度差 Δ_1（°）	轨道高度（km）
2	3	66.7	104.5	20958.6	4	9	27.6	47.0	1550.6
2	4	57.6	98.4	10127.1	5	9	24.2	38.0	1214.6
2	5	53.2	95.5	7562.4	5	10	23.0	37.7	1115.3
3	5	42.3	66.1	3888.5	5	11	22.2	37.4	1044.3
3	6	38.7	64.3	3135.5	6	11	19.9	31.4	868.0
3	7	36.5	63.2	2738.6	6	12	19.1	31.2	813.8
4	7	30.8	48.3	1917.2	7	13	17.6	26.9	709.3
4	8	28.9	47.6	1694.4	7	13	16.9	27.7	666.1

根据图 2-25（a）可知，为充分利用顺行轨道面间的互补覆盖，相邻轨道面相邻卫星之间的相位差 $\Delta\gamma$ 应满足式（2-37）。

1）德耳塔星座

（1）相邻轨道面相邻卫星相位差。

在德耳塔星座中，不同轨道面内相邻卫星的初始相位差对星座的性能产生很大的影响。

图 2-26 所示为相邻轨道面内相邻卫星相位差关系示意图。在图 2-26 中，两条弧线分别是轨道面 1 和 2 的星下点轨迹，轨道面 2 的星下点轨迹中的加粗弧段即是两轨道面内卫星间的相位差。由图 2-26 可知卫星间相位差的计量方法为：以轨道面 1 内卫星所在轨度圈与轨道面 2 的交点为起点，以轨道面 2 内卫星所在位置为终点，沿轨道面 2 按卫星运行方向测量所得的弧段长度。

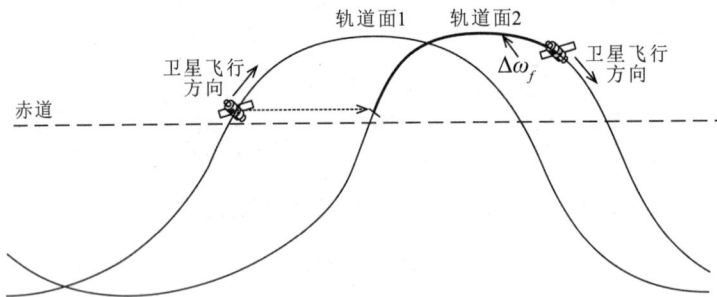

图 2-26　相邻轨道面内相邻卫星相位差关系示意图

（2）德耳塔星座标识法。

沃克采用以下 3 个参数来描述德耳塔星座：$T/P/F$。其中，T 代表星座的卫星总数；P 代表星座的轨道面数量；F 称为相位因子，确定了相邻轨道相邻卫星的初始相位差 $\Delta\omega_f = 2\omega \cdot F/T$。

通常，再结合卫星的轨道高度 h 和倾角 i，便可以完全确定德耳塔星座所有卫星的位置。于是，也常将德耳塔星座用以下 5 个元素标识：$T/P/F : h : i$ 或 $T/P/F : i : h$。

【例】已知某星座的德耳塔标识为 9/3/1：10355：43，假设初始时刻此星座的第一个轨道面的升交点赤经为 0°，面内第一颗卫星位于（0°E，0°N），试确定此星座各卫星的轨道参数。

【解】由德耳塔星座特性可知星座多个轨道面的右旋升交点在赤道平面内均匀分布，每个轨道面内的卫星在面内均匀分布，再根据相位因子 F 可以确定各卫星的轨道参数。

①相邻轨道面的升交点经度差：360°/3 = 120°。

②面内卫星的相位差：360°/（9/3）= 120°。

③相邻轨道面内相邻卫星的相位差：360°×1/9 = 40°。

根据已知的第一颗卫星的初始位置，可以得到某星座所有卫星的初始轨道参数（见表 2-2）。

（3）最优德耳塔星座。

沃克的研究结果给出了最优全球单重、两重、三重和四重覆盖的德耳塔星座参数，当卫星数量 $N = 5 \sim 15$ 时，最优全球单重覆盖德耳塔星座参数如表 2-3 所示（最小用户仰角为 10°）。

表 2-2　某星座所有卫星的初始轨道参数

轨道面	卫星编号	升交点赤经（°）	初始幅角（°）
1	SAT-1	0	0
	SAT-2	0	120
	SAT-3	0	240
2	SAT2-1	120	40
	SAT2-2	120	160
	SAT2-3	120	280
3	SAT3-1	240	80
	SAT3-2	240	200
	SAT3-3	240	320

表 2-3　最优全球单重覆盖德耳塔星座参数（最小用户仰角为 10°）

T	P	F	i（°）	$\alpha_{\min}$（°）	h（km）
5	5	1	43.7	69.2	27143
6	6	4	53.1	66.4	20334
7	7	5	55.7	60.3	12255
8	8	6	61.9	56.5	9374.2
9	9	7	70.2	54.8	8374.2
10	5	2	57.1	52.2	7089.7
11	11	4	53.8	47.6	5344.4
12	3	1	50.7	47.9	5442.1
13	13	5	58.4	43.8	4257.1
14	7	4	54.0	42.0	3824.3
15	3	1	53.5	42.1	3847.1

2）玫瑰星座

（1）玫瑰星座标识法。

巴拉德也采用了 3 个参数来描述其星座：（N, P, m）。其中，N 代表星座的卫星总数；P 代表星座的轨道面数量；m 称为协因子，确定了卫星在轨道面内的初始相位。协因子是一个非常重要的玫瑰星座参数，它不仅影响卫星初始时刻在天球上的分布，还影响卫星组成的图案在天球上的旋进速度。

巴拉德采用图 2-27 所示的坐标系来描述卫星在天球上的位置及相互关系。在该坐标系中，卫星的位置由 3 个不变的方向角和一个时变的相位角来决定（实际上，该坐标系可以用于描述轨道高度相同、倾角相同的任意圆轨道卫星之间的关系，而并不只限于玫瑰星座）。

① λ_j 为第 j 个轨道平面的右旋升交点。

② i_j 为轨道面的倾角。

③ γ_j 为第 j 颗卫星在轨道面内的初始相位，从右旋升交点顺卫星运行方向测量。

④ $\chi_j = 2\pi/T$，为卫星在轨道面内的时变相位。

图 2-27 中，R_{ij} 是卫星 i 和 j 间的地心角距离，ψ_{ij} 和 ψ_{ij} 分别是卫星 i 对 j 和 j 对 i 的方位角。

对于卫星总数为 N，轨道面数量为 P，每轨道面内卫星数量为 S 的玫瑰星座，卫星的方向角具有以下对称形式：

$$\left.\begin{array}{l} \lambda_j = 2\pi j/P \\ i_j = i \\ \gamma_j = m\lambda_j = m2\pi j/P = mS\ (2\pi j/N) \end{array}\right\} \begin{array}{l} j = 0 \sim N-1 \\ m = (0 \sim N-1)\ /S \\ N = P \cdot S \end{array} \qquad (2\text{-}40)$$

式中，m 为协因子，可以是整数，也可以是不可约分数。如果 m 是 $0 \sim N-1$ 的整数，那么意味着 $S=1$，表示星座中每一个轨道平面内只有一颗卫星；如果 m 为不可约分数，那么一定以 S 为分母，表示星座中每一个轨道平面内有 S 颗卫星。

根据图 2-27，玫瑰星座中任意两颗卫星 i 和 j 间的地心角距离 R_{ij} 由下式确定：

$$\begin{aligned} \sin^2\ (R_{ij}/2) = {} & \cos^4\ (i/2)\ \cdot \sin^2\ [\ (m+1)\ (j-i)\ (+\pi/P)\ ] + \\ & 2\sin^2\ (i/2)\ \cdot \cos^2\ (i/2)\ \cdot \sin^2\ [\ m\ (j-i)\ (\pi/P)\ ] + \\ & \sin^4\ (i/2)\ \cdot \sin^2\ [\ (m-1)\ (j-i)\ (\pi/P)\ ] + \\ & 2\sin^2\ (i/2)\ \cdot \cos^2\ (i/2)\ \cdot \sin^2\ [\ (j-i)\ (\pi/P)\ ] + \cos\ [2\chi + 2m\ (j+i)\ (\pi/P)\ ] \end{aligned}$$
$$(2\text{-}41)$$

由式（2-41）可见，卫星间的地心角距离是关于时变相位 χ 的函数。

（2）最优玫瑰星座。

巴拉德采用了最坏观察点的最大地心角的最小化准则对星座进行了优化。可以证明，任一时刻地球表面上的最坏观察点是某 3 颗卫星的星下点所构成的球面三角形的中心，该点到 3 颗卫星星下点的地心角距离相同，如图 2-28 所示。

在已知 3 颗卫星间的地心角距离时，最坏观察点与卫星间的瞬时最大地心角 α_{ijk} 可以由式（2-42）确定：

$$\sin^2\alpha_{ijk} = 4ABC/\ [\ (A+B+C)^2 - 2\ (A^2+B^2+C^2)\ ] \qquad (2\text{-}42)$$

式中，$A = \sin^2\ (R_{ij}/2)$；$B = \sin^2\ (R_{jk}/2)$；$C = \sin^2\ (R_{ki}/2)$。

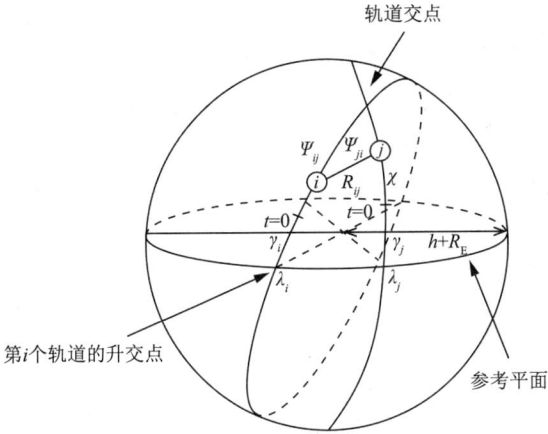

图 2-27　玫瑰星座空间几何关系示意图

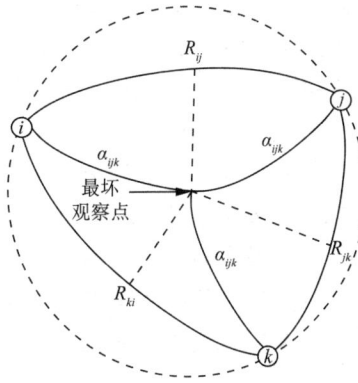

图 2-28　最坏观察点几何关系示意图

巴拉德的研究表明，为了保证星座的全球覆盖，卫星的最小覆盖地心角 $\alpha_{\min}$ 必须大于或等于最坏观察点与卫星间的最大地心角。巴拉德给出了当 $N=5\sim15$ 时，最优全球单重覆盖玫瑰星座参数（最小用户仰角为 $10°$），如表 2-4 所示。

表 2-4　最优全球单重覆盖玫瑰星座参数（最小用户仰角为 $10°$）

N	P	m	i（°）	$\alpha_{\min}$（°）	h（km）	T（h）
5	5	1	43.66	69.15	26992.28	16.90
6	6	4	53.13	66.42	20371.77	12.13
7	7	5	55.69	60.26	12220.51	7.03
8	8	6	61.86	56.52	9388.62	5.49
9	9	7	70.54	54.81	8380.87	4.97
10	10	8	47.93	51.53	6799.09	4.19
11	11	4	53.79	47.62	5344.88	3.52
12	3	1/4，7/4	50.73	47.90	5440.55	3.56
13	13	5	58.44	43.76	4247.84	3.04
14	7	11/2	53.98	41.96	3814.13	2.85
15	3	1/5，4/5，7/5，13/5	53.51	42.13	3852.39	2.87

3）玫瑰星座与德耳塔星座的等价性

巴拉德在其研究结果中指出，他的研究结果与沃克的德耳塔星座结果是等价的，只是在对星座的标识方法上存在较大差异，使用了不同的相位调谐因子（协因子 m 和相位因子 F）。巴拉德还认为，沃克使用相位因子 F 来描述卫星间的空间相位关系实际上使得原本简单明了的参数关系变得模糊。

玫瑰星座的协因子 m 和德耳塔星座的相位因子 F 可以相互转换，转换时 F 和 m 之间满足以下关系：

$$F = \mathrm{mod}\,(mS,\ P) \tag{2-43}$$

式中，mod (x, y) 是对 x 进行模 y 运算。

【例】ICO 星座的德耳塔标识为 10/2/0，试写出其等价的玫瑰星座标识。

【解】已知，轨道面数量 $P=2$，每轨道面内卫星数量 $S=10/2=5$，相位因子 $F=0$。

根据式（2-43），有 mod $(5m, 2) = 0 \rightarrow 5m = 2n \rightarrow m = 2n/5$

显然，根据玫瑰星座特性，协因子 m 的分子部分取值应不等于 0 且小于星座卫星数量（$0<2n<10$），可以判定 n 的可能取值为 1、2、3 和 4。

所以，协因子为 $m=2n/5=$（2/5，4/5，6/8，8/5）。

综上所述，ICO 星座的玫瑰表示为 $[10, 2, (2/5, 4/5, 6/5, 8/5)]$。

4 种不同协因子值下 ICO 星座的星座参数如表 2-5 所示。可见，4 种不同协因子所表征的是同一星座，只是卫星的编号不同。

表 2-5　4 种不同协因子值下 ICO 星座的星座参数

卫星编号	右旋升交点 λ_j	初始相位 γ_j			
		$m=2/5$	$m=4/5$	$m=6/5$	$m=8/5$
SAT1	0	0	0	0	0
SAT2	180	72	144	216	288
SAT3	0	144	288	72	216
SAT4	180	216	72	288	144
SAT5	0	288	216	144	72
SAT6	180	0	0	0	0
SAT7	0	72	144	216	288
SAT8	180	144	288	72	216
SAT9	0	216	72	288	144
SAT10	180	288	216	144	72

4）倾斜圆轨道星座设计方法

倾斜圆轨道与赤道平面成一定倾角，一般在 40°～60°之间，各个轨道面内卫星数量、轨道高度、轨道倾角均相同，星座不存在缝隙问题。德耳塔（Delta 或 Δ）星座和玫瑰（Rosette）星座设计方法是目前常用的倾斜圆轨道星座设计方法。德耳塔星座是沃克的研究结果，当从极点观察时，三轨道面星座地面轨迹构成希腊字母 Δ（德耳塔），因此而得名德耳塔星座，如图 2-29（a）所示；玫瑰星座是美国人巴拉德对德耳塔星座进行优化研究的结果，当从极点观察时，星座的地面轨迹像一朵盛开玫瑰鲜花的花瓣，因此而得名玫瑰星座，如图 2-29（b）所示。

德耳塔星座和玫瑰星座具有等价性，只是对参数的表示方法存在差异，有的文献中将它们都归为沃克星座系统。

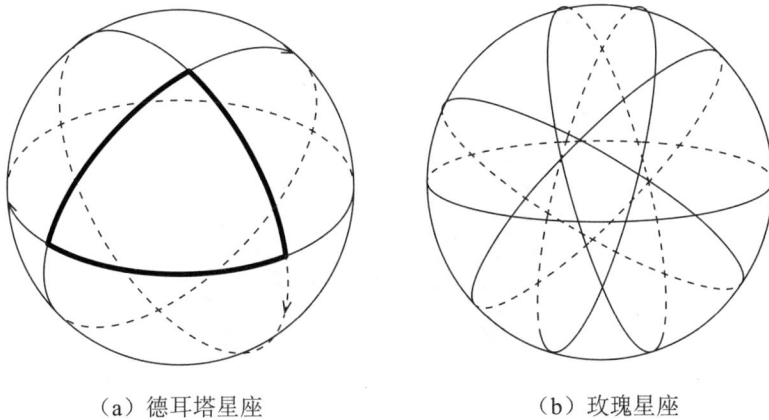

（a）德耳塔星座　　　　　　　　　　（b）玫瑰星座

图 2-29 倾斜圆轨道示意图

2.7.4 典型卫星星座

1. 通信卫星星座

1）铱星卫星通信系统

铱星卫星通信系统是第一个投入商业运营的大型低轨道卫星移动通信系统，最初是美国摩托罗拉公司于 1987 年提出的一种利用低轨道卫星群实现全球个人卫星移动通信的系统，于 1998 年 11 月投入运行，它与现有的通信网相结合，可以实现数字化个人通信。铱星卫星通信系统区别于其他卫星移动通信系统的主要特点之一是铱星卫星星座具有星间通信链路，能够不依赖于地面转接为地球上任意位置的终端提供连接。虽然铱星系统技术先进，但是投入高，加之地面移动通信网发展迅速，所以在 2000 年 3 月商业运营失败，转为军用后大大拓展了军事运用场景。2019 年 1 月，第二代铱星系统（Iridium NEXT）组网成功，功能得到了很大的提升，其核心话音、数据传输速率可达 1.5Mbit/s；工作在 Ka 频段高速数据业务，机动用户可达 30Mbit/s，支持端对端的 IP 应用；支持宽域广播服务；支持全球资产跟踪、流量管理、远程监控、指挥和控制及其他智能数据应用，如广播式自动相关监视（ADS-B）、全球船舶自动识别系统（AIS）、全球气象水文（GEOScan）、多光谱对地成像、全球低轨卫星导航系统等。

铱星卫星星座的星座构型为玫瑰星座，由 72 颗卫星组成，它们均匀部署在轨道高度为780km 的 6 条极轨、近圆轨道上，每个轨道面包含 11 颗业务星和 1 颗备份星，轨道倾角为86.4°，备份星的轨道高度为 677km，如图 2-30 所示。

每颗铱星卫星拥有 4 条 Ka 频段的星间通信链路，其中同轨道卫星的前后方向各有一条星间链路，星间距离为 4021~4042km；相邻轨道面之间各有一条星间链路（仅适用于南北纬度 68°之间地域），星间距离为 2700~4400km。卫星质量为 320kg，工作寿命为 5~8 年。

2）Milstar/AEHF 安全通信卫星系统

Milstar 是美国军事战略战术中继卫星通信系统，是一种极高频、地球静止轨道军用卫星通信系统。Milstar 卫星如图 2-31 所示。Milstar 系统具有抗核加固能力和自主控制能力，是美国于 20 世纪 80 年代初开始实施的一项军事卫星通信系统工程。Milstar 系统的特殊之处是采用了全球点波束覆盖的通信方式，可在战时为大量的战术用户提供实时、保密、抗干扰的通信服务，能够满足战略和战术通信需求。

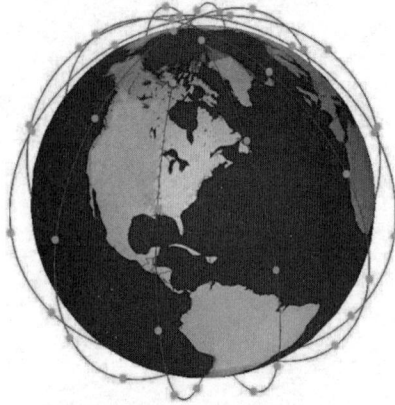

（a）铱星卫星星座的空间轨道构型

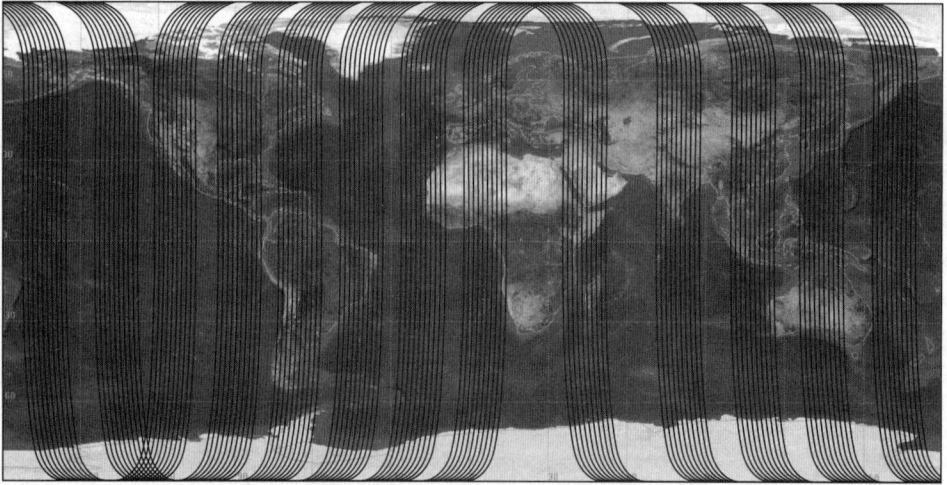

（b）铱星卫星星座的星下点轨迹

图 2-30　铱星卫星星座的空间轨道构型及星下点轨迹

图 2-31　Milstar 卫星

Milstar-Ⅰ系统有两颗卫星（Milstar-1 和 Milstar-2），分别于 1994 年 2 月和 1995 年 11 月发射入轨，分别定位于 120°W 和 4°E 的地球静止轨道上，卫星上配备了一个低速率的通信载荷 LDR 和一个星间通信载荷。两颗卫星配对工作，具备星间交叉通信能力，主要保障战略司令部在紧急状态下能够顺利下达指令，核力量是该系统的最优先用户。Milstar-Ⅰ系统能够覆盖南北纬 60°之间的地面区域，可为太平洋和大西洋美军部队提供保密通信服务，如图 2-32 所示。

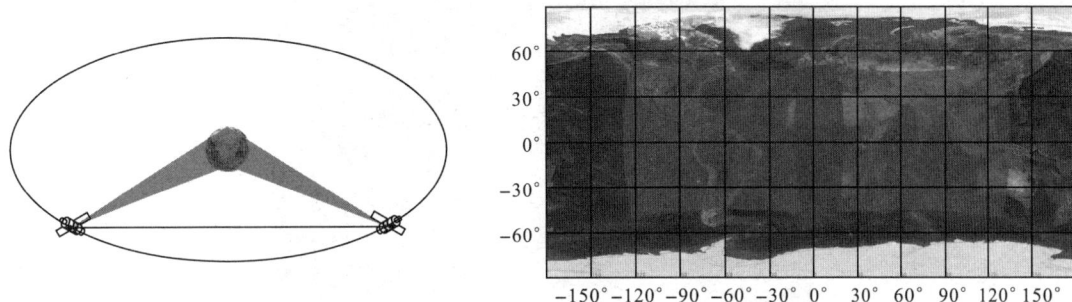

图 2-32　Milstar-Ⅰ双星系统及对地覆盖区域

Milstar-Ⅱ系统以战术通信为主，星座中包含 3 颗卫星 Milstar-4、Milstar-5、Milstar-6（Milstar-3M 发射失败），分别于 2001 年 2 月、2002 年 1 月和 2003 年 4 月（定位于 W90°）发射入轨。3 颗卫星形成全球南北纬 60°区域覆盖的抗干扰卫星通信网，卫星配置了 LDR 和 MDR（中速率通信载荷），具备星间交叉通信链路，如图 2-33 所示。与 Milstar-Ⅰ系统相比，该系统具备增强型的战术通信能力，包括为移动部队提供高数据速率和对敌方干扰中心实施自适应天线调零的能力。

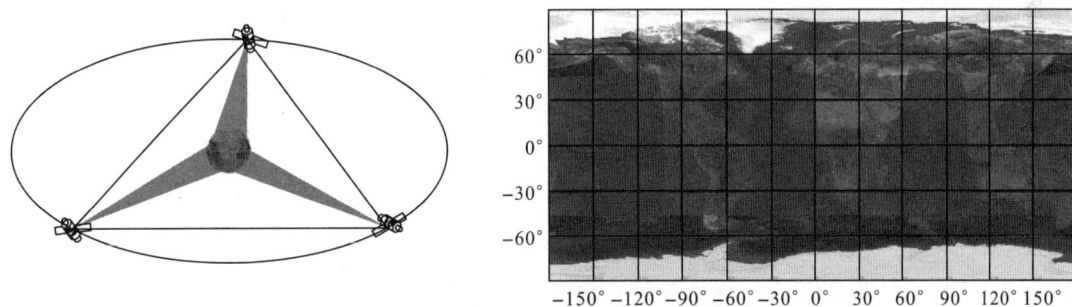

图 2-33　Milstar-Ⅱ三星系统及对地覆盖区域

AEHF 是 Milstar 的后续卫星系统，拟用 4 颗卫星组成星座，能够覆盖南北纬 65°之间的广大区域，它们为美国及美国盟友国家英国、加拿大、荷兰、澳大利亚提供加密安全的通信。美国空军分别在 2010 年、2012 年、2013 年、2018 年、2019 年和 2020 年发射了 AEHF1-6 号卫星。AEHF 向前兼容并逐步取代 Milstar 军事卫星通信系统，系统之间使用跨系统的星间链路，以避免来自地球站的攻击。卫星的上行链路采用 EHF 波段（44GHz），下行链路采用 SHF 波段（20GHz），安装了多组天线：2 个下行的 SHF 相控阵天线、2 个卫星对卫星的星间链路天线、2 个上/下行的调零天线、1 个上行的 EHF 相控阵天线、6 个上/下行的万向节天线、1 个上/下行的地球覆盖喇叭天线。AEHF 卫星图如图 2-34 所示。每颗卫星可以连接上百个直径为 0.3m 的终端天线，卫星的容量可以达到 430MB/s，可以服务 6000 个终端，并同时提供 50 个下行链路信道，能够把战场上的所有梯队连成一个具备太空路由的虚拟网络，如图 2-35 所示。AEHF 的特点是采用星间链路、星上处理技术，以及轻型多功能通信天线的组合阵列和宽带频率合成技术等，其保护能力体现在具备低检测概率、低截获概率和先进的加密系统。

图 2-34　AEHF 卫星图

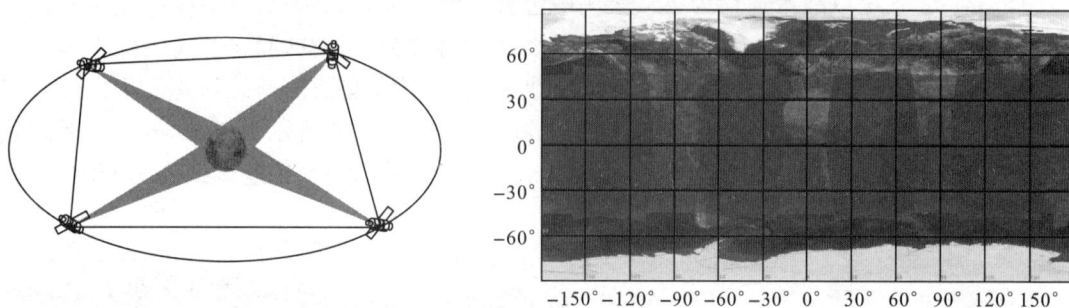

图 2-35　AEHF 星座及对地覆盖区域

2. 导弹预警卫星星座

导弹预警卫星是一种专门用于预警弹道导弹发射事件的卫星。美国的导弹预警卫星系统是其战略预警系统的核心，是保持世界战略核平衡的主要手段。由于导弹预警卫星的预警对象是随时随地可能发射起飞的弹道导弹，因此要求预警卫星能够对所有可疑区域进行连续不间断的覆盖。显然，这是一颗预警卫星无法完成的，因此目前世界上仅有的两大导弹预警卫星系统（分别属于美国和俄罗斯）都采用了卫星星座来实现天基导弹预警。下面就对美国和俄罗斯的导弹预警卫星星座系统进行介绍。

1）美国的导弹预警卫星系统

国防支援计划（Defense Support Program，DSP）是美国的第一个实战部署的导弹预警卫星系统。1970 年 11 月 6 日发射了第一颗 DSP 卫星，1989 年 5 颗常驻卫星全部部署到位。DSP 系统发展了三代，共发射了 23 颗 DSP 卫星，截至 2017 年年底，仍有 4 颗 DSP 卫星在轨服役，均属于第三代 DSP 卫星。第三代 DSP 卫星重 2360kg，设计寿命为 9 年，外形是长为 10m、直径为 6.7m 的圆柱体，如图 2-36 所示。

DSP 卫星星座部署在高度为 35786km 的地球静止轨道上，由 5 颗卫星组成，其中 4 颗为工作星，1 颗为备用星，分布在全球各大洲上空，实时监测全球导弹发射、地下核发射和卫星发射的情况。4 颗工作星分别定点于西经 37°（大西洋位置）、东经 10°（欧洲位置）、东经 69°（印度洋位置）和西经 152°（太平洋位置），备用星则定点于东经 110°（东印度洋位置）。其中，位于印度洋上空的 DSP 卫星，能够覆盖俄罗斯部分地区、哈萨克斯坦全境、中国西北部及中部的大部分地区、印度和巴基斯坦全境，用于监视陆基洲际弹道导弹的发射；位于大西洋上空的 DSP 卫星，主要用于监视从大西洋向美国东海岸发射的潜射弹道导弹；而太平洋上空的 DSP 卫星，则是用于监视从太平洋向美国西海岸发射的潜射弹道导弹。DSP 卫星星座空间轨道构型如图 2-37 所示。

由于 DSP 卫星具有虚警率高、过分依赖国外地球站中继通信、对战术弹道导弹预警时间短等缺陷，以及考虑到满足导弹和空间监视数据不断增长的需要，美国国防部于 1995 年决定用可同时预警战略和战术导弹的天基红外系统（Space Based Infrared System，SBIRS）逐步替代 DSP 导弹预警卫星系统。

SBIRS 是美国正在研制的新一代天基红外预警系统，也是美国国家导弹防御系统的一个主要组成部分，能够为美国部队提供更准确、更及时的弹道导弹预警情报。SBIRS 星座任务示意图如图 2-38 所示。

图 2-36　第三代 DSP 卫星

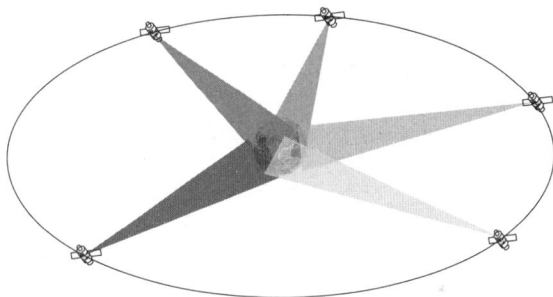

图 2-37　DSP 卫星星座空间轨道构型

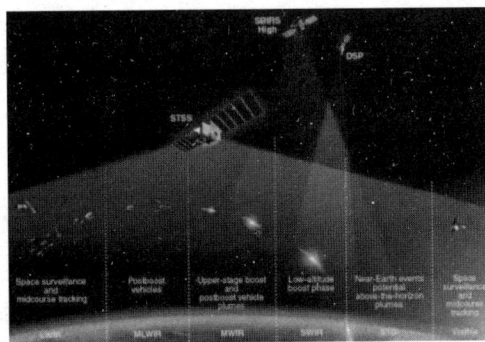

图 2-38　SBIRS 星座任务示意图

天基红外系统包括"天基红外系统-低轨道"（SBIRS-Low）和"天基红外系统-高轨道"（SBIRS-High）两个部分。天基红外系统示意图如图 2-39 所示。后来，SBIRS 系统专指其高轨部分，低轨部分改称为空间跟踪与监视系统（Space Tracking and Surveillance System，STSS）。

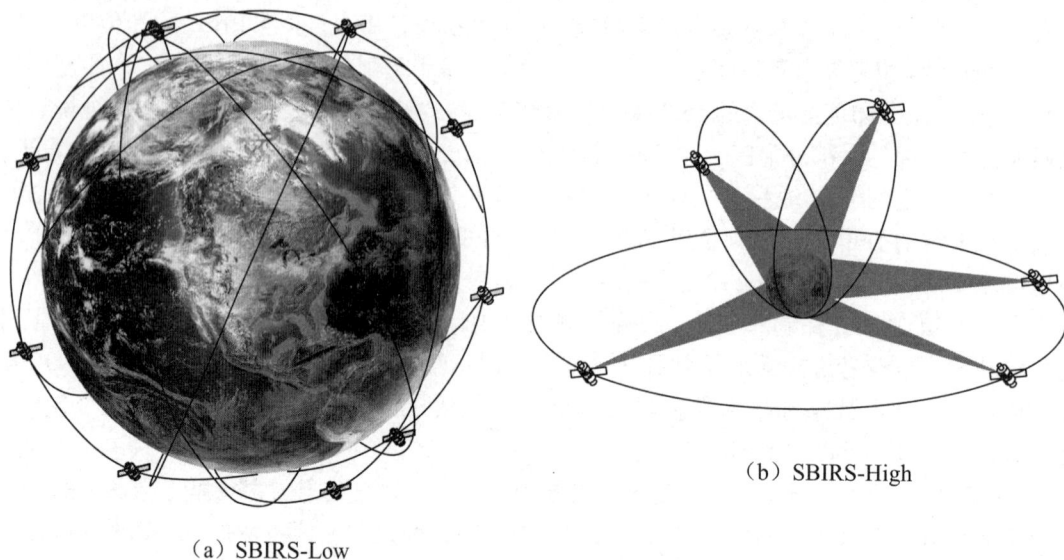

(a) SBIRS-Low

(b) SBIRS-High

图 2-39　天基红外系统示意图

SBIRS 高轨部分包括两颗 SBIRS-High 和 5 颗 SBIRS-CEO（其中一颗备份）。SBIRS-High 的主要功能有以下两项：一是增强导弹预警能力，包括拥有更多载荷、极地覆盖（GEO 视野以外，约 70% 以上的时间都处于北半球上空监视状态）；二是为情报传递提供更灵活、更高、带宽，增强系统的信息传递能力。SBIRS-GEO 的功能和原来的 DSP 卫星基本相同，主要功能有以下三项：一是导弹预警增强功能，包括战略/战术导弹预警、发射点/落点估计和导弹追踪；二是技术情报搜集；三是为导弹防御提供警告和指示信息。目前，已经发射了三颗 SBIRS-GEO 卫星和 3 颗 SBIRS-HEO 卫星，其中 SBIRS-GEO-1 于 2011 年入轨，定点经度为 96.84°W；SBIRS-GEO-2 于 2013 年入轨，定点经度为 37°W；SBIRS-HEO-1 于 2006 年入轨（搭载在美国的 NROL-22 卫星上，即喇叭电子侦察卫星），轨道高度为 1111km×37594km，轨道倾角为 62.4°；SBIRS-HEO-2 于 2008 年入轨（搭载在美国的 NROL-28 卫星上），轨道高度为 1112km×37580km，轨道倾角为 63.6°；SBIRS-HEO-3 于 2014 年入轨（搭载在美国的 NROL-35 卫星上），轨道高度为 2101km×37748km，轨道倾角为 62.8°；SBIRS-GEO-4 于 2018 年入轨；SBIRS-GEO-5 于 2021 年入轨；SBIRS-GEO-6 于 2022 年 8 月入轨。

STSS 系统预计由 20~30 颗 LEO 卫星组成（3 个轨道中的 21 颗卫星或 4 个轨道中的 28 颗卫星），轨道高度约为 1600km，组成一个覆盖全球的卫星网。卫星成对工作，以提供立体观测，每对卫星通过 60GHz 的星间链路进行通信。STSS 主要用于捕获、跟踪和识别弹道中段飞行发热弹体和末段飞行再入弹头，可为反导系统中的拦截弹提供引导数据。其主要功能有以下几项：一是确定发射点和落点的精确位置，比高轨卫星还要精确；二是对洲际导弹和战略导弹的中段进行跟踪，具备导弹的全程预警能力；三是高带宽的信息处理和信息分析，星上处理能力大大增强；四是空间目标监视，能够监视天上的卫星或者空间碎片。目前，STSS 系统有两颗试验卫星（STSS-Demo1 和 STSS-Demo2），于 2009 年入轨，轨道高度为 1350km，轨道倾角为 58°。

从美国的第一颗预警卫星到现在的 SBIRS 系统，可以看到，美国的预警卫星技术经历了从单一的地球静止轨道到结合大椭圆轨道，再到高轨道组网与低轨道组网相互配合的发展过程。

2）俄罗斯的导弹预警卫星系统

苏联自 20 世纪 70 年代开始研制导弹预警卫星，已经拥有了"预报"（Prognoz）和"眼睛"（OKO）两个系列的导弹预警卫星。

"眼睛"导弹预警卫星系统最早构建于 1967 年，1976 年开始逐步投入使用，并于 1981 年进入实用阶段，可在导弹发射 20s 内发出预警信号，对洲际弹道导弹能够提供 30min 的预警时间。该预警卫星系统中大部分卫星工作在远地点为 40000km、近地点为 600km 的大椭圆轨道上，轨道周期为 12h。远地点位于北半球，以保证在北半球上空的长时间驻留。其轨道周期内约有 6h 可观测到美国和欧洲的洲际导弹发射场，并可监视美国和其他国家的常规发射，同时将数据传向独立国家联合体（独联体）基地。

"眼睛"大椭圆轨道预警卫星自进入实用阶段以来，满员时由 9 颗卫星组成，分布在间隔 40°的 9 个轨道平面上，时间间隔为 160min，"眼睛"导弹预警卫星星座仿真效果图如图 2-40 所示。但是，随着苏联的解体，其导弹预警卫星的发展已大不如前，虽然俄罗斯后续对在轨卫星进行了补充，但卫星故障频发，可工作的"眼睛"预警卫星已寥寥无几。

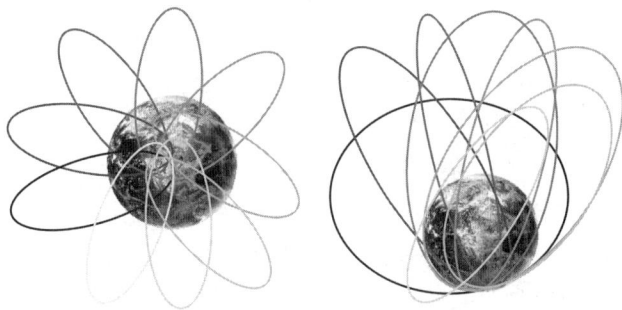

图 2-40　"眼睛"导弹预警卫星星座仿真效果图

"预报"（Prognoz）导弹预警卫星采用地球静止轨道，自 1974 年首次进行试飞，至今已经研制并发射了两代，每代发射 4 颗卫星，曾使用的 3 颗卫星中有两颗定点于 335°～336°之间，1 颗定点于东经 80°，主要用于监视美国空军发射洲际弹道导弹及陆基弹道导弹、海基大西洋舰队潜射弹道导弹的发射情况。

"预报"卫星和"眼睛"卫星相互补充，构成了一个卫星导弹预警系统，用于实时监视导弹发射并发出预警信号。但受到各种因素影响，"预报"与"眼睛"系列导弹预警卫星均已在 2014 年 10 月失效，远低于 5～7 年的设计寿命，致使俄罗斯的战略安全受到严重威胁。

"统一空间系统"（EKS）于 20 世纪 90 年代开始研制，是俄罗斯发展的最新一代导弹预警卫星系统，建成后将大幅增强其导弹预警能力。EKS 导弹预警卫星如图 2-41 所示。俄罗斯曾计划在 2020 年前构建一个由 6～10 颗卫星组网的预警卫星星座，包括 2～4 颗地球静止轨道卫星和 4～6 颗大椭圆轨道卫星，其中大椭圆（闪电）轨道的轨道倾角为 63.4°，近地点轨道高度约为 1000km，远地点轨道高度约为 38000km，轨道周期约为 12h。该系统首颗卫星 EKS-1 在经历数次推迟发射后，于 2015 年 11 月成功发射入轨，EKS-2 于 2017 年 5 月 25 日发射，皆为大椭圆轨道。

图 2-41　EKS 导弹预警卫星

2.8　卫星仿真分析工具

专业可视化卫星技术平台开发包（VVPSTK）是一款航天慧海公司开发的卫星仿真建模计算分析开发运行平台，该公司于 2013 年国防军工仿真行业年会-国防科技工业系统仿真大会上首次发布了 VVPSTK 3.5，2017 年在全国发布了 VVPSTK 5.0，2020 年 9 月发布了 VVPSTK 7.0，并推出我国首款 STK 仿真计算 Web 云服务，可让国内各大学和科研院所学生免费使用。市场化货架软件产品包括基础版、标准版、专业版和高级版（专家版），以及扩展 VVP-SatNet 卫星通信网络仿真工具、VVP-SatSee 星座频率干扰分析工具（星座频谱兼容性分析）等。VVPSTK 系列产品已经广泛应用于深空探索、空间任务规划、天基信息支援、大规模星座设计、星座组网通信链路分析、遥感测绘、航空任务规划等仿真科研等领域。

2.8.1　系统功能

VVPSTK 基础版的功能如下：包含卫星、载荷、地球站、火箭、导弹、舰船、车辆、飞机、飞行器等多元素场景创建系统；提供时间系统、坐标系统、时空配准、卫星轨道生成、轨道预报、星座构建、姿态定义、姿态控制、传感器设置、天线创建、实体管理、场景搭建、ITU 传播模型、弹道生成模型、航路拟合功能；具有基于各种约束条件的轨道分析、姿态分析、通信链路分析、覆盖分析、访问分析、跟踪分析、预警分析、雷达分析、辅助分析等功能。

VVPSTK 标准版以精确的建模技术、强大的时空电磁分析能力和丰富的呈现形式，支撑空间体系概念设计、结构设计、验证优化等实践活动，并提供全面的数据报告。其可扩展支持多种运行模式功能，包括单机版分布式运行及外部数据驱动运行等，也可扩展支持分布式/集中式仿真架构、想定场景设计、MOD 建模、VVPCOM 通信引擎、数据中心、VppSpace 空间态势大数据二三维显示。

2.8.2　系统组成

VVPSTK 支持各类空间任务规划分析、空间系统级仿真计算分析，由场景搭建、仿真平台、空间基础分析包、空间系统分析包等组成。VVPSTK 基础版软件系统组成视图如图 2-42 所示，支持分布式仿真、HLA 联邦成员仿真。

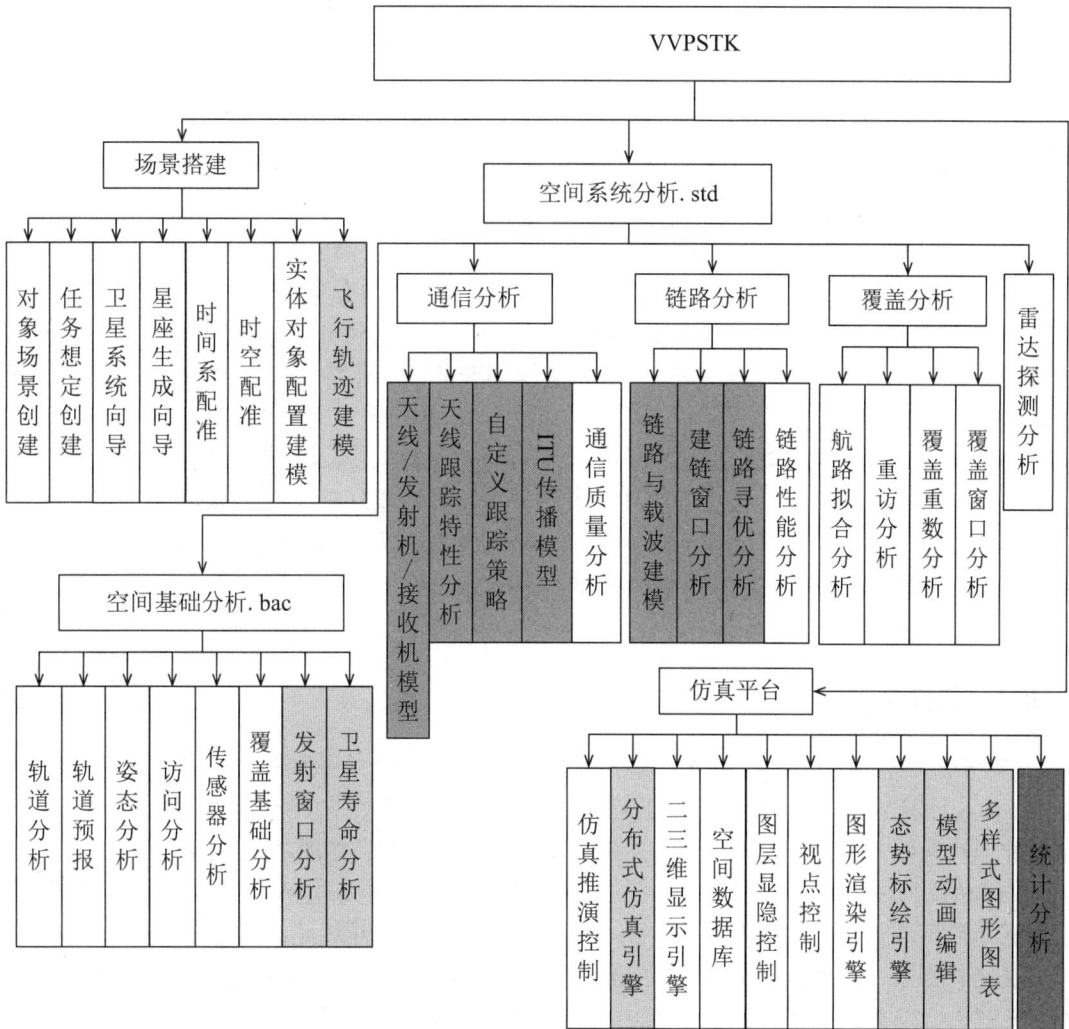

图 2-42　VVPSTK 基础版软件系统组成视图

1. 场景搭建

场景搭建包括对象场景创建（含场景管理）、任务想定创建（含任务与想定设计生成与编辑）、卫星系统向导、星座生成向导、时间系配准（含时间系类型转换模型）、时空配准（含坐标系类型转换模型、矢量坐标系模型）、实体对象配置建模（含实体管理与组装）等。

2. 仿真平台

仿真平台包括仿真推演控制、分布式仿真引擎、二三维显示引擎、空间数据库、图层显隐控制、视点控制、图形渲染引擎、态势标绘引擎、模型动画编辑、多样式图形图表、统计分析等（含数据、算法和模型接口管理）。

3. 空间系统分析

空间系统分析包括空间基础分析、通信分析、链路分析、覆盖分析、雷达探测分析等，具体来说，包括在陆地、海洋、空中和太空等多域空间的基本位置与姿态、可见性/通视性、对象间时空关系基础分析，以及通信与链路分析。

（1）空间基础分析，包括轨道分析、轨道预报、姿态分析、访问分析、传感器分析（含传感器建模）、覆盖基础分析（含通视分析/对象同时可见分析/可见时间分析）、发射窗口分析、卫星寿命分析等。

（2）通信分析，包括天线/发射机/接收机模型构建（含天线方向性图、极化方式）、天线跟踪特性分析、自定义跟踪策略、ITU 传播模型、通信质量分析（含信道模型）等。

（3）链路分析，包括链路与载波建模（含用户链路与馈线链路）、建链窗口分析（含建链弧段分析）、链路寻优分析（含多级传递链路分析）、链路性能分析（含链路分析模型）等。

（4）覆盖分析，包括航路拟合分析（含飞行轨迹建模）、重访分析、覆盖重数分析、覆盖窗口分析（含过境分析）等基于各种约束条件的覆盖性能分析（含覆盖品质分析）。

（5）雷达探测分析，具备雷达系统建模与系统级仿真计算分析功能，能够仿真雷达探测、扫描、跟踪、凝视等；能够计算生成雷达天线方向图和探测多波束图形显示；支持 CRS 目标的雷达探测分析仿真。

2.8.3 软件架构

VVPSTK 软件架构由专题仿真计算分析应用层、仿真运行管理层、仿真计算分析组件服务层、仿真计算分析资源调用层、数据资源层和运行支撑层组成，通过仿组件注册机制实现在标准工具软件上进行开放式扩展，支持定制项目开发功能，如图 2-43 所示。

VVPSTK 采用仿组件"主控+组件注册"机制，实现"框架与界面、数据、模型、功能组件五分离"的创新技术架构。通过不断迭代完善，形成开放式软件框架与一套成熟的 VVP 仿组件系统——开发集成架构及 AIF 应用集成子框架，既解决 C/S 模式操作系统的约束，又解决 B/S 模式提供"云服务 WEBSTK 微服务机制"的瓶颈。

通过 VVP 仿组件"开放式集成框架"与"嵌入第三方框架"双模式，VVPSTK 可实现 VVPSTK 系统分析工具独立运行、基于 VVP 仿组件"开放式集成框架"统一开发集成的软件项目进行系统集成运行、嵌入第三方系统软件框架运行、基于 B/S 云服务模式运行（需要移植至云服务平台上）四种典型运行模式。

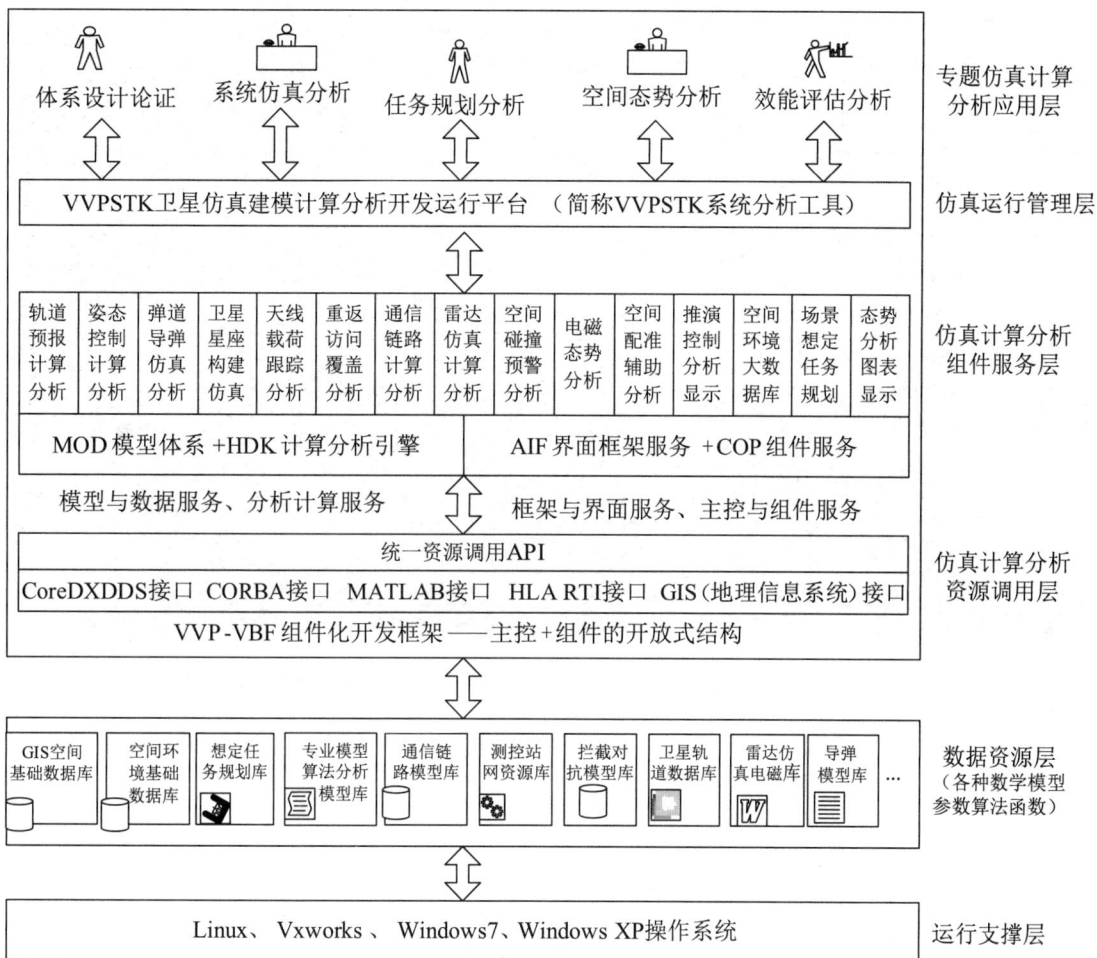

图 2-43　VVPSTK 软件架构

2.8.4　典型星座仿真应用

下面以 SpaceX 公司"星链（StarLink）"计划第一期（分三个阶段）的 11926 颗巨星星座为例介绍典型星座仿真应用。

第一阶段发射 1584 颗卫星，轨道高度为 550 km，倾角为 53°，72 个轨道面，每个轨道有 22 颗星。

第二阶段发射 2824 颗卫星，轨道高度为 540 km，倾角为 53.2°，72 个轨道面，每个轨道有 22 颗星；轨道高度为 570 km，倾角为 70°，36 个轨道面，每个轨道有 20 颗星；轨道高度为 560 km，倾角为 97.6°，6 个轨道面，每个轨道有 58 颗星；轨道高度为 560 km，倾角为 97.6°，4 个轨道面，每个轨道有 43 颗星。

第三阶段发射 7518 颗卫星，轨道高度为 345.6 km，倾角为 53°，小计 2547 颗星；轨道高度为 340.8 km，倾角为 48°，小计 2478 颗星；轨道高度为 335.9 km，倾角为 42°，小计 2493 颗星。

基于 VVPSTK 构建"星链"11926 颗超巨型星座仿真运行场景如图 2-44 所示。

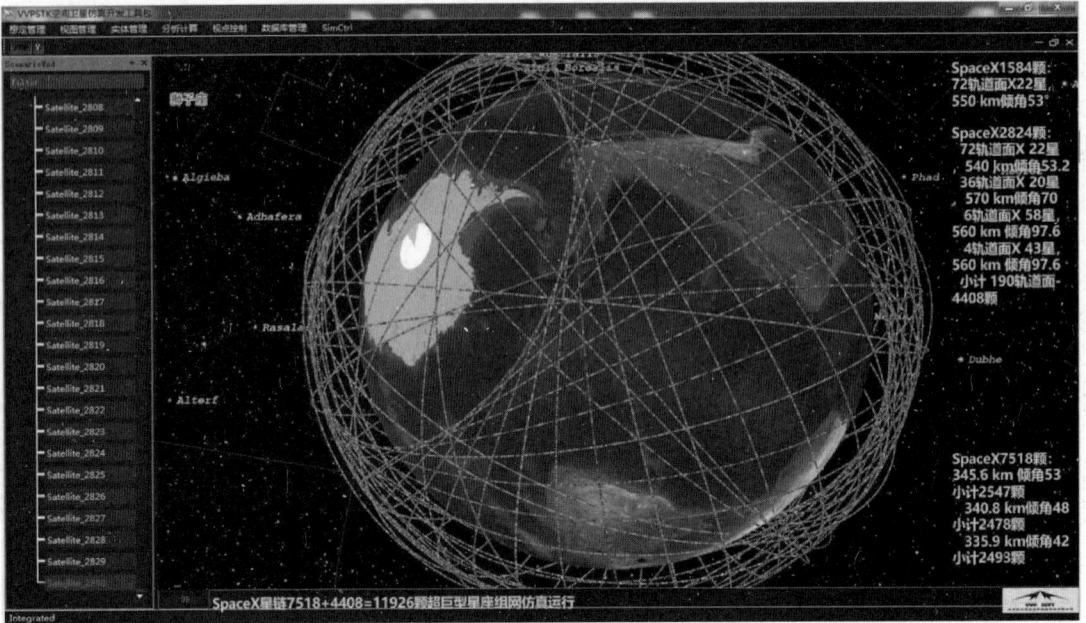

图 2-44　基于 VVPSTK 构建"星链"11926 颗超巨型星座仿真运行场景

习　题

1. 开普勒三定律是如何表述的？

2. 卫星轨道高度窗口由哪些因素决定？有哪些轨道高度窗口？

3. 在卫星移动通信系统中，选择卫星轨道高度要考虑哪些因素？

4. 日心坐标系、地心坐标系和近焦点坐标系是如何定义的？

5. 名词解释：春分点方向、偏心近点角 E、平均近点角 M 和范·艾伦辐射带。

6. 地球站对准卫星应考虑哪些因素？

7. 我国于 1984 年 4 月 8 日发射的第一颗同步轨道试验通信卫星 1 号（STW-1）定点于 125°E，求黑龙江抚远（134.3°E，48.36°N）、新疆乌鲁木齐（87.57°E，43.77°N）卫星地球站对该卫星的方位角、仰角与距离。

8. 试计算下列圆形轨道卫星系统的卫星运行周期 T 和速度 V。

（1）地球同步轨道：卫星轨道高度为 35786km。

（2）北斗导航系统：卫星轨道高度为 21500km。

（3）铱星系统：卫星轨道高度为 780km。

9. 某地面观察点位置为（120°E，45°N），卫星瞬时位置为（105°E，25°N），轨道高度为 2000km，计算该时刻地面观察点对卫星的仰角。

10. 卫星星座是如何分类的？

11. 全球卫星星座基本设计方法包括哪些内容？

12. 高低轨侦察卫星是如何配合使用的？

13. 卫星仿真分析工具主要功能与典型应用有哪些？

第3章 卫星通信传播信道

卫星通信信号的各频段电波在上下行信道中传播时，主要应该考虑自由空间传播损耗，特别是高轨卫星通信的信号电波在自由空间（大气层外，接近真空状态）里的传播损耗主要是扩散损耗，因此卫星通信传播信道是恒参信道，电波传播稳定。此外，还应该考虑大气损耗、天线跟踪误差和极化误差损耗等。本章主要讲解电波传输信道的基本特性、卫星移动通信信道的传播特性。

3.1 电波传输信道的基本特性

3.1.1 自由空间电波传播

自由空间通常是指充满均匀、无耗介质的无限大空间。换言之，该空间具有各向同性，电导率为零，相对介电常数和相对磁导率恒为1。无线电波在自由空间的传播过程中不产生波的吸收、散射和反射等现象。需要说明的是，自由空间是理想介质，是不会吸收电磁能量的，自由空间传播损耗不是吸收损耗，而是一种扩散损耗。

实际上，电波传播总要受到介质或障碍物等不同程度的影响，自由空间只是一种理想空间。由于电波是以球面波的形式向前传播的，随着距离的增大，电波的能量扩散到更大的面积上，使射入接收天线孔面的信号有效能量只占波源发射功率的很小一部分，这种损耗称为自由空间传播损耗，用以下公式表示：

$$\begin{cases} L_f = 22 + 20\lg d \ (\text{m}) \ -20\lg\lambda \ (\text{m}) \\ L_f = 92.45 + 20\lg d \ (\text{km}) \ +20\lg f \ (\text{GHz}) \\ L_f = 32.45 + 20\lg d \ (\text{km}) \ +20\lg f \ (\text{MHz}) \end{cases} \tag{3-1}$$

由式（3-1）可见，自由空间传播损耗只与工作频率和传播距离有关。只要知道了工作频率 f 或波长 λ 及传播距离 d，应用式（3-1）便可计算出自由空间传播损耗的分贝数或常值，其与传播距离 d 的平方成正比，与波长的平方成反比。当工作频率或传播距离变为原来的2倍时，损耗增加6dB。自由空间传播损耗的变化曲线如图3-1所示。

自由空间传播损耗是在理想状态下，即真空时的扩散损耗。实际上，无线电波是在有能量损耗的介质中传播的，由于大气等介质对电波的吸收、散射等原因，实际接收的信号一般总小于自由空间传播时的信号。

自由空间传播损耗

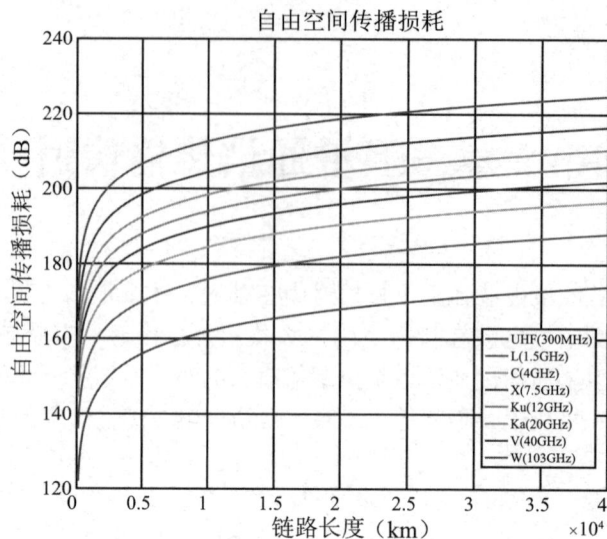

图 3-1　自由空间传播损耗的变化曲线

3.1.2　大气对电波传播的影响

自由空间的电波传播仅仅是一种假想的理想情况，实际上必须考虑大气和地面的影响，对自由空间传播损耗（亦称衰减）公式进行必要的修正。

1. 大气对电波的吸收衰减

大气中的气体和云雾等对电波传播是有影响的。这主要是由大气成分中的氧、水蒸气，以及由后者凝聚而成的云、雾、雨、雪对电波能量的吸收作用造成的。任何物质都是由带电的粒子组成的，这些粒子有其固有的电磁谐振频率，当通过这些物质的电磁波频率接近其谐振频率时，这些物质就会对电磁波产生强烈的共振吸收作用，造成极大的吸收衰减。晴空条件下的大气吸收损耗随频率的变化关系如图 3-2 所示。

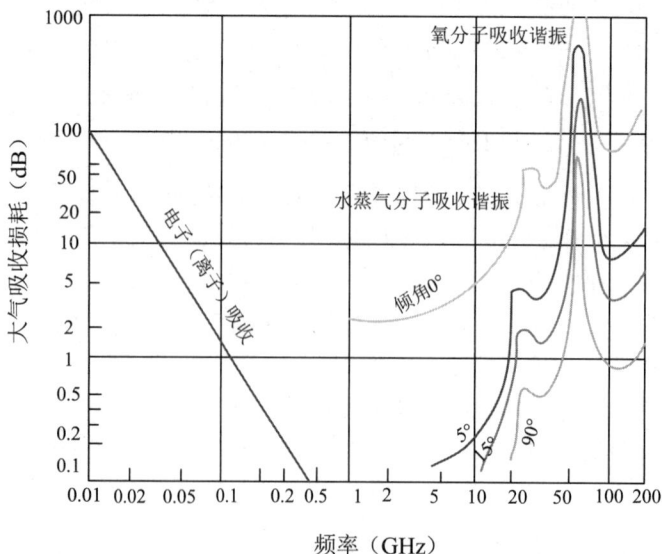

图 3-2　晴空条件下的大气吸收损耗随频率的变化关系

2. 雨雾对电波的衰减

雨雾的小水滴会引起电磁波能量的散射而产生散射衰减。一般来说，在 10GHz（3cm）以下频段，雨雾的衰减不太严重，通常两站之间的衰减只有几分贝。但是在 10GHz 以上频段，中继站之间的距离将主要受降雨衰减的限制，降雨衰减随降雨强度的增加而增加。雨雾引起的衰减随频率的变化关系如图 3-3 所示。

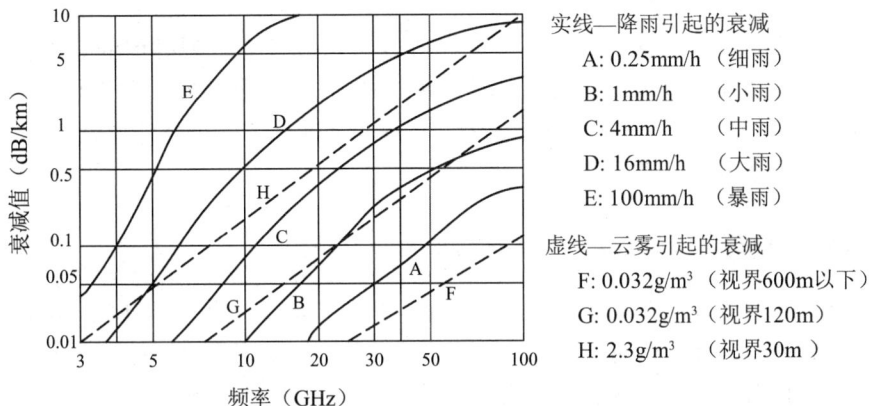

图 3-3　雨雾引起的衰减随频率的变化关系

3. 大气对电波的折射

地球周围的大气层并不是一种均匀介质，大气的密度、压力、温度与湿度都是随高度而变化的。电波在大气层中的传播实际上是一个电波在不均匀介质中的传播问题，电波在传播过程中会产生大气折射现象。通常认为无线电波在正常情况下的大气层中的传播是满足几何光学近似条件的，因此可以用射线理论来分析。

3.1.3　地面阻挡损耗与地面反射对电波传播的影响

一般情况下，在电波传播过程中，无线电波还会受到两站之间的地形和障碍物的影响，产生障碍阻塞和电波干涉现象。地面反射对电波传播的影响主要表现在以下两个方面。

（1）树林、建筑、山头或地面等障碍物可以阻挡一部分电磁波射线，在自由空间传播损耗上又增加了一部分阻挡损耗。

（2）平滑地面或水面可以把一部分信号反射到接收天线，反射波和直射波矢量相加就可能相互抵消而产生附加的损耗。

1. 地面阻挡损耗

分析地面阻挡损耗可以应用波动光学中的惠更斯-菲涅耳原理。如果障碍物的顶峰恰好在视距连线上，那么附加损耗为 6dB。随着障碍物的顶峰越过视距连线，附加损耗急剧增加。但若障碍物的顶峰在视距连线以下，并使相对余隙大于 0.5，则附加损耗很快衰减到 0dB 附近，这时的传播损耗接近于自由空间传播时的数值。为了避免阻挡引入的附加损耗，在进行微波通信线路设计时，必须使线路中的所有障碍物都处于第一菲涅耳区外。

2. 地面反射

在电波通信线路中，虽然总是把收、发天线对准，以使接收端收到较强的直射波，但根据惠更斯-菲涅耳原理，总会有一部分电波被投射到地面，经地面反射后到达接收端。因此，在接收端除收到直射波外，还会收到反射波，接收信号实际上是反射波和直射波矢量相加的结果。

（1）接收端电场强度随天线高度的变化而波动地变化。当天线高度连续改变时，实际上是改变了反射点的位置，从而改变了直射波和反射波的波程差，二者之间的相位差也随之改变。因此，当工作频率与站距给定后，为使接收端电场强度达到最大，必须选择最佳的天线高度。

（2）当传播距离 d 和天线高度 h 不变时，改变工作波长会得到类似的效果，即在某些波长上，接收端电场强度会达到最大值；而在另一些波长上，接收端电场强度将会出现最小值。这是因为此时的波程差 Δr 虽然等于常数，但不同的波长引起的相位差是不同的，因而得到不同幅度的干涉电场强度。

3.1.4　大气与地面效应造成的衰落特性

大气中有一些由特殊的大气环境造成的对流、平流、湍流及降雨等现象，会对电波的传播产生影响。此外，地面反射对电波的传播也会产生影响。这些现象使发送端与接收端之间的电波被散射、折射、吸收，或者被地面反射。在同一瞬间，可能只有一种现象产生（影响较明显），也可能几种现象同时产生，其产生的频次及影响程度都带有随机性。这些影响就使得收信电平随时间而变化。把这种收信电平随时间而变化的现象叫作电波传播的电平衰落现象。

应该指出，多径传播效应引起的相位干涉是视距传播深衰落的主要原因，其衰落模型可以用一个主路径（直射波）的电场强度矢量与多个相互独立的路径（反射波）随机矢量的和来描述。信号的衰落现象严重地影响了电波传播的稳定性和系统可靠性。

微波传播衰落主要是由大气与地面效应引起的，从发生衰落的物理原因来看，可以分成以下几类。

（1）闪烁衰落。

对流层中的大气常常发生体积大小不等、无规则的漩涡运动，称为大气湍流。大气湍流形成的一些不均匀小块或层状物使其介电常数与周围不同，并使电波向周围辐射，这就是对流层散射。在视距微波通信中，对流层散射到收信点的多径电场强度具有任意振幅和随机相位，将两者叠加在一起，使收信点电场强度降低，形成了所谓的闪烁衰落。由于这种衰落持续时间短，电平变化小，因此一般不至于造成通信中断。

（2）K 型衰落。

K 型衰落是一种由多径传输引起的干涉型衰落，它是由于直射波与地面反射波（或在某种情况下的绕射波）到达接收端的相位不同而互相干涉造成的电波衰落，其相位干涉的程度与波程差有关。在大气层中，波程差是随 K 值（大气折射的重要参数）变化的，故称 K 型衰落。这种衰落在线路经过水面、湖泊或平滑地面时特别严重，由于气象条件的突然变化，可能会造成通信中断。

K 型衰落除地面效应外，大气中有时出现的突变层也能使电波产生反射或散射现象，并同直射波和地面反射构成电波的多径传输，在接收端产生干涉，这也是一种 K 型衰落。

（3）波导型衰落。

由于各种气象条件的影响，如夜间地面的冷却、早晨地面被太阳晒热，海面和高气压地区都会形成大气层中的不均匀结构。当电波通过对流层中这些不均匀结构时，将产生超折射现象，形成大气波导。如果微波射线通过大气波导，而收、发两点在波导层以下，则收信点除了直射波和地面反射波，还可能收到"波导层"的反射波，形成严重的干涉型衰落，往往造成通信中断。

另外，衰落的持续时间有长有短，根据衰落的持续时间的不同，将持续时间短的（几毫秒至十几秒）称为快衰落，将持续时间长的（几分钟至几小时）称为慢衰落。此外，根据衰落发生时接收电平与自由空间电平的比较，将接收电平低于自由空间电平的称为下衰落，将接收电平高于自由空间电平的称为上衰落。

当信号带宽较窄时，可以认为多径传输在信号传输带宽内具有相同的电平衰落深度，收到的信号只不过有一个衰减，并有一个时延，在波形上与原信号一样，没有失真，这种衰落称为平衰落；当信号带宽较宽时，基带传输函数不再是一个常数，而是频率的函数，各频率分量经受不相关的衰减，使信号在整个频带内的不同频率上具有不同的电平衰落深度。收到的信号在波形上与原信号不一样，产生失真，这种现象称为多径衰落的色散特性，这种衰落则称为频率选择性衰落。在多径衰落的情况下，这两种影响是同时存在的。

3.2 卫星移动通信信道的传播特性

信道的传播特性是研究卫星移动通信时遇到的一个重要问题。在卫星移动通信系统的总体设计中，为了向用户提供优质、可靠的服务，必须充分考虑传播信道的特性以便选择强有力的、高效的调制方式、多址访问方式、信道编码方式和语音编码方式等。并且，对任何采用功率控制技术的卫星移动通信系统来说，为了使系统可靠地进行功率控制，就必须有典型信道的信息。因此，了解卫星移动通信信道的传播特性对卫星移动通信科技人员来说是十分必要的。

3.2.1 与衰落有关的概念

1. 信号中值

信号的衰落使得信号的幅度随时间的变化随机地变化，因此对信号的描述可以应用信号中值的概念。信号中值是信号的平均幅值，即信号的数学期望值。

2. 平均衰落深度

信号的衰落深度是信号的有效值与该次衰落的信号最小值的差值。

由于差值在每次衰落时都是随机的，因此定义信号中值与信号概率 $P\{s \leqslant X\} = 0.1$（信号 s 小于某值 X 的概率为10%时）的差值（信号中值-X）为平均衰落深度。

3. 衰落速率

衰落速率为单位时间内衰落的次数，它可以用信号包络单位时间内正斜率通过信号中值的次数来表示。

4. 电平通过率

电平通过率以信号包络单位时间内正斜率通过某规定电平的次数来表示。如果把规定电平取为接收门限，那么电平通过率就是单位时间内信号包络低于门限的次数（因为信号包络是随机起伏的）。

5. 平均衰落持续时间

平均衰落持续时间的数值表示在此期间信号将在接收门限之下，因而将使模拟信号中断或失真，但时间很短，每次不超过数毫秒。对于模拟话音可以不考虑，只要提高信号的强度，就可以减少平均衰落持续时间；对于数字信号，衰落信号若低于门限值就会产生误码。

6. 时延扩展与相关带宽

时延扩展是信号经多径传播后最大时延差值。相关带宽是信道频率响应保持相关的带宽范围。两者互为倒数关系。从时域角度来看，多径效应将造成信号产生时延扩展现象。假设发送端发射一个极短的脉冲信号，经过不同长度的多条路径后，接收端收到的信号呈现为一串脉冲。

3.2.2　移动无线电传播主要内容

一个无线移动信号在大范围内传播会遇到两种衰落，即多径衰落与某种慢衰落相叠加，分别如图 3-4 和图 3-5 所示。

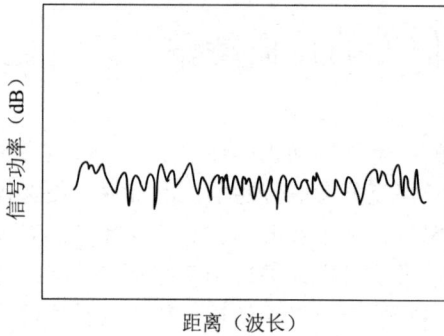

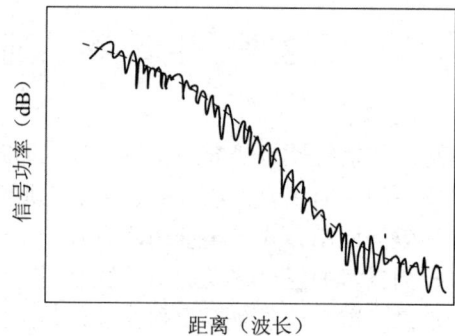

图 3-4　多径衰落部分　　　　　图 3-5　阴影衰落和多径衰落叠加

1. 多径传播和多径衰落

1）三种基本传播机制

在移动通信系统中，影响传播的三种基本传播机制是反射（Reflection）、绕射（Diffraction）和散射（Scattering），如图 3-6 所示。

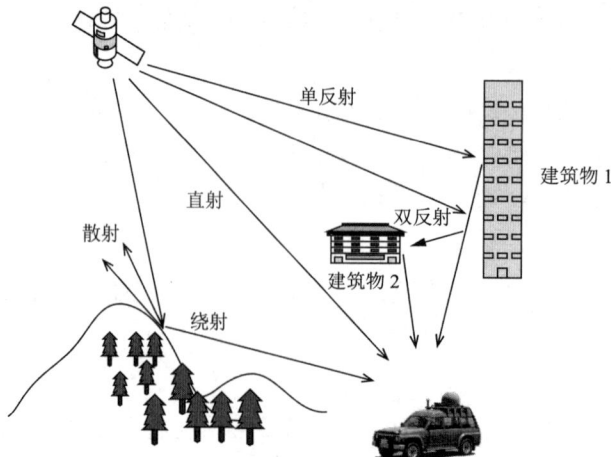

图 3-6　影响传播的三种基本传播机制

反射：当电磁波遇到比其波长大得多的物体时发生反射。此反射产生于地球表面和建筑物表面。

绕射：当接收端和发送端之间的无线路径被尖利的边缘阻挡时产生绕射。绕射与波长、阻挡物高度、阻挡物距接收端和发送端的距离有关。

散射：当电磁波穿行的介质中存在小于其波长的物体且单位体积内阻挡体的个数非常大时，产生散射。散射产生于粗糙的表面、小物体或其他不规则体表面。

入射角为 θ_i 的表面平整度的参考高度 h_c 为

$$h_c = \lambda / 8\sin\theta_i \tag{3-2}$$

若平面上最大的突起高度 h 小于 h_c，则认为表面是光滑的；反之，则认为表面是粗糙的。对于粗糙表面，反射系数需要乘以一个散射损耗系数。

2）多径传播及多径衰落的原因

多径传播、多径衰落的原因是电波传播存在多个传播路径、移动终端天线波束很宽或环境改变。多径衰落的特点是在固定卫星通信中，由于天线方向性强，只接收直射信号，因此通常不存在多径衰落问题；在卫星移动通信中，由于移动站天线一般较小，几乎没有方向性，会从各个方向接收多径信号，因此必然会受多径衰落的影响。随着卫星移动通信技术的不断发展，移动站天线口径也在增加，相控阵天线已走向实用。

2. 时延扩展和相干带宽

在移动通信中，由于多径效应的存在，接收端收到的信号与实际发送的信号相比在时间上被拉长了，此现象称为时延扩展。时延谱是指不同时延的信号分量具有的平均功率所构成的谱。多径传播的典型时延谱如图 3-7 所示。

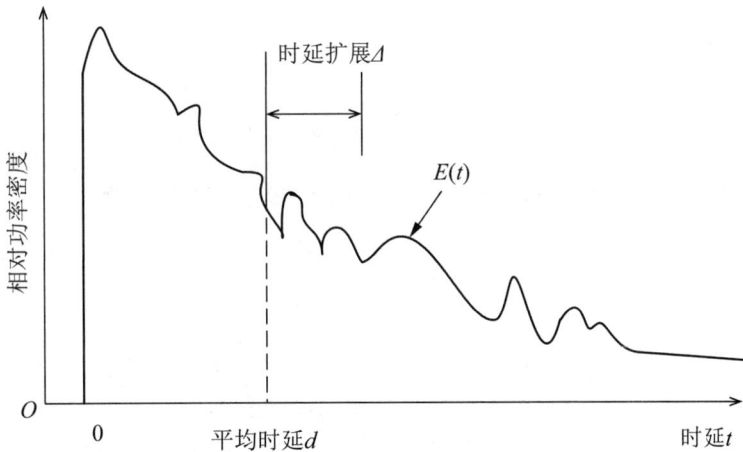

图 3-7　多径传播的典型时延谱

假设发送端发送一脉冲信号 $S_0(t) = a_0\delta(t)$，则接收端收到的信号被拉长为

$$S(t) = \left\{ a_0 \sum_{i=1}^{N} a_i \delta(t - \tau_i) \right\} e^{j\omega t} = E(t) e^{j\omega t} \tag{3-3}$$

多径时延扩展现象常用平均时延 d 和时延扩展 Δ 来表征：

$$d = \int_0^\infty t E(t)\,\mathrm{d}t \tag{3-4}$$

$$\Delta^2 = \int_0^\infty t^2 E(t)\,\mathrm{d}t - d^2 \tag{3-5}$$

当在移动信道中存在两个频率间隔较小的衰落信号时，由于取决不同传播时延的存在，使得这两个原来不相干的信号变得相干起来，其带宽称为相干带宽。它取决于时延扩展。

为了便于分析，通常用这样一个数学模型来说明时延扩展的包络特性：它由一个表示直射和镜面信号分量的起始脉冲，以及一个对应散射信号分量的衰落指数函数组成。假定起始脉冲无失真地经过一条无色散的路径到达接收端，而衰减指数函数经过了许多条散射路径到达接收端，此时便有一个有限的相干带宽。通过时延扩展包络进行拉普拉斯变换并归一化后，得到的幅度就是信号的相关函数 $C(f)$。图 3-8（a）所示为多径衰落信道脉冲响应理想模型，图 3-8（b）所示为其相关函数。

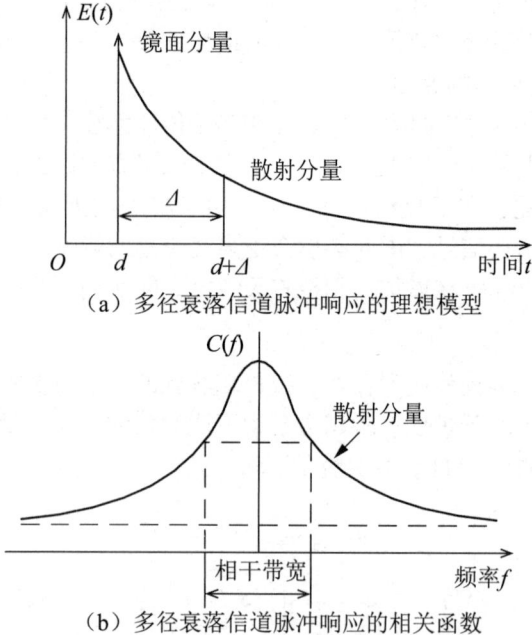

（a）多径衰落信道脉冲响应的理想模型

（b）多径衰落信道脉冲响应的相关函数

图 3-8 多径衰落信道脉冲响应理想模型及其相关函数

相干带宽（B_c）的精确定义在不同的文献中常常有所差别。一种典型的定义为

$$B_c \approx \frac{1}{8\Delta} \tag{3-6}$$

移动通信信道的相干带宽被用于判定在该条信道上传输的信号是否会遭受频率选择性衰落。

频率选择性衰落是指在信道的相干带宽远小于信号带宽时，信号各频率分量经历的衰落不同。平坦衰落是指在信道的相干带宽远大于信号带宽时，信号各频率分量的变化具有一致性，无波形失真，无码间串扰。

3. 阴影效应

阴影效应是指由于物体的遮挡而使电磁信号在传播过程中产生衰耗。阴影衰落是指接收端移动时通过不同的障碍物会产生不同程度的阴影效应，使得接收信号幅度在一定范围内产生变化，从而引起衰落。阴影效应产生的示意图如图 3-9 所示。

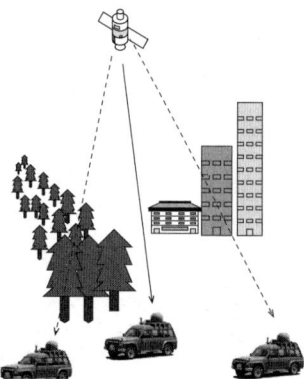

图 3-9 阴影效应产生的示意图

与多径衰落相比，阴影衰落具有以下特点。

（1）阴影衰落的速率主要取决于移动站周围的环境和收发双方的运动速度，而与频率基本无关，并且其衰落比多径衰落慢，是一种慢衰落。

（2）阴影衰落的深度与频率和障碍物的关系取决于信号的频率与障碍物状况：当频率高时，信号的穿透力强；当频率低时，信号的绕射能力强。

4. 多普勒效应

多普勒效应是指由于通信双方的相对运动，接收信号的频率会发生变化。多普勒频移是由多普勒效应引起的附加频移。多普勒效应产生的示意图如图 3-10 所示。卫星移动通信系统中多普勒频移产生的示意图如图 3-11 所示。假设 α 是入射电波与移动站运动方向之间的夹角，则多普勒频移 f_D 为

$$f_\mathrm{D}=\frac{v}{\lambda}\cos\alpha \tag{3-7}$$

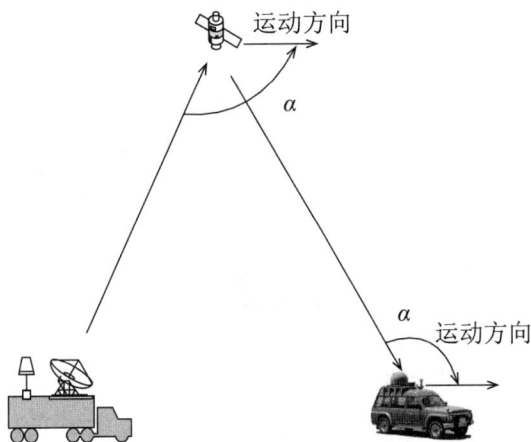

图 3-10　多普勒效应产生的示意图

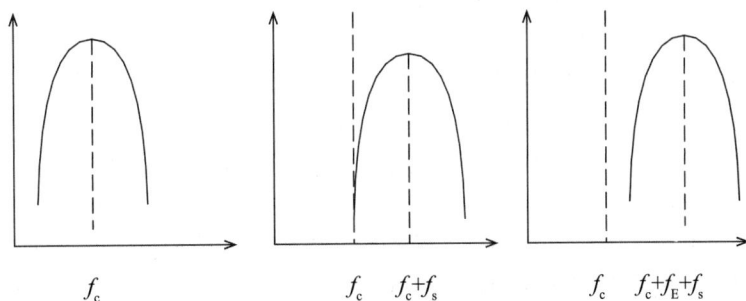

图 3-11　卫星移动通信系统中多普勒频移产生的示意图

在图 3-11 中，f_c 表示信号中心频率，f_s 表示由卫星运动引起的多普勒频移，f_E 表示由移动站运动引起的多普勒频移。

3.2.3　卫星移动通信信道模型

虽然所有移动通信信道都存在多径传播现象，但是在卫星移动通信中可以进一步根据移动站应用环境的不同，将信道分为海事卫星移动通信信道、航空卫星移动通信信道和陆地卫

星移动通信信道三类，每一类信道都有其典型的信道传播特性。

在卫星移动通信信道中，根据接收环境不同，接收信号可由直射波、镜反射波、漫反射波、散射波和有阴影遮蔽的直射波中的不同成分组成，具有不同的概率分布模型。由于信道多径传播的随机性，一般很难准确地描述接收信号的包络和相位特性，只能采用统计方法表示。一般而言，移动站收到的信号是一个直射分量和许多散射分量的矢量和。

1. 陆地卫星移动通信信道模型

图 3-12 所示为陆地卫星移动通信信道模型，虽然它只基于地面移动通信信道，但是它适用于所有信道类型。陆地卫星移动通信系统的卫星移动通信终端所处的环境较复杂，根据直射波遮挡的情况，将传输环境分成城市地区、开阔地区、城郊和农村地区等。

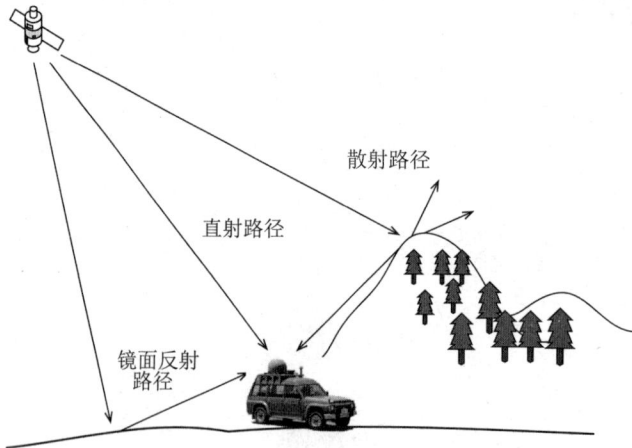

图 3-12　陆地卫星移动通信信道模型

从时间上看，由于移动站和卫星都可能是移动的，因此在通信过程中，周围环境是时变的，如果这种变化非常缓慢，那么认为信道遭受的多径衰落在时间上是平坦的；如果变化较快，则认为信道遭受的多径衰落在时间上是非平坦的。从频率上看，对于窄带卫星移动通信信道，其信道带宽通常远小于移动通信信道的相干带宽，因此一般认为信道是频率非选择性的（在频率上是平坦的）；而对于宽带信道，其信道带宽不再远小于移动信道的相干带宽，此时信道遭受的多径衰落就是频率选择性的（在频率上是非平坦的）。如果一条信道遭受的多径衰落在时间和频率上都是平坦的，那么它是一条双平坦衰落信道。

1）城市地区的信道模型

在城市地区，由于高大建筑物和树木的影响，电磁波的传播主要通过散射方式进行，接收信号由很多幅度和相位互相独立的随机变化的反射波叠加而成。根据中心极限定理，当反射波数目 N 很大时，接收信号包络的概率密度函数服从瑞利（Rayleigh）分布：

$$P(R) = \frac{R}{\sigma_d^2}\exp\left(-\frac{R^2}{2\sigma_d^2}\right), \quad R>0 \tag{3-8}$$

式中，$2\sigma_d^2$ 为多径反射信号的平均功率，由周围环境决定。瑞利分布接收信号的相位在 $0\sim 2\pi$ 之间均匀分布。

2）开阔地区的信道模型

在开阔地区，接收天线可以收到直射波，因此接收信号可表示为

$$r(t) = S(t)+d(t)+n(t) \tag{3-9}$$

式中，$S(t)$ 表示直射波；$d(t)$ 表示多径反射信号；$n(t)$ 表示 AWGN（加性高斯噪声）。为避免失真，可以假设直射信号的包络为定值，恒包络的直射波与瑞利分布的反射波之和产生莱斯（Ricean）分布的合成信号，其包络的概率密度函数为

$$P(R) = 2R\sqrt{1+k}\exp\left[-k-(1+k)R^2\right] \cdot I_0\left(2R\sqrt{k(k+1)}\right) \tag{3-10}$$

式中，k 为直射波功率与多径信号平均功率之比（称为莱斯因子），k 值越大，说明多径信号平均功率相对于发射信号功率越小，实验测试 $k = 10 \sim 20\text{dB}$；$I_0(\cdot)$ 为零阶修正贝塞尔函数。

莱斯衰落接收信号的相位概率密度函数为

$$P(\Phi) = \frac{\text{e}^{-k}}{2\pi} + \frac{\sqrt{k}\cos\Phi\text{e}^{-k\sin^2\Phi}}{2\sqrt{2}\pi} \cdot \left[2-\text{erfc}\left(\sqrt{k}\cos\Phi\right)\right] \tag{3-11}$$

式中，$\text{erfc}(x) = \dfrac{2}{\sqrt{\pi}}\displaystyle\int_x^{\infty}\text{e}^{-t}\text{d}t$。

3）城郊和农村地区的信道模型

由于路边树木、电线杆、房屋等小型建筑物的阻挡，直射波会受到不同程度的衰减，接收信号可表示为

$$r(t) = S(t) + d(t) + n(t) \tag{3-12}$$

式中，$S(t)$ 表示有阴影遮蔽的直射波；$d(t)$ 表示多径反射信号；$n(t)$ 表示 AWGN。

$S(t)$ 的包络服从对数正态（Lognormal）分布：

$$P(S) = \frac{1}{\sqrt{2\pi}\sigma_1 S}\exp\left[-\frac{1}{2}\left(\frac{\ln S-\mu}{\sigma_1}\right)^2\right], \quad 0 \leqslant S \leqslant \infty \tag{3-13}$$

$S(t)$ 的均值为

$$m_s = \exp\left(\mu + \frac{\sigma_1^2}{2}\right) \tag{3-14}$$

$S(t)$ 的方差为

$$\sigma_s^2 = \text{e}^{(2\mu+\sigma_1^2)}\ \text{e}^{(\sigma_1^2-1)} \tag{3-15}$$

$S(t)$ 的相位概率密度函数为

$$P(\Phi) = \frac{1}{\sqrt{2\pi}\sigma_\Phi}\exp\left[-\frac{(\Phi-m_\Phi)}{2\sigma_\Phi^2}\right] \tag{3-16}$$

式中，m_Φ 为 Φ 的均值；σ_Φ 为 Φ 的均方差。

直射波信号的对数正态分布衰落是相对于多径反射来说的。衰落是一个慢变过程，因此可假设在一个小范围内（通常为几十个载波波长），直射波信号 S 为定值，则接收信号 $\gamma(t)$ 包络的条件概率密度函数服从莱斯分布：

$$p(R/S) = \frac{R}{\sigma_d}\exp\left(-\frac{R^2+S^2}{2\sigma_d^2}\right) \cdot I_0\left(\frac{RS}{\sigma_d^2}\right) \tag{3-17}$$

式中，$2\sigma_d^2$ 为多径传播引起的平均散射功率。此时，接收信号包络总的概率密度函数为

$$P(R) = \int_0^{\infty}P(R/S) \cdot P(S)\text{d}S = \frac{R}{\sqrt{2\pi}h_\sigma \cdot \sigma_d^2}\int_0^{\infty}\frac{1}{S} \cdot \exp\left[-\frac{R^2+S^2}{2\sigma_d^2}-\frac{(\ln S-\mu)^2}{2h_\sigma}\right] \cdot I_0\left(\frac{RS}{\sigma_d^2}\right)\text{d}S \tag{3-18}$$

式中，h_σ 为 $\ln S$ 的方差；μ 为 $\ln S$ 的均值。

4）广阔地域环境的信道模型

当卫星移动通信终端在一个较大的地区范围内使用时，环境的特性会发生变化，从而导致多径传播方式发生巨大变化，也就导致了电波传播的信道模型更替。因此，对于一个广阔地域环境的信道模型，单一使用上述瑞利、莱斯和对数正态分布中的一种模型是不够的。为此，我们利用上述信道模型建立广阔地域环境的有限状态马尔可夫（Markov）信道模型。

将整个地域划分为 M 个区域，每个区域具有固定的环境特性，即每个区域的信道模型概率分布参数是固定的。一般来说，M 个区域中的任何一个都可以用前面三个信道模型中的一个来描述。

$$P = \begin{bmatrix} P_{11} & P_{12} & \cdots & P_{1M} \\ P_{21} & P_{22} & \cdots & P_{2M} \\ \vdots & \vdots & & \vdots \\ P_{M1} & P_{M2} & \cdots & P_{MM} \end{bmatrix} \tag{3-19}$$

式中，$P_{ij}(i=1,2,\cdots,M; j=1,2,\cdots,M)$ 为状态 i 到状态 j 的转移概率。状态概率矩阵定义如下：

$$W = [W_1, W_2, \cdots, W_M] \tag{3-20}$$

式中，$W_k (k=1,2,\cdots,M)$ 为卫星移动通信终端处于状态 k 的概率。

需要指出的是，这里给出的信道模型只考虑移动信号的多径传播和阴影效应，而没有考虑噪声、干扰、多普勒效应、电离层和对流层等的影响。完整的卫星移动信道模型还应包括上述几个因素的影响。

2. 海事卫星移动通信信道模型

在海事卫星移动通信信道中，直射波总是存在的，接收信号由直射波和海面反射波 $g(t)$ 构成，合成波服从莱斯分布。反射波由同直射波相干的镜反射和同直射波不相干的漫反射组成。因此，海事卫星移动通信的接收信号可表示为

$$r(t) = S(t) + g(t) + d(t) + n(t) \tag{3-21}$$

镜反射功率 P_s 和漫反射功率 P_D 的比例与海面粗糙度有关，但两者之和与粗糙度无关。大多数情况下，海面足够粗糙，压制了镜面反射。因此，多数海事卫星移动通信信道模型服从莱斯分布。

3. 航空卫星移动通信信道模型

接收信号包括直射波，以及由飞机机体、陆地、海面等反射产生的漫反射和镜面反射。由于其表面粗糙等原因，多数时间可忽略镜面反射的分量。

$$r(t) = S(t) + d(t) + n(t) \tag{3-22}$$

式中，$r(t)$ 的包络服从莱斯分布。

由于飞机飞行的高度和速度比其他卫星移动终端高得多，因此其电波传播的多径时延和多普勒频移也较其他同类卫星移动终端大得多，从而限制了数据速率，增加了系统设计难度。

4. 宽带卫星移动通信信道模型

对宽带卫星移动通信系统的规划和设计人员来说，了解频率选择性衰落信道是十分有意义的。张更新、张航编著的《卫星移动通信系统》一书中给出了基于抽头模型的宽带信道模型，这是一个能够产生所需的冲激响应的模型，其结构图如图 3-13 所示。

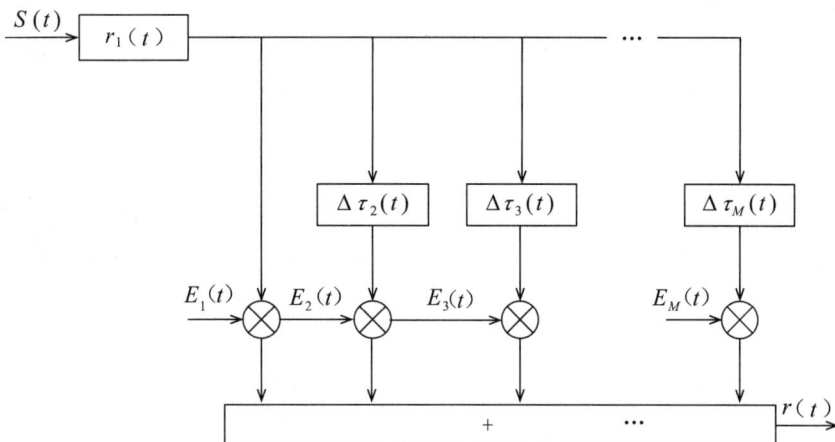

图 3-13　宽带信道模型结构图

模型的参数根据测量到的回波—时延—样板的统计规律来确定。

假设信道的冲激响应为 $h(\tau,t)$，其中 τ 为回波时延，模型的物理背景是引起具有不同时延回波的许多个反射器，则其收到的冲激响应就是由许多个冲激合成的。复冲激响应可以用 K 个（$K=1,2,\cdots,M$）分别具有时延 $\tau_1(t)$ 和 $\tau_K(t)=\tau_1(t)+\Delta\tau_k(t)$（$K=2,3,\cdots,M$）的回波 $E_K(t)$ 的和来表示，即

$$h(\tau,t)=\sum_{K=1}^{M}E_K(t)\cdot\delta(\tau-\tau_K(t)) \tag{3-23}$$

式中

$$E_K(t)=a_K(t)\cdot\mathrm{e}^{\mathrm{j}\varphi_K(t)} \tag{3-24}$$

其可以被认为是由引起短期变化的一个主回波和许多个次回波的子路径组成的，已经根据宽带测量结果对时变的幅度 $a_K(t)$ 和相位 $\varphi_K(t)$ 的统计特性进行了研究。

初步研究认为直射路径的幅度服从莱斯分布，而其他路径的幅度服从瑞利分布，相位 $\varphi_K(t)$ 被假设在 $[0,2\pi]$ 内均匀分布。

5. 用于确定信道衰落余量的窄带卫星移动通信信道模型

在系统设计中，研究信道模型的主要目的是确定系统的衰落余量，因此有些模型直接给出链路的衰落余量，而不是接收信号的包络。

1）经验路边阴影模型

经验路边阴影模型是由 Goldhirsh 和 Vogel 根据现场测量获得的数据建立的模型。在 1.5GHz 频段测量到的衰落分布的经验公式为

$$A(P,\theta)=-M(\theta)\ln P+N(\theta)\quad(\mathrm{dB}) \tag{3-25}$$

式中，θ 为仰角（°），适用范围为 20°~60°；P 为衰落超过链路余量的距离占总移动距离的百分数，适用范围为 1%～20%；$A(P,\theta)$ 为与 θ、P 有关的链路余量（dB）；$M(\theta)$ 和 $N(\theta)$ 分别如下：

$$M(\theta)=a+b\theta+c\theta^2 \tag{3-26}$$

$$N(\theta)=d\theta+e \tag{3-27}$$

式（3-26）和式（3-27）的拟和系数：$a=3.44$，$b=0.0975$，$c=-0.002$，$d=-0.0443$，$e=34.76$。

2） 修正经验路边阴影模型

修正经验路边阴影模型由 ESA 研制，并基于 ESA 拥有的测量数据，其基本形式与经验路边阴影模型类似，也只适用于 L 频段，只是此模型适用的仰角范围更大一些，估算衰落余量的经验公式为

$$F(P,\theta) = A(\theta)\ln P + B(\theta) \quad (\text{dB}) \tag{3-28}$$

式中，θ 为仰角（°），适用范围为 20°~80°；P 为衰落超过 $F(P,\theta)$ 的百分数，适用范围为 1% ~ 30%；$F(P,\theta)$ 为与 θ、P 有关的链路余量（dB）；$A(\theta)$ 和 $B(\theta)$ 分别如下：

$$A(\theta) = A\theta^2 + b\theta + c \tag{3-29}$$

$$B(\theta) = d\theta^2 + e\theta^2 + f \tag{3-30}$$

式（3-29）和式（3-30）的拟和系数：$a = 1.117 \times 10^{-4}$，$b = -0.0701$，$c = 6.1304$，$d = 0.0032$，$e = -0.6612$，$f = 37.8518$。

如果把上述经验公式推广到 S 频段，则需要对衰落余量做以下频率校正：

$$F(f_S) \approx \sqrt{\frac{f_S}{f_L}} \cdot F(f_L) \tag{3-31}$$

式中，$F(f_S)$ 和 $F(f_L)$ 分别为 S 频段和 L 频段的衰落余量；f_S 和 f_L 分别为 S 频段和 L 频段的频率。

3） 经验衰落模型 （1.5 ~ 10.5GHz）

经验衰落模型是基于 CSER 进行的测量得到的，其频率使用范围更广，但主要适用于郊区、高仰角环境，预测链路余量的经验公式为

$$M(P,\theta,f) = a(\theta,f)\ln p + C(\theta,f) \quad (\text{dB}) \tag{3-32}$$

式中，θ 为仰角（°），适用范围为 60° ~ 80°；f 为工作频率，适用范围为 1.5 ~ 10.5GHz；P 为链路中断率，适用范围为 1% ~ 20%；$M(P,\theta,f)$ 为与 P、θ、f 有关的链路余量（dB）；$a(\theta,f)$ 和 $C(\theta,f)$ 分别如下：

$$\begin{cases} a(\theta,f) = 0.029\theta - 0.182f - 6.315 \\ C(\theta,f) = -0.129\theta + 1.483f + 21.374 \end{cases} \tag{3-33}$$

将经验路边阴影模型和经验衰落模型相结合就能得到一个综合经验衰落模型，它能适应更大的仰角范围，其拟合公式为

$$\begin{cases} a(\theta,f) = 0.002\theta^2 - 0.15\theta - 0.2f - 0.7 \\ C(\theta,f) = -0.33\theta + 1.5f + 27.2 \end{cases} \tag{3-34}$$

综合经验衰落模型的适用仰角范围为 20° ~ 80°。

3.2.4 GSO 卫星移动通信中的多径衰落现象及主要对抗措施

对于多径衰落，我们常用"多径衰落深度"（收到的直射波与各种非直射波的合成信号的瞬时功率相对于平均功率的分贝数，并取绝对值）来度量多径衰落的程度，且标明不超过此值（或超过此值）的概率为多少。

多径衰落有以下三种情况。

（1）一般的漫反射情况。这是指一般的陆地或非平滑海面所形成的反射，并且是在没有阴影的情况下。移动站收到的信号是幅度恒定的直射信号与漫反射的多径干扰信号（其概率密度函数服从瑞利分布）的合成信号。合成信号的概率密度函数服从莱斯分布。

（2）镜面反射情况。对于平滑海面、大湖泊环境，用镜面反射理论来分析是合适的。

（3）遭受阴影效应的情况。对于漫反射环境，如果直射信号受到建筑物、树林等遮蔽，那么移动站收到的信号是受遮蔽的直射信号（概率密度函数服从对数正态分布）与多径干扰信号（概率密度函数服从瑞利分布）的合成信号。

多径衰落的对抗措施如下。

1）系统设计中留有必要的多径衰落余量

（1）先按服从莱斯分布的基本情况考虑。通常以 C/M 为 10dB 时对应的多径衰落深度为基础，即要能在 90% 时间内正常工作，取衰落备余量 ≥3dB；要能在 95% 时间内正常工作，取衰落备余量 ≥4dB；要能在 99% 时间内正常工作，取衰落备余量 ≥6dB；要能在 99.5% 时间内正常工作，取衰落备余量 ≥7dB。

（2）考虑工作频率、天线类型、天线增益、仰角、极化、波束畸变及天线对低仰角干扰有无鉴别抑制能力等因素，对衰落备余量做适当修正。

（3）考虑树林、建筑物等的遮蔽效应，平静海面的镜面反射效应，以及飞机机翼机尾、船只舱面上其他装置所附加的反射效应等因素，对衰落备余量做适当修正。

2）减少多径衰落影响的措施

应指出，对于直射信号受遮蔽的情况，增大发射功率是可以采取的措施之一。而对于漫反射形成的多径干扰，采取增大发射功率的措施并不能解决多大问题。下面是可采取的几种减少多径衰落影响的措施。

（1）交织编码与卷积编码相结合。

（2）采用差分调制方式。

（3）极化成形。

（4）多单元天线及空间分集。

（5）重复发送与多数判决。

3.2.5　多普勒效应

运动中的物体进行通信时会产生多普勒效应，即会使接收信号的频率发生变化。在卫星移动通信中，卫星和地球站的运动均可引起多普勒效应，尤其是非 GSO 卫星运动引起的多普勒频移比较大。多普勒频移对采用相干解调的数字卫星通信的影响较大。

在非 GSO 卫星移动通信系统中，由于卫星的运动，使得多普勒频移的变化范围较大，并且其大小与卫星轨道高度、轨道类型、地球站纬度和在卫星覆盖区的位置等有关。当地球站看到卫星从地平面升起时，有最大的正多普勒频移；当卫星通过地球站正上方时，多普勒频移为零；当卫星从地平面消失时，有最大的负多普勒频移。

多普勒效应使得信号载波频率发生偏移，如果两个信号的发射频率间隔不够大（小于最大可能的多普勒频移），则接收端会产生相互干扰。同时，它使载波偏离接收机滤波器中心频率，从而使输出信号幅度下降（如果是窄带滤波器的话）。此外，它还造成信号在一个码元的持续时间内有较大的相位误差。

针对上述情况，可以采取下列措施来对抗多普勒频移。

（1）地球站-卫星闭环频率控制。

（2）星上多普勒频移预校正。

（3）接收机频率预校正。

（4）发射机频率预校正。

（5）在进行系统设计时，工作频率可适当降低一些。

（6）普遍采用差分调制，并且不用相干检测。

（7）采用解调器校正多普勒效应。

3.2.6 电离层对电波传播的影响

受太阳辐射的影响，地球的电离层可分为几个电离区域，其中只有区域 D、E、F 和顶层对通信有影响。对每个区域而言，其电离介质的分布既是不均匀的又是时变的。从大的范围来讲，电离层中的电离介质会对无线电波产生电离作用，称之为"背景电离作用"。一般而言，背景电离作用有相对规则的昼夜变化、季节变化和一年太阳周期变化，并且与地理位置和地磁活动有关。除了背景电离作用，小范围的电离层结构中还存在着随机性和时变性，常称之为电离层的"不规则性"。背景电离作用和不规则性都对无线电波有损伤。另外，背景电离作用和不规则性都使得电离层的折射指数变得与频率有关，即电离层传播介质是色散介质。电离层、对流层的位置如图 3-14 所示。

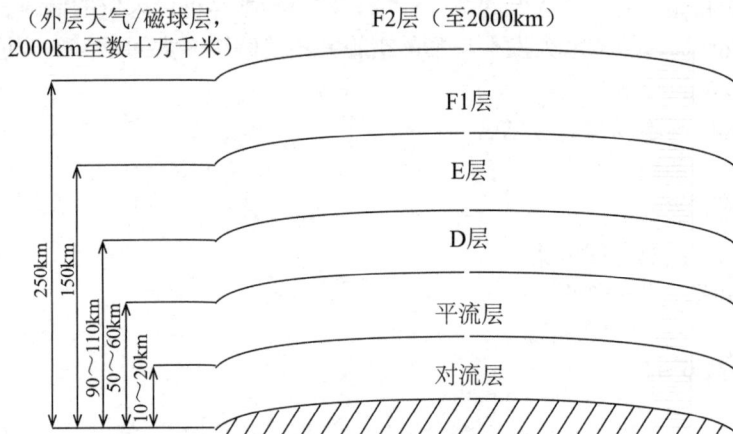

图 3-14　电离层、对流层的位置

电离层：高度为 60~1000km，主要由于太阳的紫外辐射及高能微粒子辐射等，使得大气分子部分游离，形成了由电子、正负离子、中性分子、原子等组成的等离子体。电离层分为 D、E、F1、F2 区域，各区域之间没有明显的分界线，也没有非电离的空气间隙（背景电离作用、不规则性、色散）。

对于频率低于 12GHz 的无线电波，它在穿过电离层时会受到明显的影响；对频率低于 3GHz 的非 GSO 卫星移动业务来说，电离层的这种影响就更加突出。电离层对电波传播的影响可概括为以下几个方面。

（1）背景电离作用会引起信号极化面的旋转（法拉第旋转）、信号的时延和由于折射造成信号到达角的变化等。

（2）由于其具有不规则性，使得电离层就像一个收敛和发散的透镜对无线电波进行聚焦和散焦，从而造成信号的振幅、相位和到达角等发生短周期的不规则变化，产生所谓的"电离层闪烁"现象。

（3）电离层中的电子会对电波产生吸收损耗。

在卫星移动通信系统的设计中，电离层效应是需要特别考虑的传播效应。

1. 背景电离作用引起的主要恶化

1）总电子含量

总电子含量为

$$N_{\mathrm{T}} = \int_S n_e(S)\,\mathrm{d}S \qquad (3\text{-}35)$$

式中，N_{T} 为总电子含量；S 为传播路径（m）；n_e 为电子浓度（el/m^3）。

2）法拉第旋转

线极化波通过电离层时，由于电磁场的存在和等离子体介质的各向异性（由于地球磁场的作用，不同的来波方向、不同的电场极化形式都会引起不同的电子运动轨迹，表现出不同的电磁效应），会使其极化面相对于入射波方向产生缓慢的旋转，称为法拉第旋转。

旋转角：

$$\theta = 2.36 \times 10^2 \times B_{\mathrm{av}} \times N_{\mathrm{T}} \times f^{-2}\ (\mathrm{rad}) \qquad (3\text{-}36)$$

式中，B_{av} 为地磁平均场强（Wb/m^2）；f 为频率（GHz）；N_{T} 为总电子含量（el/m^3）。

总电子含量和频率的函数的法拉第旋转角的典型值如图 3-15 所示。

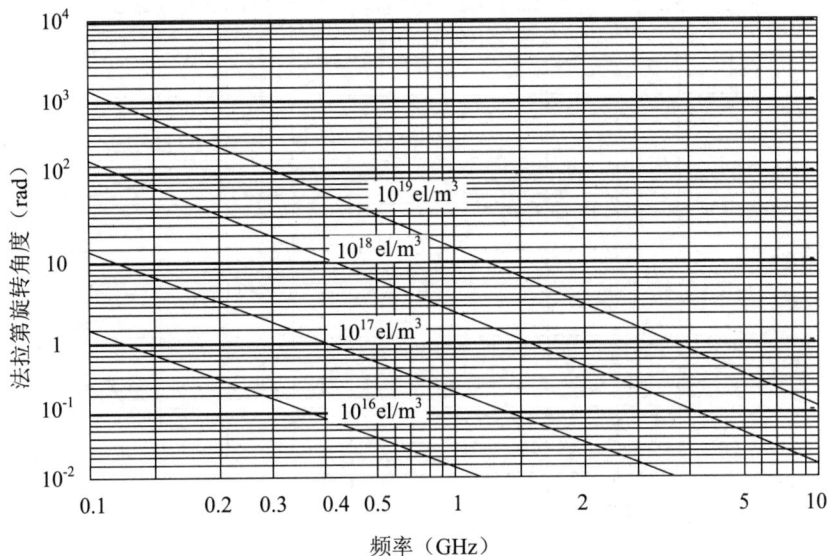

图 3-15　总电子含量和频率的函数的法拉第旋转角的典型值

法拉第旋转角正比于电离层电子密度（白天大）和地磁场强（沿地球磁场方向传播时大），路径越长，旋转角越大（如低仰角）。

与频率的关系：当传播方向与地球磁力线平行时，与频率的平方成反比；当传播方向与地球磁力线垂直时，与频率的立方成反比。

对校正的天线来说，其交叉极化鉴别度 XPD（dB）与法拉第旋转角 θ 的关系可用下式表示：

$$\mathrm{XPD} = -20\log(\tan\theta) \qquad (\mathrm{dB}) \qquad (3\text{-}37)$$

对通信的影响：当频率较低时（低于 1GHz），采用圆极化或极化跟踪技术（在卫星移动通信中，极化跟踪难度较大）；当频率大于 10GHz 时，可以忽略该影响。

3）群时延

电离层中带电粒子的存在减缓了无线电信号的传播速度。除自由空间传播时间外，额外引入的时延称为群时延，用 t 表示：

$$t = 1.345 \times N_T/f^2 \times 10^{-7} \text{ (s)} \tag{3-38}$$

式中，t 为相对真空中的传播而言的时延（s）；f 为传播频率（Hz）；N_T 为沿斜线传播路径计算得到的总电子含量（el/m^3）。

在沿电波传播的路径上，不同电子含量值下的电离层时延 t 与频率 f 的关系曲线如图 3-16 所示。

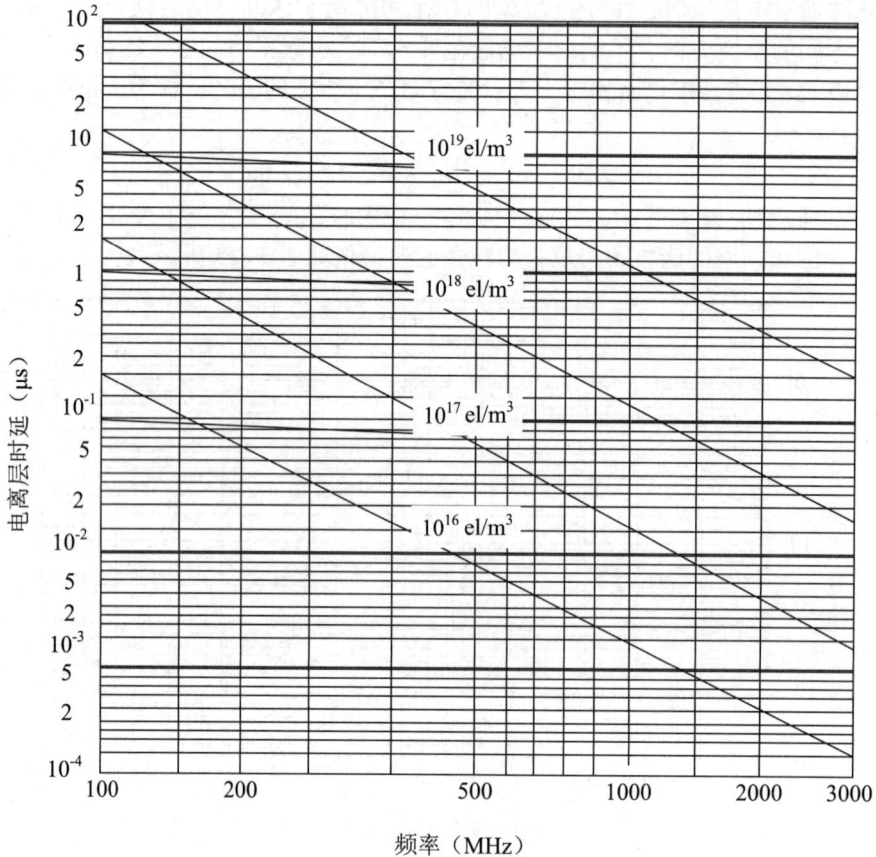

图 3-16　不同电子含量值下的电离层时延 t 与频率 f 的关系曲线

4）色散

当穿过电离层的信号带宽比较宽时，由于传播时延是频率的函数，导致同一信号的不同频率分量具有不同的时延，从而导致电波的色散。带宽越宽，时延差值越大，信号失真就越严重。

信号频带内的时延差正比于电波传播路径上的总电子密度；对于固定的带宽，相对色散反比于频率的立方。对 VHF 和 UHF 频段的宽带传输系统来说，就必须考虑此影响。

脉冲宽度为 τ 的信号频谱的低端和高端频率间的时延差如图 3-17 所示。

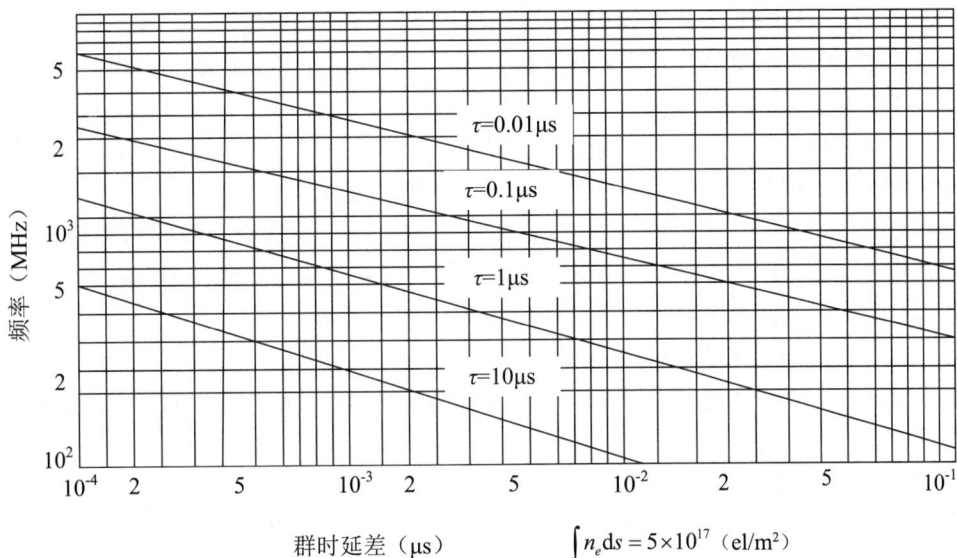

$$\int n_e ds = 5 \times 10^{17}　(\text{el}/\text{m}^2)$$

图 3-17　脉冲宽度为 τ 的信号频谱的低端和高端频率间的时延差

5）总电子含量变化率

对环球飞行的卫星来说，总电子含量变化率是由电波传播方向和电离层的变化造成的。

例如，一颗穿越极光区 22000km 上空的卫星，观察到最大总电子含量变化率为 0.7×10^{16} [el/（m$^2 \cdot$ s^{-1}）]。

2. 电离层不规则性造成的电离层闪烁

1）有关电离层闪烁的基本概念

电离层闪烁：当无线电波穿过电离层时，受电离层结构的不均匀性和随机的时变性的影响，信号的振幅、相位、到达角和极化状态等发生短周期的不规则变化的现象。

这种效应与卫星移动通信系统的工作频率、地理位置、地磁活动、当地季节、当地时间有关，与地磁纬度和当地时间关系最大。当频率高于 1GHz 时，其影响一般大大减小，但即使工作在 C 频段，在地磁低纬度区，电离层闪烁的影响也不小。

国际上通常将地磁赤道及其南北 20° 以内的区域称为赤道区或低纬度区，地磁纬度 20°～50° 为中纬度区，地磁纬度 50° 以上为高纬度区。地磁赤道附近及高纬度区（尤其在地磁纬度 65° 以上）电离层闪烁更为严重和频繁。地球赤道及闪烁增强区域分布如图 3-18 所示。

2）电离层闪烁的一般特性

低于 3GHz 频率的电离层闪烁的影响明显。

用闪烁指数 S_4 来描述电离层闪烁强度：

$$S_4^2 = \frac{\langle I^2 \rangle - \langle I \rangle^2}{\langle I \rangle^2} \qquad (3-39)$$

式中，I 表示信号强度；$\langle\ \rangle$ 表示平均。

闪烁强度与频率、几何位置和太阳活动等多种因素有关。

（1）闪烁的频率特性。

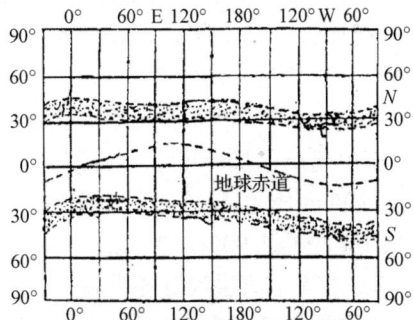

图 3-18　地球赤道及闪烁增强区域分布

对于闪烁强度与频率的关系，各地测量的数据不一致，因此在工程应用中，一般用 $S_4 =$

$f^{-1.5}$ 的频率关系（GHz）表示，强闪烁时的幂数近似为 1。弗里莫（Fremouw）等人在 1978 年利用卫星在 138MHz~2.9GHz 频率范围内的 10 个发射点进行了实测，结果为上述应用方法提供了理论支持。

（2）闪烁强度与几何位置的关系。

闪烁强度与观察点相对于电离层不均匀体的位置有关。

研究发现，S_4 正比于传播路径的天顶角 i（入射光线与当地天顶方向的夹角）的正割，并且此关系式在 $i=70°$ 时仍有效。由于电离层不均匀体受地球磁场的作用，在 300km 左右高度上沿地磁场延伸，这对 VHF 频段以上信号的闪烁产生影响。

（3）闪烁强度与太阳活动的关系。

在赤道地区，闪烁强度和闪烁出现率随太阳黑子数的增加而增强。在中纬度地区，还没有得到明显的对应关系。

3）中国区域的电离层闪烁

我国正处于世界上两个电离层赤道异常驼峰区域之一，峰顶对着韶关一带。

以地磁纬度划分，长江一线以南地区均在地磁纬度 20° 以下，属于低纬度区，南海就在地磁赤道附近；长江一线以北属于中纬度区，但其中很大一部分地区（长江一线以南，鄱阳、乌鲁木齐一线以南）属于闪烁增强带，其衰落显著大于一般中纬度区。

（1）地磁中纬度区的电离层闪烁。

在普通的中纬度区（地磁纬度 20°~50°），电离层闪烁造成的信号起伏一般不大，并且不少地方与地磁活动几乎不相关。但在地磁纬度 30° 附近的闪烁增强带，闪烁强度明显比普通中纬度区大，尤其在太阳及地磁活动期间。例如，在我国重庆测得的最大衰落大于 10dB（136MHz），在日本测得的最大衰落约为 20dB（136MHz）。

在亚洲地区，地磁中纬度区的电离层闪烁的衰落值：夏季最大，冬季最小。一般在子夜时出现最大值，并可能在中午前后出现第二个最大值（在夏季尤其明显）。闪烁持续时间可达几十分钟到几小时。

（2）地磁低纬度区（地磁纬度 20° 以下）的电离层闪烁的特点如下。

① 衰落快而深。

② 多在夜间发生，发生闪烁的主要时间是傍晚 8 点到第二天早上 6 点。闪烁区出现后有向东漂移的趋势。

③ 闪烁强度在春分、秋分时最大，并与太阳黑子数目成正比，闪烁的低潮在冬至和夏至。在冬季很少发生衰落现象（小于 4% 的时间），春、夏季发生闪烁严重且频繁（大于 10% 的时间），其引起的衰落通常比平均电平低 10~20dB，甚至低 30dB，而某些时刻则会增强，可比平均电平高 6dB。

4）信息接收可靠性与信息长度的关系

在电离层闪烁环境下，若信息长度较长，则信息接收可靠性就低。例如，若有 8dB 余量，则 360MHz 信号的信息长度为 4s 时的接收可靠性只有 70%，而信息长度为 1s 时的信息接收可靠性可达 90% 以上。

5）解决电离层闪烁的措施

电离层闪烁幅度变化是比较缓慢的，出现 3dB 的幅度变化，每秒大约只有 0.2 次。衰落影响的频带很宽（在 UHF 频段，3dB 相关带宽超过 100MHz），由于电离层不规则区会漂移，直观的漂移速度有的约为 280m/s，分开的两个站有时不相关但有时可能又相关了，因此，不适宜用空间分集的方法处理。

解决电离层闪烁衰落影响的有效方法是时间分集或编码分集（重复发送与多数判决）。

3. 电离层吸收损耗

当没有实际测量数据时，对于频率高于 30MHz 的信号，其电离层吸收损耗可用 $\sec(i)/f^2$ 来近似估计，其中 i 是天顶角。

对于赤道和中纬度区域，频率高于 70MHz 的无线电波可以几乎无吸收地穿过电离层；对于卫星移动通信，主要考虑高纬度区的极光吸收和极冠区吸收。

1）极光吸收

极光吸收是由于电离层 D 和 E 区内的电子浓度增加（由入射的高能量电子产生）而造成的。每次发生的持续时间从几分钟到几小时，通常为几小时。

在 127MHz 频率上观察到的典型极光吸收值如表 3-1 所示。

表 3-1　在 127MHz 频率上观察到的典型极光吸收值

时间百分比	仰角	
	20°	5°
0.1	1.5	2.9
1	0.9	1.7
2	0.7	1.4
5	0.6	1.1
50	0.2	0.4

2）极冠区吸收

对于地磁纬度高于 64° 的地区，当太阳处在高度活跃时期时，可能发生极冠区吸收。此吸收是高于 30km 高度上的电离作用产生的。

极冠区吸收最常发生在太阳黑子最活跃的时期，每年发生 10~12 次，每次可持续几天。

4. 总的电离层效应

工作频率为 1GHz 的无线电波单程通过电离层时遭受的最大电离层效应的估计值如表 3-2 所示，表中假设电离层中点的垂直电子含量为 10^{18} el/m^2，仰角约为 30°。

表 3-2　工作频率为 1GHz 的无线电波单程通过电离层时遭受的最大电离层效应的估计值

电离层效应	幅度	与频率的关系
法拉第旋转	108°	$1/f^2$
传播时延	0.25μs	$1/f^2$
折射	<0.17mrad	$1/f^2$
到达方向的改变	弧的 0.2	$1/f^2$
吸收（极冠区吸收）	0.04dB	$1/f^2$
吸收（极光+极冠区吸收）	0.05dB	$1/f^2$
吸收（中纬度区）	<0.01dB	$1/f^2$
色散	0~4ns/MHz	$1/f^2$
电离层闪烁	参见 3.2.6 节	参见 3.2.6 节

3.2.7 对流层对电波传播的影响

当无线电波通过对流层时，会受到对流层中氧分子、水蒸气分子和云、雾、雨、雪等的吸收与散射，从而使信号产生损耗。这种损耗与电波频率、波束的仰角、气候好坏及地理位置等有密切关系。对流层对卫星移动通信信道的这种影响在频率低于 1GHz 时可以忽略，但当采用较高频率时应考虑。具体来讲，对流层对卫星移动通信信道的影响包括气体吸收、降雨损耗、云雾损耗、折射、大气闪烁、波导传播、噪声温度和去极化效应等。

1. 气体吸收

对厘米波和毫米波来说，气体吸收仅限于氧分子、水蒸气分子对电磁能量的吸收。氧分子在 118.74GHz 处有一孤立吸收线；在 50～70GHz 处有一系列密集的吸收线，还有一条零频吸收线。

水蒸气分子在 350GHz 以下有 22.3GHz、183.3GHz 和 323.8GHz 三条吸收线，在所有吸收线附近，对电波吸收很大的区域称为"壁区"，"壁区"外吸收较小的区域称为"窗区"。

根据相关报告，产生于氧分子和水蒸气分子的吸收的斜路径损耗基本可以按各自的地面损耗率与穿过对流层的等效路径长度的乘积来计算，而总路径损耗为两项的和。

1）损耗率

式（3-40）是 57GHz 以下频段氧分子的损耗公式：

$$\gamma_0 = \left[7.19 \times 10^{-3} + \frac{6.09}{f^2 + 0.227} + \frac{4.81}{(f-57)^2 + 1.50} \right] \cdot f^2 \cdot 10^{-3} \, (\text{dB/km}) \qquad (3-40)$$

式（3-41）是 350GHz 以下频段水蒸气分子的损耗公式。确定频率上的总吸收为上述各吸收线的吸收之和：

$$\gamma_w = \left[0.05 + 0.0021 p_w + \frac{3.6}{(f-22.7)^2 + 8.5} + \frac{10.6}{(f-183.3)^2 + 9.0} + \right.$$
$$\left. \frac{8.9}{(f-325.4)^2 + 26.3} \right] \cdot f^2 \cdot p_w \cdot 10^{-4} \qquad (\text{dB/km}) \qquad (3-41)$$

式中，p_w 为水蒸气密度（g/m³）。

2）等效高度

氧气分子的等效高度为 $h_0 = 6$km（f<57GHz）。

水蒸气分子的等效高度 h_w 为

$$h_w = h_{w0} \left[1 + \frac{3.0}{(f-22.2)^2 + 5} + \frac{5.0}{(f-183.3)^2 + 6} + \frac{2.5}{(f-325.4)^2 + 4} \right] \, (\text{km}) \quad (3-42)$$

式中，h_{w0} 的值在晴天时取 1.6km，在雨天时取 2.1km。

3）路径损耗

考虑到穿过对流层的路径长度和高度的关系，气体吸收产生的斜路径损耗 A_g 的计算公式如下。

当路径仰角 $\theta > 10°$ 时：

$$A_g = \frac{\gamma_0 h_0 \mathrm{e}^{-h_s/h_0} + \gamma_w h_w}{\sin\theta} \qquad (\text{dB}) \qquad (3-43)$$

当路径仰角 $\theta \leqslant 10°$ 时：

$$A_g = \frac{\gamma_0 h_0 \mathrm{e}^{-h_s/h_0}}{g(h_0)} + \frac{\gamma_w h_w}{g(h_w)} \ (\mathrm{dB}) \tag{3-44}$$

式中

$$g(h) = 0.661X + 0.339 \cdot \sqrt{X^2 + 5.5 h/R_e}$$

$$X = \sqrt{\sin^2\theta + 2h_s/R_e} \tag{3-45}$$

2. 降雨损耗

降雨损耗产生于雨滴对电磁能量的吸收和散射，其特性首先取决于降雨的微观结构，如雨滴的尺寸分布、温度、末速、形状等。此外，还需要考虑时空结构。

1）降雨损耗率

在设定雨滴的尺度分布、温度和末速时，降雨损耗率 γ_R 可以通过回归分析与降雨率 R（mm/h）按下式联系起来：

$$\gamma_R = K \cdot R^a \qquad (\mathrm{dB/km}) \tag{3-46}$$

其中，K 和 a 由下式确定：

$$K = [K_\mathrm{H} + K_\mathrm{V} + (K_\mathrm{H} - K_\mathrm{V}) \cos^2\theta \cdot \cos 2\tau] /2$$

$$a = [K_\mathrm{H} a_\mathrm{H} + K_\mathrm{V} a_\mathrm{V} + (K_\mathrm{H} a_\mathrm{H} - K_\mathrm{V} a_\mathrm{V}) \cos^2\theta \cdot \cos 2\tau] /2K \tag{3-47}$$

式中，θ 为路径仰角；τ 为相对水平方向的极化倾角（圆极化时，$\tau = 45°$）；K_H、K_V、a_H、a_V 四参数，可由表 3-3 查得。表 3-3 中未给出的值，可由内插法得到。内插时，频率和 K 取对数刻度，而 a 则取线性刻度。比如，对于 1.5GHz 频率，通过内插可得 $K_\mathrm{H} = 0.0000868$，$K_\mathrm{V} = 0.0000783$，$a_\mathrm{H} = 0.942$，$a_\mathrm{V} = 0.905$。

表 3-3　降雨损耗率计算拟合公式中的有关参数值

频率（GHz）	K_H	K_V	a_H	a_V
1	0.0000387	0.0000352	0.912	0.880
2	0.000154	0.000138	0.963	0.923
4	0.000650	0.000591	1.121	1.075
6	0.00175	0.00155	1.308	1.265
7	0.00301	0.00265	1.332	1.312
8	0.00454	0.00395	1.327	1.310
10	0.0101	0.00887	1.276	1.264
12	0.0188	0.0168	1.217	1.200
15	0.0367	0.335	1.154	1.128
20	0.0751	0.0691	1.099	1.065
25	0.124	0.113	1.061	1.030
30	0.187	0.167	1.021	1.000
35	0.263	0.233	0.979	0.963
40	0.350	0.310	0.939	0.929
45	0.442	0.393	0.903	0.897
50	0.536	0.479	0.873	0.868
60	0.707	0.642	0.826	0.824

频率（GHz）	K_H	K_V	a_H	a_V
70	0.851	0.784	0.793	0.793
80	0.975	0.906	0.769	0.769
90	1.06	0.999	0.753	0.754
100	1.12	1.06	0.743	0.744
150	1.31	1.27	0.710	0.711
200	1.45	1.42	0.689	0.690
300	1.36	1.35	0.688	0.689
400	1.32	1.31	0.683	0.684

另外，K 和 a 还可采用下面的公式来计算：

$$K = 4.21 \times 10^{-5} \cdot f^{2.42} \qquad (2.9 \leqslant f \leqslant 54) \qquad (3\text{-}49)$$
$$= 4.09 \times 10^{-2} \cdot f^{0.699} \qquad (54 \leqslant f \leqslant 180)$$
$$a = 1.41 \times f^{-0.0779} \qquad (8.5 \leqslant f \leqslant 25) \qquad (3\text{-}50)$$
$$= 2.63 \times f^{-0.272} \qquad (25 \leqslant f \leqslant 164)$$

上两式中频率 f 的计算单位为 GHz。

2）雨层高度

ITU 的有关算法是等效路径长度法。为了确定斜路径等效降雨路径长度，首先考虑雨层高度，可从当地气象数据查出，也可通过式（3-51）来计算：

$$h_R(\text{km}) = \begin{cases} 5 - 0.075(\varphi - 23), & \varphi > 23° & （北半球） \\ 5, & 0 \leqslant \varphi \leqslant 23° & （北半球） \\ 5, & -21° \leqslant \varphi \leqslant 0 & （南半球） \\ 5 + 0.1(\varphi + 21), & -71° \leqslant \varphi \leqslant -21° & （南半球） \\ 0, & \varphi < -71° & （南半球） \end{cases} \qquad (3\text{-}51a)$$

$$h_R(\text{km}) = \begin{cases} 3.0 + 0.028\varphi, & 0 \leqslant \varphi \leqslant 36° \\ 4.0 - 0.075(\varphi - 36), & 36° \leqslant \varphi \end{cases} \qquad (3\text{-}51b)$$

3）雨层高度下的斜路径长度

当仰角 θ 大于 5° 时：

$$L_S = \frac{h_R - h_S}{\sin\theta} \qquad (\text{km}) \qquad (3\text{-}52)$$

当仰角 θ 小于 5° 时：

$$L_S = \frac{2 \cdot (h_R - h_S)}{\sqrt{\sin^2\theta + 2(h_R - h_S)/R_e} + \sin\theta} \qquad (\text{km}) \qquad (3\text{-}53)$$

4）路径缩减因子

斜路径穿过雨层的等效路径长度一般小于雨层高度下的斜路径长度，它们的比值称为路径缩减因子。对 0.01% 的时间来说，其计算公式如下：

$$r_{0.01} = \frac{1}{1 + \dfrac{L_S \cdot \cos\theta}{35 \cdot \mathrm{e}^{-0.015R_{0.01}}}} \qquad (3\text{-}54)$$

5）路径损耗

路径损耗常取 0.01% 的时间超过的值 $A_{0.01}$ 为参考，它可以表示为：

$$A_{0.01} = \gamma_R \cdot L_S \cdot r_{0.01} \qquad (\text{dB}) \qquad (3\text{-}55)$$

超过时间的百分比为 $p\%$ 的路径损耗可以表示为（当 $0.001 < p < 1.0$ 时）：

$$A_p = 0.12 \cdot p^{-(0.546 + 0.043 \log p)} A_{0.01} \qquad (3\text{-}56)$$

在实际测量中，往往有 20% 的误差。

3. 云雾损耗

云雾损耗率可用式（3-57）来表示：

$$\gamma_C = K_1 \cdot M \qquad (\text{dB/km}) \qquad (3\text{-}57)$$

式中，K_1 为云雾损耗率系数 $[(\text{dB/km})/(\text{g/m}^3)]$；$M$ 为液态水含量 (g/m^3)。

云雾损耗率系数的理论值如图 3-19 所示。

4. 折射

由于对流层折射率随高度的升高而减小，折射情况随初始仰角而异，引起天线波束扩散，产生散焦损耗。

斜路径散焦损耗在 1~100GHz 频段内与频率无关，对于仰角大于 3°、纬度小于 53° 的低纬度区和仰角大于 6°、纬度大于 53° 的高纬度区，斜路径散焦损耗可以忽略。

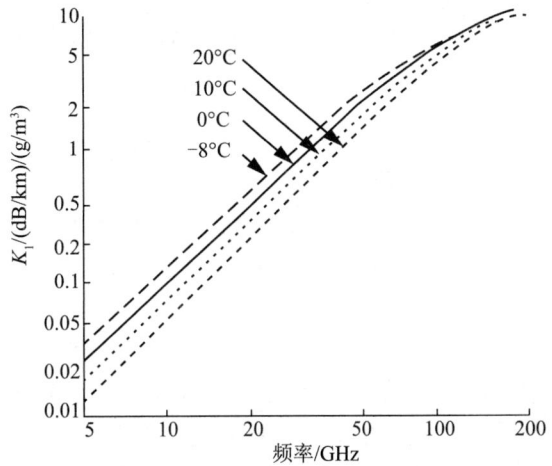

图 3-19 云雾损耗率系数的理论值

5. 大气闪烁

由于对流层中大气折射率的不规则起伏，引起接收信号幅度的起伏现象称为大气闪烁，通常持续几十秒。它包括两种效应，一是来波本身幅度的起伏；二是来波波前的不相干性引起的天线增益降低。

可用幅度起伏的标准偏差近似式来表示大气闪烁，表 3-4 给出了对流层幅度闪烁标准偏差数据。

表 3-4 对流层幅度闪烁标准偏差数据

观测点	频率（GHz）	仰角（°）	温度（℃）	水蒸气压力（mb）	标准偏差（dB） 天线口径（m）	
					3.0	8.5
切尔博顿	11.8	30.0	16.5	14.1	0.07	
利海姆	11.8	32.9	18.0	13.1	0.076	0.057
			23.0	16.4	0.082	1.059
			20.7	14.8	0.077	0.058
			14.9	11.6	0.080	0.056
			9.2	8.6	0.070	0.048
			3.0	6.1	0.058	0.040
			1.8	5.3	0.062	0.044

6. 波导传播

对流层波导传播发生于折射率随高度急剧下降的层交界面。

在波导内，低仰角信号能量被截获，以极低的损耗沿地球表面传播得很远。这种现象可能引起严重的同频干扰，在分析干扰问题时必须考虑。另外，由于信号被波导截获，波导外某些通常属于视距的地方也可能变成信号不能到达的死角，即无线电洞。

大气波导：空气的折射率、湿度、温度都与高度有关，同标准折射大气相比，如果温度随高度下降得慢一些，湿度下降得快一些，就会出现超折射或大气波导。

这种情况往往出现在地面湿度很大、上空湿度很小和气温随高度上升（逆温）的时候。例如，雨后或雪后天晴时，在海上或大的水域上空逆温显著，而且湿度随高度急剧下降，这时也容易形成大气波导。

一般来说，在无风或微风的"宁静"天气中，容易形成超折射条件。当出现大气波导时，可以使一定强度的信号传播很远的距离。因此，人们曾注意并希望能利用它作为实现远距离通信的手段，但经过研究之后，证明这是不可靠的，大气波导的产生是随机的，而且在大气波导内极易产生多径效应。

7. 噪声温度

随着损耗的增加，辐射噪声也相应增加。对采用低噪声放大器的地球站来说，噪声温度对信噪比的影响可能比损耗本身还要大。大气对地球站天线噪声温度的影响可用下式来计算：

$$T_s = T_m \left(1 - 10^{-A/10} \right) \tag{3-58}$$

式中，T_s 为天线收到的天线噪声温度（K，1K = 272.15℃）；A 为路径损耗（dB）；T_m 为传播介质的有效温度（K）。有效温度取决于多种因素，在 $10 \sim 30$GHz 的频率上，对于传播路径上的云和雨，它们对应的介质有效温度为 $260 \sim 280$K。

当损耗值已知且频率低于 60GHz 时，天线噪声温度上限如下：

$$T_m = 280\text{K}（对于云）\tag{3-59}$$

$$T_m = 260\text{K}（对于雨）\tag{3-60}$$

8. 去极化效应

在卫星通信中，一般采用正交极化来提高系统的容量。由于两个发射时原本相互正交的分量在经过传播路径后产生了交叉极化干扰，即二者之间不再是严格的正交，因此该过程也叫去极化效应。无论是线性极化还是圆极化，通常都用交叉极化鉴别度（XPD）来度量极化纯度，其公式为

$$XPD = 10\log \frac{同极化分量的功率}{交叉极化分量的功率} \tag{3-61}$$

1）雨滴引起的去极化

由于空气有阻力，雨滴有质量，因此雨滴的实际形状不是圆球而是稍呈扁平状，若入射电波的极化面与雨滴长轴方向重合，则产生的相移与损耗最大；若与雨滴短轴方向重合，则产生的相移与损耗最小。

2）雪晶体引起的去极化

电波在大气层中传播时，存在于温度低于0℃的大气层中的雪晶体也会对其产生去极化效应。

3）雨雪交叉极化统计特性的长期频率和极化定标

在某一频率和极化倾角条件下获得的 XPD 的长期统计数据，可以通过半经验公式推广到其他频率和极化倾角。

对流层中的雨和雪会引起信号的去极化效应，线极化波变成有一定倾角的椭圆极化波，圆极化波也呈现为椭圆极化波，其所形成的交叉极化分量与原来同极化波的旋转方向相反。

习　题

1. 无线电波的极化形式有哪几种？
2. 有效全向辐射功率（EIRP）是怎样定义的？
3. 写出通信距离方程的表达式，并说明各符号的含义。
4. 写出自由空间传播损耗表达式（标明单位）。
5. 解释无线电折射指数（率）、标准大气的折射指数梯度、标准大气的曲率半径、等效地球半径因子。
6. 折射如何分类？
7. 写出地形参数的表达式，并说明当地形参数为零或无穷大时的地势情况。
8. 微波线路按地区是如何分类的？按余隙是如何分类的？
9. 在卫星移动通信中产生多径衰落的原因是什么？
10. 某信道时延扩展为 $1.5\mu s$，在不使用均衡器的条件下，对 AMPS 或 GSM 业务是否合适？（注意：AMPS 信道带宽为 30kHz，GSM 信道带宽为 200kHz）
11. 求当工作频率为 1500MHz、卫星采用高度为 800km 的圆轨道时，多普勒频移的范围。
12. 陆地、海事、航空卫星移动通信电波传播有何特点？
13. 航空卫星移动通信系统频率选择性衰落较严重的原因是什么？
14. 请说明减小多径衰落影响的措施，以及每种措施能减小多径衰落影响的原因。
15. 抗多普勒频移的措施有哪些？
16. 为什么在卫星移动通信中普遍采用差分调制方式？
17. 为什么在卫星移动通信系统中常采用圆极化波？
18. 法拉第旋转和去极化效应有什么不同？
19. 电离层闪烁的特点和减小其影响的措施有哪些？
20. 什么是背景电离作用？它有什么特点？
21. 背景电离作用和不规则性都使得电离层的折射指数变得与什么有关，即电离层的传播介质是什么？
22. 名词解释：地面反射系数、菲涅耳区与菲涅耳半径、交叉极化鉴别度、多径衰落、多径衰落深度、衰落持续时间、多普勒率、多径衰落谱、时延扩展、相干带宽、时延谱、频率选择性衰落、平坦衰落、阴影效应和多普勒效应、气体吸收、电离层闪烁、法拉第旋转、散焦损耗、大气闪烁、波导传播、去极化效应。

第 4 章　卫星通信中的信号传输

在卫星通信发展早期，转发器输出功率受到一定的限制，频带资源富裕，所需要的通信容量又不是很大，因此模拟信号传输都采用调频（FM）方式。由于空间技术的发展，现在卫星可以发射较大的输出功率，随着用户对通信容量的要求日益增长，频带问题成为目前的主要矛盾。为了拓展使用频率带宽，毫米波、太赫兹、卫星光通信是卫星通信的主要发展方向。数字调制技术是卫星通信的主流，为了扩大传输容量，高阶调制技术、新型编码与差错控制技术层出不穷。

4.1　基带传输

4.1.1　数字信号的基带传输

数字信号未经调制而直接在传输介质上传送时被称为基带传输。基带传输目前一般只在近距离且传输速度不太高的情况下采用。在利用对称电缆构成的近程数据通信系统中广泛采用这一传输方式。同时，基带传输系统中蕴含着数据传输技术的许多基本问题，且线性调制的载波传输系统可等效为基带系统来研究。

4.1.2　基带信号在信道中传输的特点

基带信号在传输过程中必然会受到传输介质幅度和相位特性的影响，使传输波形产生失真，而且这种失真随传输距离的增加而更加严重。如图 4-1 所示，其中，图 4-1（a）所示为发送到传输线的数字三元码，脉宽均为 0.5 比特；图 4-1（b）所示为接收端收到的数字码波形。

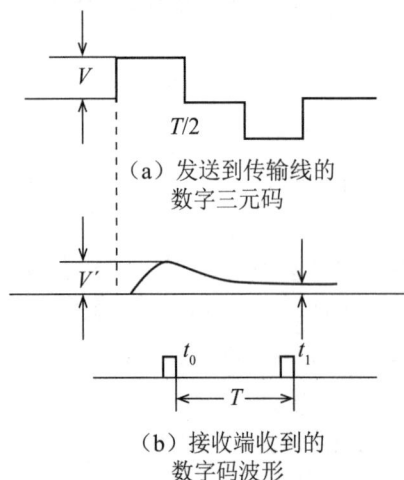

（a）发送到传输线的
数字三元码

（b）接收端收到的
数字码波形

图 4-1　基带信号传输波形失真

比较两个波形可以看出：幅度变小（$V' < V$），而且随着传输距离的增加，幅度变小得越来越明显；波峰延后，反映了传输线具有延迟特性；脉冲的宽度大大增加，这是因为不同的传输频率呈现出不同的损耗及相移，使传输后的波形前后沿劣化并形成拖尾，使收到的脉冲信号变宽。

接收端为了能正确识别出数字码流中的传号和空号，常采用判决的方法。判决是指用接收端的定时信号在特定的时刻对收到的码型进行一次识别。在定时信号到来时，若收到的信号电平大于某一阈值门限，则判为传号（1 电平）；若小于门限电平，则判为空号（0 电平）；若接收的信号电平太小及受到噪声的影响，则很难进行正确的判决而产生误码。

波形拖尾会对相邻的下一信号形成干扰，这就是常说的码间干扰。当码间干扰严重时，干扰电平会影响下一信号的正确判决从而形成误码。

为了正确无误地接收信息，希望接收波形在判决点有足够大的电平，而且电平越大，波形越平坦，判决效果越好，由于噪声干扰或判决时信号抖动而带来的影响也会大大减小。为了解决接收波形失真而带来的不利影响，在接收端实现判决前，均要对波形进行均衡放大。均衡就是要对传输线的频率特性进行补偿，放大是为了增大在判决前信号的电平。如果把均衡特性和线路特性结合考虑，那么在判决的识别点应是无任何码间干扰的无失真波形。

4.1.3　无码间干扰的基带传输特性

由通信理论可知，为了保障传输质量，在识别点处的波形不应产生码间干扰和失真。参照基带传输基本模型（见图 4-2），下面用 $H(\omega)$ 来表示传输线和均衡电路的综合特性。

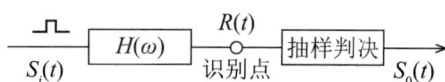

图 4-2　基带传输基本模型

设输入到 $H(\omega)$ 的信号是单位脉冲函数 $\delta(t)$，其频谱是 $H_\delta(\omega)$。而 $H(\omega)$ 是一个理想低通滤波器，其频率函数为 $H_1(\omega)$，则在识别点得到的输出为

$$R(t) = 2f_1 \frac{\sin 2\pi f_1(t-t_d)}{2\pi f_1(t-t_d)} \tag{4-1}$$

式中，f_1 为理想低通滤波器的截止频率；t_d 为传输延迟。因为 $\omega = 2\pi f$，所以

$$R(t) = \frac{\omega_1}{\pi} \frac{\sin \omega_1(t-t_d)}{\omega_1(t-t_d)} \tag{4-2}$$

如果将参考时间取为 $t \sim t_d$，则式（4-2）变为

$$R(t) = \frac{\omega_1}{\pi} \frac{\sin \omega_1 t}{\omega_1 t} \tag{4-3}$$

识别点的输出波形有以下特点。

（1）输出波形具有 $\frac{\sin x}{x}$ 的数学形式；输出波形在时间轴上会出现零点。

（2）波形在时间轴上出现零点的规律为 $\frac{1}{2f_1}, \frac{2}{2f_1}, \frac{3}{2f_1}, \cdots$。

（3）输出波形的能量主要集中在 $0 \sim \frac{1}{2f_1}$ 之间，在 $\frac{1}{2f_1}$ 以后有规律地衰减。识别点的输出波形如图 4-3 所示。

如果抽样判决点选在 $0, \frac{1}{2f_1}, \frac{2}{2f_1}, \frac{3}{2f_1}$ 处，就会得到最佳判决效果。波形的拖尾波动也不会给判决带来任何影响。

各码元间的间隔 $T_s = \frac{1}{2f_1}$ 称为奈奎斯特间隔，$f_1 = \frac{1}{2T_s}$ 称为奈奎斯特频率，也称为奈奎斯特带宽。$2f_1$ 称为奈奎斯特传输速率，即码元速率。对二进制而言，$2f_1 = \dfrac{1}{T_s}$ 是权限传输速率，由此可以得出以下结论：传输速率为 $2f_1$ 的数字信号通过截止频率为 f_1 的理想低通滤波器就能在理想的判决点不出现码间干扰，这就是奈奎斯特准则。

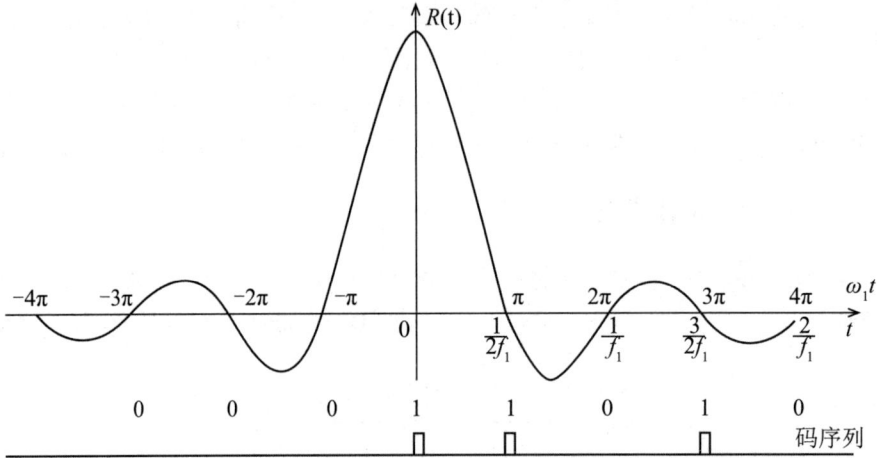

图 4-3   识别点的输出波形

需要注意的是，截止频率是理想低通滤波器无法实现的，输入信号也不可能是单位脉冲，而是有一定宽度的脉冲序列。判决点也不可能恰在 0，$\dfrac{1}{2f_1}$，$\dfrac{2}{2f_1}$，$\dfrac{3}{2f_1}$ 等点上，而且虽然在理想的判决点处，波形干扰幅度为零，但在其他点处，干扰幅度仍较高。例如，出现判决时钟偏离，或者出现误判而产生误码。通过实现滤波器幅度特性的滚降可以解决上述矛盾。

4.1.4   幅度滚降特性

幅度滚降就是对滤波器的特性进行适当修正，使其在 ω_1 点的特性变得圆滑一些。滚降的方法是在原理想低通滤波器特性的基础上叠加一个对 ω_1 点奇对称的特性，以得到新的特性。新的特性仍应易实现、无码间干扰。

对 $H(\omega) = H_1(\omega) + H_2(\omega)$ 中的叠加项 $H_2(\omega)$，有多种函数可以满足要求，最常用的是升余弦滚降特性。

升余弦滚降特性可以表示为

$$H_{NQ}(\omega) = \begin{cases} 1, & 0 \leqslant |\omega| < \dfrac{(1-\alpha)\pi}{T_s} \\[3mm] \dfrac{1}{2}\left[1+\sin\dfrac{T_s}{2\alpha}\left(\dfrac{\pi}{T_s}-\omega\right)\right], & \dfrac{(1-\alpha)\pi}{T_s} \leqslant \omega < \dfrac{(1+\alpha)\pi}{T_s} \\[3mm] 0, & |\omega| \geqslant \dfrac{(1+\alpha)\pi}{T_s} \end{cases} \qquad (4-4)$$

式中，α 为滚降系数，$\alpha = \dfrac{\omega_2}{\omega_1}$，其中，$\omega_1$ 为无滚降时的截止频率，ω_2 为滚降部分的截止频率；T_s 为奈奎斯特间隔；$\dfrac{1}{T_s}$ 为信码传输速率。

$H_2(\omega)$ 的冲激响应为

$$h(t) = \frac{\sin\pi t/T_s}{\pi t/T_s} \frac{\cos\alpha\pi t/T_s}{1-4\alpha^2 t^2/T_s^2} \tag{4-5}$$

不同 α 时的滚降特性及相应的脉冲响应如图 4-4 所示。

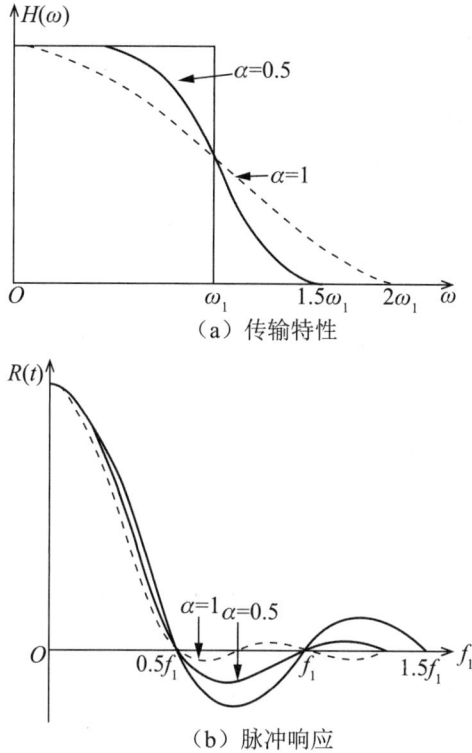

（a）传输特性

（b）脉冲响应

图 4-4　不同 α 时的滚降特性及相应的脉冲响应

从图 4-4 中可以看出，脉冲响应波形的宽度和拖尾波形的大小均与 α 有密切关系。α 越大，拖尾波形的衰减越快，判决的可靠性越高，但所需的频带越宽。因为所需频带越宽必然会使频带利用率降低，所以可靠性是利用增加传输频带换来的。

当 $\alpha=1$ 即 $\omega_1=\omega_2$ 时称为 100% 的滚降特性，此时传输特性为

$$H_2(\omega) = \begin{cases} \dfrac{1}{2}\left(1+\cos\dfrac{\omega T_s}{2}\right), & |\omega| \leqslant \dfrac{2\pi}{T_s} \\ 0, & |\omega| > \dfrac{2\pi}{T_s} \end{cases} \tag{4-6}$$

这就是升余弦滚降特性。它的冲激响应为

$$h(t) = \frac{\sin\pi t/T_s}{\pi t/T_s} \frac{\cos\pi t/T_s}{1-4t^2/T_s^2} \tag{4-7}$$

从当 $\alpha=1$ 时所得到的升余弦滚降低通输出波形可以看出：拖尾幅度下降很快，$h(t)$ 输出脉冲幅度的 $\dfrac{1}{2}$ 处的宽度正好等于一个奈奎斯特间隔 $\dfrac{1}{2f_1}$。

升余弦滚降的这些特点是用频带换来的，其频带等于理想低通滤波器的两倍，此时频带利用率为 1Band/Hz。

4.1.5 基带传输的误码性能

在没有码间干扰的基带传输中，考虑到噪声的影响。噪声干扰使识别点波形产生失真。当噪声干扰达到一定水平时，会使识别点波形的电平发生变化，有的点使波形幅度降低，有的点使波形幅度增加。设基带输入波形幅度从-A 到 A 变化，判决门限选在 0 电平处，设此时噪声的瞬时幅度为 V。如果在判决点出现 $V<-A$，就会把"1"误判为"0"；反之，如果出现 $V>A$，就会把"0"误判为"1"。噪声干扰出现的误判概率与在判决点出现的 $V<-A$ 和 $V>A$ 的概率密切相关。

设噪声为平稳的高斯噪声，它的功率谱密度为

$$P_n(\omega) = \frac{n_0}{2}|G_R(\omega)|^2 \tag{4-8}$$

式中，$\frac{n_0}{2}$ 为信号间噪声的双边功率谱密度；$|G_R(\omega)|$ 为基带传输接收滤波器特性。

均值为零的高斯噪声概率密度函数为

$$P(n) = \frac{1}{\sqrt{2\pi}\,\sigma_n}\mathrm{e}^{-V^2/(2\sigma_n^2)} \tag{4-9}$$

把"1"错判为"0"的概率为 $P(1\to0) = P(V<-A)$，而把"0"错判为"1"的概率为 $P(0\to1) = P(V>A)$。因为 $P(V<-A) = P(V>A)$，所以 $P(0/1) = P(1/0)$。设发送"0"码和"1"码的概率相等，即 $P(1) = P(0)$，则 $P(1) + P(0) = 1$，总的误码率为

$$P_e = P(1)P(0/1) = P(0)P(0/1) = \frac{1}{\sqrt{2\pi}\,\sigma_n}\int_{-\infty}^{-A}\mathrm{e}^{-x^2/(2\sigma_n^2)}\mathrm{d}x$$

$$= \frac{1}{2}[1 - \mathrm{erf}(A/\sqrt{2}\sigma_n)] \tag{4-10}$$

可以看出：在无码间干扰的基带传输系统中，因噪声影响而导致判决错误引起的误码与信号幅度 A 和噪声均方根值 σ_n 有关，A/σ_n 越大，P_e 越小。

以上是双极性基带波形的结果。如果是单极性基带波形，则

$$P_e = \frac{1}{2}\left[1 - \mathrm{erf}\left(\frac{A}{2}\sqrt{2}\sigma_n\right)\right] \tag{4-11}$$

4.2 信道编码——差错控制编码

差错控制编码又称信道编码，是提高数字传输可靠性的一种技术。它的基本思想是通过对信息序列进行某种变换，使原来彼此独立、相关性极小的信息码元产生某种相关性，从而在接收端可以利用这种规律性来检查并纠正信息码元在信道传输中所造成的差错。差错控制的主要方法有前向纠错（FEC）、自动请求重发（ARQ）及使用 FEC 和 ARQ 的混合系统。

为进行差错控制，要采用纠错编码。传统的纠错编码技术就是利用信号的多余度，即在要传输的数字序列中按一定规律加上若干冗余位或监督码元，使序列按符合一定规律的码字传输；在接收端利用这种规律对接收序列进行译码，从而检测或纠正传输中的错误。纠错编

码可按其编码方式分为分组码和卷积码，也可按其检错或纠错能力分为检错码（如 ARQ 中编码）和纠错码（如 FEC 中编码），还可按其纠错类型分为纠随机错误码和纠突发错误码。

在卫星信道中，主要以纠随机错误码为主，但随着卫星通信频带的拥挤和干扰的增加，在传输中发生突发错误的概率增大。

为了描述纠错编码系统对性能的改善，引入编码增益的概念。编码增益定义为对给定差错性能在无编码系统与编码系统之间所需信噪比（E_b/N_0）的差（以 dB 表示）。

在译码时，总是希望平均误码概率最小，这可以通过最大似然译码来实现，其基本思想是，对于给定的接收序列，计算所有可能的发送序列与接收序列之间的似然函数，将对应最大似然函数的发送序列所包含的信息判决为译码器的输出。在判决时，通常有两种方式：硬判决和软判决。在硬判决中，将传输信道看作离散二进制信道，先对每个接收码元进行二元判决，再进行码序列的最大似然判决。这可以证明，此时的最大似然函数等价于最小汉明距离。在软判决中，把信道的输出看成是取值连续的。这可以证明，在高斯白噪声的假设下，最大似然函数对应于最小欧几里得距离。实际上，软判决译码的输入采用多电平量化值（通常电平量化值为 8），一般认为软判决比硬判决有 2dB 的性能改善。

纠错码的纠错能力取决于码的最小距离特性。对于分组码，若其最小距离 $d_{min} = 2t+1$，则最多可纠 t 个错误。

传统的纠错编码与信号的调制是分别处理的。如果将两者作为一个整体来考虑，就可以在达到较高编码增益的同时不降低频带利用率。网格编码调制（Trellis Coded Modulation，TCM）就是实现编码与调制相结合的技术之一。本节主要介绍与差错控制有关的技术。

4.2.1　前向纠错

使用前向纠错（FEC）的数字通信系统框图如图 4-5 所示，在发送端，首先将数据源产生的信息通过纠错编码器进行纠错编码，然后经过调制器产生已调信号，接着通过有噪声信道传输；在接收端对解调器的信号经纠错译码器进行译码，并自动纠正传输中的差错，恢复原始信息。

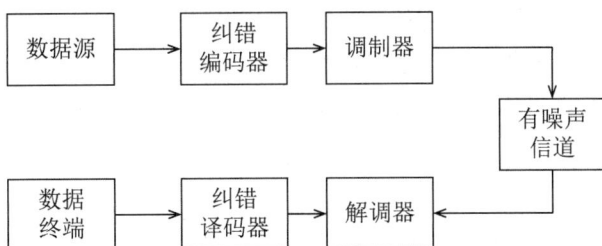

图 4-5　使用前向纠错的数字通信系统框图

前向纠错系统的优点如下：①无须反向信道；②具有恒定的信息传输效率；③译码总延迟恒定。它的缺点如下：①为使纠错能力增强，要增加冗余位，从而使系统传输效率降低；②当需要高可靠性传输时，合适的纠错编码和译码算法的选择比较困难；③接收数据的可靠性对信道传输条件的恶化很敏感。

4.2.2　自动请求重发

使用简单自动请求重发（ARQ）的系统框图如图 4-6 所示。在该系统中，被传送的数

据被编成长为 η 位的分组，其中 k 是位信息，而 $\eta-k$ 位用作控制和监督位。此时，译码器仅有检错功能，它根据检测的译码输出是否有错来通过反向信道传回确认（ACK）或否认（NACK）信号。确认信号说明译码无错，发送端可继续传送新码组；否则说明传输有错，要求发送端重发有错码组。

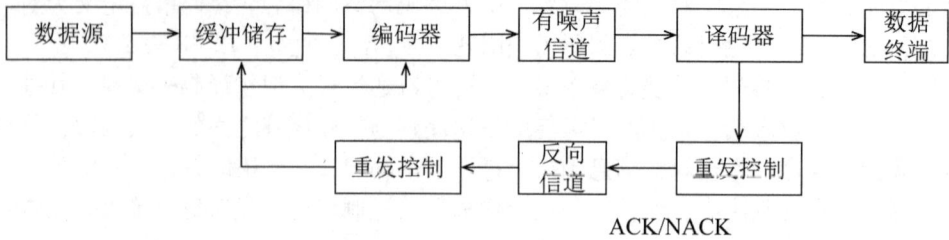

图 4-6　使用简单自动请求重发（ARQ）的系统框图

ARQ 系统可分成以下几种类型。

1. 停止等待 ARQ

停止等待 ARQ 也称为空闲-RQ（Idle-RQ）。在该系统中，发送端每发送一个分组就停止，等待接收端的应答，若收到确认信号，则继续发送；若收到否认信号，则重发。该方式虽然操作简单，所需缓冲量小，但效率低，延迟大，故不适用于卫星信道。

2. 连续 ARQ

在连续 ARQ 中，发送端通过前向信道连续发送分组而不等待反向信道的应答，只有收到否认信号时才在完成当前码组传送后退回到有错码组并重发此码组和以后的全部码组，以保持码组的自然顺序。此系统经常称为退回-NARQ（Go-Back-NARQ）。此处的 N 为重发的码组数。当信道较好而使有错码组较少时，ARQ 传输效率很高；而其主要缺点是需要一定的缓冲量。

3. 选择重发 ARQ

选择重发 ARQ 为连续 ARQ 的变种。这里仅重发接收出错的特殊码组，因此在信道差错率高时性能较好，但需要复杂的控制逻辑和大容量的缓冲器。此外，应答信号还必须标明有错码组，从而增加了系统的复杂性。选择重发 ARQ 优于其他 ARQ 系统，是卫星信道中较好的差错控制技术。

4. 其他 ARQ 系统

其他 ARQ 系统有改进的停止等待 ARQ、自适应 ARQ、可变速率 ARQ 等。

综上所述可知，ARQ 的主要优点如下：①极低的不可检测差错概率；②该方式对任何信道都有效；③编/译码器简单。它的主要缺点如下：①需要反向信道；②译码器的延迟是可变的；③数据源必须是可控的（或必须提供缓冲）。

4.2.3　线性分组码

1. 基本概念

一个 (n,k) 线性分组码有 k 个信息位和 $n-k$ 个校验位或监督位，根据某种确定的代数关系构成总长度为 n 的码字，其编码效率 $\eta=k/n$。如果码字中的开头或结尾 k 位是信息位，那么就称之为系统码，否则称之为非系统码。

1）生成矩阵

一个 (n,k) 线性分组码中的每个码字 V 与相应的信息分组 U 可分别用 n 维和 k 维行向量表示，它们之间的关系可写成

$$V = UG \tag{4-12}$$

式中，G 为分组码的生成矩阵。对于系统分组码（这里开头为信息位），G 的形式如下：

$$G = [I_k \vdots P_{kr}] \quad (r = n-k) \tag{4-13}$$

式中，I_k 为 k 阶单位矩阵；P_{kr} 为 $k \times (n-k)$ 阶矩阵。

2）奇偶监督矩阵

由式（4-13）可见，P_{kr} 反映了码字中监督位与信息位的关系，即监督位是信息位的线性组合。通过运算可得

$$VH^T = 0 \tag{4-14}$$

式中，$H = [P_{kr}^T \vdots I_r]$ 称为分组码的奇偶监督矩阵。

3）伴随式（或检校子）

如果码向量 V 在传输中出错而使接收码向量为 R，那么可写成

$$R = V + E \tag{4-15}$$

式中，E 为错误图样（或错误向量）。

令 $S = RH^T$，则 S 称为分组码的伴随式。利用式（4-14）和式（4-15）可得

$$S = (V+E)H^T = VH^T + EH^T = EH^T \tag{4-16}$$

可见，S 仅与错误图样有关，从而可建立 S 与可纠错误图样的唯一对应关系。这样可利用 S 来检查或纠正传输中的错误。如果 R 为有效码字，则 $S = 0$；如果 S 不为 0，则传输发生差错，译码器可在码的纠错能力限度内纠错。

2. 循环码

对于循环码，其任何码字的循环移位都是码字，即若 $V = (V_{n-1}, \cdots, V_0)$ 为码字，则 $V_i = (V_{n-1-i}, \cdots, V_{n-i})$ 也是码字，其中 V_i 为 V 向左循环移动 i 位。另外，码字 V 还可用一个多项式 $V(x) = V_{n-1}x^{n-1} + \cdots + V_0$ 来表示。此多项式称为码多项式。可见，向量 V 与 $V(x)$ 是一一对应的。

循环码的码字 $V(x)$ 可用生成多项式产生。设 $g(x)$ 为生成多项式，可以证明，$g(x)$ 的次数为 $n - k$ 且为 $x^n + 1$ 的因式，并且是唯一的。因此有

$$V(x) = U(x)g(x) \tag{4-17}$$

式中，$U(x)$ 为信息位对应的多项式。

但是上式所产生的循环码为非系统码。在实际应用中，我们总希望得到系统码，即让 $V(x)$ 与 $U(x)$ 有下列关系：

$$V(x) = U_{k-1}x^{n-1} + \cdots + U_0 x^{n-k} + V_{n-k-1}X^{n-k-1} + \cdots + V_0 = x^{n-k}U(x) + r(x) \tag{4-18}$$

式中，$r(x) = V_{n-k-1}X^{n-k-1} + \cdots + V_0$ 为系统码校验位对应的多项式。由于 $V(x)$ 为 $g(x)$ 的倍式，故 $r(x)$ 就是 $g(x)$ 除 $x^{n-k}U(x)$ 所得的余式。

系统码可由反馈移位寄存器产生。一个 (7,4) 循环码的产生电路如图 4 - 7 所示。其中，移位寄存器的级数为 $n - k$，各级抽头对应 $g(x)$ 的系数。当信息位输入时，除直接输出外，还进入移位寄存器进行运算。当信息位全部进入后，移位寄存器中的内容为 $x^{n-k}U(x)$

除以 $g(x)$ 所得余式，即校验位。此时，将输出转向 2，使校验位依次输出，从而得到系统码。

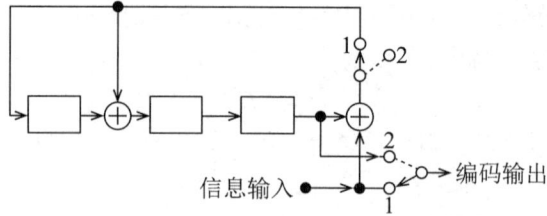

图 4-7 一个 (7,4) 循环码的产生电路

3. 几类重要的线性分组码

1）BCH 码

BCH 码是纠多重随机错误的一类循环码，它可由移位寄存器产生，其特点如下：移位寄存器长度为 m，分组长度为 $n=2^m-1$（$m \geq 3$），可纠错误数为 t，监督位数为 $n-k \leqslant mt$，最小距离为 $d_{\min} \geqslant 2t+1$。

BCH 码提供了一大类容易构造的任意分组长度和效率的码。它在码参数的选择上有灵活性，而且码长为几百位或小一点的码也属于同码长和同效率码中最好的已知码。在 INTELSAT TDMA/DSI 系统中就使用（128,112）BCH 码，其效率为 $\eta = 112 \div 128 = 7/8$，它能纠 2 个错并能检测 3 个错。

2）里德–所罗门码

里德–所罗门码是 BCH 码的一个子类，是非二进制码，其参数如下：每符号为 m 比特；分组长度为 $n=2^m-1$ 个符号；监督符号数为 $n-k=2t$；最小距离为 $d=2t+1$ 个符号，可纠错误符号数为 t。里德–所罗门码非常适合纠正突发错误，并常用作级联码中的外码。

3）戈莱（Golay）码

Golay 码是一个特殊的纠 3 个错的（23,12）循环码，其最小距离为 7。它是一个完备码。目前，（24,12）扩展 Golay 码用于 INTELSAT TDMA/DSI 系统的分配信息信道。

4）汉明（Hamming）码

汉明码是一个纠单错的循环码，其参数如下：分组长度为 $n=2^m-1$；监督位数为 $r=m$；最小距离为 $d=3$。

5）最大长度码

最大长度码是汉明码的对偶码，即以汉明码的奇偶监督矩阵作为生成矩阵的码，其参数如下：分组长度为 $n=2^m-1$；信息位数为 m；最小距离为 $d=2^{m-1}$。它广泛地应用在扩频通信和闭环 TDMA 同步中。

4. 分组码的译码

分组码的译码方法可分成两大类：非代数译码和代数译码。非代数译码以码的简单结构为基础，用较简单的方式确定图样，主要包括查表译码、门限译码和信息集合译码等，而后两种译码方式都能扩展到软判决译码。代数译码基本上是通过解联立方程组来确定错误位置和数值的，主要有频域译码、时域译码等。而且代数译码很难推广到软判决译码。

下面简单叙述查表译码的基本概念。

由于在（n,k）分组码中，伴随式有 2^{n-k} 个并与可纠错误图样有唯一的对应性，因此可

将错误图样 E 存储在 ROM 中。对于接收码字 R，先根据式（4-16）计算伴随式 S，再根据 S 与 E 的对应关系从 ROM 中找到相应的 E，最后将 R 和 E 模二加，得到译码后的码字。因此，只要错误数在码字的纠错范围内，所得到的输出便是正确的。但是，此方法会随着码字数目的增加使译码复杂度急剧增加。

4.2.4　卷积码

卷积码是信息序列通过一个 k 级移位寄存器（每级 m 比特）和 n 个模二加器所组成的卷积编码器产生的。这些模二加器的输入来自移位寄存器的某些级的抽头。编码器在工作时，每次输入 m 比特的二进数据，产生 n 个模二加器的输出作为编码器的输出，同时其他级的数据向右移动 m 比特。因此编码效率 $\eta = \dfrac{m}{n}$。这里，k 称为卷积码的约束长度，图 4-8 所示为卷积编码器示意图。

1. 生成多项式

在卷积编码器中，移位寄存器的各级和模二加器的连接关系可用生成多项式表示。其中，多项式的系数表示某级与模二加器的连接关系（1 表示连接，0 表示不连接）。例如，图 4-8 中的生成多项式为 $g_1(x) = 1+x^2$，$g_2(x) = 1+x+x^2$，分别对应于输出 $V_1(x)$ 和 $V_2(x)$。生成多项式也可用 k 维向量表示，如 $g_1 = (101)$，$g_2 = (111)$。

2. 卷积码的表示方法

卷积码通常有三种表示方法：码树、网格图和状态图。

（1）码树。图 4-9 所示为图 4-8 中的编码器产生卷积码的码树表示图。在图 4-9 中，每个分支表示一个单输入符号，通常输入 0 对应上分支，输入 1 对应下分支，每个分支上面的数为对应的输出。因此，任何序列都描绘出码树中的一条特殊路径。假定编码器的初始状态为 0，若输入序列为 1011，则对应的输出序列为 11010010（图 4-9 中已加粗）。通过对码树的观察可见，从第三层开始，码树的输出产生重复。这是因为 $k=3$，所以编码器的输出只取决于一个输入比特和早先输入的 2 个比特，这 2 个比特表示编码器的状态。当 $m=1$ 时，编码器的状态数为 2^{k-1}。本例中，状态数为 $2^2 = 2 = 4$。这 4 个状态分别表示移位寄存器前两位的内容，图 4-9 中用十进制数表示。应该指出码的约束长度常常采用另外一种表示，即约束长度 V 定义为状态数以 2 为底的对数，因此在此例中，$V=2$。

（2）网格图。从码树上可以看出，从任何相同状态出发的分支都相间，因此可把同层相同状态的点合并，得到网格图。图 4-10 所示为图 4-8 产生卷积码的网格图。与码树规定相同，输入 0 对应上分支，而输入 1 对应下分支，并且分支上面的数字对应输出。与码树一样，任何可能的输入序列都对应着网格图内的一条特殊路径。例如，输入序列 10110 所对应的路径如图 4-10 中的加粗线所示。

（3）状态图。如前所述，设移位寄存器前 $k-1$ 级的内容为编码器的状态，那么编码器的输出完全可由其状态与当前的输入决定，且每输入一次，编码器就变成另一个状态。图 4-11 所示为图 4-8 产生卷积码的状态图。在图 4-11 中，圆圈内为状态的二进制数表示，状态转移路线上面为输入，下面为相应的输出。状态图对计算卷积码的距离特性是很有用的。

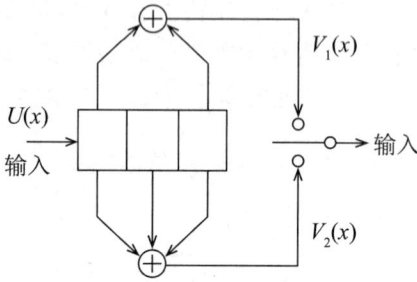

图 4-8　卷积编码器示意图

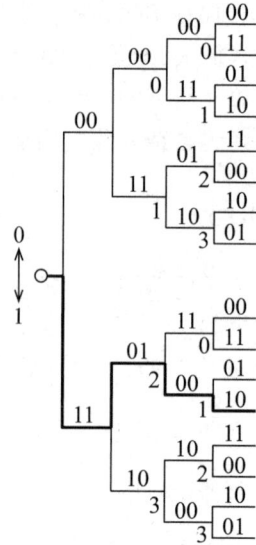

图 4-9　码树表示图

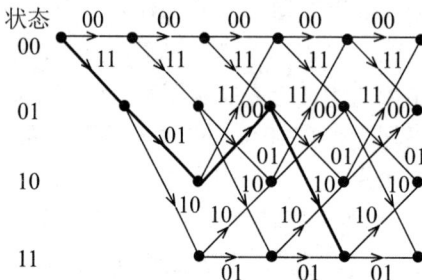

图 4-10　卷积码的网格图

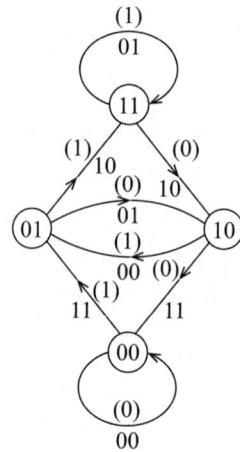

图 4-11　卷积码的状态图

3. 卷积码的译码

卷积码有两种主要的概率译码技术：维特比译码和序列译码。概率译码通过信道统计特性的研究和使用，而不依赖编码的代数运算来实现译码。

在译码时，为了使序列差错概率最小，应使用最大似然译码方法。如前所述，最大似然译码就是将接收序列与所有可能传输的序列相比较，从中选择最可能的传输序列作为译码器的输出。以二进制为例，如果序列长度为 L 比特，那么这种比较要进行 2^L 次。显然，当 L 很大时，直接进行序列的比较是不现实的。

在维特比译码和序列译码中，译码器是通过图（码树或网格图）来确定最可能的传输序列的，它对应图中的某一条特殊路径。每条路径由从起点到某一节点的若干支路组成。每条路径的支路都被分配一个度量值（似然值）。译码器的目的就是用最高的可靠性和最小的计算量在所有可能传输的路径上找到最大积累度量的路径，以作为译码器的输出。下面仅叙述维特比译码算法。

维特比译码算法以卷积码的网格图为基础。如果某条路径是最佳的（积累度量最大），那么在这条路径上从起点到每级节点的子路径与到此节点的其他路径相比也是最佳的。因此，对长为 2^L 的所有序列的比较可以转化为在网格图上的逐级比较。先在每级的每个节点通过比较找到一条最佳子路径，再以该级为基础寻找下一级的最佳子路径，直到对整个接收序列进行译码。设卷积码的约束长度为 k，则网格图上每级的节点数（状态）为 2^{k-1}。通过每级的比较，每节点只保留一条路径（存留路径）。因此，在整个判决过程中，路径的条数保持恒定。维特比译码算法的过程可简单总结如下。

（1）假定第 i 级的每个节点 j 都对应一条存留路径，其度量为 $R_j^{(i)}(j=1,\cdots,2^{k-1})$。现计算 $i+1$ 级各节点 j 的度量：对于某个节点 j，有两条路径分别来自第 i 级的 s、t 两个节点，并设这两个节点到 j 的两条支路所对应的度量为 $r(s,j)$ 与 $r(t,j)$。计算 $R_s^{(i)}+r(s,j)$ 与 $R_t^{(i)}+r(t,j)$ 并选取数值较大者（若数值相等，则随机选取）作为 $R_j^{(i+1)}(j=1,\cdots,2^{k-1})$ 的值，同时保留具有较大度量的支路，删除另一条支路。对其他节点进行类似的处理，从而得到 $R_j^{(i+1)}(j=1,\cdots,2^{k-1})$ 和相应的 2^{k-1} 条存留路径。

（2）算法从第 $K=1$ 级开始，因为在这一级，每个节点上只有一条路径，直到处理完整个序列。

（3）规定一个译码延迟时间，将具有最大度量路径对应的序列作为输出。

下面以如图 4-9 所示的网格图为例来说明维特比译码的具体实现。设接收序列为1000100000000000，采用硬判决译码，因此序列的度量相当于汉明距离，并将距离最小的看成最大的度量。译码过程如下：①从第二级开始计算各条路径与接收序列的汉明距离；②在每级的节点上保留具有最小距离的路径；③在最后一级将最小距离路径对应的序列作为译码输出。维特比译码的具体实现示意图如图 4-12 所示。

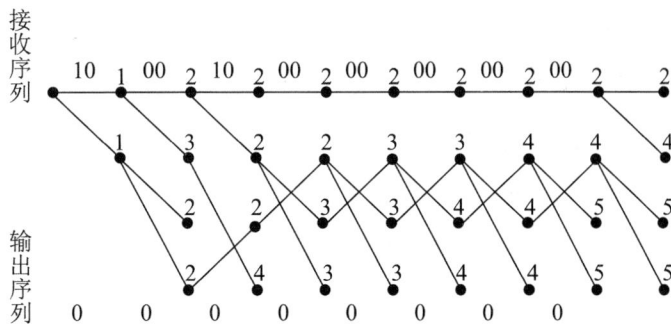

图 4-12　维特比译码的具体实现示意图

在图 4-12 中，黑点上的数字为汉明距离。

实际上常常采用维特比软判决译码以得到更大的编码增益。此时要用序列间的欧几里得距离代替硬判决时的汉明距离。这就要建立网格图上每条支路的输出与信号星座间的映射关系。为了使编码序列间的最小欧几里得距离最大，需要采用编码与调制相结合的技术，如网格编码调制和连续相位调制。

维特比译码是通信中广泛使用并在高斯信道中提供较大编码增益的最实用的前向纠错技

术。例如，效率为 $\frac{1}{2}$、约束长度 $k=7$ 的卷积码采用维特比软判决译码可在 10^{-5} 误码率时提供 5dB 的编码增益。但是，维特比译码的复杂度随编码器约束长度呈指数级增加，因此该算法适用于约束长度 k 较小的场合。当码的约束长度较大时，应采用序列译码方法。

4.2.5 前向纠错编码的性能比较

图 4-13 所示为用于卫星通信系统的典型前向纠错编码在误比特率为 10^{-6} 时所需归一化信噪比 E_b/N_0 的样值。在图 4-13 中，横坐标为带宽扩展率（以 dB 表示），它对应编码效率的倒数；信道截止率对应非编码相干 PSK 和白噪声情况。图 4-13 表明维特比译码比其他码提供了更大的编码增益，同时表明维特比译码与里德-所罗门码的级联提供了很高的性能。此外，图 4-13 还表明，E_b/N_0 随带宽扩展率的增加而趋于减小，但在编码效率小于 1/2 的区域内，E_b/N_0 减小的程度相当慢。这就是说，在可使用的带宽很有限的卫星通信中，使用编码效率小于 1/2 的前向纠错编码没有明显的优点。

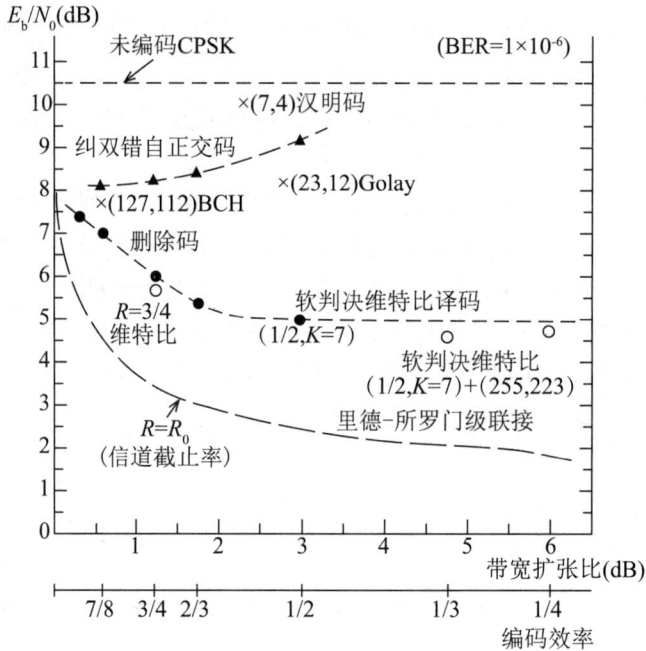

图 4-13 归一化信噪比示意图

4.2.6 网格编码调制

网格编码调制（TCM）是一种将信道编码和调制结合在一起的技术，在不增加信道带宽、也不降低信息速率的情况下，获得 3～6dB 增益，比常规的非编码多电平调制具有较大的编码增益且不降低频带利用率，因此适用于限带信道的信号传输。

TCM 系统使用冗余多进制调制与一个有限状态的网格编码器相结合，由编码器控制调制信号的选择以产生编码的信号序列。在接收端，对带有噪声的信号进行维特比软判决译码实现解调。

为了提高编码增益，必须增大编码的自由距离，因此必须使调制序列对应的波形序列具有较大的欧氏距离。但是，调制序列的汉明距离并不与已调制波形序列的欧氏距离对应，因此要设计一种编码与符号波形的映射函数，使得编码符号序列之间的自由欧氏距离最大。TCM 编码器就是为此而提出的。

图 4-14 所示为 TCM 编码器的一般结构。根据这个结构，TCM 信号可由下述过程产生：TCM 编码器的输入每次为 m 比特，其中 $\widetilde{m}$（$\leq m$）比特由效率为 $\widetilde{m}/(\widetilde{m}+1)$ 的二进制卷积编码器产生 $\widetilde{m}+1$ 比特。这些比特用于选择 $2^{\widetilde{m}+1}$ 个信号子集中的一个，而其余的 $m-\widetilde{m}$ 未编码比特确定被选择子集中的哪一个符号要传输。编码器的信号集合中的信号个数为 2^{m+1}，在编码的网格图中有 $2^{m-\widetilde{m}}$ 个并联支路，当 $\widetilde{m}=m$ 时，子集中仅含一个信号，此时便没有并联过渡支路。

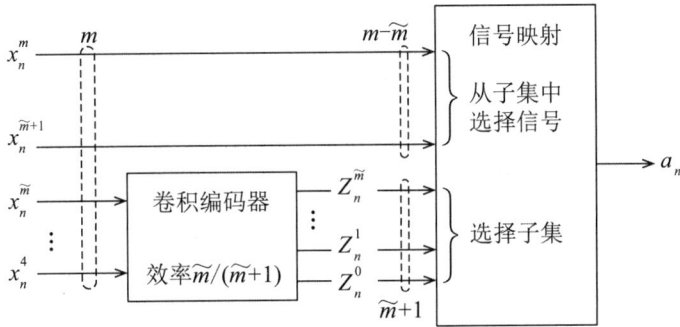

图 4-14 TCM 编码器的一般结构

TCM 编码的自由欧氏距离为

$$d_{\text{free}} = \min\left[\Delta_{\widetilde{m}+1}, d_{\text{free}}(\widetilde{m})\right] \tag{4-19}$$

式中，$\Delta_{\widetilde{m}+1}$ 为并联过渡支路之间的最小距离；$d_{\text{free}}(\widetilde{m})$ 为 TCM 网格图中非并联路径间的最小距离。

TCM 编码器的渐近编码增益在高信噪比下可由下式来计算：

$$G_a = 10\lg\left[(d_{\text{free,c}}^2/d_{\text{free,u}}^2)/(E_{s,c}/E_{s,u})\right] \tag{4-20}$$

式中，$d_{\text{free,c}}^2$ 和 $d_{\text{free,u}}^2$ 及 $E_{s,c}$ 和 $E_{s,u}$ 分别为编码和未编码系统的平方自由距离与平均信号能量。

TCM 系统的差错率在高信噪比下可由下式近似：

$$P_r(e) = N_{\text{free}} \cdot Q\left[d_{\text{free}}/(2\sigma)\right] \tag{4-21}$$

式中，N_{free} 为具有距离 d_{free} 的错误事件的平均数；$Q(\cdot)$ 为高斯误差概率函数；σ 为噪声方差。

4.2.7 扰码与解扰

在数字卫星通信中普遍使用扰码技术，其作用就是在发送端将二进制数字信息进行随机化处理，使发送的"1"码和"0"码近似等概率。扰码的主要目的如下：①通过扰码可限制数字信息序列连"1"码或连"0"码的长度，从而便于提取比特定时信息；②经扰码后使数字基带信号具有伪随机特性，使频谱扩散，从而降低对其他系统的干扰。

扰码虽然"扰乱"了数字信息的原有形式，但这种"扰乱"有人为规律，因此是可以解除的。在接收端进行相反的变换（解扰）就可将数字信息恢复成原有形式。完成"扰码"与"解扰"的装置分别称为扰码器和解扰器。

图 4-15（a）所示为扰码器的原理图，它由一个反馈移位寄存器构成。图 4-15（b）所示为相应的解扰器的原理图，它由一个前馈移位寄存器构成。两个移位寄存器的内容均以比特速率移位。

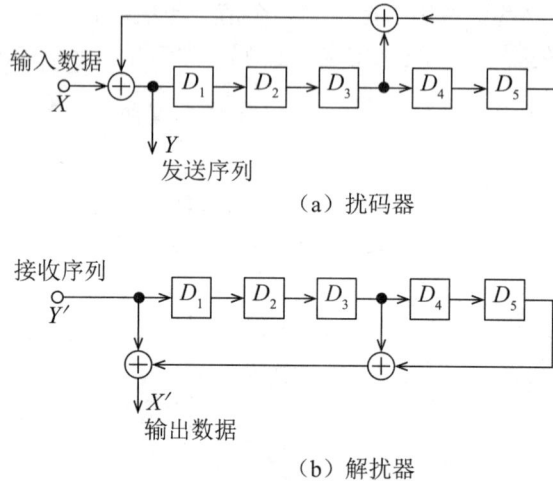

（a）扰码器

（b）解扰器

图 4-15　扰码器与解扰器的原理图

扰码与解扰的原理简述如下。

在图 4-15（a）中，经过一次移位。在时间上延迟一个码元时，用延迟算子 D 表示。设输入、输出码序列分别为 X 和 Y，则 $D^k Y$ 表示序列 Y 被延迟 k 个码元的时间，由图 4-15可得

$$Y = X \oplus D^3 Y \oplus D^5 Y \quad \text{或} \quad Y = (1 \oplus D^3 Y \oplus D^5)^{-1} X \tag{4-22}$$

式中，$\oplus$ 表示模二加运算。

在图 4-15（b）中，设输入、输出码序列分别为 X' 和 Y'，则

$$X' = Y' \oplus D^3 Y' \oplus D^5 Y' = (1 \oplus D^3 \oplus D^5) Y' \tag{4-23}$$

若输出无误码，则 $Y' = Y$，于是可得

$$X' = X \tag{4-24}$$

可见，解扰器确实正确恢复了发送信息码。由线性反馈移位寄存器的理论可知，特征多项式为本原多项式 n 级反馈移位寄存器。只要初态不为"0"，便能产生具有最长周期 $(2^n - 1)$ 的序列（此序列简称 m 序列）。这种序列具有伪随机特性，其"0""1"出现的个数基本相等。当扰码器输入为周期序列或有较长的连"1"码或连"0"码时，由于移位寄存器的作用使得输出呈现随机性，从而有效地消除了长的连"1"码或连"0"码，并达到了频谱扩散的目的。

图 4-15（a）所示的扰码器不需要接收端具有同步电路，称为自同步扰码器。但是，这种扰码器会出现误码增值，即在传输中的一个比特差错会在解扰输出端出现多个差错。这种差错的增值系数和反馈移位寄存器特征多项式的项数相等。通常为限制差错传播长度，应采用级数较少的移位寄存器。这种扰码器适用于以连续方式工作的系统。

当信号中存在同步信息时，可采用将原始信息序列直接与伪随机序列模二加产生扰码的

方法。此时在接收端设置一个独立的伪随机序列产生器，当与发送端同步时，与接收序列相加便可恢复原始信码。这种方式无误码增殖，适用于传输突发形式的信号，如 TDMA 系统。

4.3　信道编码——高效编译码

4.3.1　MF-TDMA 系统常用高效编译码

1. Turbo 码

Turbo 码是 Claude Berrou 等在 1993 年国际通信会议（ICC）上提出的。Turbo 码又称并行级联卷积码（Parallel Concatenation Convolutional Code，PCCC），其编码器由两个并行的递归系统卷积码通过随机交织器连接而成；译码采用基于最大后验概率的软输入/软输出迭代译码方法。在编/译码方案中，Turbo 码很好地应用了 Shannon 信道编码定理中的随机编/译码条件，从而获得了几乎接近香农极限的译码性能。计算机仿真表明，Turbo 码不但在高斯信道下性能优越，而且具有很强的抗衰落、抗干扰能力，其纠错性能接近香农极限。Turbo 码一经提出便成为信道编码领域的研究热点，并普遍认为 Turbo 码在深空通信、卫星通信和移动通信等数字通信系统中均有广阔的应用前景。

1）Turbo 码编码

典型的 Turbo 码编码器结构如图 4-16 所示。它通常由两个结构相同的递归系统卷积码（RSC）（通常称为子码）构成，RSC1 直接对输入的信息序列 d_k 进行编码，得到校验位 y_{1k}；同时，信息序列 d_k 通过交织器交织后的序列 d_n 输入到 RSC2 进行编码，得到校验位 y_{2k}，Turbo 码的码字就是由信息序列和两路校验序列复接构成的。子编码器所产生的校验位 (y_{1k},y_{2k}) 再经删截矩阵删取后可得到所需码率的 Turbo 码。

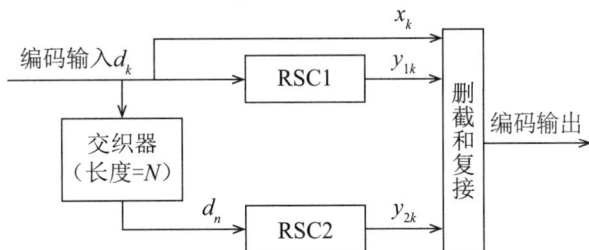

图 4-16　典型的 Turbo 码编码器结构

2）Turbo 码译码

Turbo 码的迭代译码结构如图 4-17 所示，它主要由两个软输入/软输出模块（Turbo 码的子译码器）组成，子译码器用来对选定的 Turbo 码中的 RSC 子码进行译码。子译码器 1 将子译码器 2 获得的信息比特 d_k 的外信息 $\tilde{L}_{2e}(d_k)$ 作为 d_k 先验信息对 RSC1 进行译码，获得关于 d_k 改进的外信息 $L_{1e}(d_k)$，经交织后得到 $\tilde{L}_{1e}(d_j)$ 作为子译码器 2 对 RSC2 译码的先验信息。子译码器 2 采用与子译码器 1 同样的方法再次产生信息比特改进的外信息 $L_{2e}(d_j)$，经去交织后得到 $\tilde{L}_{2e}(d_k)$ 作为下一次迭代中子译码器 1 的先验软值。这样在多次迭代后，对子译码器 2 产生的输出 $L_2(d_j)$ 做去交织后进行硬判决，得到每个信息比特 d_k 的估值 $\hat{d_k}$。

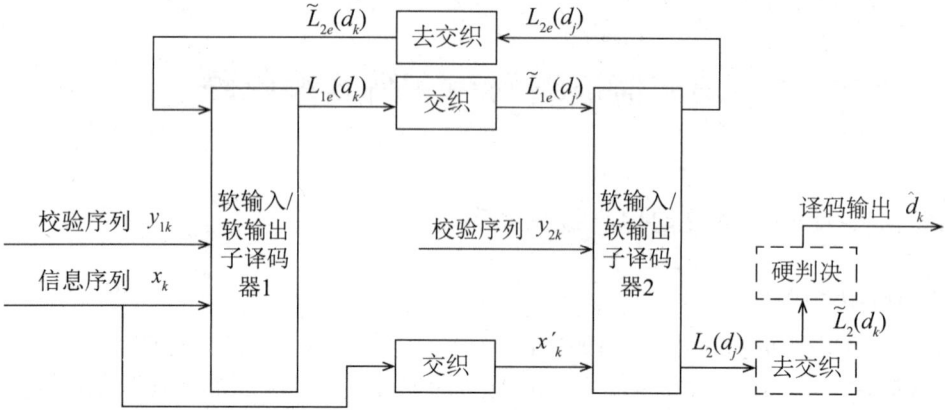

图 4-17 Turbo 码的迭代译码结构

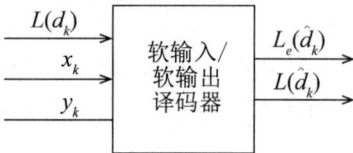

图 4-18 软输入/软输出译码器

迭代译码的关键是一个软输入/软输出译码器，它可获得每个译码输出比特 d_k 的对数似然比值，如图 4-18 所示。

它的三个输入如下。

（1） $L(d_k)$ 是信息比特 d_k 的先验信息软值（先验概率的对数似然比）。

（2） x_k 和 y_k 是编码比特经信道传输受噪声干扰后收到的采样值（充分统计量），由于采用的是系统编码，因此 x_k 对应未编码的信息比特，y_k 对应编码的校验比特。

它的两个输出如下。

（1） $L(\hat{d_k})$ 是信息比特 d_k 的软输出（后验概率的对数似然比），它定义为

$$L(\hat{d_k}) = \log \frac{P(d_k = +1)}{P(d_k = -1)} \tag{4-25}$$

$L(\hat{d_k})$ 是通过 BCJR（或称 MAP、APP）译码算法得到的。

（2） $L_e(\hat{d_k})$ 是信息比特 d_k 的外信息，它是从所有输入的 $L(d_k)$、x_k 和 y_k 中获得的关于信息比特 d_k 的软值，$L_e(\hat{d_k})$ 将作为下级译码中信息比特 d_k 的先验信息。

对于系统编码，信息比特 d_k 的软输出可表示成三项的和：

$$L(\hat{d_k}) = L_c x_k + L(d_k) + L_e(\hat{d_k}) \tag{4-26}$$

式中，L_c 是与信道的增益和噪声方差有关的参数，具体参见后面的详细推导。

通常，我们假定信息发送是等概率的，因此在首次迭代的第一级译码时，没有先验信息可用，即 $L(d_k) = 0$。第一级译码器通过 x_k 和 y_{1k} 两个输入获得信息比特 d_k 的软输出 $L_1(\hat{d_k})$，则关于信息比特 d_k 的外信息 $L_{1e}(\hat{d_k})$ 定义为

$$L_{1e}(\hat{d_k}) = L_1(\hat{d_k}) - L_c x_k \tag{4-27}$$

在第二级译码时，将第一级输出的外信息作为信息输入的先验软值，译码器通过三个输入 x_k、y_{2k} 和 $L_{1e}(\hat{d_k})$ 获得信息比特 d_k 的软输出 $L_2(\hat{d_k})$，同样可获得信息比特 d_k 的外信息 $L_{2e}(\hat{d_k})$ 为

$$L_{2e}(\hat{d}_k) = L_2(\hat{d}_k) - L_c x_k - L_{1e}(\hat{d}_k) \tag{4-28}$$

外信息 $L_{2e}(\hat{d}_k)$ 作为下一次迭代中第一级译码的新的先验值。在首次迭代中，第一级译码和第二级译码输出的外信息是相互统计独立的，因此从第一次迭代到第二次迭代所获得的增益较大。但由于译码时采用相同的信息，在后面迭代中输出的外信息相关性越来越大，因此通过迭代改善的性能越来越小，最后一次迭代后，对软输出 $L(\hat{d}_k)$ 进行硬判决：

$$\hat{d}_k = \begin{cases} +1, & L(\hat{d}_k) \geqslant 0 \\ -1, & L(\hat{d}_k) < 0 \end{cases} \tag{4-29}$$

Turbo 码的迭代译码方法是 Berrou 等的一个创举，虽然他们未能给出这种方法的收敛特性和它的理论解释，但实际仿真结果表明它工作得很好，接近全局的最大似然译码。

下面给出软输入/软输出算法——MAP 算法简洁但不失其严格性的数学推导，在相关文献中，软输入/软输出模块有各种不同的叫法，如 BCJR 算法、MAP 算法、APP 算法。下面的推导基于卷积码的网格图描述。由译码结构可知，该译码模块的功能可概括为，在卷积编码的约束下提供信息比特的最佳后验信息。假定 RSC 码的编码约束长度为 v，则在时刻 k（设 a_k 是 RSC 编码寄存器的状态），编码器状态 s_k 可表示成 $v-1$ 重寄存器状态，即 $s_k = (a_k, a_{k-1}, \cdots, a_{k-v+2})$。同时假定信息比特序列 $\{d_k\}$ 是由 K 个相互独立的、等概率取值于 $\{+1, -1\}$ 二元集的比特 d_k 组成的，且编码器的初始状态 s_0 和终止状态 s_N 都为 $\vec{0}$，即 $s_0 = s_N = (0,0,\cdots,0) = \vec{0}$，用 c_1^N 来表示 RSC 编码器的输出码字序列：$c_1^N = \{c_1, \cdots, c_k, \cdots, c_N\}$，用 r_1^N 表示其经过离散无记忆高斯信道后的输出序列：$r_1^N = \{r_1, \cdots, r_k, \cdots, r_N\}$。以典型的未删截码率为 1/3 的 Turbo 码为例，有 $c_k = \{X_k, Y_k\}$，$r_k = (x_k, y_k)$。对于离散无记忆高斯信道，在时刻 k，收到的充分统计量 (x_k, y_k) 满足以下关系式：

$$\begin{cases} x_k = X_k + i_k \\ y_k = Y_k + q_k \end{cases} \tag{4-30}$$

式中，i_k 和 q_k 是均值为 0、方差为 s^2 的两个独立的高斯噪声。

MAP 算法的目的是有效地求出式（4-25），严格来说，是提供信息比特 d_k 的后验概率对数似然比：

$$L(\hat{d}_k) = \log \frac{P(d_k = +1 \mid r_1^N)}{P(d_k = -1 \mid r_1^N)} = \log \frac{\sum\limits_{\substack{(m',m) \\ d_k=+1}} p(s_{k-1}=m', s_k=m, r_1^N)}{\sum\limits_{\substack{(m',m) \\ d_k=-1}} p(s_{k-1}=m', s_k=m, r_1^N)} \tag{4-31}$$

式中，$\underset{d_k=+1}{(m',m)}$ 表示在网格时刻 k 的状态转移对，下标 $d_k=+1$ 表示由输入信息比特 +1 引起的状态转移对。这样，MAP 算法的关键可以归结为概率 $p(s_{k-1}=m', s_k=m, r_1^N)$ 的有效计算问题。

由卷积码网格状态的 Markov 特性可以得到：

$$p(s_{k-1}=m', s_k=m, r_1^N) = p(s_{k-1}=m', s_k=m, r_1^k) \cdot p(s_{k+1} \mid s_{k-1}=m', s_k=m, r_1^k)$$
$$= \underbrace{p(s_{k-1}=m', r_1^{k-1})}_{\alpha_{k-1}(m')} \cdot \underbrace{p(r_k, s_k=m \mid s_{k-1}=m', r_1^{k-1})}_{\gamma_k(m',m)} \cdot \underbrace{p(r_{k+1}^N \mid s_k=m, r_1^k)}_{\beta_k(m)}$$

$$\tag{4-32}$$

$\alpha_{k-1}(m')$，$\gamma_k(m', m)$ 及 $\beta_k(m)$ 由式（4-32）中相应画线部分所定义。由此不难验证前后向递归算法成立，即

$$\alpha_k(m) = \sum_{m'} \gamma_k(m', m)\alpha_{k-1}(m') \tag{4-33}$$

$$\beta_{k-1}(m') = \sum_{m'} \gamma_k(m', m)\beta_k(m) \tag{4-34}$$

$$\gamma_k(m', m) = p(r_k \mid s_k = m, s_{k-1} = m')\pi(s_k = m \mid s_{k-1} = m') \tag{4-35}$$

式（4-35）中两子项的显式计算如下：

$$\begin{aligned}\pi(s_k = m \mid s_{k-1} = m') &= P(d_k = \pm 1) = \frac{1}{1 + \exp(\mp L(d_k))} \\ &= [\exp(L(d_k)/2) + \exp(-L(d_k)/2) - 1\exp(L(d_k)d_k/2) \\ &= A_k\exp(L(d_k)d_k/2)\end{aligned} \tag{4-36}$$

$$p(r_k \mid s_k = m, s_{k-1} = m') = B_k\exp\left(\frac{1}{2}L_c(x_kX_k + y_kY_k)\right) \tag{4-37}$$

式中，$L_c = 2/\sigma^2$，A_k 和 B_k 对所有的状态转移对都是一样的，因此可忽略不计。最终，不难证明式（4-31）可写成式（4-26）的形式，且外信息为

$$L_e(\hat{d}_k) = \log \frac{\displaystyle\sum_{\substack{(m', m) \\ d_k = +1}} \alpha_k(m')\gamma_k^{(e)}(m', m)\beta_k(m)}{\displaystyle\sum_{\substack{(m', m) \\ d_k = -1}} \alpha_k(m')\gamma_k^{(e)}(m', m)\beta_k(m)} \tag{4-38}$$

式中

$$\gamma_k^{(e)}(m', m) = \exp\left(\frac{1}{2}L_c y_k Y_k\right) \tag{4-39}$$

以上算法还可转到 Log 域（Log-MAP 算法），从而可以用加法和查表来代替原 MAP 算法中的大量乘法运算，目前在现场可编程门阵列（FPGA）中普遍采用基于 Log 域的算法。图 4-19 所示为典型参数 Turbo 码的误码率特性曲线，可供参考。

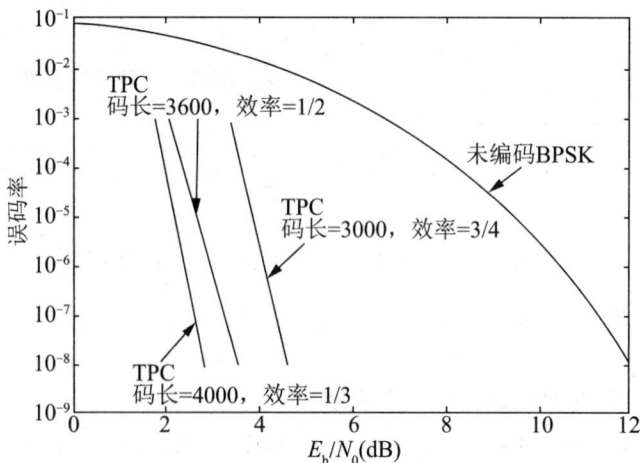

图 4-19 典型参数 Turbo 码的误码率特性曲线

2. Turbo 乘积码

1994 年，P. Ryndiah 发现由分组码串行级联构造的 Turbo 码同样能获得较好的性能，将 Turbo 码的子码拓展到分组码，称为分组 Turbo 码（Block Turbo Code，BTC）。后来，他又基于 Chase 算法提出了一种用于线性分组码的软输入/软输出迭代算法，并将其应用于乘积码的译码，译码方法类似 Turbo 码，称之为 Turbo 乘积码（Turbo Product Code，TPC）。

TPC 在译码性能上接近 Turbo 卷积码，具有较高的编码效率（频谱利用率），同时算法复杂度较低，适合并行处理，采用流水线机制在超大规模现场可编程门阵列上可以实现高速编译码。对高速数据传输系统来说，这是一种不错的解决方案。一般认为，TPC 较 Turbo 卷积码有着更为广泛的应用前景。

1）TPC 编码

在结构上，TPC 可以由两个或多个分组码子码排列在一个二维或多维的阵列中构成码字。TPC 按照其构成子码的种类不同可以分为 BCH 乘积码、奇偶校验乘积码、扩展汉明乘积码。

假设有两个线性分组码：$C^1(n_1, k_1, \delta_1)$ 和 $C^2(n_2, k_2, \delta_2)$。其中，n_i、k_i、δ_i 分别代表分组子码长度、信息位长度及最小汉明距离。通过下列步骤可以构造乘积码 $P = C^1 \otimes C^2$。

（1）将待编码比特列入 $k_1 \times k_2$ 的信息比特矩阵当中。

（2）对信息比特矩阵中所有的 k_1 行比特信息均统一采用子码 C^1 的编码规则编码，随后得出一组 $k_1 \times n_2$ 的信息矩阵。

（3）对上一步得到的矩阵中所有的 n_2 均统一采用 C^2 的编码方式进行编码，可得到 $n_1 \times n_2$ 的已编码码字矩阵。

乘积码 P 的参数为：码长 $n = n_1 \times n_2$，信息位长度 $k = k_1 \times k_2$，最小汉明距离 $\delta = \delta_1 \times \delta_2$，编码效率 $R = R_1 \times R_2$。二维 TPC 的矩阵结构图如图 4-20 所示。

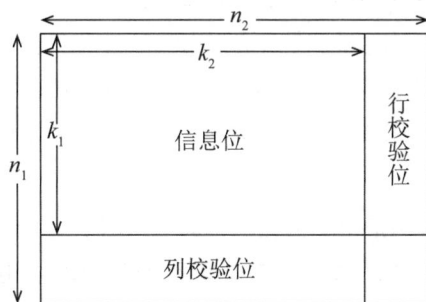

图 4-20　二维 TPC 的矩阵结构图

2）TPC 译码

1972 年，Chase 提出了一种使码字错误概率最小的软判决译码算法，Chase 译码算法框图如图 4-21 所示，其性能接近最大似然译码，该算法的基本原理是分别计算接收序列中的每个码元信任值，根据信任值找到可能出错的位置，并产生几个试探序列，从中挑选一个与接收序列有最小软距离的候选码字，作为译码器的输出码字。

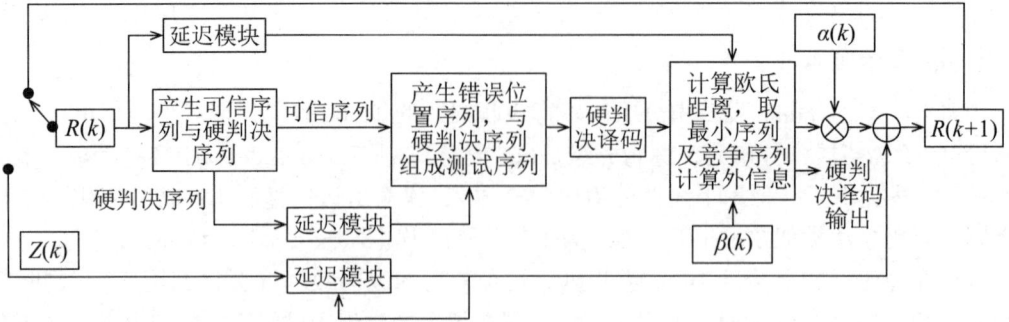

图 4-21 Chase 译码算法框图

Chase 译码算法如下。

(1) 从接收序列中得到一个可信序列 α 和硬判决序列 R_n。

(2) 从中选择一个试探序列 T，将试探序列 T 与硬判决序列 R_n 相加，得到一个新序列 $R'_n = R_n + T$。

(3) 把新序列 R'_n 送入硬判决译码器，得到错误图样。

(4) 重复步骤 (2)、(3)，直到试探序列全部试探完毕，得到一组候选错误图样集合 $\{E_t\}$。

(5) 挑选出一个有最小欧氏距离的错误图样 E_{min}，作为最后确定的错误图样，$\widehat{C}_i = R_n - E_{min}$ 作为译码字输出。

Chase 算法可分为以下三种。

Chase-I 算法：译码器产生所有质量为 $(d_n/2)$ 的试探序列，总共有 $C_n^{d_n/2}$ 个。这种算法的译码性能最好，但是译码器设计特别复杂，因此 Chase-I 算法只适合 d_n 较小的码和短码。

Chase-II 算法：译码时只考虑 $(d_n/2)$ 个最低可信度码元位置错误的情况。这种算法的复杂度比 Chase-I 算法低，但其译码性能比 Chase-I 算法稍差。

Chase-III 算法：译码时产生 $(d_n/2+1)$ 个试探序列，其与 Chase-I 算法、Chase-II 算法相比，试探序列最少，计算量和复杂度也最小。Chase-III 算法在码的最小距离 d_n 很大时优点更为突出。但是，Chase-III 算法的译码性能与前两种算法相比差很多。

3. 低密度奇偶校验码

低密度奇偶校验码（Low-Density Parity-Check Codes，LDPC 码）是一种稀疏线性分组码，具有良好的应用前景。LDPC 码最早是由麻省理工学院的 R. G. Gallager 于 1963 年发明的。在其博士论文中，Gallager 提出了 LDPC 码的构造方法、编译码算法、最小汉明距离分析及译码算法的性能分析等。受当时条件的限制，编译码器无法用硬件实现。同时，因为计算机的计算能力的限制，精确细致的仿真也不能实施。正是由于这些原因，尽管 LDPC 码有很好的纠错性能，但是它仍然被人们忽略了近 40 年。Turbo 码的发明让人们重新认识到了 LDPC 码。20 世纪 90 年代后期，Mackay、Neal 等重新发现了 LDPC 码。Mackay 等通过大量的仿真表明，LDPC 码和 Turbo 码一样，也具有接近香农极限的性能。

LDPC 码和所有的线性分组码一样，也可以用校验矩阵 H 和生成矩阵 G 来描述。LDPC 码是一种特殊的分组码，其特殊性就在于它的奇偶校验矩阵中 "1" 的数目远远小于 "0" 的数目，称为稀疏性，"低密度" 也来源于此。图 4-22 所示为随机构造的 (20,3,4) LDPC

码的校验矩阵，码长为 20，列重为 3，行重为 4，码率为 1/4。正是基于这种稀疏性，我们才可能实现低复杂度的译码。

图 4-22 中的校验矩阵的列数表示对应的 LDPC 码的码长，行数表示对应的 LDPC 码的校验位的个数，因此码率为（列数−行数）/列数。校验矩阵的列用一个顶点集合来表示，集合中的一个顶点对应编码码字对应位置的一个比特，称之为信息节点（或变量节点）；校验矩阵的行用另一个顶点集合来表示，集合中的一个顶点表示编码码字参与的一个校验约束，称之为校验节点。如果校验矩阵中某位置为"1"，那么表示与此行相对应的校验节点和与此列相对应的信息节点是相关的（或者说是相邻的）；反之，则不相关（或者说是不相邻的）。如果校验矩阵的所有行中的"1"相等且所有列中的"1"相等，那么称相应的 LDPC 码为规则码，反之为非规则码。根据校验矩阵的不同构造方法，LDPC 码可分为随机码和代数结构码。

$$
\begin{bmatrix}
1 & 1 & 1 & 1 & 0 & 0 & 0 & 0 & 0 & 0 & 0 & 0 & 0 & 0 & 0 & 0 & 0 & 0 & 0 & 0 \\
0 & 0 & 0 & 0 & 1 & 1 & 1 & 1 & 0 & 0 & 0 & 0 & 0 & 0 & 0 & 0 & 0 & 0 & 0 & 0 \\
0 & 0 & 0 & 0 & 0 & 0 & 0 & 0 & 1 & 1 & 1 & 1 & 0 & 0 & 0 & 0 & 0 & 0 & 0 & 0 \\
0 & 0 & 0 & 0 & 0 & 0 & 0 & 0 & 0 & 0 & 0 & 0 & 1 & 1 & 1 & 1 & 0 & 0 & 0 & 0 \\
0 & 0 & 0 & 0 & 0 & 0 & 0 & 0 & 0 & 0 & 0 & 0 & 0 & 0 & 0 & 0 & 1 & 1 & 1 & 1 \\
1 & 0 & 0 & 0 & 1 & 0 & 0 & 0 & 1 & 0 & 0 & 0 & 1 & 0 & 0 & 0 & 1 & 0 & 0 & 0 \\
0 & 1 & 0 & 0 & 0 & 1 & 0 & 0 & 0 & 1 & 0 & 0 & 0 & 1 & 0 & 0 & 0 & 1 & 0 & 0 \\
0 & 0 & 1 & 0 & 0 & 0 & 1 & 0 & 0 & 0 & 1 & 0 & 0 & 0 & 1 & 0 & 0 & 0 & 1 & 0 \\
0 & 0 & 0 & 1 & 0 & 0 & 0 & 0 & 0 & 0 & 0 & 1 & 0 & 0 & 0 & 1 & 0 & 0 & 0 & 1 \\
0 & 0 & 0 & 0 & 0 & 0 & 1 & 0 & 0 & 0 & 0 & 1 & 0 & 0 & 1 & 0 & 0 & 0 & 0 & 1 \\
1 & 0 & 0 & 0 & 0 & 1 & 0 & 0 & 0 & 0 & 1 & 0 & 0 & 0 & 0 & 1 & 0 & 0 & 0 & 0 \\
0 & 1 & 0 & 0 & 0 & 0 & 1 & 0 & 0 & 1 & 0 & 0 & 1 & 0 & 0 & 0 & 0 & 0 & 1 & 0 \\
0 & 0 & 1 & 0 & 0 & 0 & 0 & 1 & 0 & 0 & 0 & 1 & 0 & 0 & 1 & 0 & 0 & 0 & 1 & 0 \\
0 & 0 & 0 & 1 & 0 & 0 & 0 & 0 & 1 & 0 & 0 & 0 & 1 & 0 & 0 & 1 & 0 & 0 & 0 & 0 \\
0 & 0 & 0 & 0 & 1 & 0 & 0 & 0 & 0 & 1 & 0 & 0 & 0 & 0 & 1 & 0 & 0 & 0 & 0 & 1 \\
\end{bmatrix}
$$

图 4-22　（20,3,4）LDPC 码的校验矩阵

1）LDPC 码校验矩阵构造

LDPC 码的校验矩阵决定了 LDPC 码的性能和实现复杂度，校验矩阵结构可分为伪随机结构和准循环结构。Gallager 给出的结构通常称为伪随机结构。伪随机结构的 LDPC 码性能较好，但由于其生成矩阵和校验矩阵的规律性较差，因此编译码实现复杂度高，一般只用于仿真，在工程中难以应用。工程中常用具有代数结构特性的准循环结构的 LDPC 码，其性能非常接近伪随机结构的 LDPC 码，但实现复杂度和资源消耗远低于伪随机结构的 LDPC 码。循环码是指码字 C 向左（或右）循环移动一位后仍是码集中的一个码字。如果把码字分为等长的 l 段，$C = (c_1, c_2, \cdots, c_l)$，而每一段都是循环码，那么该码字是准循环（Quaci-Cyclic，QC）码。如果 $l=1$，那么准循环码就是循环码。

准循环 LDPC 码可以用母矩阵或校验矩阵表示。一个码长为 $N=nL$（L 为子矩阵的大小，n 为母矩阵的列数，m 为母矩阵的行数）的准循环 LDPC 码的校验矩阵可表示为

$$
\boldsymbol{H}_{\mathrm{qc}} = \begin{bmatrix}
A_{1,1} & A_{1,2} & \cdots & A_{1,n} \\
A_{2,1} & A_{2,2} & \cdots & A_{2,n} \\
\vdots & \vdots & & \vdots \\
A_{m,1} & A_{m,2} & \cdots & A_{m,n}
\end{bmatrix} \tag{4-40}
$$

式中，$A_{i,j}$ 是 $L \times L$ 单位矩阵循环移位后的矩阵。如果 $A_{i,j}$ 是 5×5 单位矩阵循环右移 1 位得到的（循环移位值为 1），那么 $A_{i,j}$ 可表示为

$$A_{i,j} = \begin{bmatrix} 0 & 1 & 0 & 0 & 0 \\ 0 & 0 & 1 & 0 & 0 \\ 0 & 0 & 0 & 1 & 0 \\ 0 & 0 & 0 & 0 & 1 \\ 1 & 0 & 0 & 0 & 0 \end{bmatrix} \tag{4-41}$$

由于循环移位矩阵 $A_{i,j}$ 完全取决于偏移量，因此总可以用 $P = [p_{i,j}]_{m \times n}$ 来表征校验矩阵 H_{qc}，如式（4-42）所示：

$$P = \begin{bmatrix} p_{1,1} & p_{1,2} & \cdots & p_{1,n} \\ p_{2,1} & p_{2,2} & \cdots & p_{2,n} \\ \vdots & \vdots & & \vdots \\ p_{m,1} & p_{m,2} & \cdots & p_{m,n} \end{bmatrix} \tag{4-42}$$

式中，$p_{i,j}$ 为与其对应的循环移位矩阵 $A_{i,j}$ 的偏移量。若 $p_{i,j} > 0$，则表示 H_{qc} 矩阵中对应的 $A_{i,j}$ 是右偏移量为 $p_{i,j}$ 的置换矩阵；若 $p_{i,j} = 0$，则表示 $A_{i,j}$ 为单位矩阵；若 $p_{i,j} < 0$（一般用 -1 来表示），则表示 $A_{i,j}$ 为全零矩阵。P 称为 H_{qc} 矩阵的母矩阵，而 H_{qc} 矩阵可看作 P 矩阵的扩展矩阵。假如 P 矩阵为如式（4-43）所示的矩阵，且子矩阵大小 $L = 10$，则由于 $m = 3$，$n = 6$，那么该母矩阵表示的 LDPC 码的码长为 $6 \times 10 = 60$，码率为 $(6-3)/6 = 1/2$。

$$P = \begin{bmatrix} 1 & -1 & 1 & 0 & -1 & -1 \\ -1 & -1 & 4 & 3 & 5 & -1 \\ -1 & 2 & -1 & -1 & -1 & 6 \end{bmatrix} \tag{4-43}$$

2）LDPC 码编码

LDPC 码是一种特殊的线性分组码，它可以按照分组码常用的编码方法进行编码。由 $GH^T = 0$ 可以从校验矩阵 H（列数为 N，行数为 M）推导出生成矩阵 G（列数为 N，行数为 $N-M$），因为只考虑二元域的情况，所以所有的运算都是与和异或运算。

定义校验矩阵 $H = [C_1 C_2]$，其中矩阵 C_2 是一个稀疏的 $M \times M$ 的可逆方阵，矩阵 C_1 是一个稀疏的 $N \times (N-M)$ 的矩阵，N 是矩阵 H 的行数，M 是矩阵 H 的列数。在对矩阵 H 进行高斯消去的过程中可以得到矩阵 $P = C_2^{-1} C_1$。LDPC 码的生成矩阵可以表示为

$$G^T = \begin{bmatrix} I_k \\ P \end{bmatrix} = \begin{bmatrix} I_k \\ C_2^{-1} C_1 \end{bmatrix} \tag{4-44}$$

式中，I_k 是 $K \times K$ 的单位矩阵，$K = N-M$。得到生成矩阵后，可根据式（4-45）得到编码后的码字：

$$C = G^T S \tag{4-45}$$

式中，S 是信息码字，C 为编码后的码字。

一般而言，这样得到的生成矩阵 G 不是稀疏矩阵，编码时仅存储生成矩阵 G 就需要消耗相当大的资源。因此，这种算法目前没有太大的现实意义，一般用于性能仿真。工程上通常利用准循环码生成矩阵的一些特殊特性进行编码，可使实现复杂度得到显著降低。

若 G_{qc} 为准循环码的生成矩阵，则编码过程可以描述为

$$C = S \times G_{qc} \tag{4-46}$$

假设校验矩阵满秩 H_{qc}（$r = mL$），则可以通过以 $M_i = [A_{1,i}^T, \cdots, A_{m,i}^T]$ 为单位的列交换，在 H_{qc} 中找到一个 $mL \times mL$ 的矩阵 D_1，其秩也为 mL，且可逆：

$$D_1 = \begin{bmatrix} A_{1,n-m+1} & A_{1,n-m+2} & \cdots & A_{1,n} \\ A_{2,n-m+1} & A_{2,n-m+2} & \cdots & A_{2,n} \\ \vdots & \vdots & & \vdots \\ A_{m,n-m+1} & A_{m,n-m+2} & \cdots & A_{m,n} \end{bmatrix} \tag{4-47}$$

H_{qc} 以循环移位为单位进行列交换后（为简便仍用 H_{qc} 表示）转换为

$$H_{qc} = [M_1, \cdots, M_{i-1}, M_i, M_{i+1}, \cdots, M_{n-m}, D_1] \tag{4-48}$$

在该条件下，可假设生成矩阵满足以下形式：

$$\begin{aligned} G_{qc}^1 &= \begin{bmatrix} G_1 \\ G_2 \\ \vdots \\ G_{n-m} \end{bmatrix} \\ &= \left[\begin{array}{cccc|cccc} I & 0 & \cdots & & G_{1,1} & G_{1,2} & \cdots & G_{1,m} \\ 0 & I & \cdots & 0 & G_{2,1} & G_{2,2} & \cdots & G_{2,m} \\ \vdots & \vdots & & 0 & \vdots & \vdots & & \vdots \\ 0 & 0 & \cdots & I & G_{n-m,1} & G_{n-m,2} & \cdots & G_{n-m,n} \end{array} \right] \\ &= [I_{(n-m)L} \quad P] \end{aligned} \tag{4-49}$$

式（4-49）称为"系统码的循环码生成矩阵"，这里 I 是一个 $L \times L$ 的单位矩阵，0 是一个 $L \times L$ 的零阵，$G_{i,j}$ 为 $L \times L$ 的循环移位矩阵，其中 $1 \leqslant i \leqslant n-m$，$1 \leqslant j \leqslant m$。生成矩阵 G_{qc}^1 由两部分组成，左边部分 $I_{(n-m)L}$ 和右边部分 P。$I_{(n-m)L}$ 的主对角线是 $m-n$ 个 $L \times L$ 的单位矩阵，右边部分 P 是由 $(n-m) \times m$ 个 $L \times L$ 循环移位矩阵构成的矩阵。准循环 LDPC 码的生成矩阵 G_{qc}^1 须满足的充分必要条件为

$$G_{qc}^1 H_{qc}^{\mathrm{T}} = 0 \tag{4-50}$$

式中，0 是一个 $mL \times (n-m)L$ 的零阵。设 $g_{i,j}$ 为循环子阵 $G_{i,j}$ 的行生成向量（$G_{i,j}$ 的第一行），如果求得所有的 $g_{i,j}$，那么 G_{qc}^1 的所有循环移位子矩阵 $G_{i,j}$ 也就可以确定了。

假设 $u = (1, 0, \cdots, 0)$，$0 = (0, 0, \cdots, 0)$ 这两个向量的长均为 L，则对于 $1 \leqslant i \leqslant n-m$，子矩阵 G_i 的第一行为 $g_i = (0, \cdots, u, 0, \cdots, 0, g_{i,1}, g_{i,2}, \cdots, g_m)$，其中 u 在 g_i 的第 i 个部分。因为 $H_{qc} G_{qc}^{\mathrm{T}} = 0$，所以有

$$H_{qc} g_i^{\mathrm{T}} = 0 \tag{4-51}$$

假设 $s_i = (g_{i,1}, g_{i,2}, \cdots, g_{i,m})$，则根据式（4-51）可以得出

$$[M_1, \cdots, M_{i-1}, M_i, M_{i+1}, \cdots, M_{n-m}, D_1] \cdot \begin{bmatrix} 0^{\mathrm{T}} \\ \vdots \\ 0^{\mathrm{T}} \\ u^{\mathrm{T}} \\ 0^{\mathrm{T}} \\ \vdots \\ 0^{\mathrm{T}} \\ s_i^{\mathrm{T}} \end{bmatrix} = M_i u^{\mathrm{T}} + D_1 s_i^{\mathrm{T}} = 0 \tag{4-52}$$

由于 D_1 是方阵且满秩，因此可逆。那么由式（4-52）可得

$$s_i^{\mathrm{T}} = D_1^{-1} M_i u^{\mathrm{T}} \tag{4-53}$$

所有的 $\{s_i\}$，$1 \leqslant i \leqslant n-m$ 对这些行生成向量进行循环移位就得到所有的 $G_{i,j}$，那么对应的生成矩阵也唯一。

当校验矩阵不是满秩时（$r<mL$），可以通过以 $\boldsymbol{M}_i = [\boldsymbol{A}_{1,i}^{\mathrm{T}}, \cdots, \boldsymbol{A}_{m,i}^{\mathrm{T}}]$ 为单位的列交换，在 $\boldsymbol{H}_{qc}$ 中找到一个 $mL \times mL$ 的矩阵 $\boldsymbol{D}_2$，其秩也为 r。假设 $\boldsymbol{D}_2$ 矩阵中的第 $i \sim j$ 列线性相关，如果令行向量 $\boldsymbol{s}_i$ 中对应的第 $i \sim j$ 比特为 0，就可以消除 $\boldsymbol{D}_2$ 的非满秩对求解 $\boldsymbol{s}_i$ 的影响，于是得到以下等式：

$$(\boldsymbol{s}'_i)^{\mathrm{T}} = (\boldsymbol{D}'_2)^{-1} \boldsymbol{M}'_i \boldsymbol{u}^{\mathrm{T}} \tag{4-54}$$

式中，$\boldsymbol{s}'_i$ 是指 $\boldsymbol{s}_i$ 中去掉第 $i \sim j$ 比特后的新向量；$\boldsymbol{D}'_2$ 是去掉 $\boldsymbol{D}_2$ 中的第 $i \sim j$ 列和第 $i \sim j$ 行后的矩阵，$\boldsymbol{M}'_i$ 是 $\boldsymbol{M}_i$ 去掉第 $i \sim j$ 行后的矩阵。在 $\boldsymbol{s}'_i$ 中加 $j-i+1$ 个 0 后得到 $\boldsymbol{s}_i$；所有的 $\{\boldsymbol{s}_i\}$（$1 \leq i \leq n-m$）循环移位后得到

$$\boldsymbol{G}_{qc}^2 = \begin{bmatrix} \boldsymbol{I} & \boldsymbol{0} & \cdots & \boldsymbol{0} & \boldsymbol{G}_{1,1} & \boldsymbol{G}_{1,2} & \cdots & \boldsymbol{G}_{1,m} \\ \boldsymbol{0} & \boldsymbol{I} & \cdots & \boldsymbol{0} & \boldsymbol{G}_{2,1} & \boldsymbol{G}_{2,2} & \cdots & \boldsymbol{G}_{2,m} \\ \vdots & \vdots & & \vdots & \vdots & \vdots & & \vdots \\ \boldsymbol{0} & \boldsymbol{0} & \cdots & \boldsymbol{I} & \boldsymbol{G}_{n-m,1} & \boldsymbol{G}_{n-m,2} & \cdots & \boldsymbol{G}_{n-m,m} \end{bmatrix} \tag{4-55}$$

编码运算其实就是信息向量与生成矩阵 $\boldsymbol{G}$ 的二元乘积，此运算可以用如图 4-23 所示的移位寄存器完成。对于伪随机的 LDPC 码，在完成每一比特的乘法时都需要向 B 加载生成矩阵 $\boldsymbol{G}$ 的行向量，当码长较长时，所需的资源会非常多；而对具有准循环结构的 LDPC 码而言，信息向量与生成矩阵 $\boldsymbol{G}$ 的二元乘积其实就是信息向量与生成矩阵 $\boldsymbol{G}$ 的子矩阵 $\boldsymbol{G}_{i,j}$ 的二元乘积，这在很大程度上减少了编码器所需的资源。B 初始化为子矩阵 $\boldsymbol{G}_{i,j}$ 的生成向量 $\boldsymbol{g}_{i,j}$，每输入一个信息比特，B 就循环移位 1 次，当第 L 个信息比特输入后，重新初始化 B，继续循环移位，直到完成所有 $\boldsymbol{G}_{i,j}$ 与输入信息的二元乘法，即完成编码。

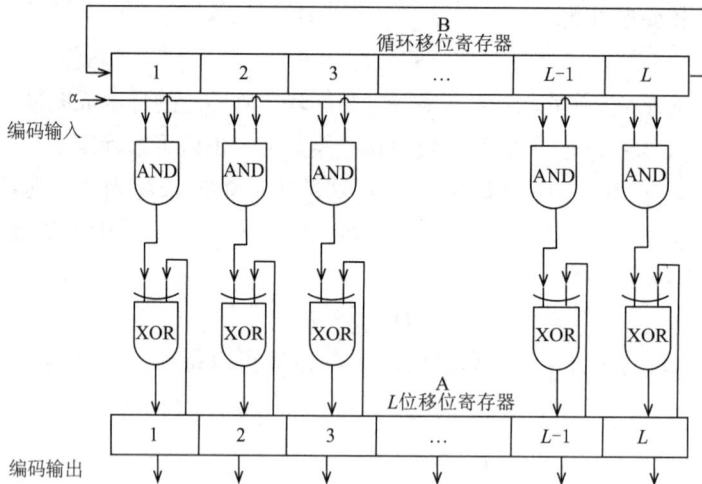

图 4-23　循环移位累加编码结构

3）LDPC 码译码

Gallager 在他早期的论文中提出了两种有效的译码算法：硬判决译码算法和概率译码算法。这两种译码算法都是基于树图的译码算法，可以得到很好的性能，但计算较为复杂。之后有人陆续发现其他的相关算法，这些算法都是迭代计算且基于图论中变量的分布，可以说与 Gallager 概率译码算法是等价的，它们都属于消息传递算法，其中置信传播（Belief Propagation，BP）算法是消息传递算法中一种性能优异且易于实现的算法。LDPC 码译码器的结构框图如图 4-24 所示。VNFU 对应信息节点处理单元，完成信息节点的相关运算；CNFU

对应校验节点处理单元，完成校验节点的相关运算。

当译码开始后，所有校验节点处理单元获取从信息节点处理单元传来的信息，处理完成后将校验节点信息反馈给信息节点处理单元；所有信息节点处理单元对校验节点处理单元和信道传来的信息进行计算，计算完成后将变量节点信息反馈给校验节点处理单元。

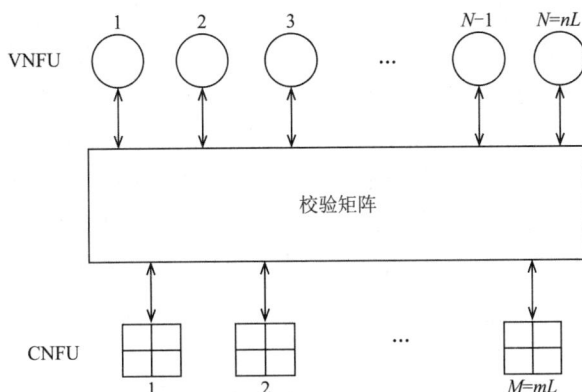

图 4-24　LDPC 码译码器的结构框图

BP 译码根据传递信息的不同分为概率域 BP 译码、对数域 BP 译码；根据修改的校验节点传递的信息的不同，BP 译码分为最小和译码和归一化最小和译码。概率域 BP 译码需要大量的乘法运算，对数域 BP 译码需要复杂的查表运算，而归一化最小和译码能获得性能和复杂度较好的折中，最有利于硬件实现。

4.3.2　编译码码长和码率的选取

信道编译码能够保证数据在卫星信道中的可靠传输，在传递的信息中增加一定的冗余，使其具有一定的纠错和检查功能，通过一定的译码规则使得译码后的信道平均错误概率最小，并且信息传输速率无限接近信道容量，从而接近香农极限。

不同的编译码带来的编译码增益不同，如 MF-TDMA 系统中常用的 Turbo 码、LDPC 码性能优于卷积码。另外，分组码如 LDPC 码等编码性能与码长、码率都有关系，码长越长，码率越小，编码增益越高。

更高的编译码增益不仅可以使解调器在更低的门限信噪比下工作，还可以在恶劣的信道下，如雨衰较大情况下拥有较大的可用信道余量，保证正常通信。同时，更高的编译码增益、更低的门限信噪比能够降低功放发送功率，有助于降低基站设备成本及功耗。

MF-TDMA 系统选取编译码码长和码率的原则主要考虑以下方面：依据系统的解调门限要求，分解得到编译码增益，根据编译码增益选择合适的编译码码长和码率；兼顾 TDMA 帧结构设计、帧效率及突发数据量大小等因素，选择合适的码长和码率。

目前，MF-TDMA 系统的编译码多为分组码，主要原因是现有的 MF-TDMA 系统大多支持自适应编码调制（ACM）功能，可以根据系统的前向传输链路和反向传输链路质量自适应调整编译码的码长及码率，最大程度地提高信道利用效率及可靠性。ACM 要求编译码支持码长及码率可变，以适应不同的解调门限，现有的分组码，如 LDPC 码、TPC 码等纠错性能好、易实现，且码长及码率设计灵活，可较好地支持 MF-TDMA 系统 ACM 功能的实现。

根据信道编码理论，采用较长的编码可以降低系统的解调门限，提高系统的通信容量。

但在 MF-TDMA 系统里，较长的编码势必会导致突发信号的持续时间变长。当传输信号的符号速率较高时，长编码突发信号整体的持续时间较短，信道衰落变化对突发信号的影响较小，可忽略信道变化的影响。而当传输信号的符号速率较低时，长编码突发信号整体持续时间会变长，信道衰落变化对突发信号不同的时间段会有不同的影响，此时对低速突发信号的处理就需要考虑信道衰落的变化，导致接收处理复杂度增加。因此，通常在 MF-TDMA 系统中，低速突发信号采用较短的码长，高速信号采用较长的码长。此外，TDMA 控制业务，如测距、申请等数据量较小时可以采用较短的编码，业务数据量较大时可以考虑较长的编码。

MF-TDMA 系统的突发信号在划分的时隙内发送，相邻突发信号之间有保护间隔，不同的调制方式、码率、码长等因素都会影响帧效率。为得到较高的帧效率，在时隙内应尽可能多地放置完整的编码块数，因此编码长度应尽可能地适配突发时隙的长度，在满足保护时间间隔的要求下，冗余时间应尽量短，以提高突发的帧效率。因此，码长的选择与帧结构的设计应兼顾。

4.3.3　在突发传输中的译码定位

不管是在突发传输还是连续解调中，采用的编译码方式是相同的，但对编译码的处理方式存在一些不同。

在连续信号解调模式中，发送端会将编码块通过调制器连续发送出去，编码块间头尾衔接。在解调端，如果想要实现正确的译码，就需要确定在解调接收的信号中编码块的第一个符号的准确位置。而连续解调为了提高传输效率，通常采用以传输帧为单位的帧结构定位方式进行编码块的定位，解决译码起始位置的问题。

而在 MF-TDMA 系统中，信号采用突发传输形式，在接收端需要完成突发信号的快速捕获，通常需要在信号波形上添加额外的导频序列用于数据辅助捕获算法，缩短突发信号的捕获时间。导频序列的加入既解决了突发信号的捕获，又解决了对突发信号帧结构的定位，可以在捕获的同时确定突发信号中编码数据的具体起始位置。因此，在突发信号中，不需要对编码块起始位置做特殊标记，根据突发捕获的位置即可准确确定编码块的第一个符号在突发信号中的位置，从而正确译码。

突发及连续解调下译码不同的对比示意图如图 4-25 所示。

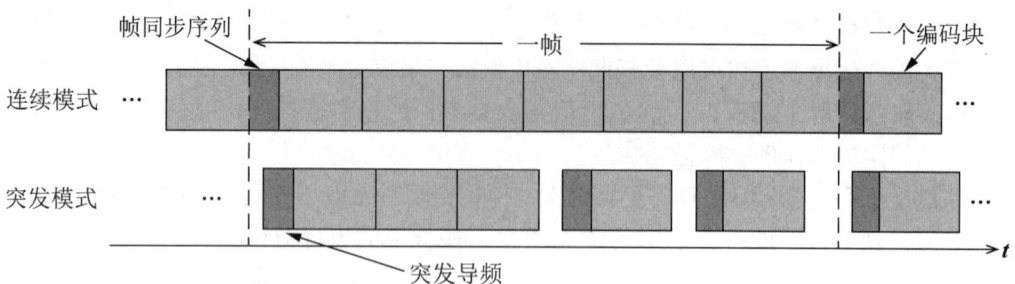

图 4-25　突发及连续解调下译码不同的对比示意图

4.3.4　不同组网拓扑结构下的编译码

MF-TDMA 系统的网络拓扑主要有星状网、网状网及二者的混合组网等结构。混合组网往往采用分级的拓扑形式，即骨干节点间为网状组网，骨干节点与管理的站间为星状组网。在使用编译码时，可按照星状组网及网状组网两种方式进行设计考虑。

1. 网状组网

对于网状组网,各站间具备直接互通的能力。为了兼容多种能力的站型,MF-TDMA 系统规划了多种速率载波,工作在每种速率载波上的各站的通信能力基本相当。能力较强的大型站间采用高速率载波互通,能力较弱的小型站间采用较低速率载波互通。大型站和小型站互通时,在较低速率上发送和接收突发信号实现互通。因此在网状组网时,为了简化工程实现的复杂度,全网采用统一的 LDPC 码。码长和码率配置主要考虑载波速率的高低,高速载波采用较长的码长,低速载波采用较短的码长。并且根据载波速率设计有限的几种码长和码率的配置,每个载波使用的码长和码率配置后固定。由于全网状 ACM 较为复杂,因此目前大多数系统较少采用全网状 ACM 功能,只有加拿大 PolarSat 公司的 VSATplus3 系统中实现了全网状的 ACM 设计。

2. 星状组网

对于星状组网,各远端站间不具备互通的能力,必须通过中心站实现双跳互通。根据信号发送的方向分为前向载波和反向载波。

前向载波为中心站发送给远端站的载波,采用高速载波将汇集的远端站数据发送给各远端站,实现远端站间的双跳互通,通常采用 TDM 体制或 TDMA 体制。由于前向载波速率高,因此通常采用一种长码长的 LDPC 码来实现编码,通过多种码率实现 ACM 功能,如 DVB-S2X 标准中的 LDPC 码。

反向载波为远端站发送给中心站的载波,由于远端站能力较弱,因此通常反向载波为大量的低速载波,考虑业务延时不能太长,采用的编译码为中短码长的 LDPC 码或 Turbo 码,这在减小业务处理延时的同时,有助于降低中心站的实现复杂度。同时,由于星状组网的大量远端站直接与中心站进行通信,ACM 实现较为简单,因此星状网的前向、反向载波均支持 ACM 功能,在编译码的码率配置上,相较于网状网码率的配置种类更多。

4.3.5 星上处理 MF-TDMA 系统编译码

具有星上处理的 MF-TDMA 系统,主要受限于星载荷设备的体积和功耗。对于上行链路,星载设备接收地球站发送的突发数据,如果载荷解调器实现复杂,那么将直接影响星上处理的能力及可实现性,星上处理更加关注 TDMA 突发解调实现的复杂度,特别是编译码。

选择合适的信道编码,在有限的星上载荷资源上能够增加载荷处理路数,增强载荷处理能力,降低载荷功耗。因此,星上处理体制设计相对简单,具有自适应调制解调功能的处理设备编译码码长、码率组合较少。

4.4 调制技术

4.4.1 数字信号调制技术

在数字卫星通信中,对所采用的调制解调技术的一般要求是有较高的功率利用率和频带利用率。功率利用率的定义是为达到一定的比特差错率(P_b)所需的比特能量与噪声功率谱密度之比(E_b/N_0)。频带利用率的定义为 1Hz 的系统带宽所能传输的信息速率,单位为 bit/(s·Hz)。通常,一种调制技术不能同时达到最高的功率利用率和频带利用率,需要根据实际要求进行折中。

通信系统一般在功率受限或带宽受限的情况下工作。在功率受限的情况下，应采用功率利用率高的调制；而在频带受限的情况下，应采用频带利用率高的调制。当前，卫星通信主要是工作在功率受限的情况下，因此数字调制技术的选择主要是采用功率利用率高的调制。

此外，由于卫星信道的非线性而要求所采用的调制应该是恒包络调制，因此卫星通信中主要采用的是功率利用率高的 PSK 调制的各种形式。不过，在那些要求有极高频带利用率的场合，也可使用某些特殊的非恒包络调制，但此时要保证信道的线性。另外，卫星信道的非线性还要求所采用的恒包络调制信号在磁波后有较小的包络起伏，以减小对邻信道的干扰。

除此而外，卫星数字调制技术的选择还要考虑实现的复杂度和成本等诸多因素。

二进制相移键控（BPSK）、正交相移键控（QPSK）和交错正交相移键控（OQPSK）是经典恒包络调制方式，也是当前卫星通信中常用的调制方式。

1. 调制器原理

图 4-26 所示为正交调制器原理框图。它适用于上述三种调制方式，其差别在于基带产生器：对于 BPSK，不需要基带产生器且只用调制器的上半部分；对于 QPSK，基带产生器为串/并转换器；对于 OQPSK，基带产生器除串并变换外，随后的 Q 信道还有 $T/2$（T 为传输符号周期）的延迟。

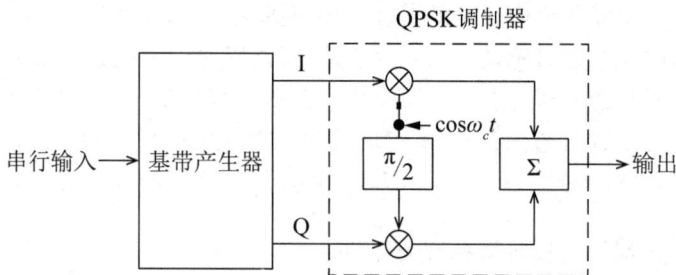

图 4-26　正交调制器原理框图

2. 解调器原理

图 4-27 所示为一般化正交解调器（相干解调）原理框图。它也适用于上述三种调制方式，其差别就在于检测器和组合器：对于 BPSK，不需要图 4-27 的下面部分和组合器；QPSK 和 OQPSK 的检测器为积分清除电路，但对于 OQPSK，I 信道的检测器需要 $T/2$ 的延迟。

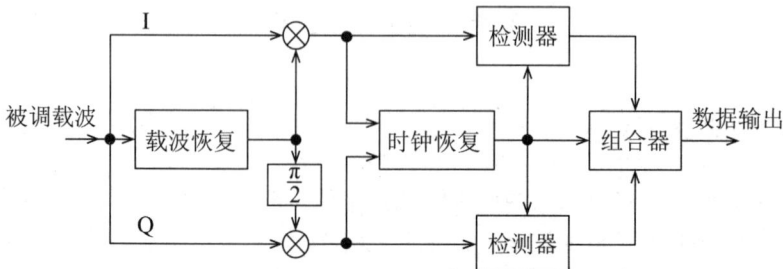

图 4-27　一般化正交解调器（相干解调）原理框图

3. 误码性能

以上三种调制方式有大致相同的功率利用率，即对于相干检测，误比特率为

$$P_b = \frac{1}{2} \text{erfc} \left[\sqrt{E_b/N_0} \right] \tag{4-56}$$

式中，$\text{erfc}\ (x) = \frac{2}{\sqrt{\pi}} \int_x^\infty e^{-y^2} dy\ (x>0)$；$E_b$ 为比特能量；N_0 为白噪声单边功率谱密度。

4. 差分调制

在相干解调中，需要将输入信号通过非线性电路来恢复载频，这就使恢复后的载频出现相位模糊，从而使解调器出现误码。解决此问题的方法之一就是采用差分调制。

差分调制的基本方法是，在发射机内插入差分编码器，使相邻传输符号的相位差代表调制器的输入信息。这样，解调这种相位差就不受载波相位模糊的影响。

在实际应用中，有两种差分调制信号的解调方法：一种使用具有载波恢复的解调器（相干检测差分译码），另一种使用无载波恢复的解调器（差分相位检测）。前者是相干检测后的数字序列通过差分译码器变换成原始数字序列，而后者是以接收的前一个符号周期的已调信号为参考，直接对相邻符号间的相位差进行检测，恢复原始数字序列。对于第一种解调方式，由于对解调后的数字序列又进行差分译码，因此误码率加倍。而对于第二种解调方式，为达到与相干解调相同的误码率，需要较高的输入信噪比，但解调器的硬件实现比较简单。

由于 OQPSK 难以进行差分解调，因此常用的是 BPSK 与 QPSK 差分调制。图 4-28 所示为 BPSK 差分调制与解调原理框图。

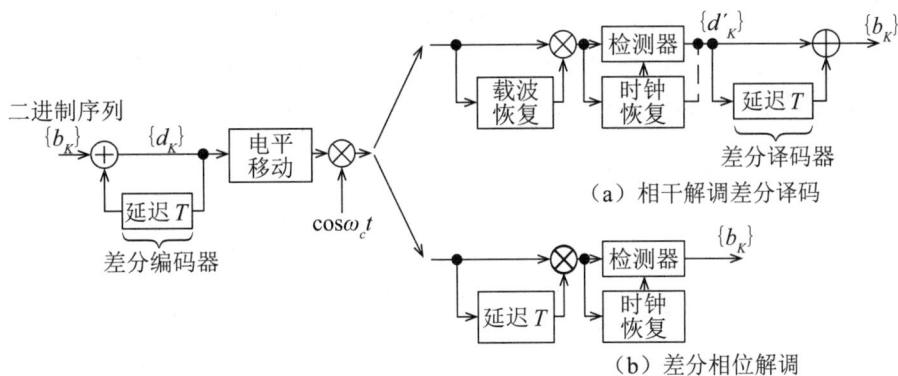

图 4-28 BPSK 差分调制与解调原理框图

4.4.2 多进制相移键控

多进制相移键控（MPSK）是频带利用率高的调制，其频带利用率理论上可达 $\log_2 M$（bit/s·Hz），其中，M 为进制数。但其功率利用率低于 QPSK，当 $M = 8$ 时，其比 QPSK 约低 5dB。对于大的 M 值，大约 M 每增加一倍，为了保持相同的符号错误率，输入信噪比大约需要提升 6dB。MPSK 信号可用正交调制器产生，不过要将基带产生器变成串/并转换器后进行二进制电平到多电平的转换。解调器也可用正交解调器，其中检测器为积分清除电路（或低通滤波电路），后面进行多电平判决及多电平到二进制电平的转换。

4.4.3　最小频移键控

最小频移键控（MSK）可看作移频宽度为 $1/4T$ 或调制指数为 $h=0.5$ 的连续相位频移键控（CPFSK）。MSK 可用正交方式产生，其中，检测器与 OQPSK 相同，但在其前面的 I 和 Q 信道分别有半符号速率的正弦和余弦加权。这种 MSK 的调制与解调方式也称为并行 MSK（PMSK）。

在并行 MSK 调制系统中，两个正交信道必须保持时间同步、幅度平衡、相位正交以避免性能恶化。但随着数码率的提高，很难精确达到上述要求。MSK 的串行调制系统解决了这一困难。

串行 MSK 调制器原理框图如图 4-29 所示。该调制器由一个 BPSK 调制器和一个带通变换滤波器构成。其中，载频为 $f_1=f_0-\dfrac{1}{4T}$（f_0 为中心频率，T 为符号周期），带通变换滤波器的冲激响应为

$$h(t)=\begin{cases}\dfrac{1}{T}\sin\left[2\pi t\ (f_0+\dfrac{1}{4T})\ \right],&0\leqslant t\leqslant T\\0,&\text{其他}\end{cases}\qquad(4-57)$$

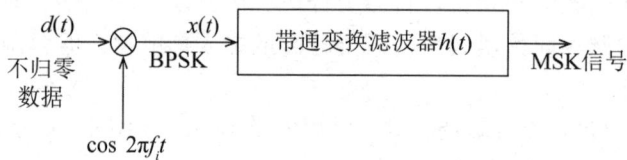

图 4-29　串行 MSK 调制器原理框图

串行 MSK 调制的优点是不存在并行 MSK 中所需的精确同步和平衡问题，所有运算都是串行的，因此能够在高数码率情况下正常工作。串行 MSK 解调器原理框图如图 4-30 所示。

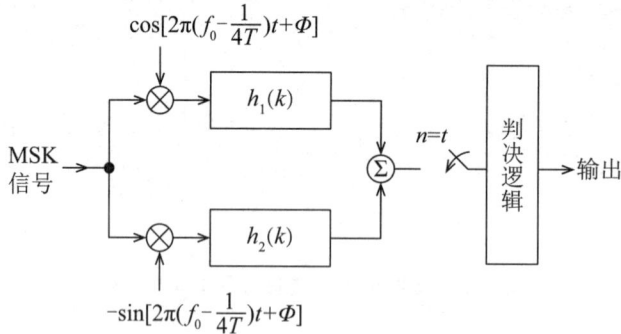

图 4-30　串行 MSK 解调器原理框图

其中，上、下两路滤波器的冲激响应分别为

$$h_1(t)=\begin{cases}\cos^2\ (\pi t/2T),&|\ t\ |\ \leqslant T\\0,&\text{其他}\end{cases}\qquad(4-58)$$

$$h_2(t)=\begin{cases}-\dfrac{1}{2}\sin\ (\pi t/T),&|\ t\ |\ \leqslant T\\0,&\text{其他}\end{cases}\qquad(4-59)$$

串行 MSK 解调器在完全同步的条件下与并行 MSK 相同，其优点如下：①所有判决可从一个判决眼图中实现；②降低了对载波相位误差的敏感性。

目前，串行 MSK 调制与解调方式（SMSK）已用于 NASA 的高级通信技术卫星（SCTS）中。

4.4.4　几种调制系统性能的比较

通过分析可知，由于 BPSK、QPSK、OQPSK 和 MSK 在相干检测条件下的误比特率表达式相同，因此它们有相同的功率利用率；而 DEQPSK（差分编码 QPSK，即用相干解调差分译码）的误比特率为 QPSK 的两倍，DQPSK（差分 QPSK，即用差分相位解调）的性能比 QPSK 系统劣将近 2dB；MPSK 随着 M 的增大，功率利用率降低。图 4-31 所示为 BPSK、QPSK、OQPSK 与 MSK 归一化功率谱密度。

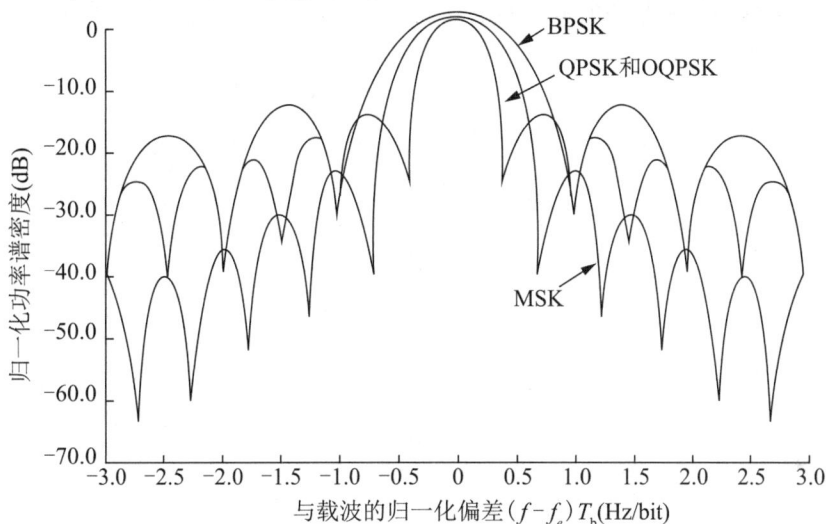

图 4-31　BPSK、QPSK、OQPSK 与 MSK 归一化功率谱密度

从图 4-31 中可知，对于功率谱的主瓣宽度，QPSK 与 OQPSK 最窄（为 $1/T_b$，T_b 为比特宽度，下同），MSK 次之（$1.5/T_b$），BPSK 最大（$2/T_b$），而旁瓣幅度从大到小依次是 BPSK、QPSK、OQPSK、MSK；对于旁瓣滚降速度，BPSK、QPSK、OQPSK 相同（与 f^{-2} 成正比），MSK 滚降最快（与 f^{-1} 成正比）。由于功率谱主瓣宽度的频带利用率低，而旁瓣幅度大的对信道的非线性更敏感，故可得到以下结论：BPSK 的频带利用率和抗非线性能力最差；MSK 有较好的抗非线性能力和适中的带宽利用率；QPSK 和 OQPSK 有最好的带宽利用率和适中的抗非线性能力，而二者之中，由于 OQPSK 没有 180° 的相位跳变，故其抗非线性能力较好。从实现的复杂度来看，BPSK 最简单，QPSK 复杂度适中，OQPSK 较复杂，MSK 最复杂。

习 题

1. 基带信号在信道中传输的特点是什么？

2. 纠错码的纠错能力取决于码的最小距离特性。对于分组码，若其最小距离 $d_{\min}=2t+1$，则可最多纠_____个错误。

3. 在数字卫星通信中，对所采用的调制解调技术的一般要求是什么？

4. 在卫星通信中，滚降系数 a 是如何影响占用转发器带宽的？

5. 卫星通信中常用的差错控制方法有哪些？试比较它们的性能。

6. 简述 MF-TDMA 系统常用的高效编译码的原理。

7. 试比较卫星通信中常用的调制器的性能。

第 5 章　卫星通信系统与链路预算

本章主要讲述卫星通信系统中的通信卫星、卫星地球站的基本原理；根据卫星链路上、下行环境，计算链路信号的载波噪声功率比，为卫星通信系统工程设计与建设提供依据。

5.1　通信卫星

在卫星通信系统中，各地球站发射的信号都需要经过卫星转发给对方地球站，因此除了要保证在卫星上配置转发无线电信号的天线及通信设备外，还要有保证完成通信任务的其他设备。一般来说，一个通信卫星主要由电源分系统、控制分系统、跟踪遥测和指令分系统、通信分系统和天线分系统五大部分组成，如图5-1所示。

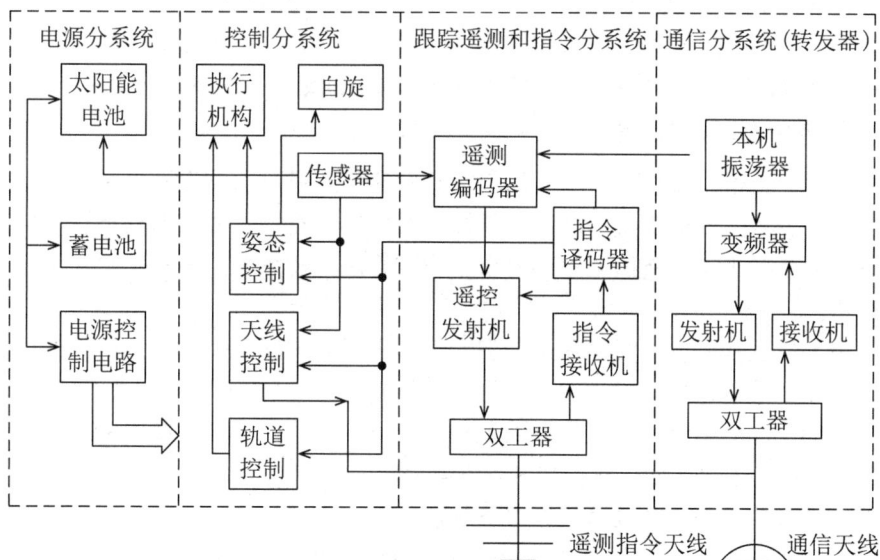

图 5-1　通信卫星组成示意图

5.1.1　通信分系统

卫星上的通信分系统又称转发器，它实际上是一个提供发射天线和接收天线之间链路连接的设备，是卫星通信的中枢。它可使卫星具有接收、处理并重发信号的能力。转发器是卫星有效载荷的两个主要组成部分之一，对它的基本要求是以最小的附加噪声和失真，以及足够的工作频带和输出功率为各地球站有效而可靠地转发无线电信号。根据工作方式的不同，卫星转发器可以分为透明转发器和处理转发器两大类。

1. 透明转发器

透明转发器也称为弯管式转发器，转发器接收到地球站发来的信号后，除进行低噪声放大、变频、功率放大外，不做任何处理，只是单纯地完成转发任务。也就是说，它对工作频带内的任何信号来说都是"透明"的通路。透明转发器有双变频和单变频两种，双变频透明转发器的优点是中频增益高（可达80~100dB），电路工作稳定，曾用于国际通信卫星 IS-I；缺点是中频频带窄，不适用于多载波工作，已很少使用。单变频透明转发器先将输入信号直接放大，再变频为下行频率，经功率放大后转发给地球站。单变频透明转发器实际上是微波放大式转发器，射频带宽可达500MHz，且由于其输入、输出特性的线性良好，允许多载波工作，适用于多址连接，因此得到广泛使用。透明转发器结构简单，性能可靠，适用于卫星有效载荷和电源功率严重受限的情况，但是其抗干扰能力差。

2. 处理转发器

处理转发器是指除了信号转发，还具有信号处理功能的转发器。与上述双变频透明转发器相比，处理转发器只是在两级变频器之间增加了信号的解调器、处理单元和调制器。其先将信号解调，便于信号处理，再经调制、变频、功率放大后发回地球站。

处理转发器根据功能的强弱又分为三类：载波处理转发器，以载波为单位直接对射频信号进行处理，具有星上载波交换能力；比特流处理转发器，增加了解调和再解调功能，可能包括译码和重编码设备等；全基带处理转发器，具有基带信号处理和交换能力，在星上完成存储、压缩、交换、信令处理、重组帧等，具有星上再生能力。星上射频波束交换转发器属于载波处理转发器，解调–再解调转发器属于比特流处理转发器，星载路由器属于全基带处理转发器。

3. 星上处理技术和交换技术

随着卫星通信技术的发展，业务量的增加和对通信质量要求的提高，对卫星通信系统频谱利用率、系统容量、通信质量、网络连通性、通信链路效率、网络的动态重组能力和抗干扰性能等各方面均提出了严格而紧迫的要求，为了解决上述系统问题，必须采用星上处理技术和变换技术。

所谓的星上处理和交换，就是在卫星上对信号进行处理和交换。通过这种处理和交换可以明显改善通信卫星的性能。

目前只有极少数的系统采用了星上处理技术和/或交换技术（如 ITALSAT–意大利卫星、ACTS–高级通信技术卫星、Milstar 卫星、Iridium 卫星等）。

采用星上处理技术和交换技术具有以下优点。

（1）通过改变传输通路或信息的动态选路，可以提高卫星的连通性。

（2）通过提高频谱利用率和传输质量，可以增加卫星的容量。

（3）通过分别设计上行链路和下行链路，可以提高通信链路的效率。

（4）通过对卫星网络的动态重组，可以增强卫星的灵活性。

（5）通过交换和速率变换，可以更灵活地使用卫星。

（6）通过星上再生，可以提高系统的抗干扰能力。

（7）通过星际链路，可以增大卫星系统的覆盖范围。

（8）通过使卫星具有星上信令处理能力，可以减少链路的建立时间。

（9）可以简化地球站设备。

根据具体实现方式不同，星上处理技术和交换技术可能具有下述部分或全部功能。

（1）波束间/载波间的交换，如射频交换、中频交换或基带交换等。

（2）调制方式的变换，如上行 PSK、下行 DPSK 或上行 BPSK、下行 QPSK 等。

（3）多址方式的变换，如上行 FDMA、下行 TDM 等。

（4）速率变换，如将低速上行信道变换成高速下行信道。

（5）星上再生，如星上解调/再调制、译码/再编码和去交织/再交织等。

（6）存储转发和基带处理，如信令处理、路由选择、信息压缩和重新组帧等。

（7）星上智能网控。

（8）星际链路。

（9）抗干扰保护，如上行 DS 或 FH 扩频，下行窄带信号（如 SCPC），以及自适应天线调零、可控点波束和转发器放大特性的智能控制等。

四类转发器结构方框图如图 5-2 所示。

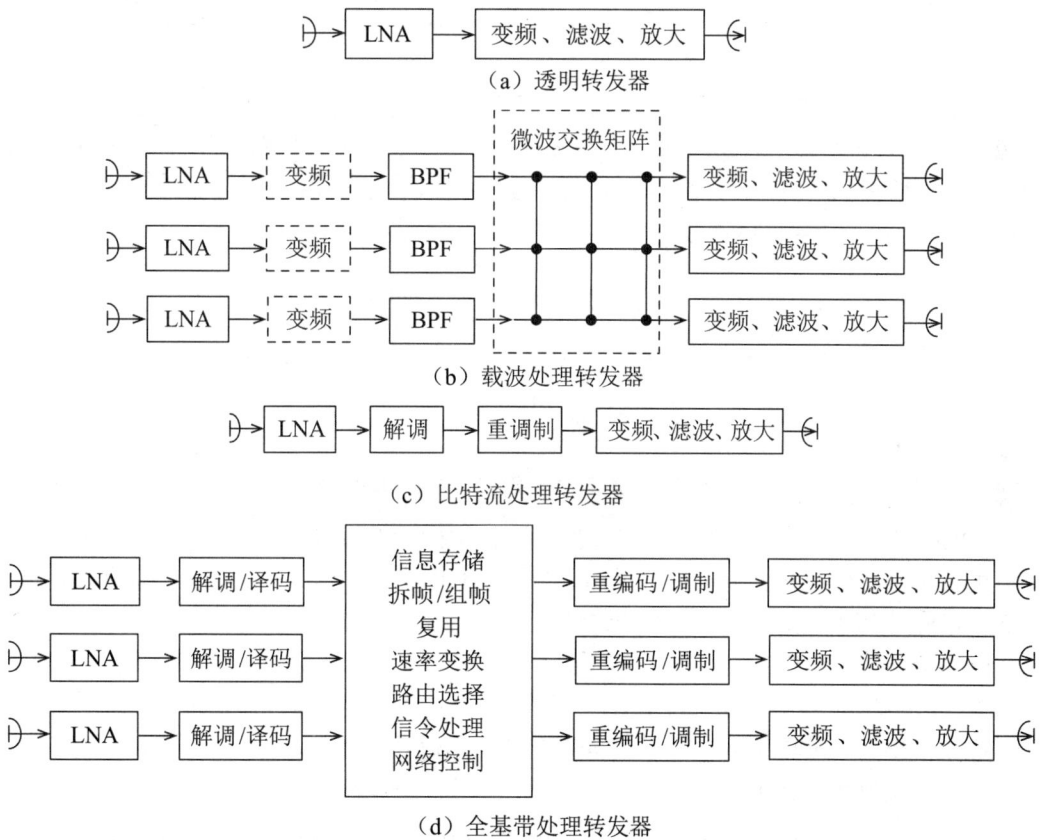

（a）透明转发器

（b）载波处理转发器

（c）比特流处理转发器

（d）全基带处理转发器

图 5-2　四类转发器结构方框图

4. 载波处理转发器

这种转发器与透明转发器的主要差别是具有星上载波交换能力，或者增加了一个能够在任意输入端和输出端进行连接的具有 n 个输入端和 m 个输出端的微波交换矩阵（MSM）。

例如，在采用 SS-TDMA 的 IN-TELSAT VI 卫星上，就采用微波交换矩阵来实现各个波束的交换。IN-TELSAT VI 卫星覆盖图和采用微波交换矩阵的 SS-TDMA 星上交换示意图如图 5-3 所示。

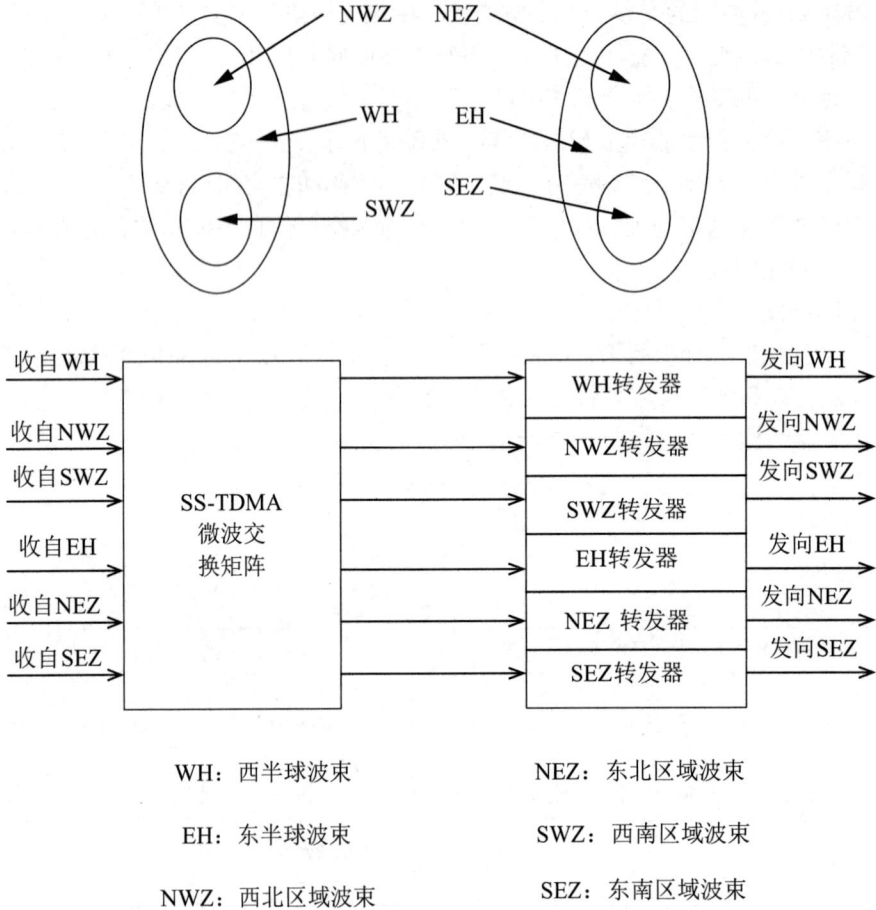

WH：西半球波束	NEZ：东北区域波束
EH：东半球波束	SWZ：西南区域波束
NWZ：西北区域波束	SEZ：东南区域波束

图 5-3 IN-TELSAT VI 卫星覆盖图和采用微波交换矩阵的 SS-TDMA 星上交换示意图

载波处理转发器的核心是其微波交换矩阵，主要由有源开关器件构成。IN-TELSAT VI 上使用的 6×6 的微波交换矩阵（考虑到冗余度，实际上是 10×6）是第一个实用的微波交换矩阵，它采用 PIN 二极管作为其开关器件。

由于场效应管（FET）具有较好的隔离度（60dB）、较短的开关时间（小于 0.1ns，而不是 10~100ns）和较高的增益（两级 FET 级联时为 15dB 数量级），微波交换矩阵的插入损耗能被部分补偿，因此现在都用 FET 来代替 PIN 二极管。

5. 比特流处理转发器

比特流处理转发器先把 RF 信号变换为中频（IF）信号，然后把已调信号解调，得到数字比特流，最后把解调的比特流重调制到一个 IF 或 RF 载波上。

比特流处理转发器没有交换能力，也不使用信号结构来控制处理，但是具有星上译码和重编码功能、对上行扩频信号的解扩功能等。采用这种星上处理技术的转发器通常称为再生转发器。

1）再生转发器的基本功能和基本结构

对采用 PSK 调制方式的理想再生转发器来说，应该具备下列功能。

（1）载波恢复，时钟恢复，相干检测。

（2）判决，译码，数据处理，编码。

（3）载波产生，调制。

再生转发器的三种基本结构如图 5-4 所示。

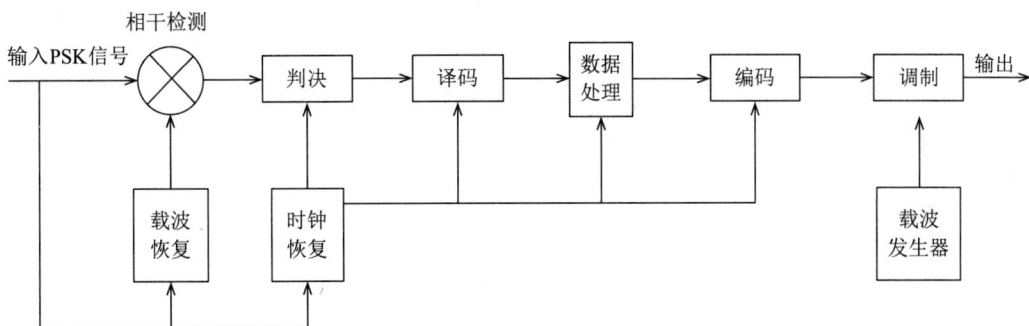

（a）理想再生转发器的结构

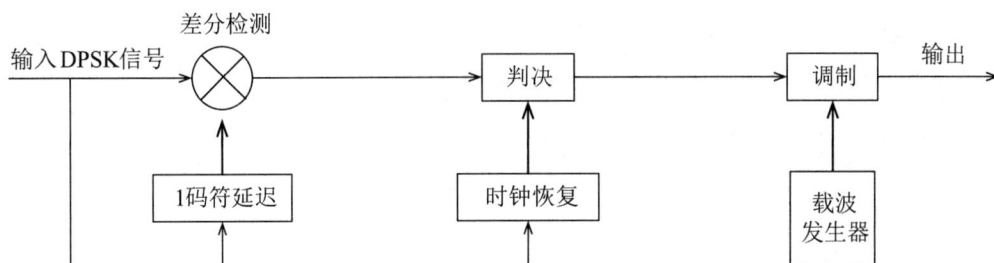

（b）无载波恢复的再生转发器结构

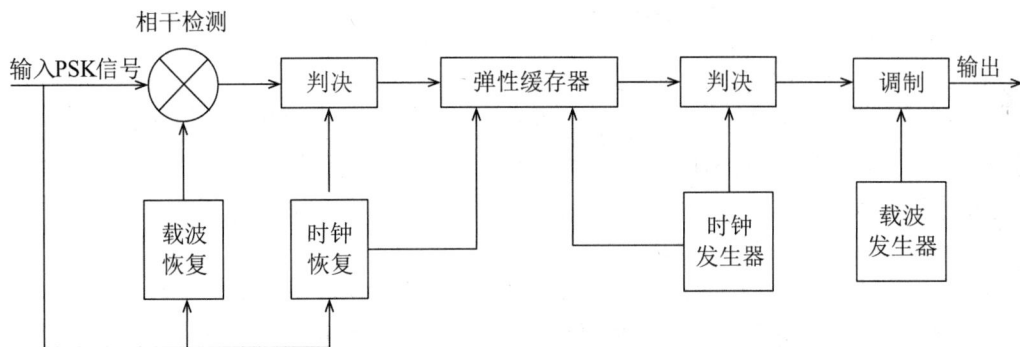

（c）对下行 TDMA 信号具有星上再定时功能的再生转发器结构

图 5-4　再生转发器的三种基本结构

2）再生转发器的主要优点及应用环境

（1）再生转发器的主要优点如下。

①误比特性能的改善。

②上行、下行链路是相对独立的，便于对卫星系统进行优化设计。

（2）再生转发器的典型应用环境：再生转发器最适用于上行链路存在比较大的干扰或噪声的应用环境。

应用环境是系统中存在的大量地面接收站，通过选择合适的卫星下行链路调制、编码和多址方式等，有可能大大改善系统的性能，如上行 FDMA/下行 TDM 的系统。

3）再生转发器的类型及其实现形式

（1）实现上行和下行 BPSK、QPSK 链路分别互连的再生转发器方框图如图 5-5 所示。

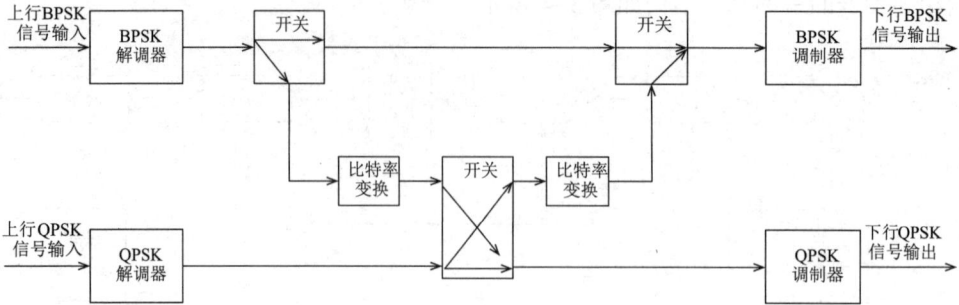

图 5-5　实现上行和下行 BPSK、QPSK 链路分别互连的再生转发器方框图

（2）上行采用 CDMA、下行采用 SCPC 的抗干扰再生转发器方框图如图 5-6 所示。该转发器具有再生能力，除可使用不同的调制和编码方式外，上行、下行链路还可使用不同的多址方式，如上行 FDMA/下行 TDMA、上行 CDMA/下行 SCPC 等。

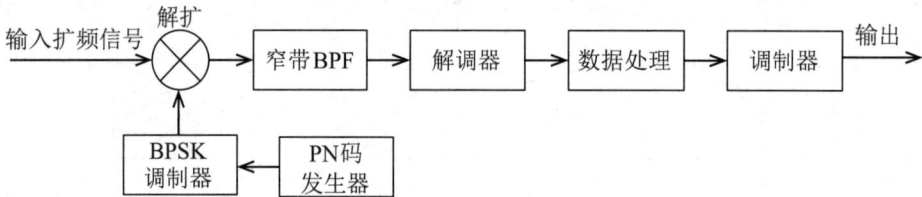

图 5-6　上行采用 CDMA、下行采用 SCPC 的抗干扰再生转发器方框图

（3）具有简单比特流处理功能的再生转发器。

第一种（上行 MCPC/下行 SCPC）是通过对上行链路再生信号进行去复用操作，把一个上行链路多路复用（TDM 或 FDM）信号去复用为多个下行链路信号，这种方式主要用在上行链路由少量的大地球站发送，而下行链路由大量的小地球站接收，且每个站接收的数据量又比较小的应用环境。

第二种（上行 FDMA/下行 TDM）是通过对上行、下行链路再生信号进行复用操作，把多个上行链路信号复用为单个下行链路信号，或者把多个上行链路窄带载波合路为单个下行链路宽带载波。上行 FDMA/下行 TDM 的再生转发器方框图如图 5-7 所示。

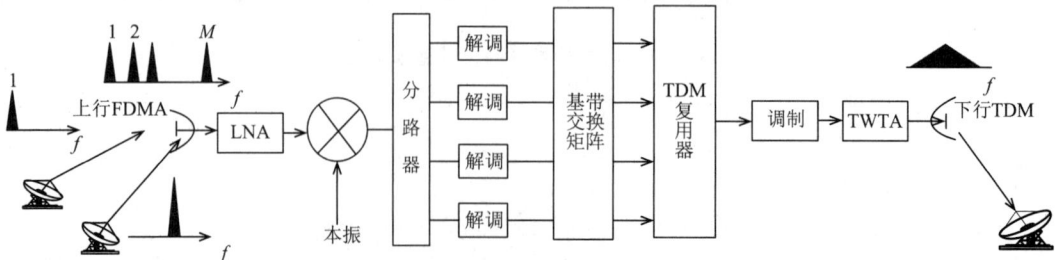

图 5-7　上行 FDMA/下行 TDM 的再生转发器方框图

第三种（上行 TDMA/下行 TDM）除了具有第二种的优点，还能使所有地球站接收同一个下行载波（同一个时钟源），从而降低地球站的复杂程度（接收机无须载波和位定时的快捕电路）。

实现把多个上行窄带载波合路为一个下行宽带载波的比特流处理转发器的关键技术之一是多载波解调（MCD）技术，即用一个解调器同时解调多个载波。

当所有的上行链路载波具有相同的数据速率，并且在频率上等间隔分布（如 SCPC 载波）时，就可考虑对所有载波进行整体解调。

基带处理方法：先对已变频到基带附近的所有载波的合成信号进行数字采样，之后对这些样值进行数字信号处理，它既可以对所有载波同时进行处理，又可以对每个载波单独进行处理。

中频处理方法：由声表面波（SAW）滤波器对中频输入信号进行"Chirp"傅里叶变换来实现整体解调。

6. 全基带处理转发器

对采用 PSK 调制方式的全基带处理转发器来说，其星上处理部分至少应具备下列功能：载波恢复、相干检测、位定时恢复、软判译码、数据处理、编码、载波产生和重调制等。

星上交换可采用多种方式，对数据业务而言，采用分组交换是最合适的；对话音业务来说，采用电路交换可能更好些；对于高速的多媒体业务或大业务量的综合业务，采用 ATM 是比较好的解决办法。

若星上具有信令处理能力，则可以大大减少卫星通信系统的呼叫建立时间。全基带处理转发器的结构示意图如图 5-8 所示。

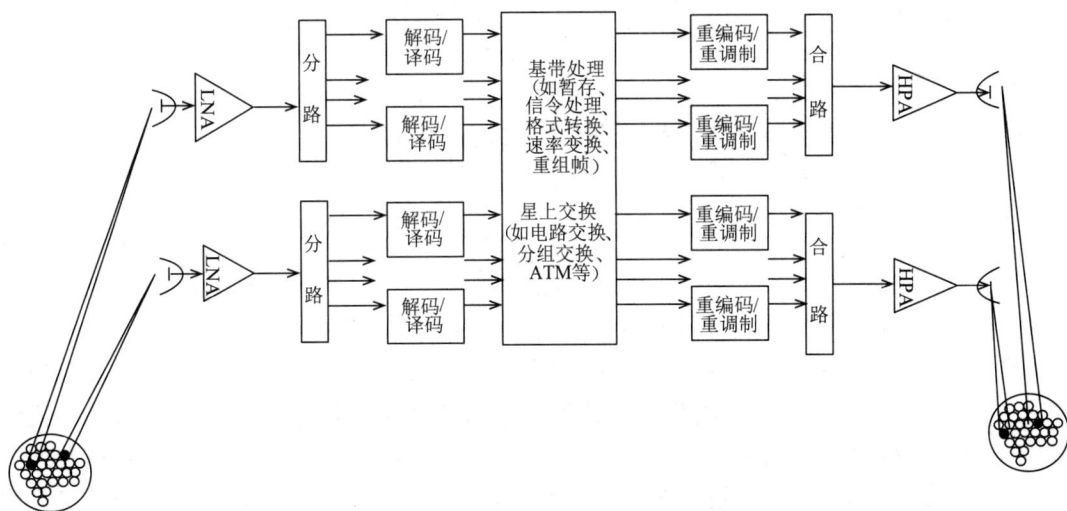

图 5-8　全基带处理转发器的结构示意图

目前采用全基带处理转发器的卫星主要有 ACTS 卫星、Iridium 卫星、ITALSAT 卫星和 Teledesic 卫星等。ACTS 卫星有效载荷的结构示意图如图 5-9 所示，ACTS 卫星基带处理器的结构示意图如图 5-10 所示。

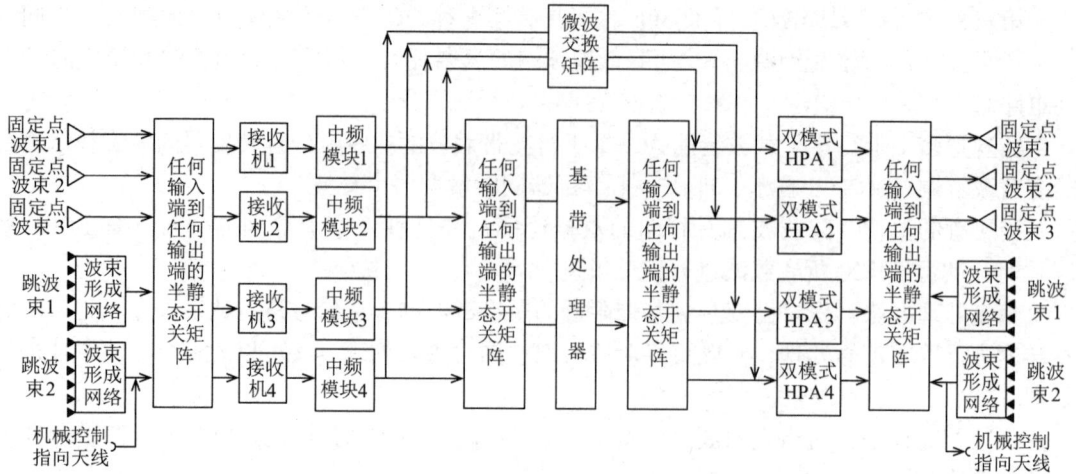

图 5-9　ACTS 卫星有效载荷的结构示意图

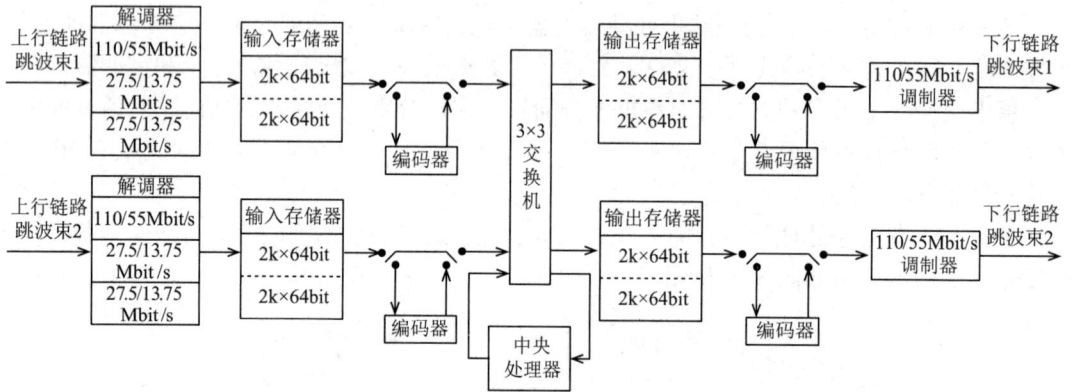

图 5-10　ACTS 卫星基带处理器的结构示意图

5.1.2　天线分系统

　　天线分系统是卫星有效载荷的另一个主要组成部分，承担了接收上行链路信号和发射下行链路信号的双重任务。天线分系统包括通信用的微波天线和遥测遥控系统用的高频（或甚高频）天线。微波天线根据波束的宽窄又可分为覆球波束天线、区域波束天线和点波束天线。卫星天线分为两类：遥测指令天线和通信天线。遥测指令天线通常使用全向天线（倾斜式绕杆天线和螺旋天线等），以便可靠地接受地面指令并向地面发送遥测数据和信标信号。遥测指令天线用于卫星进入静止轨道之前和之后，能向地面控制中心发射遥测信号和接收地面的指令信号。卫星接收到的信标信号送入姿态控制设备，以使卫星天线精确地指向地球上的覆盖区。通信天线是地面上许多地球站与卫星上各种卫星分系统之间的接口，它的主要功能是提供成型的下行和上行天线波束，在工作频段发送和接收信号。按照通信天线波束覆盖区的大小，又可以将其分为点波束天线、区域（赋形）波束天线和全球波束天线。不同类型的卫星波束覆盖示意图如图 5-11 所示。

　　对静止卫星来说，卫星覆球波束天线的波束宽度为 17°~18°，其增益可达 18dB；点波束天线因波束较窄而具有较高的增益，用来把辐射的电磁波功率集中到地球上较小的区域。

与全球或区域波束天线相比，点波束天线可提供 10~20dB 的附加增益。

目前，多数卫星主要使用单波束天线，多波束天线的应用正在快速发展中。随着卫星通信的日益普及，对通信容量的要求越来越大，频带受限成为一个日益突出的问题。如果同一颗卫星上的天线能在其覆盖范围内产生多个相互隔离的波束，那么可以使不同波束内的用户使用相同的频率（空间分集）。提高对频率的利用效率就能提高系统的容量，这是提出多波束天线的初衷。

根据实现技术的不同，多波束天线可分为四类：多波束反射面天线、多波束透镜天线、多波束阵列天线和智能相控阵天线。多波束卫星天线原理图如图 5-12 所示。

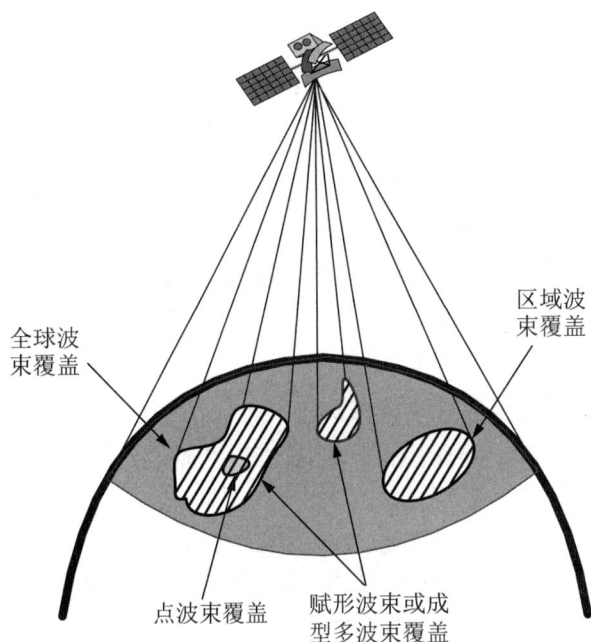

图 5-11　不同类型的卫星波束覆盖示意图

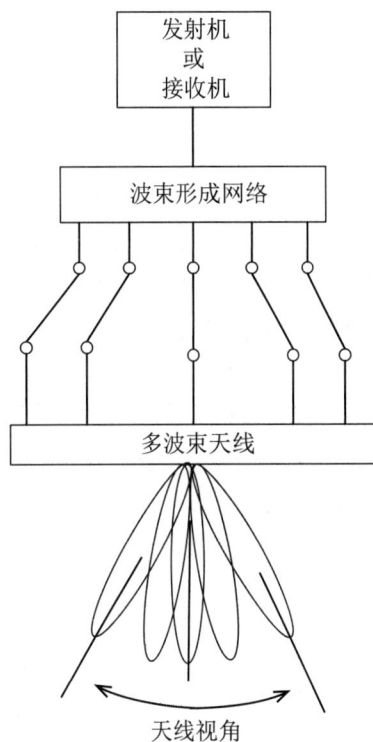

图 5-12　多波束卫星天线原理图

1. 多波束反射面天线

多波束反射面天线是目前使用最广泛的一种卫星通信天线，能够产生全球波束、区域波束、赋形波束或点波束等，主要有独立天线结构和多波束馈源+反射面结构。

对单波束反射面天线而言，多波束反射面天线的特殊性就在于它具有波束形成网络（BFN）。其工作原理如下：通过对各个馈源独立馈送信号就能产生多个单独的点波束；而把具有特定幅度和相位规律的同一个信号馈送给一组馈源就产生一个给定形状的波束（赋形波束）。

与单波束反射面天线不同的是，多波束反射面天线一般采用偏馈结构。这是由于产生多个波束的馈源阵比较大，如果采用正馈结构（馈源是在主反射面的前方），那么馈源阵会对波束产生过多的阻挡，造成天线效率的降低和旁瓣电平的提高。采用偏馈结构的两种多波束反射面天线的一般结构示意图如图 5-13 所示。

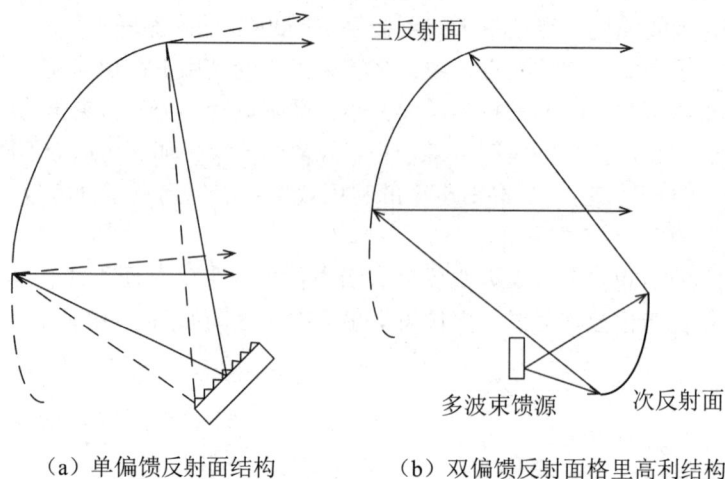

（a）单偏馈反射面结构　　　　　（b）双偏馈反射面格里高利结构

图 5-13　多波束反射面天线的一般结构示意图

对于采用单个偏馈反射面结构的多波束反射面天线，由一个多波束馈源和一个切割抛物面组成，该切割抛物面的焦点处在多波束馈源不会对反射面反射的电波产生阻挡的位置；对于采用两个偏馈反射面结构的多波束反射面天线，由多波束馈源和主、次反射面组成。

偏馈反射面天线由于其结构的不对称性，增加了对交叉极化分量的影响：当采用线极化波时，其极化隔离度较低（20~25dB）；当采用圆极化波时，存在波束倾斜效应。

2. 多波束透镜天线

利用一个微波透镜把馈源喇叭阵辐射的电磁波聚焦以形成多个波束。与反射面天线相比，其特殊性在于利用透镜作为传输介质对馈源辐射的电磁波能量进行聚焦，并且透镜天线的馈源阵列处在聚焦透镜的后面。因此，馈源阵列不会阻挡波束。

1）多波束折射透镜

多波束折射透镜是利用同性介质材料来制造透镜的。为了得到较低的旁瓣，对透镜折射系数的归一化要求比较高，如为了得到 30dB 的旁瓣，对于标称值为 2.0 的折射系数，透镜内折射系数的随机变化不能超过 0.8%。多波束折射透镜天线的通带宽，质量较大。多波束折射透镜天线的一般结构示意图如图 5-14 所示。

2）多波束制约（Constrained）透镜

多波束制约透镜天线是一种空间馈电阵列，穿过透镜的电磁波只能沿着一条连接接收单元和辐射单元的射频传输线进行传播。辐射单元

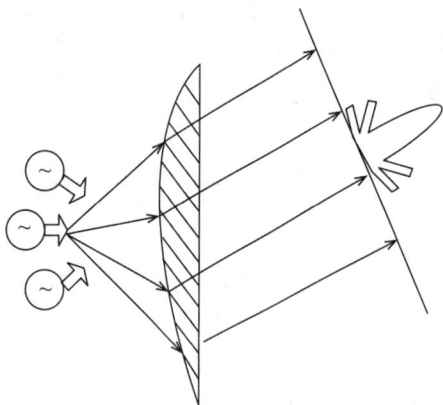

图 5-14　多波束折射透镜天线的一般结构示意图

终止的延迟线透镜天线：通过选择合适的传输线长度和单元位置，能使通过各延迟线（同轴线、微带线等）的电磁波信号之间产生需要的相位关系，从而得到需要的波束数和波束形状。这种靴带式（Bootlace）（也叫 TEM）透镜天线的通带较宽，质量比多波束折射透镜天线的小。多波束制约透镜天线的一般结构示意图如图 5-15 所示。

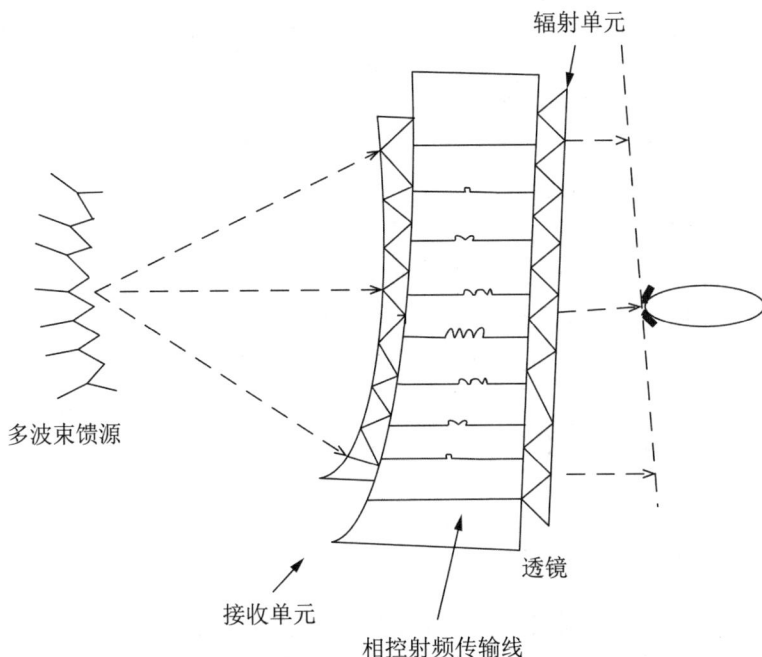

图 5-15　多波束制约透镜天线的一般结构示意图

金属波导透镜天线。金属波导透镜又称分步或分区透镜，波导的适当长度能产生需要的相位超前，以便把入射的球面波转换为平面波。由于波导中间是空的，因此这种透镜质量较小，通带较窄。

总的来说，透镜天线具有动态重新构造天线方向图的能力。例如，为了对抗来自某个方向的干扰，可以把该方向上的天线增益调整为零。

3. 多波束阵列天线

多波束阵列天线通常有两种结构，即直接辐射结构和直接辐射+反射面结构。

直接辐射的多波束阵列天线通常由天线辐射单元（简称天线元）阵列、移相器和馈源系统三部分组成。

天线元阵列由许多个独立的天线元组成，各个天线元可以是偶极子、螺旋线、喇叭、谐振腔、末端开放的波导或其他类型的辐射单元。天线元之间的距离可以是均匀的，也可以是不均匀的。

移相器用于向天线元馈送电磁波信号，并用于波束的形成和定向。根据产生的相位偏移是离散的还是连续的，移相器可以是数字控制的，也可以是模拟控制的。移相器衰耗 1dB 左右。

馈源系统负责把能量分配给移相器。在其功率分配网络中使用可变功分器就能向各移相器提供幅度不同的信号。经过移相器改变相位、功率分配网络改变幅度后的信号在空间上叠加，就能产生需要的天线方向图。

4. 智能相控阵天线

智能相控阵天线就是一种通过对各天线元输出信号进行幅度和相位加权的自适应阵列天线，非常适用于卫星移动通信。智能相控阵天线的核心是由数字波束形成的，其原理与在射频（RF）或中频（IF）用硬件实现波束形成的原理是一致的。根据入射角的不同，来波到达各天线元的时刻是不同的，或者各天线元接收入波束的相位是不同的（对于窄波束），波束形成器的工作原理是，根据需要信号的到达方向，对各天线元接收的信号移动一定相位，然后对所有信号进行叠加。这样，只有需要方向的到达信号能被同相叠加，其他方向来的信号不会同相叠加，甚至可能相互抵消。

采用数字波束形成技术的优点如下。

（1）天线的功耗和质量与总处理频带和天线元数目呈线性关系，与产生的波束数没有关系，这是与用传统方法实现多波束天线的最大不同。

（2）可以方便地对天线和波束形成器中模拟器件（LNA、上/下变频、SSPA、双工器和天线形变等）产生的相位和幅度误差进行校正和补偿。

（3）可以方便地在星上实现有源干扰压缩技术，以降低共信道干扰，从而增强天线的频率复用能力。

（4）采用与数字波束形成相关的技术就能测出天线接收信号的入射方向，便于纠正波束指向，从而提高天线增益。

5.1.3　跟踪遥测和指令分系统

跟踪遥测和指令分系统跟踪部分的作用是为地球站跟踪卫星发送信标信号。

跟踪遥测和指令分系统遥测部分用来对所有的卫星分系统进行监测，获得有关卫星姿态及星内各部分工作状态等的数据，经放大、多路复用、编码、调制等处理后，通过专用的发射机和天线发给地面的 TT&C 站。TT&C 站接收并检测出卫星发来的遥测信号，转送给卫星监控中心进行分析和处理，并向卫星发出有关姿态和工作状态等的控制指令信号。

跟踪遥测和指令分系统指令部分专门用来接收和译出 TT&C 站发给卫星的指令，控制卫星的运行。它还产生一个检验信号发回地面进行校对，待接收到 TT&C 站核对无误后发出的"指令执行"信号后，才将存储的各种指令送到控制分系统，使有关的执行机构正确地完成控制动作。

5.1.4　控制分系统

控制分系统由一系列机械或电子的可控调整装置组成，如各种喷气推进器、驱动装置、加热和散热装置及各种转换开关等，在 TT&C 站的指令控制下完成对卫星轨道位置、姿态、工作状态等的调整与控制。

卫星控制可以分为两种：一种是姿态控制，另一种是位置控制。姿态控制主要保证天线波束始终对准地球，使太阳能电池帆板对准太阳。目前有三种姿态控制技术：三轴稳定技术、重力梯度与磁稳定混合技术、自旋稳定技术。位置控制是利用装在星体上的气体喷射装置由地面控制站发出指令进行工作的。当卫星有"摄动"现象时，卫星上的遥测装置就发给地面控制站遥测信号，地面控制站随即向卫星发出遥控指令，以进行位置控制。

5.1.5　电源分系统

电源分系统用来给星上设备提供稳定、可靠的电源。通信卫星的电源要求体积小、质量小且寿命长。常用的电源有太阳能电池和化学能电池。平时主要使用太阳能电池；当卫星进入地球的阴影区（星蚀）时，使用化学能电池。太阳能电池由光电器件组成。由于太阳能电池直接供出的电压是不稳定的，因此必须经电压调整后才能供给负载。化学能电池可以进行充电和放电，如镍氢、锂离子蓄电池。平时由太阳能电池给它充电，当卫星发生星蚀时，由太阳能电池转换为化学能电池供电。

5.2　卫星地球站

任何一条卫星通信线路都包括发端和收端地球站、上行和下行线路及通信卫星转发器。可见，地球站是卫星通信系统中的一个重要组成部分。地球站的基本作用是向卫星发射信号，同时接收由其他地球站经卫星转发来的信号。

5.2.1　地球站的组成

地球站负责将来自地面网络的信息发送到卫星，并接收来自卫星的信息，将其传送到相应的地面网络用户。完成通信业务的地球站一般主要由地面网络、基带设备、编译码器、调制/解调器、上下变频器、高功率放大器、低噪声放大器和天线组成。图 5-16 所示为地球站的基本功能框图。

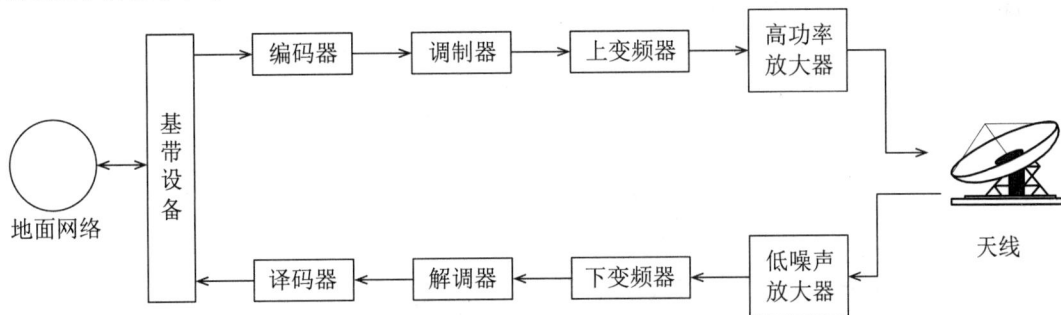

图 5-16　地球站的基本功能框图

在地球站的发送端，来自地面网络或在某些应用中直接来自用户的业务，包括电话、电视、传真、电报、数据等，经过电缆、光缆或微波中继等地面通信线路汇聚到地球站，在接口设备分系统中进行初步处理后，经过基带处理器变换成所规定的基带信号，并通过编码器加入纠错编码，使其适用于在卫星线路上传输。经过调制器，将基带信号调制到 70MHz 或 140MHz 的中频载波上。在上变频器中，来自调制器的已调中频载波被转换为适用于卫星信道传输的上行射频载波信号。通过高功率放大器将上行射频载波信号放大到适当电平，由天线发送到卫星上。

在地球站的接收端，天线接收到电平很低的卫星下行射频载波信号，首先经过低噪声放大器放大后，由下变频器将下行射频载波信号变换为中频信号，然后将中频信号再次放大后传送到解调器，经过调解和译码后，恢复出基带信息，由基带设备处理后传送到地面网络用户。

地球站的设备基本上可以分为两类：射频终端设备，由上变频器（UC）、下变频器（DC）、高功率放大器（HPA）、低噪声放大器（LNA）和天线等组成；基带终端设备，由基带设备、编码器和译码器、调制器和解调器组成。射频终端设备和基带终端设备一般不放在一起，而是采用一段中频电缆线连接。

标准的地球站一般由天线分系统、发射分系统、接收分系统、接口及终端设备分系统、通信控制分系统、电源分系统六部分组成，如图 5-17 所示。

（1）天线分系统。

地球站的天线分系统包括天线、馈源和伺服跟踪设备。对地球站天线的基本要求是定向增益高、噪声温度低和始终对准卫星。地球站的天线是收发共用的，因此必须采用双工器对收发进行隔离。

此外，大型地球站为了保证地球站的天线对准卫星，以正常地接收卫星转发的信号和向卫星发射信号，还应设有天线的伺服跟踪系统。对于小型地球站一般不设伺服跟踪设备。

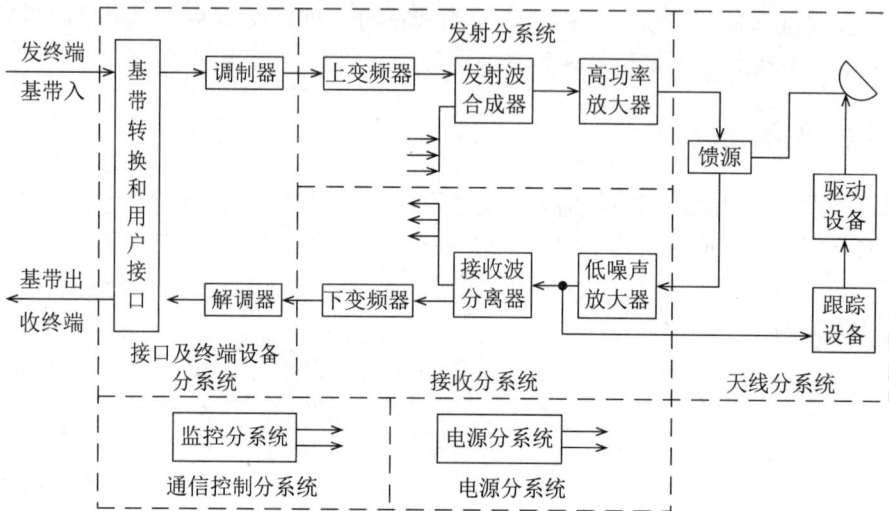

图 5-17　地球站组成框图

（2）发射分系统。

发射分系统由上变频器、发射波合成器（RF 合路器）和高功率放大器组成，其作用是将中频信号变换到射频频段，并高保真地将一个或多个已调射频信号放大到所要求的功率。标准地球站的功率为几百瓦至几千瓦。对发射分系统的要求是输出功率高、增益大、工作频带宽、线性度好、稳定性高和工作可靠等。

（3）接收分系统。

接收分系统由低噪声放大器、接收波分离器（RF 分路器）和下变频器组成，其作用是对卫星转发来的信号进行接收，经过放大变频后送至基带处理设备。地球站接收到的卫星信号非常微弱，一般只有几皮瓦，而且信号中还混有宇宙噪声、大气噪声和地面噪声等。因此，要求地球站接收分系统中的低噪声放大器要有高增益、低噪声的特点，还要具备宽频带、高稳定度和高可靠性的特点。

（4）接口及终端设备分系统。

接口及终端设备分系统是地球站与地面传输链路的接口。

在公用网络中，接口及终端设备分系统的任务就是对地面线路到达地球站的各种基带信号进行变换，变换成适用于卫星信道传输的基带信号，经调制后送给发射分系统。同时要对来自接收分系统的信号进行解调，并变换成地面线路传输的基带信号。

（5）通信控制分系统。

为了保证地球站内各部分设备的正常工作，需要由通信控制分系统在地球站内进行集中监视、控制和测试。监控设备的功能就是监视系统内各种设备的工作状态，发生故障时能够在中心控制台显示告警及指示信息。控制设备能对地球站内各主要设备进行遥测遥控，包括主、备用设备的转换。测试设备包括各种测试仪表，用来指示各部分的工作状态，必要时可以在地球站内进行环路测试。小型地球站一般没有专门的监控设备。

（6）电源分系统。

地球站电源分系统要供应地球站内全部设备所需的电能，电源分系统的性能会影响卫星通信的质量及地球站设备的可靠性。地球站电源要求不应低于一般地面通信枢纽的供电要求，除了应具有一、二路外线或市电供电，还应设有应急电源和交流不间断电源这两种电源设备。

地球站供电线路一般要求采用专线供电，以避免由于供电电压的波动和不稳定所带来的杂散干扰。可以将地球站负载分为大功率负载和小功率负载两种类型，并采用相应的独立变压器及各自的配电系统进行供电，以达到稳压和滤除杂散干扰的目的。此外，还要注意三相电源各相负载的均衡性，以使中性线电流保持最小或平衡状态。另外，为了确保电源设备的安全及减少噪声、交流电的来源，所有电源设备都应具有良好的接地特性。

5.2.2　地球站的分类

地球站的分类方法有很多种，可以按照安装方式、传输信号的特征、用途、业务性质、天线口径尺寸及设备的规模进行分类。

（1）按地球站的安装方式可分为固定地球站（建成后站址不变）、移动地球站（包括车载站、船载站、机载站等）、可搬运地球站（在短时间内能拆卸转移）。

（2）按传输信号的特征可分为模拟站（传输模拟信号，如模拟电话通信站、电视广播接收站）、数字站（传输数字信号，如数字电话通信站、数据通信站）。

（3）按用途可分为军用、民用、广播（包括电视接收站）、航空、航海及实验站等。

（4）按业务性质可分为遥测/遥控跟踪地球站（遥控卫星的工作参数、控制卫星的位置和姿态）、通信参数测量地球站（监视转发器及地球站通信系统的工作参数）和通信业务地球站（进行电话、电报、电视及传真等通信业务）。

（5）按天线口径尺寸及设备规模可分为大型站（12~30m，G/T 值高，通信容量大，昂贵）、中型站（7~10m，性能中等，体积、质量及成本均居中等）、小型站（3.5~5.5m，G/T 值小，通信容量较小，价格便宜）和微型站（1~3m，G/T 值小，通信容量小，轻便灵活，价格便宜）。

国际上通常根据地球站的天线口径尺寸及 G/T 值的大小将地球站分为 A、B、C、E、F、G、Z 等类型。A、B、C 三种称为大型站，用于国际通信。E 和 F 又分为 E-1、E-2、E-3 和 F-1、F-2、F-3 等类型，主要用于国内及各企业间的语音、传真、电子邮件和电视会议等业务，其中 E-2、E-3 和 F-2、F-3 又称中型站，为大城市和大企业提供通信业务；E-1 和 F-1 称为小型站，其业务容量较小。

由于卫星星上发射功率的增加，A 类地球站由原来的天线口径为 30~32m 和 G/T 值为 40.7dB/K 降为天线口径为 15~18m 和 G/T 值为 35.0dB/K；C 类地球站由原来的天线口径为 15~18m 和 G/T 值为 39dB/K 降为天线口径为 12~14m 和 G/T 值为 37.0dB/K。

5.2.3　地球站的架设

通常新建一个地球站需进行以下工作：站址选择、天线架设、机房及配套设施建设、室外单元安装、室内单元安装及入网调试等。

选择站址时，主要应从地理条件、电磁环境两方面考虑。站址的地理条件应满足以下要求：在所用的卫星的可视范围内无遮挡；天线仰角应至少大于10°；地质条件稳定；远离不安全区域（无易燃、易爆物，不在洪水淹没区内）；周围环境安静，附近没有发出较强振动和噪声的工地、工厂；靠近通信交换中心，有可靠的电源、水源供给；工作场地开阔。从电磁环境来看，应尽量避免各种干扰：避免与同一频段微波接力系统构成视通路径，两者天线主波束偏离角应大于5°；避开雷达直射方向，卫星信号电平与雷达干扰信号峰值电平之比应大于30dB；避开机场跑道，天线波束不与飞机起飞、下滑和复飞航道相交；避开电视发射台，减小电视信号对地球站的中频干扰。对所选天线的位置要进行电测，干扰电平不应超过规定值。

所选天线的技术参数应满足卫星公司的有关规定。这些参数包括天线增益、副瓣电平、交叉极化特性、方向图包络特性等。安装天线前应选定天线位置和天线场地。天线位置应尽量靠近主机房，距离一般不超过20m。为便于天线吊装，天线场地应足够开阔。天线基座宜采用整块钢筋混凝土结构，安装在楼顶平台上的天线需有坚固的承重墙作为支撑。天线的基座设计应经过建筑设计单位审核。特别需要注意的是，天线易遭雷电破坏，因此天线的防雷设计是非常必要的。除天线本身要通过天线基座接地外，架设天线的场地还必须设避雷针，以使天线处于安全区内。天线安装完毕后，要根据理论计算的方位和俯仰角进行对星操作，并进行极化调整。

远端站机房需要具备一定的面积（一般主机房的面积为36m^2，值班室的面积为18m^2）。机房的供电、走线、空调、装修可按有关规定和要求进行配置和安装。尤其要注意的是，要分别设置工作接地线和保护地线。保护地是一种保护措施，旨在防止因绝缘损坏而导致触电情况的发生，它通过确保与电气设备带电部分相绝缘的金属外壳或机架同大地之间有良好的接触，以确保电流能够安全地流回地面。必须有保护接地的设备有电缆金属外皮、金属托架、开关底座、配电箱等。工作接地就是把机房中使用交流电的设备做二次接地或经特殊设备与大地做金属连接，必须有工作接地的设备有卫星通信地球站设备、计算机终端、UPS电源、机柜等。保护接地和工作接地的电阻应小于2Ω。

站址选择、机房及配套设施建设是建设任何地球站时均要涉及的问题，有关部门已制定了相关的技术规范和要求，本书不做详述。

天线场地选定后，应先制作天线基座、埋设地线、安装避雷设施，然后进行天馈设备及射频单元的安装。

（1）组装天线。

天线座架的安装、主反射体的安装、主反射体与天线座架连接、副反射面和馈源系统的安装由天线生产厂家负责。

（2）天线对星调整。

首先，根据远端站的地理位置（经纬度）计算出方位角、俯仰角和极化角的理论值。

其次，粗调天线方位角到标称值±10°范围内，仰角到标称值±5°范围内；将频谱仪接至LNA，接收外向控制信道载波，按照方位角、俯仰角和极化角的顺序，对天线进行反复调整。当条件允许时，也可通过接收卫星电视节目来代替频谱仪进行天线对星操作。

（3）室外射频单元（ODU）连接。

采用射频电缆分别连接ODU的发射端口和收、发隔离器的发射端（直通端）及ODU

的接收端和位于收、发隔离器侧背上的 LNA。

5.3 卫星通信链路预算

卫星通信链路预算主要是根据链路环境、接收/发送端系统参数等，计算链路信号的载波噪声功率比。发送端的主要参数为有效全向辐射功率（Effective Isotropic Radiated Power，EIRP）。接收端则常用天线的 G/T 值描述其性能。信号从发送端到接收端还要经历各种损耗和衰减。

5.3.1 链路预算的基本概念

卫星通信系统的链路设计与几个重要技术参数密切相关，包括有效全向辐射功率、噪声温度和品质因数等。

（1）有效全向辐射功率。

定义：有效全向辐射功率（EIRP）为地球站或卫星天线辐射功率 P 与发射天线增益 G 的乘积，表示定向天线在最大辐射方向上实际所辐射的功率，可以用以下公式表示：

$$\text{EIRP} = PG \tag{5-1}$$

（2）噪声温度。

定义：噪声温度（T_e）为将噪声系数折合成电阻元件在某温度下的噪声，单位为 K。噪声温度（T_e）与噪声系数（N_F）的关系为

$$N_F = 10\lg(1 + T_e/290) \quad (\text{dB}) \tag{5-2}$$

（3）品质因数。

定义：品质因数（G/T_e）为天线增益与噪声温度的比值，可以表示为

$$G/T_e = G(\text{dB}) - 10\lg T_e \quad (\text{dB/K}) \tag{5-3}$$

5.3.2 链路传输方程

如果一个天线向各个方向均匀地辐射电磁能量，这种辐射叫作各向同性辐射，该天线称为无方向性（全向）天线。假设全向天线所设的功率为 P_T（W），若在距离 d（m）的地方接收，则发射天线可以等效为一个点源，且电波以一个球面波的形式向四面八方传播，这时接收点的功率通量密度 W_E 为

$$W_E = \frac{P_T}{4\pi d^2} \tag{5-4}$$

（1）天线增益和波束宽度。

在卫星通信中，一般使用定向天线，即将电磁能量聚集在某一个方向辐射。定向天线的增益 G 的定义为

$$G = \frac{\text{定向天线辐射时，接收点接收到的最大功率}}{\text{全向天线辐射时，接收点接收到的最大功率}} \tag{5-5}$$

其中，当 G 以分贝为单位时，除了使用 dB 符号，还可以使用 dBi 符号，这是相对于全向天线而言的。

在卫星通信中，使用的抛物面天线的增益可按式（5-6）进行计算：

$$G = \frac{4\pi A\eta}{\lambda^2} \qquad (5\text{-}6)$$

式中，A 为天线的口面面积（m^2）；λ 为工作波长（m）；η 为天线效率，因为电功率与电磁波形式的功率通过天线进行相互转换时总会有一些损耗。现代卡塞格伦天线的效率可达 0.75（$f=4GHz$）、0.65（$f=6GHz$）。根据天线理论，式（5-6）无论是对于发射天线还是对于接收天线都是适用的。

由式（5-6）可知，采用较高的工作频率时可以使用尺寸较小的天线获得同样大的天线增益。抛物面天线波束的半功率点波束宽度 $\theta_{1/2}$ 近似为

$$\theta_{1/2} \approx 70\frac{\lambda}{D} \text{（°）} \qquad (5\text{-}7)$$

式中，D 为抛物面天线主反射器的口面直径（m）。

（2）传输方程。

设一理想的卫星通信地球站的组成框图如图 5-18 所示。这里所谓的理想是指系统中各部件没有任何损耗，传输媒介为自由空间。图 5-18 中 P_T 是发射功率，单位为 W；G_T、G_R 分别表示发射、接收天线的增益；d 是通信距离，单位为 m；P_R 为接收机接收到的信号功率，单位为 W。

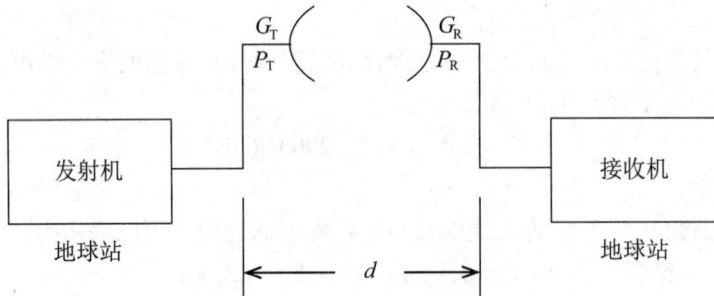

图 5-18 卫星通信地球站的组成框图

因为发射天线采用的是定向天线，所以接收点的功率通量密度为

$$W_E = \frac{P_T G_T}{4\pi d^2} \text{（W/m}^2\text{）} \qquad (5\text{-}8)$$

若接收天线的有效接收面积为 A_η，则接收到的功率 P_R 为

$$P_R = W_E A_\eta = \frac{P_T G_T A_\eta}{4\pi d^2} \qquad (5\text{-}9)$$

若接收天线增益用 G_R 表示，则

$$P_R = P_T G_T G_R \left(\frac{\lambda}{4\pi d}\right)^2 = \frac{P_T G_T G_R}{L_f} \qquad (5\text{-}10)$$

其中，自由空间传播损耗 L_f 为

$$L_f = \left(\frac{4\pi d}{\lambda}\right)^2 \qquad (5\text{-}11)$$

式（5-9）为卫星通信链路中的上行（地球站发、卫星收）或下行（卫星发、地球站

收）的接收信号功率的基本表达式，它对任何一种理想的通信线路都适用，通常称之为通信距离方程（传输方程），代表了通信线路的极限性能。若 P_T、G_T、G_R 及接收机所要求的最小接收功率 P_R 一定，则 d 便是极限通信距离。实际上，由于种种的限制，通信距离是达不到这么远的。

5.3.3　噪声与干扰

噪声是指不希望有的、通常不可预测的、对携带消息的信号造成干扰的电波信号。卫星通信系统的地面段和空间段存在各种各样的噪声，主要包括热噪声、互调噪声及其他噪声（如共信道干扰噪声、交叉极化噪声，邻近星、站的干扰等）。这里以地球站接收系统为例。卫星地球站接收机组成方框图如图 5-19 所示，卫星地球站接收机的噪声来源如图 5-20 所示。

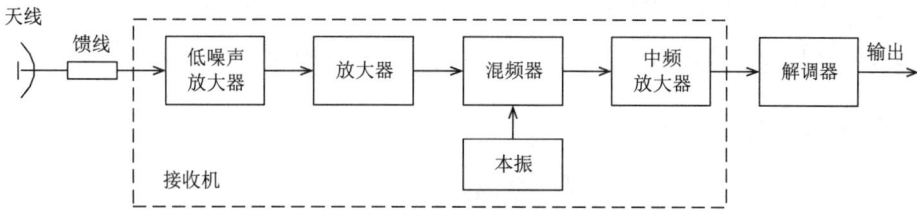

图 5-19　卫星地球站接收机组成方框图

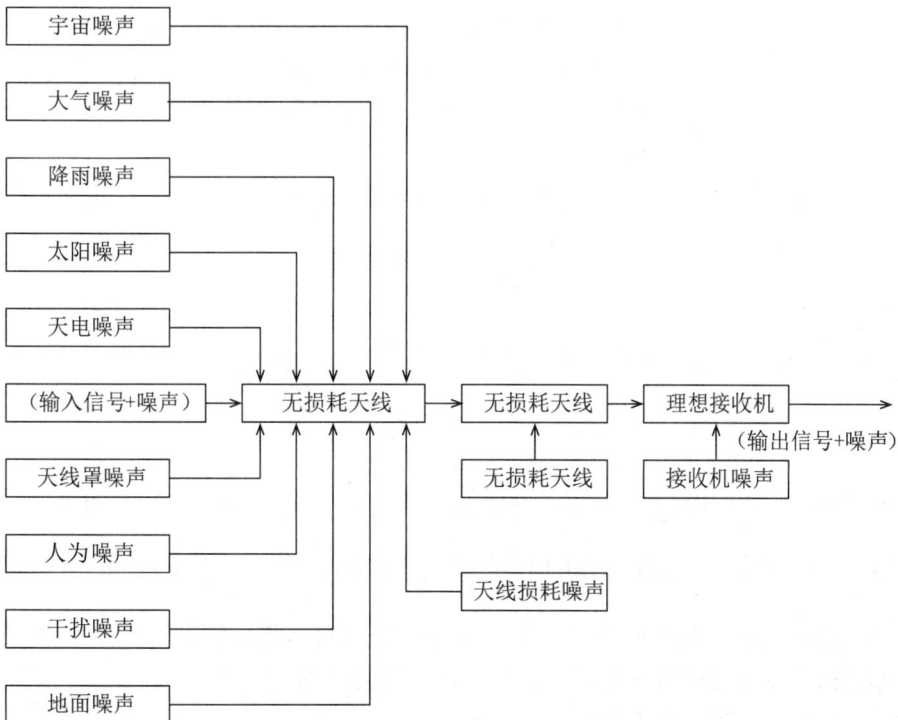

图 5-20　卫星地球站接收机的噪声来源

接收天线接收卫星转发来的信号的同时，还接收了大量的噪声。其中，有些是由天线从其周围辐射源的辐射中所接收的，如宇宙噪声、大气噪声、降雨噪声、太阳噪声、天电噪声、地面噪声等，若天线盖有罩子则还有天线罩的介质损耗引起的噪声，这些噪声与天线本身的热噪声合在一起统称天线噪声；有些噪声则是伴随信号一起从卫星发出的，包括发射地球站、上行线路、卫星接收系统的热噪声，以及多载波工作时卫星及发射地球站的非线性器件产生的互调噪声等。频谱在 120MHz 以下的干扰噪声（如人为噪声、工业噪声）可忽略。

　　天线与接收机之间的馈线通常是波导或同轴电缆，由于它们是有损耗的，因此会附加上一些热噪声；而接收机中线性或准线性部件的放大器、变频器等会产生热噪声、散弹噪声，线路的电阻损耗会引起热噪声，这些都是接收机系统内部噪声。解调器也是一种非线性变换部件，也会产生噪声，但对整个接收机系统噪声的贡献不大，在系统分析时一般认为是理想的。

1. 热噪声

　　热噪声是由传导介质中带电粒子（通常是电子）随机运动产生的。从研究通信系统的角度来看，天线噪声、馈线噪声、接收机产生的噪声等都可以作为等效热噪声来处理。

　　热噪声的功率谱密度实验结果及热力学和量子力学的分析表明，阻值为 R 的电阻（或物体）的两端所呈现的热噪声电压服从高斯分布，其均值为零，均方值 $\frac{2(\pi kT)^2}{3h}R$ 的单位为 V^2；热噪声的单边功率谱密度 $N(f)$ 为

$$N(f) = \frac{4Rhf}{e^{hf/kT} - 1} \quad (V^2/Hz) \tag{5-12}$$

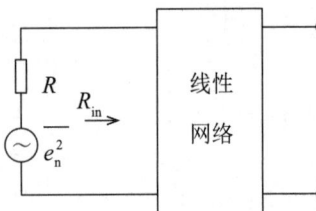

图 5-21　电阻为热噪声来源

　　式中，T 为物体的绝对温度（K）；$k = 1.38 \times 10^{-23} J/K$ 为玻尔兹曼常数；$h = 6.6254^{-34}$（J·s）为普朗克常数；f 为频率（Hz）。

　　电阻就像是一个噪声发生器，当电阻与线性网络匹配连接，即 $R = R_{in}$ 时，热噪声源输出的是最大噪声功率，如图 5-21 所示。

　　匹配负载所得到的最大噪声功率谱密度用 W_N 表示，即

$$W_N = \frac{hf}{e^{hf/kT} - 1} \quad (W/Hz) \tag{5-13}$$

　　当 $f \ll \frac{k}{h}$ 时，$e^{hf/kT} \approx \frac{hf}{kT}$，则式（5-13）可简化为

$$n_0 = kT \quad (W/Hz) \tag{5-14}$$

若用分贝表示，则为 $[n_0] = 10\lg kT$（dBW/Hz）。

　　从式（5-14）可以看出，这时的噪声单边功率谱密度 n_0 与 T 成正比，与 R 无关，并且不随频率而变化，即呈现均匀谱，因此这里借用光谱的概念把 $f \ll \frac{k}{h}$ 时的热噪声称为白噪声。为了进一步说明此问题，在图 5-22 中，以 T 为参变量，根据式（5-13）画出了 W_N（W/Hz）与 f 的关系曲线，图中虚线表示量子噪声，其功率谱密度为 hf（W/Hz）。

　　从图 5-22 中可以看出以下内容。

　　（1）在室温（$T = T_0 = 290K$）条件下，当 $f < 1000GHz$ 时，W_N 曲线还是平坦的，即可以认为热噪声为白噪声。这个频率范围是相当宽的，包括了毫米波以内的所有波段。

　　（2）随着 T 的下降，白噪声的频率范围变窄。例如，$T = 2.9K$、$f < 10GHz$ 附近的功率谱密度就开始不平坦了。

　　（3）在整个频谱范围内，匹配负载能得到的热噪声总功率是个有限值，即

$$N(f \to \infty) = \int_0^\infty \frac{hf}{e^{hf/kT} - 1} df = \frac{(\pi kT)^2}{6h} (W) \tag{5-15}$$

当 $T = T_2 = 90K$ 时,

$$N(f \to \infty) \approx 4 \times 10^{-8} (W)$$

(4) 负载得到的噪声功率除热噪声外,实际上还有量子噪声。因此,对于任意 T,当频率非常高时,虽然热噪声功率谱密度下降并趋于零,但量子噪声功率谱密度却显著上升。当 $T = 2.9$ K 时,约在 40GHz 处的量子噪声超过热噪声;当 $T = 29K$ 时,约在 400GHz 处的量子噪声超过热噪声;当 $T = 290K$ 时,约在 4000GHz 处的量子噪声超过热噪声。

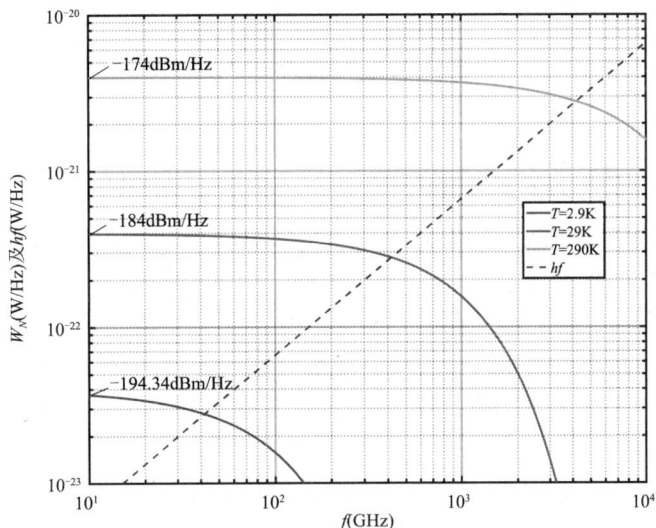

图 5-22　热噪声及量子噪声的功率谱密度与频率的关系

应该指出,线性网络总是有一定频带的,设 B_n 为线性网络的噪声等效带宽(Hz),则匹配负载得到噪声功率 N 为

$$N = kTB_n \tag{5-16}$$

2. 等效噪声温度的概念

通信系统由各个部件(或称网络)组成,它们完成信号的处理和传输功能。与此同时,只要传导介质不处于热力学温度的零度,其中带电粒子就存在着随机的热运动,从而产生对有用信号形成干扰的噪声。噪声的大小以功率谱密度 n_0 来度量,与温度有关:

$$n_0 = kT \tag{5-17}$$

式中,$k = 1.38 \times 10^{-23}$ J/K 为玻尔兹曼常数;T 为噪声源的噪声温度,单位为 K。

可以看出,只要温度不是热力学温度(K)的零度(相当于 $-273℃$),噪声就不为零,称为热噪声。由式(5-17)还可以看出,热噪声的功率谱密度与频率无关,通常称为白噪声。

由于任何网络总是具有有限的带宽(用 B 表示),同时这里假定网络增益为 A,输出端的噪声功率将由两部分组成:一部分为由网络输入端的匹配电阻产生的噪声所产生的输出噪声功率(记为 N_{io}),另一部分为网络内部噪声对输出噪声的贡献 ΔN。于是,总的输出噪声功率 N_o 为

$$N_o = N_{io} + \Delta N = kT_0 BA + kT_e BA \tag{5-18}$$

式中,T_0 是输入端的匹配电阻的噪声温度;N_{io} 为该电阻产生噪声在输出端的数值,ΔN 为

网络内部噪声在其输出端的贡献；T_e 称为网络的等效噪声温度。显然，它表示将一个噪声温度为 T_e 的噪声源接至理想的无噪声网络输入端时所产生的噪声功率输出。

3. 等效噪声温度和噪声系数

卫星通信系统的信号传播距离远，损耗大。弱的接收信号需要对接收系统的内部噪声进行较精确的估算，不恰当地提高对系统的要求会付出较大的代价（如增加发射功率或天线尺寸）。因此，通常采用较精细的等效噪声温度来估算系统噪声的性能。而在卫星通信系统的内部习惯于用噪声系数来评价接收机的内部噪声。噪声系数 N_F 定义为输入信噪比与输出信噪比之比，于是

$$N_F = \frac{S_i/N_i}{S_o/N_o} = \frac{S_i/kBT_0}{S_i/kB~(T_0+T_e)} = 1 + \frac{T_e}{T_0} \tag{5-19}$$

或

$$T_e = (N_F-1)~T_0 \tag{5-20}$$

4. 有耗无源网络的等效噪声温度

假设有耗无源网络（馈线）的损耗为 L_F，环境温度为 T_0。在输入端、输出端匹配的情况下，输出负载得到的噪声功率 N_0 为

$$N_0 = kBT_0 \tag{5-21}$$

另外，输出噪声功率可表示为输入噪声功率（它也等于 kBT_0）对输出的贡献与网络内部噪声（用等效噪声温度 T_e 表示）对输出的贡献之和。参照式（5-18），式中 $A=1/L_F$，于是 N_0 可表示为

$$N_0 = \frac{kBT_0}{L_F} + \frac{kBT_e}{L_F} \tag{5-22}$$

由此可得其等效噪声温度（由于特指损耗线 L_F 的噪声温度，T_e 改用 T_F 表示）：

$$T_F = (L_F-1)~T_0 \tag{5-23}$$

可见，馈线损耗越大，等效噪声温度越高。将式（5-23）与式（5-20）对比，可得无源有耗网络噪声系数 N_F：

$$N_F = L_F \tag{5-24}$$

5. 级联网络的等效噪声温度

卫星通信接收机前端是由天线、馈线、低噪声放大器、混频器等一系列网络级联组成的，这里讨论如何考虑级联后总的接收机等效噪声温度。

假定级联 n 个网络的增益和等效噪声温度分别为 $A_1, A_2, \cdots, A_n$ 和 $T_{e1}, T_{e2}, \cdots, T_{en}$，并认为 n 个网络的等效噪声带宽 B 都相同，于是参照式（5-18）可得第 $1, 2, \cdots, n$ 级网络的输出噪声功率：

$$kB~(T+T_{e1})~A_1$$
$$kB~(T+T_{e1})~A_1A_2 + kBT_{e2}A_2$$
$$\vdots$$
$$kB~(T+T_{e1})~A_1A_2\cdots A_n + kBT_{e2}A_2A_2\cdots A_n + \cdots + kBT_{en}A_n$$

$$\tag{5-25}$$

式中，T 为输入端噪声温度。如果用 $T_{e\sum n}$ 表示 n 个网络级联后总的等效噪声温度，则 n 级网络输出噪声功率可以表示为

$$kB(T + T_{e\sum n})A_1 A_2 \cdots A_n \tag{5-26}$$

与上面 由 $T_{e1}, T_{e2}, \cdots, T_{en}$ 表示 n 级网络的输出噪声功率进行对比，可得总等效噪声温度 $T_{e\sum n}$ 为

$$T_{e\sum n} = \frac{\sum_{i=1}^{n}\left[T_{ei}\prod_{j=1}^{n}A_j\right]}{\prod_{j=1}^{n}A_j} = T_{e1} + \sum_{i=2}^{n}\left[\frac{T_{ei}}{\prod_{j=1}^{i-1}A_j}\right] \tag{5-27}$$

可以看出，第 2 级网络的内部噪声（其噪声温度为 T_{e2}）对总的等效噪声温度的贡献为 T_{e2}/A_1，而第 3 级网络的内部噪声对总的等效噪声温度的贡献为 $T_{e3}/A_1 A_2$……因此，当第 1 级网络的增益 A_1 足够大（而 T_{e2} 不太大）时，第 2 级网络的内部噪声对接收机总噪声的贡献较小，同理，当 $A_1 A_2$ 足够大时，第 3 级网络内部噪声的影响就可以忽略，等等。

6. 接收系统的等效噪声温度

这里讨论的"接收系统的等效噪声温度"是指包括天线、馈线和接收机内部噪声在内的等效噪声温度。通常，以接收机输入端为参考点，也就是说，应将天线、馈线的噪声温度折算到接收机输入端，并与接收机的等效噪声温度（也是在其输入端的数值）相加。

地球站天线噪声主要包括由天线主瓣进入天线的宇宙噪声、大气噪声和降雨噪声，以及由天线旁瓣进入的地面噪声、太阳噪声等。一般来说，晴天条件下 C 频段的天线噪声温度在 30~50K，它与下列因素有关：仰角（仰角越大，噪声越小）、天线直径（直径越大，噪声频段越小）。天线的噪声温度用 T_a 表示，它是在馈线的输入端的数值。假设馈线损耗为 L_F，将其折算到馈线输出端，即接收机输入端（见图 5-23）时，其等效值 T_{ae} 为

$$T_{ae} = T_a / L_F \tag{5-28}$$

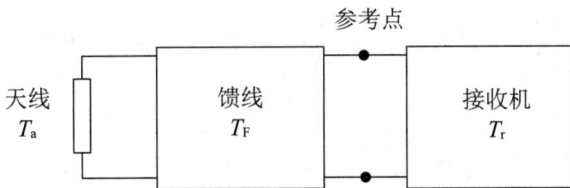

图 5-23　接收系统噪声温度计算图

假定馈线环境温度为 T_0，根据式（5-23）可得，馈线的噪声温度 T_F 是馈线输入端的等效值。

由于馈线噪声已折算到其输入端，因此此时的馈线已为无噪声的理想馈线，其输入和输出的信噪比应相等。而信号（功率）通过馈线后受到损耗 L_F，于是噪声（功率）也受到同样的损耗，所以与噪声功率成比例的噪声温度折算到其输出端后为

$$T_{Fe} = \left(1 - \frac{1}{L_F}\right)T_0 \tag{5-29}$$

若接收机等效噪声温度为 T_{re}，则整个接收系统的等效噪声温度 T 为

$$T = T_{ae} + T_{Fe} + T_{re} = \frac{T_a}{L_F} + \left(1 - \frac{1}{L_F}\right)T_0 + T_{re} \tag{5-30}$$

接收机的等效噪声温度 T_{re} 主要由接收机的前级低噪声放大器（LNA）确定，其后的级联电路的影响可参照级联网络噪声温度的方法进行分析。

5.3.4 链路预算方程

卫星链路的性能用接收机输入端的载波功率与噪声功率的比值（简称载噪比）来衡量，卫星链路的预算也常常取决于该比值。习惯上，该比值记为 C/N（或 CNR），它等于 P_R/P_N，其中 P_R 为载波功率，P_N 为噪声功率。用分贝值表示为

$$\left[\frac{C}{N}\right] = [P_R] - [P_N] \tag{5-31}$$

接收端收到的信息功率 C_r 与输出噪声功率 N 的公式为

$$[C_r] = [\text{EIRP}] + [G_r] - [L] \tag{5-32}$$

$$N = N_0 B = kT_s BW \tag{5-33}$$

代入式（5-31），可以得到以下结果：

$$\left[\frac{C}{N}\right] = [\text{EIRP}] + [G_r] - [L] - [k] - [T_S] - [B_N] \tag{5-34}$$

将 $[G/T] = [G_r] - [T_S]$ 代入式（6-34），可得

$$\left[\frac{C}{N}\right] = [\text{EIRP}] + [G/T] - [L] - [k] - [B_N] \tag{5-35}$$

在实际使用中，常常需要载波功率与噪声功率密度的比值 C/N_0 这个量，由于 $P_N = N_0 B_N$，因此

$$\left[\frac{C}{N}\right] = \left[\frac{C}{N_0 B_N}\right] = \left[\frac{C}{N_0}\right] - [B_N] \tag{5-36}$$

式中，$[C/N]$ 是以分贝为单位的实际功率比；$[B_N]$ 是相对于 1Hz 的分贝值，或者表示为 dBHz。因此，$[C/N_0]$ 的单位是 dBHz。将式（5-35）代入式（5-36）可以得到

$$\left[\frac{C}{N_0}\right] = [\text{EIRP}] + \left[\frac{G}{T}\right] - [L] - [k] \quad (\text{dBHz}) \tag{5-37}$$

1. 链路分析模型

链路分析模型如图 5-24 所示。

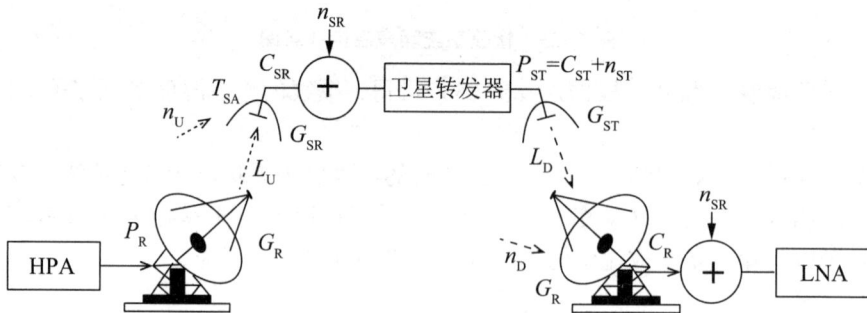

图 5-24 链路分析模型

2. 上行链路载噪比

卫星上行链路是由地球站向卫星转发器发送信号的链路，即由地球站发送信号，卫星转发器接收信号。上行链路载噪比用 $\left(\dfrac{C}{N}\right)_U$ 表示，为卫星转发器接收载波信号 C_{SR} 与转发器接

收噪声 n_{SR} 之比。卫星链路参数与表示符号对照表如表 5-1 所示。

表 5-1　卫星链路参数与表示符号对照表

卫星链路参数	表示符号	卫星链路参数	表示符号
地球站发射功率	P_T	转发器收天线增益	G_{SR}
地球站天线增益	G_T　G_R	转发器收载波功率	C_{SR}
自由空间传播损耗	L_U　L_D	转发器接收噪声功率	n_{SR}
空间路径噪声功率	n_U　n_D	转发器发天线增益	G_{ST}
地球站接收功率	C_R	接收天线噪声温度	$T_{SA} T_{GA}$
		转发器发射功率	P_{ST}
		转发器发射载波功率	C_{ST}
		转发器发射噪声功率	n_{ST}

$$\left(\frac{C}{N}\right)_U = \frac{C_{SR}}{n_{SR}} = \left(\frac{\text{EIRP}}{L_U L'}\right) \times \left(\frac{G_{SR}}{T_U}\right) \times \left(\frac{1}{kB_U}\right) \tag{5-38}$$

$$\text{EIRP} = P_T G_T \tag{5-39}$$

$$C_{SR} = \frac{\text{EIRP} \cdot G_{SR}}{L_U L'} \tag{5-40}$$

$$n_{SR} = \text{上行路径噪声功率} + \text{卫星天线噪声功率} + \text{卫星转发器噪声功率} \tag{5-41}$$

$$n_{SR} = k(L' - 1) T_U B_U \frac{1}{L'} + KT_{SA}B_U + KT_0(N_{SF} - 1)B_U \tag{5-42}$$

$$n_{SR} = N_U = kT_U B_U \tag{5-43}$$

3. 下行链路载噪比

卫星下行链路是卫星转发器向地球站发送信号的链路，即由卫星转发器发送信号，地球站接收信号。下行链路载噪比用 $\left(\frac{C}{N}\right)_D$ 表示，为地球站接收载波功率 C_R 与转发器接收噪声功率 n_R 之比。

$$\left(\frac{C}{N}\right)_D = \frac{C_R}{n_R} = \left(\frac{\text{EIRP}_S}{L_D L''}\right) \times \left(\frac{G_R}{T_D}\right) \times \left(\frac{1}{kB_D}\right) \tag{5-44}$$

$$\text{EIRP}_S = P_{ST} G_{ST} \tag{5-45}$$

$$C_R = \frac{P_{ST} G_{ST} G_R}{L_D L''} \tag{5-46}$$

$$n_R = k(L'' - 1) T_D B_D \frac{1}{L''} + KT_{GA}B_D + KT_0(N_{GF} - 1)B_D \tag{5-47}$$

$$n_R = N_D = kT_D B_D \tag{5-48}$$

4. 总链路载噪比

为了便于对卫星通信总链路载噪比进行分析，我们假定转发器是透明转发器，也就是说，转发器的输入载噪比和输出载噪比相等，这样，上行链路载噪比 $\left(\frac{C}{N}\right)_U$ 就等于卫星转

发器接收载波功率 C_{SR} 与转发器接收噪声功率 n_{SR} 之比，也等于卫星输出载波功率 C_{ST} 与转发器接收噪声功率 n_{ST} 之比。

$$\left(\frac{C}{N}\right)_U = \frac{C_{SR}}{n_{SR}} = \frac{C_{ST}}{n_{ST}} = \frac{C_{ST}}{P_{ST} - C_{ST}} \tag{5-49}$$

$$C_{ST} = \frac{P_{ST}}{1 + \left(\dfrac{C}{N}\right)_U^{-1}} \tag{5-50}$$

$$\left(\frac{C}{N}\right)_U = \frac{C_{ST}}{n_{ST}} = \frac{P_{ST} - n_{ST}}{n_{ST}} \tag{5-51}$$

$$n_{ST} = \frac{P_{ST}}{1 + \left(\dfrac{C}{N}\right)_U} \tag{5-52}$$

由于假定转发器是透明转发器，因此总链路载噪比 $\left(\dfrac{C}{N}\right)_\Sigma$ 等于转发器发送的载波功率 C_{ST} 经过下行传输链路地球站接收载波功率 $C_R{'}$ 与转发器发送的噪声功率 n_{ST} 经过下行传输链路地球站接收噪声功率 $n_R{'}$ 之比。

$$\left(\frac{C}{N}\right)_\Sigma = \frac{C'_R}{n'_R} \tag{5-53}$$

$$c'_R = \frac{C_{ST} G_{ST} G_R}{L_D L''} = \frac{P_{ST}}{1 + \left(\dfrac{C}{N}\right)_U^{-1}} \times \frac{G_{ST} G_R}{L_D L''} = \frac{C_R}{1 + \left(\dfrac{C}{N}\right)_U^{-1}} \tag{5-54}$$

$$n'_R = n_R + \frac{n_{ST} G_{ST} G_R}{L_D L''} = n_R + \frac{P_{ST}}{1 + \left(\dfrac{C}{N}\right)_u} \times \frac{G_{ST} G_R}{L_D L''} = n_R + \frac{C_R}{1 + \left(\dfrac{C}{N}\right)} \tag{5-55}$$

$$\left(\frac{C}{N}\right)_\Sigma = \frac{C'_R}{n'_R} \tag{5-56}$$

$$\left(\frac{C}{N}\right)_\Sigma = \frac{\dfrac{C_R}{1 + \left(\dfrac{C}{N}\right)_U^{-1}}}{n_R + \dfrac{C_R}{1 + \left(\dfrac{C}{N}\right)_U}} \tag{5-57}$$

$$\left(\frac{C}{N}\right)_\Sigma^{-1} \approx \left(\frac{C}{N}\right)_U^{-1} + \left(\frac{C}{N}\right)_D^{-1} \tag{5-58}$$

5. 卫星链路的功率补偿

1）上行链路的功率补偿

一条卫星上行链路是由地球站向卫星传输信号的链路，即地球站发送信号，卫星接收信号。式（5-37）可以用于上行链路的计算，通常用下标 U 表示上行链路，这样公式就变为

$$\left[\frac{C}{N_0}\right]_U = [EIRP]_U + [G/T]_U - [L]_U - [k] \quad (dBHz) \tag{5-59}$$

如果采用卫星接收天线的功率通量密度，而不是地球站的 EIRP 进行链路预算，那么就要对上式进行修改。

（1）饱和功率通量密度。

卫星转发器的行波管放大器（TWTA）存在输出功率饱和现象。当星上 TWTA 达到饱和时，接收天线端口的功率通量密度被定义为饱和功率通量密度。功率通量密度 φ_M 和 EIRP 的关系为

$$\varphi_M = \frac{\text{EIRP}}{4\pi r^2} \tag{5-60}$$

用分贝表示为

$$[\varphi_M] = [\text{EIRP}] + 10\log\frac{1}{4\pi r^2} \tag{5-61}$$

由于自由空间传播损耗可以表示为

$$-[L] = 10\log\frac{\lambda^2}{4\pi} + 10\log\frac{1}{4\pi r^2} \tag{5-62}$$

因此，有

$$[\varphi_M] = [\text{EIRP}] - [L] - 10\log\frac{\lambda^2}{4\pi} \tag{5-63}$$

$\frac{\lambda^2}{4\pi}$ 为各向同性天线的有效面积，记为 A_0，则

$$[A_0] = 10\log\frac{\lambda^2}{4\pi} \tag{5-64}$$

结合式（5-64）并进行重新排列，可以得到

$$[\text{EIRP}] = [\varphi_M] + [L] + [A_0] \tag{5-65}$$

式（5-65）只考虑了自由空间传播损耗，实际还要考虑其他损耗，如大气吸收损耗、极化失配损耗和天线极化损耗。需要注意的是，天线端口处不需要考虑系统内部的馈线损耗，因此需要将馈线损耗 $[L_{\text{RFL}}]$ 从总损耗 $[L]$ 中减去。用 φ_s 表示饱和功率通量密度，式（5-65）改写为

$$[\text{EIRP}_S] = [\varphi_s] + [L] + [A_0] - [L_{\text{RFL}}] \tag{5-66}$$

（2）输入补偿。

当星上 TWTA 有多个载波同时工作时，为减小互调失真的影响，工作点必须回退到 TWTA 传输特性的线性区。在链路预算中，必须确定需要的补偿值。

假设单载波工作时的饱和功率通量密度已知，那么根据单载波的饱和电平可以确定多载波工作时的输入补偿值。这时地球站的上行 EIRP，就是使转发器达到饱和功率通量密度时所需的 EIRP_s 值减去补偿值（BO），结果如下：

$$[\text{EIRP}]_U = [\text{EIRP}_S]_U - [\text{BO}]_i \tag{5-67}$$

虽然可以通过地面的 TT&C 站控制转发器的输入功率来实现输入补偿，但通常情况下是通过减小地球站实际接收到的转发器的 EIRP 值来实现输入补偿的。

由式（5-66）和式（5-67）可得

$$\left[\frac{C}{N_0}\right]_U = [\varphi_s] + [A_0] - [\text{BO}]_i + \left[\frac{G}{T}\right]_U - [k] - [L_{\text{RFL}}] \quad (\text{dBHz}) \tag{5-68}$$

（3）地球站高功放。

地球站高功放的发送功率中应该包括传输馈线损耗，用 L_{TFL} 表示。L_{TFL} 包括高功放输出端与发射天线之间的波导、滤波器和耦合器损耗。高功放的输出功率 $[P_{HPA}]$ 为

$$[P_{HPA}] = [EIRP]_U - [G_T] + [L_{TFL}] \quad (dBW) \qquad (5\text{-}69)$$

地球站本身也可能会发送多个载波，因此输出也需要补偿，记为 $[BO]_{HPA}$。这样，地球站的额定饱和输出功率为

$$[P_{HPA}]_S = [P_{HPA}] + [BO]_{HPA} \qquad (5\text{-}70)$$

此时 HPA 工作在补偿功率电平点，提供的输出功率为 $[P_{HPA}]$。为了确保高功放工作在线性区，具有高饱和功率的 HPA 需要较高的补偿。如果将大尺寸、高功耗的 TWTA 用在卫星上，那么所需的补偿与用在地球站所需的补偿是不一样的。需要强调的是，地球站需要的功率补偿与卫星转发器需要的功率补偿是完全独立的。

2）下行链路的功率补偿

卫星下行链路是卫星向地球站方向传输信号的链路，即卫星发送信号，地球站接收信号。用下标 D 表示下行链路，式（5-37）变为

$$\left[\frac{C}{N_0}\right]_D = [EIRP]_D + \left[\frac{G}{T}\right]_D - [L]_D - [k] \qquad (5\text{-}71)$$

当需要计算载波噪声功率比而不是载波与噪声功率密度之比时，假设信号带宽 B 等于噪声带宽 B_N，式（5-71）变为

$$\left[\frac{C}{N}\right]_D = [EIRP]_D + \left[\frac{G}{T}\right]_D - [L]_D - [k] - [B] \qquad (5\text{-}72)$$

（1）输出补偿。

对于卫星转发器 TWTA，不但需要考虑输入补偿，而且需要考虑星上 EIRP 的输出补偿。输出补偿与输入补偿的关系不是线性的。根据输入补偿的范围，确定由工作点外推的线性区对应的输出功率下降 5dB 的点，此点与工作点之间的输出功率差即为输出补偿。在线性区，输入补偿与输出补偿的分贝值的变化比例是线性的，所以输入补偿与输出补偿之间的关系为 $[BO]_o = [BO]_i - 5dB$。如果饱和条件下卫星的 EIRP 定义为 $[EIRP]_D$，那么 $[EIRP]_D = [EIRP_S]_D - [BO]_o$，并且式（5-72）变为

$$\left[\frac{C}{N_0}\right]_D = [EIRP_S]_D - [BO]_o + \left[\frac{G}{T}\right]_D - [L]_D - [k] \qquad (5\text{-}73)$$

（2）卫星 TWTA 的输出。

卫星功率放大器（通常采用 TWTA）必须提供包括发送馈线损耗在内的发射功率。这些馈线损耗来自 TWTA 与卫星天线之间的波导、滤波器及耦合器。TWTA 的输出功率为

$$[P_{TWTA}] = [EIRP]_D - [G_T]_D + [L_{TFL}]_D \qquad (5\text{-}74)$$

一旦 $[P_{TWTA}]$ 的值确定，就可以计算 TWTA 的饱和功率输出值，即

$$[P_{TWTA}]_S = [P_{TWTA}] + [BO]_o \qquad (5\text{-}75)$$

3）降雨的影响

前面的计算都是指晴天的情况，也就是说没有考虑天气情况对信号强度产生的影响。在 C 频段、Ku 频段和 Ka 频段中，Ka 频段降雨引起的功率衰减更大，在进行链路设计时，要留有更大的衰落储备余量。

如果地球站的天线被天线罩覆盖，那么就必须考虑降雨对天线罩的影响。对于半球形的天线罩，降雨会产生一个厚度不变的水层。这个水层将产生吸收衰减和反射衰减。有研究结果表明，在 Ku 频段，1mm 厚的水层所产生的损耗是 14dB。因此，地球站天线尽量不要安装天线罩。没有天线罩时，虽然水会聚集在反射器上，但是由此产生的衰减远远小于潮湿的天线罩所产生的衰减。

（1）上行链路的雨衰余量。

降雨会导致信号的衰减和噪声温度的增加，结果使卫星链路的两个方向的 $[C/N_0]$ 均有所下降。对于上行链路，降雨导致的噪声温度的增加并不是主要因素，因为卫星天线的指向是"热"的地球，由此导致的卫星接收机噪声温度的增加量远远超过降雨产生的噪声。因此，重要的是卫星上行链路的载波功率控制措施。卫星的输出功率可以由中心控制站监视，有时也可以由地球站监视。如果需要补偿雨衰，就需要增加地球站的功率输出。因此，地球站的高功放必须有足够的功率以满足补偿雨衰的要求。

（2）下行链路的雨衰余量。

降雨对信号能量具有吸收和散射的作用，结果导致信号的衰减，而吸收衰减还会引入噪声。令 $[A]$ 表示由吸收引起的降雨衰减量（单位为 dB），则相应的功率损耗比为 $A = 10^{[A]/0}$，可以得到由降雨引起的等效噪声温度为

$$T_{rain} = \frac{(L-1)\ T_a}{L} = T_a\ \left(1 - \frac{1}{A}\right) \tag{5-76}$$

式中，T_a 被称为视在吸收温度，这是一个测量参数，它是许多因素的函数，这些因素包括降雨的物理温度及热噪声入射到雨滴上的散射效果。视在吸收温度为 270~290K。

总的天空噪声温度是晴天的温度和降雨温度之和。可见，降雨会通过衰减载波功率和增加天空噪声温度使接收的 $[C/N_0]$ 降低。

4）互调噪声

在卫星转发器中，不同的功率放大器影响互调噪声。卫星转发器中不同功率放大器（功放）关键性能与应用对比，如表 5-2 所示。

表 5-2　不同功率放大器的关键性能与应用对比

特性	行波管放大器（TWTA）	固态功率放大器（SSPA）
效率	较低（30%~60%）	较高（50%~70%）
线性度	较差（需预失真补偿）	较好（更适合多载波信号）
带宽	宽频带（覆盖多个频段）	窄频带（需多模块组合）
可靠性	寿命有限（真空管易老化）	寿命长（固态器件更稳定）
成本	初期成本低，维护成本高	初期成本高，维护成本低
体积/重量	较大、较重	紧凑、轻便
热管理	散热需求高	发热较少，散热设计简单
放大机制	利用真空管中的电子束与电磁波相互作用放大信号	基于半导体器件（如 GaN、GaAs）进行信号放大

应用场合	1. 高功率、宽频带需求 1）广播卫星（DTH 电视、卫星广播） 　TWTA 的高功率（数百瓦至千瓦级）和宽频带特性（覆盖 C、Ku、Ka 等频段），适合大范围广播信号覆盖，如 DirecTV、Sky TV 等卫星电视广播。 2）军事通信与战略卫星 　需要抗干扰和高功率输出的军事通信卫星（如美国 MILSTAR 卫星），TWTA 能提供远距离、高强度信号传输。 2. 长距离、深空通信 1）地球同步轨道（GEO）卫星 　GEO 卫星通信距离远（约 36000km），TWTA 的高功率输出可补偿路径损耗，确保地面站接收信号强度。 2）深空探测（如火星探测器） 　在深空任务中（如 NASA 的深空网络），TWTA 的宽频带和高功率支持远距离数据传输。 3. 传统大容量通信卫星 　多频段混合转发器。TWTA 的宽频带特性支持单设备覆盖多个频段（如同时处理 C 波段和 Ku 波段信号），简化卫星载荷设计	1. 低轨卫星星座（LEO/MEO） 1）低功耗、轻量化需求 　LEO 星座（如 Starlink、OneWeb）需轻量化设计，SSPA 体积小、重量轻，适合批量部署和星箭适配。 2）多波束与灵活载荷 　SSPA 的高线性度支持多波束动态分配和频率复用（如 Ka 波段高通量卫星），降低多载波互调干扰。 2. 高精度与高可靠性任务 1）气象与地球观测卫星 　SSPA 抗辐射能力强、寿命长（如 NOAA 气象卫星），适合长期在轨运行。 2）导航卫星（如 GPS、北斗） 　导航信号需高稳定性和低失真，SSPA 的线性度优势保障信号精度。 3. 新兴商业卫星与小型化平台 1）CubeSat 和小卫星 　SSPA 的低功耗、紧凑体积适配微型卫星（如 Planet Labs 的遥感卫星）。 2）软件定义卫星（SDR） 　SSPA 支持灵活调制（如 QAM、OFDM），适用于动态调整通信模式的软件定义载荷
	混合应用场景，部分卫星会结合 TWTA 和 SSPA 的优势。 1. 高低频段混合转发器 　使用 TWTA 处理高频段（如 Ka 波段）大功率信号，使 SSPA 处理低频段（如 L 波段）高精度信号。 2. 冗余设计 　在关键通信卫星中，TWTA 和 SSPA 互为备份，提升系统可靠性（如国际海事卫星 Inmarsat）	

　　这里以 TWTA 为例，其输入-输出特性（输入功率与输出功率的关系曲线）是非线性的，并且在多载波工作时，若多载波总输入功率等于某单载波输入功率，则其输出总功率会小于单载波的输出功率，其相位特性（输出与输入之间的相位差对信号输入功率的关系曲线）也是非线性的，如图 5-26 所示。当输入多个载波信号时，由于这种非线性不同载波之间会相互调制产生新的频率成分，落入信号频带内形成干扰，称为互调噪声；落入信号频带外的则可能对邻近频道形成干扰。对采用频分多址的卫星通信系统而言，互调噪声是一个突出问题，在链路预算时必须充分考虑。如果将工作点选择在靠近线性区，则可以减少互调噪声，如图 5-27 所示。单载波输入使转发器饱和工作时的输入功率（分贝数）与所选择工作点所对应的输入功率（分贝数）之差，称为输入补偿 BO_i；相应的单载波饱和输出功率（分贝数）与工作点对应的输出功率（分贝数）之差，称为输出补偿 BO_o。图 5-27 中工作点是指多载波情况。单载波工作时其工作点也可不在饱和处。输入补偿、输出补偿的概念同

样适用于单载波工作的场合。

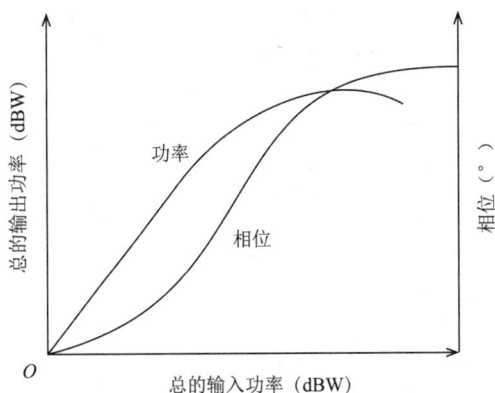

图 5-26 行波管放大器的特性

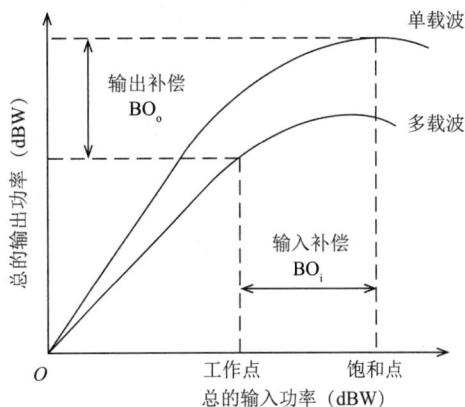

图 5-27 补偿的含义

5.3.5 设计步骤

一个单向的卫星通信系统链路的设计可以按照下面几个步骤来完成，反向链路的设计也遵循相同的步骤。

（1）确定卫星通信系统的工作频段。

（2）确定卫星通信系统的参数，估计所有的未知值。

（3）确定发送地球站和接收地球站的参数。

（4）从发送地球站开始，设计上行链路的各部分参数，确定卫星接收系统的参数，给出上行链路性能的预算 $(C/N)_U$。

（5）根据上行链路的性能预算，得到卫星下行转发的输出功率。

（6）根据接收地球站的参数，设计计算下行链路的传输信号功率和系统噪声功率，得出在卫星通信波束覆盖边缘处（最坏的情况）地球站的 $(C/N)_D$。

（7）计算卫星通信链路总的 C/N，求出链路余量，根据系统设计要求进一步优化。

5.3.6 链路预算实例

这里给出两个链路预算实例，一个是 Ku 频段的直接到户电视（DTH TV）系统的下行链路预算，另一个是 C 频段的多载波系统的全链路预算。

（1）Ku 频段的 DTH TV 系统的下行链路预算。

在确定的卫星有效载荷参数和选定的地面小型单接收站设备参数条件下，验算下行链路的载噪比 C/N。假定卫星发射功率为 250W，天线增益为 30dBi，传输带宽为 27MHz，地面小型单接收站的天线直径为 45cm，等效噪声温度为 1540K，表 5-3 所示为该卫星 Ku 频段的 DTH TV 系统的下行链路预算相关参数。

在只计入自由空间传播损耗和接收/发送两端馈线损耗的情况下，接收的 C/N 值为 12.4dB，而所要求的 C/N 值为 8dB，尚有 4.4dB 余量。但是，当出现暴雨或严重的多径衰落时，余量可能不足。通常，链路余量由所要求的有效性来确定，而有效性定义为 C/N 高于门限的时间百分数，在卫星链路中要求的典型值为 99%~99.5%。

表 5-3　Ku 频段的 DTH TV 系统的下行链路预算相关参数

参数	数值
发射功率	250W（24dBW）
发射馈线损耗	1.0dB
发射天线增益	30.0dBi
EIRP	53.0dBW
自由空间损耗	205.6dB
接收机天线增益	32.7dBi
接收端馈线损耗	0.5dB
接收信号功率	−120dBW
接收噪声功率	−132.8dBW
C/N	12.4dB

（2）C 频段的多载波系统的全链路预算。

上行链路频率为 6GHz，传输距离假设为 38607km（接收天线仰角为 30°）。根据链路传播损耗计算公式，可得链路传播损耗为

$$L_{fu} = 92.44 + 91.73 + 15.56 = 199.73 \text{（dB）} \tag{5-77}$$

假定地球站 EIRP = 85dBW，卫星接收机的 $G/T = -2.6$dB/K，则可得到上行链路的 C/T 值为

$$(C/T)_u = 85 - 11.6 - 199.73 = -126.33 \text{（dBW/K）} \tag{5-78}$$

下行链路频率为 4GHz，传输距离仍为 38607km，则链路传播损耗为

$$L_{fd} = 92.44 + 91.73 + 12.04 = 196.21 \text{（dB）} \tag{5-79}$$

假定卫星饱和 EIRP = 26dBW。考虑到转发器工作在多载波情况下，为了减小互调干扰，卫星功率放大器的输出功率"回退"，则卫星实际工作的 EIRP 为 20dBW。

若地球站 $G/T = 41$dB/K，可得下行链路 C/T 的值为

$$(C/T)_d = 20 + 41.0 - 196.21 = -135.21 \text{（dBW/K）} \tag{5-80}$$

可以看出，卫星转发器输出功率受限，上、下行链路（热）噪声的影响以下行链路较为严重。对多载波工作的转发器而言，典型的互调噪声的 $(C/T)_i$ 为 −131.7dBW/K，而上、下行链路受到其他干扰的 $(C/T)_p$ 典型值为 −130.5dBW/K，由此可得全链路的 C/T 值：

$$(C/T)^{-1} = (C/T)_u^{-1} + (C/T)_d^{-1} + (C/T)_i^{-1} + (C/T)_p^{-1} = 6.35 \times 10^{13} \tag{5-81}$$

因此，$C/T = -138.5$dBW/K。在确定系统带宽 B 后，利用下式可以求得全链路载噪比 C/N。

$$C/N = C/kTB \tag{5-82}$$

习　题

1. 卫星通信系统主要由哪几部分组成？
2. 通信卫星主要由哪几部分组成？

3. 地球站由几部分组成？地球站常见天线有几种？

4. 地球站为什么有天线跟踪伺服系统？

5. 高功率放大器分为几种类型？

6. LNA 的作用是什么？分为几种类型？

7. *U/C* 的作用是什么？二次变频的意义是什么？

8. *D/C* 的作用是什么？

9. 频率合成器的作用是什么？

10. 用于卫星通信系统的高功率放大器主要有行波管放大器（TWTA）和固态功率放大器（SSPA）两类，它们各自有什么特点？主要应用场合是什么？固态放大器的发展方向是什么？

11. 依据不同分类方法，地球站可分为哪几种？

12. 写出天线增益 *G* 的表达式，天线半功率波束宽度的表达式。

13. 天线按覆盖区域可以分为几种？

14. 卫星通信转发器分为几种？

15. 姿态控制的作用是什么？

16. 采用星上处理和交换具有哪些优点？可能具有的功能有哪些？

17. 载波处理转发器、比特流处理转发器和全基带处理转发器各有什么基本功能？

18. 简述反射面、透镜、多波束阵列和智能相控阵天线的基本功能。

19. 如图所示，求各点的 *G/T* 值。

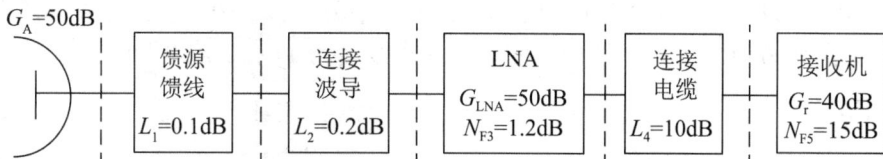

20. 解释卫星接收系统的 *G/T* 值。某地球站使用 5m 的天线，工作频率为 12GHz，天线噪声温度为 100K，接收机前端噪声温度为 120K，试计算 *G/T*（天线与接收机之间的馈线损耗忽略）。

21. 设天线的噪声温度为 35K，通过损耗为 0.5dB 的馈线与 LNA 相连。LNA 的噪声温度为 90K。试计算以下各点的系统噪声温度：（1）馈线输入端；（2）LNA 输入端。

22. 接收机噪声温度为 180K，接收天线增益为 25dBi，试计算 *G/T*。（以分贝为单位标注）。

23. 试将噪声系数 3.0dB 和 3.1dB 转换为噪声温度。

24. 试进行下列链路电平预算：

（1）已知卫星上行链路和下行链路信噪比分别为 18dB 和 14dB，求全链路总的信噪比；

（2）地球站接收机需要的 *C/N* 值为 22dB，下行链路的 *C/N* 值为 24dB，相应的上行链路 *C/N* 值是多少？

25. 设 C 频段（6.1GHz）的地球站发射天线增益为 54dBi，发射机输出功率为 100W。相距 37500km 的卫星接收天线增益为 26dBi，转发器噪声温度为 500K，带宽为 36MHz，增益为 110dB。试计算下列数值：①链路损耗；②卫星转发器输出功率，单位为 dBW 或 W；③卫星转发器输入噪声功率（dBW）；④转发器输入载噪比 *C/N*。

26. 设某卫星通信系统工作在 C 频段，采用单载波 TDMA 方式和 QPSK 调制方式，系统参数如下，求上、下行链路载噪比。

载波调制参数 Ku 频段，TDMA，QPSK	比特率 R_b	60Mbit/s
	比特持续时间−带宽积 $T_b \times B$	0.6
	噪声带宽 B	36MHz = 75.56dBHz
卫星参数	天线增益噪声带宽	36MHz = 75.56dBHz
	天线增益噪声温度比 G/T	1.6dB/K
	卫星饱和 EIRP_s	37 dBW
	TWTA 的输入回退量 BO_i	0dB
	TWTA 的输出回退量 BO_o	0dB
地球站参数	天线直径	7m
	发射天线增益 G_T（14GHz）	57.6dB
	接收天线增益 G_R（12GHz）	56.3dB
	进入天线的载波功率 P_T	174W = 22.4dBW
	最大的上、下行距离 d	37506km
	跟踪损耗	上行 1.2dB，下行 0.9dB
	系统噪声温度 T	160K = 22.04dBK

27. 设 LNA 的环境温度为 290K，卡塞格伦天线长度为 20m，工作频率为 11.95GHz 时增益为 65.53dB，地球站天线噪声温度为 80K，波导损耗为 1.072 = 0.3dB，LNA 等效噪声温度为 150K，增益为 60dB，下变频器 D/C 的等效噪声温度为 11×10^3K，求 LNA 输入端总的噪声温度。

第6章 卫星通信多址技术

卫星通信广域覆盖特点使其适用于众多站的同时通信，即多址通信。本章主要讲述卫星通信体制、频分多址（FDMA）、时分多址（TDMA）、空分多址（SDMA）、码分多址（CDMA）和随机连接时分多址（RA-TDMA）。

6.1 卫星通信体制概述

6.1.1 卫星通信体制基础

通信系统的基本任务就是传输和交换含有信息的信号。所谓通信体制，就是通信系统所采用的信号传输方式和信号交换方式，也就是根据信道条件及通信要求，在系统中采用什么信号形式、怎样传输、如何交换等。

卫星多址通信是指卫星天线波束覆盖区内的任何地球站可以通过共同的卫星进行双边或多边通信连接，常称为多址连接、多址接入。传统的卫星通信与计算机结合，奠定了现代卫星通信的基础，在以太网系统中常称为多址访问。后面我们对多址连接、多址接入、多址访问不做特别的区分。卫星通信是利用卫星信道来实现中继通信的，因此如何充分利用卫星转发器的功率和频带资源就涉及卫星信道的分配方式，也就是分配制度。

卫星通信体制有其自身的特点，主要根据基带信号类型与复用方式、中频（或射频）调制方式、多址连接方式、信道分配与交换制度的不同划分为不同的卫星通信体制。

（1）基带信号类型与复用方式：卫星通信基带信号类型主要分为模拟制和数字制，早期卫星通信用户主要使用模拟制，现在卫星通信用户主要使用数字制；卫星通信复用方式主要分为频分多路复用（FDM）和时分多路复用（TDM）。

卫星通信中的基带信号在传输前需要经过加工与处理，如预加重、加密、差错控制编码、数字话音内插、扩频/跳频编码等。

卫星通信中的信源编码或信源调制方式，主要分为波形编码、参量编码和混合编码。波形编码主要分为脉冲编码调制（PCM）、自适应差分脉冲编码调制（ADPCM）、增量调制（DM）；参量编码主要是线性预测编码（LPC）；混合编码主要分为规则脉冲激励线性预测编码（RPE-LTP）、码激励线性预测编码（CELP）、矢量和激励线性预测编码（VSELP）、短延时线性预测编码（LD-CELP）、多带激励编码（MBE）。在卫星移动通信中后三种比较常用。

（2）中频（或射频）调制方式：在卫星通信中主要采用调频（FM）、相移键控（PSK）、正交振幅调制（QAM）等调制方式。

（3）多址连接方式：卫星通信中各地球站采用何种方式建立相互连接，称之为多址连接方式。卫星通信中的多址连接方式主要分为频分多址、时分多址、空分多址、码分多址、随机连接时分多址等。

（4）信道分配与交换制度：卫星通信中的信道分配方式，主要分为预定分配（PA）、按申请分配（DA）、随机占用；卫星通信中的交换制度，主要分为载波处理转发、比特流处理转发、全基带处理转发。

例如，目前常用的卫星通信体制可分为数字制–时分多路复用–数字调相–频分多址–预分配（TDM–PSK–FDMA–PA）、模拟制–频分多路复用–预加重–调频–频分多址–预分配（FDM–FM–FDMA–PA）。

6.1.2　卫星多址连接概述

面对具有广域覆盖卫星通信系统的众多用户，必须要控制地球站对卫星的访问，使得不同地球站的发射信号不会在卫星上完全重叠，同时能让接收地球站将从卫星转发下来的所有信号中识别出发给本站的信号。因此，实现多址连接的技术基础是信号分割，也就是在发射端要进行恰当的信号设计，使系统中各地球站所发射的信号有所差别；而各地球站接收端具有信号识别的能力，能够从混合信号中选择出本站所需的信号。卫星多址连接的实现原理如图6-1所示。

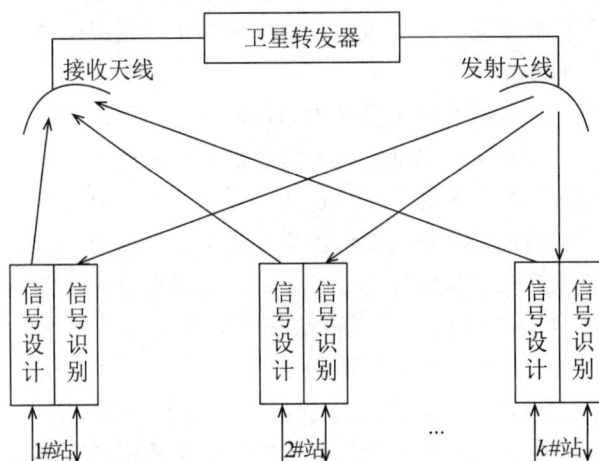

图6-1　卫星多址连接的实现原理

在卫星通信中，信号之间的差别主要集中反映在信号射频频率、信号出现的时间、信号所处的空间及所采用的波形和码形等信号参量上。考虑到实际存在的噪声和其他因素的影响，最有效的分割和识别方法是利用某些信号所具有的正交性来实现多址连接。

1. 分割的局限性

为了更好地完成信号的识别，在被分割的参量段之间应留有一定的保护量，如保护频带、保护时隙等。分割的局限性主要体现在以下几个方面。

（1）仅有有限的频带可利用，并且一般是分配在卫星的几个转发器中的。

（2）时隙分割与占用的频带有关。当时隙分割得越小，每个时隙内传输的信息量就越少，因此为了传送足够的信息必然要提高码速率，这就意味要增加所需的频带宽度，然而可利用的频带宽度是有限的。

（3）能占有的最大空间是卫星覆球波束所占据的范围，虽然分割成很多窄波束小空间，但无法无限分割。

（4）能有效使用的地址码不是无限多的。

2. 几种典型多址连接的组合方式

为了满足卫星通信业务量日益增长的需要，在卫星具有多个转发器的前提下，人们研究了几种多址连接的组合方式。

1）典型的多址连接的组合方式

TDMA 和 FDMA 结合后得到多载波 TDMA（MC-TDMA），SDMA 和 TDMA、FDMA 结合后分别得到 SS-TDMA 和 SS-FDMA 等。为了适应日益增长的数据传输与交换业务需求，随机连接时分多址（RA-TDMA）被广泛应用，以适用于预约/申请信道的 ALOHA 多址连接方式。此外，还有能够根据业务量变化自动调整信道分配方式的自适应 TDMA（ATDMA）。

2）多址连接方式的设计

设计一个良好的卫星通信系统时，选用哪种多址连接方式，需要根据一系列因素进行折中考虑才能确定。这些因素归结起来主要有以下几种。

（1）通信容量的要求。

（2）卫星频带、功率的有效利用。

（3）相互连接能力的要求。

（4）便于处理各种不同业务，并对业务量和网络的不断增长有灵活的自适应能力。

（5）成本和经济效益。

（6）技术的先进性和可实现性。

（7）能适应技术和时势的变化。

（8）某些特殊要求，如军事上的保密、抗干扰等。

6.2　频分多址

图 6-2 所示为频分多址（FDMA）在多址立方体频率轴上的分割图，垂直于频率轴对多址立方体切割，这样形成许多互不重叠的频带。这是 FDMA 对各站所发信号的频率参量所做的分割，各信号在卫星总频带 W 内各占不同的频带 Δf_i 而它们在时间上可重叠，并且可最大限度地利用空间（使用覆球波束）。

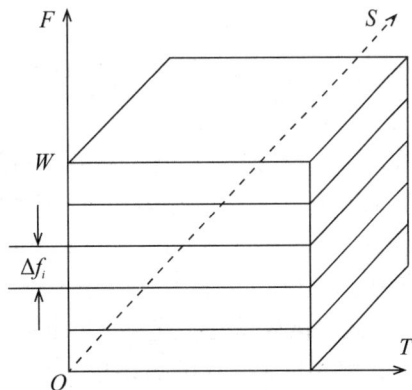

图 6-2　频分多址（FDMA）在多址立方体频率轴上的分割图

接收方则利用频率正交性

$$\int_{\Delta f_i} X_i(f) \cdot X_j(f)\,\mathrm{d}f = \begin{cases} 1 & i = j \\ 0 & i \neq j \end{cases} \quad i, j = 1, 2, \cdots, k \tag{6-1}$$

通过频率选择（用滤波法），就可从混合信号中选出所需的信号。式（6-1）中，X_i、X_j 分别代表第 i 站和第 j 站发送的信号。

FDMA 是一种比较简单的多址访问方式，需要的系统技术和硬件与地面微波中继（接力）系统采用的基本相同，它是在卫星通信中最早使用的多址方式。

在 FDMA 中，分配的频带先被分割为若干段，再根据各站的业务状况分配相应的频段。

FDMA 卫星通信系统的基本工作原理如图 6-3 所示。一组地球站发送的上行链路载波同时由一颗卫星转发到不同的下行链路地球站，每个上行链路载波在卫星可用频段内分配一定带宽，卫星只进行频率的变换（通常称之为透明转发器）。接收地球站通过将其接收机调谐到一个特定的下行链路频率上，来接收相应上行链路地球站的发射载波。由于下行链路上同时存在许多载波，因此，接收地球站要进行滤波以便把真正发给本站的载波分辨出来，并把发送给其他站的载波滤除。为了保证滤波器在滤波过程中既能把相邻的其他站的载波滤除，又不损伤本站应接收的信号，在 FDMA 方式中，通常在相邻载波之间设置一定的保护带宽。保护带宽的大小除了与收发地球站载波频率的准确度和稳定度有关，还与相邻信号之间的最大多普勒频移之差有关。

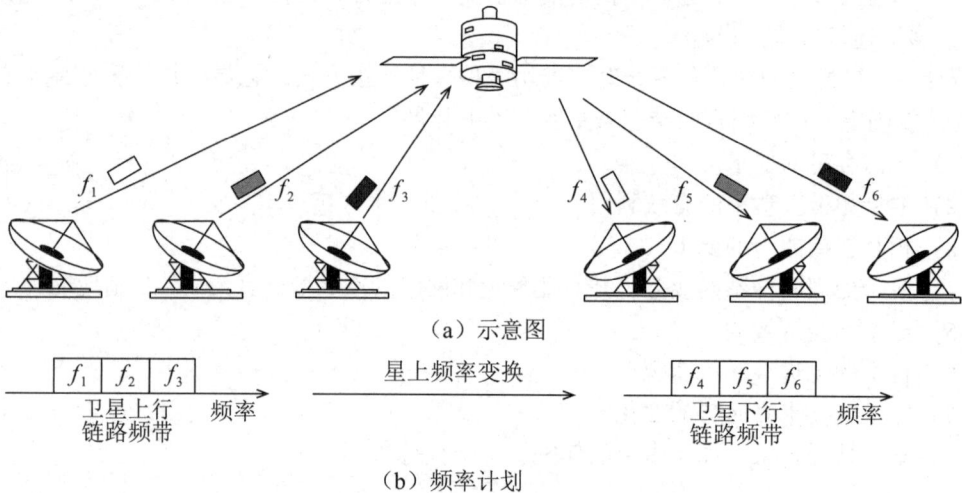

（a）示意图

（b）频率计划

图 6-3 FDMA 卫星通信系统的基本工作原理

对 FDMA 方式来说，设置的保护带应大于任何载波信号相对于其标称频率的最大漂移值。在固定卫星通信中，这个频率漂移值主要决定于地球站频率源的准确度和稳定度，而在卫星移动通信中，多普勒频移占据了主导地位。对于采用 GSO 卫星的系统，由于飞机运动造成的最大多普勒频移可在 2kHz 以上；而对于采用 MEO 或 LEO 等的非 GSO 卫星系统，其多普勒频移值可在几十千赫以上。对信道速率通常较低的卫星移动通信系统来说，采用 FDMA 方式时需要设置一定的保护带宽，这会使系统的频带利用率大大下降。

在采用 FDMA 方式的系统中，每个载波都是相对独立的，可以采用独立的调制方式、基带信号形式、编码方式、信息速率及占用带宽等，而不必考虑其他载波采用什么方式，只要它们在频谱上不与本载波重叠即可。

根据每个地球站在其发送载波中是否采用复用技术，而将 FDMA 分为两大类：多路单载波 FDMA（MCPC-FDMA）和单路单载波 FDMA（SCPC-FDMA）。另外，在多波束环境中，通常采用卫星交换的 FDMA（SS-FDMA）以实现不同波束区内地球站之间的相互通信。

6.2.1 多路单载波 FDMA

以发送地球站 A 和接收地球站 B 为例，采用多路单载波 FDMA（MCPC-FDMA）方式的系统的工作原理图，如图 6-4 所示。以 MCPC-FDMA 方式工作的两个地球站的工作过程为例。

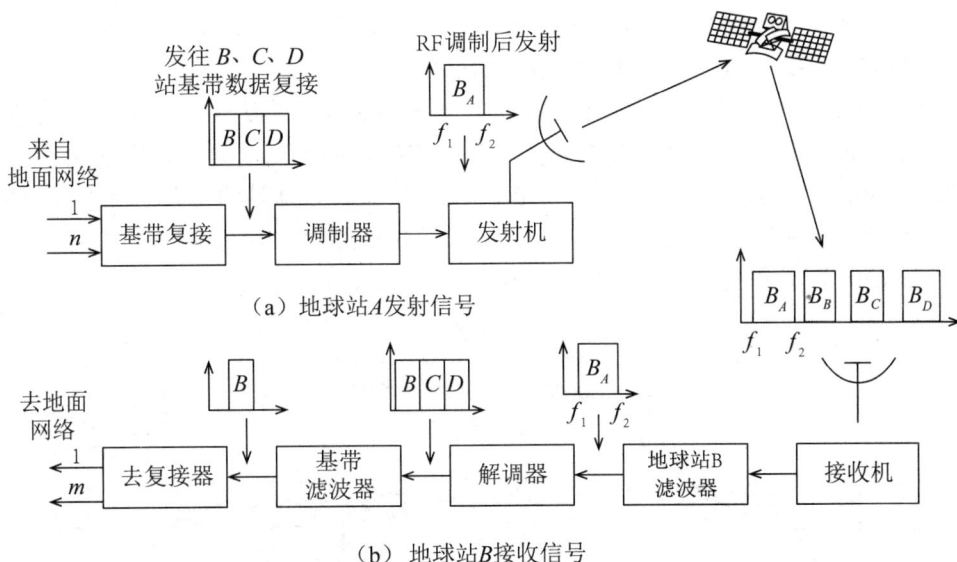

图 6-4 采用 MCPC-FDMA 方式的系统的工作原理图

发送地球站 A 先把从地面通信网接收到的，分别去往地球站 B、C 和 D 的 n 路基带数据进行基带复用，得到按接收地球站归类复用的基带复用频谱，然后进行调制、上变频后，在分配给地球站 A 的射频频谱 B_A 中发送出去。由于卫星是由许多站同时以 FDMA 方式共享的，卫星上通常同时存在许多个频谱互不重叠的载波，经过卫星合路、变频、放大后，转发到下行链路，因此，下行链路信号中同时存在多条载波。为了防止相互干扰，相邻载波之间设有一定的保护频带（见图 6-4 中卫星合路后频谱）。接收地球站 B 通过调谐其中频滤波器中心频率到地球站 A 的发射载波（对应于卫星合路后频谱中的频谱 B_A 部分）的中心频率上来接收地球站 A 发给本站的信息，通过中频滤波后，只有地球站 A 的发射信号送到解调器，解调后得到一个由地球站 A 发往地球站 B、C、D 三站的基带复用信号。由于地球站 B 只接收属于自己的信号，因此还需要一个基带滤波器来从基带复用频谱中滤出地球站 A 发给本站的信号，而此基带频谱是多路信号复用后的，所以需要一个基带去复用器把多路信号分开，之后各路基带信号才能独立地送往地面通信网。

对采用 MCPC-FDMA 方式的系统来说，接收地球站中每个基带滤波器都对应一个特定的发送地球站，当信道容量改变时，要求对此滤波器进行重新调谐，主要用于业务量比较大、通信对象相对固定的点-点（点-多点）干线通信。

根据采用的基带信号类型，MCPC 还可进一步分为以下两类。

①FDM-FM-FDMA：把多路模拟基带信号采用频分复用方式合路后，调频到一个载波，然后以 FDMA 方式发射和接收。

②TDM-PSK-FDMA：把多路数字基带信号用时分复用方式合路后，用 PSK 方式调制到一个载波，再以 FDMA 方式发射和接收。

6.2.2　单路单载波 FDMA

对业务量比较小的地球站来说，采用 MCPC 方式显然会造成频带的浪费，这时采用单路单载波 FDMA（SCPC-FDMA）方式是比较合适的。

在 SCPC 系统中，每个载波中只有一路信号。图 6-5 所示为以 SCPC-FDMA 方式实现两个地球站之间通信的示意图，SCPC 的工作过程与 MCPC 的不同之处主要表现在基带复用、基带滤波和基带去复用这三个部分。在 SCPC 系统中，发送地球站为每路信号进行调制、变频、放大后以一条独立载波发射出去，接收地球站解调后就可交给地面通信网。接收地球站的中频滤波器的工作原理与 MCPC 的是一样的。

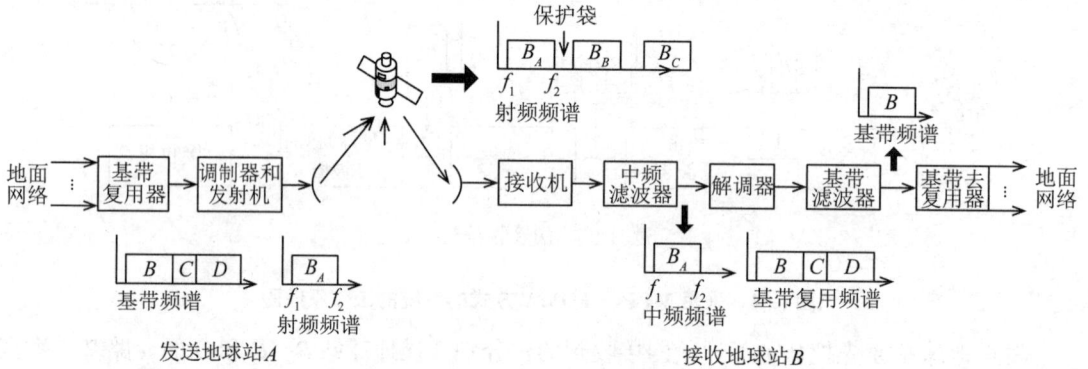

图 6-5　以 SCPC-FDMA 方式实现两个地球站之间通信的示意图

由于 SCPC 方式主要用于稀路由应用环境（站多、每站的业务量很小），因此若像 MCPC 方式那样固定分配载波，则必然会造成频带利用率的下降。例如，若全网有 100 个站，并且任意两个站之间每天至少通信一次，则全网至少需要 99 次，并且任意两个站之间的每条载波每天可能只使用一次，显然，此系统的频带利用率太低。所以，SCPC 系统的信道分配不再像 MCPC 方式那样是固定的，而是按申请分配的，即用户有通信要求时才申请使用一对信道，使用完毕后归还分配的信道。SCPC 方式允许任何地球站之间直接通过卫星信道进行通信，网络扩展比较方便。其缺点是每对信道需要一对调制解调器，还需要保护频带。当一个地球站有多条信道但不同时工作时，其功放就不能工作在最大输出功率上，所以地球站的成本相对较高，设备利用率较低，对卫星转发器的频带利用率也较低。

6.2.3　卫星交换 FDMA

对采用 FDMA 方式的多波束卫星移动通信系统来说，必然希望能实现分别处于不同波束覆盖区内的地球站之间的互联，而实现这种互联有以下两种方式。

一是在地面设立关口站，由关口站负责实现不同波束地球站信息之间的交换，此方式只要求卫星采用透明转发器，相对简单，但要求信号经历两跳。这种方式主要适用于 MEO、LEO 等非 GSO 卫星系统。对 GSO 卫星系统来说，这种方式不能满足实时性业务对时延的要求。

二是卫星具有交换功能，如果这种交换是在基带上进行的，那么卫星需要具有星上再生、基带处理和交换的能力。这里要介绍的是一种在射频（RF）或中频（IF）实现不同

FDMA 载波之间的交换，即卫星交换 FDMA（SS-FDMA）。

SS-FDMA 的工作原理图如图 6-6 所示。在 SS-FDMA 系统中，通常存在多个上行链路波束和多个下行链路波束，每个波束内均采用 FDMA 方式，各个波束使用相同的频带（空分频率复用）。对需要与其他波束内地球站进行通信的某个地球站来说，其上行链路发射载波必须要处在某个特定的频率上，以便转发器能根据其载波频率选路到相应的下行链路波束上，即在 SS-FDMA 方式中，载波频率与需要去往的下行链路波束之间有特定的对应关系，转发器根据这种关系来实现不同波束内 FDMA 载波之间的交换。

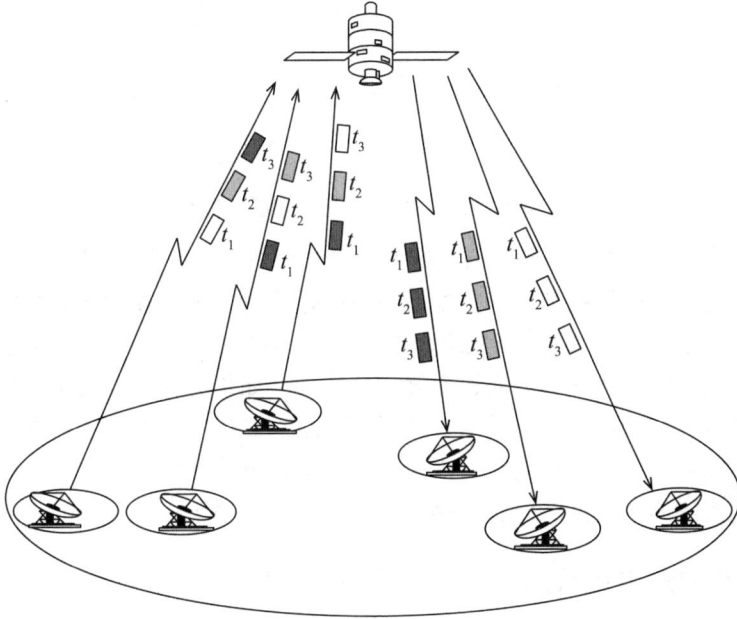

图 6-6 SS-FDMA 的工作原理图

SS-FDMA 卫星转发器方框图如图 6-7 所示，图中以上行链路和下行链路均只有三个波束为例来说明。对 SS-FDMA 来说，其星上交换是依靠一组滤波器和一个由微波二极管门组成的交换矩阵来实现的。对于每个上行链路载波，星上都有一个滤波器与之对应，去往某个下行链路地球站的上行链路载波必须在星上被选路到覆盖该接收地球站的下行链路波束。

要选路到某个特定下行链路波束的所有上行链路载波都需要在每个上行链路波束中分配一个专门的频带，此频带对每个上行链路来说都是不同的，上行链路波束依此来进行信道划分，星上滤波器据此进行设计并滤出每个独立的频带，微波二极管交换矩阵把每个滤出的频带连接到不同的下行链路。在不同的上行链路波束中，相同的频带去往不同的下行链路波束。这样，来自不同上行链路波束的相同频带就不会在同一个下行链路上重叠。对于需要去往的下行链路波束，一个上行链路地球站只需要选择相应的频带即可。这样，任一波束中的每条上行链路在任何时候都可以连接到任一波束中的任何下行链路地球站。

除了可以实现空分频率复用，SS-FDMA 系统通过在每个星上滤波器中增加增益来调整，就可以对同一个波束内的所有下行链路载波进行功率控制，从而避免大载波抑制小载波的现象。

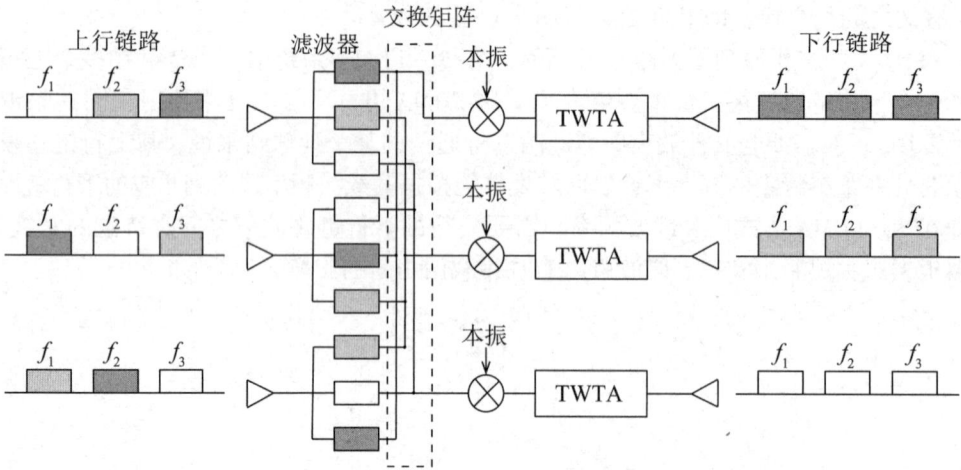

图 6-7 SS-FDMA 卫星转发器方框图

对 SS-FDMA 系统来说，由于其星上滤波器组和微波交换矩阵都是硬连接，这样其路由选择方式是固定的，这就导致其频率分配方案也必须是固定的，使得 SS-FDMA 系统无法适应业务量的变化，这是 SS-FDMA 方式最大的缺点。其存在的第二个缺点是星上滤波器数随波束数和每个波束内频带数的增加而线性增加，比如，如果有 6 个点波束、每个波束内把所有可用频率划分为 6 个频带，就总共需要 36 个星上滤波器。另外，还必须注意避免来自两个不同上行链路波束的相同频带同时出现在同一个下行链路上，从而造成串话。为此，需要在滤波器之间进行隔离，而且二极管交换矩阵的泄漏必须很小。

6.2.4 FDMA 的主要优缺点

根据上面的介绍，对于 FDMA 方式，总结其优缺点如下。

1. 优点

（1）技术成熟、实现简单、成本较低。

（2）不需要网络定时。

（3）对每个载波采用的基带信号类型、调制方式、编码方式、载波信息速率及占用带宽等均没有限制。

2. 缺点

（1）由于转发器的非线性，多载波工作时会产生互调噪声；为了减小互调要求，转发器远离饱和区工作，这就无法充分利用卫星的功率资源，从而造成系统容量的下降。

（2）对于 MCPC-FDMA 方式，信道分配不灵活，业务较闲时频带利用较低，大载波会对小载波产生抑制的现象。

（3）需要上行链路功率控制以维持所有链路的通信质量。

（4）需要设置足够宽的保护带，造成频带利用率下降。

6.3　时分多址

图 6-8 所示为时分多址（TDMA）在多址立方体时间轴上的分割图，垂直于时间轴对多址立方体切割，这样形成许多互不重叠的时隙。这是 TDMA 对各地球站所发信号的时间参量所做的分割，使各个信号在一帧时间内以各不相同的时隙 ΔT_i（也称为分帧）通过卫星。由于频率不分割，因此可最大限度地利用卫星频带并可最大限度地利用空间（覆球波束）。

接收方则利用时间正交性：

$$\int_{\Delta T_i} X_i(t) \cdot X_j(t)\,\mathrm{d}t = \begin{cases} 1 & i=j \\ 0 & i \neq j \end{cases} \quad i, j = 1, 2, \cdots, k \tag{6-2}$$

通过时间选择（用时间闸门），就可以从混合信号中选出所需信号。

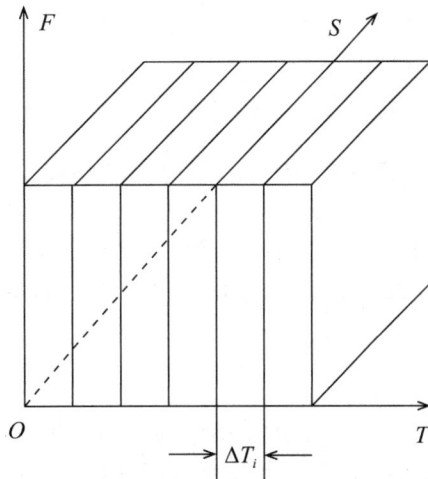

图 6-8　时分多址（TDMA）在多址立方体时间轴上的分割图

6.3.1　TDMA 基本概念

在 TDMA 系统中，某个时刻转发器（或某一频率段）中通常只有一条 TDMA 载波，每个上行链路地球站被分配在一个预先规定好的时间段内发送信号，在该时间段内，卫星的功率和频率资源均由该地球站发射的上行链路载波使用。由于没有其他载波在该时隙内同时使用卫星，因此不存在互调和大载波抑制小载波的现象，卫星的功放可以工作在饱和区，从而得到最大的卫星输出功率。然而，由于 TDMA 系统中所有上行链路地球站的发射载波频率都是相同的，因此系统必须要让所有地球站在时间上同步，以使每个站都只在指定时间段内发射，而不会因为误入其他时间段造成相邻站之间的相互干扰。卫星和所有地球站之间的时间同步称为网络同步。接收站需要网络同步，以便在一个特定时隙内接收某个给定上行链路地球站发送的信号。

TDMA 系统最主要的特点是，该系统中的所有地球站都只能在规定的时间段内以"突发"（Burst）的形式发射信号，这些信号通过卫星转发器时在时间上是严格依次排列、互不重叠的。图 6-9 所示为 TDMA 系统的工作原理图。

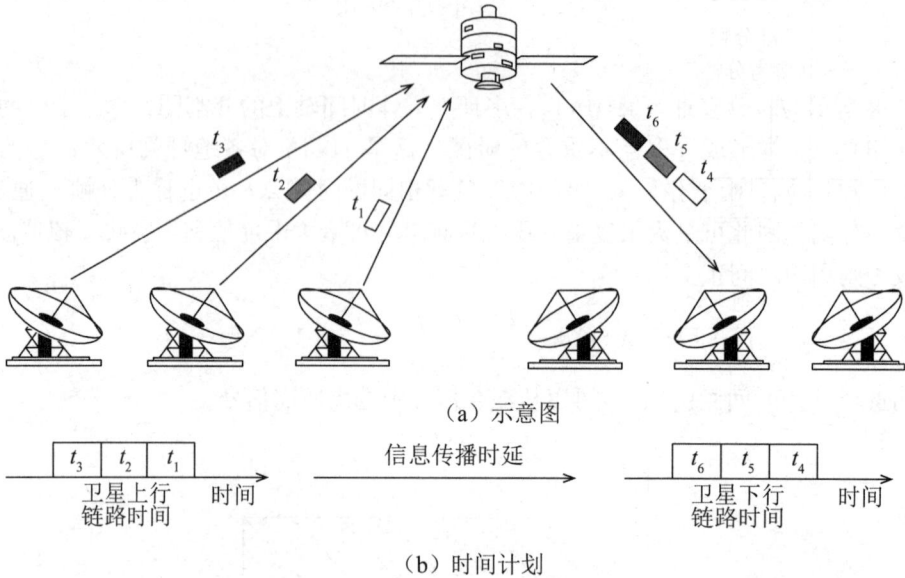

（a）示意图

（b）时间计划

图 6-9　TDMA 系统的工作原理图

由于系统中同时有许多用户，每个用户都希望能通过卫星实时地建立通信链路，因此必须要对所有地球站的发送时间进行组织，以便让所有用户能共享卫星资源，并且各站的发射突发不会在时间上重叠，这就产生了帧的概念。

1. TDMA 帧结构

TDMA 帧结构图如图 6-10 所示。TDMA 帧结构体现了 TDMA 系统的设计思想，表达了 TDMA 系统工作原理，一帧实际上就是一个地球站相邻两次突发之间的时间间隔，或者说一个重复周期。不同的系统的帧结构可能有所不同，但任务相似。帧的长度一般取 PCM 取样周期 125μs 的整数倍。在一个 TDMA 帧中，可以允许多个站发送自己的突发，称这类突发为一个分帧。由于每个站的突发中可能包括由多个地球站接收的多路信息，因此，每个分帧中还划分为许多时隙（Slot）。在一个 TDMA 帧中，第一个分帧通常是由 TDMA 系统中的参考地球站发送的，用于实现网络同步，称为基准分帧或参考分帧，它是全网的时间基准；其他分帧统称为消息分帧或数据分帧，由各地球站用于发送业务信息。在每个分帧中都包括有供接收地球站解调用的载波位定时恢复比特（CBR-CR、BTR，典型值各 30bit）、用于帧和分帧同步的独特码（UW，典型值为 20bit）和用于网络管理（包括地球站标识码、勤务信息和信道分配指令等，典型值为标识码 8bit、勤务信息 50bit、信道分配指令 2bit）的控制字（C）。CBR、UW 和 C 三个部分统称为报头（Preamble）。对于参考分帧通常只包括报头部分，而对于数据分帧还包括数据时隙，每个数据时隙中除了业务信息，还应包括该时隙的接收地球站标识码等信息。

由于网络同步不可能百分之百准确，不同的地球站的实际发射时间与标准的发射时间相比总是或多或少存在一些误差（分帧同步不可能完全准确），因此，相邻数据分帧之间通常设置一定的保护时隙（一个数据分帧由一个地球站发射，相邻数据分帧通常由不同的地球站发射），典型的保护时隙为 30 ~ 300ms。

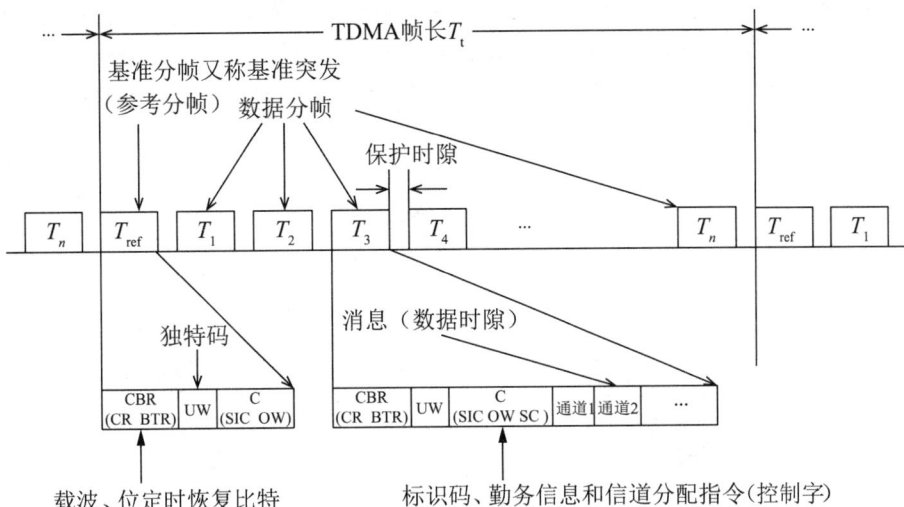

图 6-10　TDMA 帧结构图

2. TDMA 网同步

网同步（又称系统定时）问题是 TDMA 工作方式的关键问题。这涉及地球站发射突发时，如何保证此突发正确地进入指定的时隙，而不会误入其他时隙造成干扰的问题，也就是初始捕获问题；当正常工作时，每隔一帧突发一次，又怎样保证各分帧之间维持精确的时间关系（不会发生重叠），也就是所谓分帧同步问题。

各地球站到卫星的距离是不同的，因而时延也是不同的。不但如此，这些不同的时延还在不断地发生不同的变化。因为静止卫星不可能是理想静止的，按照目前卫星的发射技术，若按南北、东西方向的位置保持精度为 ±0.1°，高度变化为 0.1% 计算，卫星会在 75km× 75km×75km 的立方体空间内漂移。此外，太阳及月亮的引力，也会引起卫星缓慢漂移；大气折射也会使卫星到地球站的路径长度随时间而变化。实测表明，每半天卫星偏离精确位置 15km，相当于时延约偏离 50μs；移动速率可达 0.6m/s，也就是 1s 内时延要变化 2ns。因此，即使基准站所发射的基准突发的重复周期是精确的，但由于上述因素的存在，通过转发器时，基准分帧之间的帧周期就已经发生变化了。为了保持转发器上的帧周期不变，这就要求基准站不断跟踪这些变化，及时改变其时钟频率。

各通信站是以接收到的基准突发的独特码作为时间基准来确定本站突发应该发射的时刻的。地球站发送消息突发的时间关系图如图 6-11 所示。设基准突发在 t_0 时刻到达转发器，某消息突发规定在（$t_0+\tau$）时刻到达。先不考虑传播时间的变化，若基准站到卫星这一段的传播时间为 t_r，卫星到通信站之间的传播时间为 t_d，则基准站应在（t_0-t_r）时刻发射基准突发，而通信站应在（$t_0+\tau-t_d$）时刻发射消息突发。从通信站观察来看，基准突发在（t_0+t_d）时呈现，消息突发在（$t_0+\tau+t_d$）时呈现。也就是说，通信站观察到基准突发只要延时（$\tau-2t_d$）发射消息突发，就能实现其在（$t_0+\tau$）时刻通过转发器。由于实际时延有一定的变化，而基准站与通信站的时钟一般是相对独立的，故发射突发的周期就不是常数，因而通信站的工作就要复杂一些。

需要说明以下三点。其一，以上讨论都是以基准站发送的基准突发通过卫星转发作为系统定时的；虽然也可以由卫星发送定时信号，地球站与之同步，但实际用的不多。其二，我们强调的各突发通过转发器时不重叠，但由于各站到卫星的距离不同，对各站发射而言有可能在时间上有重叠。其三，每个突发要传输的比特数是确定的，但由于地球站与卫星之间距离的变化，因而发射突发的时间间隔经常变化，使实际的平均传输比特随时间也有一个微量的变化，必须加以调节。

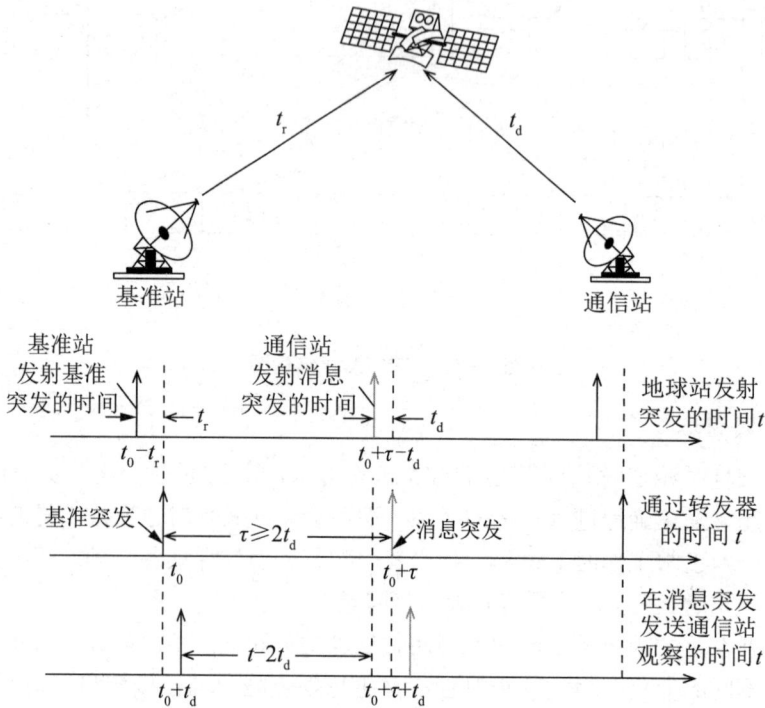

图 6-11　地球站发送消息突发的时间关系图

6.3.2　TDMA 初始捕获与分帧同步

　　TDMA 初始捕获是指地球站开始发射突发时，如何保证其能正确地进入指定的时隙，而不会干扰其他分帧。分帧同步则是指进入正确时间位置并处于稳态情况后，如何保证该分帧与其他分帧维持正确的时间关系，而不会造成相互重叠。

1. 初始捕获方法

1）计算机轨道预测法

　　把监控站所提供的卫星运动轨迹数据及本站地理位置数据输入计算机，先算出现在和未来的卫星与本站的距离、距离变化率及单程传播时延等数据，再根据所接收到的基准突发时间基准及预先分配给本站的时隙，定出发射时间。这些都是以独特码作为时间基准进行比较的。B 站突发的捕获过程及所用时间示意图，如图 6-12 所示。初始发射时，把 B 站的发射时间选在预定的 B 站分帧时隙的中央。先只发报头，这样不易影响前后相邻的 A 站分帧和 C 站分帧的工作。首先，通过比较基准突发和 B 站所发报头的独特码所形成的示位脉冲，调整 B 站发射时间，逐步将所发报头移到预定位置，进入所谓锁定状态；其次，B 站发出完整的突发，完成初始捕获，进入通信阶段。早期美国的 MATE 系统采用此法。

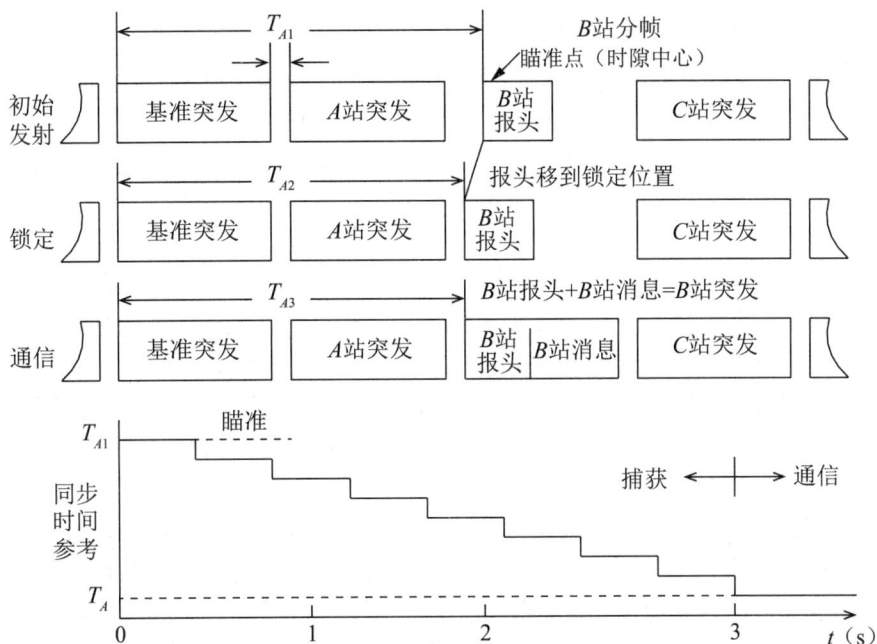

图 6-12　捕获过程及所用时间示意图

2）相对测距法

在不影响其他站通信的条件下，先用无线电探测出本站到卫星的传播时延及其变化情况，然后根据接收到的基准突发的示位脉冲、本站所发突发应占位置及传播时延数据，定出本站发射的时间，这就是相对测距法的基本思路。相对测距法可分为带外测距法和带内低电平测距法。其中，带内低电平测距法又分为宽脉冲法和 PN 序列法。

（1）带外测距法。

将转发器的频带分成两个部分，一部分供 TDMA 方式通信用，另一部分专供网中各站测距用。由于是在通信频带之外测距，故可以用全功率发射，易于测量精确，又不会影响通信。缺点是多占用了频带，还要有专门的收、发设备。

（2）带内低电平测距法。

为了避免带外测距的缺点，提出了带内低电平测距法，即发测距信号占用所用的转发器带宽，这时测距电平比通信信号低 20～30dB，从而对通信不至于引起严重干扰。测距信号电平低，带来了检测的困难，好在测距信号的信息量小，可以通过适当的信号设计来提高其信噪比。

带内低电平宽脉冲法：用比通信所用码元宽几十到几百倍的宽脉冲做测距信号，重复周期等于帧长。虽然是低电平，但由于其频带很窄，接收时可用窄带滤波器来提取，从而大大滤除了通信信号分量及噪声，获得较高信噪比。美国的 MAT-1 系统、TDMA-1 系统和日本的 TTT 系统采用此法。

带内低电平 PN 序列法：用伪随机序列作为测距信号，序列长度等于帧长。接收时，虽然是低电平，但利用 PN 序列相关性检测和大数判决，可以获得较高信噪比。例如，日本的

SMAX 系统、TDMA-65M 系统，法国–德国的 Symphonic 系统，以及美国的 TDMA-2 系统均采用此法。

这两种测距法的基本工作流程如下：以接收到的基准突发独特码所形成的示位脉冲为时间基准，以低于正常功率 20~25dB 的功率发射 PN 码序列或宽脉冲测距信号；将接收到的测距信号的前沿与时间基准做比较，并调整本站发射时间，使测距信号前沿恰好出现在本站应发突发的起始时间位置；接着以此时间发射低电平的报头，并停发测距信号；做进一步调整后将发射时间置于锁定状态，然后以全功率发出全部突发，开始正常通信。

3）被动同步法

被动同步法的基本思想如下：在网中设有一个中心控制站，一方面起基准站的作用，发送基准突发，供网中各站接收并作为时间基准使用；另一方面在监控站的协助下，广播含有卫星精确位置信息的控制数据。各站根据此信息及本站的地理位置，用插入法来确定本站的传播时延，并按照时间基准定出本站确切发射时间。实验证明，用此法测距精度可达 1ns，系统定时误差在 ±10ns 范围内。加拿大的 CENSAR 系统采用此法，INTELSAT 也采用此法。

4）点波束系统的切换初始捕获方法

上述几种方法是基于网中各站均处于同一波束的覆盖范围内，各站既可收到基准突发，又可收到本站所发的突发，从而通过时间比较来确定发射时间，进行初始捕获。对于点波束，发给别的点波束覆盖区地球站的测距信号（通过转化矩阵转接到有关转发器再传到相应点波束），一般本站是收不到的，因此不能用上述几种方法。这种情况下，可采用反馈法等。

反馈法是指根据监控站提供的卫星轨迹数据、接收到的基准突发及本站所发突发应处的位置，粗略地定出发射时间，发出低电平测距信号。由能接收到此信号及基准突发的地球站将此测距信号与收到的基准突发进行时间比较，并把数据反馈给发射站。发射站先根据反馈数据，不断调整发射时间，再发低电平报头，然后调整，最后发全部突发。如果发射站连基准突发也收不到，那么初始的发射时间只能相对反馈站发的突发来计算。

2. 分帧同步法与同步精度

分帧同步法有的采用与初始捕获一致的方法，如它们都用带内低电平 PN 序列法，即通过测出相对变化，及时调整发射时间来保持同步；也有的初始捕获用带内低电平宽脉冲法，而同步用别的方法，其中用得最多的是"基准分帧+自锁"的方法。自锁就是自测距。图 6-13 所示为时钟非相干法分帧方框图，先把收到卫星所转发的基准突发和本站突发的独特码检测出来，在时间上加以比较，然后调整发射时间，保持本分帧与基准分帧同步。这种方法中各站的帧定时时钟是独立的，没有与基准站的帧定时时钟严格同步，所以称为时钟非相干方式，误差精度为 1 比特宽度。请注意，地—星—地的传播时间约 0.27s，发射信号后要经过 0.27s 才能验收发射时间是否正确，同样，校正后也要经过 0.27s 才能知道校正情况。因此，在实际设备中通常每隔 0.27s（若帧长为 125μs，则相当于每隔 2160 帧）校正一次，只有同步丢失时才每隔一帧"搜索"一次。考虑到 0.27s 内误差可能积累、时钟漂移及逻辑电路抖动等因素，此种方法的实际误差精度一般为 3 比特宽度。同步误差相对于基准突发而言是可正可负的，为了保证相邻分帧不重叠，保护时隙应为同步精度的两倍。

时钟相干法分帧同步方框图如图 6-14 所示。该方法先采用锁相方法使本站的帧定时跟踪基准站的帧定时，然后按照本站分帧位置与帧定时的时间关系来控制发射时间。显然，这种方法比上一种方法的同步精度要高，但涉及地—星—地这样一个大延时锁相环，就比较复杂。

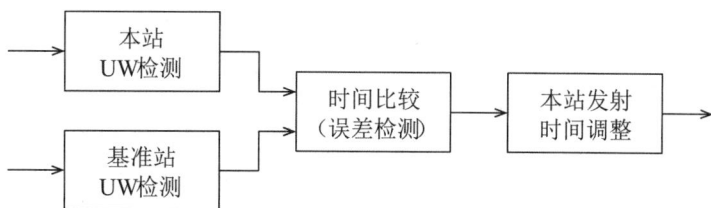

图 6-13　时钟非相干法分帧方框图

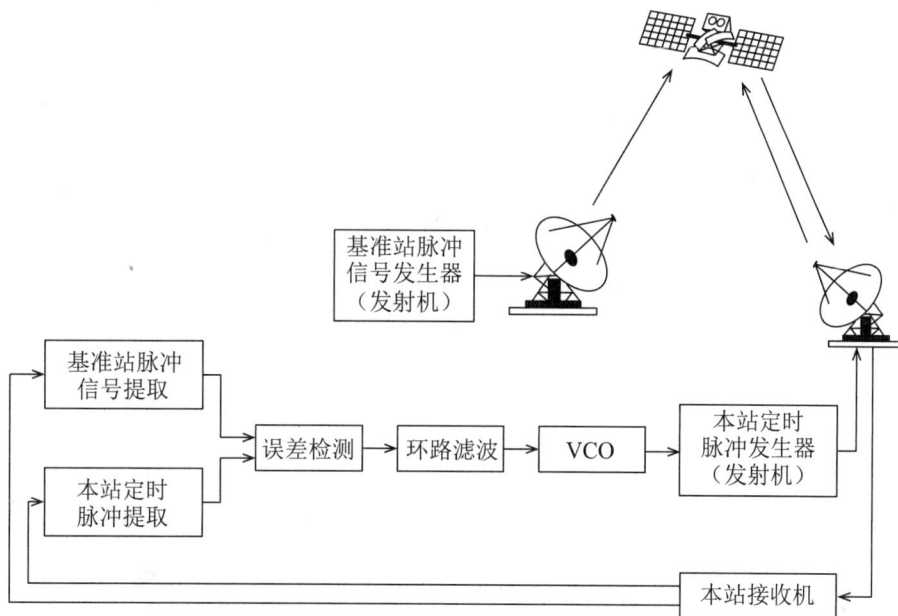

图 6-14　时钟相干法分帧同步方框图

6.3.3　TDMA 独特码检测、载波恢复与比特定时提取

无论是基准突发还是消息突发的报头，均携带载波恢复信息与比特定时信息，典型的是前者用全"0"码或全"1"码，后者用"1""0"交替码；时间基准信息，通常用独特码传送；站址识别信息，用不同的独特码或专门的站址识别码传递。此外，还可以利用独特码来克服所恢复的载波相位模糊问题。因此，独特码的检测是关系到整个系统工作正常与否的一个重要问题，而载波恢复与比特定时恢复首先要保证独特码的正确解调。图 6-15 所示为报头结构示意图，只画了三个部分，图中的示位脉冲是由独特码检测得到的。

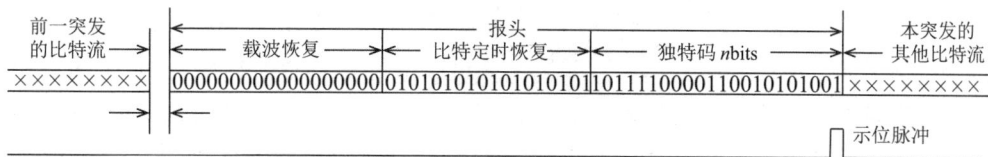

图 6-15　报头结构示意图

1. 独特码（UW）的检测

1）独特码的检测方法

独特码通常选用 PN 码或其改进型，以得到好的相关特性，不易为比特流中随机比特混淆而产生错误。从帧效率来看，希望码组短一些；从同步可靠性来看，希望码组长一些。如果独特码兼作站址码识别码用，则不同的地球站的独特码码型是不同的。

独特码的检测实际上是一个码型已知、但出现时刻未知的信号检测问题，所以可用相关检测技术来完成。独特码检测器原理图如图 6-16 所示。

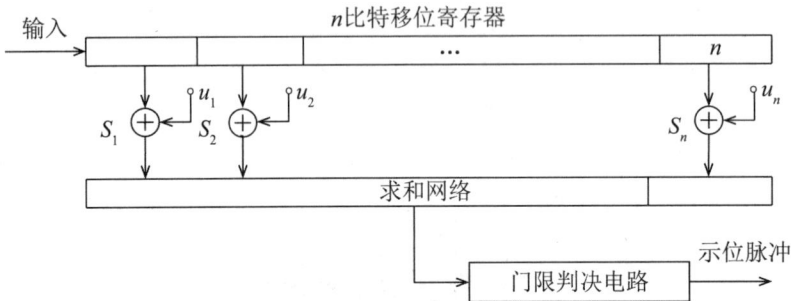

图 6-16　独特码检测器原理图

设独特码的码长为 n 比特，$U = \{u_1, u_2, \cdots, u_n\}$ 是本站存储的所希望检测对象（独特码）的复本。地球站接收到的所有比特均通过移位寄存器，任一瞬间移位寄存器的内容为 $S = \{s_1, s_2, \cdots, s_n\}$，并不断与 U 比较，即进行模 2 加。求和网络的输出为

$$E_b = \sum_{i=1}^{n} (S_i + u_i) = S_i \text{ 与 } u_i \text{ 不一致的个数} \tag{6-3}$$

当 $S = U$ 时，$E_b = 0$；当 $S \neq U$ 时，E_b 为阶跃式的函数，S_i 与 u_i 不一致的个数越多，其幅值也越大；当全不对时，$E_b = n$。设调节门限判决电路的门限电压为 ε，当 $E_b \leq \varepsilon$ 时，判决为检测到该独特码，输出一示位脉冲；而当 $E_b > \varepsilon$ 时，无输出。ε 的含义是，在 n 个比特中容许有 ε 个比特错而不至于漏检该独特码，因此有的称之为"检测门限"。例如，$n = 20$，$\varepsilon = 4$，这时，20 个比特中有 5 个不同于复本，就判决为不是独特码。如果 $\varepsilon = 0$，那么线路上噪声或其他干扰只要使独特码的 n 个比特中错一个，一组独特码就漏检了。显然 ε 取得越大，漏检的概率就越小，但在比特流内每 n 个比特中有 $(n-\varepsilon)$ 个符合复本的样品就会增加，这样发生错误检测的概率就增加了，这是矛盾的。门限判决电路目前多数采用全数字化，求和网络也多采用全数字化的相加树。

2）漏检与误检

发生漏检，意味丢失示位脉冲；发生误检，意味着产生了虚假的示位脉冲，这些都将导致系统同步不正常。分析表明，只要参数 n、ε 等选择适当，漏检概率可以极小，参看表 6-1。实际试验结果表明，如果解调器用滤波器型的载波恢复和比特定时恢复（CR/BTR）电路，那么可以获得近似于理论计算值；若 CR/BTR 用锁相环，则实际结果偏离理论计算值 2～5 个数量级，这主要是由符号间串扰、载波和比特定时的捕获问题引起的。需要指出的是，采用 8PSK 或 16PSK 调制方式时（现在主要使用抗噪声能力较好的 16QAM 调制），报头的传输多半希望仍使用 2PSK，这样每个比特具有较高能量，通常符号间串扰也较小，易于实现

高质量的 CR/BTR 电路；而较高的 E_b/n_0 能使接收到的独特码的误比特率减小，并显著地改善其漏检概率。

表 6-1　漏检与误检出现的平均时间（系统误比特率 $P_b = 10^{-4}$）

ε	漏检出现的平均时间			误检出现的平均时间		
	$n = 20$	$n = 15$	$n = 10$	$n = 20$	$n = 15$	$n = 10$
0	62ms	83ms	125ms	180ms	6.2ms	200μs
1	66s	120s	280s	10ms	380μs	17μs
2	30h	76h	290h	1ms	50μs	3.3μs

从表 6-1 中也可看出，参数选择适当可使漏检概率很小，但误检概率却较大。这时可采用其他技术，如孔径技术，来抑制误检概率。

四相调制时可能产生八种状态的相位模糊情况。利用独特码检测，可有效克服相位模糊。

2. 载波与比特定时恢复

1）TDMA 方式载波恢复的特点

TDMA 系统大都采用 QPSK 调制和相干检测方式（CPSK），以有效利用卫星的功率与频带。差分调相 DPSK 与 CPSK 相比，要求较高的信噪比，而且会产生相关性的错误，不利于前向纠错。

接收端进行相干检测时，必须从输入的 PSK 信号中提取载波分量作为本地相干载波或同步本地相干载波，并尽量减小伴随的噪声。

TDMA 方式中载波恢复需要考虑以下因素。

（1）各站发射的是突发信号，一帧中相邻各突发的载波是不相干的，因此接收站的载波恢复电路必须能迅速地恢复载波，而且在每个突发结束时迅速去除残存的能量以免干扰下一个突发。当帧突发不太长，且相邻帧中对应站的突发信号的载波相位相干时，可利用这个特点来判断载波相位是否模糊。

PSK 信号在传输过程中会受到各种噪声（包括低噪声放大器的加性噪声、来自地面和卫星上各种本地振荡器的相位噪声）的影响。地球站和卫星功率放大器中调幅/调相（AM/PM）变换及各种滤波器的群时延积累效应，会使信号相位发生改变。输入的载波频率平均可漂移 50kHz，而突发之间频率可有 6kHz 的跃变。衰落深度及增益的变化，可使幅度变化平均达 12dB。突发与突发间的幅度变化可达 5dB。

（2）为了确保作为时间基准的独特码能准确地解调，要求相干载波具有 1° 的精度。我们知道，帧结构报头的前端用若干比特的时隙发送载波恢复信息，从帧效率的角度考虑，这个时隙不能太长（只有 1~2μs），但要在这么短时间内将载波建立起来并达到 1° 的精度，这给载波恢复带来了困难。

典型的解调器要求由载波恢复所产生的相位抖动和静态相位偏差使解调性能下降的影响不大于 0.5dB。

（3）在 TDMA/CPSK 系统中，当信噪比不太高时，载波恢复电路产生的跳周（Cycle

Skipping）是必须注意的问题。跳周是在载波矢量由于噪声的影响发生 2π 突变旋转时出现的，其出现概率与 FM 接收机出现尖峰噪声的概率相同。如果在 $\div 2$ 电路输入端发生，那么其输出相位变化 π。跳周使相干载波相位发生误差，从而使独特码的漏检或误检概率增加，使数据发生错误解调。因此，跳周是 TDMA/CPSK 系统的一个重要参数，如 E_b/n_0 为 7dB（相当于 10^{-3} 误码率）或更差时，INTELSAT 要求每连续工作 10000s，只允许出现一次跳周。一般采用带宽更窄的载波恢复电路，以便提高信噪比，减少跳周发生概率，但这样增加了载波建立时间及突发间的干扰，所以需要折中考虑。

实施载波提取的方法主要有锁相环路法和窄带滤波法。锁相环路法的优点是，只要设计恰当，当输入信号的频率变化时，其输出的相移最终可不变。但它会发生一种"悬搁"（Hang Up）现象，就是当起始相差在不稳定平衡点附近时，环路需要经过很长时间才能入锁。显然，这非常不利于高速突发方式下的载波恢复。窄带滤波法能充分滤除边带及噪声，但会引入过大的相移量，此时采取相位补偿措施，可得到较为满意的性能。此外，通常在载波恢复电路之前有自动增益控制电路，以减少幅度起伏的影响。

2）单调谐滤波器加 AFC 相位补偿的载波恢复电路

单调谐滤波器加 AFC 相位补偿的载波恢复电路如图 6-17 所示，×4 电路起消除调制作用，单调谐滤波器是提取的核心部件。单调谐滤波器（并联谐振电路）的幅频与相频特性示意图，如图 6-18 所示，当输入频率漂移或跃变时，滤波器输出的载波幅度与相位均随机变化，这将影响解调质量。载波幅度变化由限幅器解决，以保持输出载波幅度的恒定；相位变化则由频率自动控制（AFC）电路来进行相位补偿。

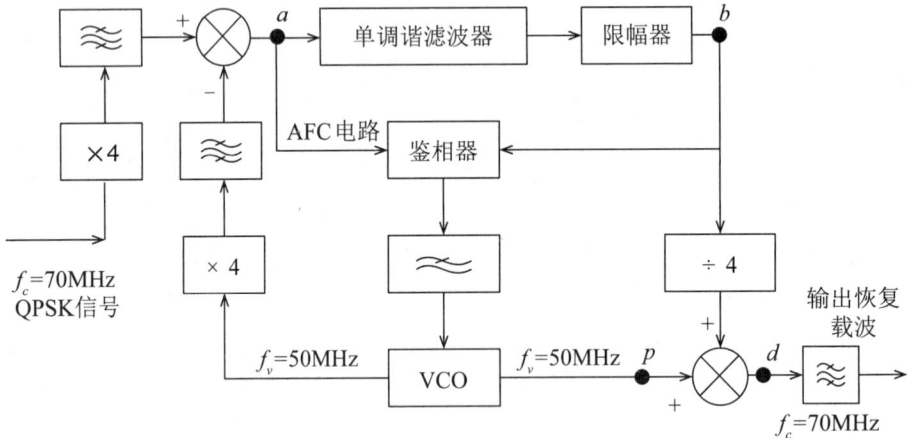

图 6-17 单调谐滤波器加 AFC 相位补偿的载波恢复电路

AFC 相位补偿的工作过程：当 $4f_c - 4f_v = f_0$ 调谐时，$\varphi = 0$；若失谐不大，则单调谐滤波器的相移 φ 近似与输入频率偏移成正比。设某一瞬间 f_c 升高，a 点的 $f > f_0$，则 b 点的频率为 f、相移滞后 $\Delta\varphi$，于是检相器输出一直流电压，使 VCO 输出的频率上升 Δf，经过×4 电路后与 $4f_c$ 差频，使得 a 点的频率 $4(f_c - f_v - \Delta f)$ 下降并趋于 f_0，从而 b 点的频率趋于 f_0、相移趋于零，于是相位得到了补偿。d 点的频率为

$$f_d = \frac{f_b}{4} + f_p = (f_c - f_v - \Delta f) + (f_v + \Delta f) = f_c$$

即输出频率等于输入载波频率。若 f_c 下降，则 VCO 输出频率下降，从而使相位补偿，并且输出频率等于输入频率。当然，这是一种有差系统，总是存在着剩余频差和剩余相差。

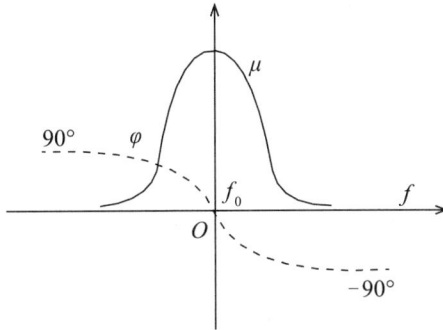

图 6-18　单调谐滤波器的幅频与相频特性示意图

3）比特定时恢复

比特定时信号是从报头的比特定时恢复信息中提取并再生的，且不断从本突发以后的码中提取比特定时信息。TDMA 系统中一般还设有扰码装置，以防止出现连"1"码或连"0"码而丢失比特信息。扰码器位置在调制器与合路器之间，去扰器则在解调器与分路器之间。

TDMA 方式中常采用延时相乘同步法的比特定时恢复电路，如图 6-19 所示，直接对输入的 PSK 信号工作，以尽量扩大响应的时间。延时时间为半个码符。用提取出的比特定时信息去激励后面的比特定时信号再生电路。

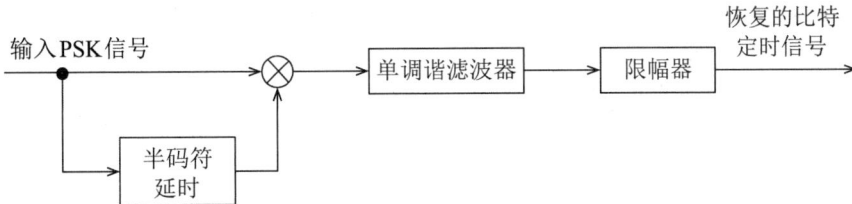

图 6-19　比特定时恢复电路

频率偏移决定于发射时钟振荡器的稳定性，INTELSAT 要求优于 10^{-8}，多普勒频移大约超过 0.3Hz，这些数字与比特率比较起来是微不足道的，所以比特定时恢复电路不需要偏移补偿。

典型的解调器要求由比特定时恢复信号的抖动而引起的性能下降不超过 0.2dB。

4）典型 TDMA 系统的帧结构应用

TDMA 帧由报头和信息两个部分组成。报头又分为以下四个部分：①载波与位定时恢复序列，可以为接收端提供载波基准和定位时钟；②独特码，用以指示 TDMA 帧内子帧的起始位置及子帧内各信息的位置，通常还包含地址识别码；③勤务比特，用以传送各地球站之间的勤务电话或数据；④控制比特，用以传送网络管理信息和控制信息。TDMA 子帧的信息部分又被分为若干个信息子帧，每一个信息子帧发往不同的地球站。TDMA 系统的帧结构如图 6-20 所示。

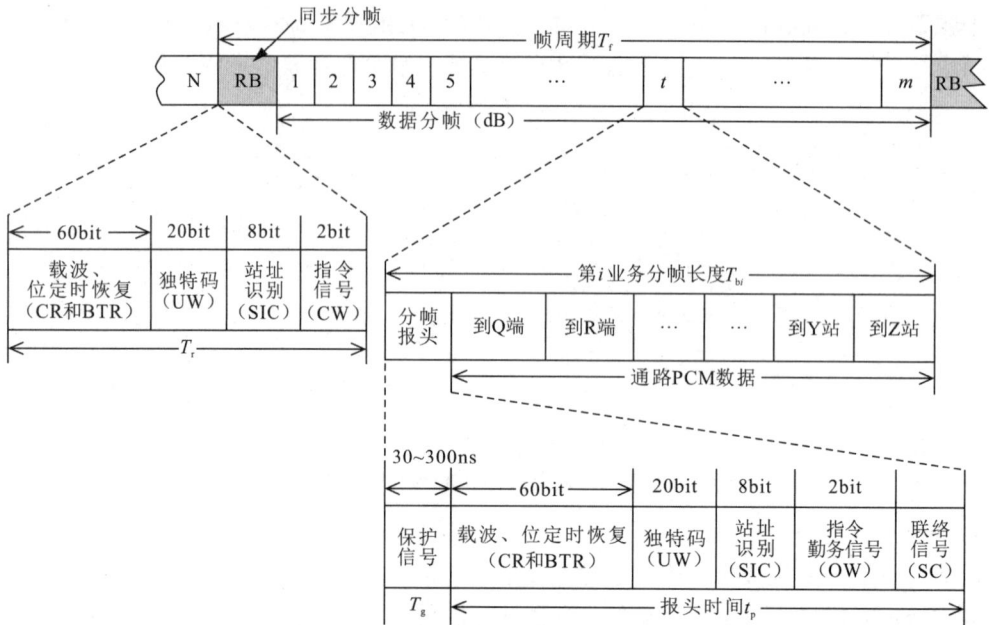

图 6-20 TDMA 系统的帧结构

6.3.4 TDMA 多址方式新模式

TDMA 方式没有互调问题，卫星的功率和频带能充分利用；上行功率不需要严格监控，便于大小站兼容，保证站多时仍有较大的通信容量。但是，TDMA 需要精确网同步，即使是低业务量用户也需要相同的 EIRP。下面主要介绍两种从传统 TDMA 方式派生而来的多址方式：卫星交换 TDMA（SS-TDMA）和多载波 TDMA（MC-TDMA）。

1. 卫星交换 TDMA

对 TDMA 卫星通信系统而言，采用多波束对改善系统性能是很有好处的，但是也会带来一个处于不同波束中的地球站无法像单波束系统中那样直接进行通信的问题，即处于某个波束中的地球站不能直接访问其他波束，为此必须要采取相位措施来解决此问题，其中的一个解决办法是采用卫星交换 TDMA（SS-TDMA），其基本工作原理与 SS-FDMA 方式相似，即在射频（RF）或中频（IF）中实现不同 TDMA 载波之间的交换。SS-TDMA 系统星上交换的原理图如图 6-21 所示。

在 SS-TDMA 系统中，通常存在多个上行链路波束和多个下行链路波束，每个波束内均采用 TDMA 方式，各波束使用相同的频带（空分频率复用）。对需要与其他波束内地球站进行通信的某个地球站来说，其上行链路发射时间必须要处在某个特定的时隙上，以便转发器能根据其时隙位置选路到相应的下行链路波束上，即在 SS-TDMA 方式中，发射时间与需要去往的下行链路波束之间有特定的对应关系，转发器根据这种关系来实现不同波束内 TDMA 载波之间的交换。

与 SS-FDMA 方式一样，SS-TDMA 方式也是利用星上微波二极管交换矩阵来建立上行链路波束和下行链路波束之间的连接。图 6-22 所示为在上、下行链路各存在 3 个点波束的情况下，SS-TDMA 系统星上交换矩阵图和不同时隙交换矩阵的开关闭合状态示例。在交换

时隙 t_1 内，上行链路波束 1 被连接到下行链路波束 6，波束 2 连接到波束 5，波束 3 连接到波束 4；在交换时隙 t_2 内，上行链路波束 1 被连接到下行链路波束 5，波束 2 连接到波束 6，波束 3 连接到波束 4。图 6-22 中交换矩阵开关闭合状态表示了这种连接关系。

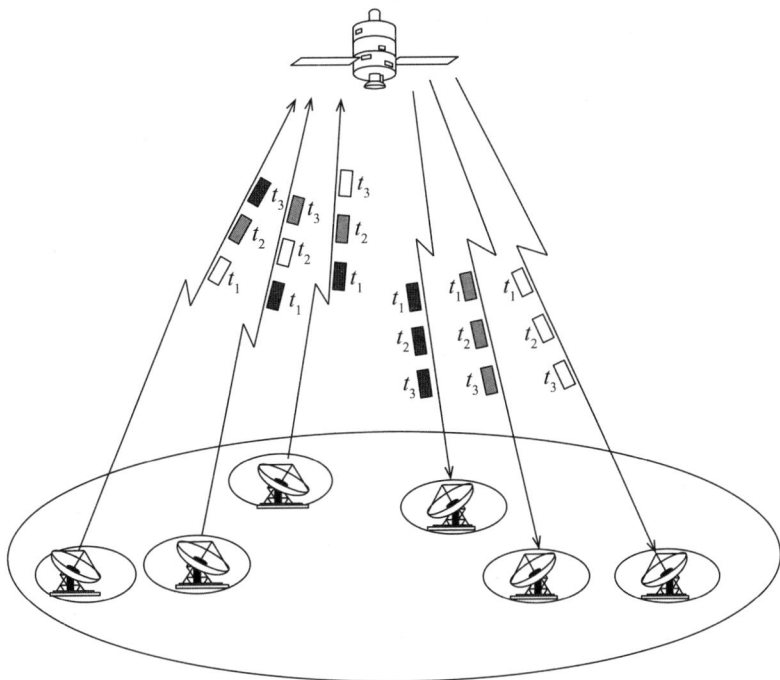

图 6-21　SS-TDMA 系统星上交换的原理图

从图 6-21 和图 6-22 中可以看到，每个波束使用相同的频率，要选路到某个特定下行链路波束的所有上行链路地球站都需要在每个上行链路帧中分配一个专门的交换时隙，在此交换时隙内，星上交换矩阵正好能把此波束内的上行链路信号选路到某个特定的下行链路波束。在不同的上行链路波束中，相同的交换时隙去往不同的下行链路波束。这样，来自不同上行链路波束的信号就不会在同一个下行链路上重叠。对于需要去往的下行链路波束，一个上行链路地球站只需要选择相应的交换时隙即可。这样，任一波束中的每个上行链路在任何时候都可以连接到任一波束中任何下行链路地球站。需要指出的是，在 SS-TDMA 方式中，上行链路地球站需在每个交换时隙内发射，而不像 TDMA 方式那样在每个数据分帧中发射。

采用 SS-TDMA 方式后带来的一个新问题是由于星上交换，处于某个波束内的上行链路地球站发送的信号可能被选路到其他波束，从而使它自己无法收到自己的信号，这样就无法像 TDMA 方式那样获得和保持网同步。对此有两个解决办法：一是使全网保持同步，所有站只需同步到参考分帧而无须具有自发自收能力，这对低速 TDMA 系统和具有星上基带处理能力的 TDMA 系统来说是比较合适的；二是在每帧中设置一个同步时隙，在此时隙内，星上交换矩阵都把每个上行链路波束的信号回送到同一个波束的下行链路，称此为反馈，它使每个发送站都能在该同步时隙内接收自己发送的信号。这样，SS-TDMA 的星上微波交换矩阵就需要增加一种开关状态。

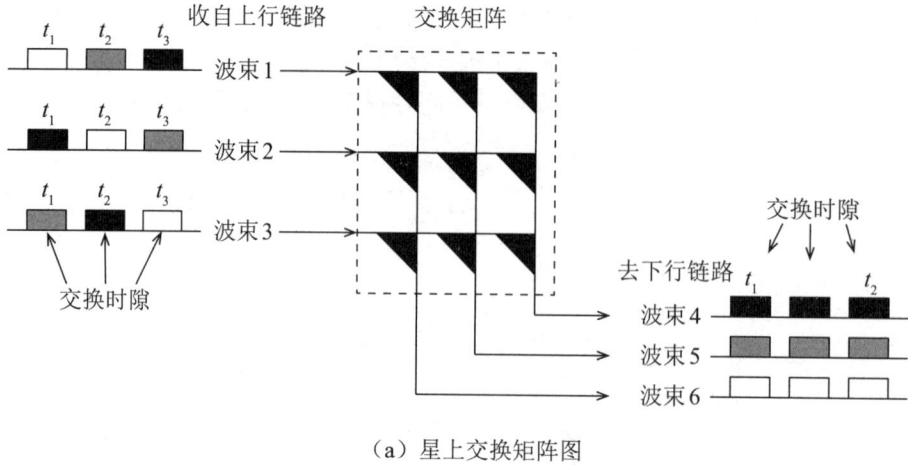

（a）星上交换矩阵图

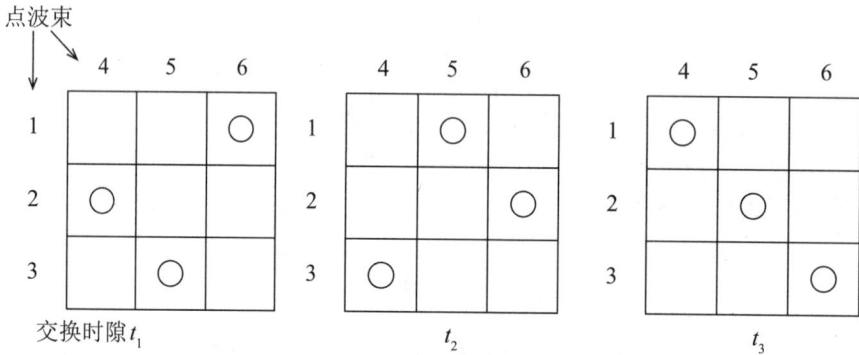

（b）交换矩阵开关闭合状态示例

图 6-22　SS-TDMA 系统星上交换矩阵图和不同时隙交换矩阵的开关闭合状态示例

由于星上交换矩阵中用于信号反馈的同步时隙并没有特殊的标志，对刚开机的地球站来说，它无法知道哪个交换时隙是同步时隙，因此不可能第一次就把同步突发准确地发射在同步时隙中，而只能先从每帧随机选择一个时隙作为同步时隙，以帧为周期在该时隙内发送网络同步突发，然后接收反馈信号。如果收不到反馈信号，那么说明该时隙不是同步时隙，星上交换矩阵就换一个时隙，再重复发同步突发、等待接收反馈信号的过程。

此过程要一直重复到正确接收该站所发同步突发反馈信号为止，这样，最差情况是该站可能要试遍帧中所有时隙才能找到同步时隙。找到同步时隙后，通过换算就能获得网同步，也就可以在规定时隙内连续发送同步突发，并根据接收的反馈信号进行网同步跟踪。在找到同步时隙之前的搜索同步时隙过程中，同步突发必然落入其他站的时隙中，为避免对其他站造成干扰，同步突发的信号电平应低于通信信号电平（约 20dB）。因此，从上述过程可以看到，由于是通过逐个试验帧中时隙来寻找同步时隙的，所以 SS-TDMA 系统中网同步的时间较长（通常需要几秒以上）。

用于初始捕获网同步的同步突发只需要一个能让接收机检测到其反馈的单频信号即可，但对于跟踪用的同步突发，通常包括两个各占同步时隙一半宽度但频率不同的单频信号，通过检测反馈信号中两个单频信号的宽度差来确定网络同步是超前还是滞后。图 6-23 所示为用两个双频率同步信号来实现同步跟踪的示意图。

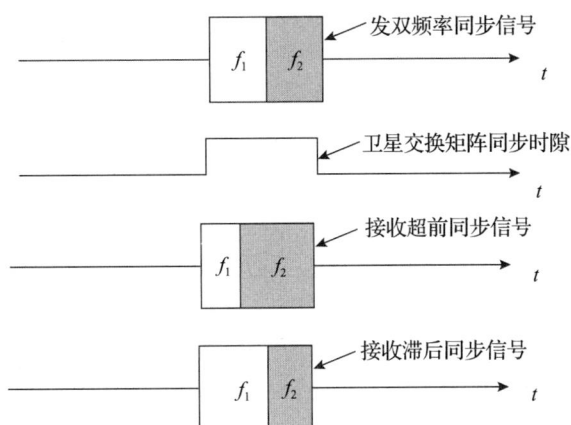

图 6-23　用两个双频率同步信号来实现同步跟踪的示意图

2. 多载波 TDMA

多载波 TDMA（MC-TDMA）是指在一个 TDMA 系统中采用多条信道速率相对较低（小到几十千比特每秒，高到 20Mbit/s）的载波，每条载波以 TDMA 方式工作，而不像传统 TDMA 方式那样，一个系统中只有一条高速载波，这些 MC-TDMA 载波既可以完全占满整个转发器，又可以与其他 FDMA 载波一起共享一个转发器。对采用 MC-TDMA 方式的地球站来说，虽然系统中同时有多条 TDMA 载波，但某个时候每个站只能在一条 TDMA 载波上发送和接收数据，这完全能满足通常的使用要求；若要同时在两条载波上发送或接收数据，则需要配备两套设备。

对于 MC-TDMA 方式，当只有一条载波时，它就是传统的单载波 TDMA 方式；当有多条载波，且每条载波中只有一路信号时，它就是 SCPC 方式；当有多条载波，而每条载波虽有多路信道，但由同一个站发送时，它就是 MCPC 方式。因此，MC-TDMA 方式实际上是 FDMA 和 TDMA 两种多址方式的综合，它既克服了 TDMA 方式初始占用频带宽、建站成本高的缺点，又弥补了 SCPC 方式对功放和频带利用率低及每路需要一个 Modem 的不足，它特别适用于综合业务的稀路由应用环境和卫星移动通信应用环境。

在卫星通信中，由 EIRP 和 G/T 值均较小的移动站来实现一个单载波的高速 TDMA 系统显然是不现实的；即使其 EIRP 和 G/T 值能满足要求，由一个普通移动站来实现这样复杂的 TDMA 系统的网同步和高速突发解调也是非常困难的。但如果能把 TDMA 系统的信道的传输速率降下来，那么不仅 EIRP 和 G/T 值较易满足，而且网同步和突发解调更易实现。TDMA 和 SCPC 与 MC-TDMA 的对比如图 6-24 所示。

MC-TDMA 与传统的单载波 TDMA 方式的比较结果如下。

（1）MC-TDMA 方式具有较高的帧效率。根据 TDMA 帧格式可知，每个 TDMA 分帧中都有一个报头（载波和位定时恢复比特及独特码）和保护时隙，这使得 TDMA 方式的帧效率较低（通常只有 60%~70%）；为了避免多次发送报头，TDMA 系统中每个站发给其他站的所有信号都在一个突发（发给多个站的信号共用一个报头）中，但在稀路由应用（包括卫星移动通信）环境下，每个站的业务量都很小（一次可能只有一路信号），所以用这种办法来提高帧效率的效果不大。在 MC-TDMA 系统中，由于信道速率较低，通过使所有站的位定时同步到基准突发上，并使这个同步误差控制在一个码元宽度以内，这就可以缩短甚至消除位定时恢复比特；通过采用 DSP 技术重复利用报头和记忆载波同步信息，就可以缩短报头中载波恢复比特长度；MC-TDMA 中保护时间所占的比重要比 TDMA 的小，所有这些都使 MC-TDMA 系统的帧效率要比 TDMA 的高。

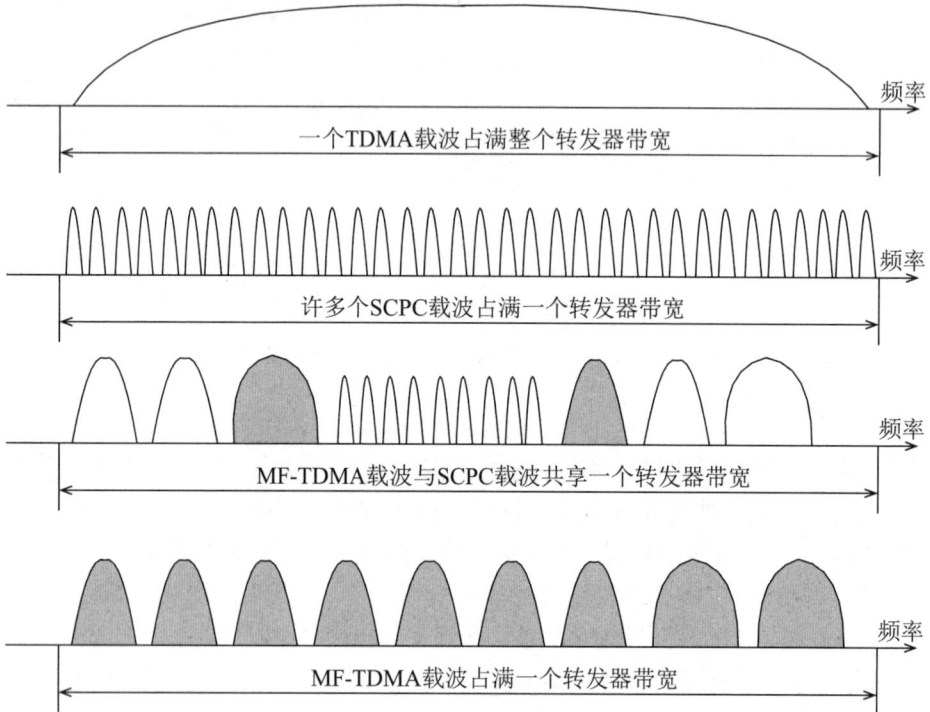

图 6-24　TDMA、SCPC 和 MC-TDMA 使用转发器频带对比图

（2）MC-TDMA 方式只需较低的地球站发射功率。对于相同的转发器，MC-TDMA 方式要求的上行功率比 TDMA 方式的低一些。MC-TDMA 方式为减少互调干扰，通常要求转发器有一定的补偿，而 TDMA 方式一般工作于饱和区。因此，MC-TDMA 方式要求的地球站发射功率要比 TDMA 方式的低得多（如 5dB 的转发器输出补偿，对应至少 7dB 的输入补偿，相当于地球站发射功率小于 7dB）。

（3）MC-TDMA 方式具有较低的解调损耗和较好的编码增益。TDMA 高速突发 Modem通常无法用全数字化方法实现，而 MC-TDMA 的信道速率较低，可以采用全数字化技术，这样其解调损耗就较小，如采用 DSP 技术的 MC-TDMA 突发 Modem，其损耗优于 TDMA 突发 Modem 0.5~1.5dB。较低传输速率的 MC-TDMA 可采用更有效的 FEC 编码和译码方式，MC-TDMA 相对 TDMA 的编码增益改善量在 0.5~2.5dB。

（4）MC-TDMA 方式不易受干扰。TDMA 系统采用一个载波，一般占用整个转发器，这就要求所有地球站在整个频带内没有同频干扰。而在 MC-TDMA 系统中，一个站只需要在其中一个频率上不存在同频干扰就可以了。

（5）MC-TDMA 方式更经济。由于传统 TDMA 方式的信道传输速率很高，对网同步、地球站 EIRP 和 G/T 值的要求也很高，并且在开始阶段业务量不太大的情况下需要占用整个转发器，因此存在着系统初始建设成本和地球站建设成本较高的缺点，影响了 TDMA 系统的应用。而对于 MC-TDMA 方式，把一个载波分成几个载波，可降低对网同步、地球站

EIRP 和 *G/T* 值的要求，并且在业务刚开通时只需要一个 MC-TDMA 载波，之后随着业务量的增加逐步增加载波数，无须一开始就占用整个转发器。因此，MC-TDMA 系统的初始建设成本和地球站成本比 TDMA 方式有较大的下降。尤其当系统中站数比较多时，MC-TDMA 具有明显的成本优势。

（6）MC-TDMA 方式的容量与 TDMA 方式基本相当。TDMA 方式比 MC-TDMA 方式有较大的下行功率，当 TDMA 系统中所有站的情况（如 *G/T* 值、地理位置、传播损耗、干扰情况、气候情况和业务量等）相差不大时，其性能要优于 MC-TDMA 方式。但在稀路由应用环境（尤其是卫星移动通信）中，站多、各站业务量小，相互之间的情况差别较大，全网的链路质量差异也很大，如果仍采用 TDMA 方式，而此时只有一个载波，转发器向所有站提供相同的功率（不会由于某些站的链路质量恶化而单独提供较高的卫星功率），那么在链路设计时就要考虑最差的情况，增加链路余量，这对那些链路质量较好的站来说就是对卫星功率的浪费。而在 MC-TDMA 方式中，可以使各条载波有不同功率（见图 6-24），通过把链路质量相近的站安排到同一个载波上，对降雨损耗大的站，安排大的卫星功率，给予大余量储备，而其他站安排小的卫星功率，这就减少了卫星功率的浪费。这个功率安排过程是完全由网络管理系统控制的，哪个站的链路损耗增加了就把它安排到大载波上工作；当损耗降低时，再把它安排到小载波上工作。所以，MC-TDMA 方式能动态地分配各站占用的卫星功率，各站也能方便地从一个载波转换到另一个载波上，达到充分利用卫星功率的目的。通过这个措施可以基本克服 MC-TDMA 方式中卫星下行功率小的缺点。当各站链路质量差距较小时，TDMA 方式有较高的容量；当各站链路质量差距较大时，MC-TDMA 方式有较大容量。

（7）MC-TDMA 方式需要转发器有一定的输出补偿。TDMA 方式不存在互调，转发器可工作在饱和状态；而对于 MC-TDMA 方式，由于同时存在多个 TDMA 载波，转发器中存在互调干扰，所以功放要有一定的输出补偿。但 MC-TDMA 方式中的互调与 SCPC 的相比，不是很严重，这是因为 MC-TDMA 方式中的载波数通常只有几个或十几个，通过适当载波排列就可以使这些互调分量落在工作频率外。

（8）MC-TDMA 方式的网络管理相对复杂。TDMA 方式中所有站共享一个载波，网络管理系统只需要分配时隙即可；但对于 MC-TDMA 方式，由于系统中同时存在多个载波，一个站可以在所有载波上发送或接收，但不能同时在一个以上的载波上接收和发送，所以 MC-TDMA 系统的网络管理系统需要同时分配各站的收发时隙和频率，以使系统能正常地工作。

总的来说，MC-TDMA 方式在系统中站的数量较多、各站业务量不大、各站链路质量差距较大的应用环境（如卫星移动通信）中具有明显的优势，而 TDMA 主要适合于站的数量少、各站业务量大、各站链路质量差距小的干线通信环境。

6.3.5　TDMA 的主要优缺点

TDMA 具有以下优点。

（1）能最充分地利用卫星的功率。

（2）无须上行链路功率控制。

（3）使用灵活、扩容方便。

（4）便于实现综合业务。

（5）便于与地面数字通信设备互联。

（6）可充分利用数字话音内插（DSI）等数字化技术。

TMDA 存在以下缺点。

（1）要求全网同步。

（2）要求采用突发解调。

（3）模拟信号必须被转换为数字信号。

（4）与地面模拟通信设备的接口较昂贵。

（5）初始投资大，实现复杂。

6.4　码分多址

利用波形、码型等复杂参量的分割可以实现多址连接。其中，码分多址（CDMA）是指各站用各不相同的、相互准正交的地址码分别调制各自要发送的信号，而发射的信号在频率、时间、空间上不做分割，也就是使用相同的频带、空间（时间上也可重叠）。接收端则利用码型的正交性：

$$\int_T C_i(t) \cdot C_j(f)\,\mathrm{d}t = \begin{cases} 1, & i = j \\ 0, & i \neq j \end{cases} \quad (i,\ j = 1,\ 2,\ \cdots,\ k) \tag{6-4}$$

通过地址识别（用相关检测法）就可从混合信号中选出所需信号。其中，$C_i(t)$、$C_j(t)$ 是指第 i、j 站的地址码。

码分多址的正交性实际上只能实现准正交，即

$$\int_T C_i(t) \cdot C_j(f)\,\mathrm{d}t \approx 0,\ i \neq j \tag{6-5}$$

码分多址访问方式是根据地址码的正交性来实现信号分割的，其基本原理是利用自相关特性非常强而互相关特性比较弱的周期性码序列作为地址信息（称为地址码），对被用户信息调制过的载波进行再次调制，使其频谱大为展宽（称为扩频调制）。经卫星信道传输后，在接收端以本地产生的已知地址码为参考，根据相关性的差异对接收到的所有信号进行鉴别，从中将地址码与本地地址码完全一致的宽带信号还原为窄带信号而选出，其他与本地地址码无关的信号仍保持或扩展为宽带信号而被滤除（称为相关检测或扩频解调）。由此可见，实现 CDMA 必须要具备以下三个条件。

（1）要有数量足够多、相关特性足够好的地址码，使系统中每个站都能分配到所需的地址码。

（2）必须用地址码对待发信号进行扩频调制，使传输信号所占频带极大地展宽。卫星通信中扩频调制方式通常采用 PSK 方式，而对地址码的用法则有两种：一种是直接序列扩频（DS）方式，它利用地址码直接对信号进行调制来得到扩频信号；另一种是跳频扩频（FH）方式，它利用地址码控制频率合成器，使它产生能在较大范围内周期性跳变的本振信号，再用它与已调信号载波进行混频来得到扩频信号。

（3）在 CDMA 接收端，必须要有与发送端地址码完全一致的本地地址码，先用它对接收信号进行相关检测，将地址码之间不同的相关性转化为频谱宽窄的差异，然后用窄带滤波器从中选出所需的信号，这是 CDMA 方式中最主要的环节。这里所讲的地址码完全一致，还包括码同步，它是实现相关检测的关键。

6.4.1　直接序列扩频 CDMA

图 6-25 所示为直接序列扩频 CDMA（CDMA/DS）系统的工作原理图，以用户信号 1 为例来说明 CDMA 方式的工作原理。在发送端，比特速率为 $b_1(\text{bit/s})$ 的基带信息流 $m_1(t)$ 被调制后，变成已调信号 $S_1(t)$，它与扩频函数 $g_1(t)$ 相乘后得到一个扩频信号 $S_1(t)g_1(t)$，其中扩频函数 $g_1(t)$ 是该站的地址码，其比特速率 $B_s(\text{bit/s})$ 远大于信息比特速率 $b_1(\text{bit/s})$，地址码的码长和比特速率决定于具体的应用环境，扩频信号 $S_1(t)g_1(t)$ 通过发射机变频、放大后得到射频扩频信号 $C_1(t)$。需要指出的是，图 6-25 所示的发送端的工作方式只是其中一种，调制和扩频的过程可以交换位置，即扩频在基带进行，调制是对信号扩频后进行的。

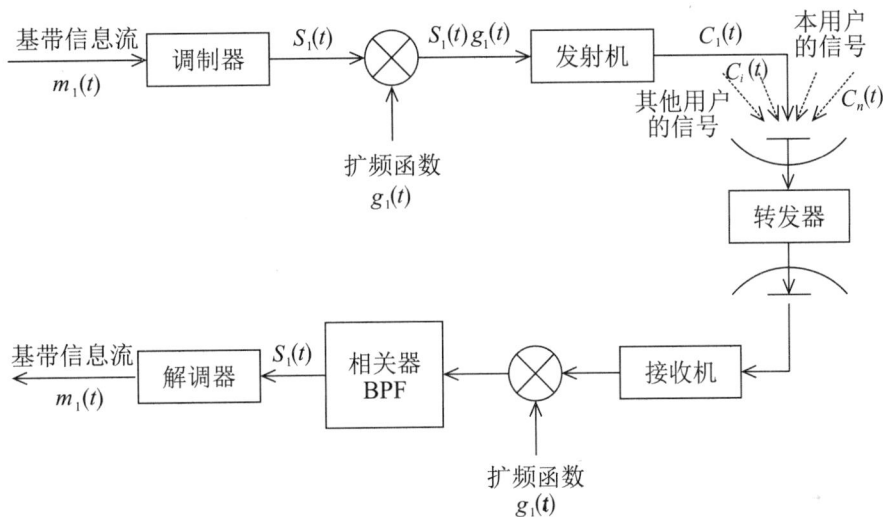

图 6-25　直接序列扩频 CDMA（CDMA/DS）系统的工作原理图

在直接序列扩频 CDMA 系统中，其他用户也在同一信道上发送，但每个用户的地址码是不同的。接收到的信号中包括需要的信号、其他共享该信道的用户信号引起的干扰（称为多址访问干扰）和由热噪声及互调噪声等组成的系统内部噪声。

在接收端，混合的信号用本地地址码进行相关检测，本地产生的地址码必须要与发送端地址码完全同步以得到较好的自相关特性。采用的码同步技术与需要的同步速度、接收机灵敏度和复杂度等有关。相关操作的结果是把不相关的信号进行扩频而对相关的信号进行解扩。

6.4.2　跳频扩频 CDMA

除了直接序列扩频技术，实现 CDMA 方式的另一种技术是跳频（FH）扩频技术，其工作原理如图 6-26 所示。

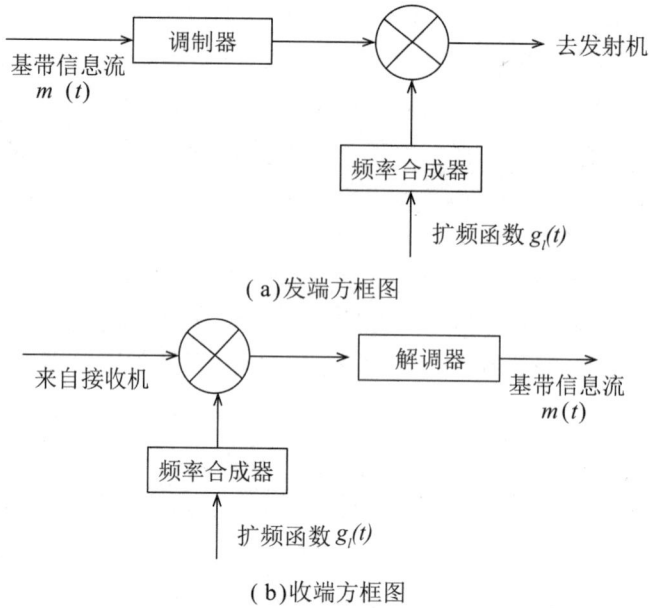

（a）发端方框图

（b）收端方框图

图 6-26　跳频扩频 CDMA（CDMA/FH）的工作原理图

在跳频扩频 CDMA（CDMA/FH）系统中，通过扩频函数控制频率合成器的输出频率来改变信道的传输频率。在接收端，一个与发送端同步的相同扩频函数被用来控制本振的频率，通过混频处理，就可以实现频率的解跳。混频器的输出一般需要经过一个带通滤波器（BPF），以便滤出需要的信号并把不需要的信号滤除，之后，就可对信号进行解调以得到基带信号。

6.4.3　CDMA 的主要优缺点

综上所述，CDMA 是建立在正交编码、相关接收等理论基础上的，是实现无线信道多址访问的主要方式之一，在移动通信中有广泛的应用。CDMA 的优缺点可以总结如下。

1. 优点

（1）宽带传输，抗多径衰落性能较好。

（2）信号频谱的扩展和相关接收，具有较好的信号隐蔽性和保护性，抗干扰能力也较强。

（3）允许共覆盖的多系统/多卫星同频操作，无须系统间协调，能抗地面同频通信系统的干扰。

（4）具有扩频增益，允许相邻波束使用相同频率，频率复用能力强。

（5）能充分利用话音激活来提高容量。

（6）移动通信中具有软切换功能。

（7）容量没有硬性限制，增加用户只会影响性能，不会遭到拒绝。

2. 缺点

（1）需要进行功率控制。

（2）码同步时间较长。

（3）受扩频码片速率的限制，主要用于低速业务。

6.5　空分多址

图 6-27 所示为空分多址（SDMA）在多址立方体空间轴上的分割图，垂直于空间轴对多址立方体进行切割，这样形成许多互不重叠的小空间。这是 SDMA 对各站所发信号的空间参量所做的分割，使各信号在卫星天线阵空间内各占据的小空间（窄波束）ΔS_i 可最大限度地利用卫星频带，时间上也不受限制可连续使用。

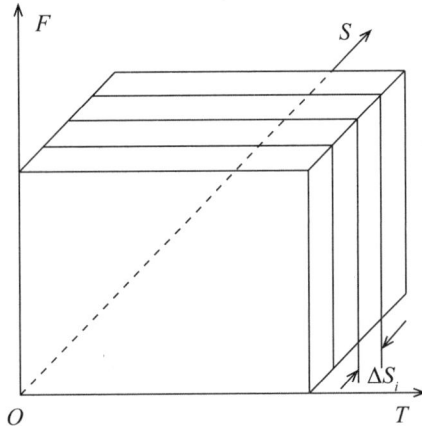

图 6-27　空分多址（SDMA）在多址立方体空间轴上的分割图

接收端利用空间正交性：

$$\int_{\Delta S_i} X_i(f) \cdot X_j(f)\, \mathrm{d}s = \begin{cases} 1, & i = j \\ 0, & i \neq j \end{cases} \quad (i,\ j = 1,\ 2,\ \cdots,\ k) \tag{6-6}$$

通过空间选择（用窄波束天线）就可以从混合信号中选出所需信号。

SDMA 方式是指在卫星上安装多个天线，这些天线的波束分别指向地球表面上的不同区域。不同区域的地球站所发射的电波在空间上不会互相重叠，即使在同一时刻，不同区域的地球站使用相同的频率来工作，它们之间也不会形成干扰。即用天线波束的方向性来分割不同区域的地球站的电波，使同一频率能够再用，从而容纳更多的用户。这就要求天线波束的指向非常准确。

简而言之，SDMA 利用天线波束将空间分割出互不重叠的多个逻辑信道，以满足同频、同时向多点通信的目的。注意：这里的逻辑信道和物理信道都是指无线电信道。一个通信区域内如果有几个地球站，那么它们之间的站址识别还要借助 FDMA 或 TDMA 技术。所以，在实际应用中，一般不单独使用 SDMA 方式，而是与其他多址方式相结合。以 SDMA 方式与 TDMA 方式结合使用为例，若要保证采用 SDMA 方式的系统正常工作，必须有以下几个同步过程。

（1）由于 SDMA 方式是在 TDMA 方式的基础上进行工作的，因此各地球站的上行 TDMA 帧信号进入卫星转发器时，必须保证帧内各分帧的同步，这与 TDMA 的帧同步相同。

（2）在卫星转发器中，接通收、发信道和窄波束天线的转换开关的动作，分别与上行 TDMA 帧和下行 TDMA 帧保持同步，即每经过一帧，天线的波束就要进行相应转换。这是

SDMA 方式特有的一个同步关系。

（3）每个地球站的相移键控调制和解调必须与各个分帧同步，这与数字微波中继通信系统的载波同步相同。

综上所述，SDMA 方式有以下三个特点。

（1）由于 SDMA 方式必须采用窄波束的天线，因此卫星天线的辐射功率集中，有利于卫星转发器和地球站采用固体功率器件而变得小型化。

（2）由于利用了多波束之间的空分关系，因此提高了抗同波道干扰的能力。

（3）SDMA 方式要求卫星的位置和姿态高度稳定，以保证天线窄波束的指向准确。

6.6　随机连接时分多址

FDMA、TDMA 和 CDMA 方式对话音和连续数据流业务来说能得到较高的信道效率，但对大多数突发性较强的数据业务来说，这些多址方式的信道效率较低。数据业务包括按申请分配系统中信道的申请和分配、电子邮件、交互型数据传输及询问/应答类数据传输等。比如，对于询问/应答类数据传输业务，发送一个询问信息通常只需要几毫秒，在用户等待应答的过程中，信道处于停顿状态，并没有信息需要传输；又如，在信道的按申请分配系统中，每次传输的数据量可能只有几十比特。显然，对这类突发性较强的数据业务来说，采用传统的多址方式是不合适的。为此，提出了适于数据业务传输的随机多址和可控多址访问方式。

6.6.1　随机多址访问方式

随机多址访问方式也叫争用（Contention）多址方式，在此方式中，每个用户访问一条共享信道都无须与本系统内其他用户进行协调。由于每个用户都可以随机地向信道发送信息，因此存在与其他用户发送的信息在信道上发生碰撞的可能，这就使得发生碰撞的信息不能被正确接收，需要被重发。下面介绍几种常用的随机多址访问方式。

最初关于分组广播通信方式的实验是美国夏威夷大学在地面网络进行的，用于夏威夷群岛之间军事基地的无线计算机网络的信道访问，称之为 ALOHA 网络（又称 ALOHA 技术、ALOHA 协议），是世界上最早的无线电计算机网络。该项目于 1968 年启动，20 世纪 70 年代初研制成功，并于 1973 年第一次将此技术用于卫星通信系统。1975 年 9 月开始，美国工程技术人员利用大西洋 IS-IV 卫星及 INTELSAT 的地球站，做了两年的分组广播通信试验，证明当时转发器和地球站不需要做什么变动就可以使用 ALOHA 方式。这种方式的基本特征是，若干地球站共用一个卫星转发器的频段，各站在时间上随机发送数据分组，若发生碰撞则重发。ALOHA 是夏威夷原居民表示致意的问候语。ALOHA 协议和后来出现的 CSMA/CD 都是随机访问或竞争发送协议。随机访问意味着对任何站都无法预计其发送的时刻；竞争发送是指所有发送的站自由竞争信道的使用权。

1. 经典 ALOHA 方式

经典 ALOHA 方式又称纯 ALOHA（简称 P-ALOHA）协议，是最基本的 ALOHA 协议，它是最早的随机多址访问方式，目前仍得到广泛应用。在此方式中，系统内各用户之间无须任何协调，只要有新的分组到达，就立即被发送，并期望不与别的分组发生碰撞。一旦分组发送碰撞，则随机退避一段时间后进行重传。

1）ALOHA 工作过程

卫星数据传输网络中含有一定数目的地球站，每个地球站都有一个发射控制单元，其作用是将数据分成若干段，每一个数据段的前面加一个报头，报头中含有载波恢复、定时恢复和收发双方的地址比特，而每一个数据段后面则加上强有力的检错码，这就构成了一个数据分组。数据分组格式如图 6-28 所示，这里以 640bit 信息加上 32bit 报头和 32bit 检错码的数据分组格式为例。检错码的检错能力要足够强，有的数据分组采用两段检错码，前一段检错码专门检测分组报头，后一段检错码检测整个数据分组。一般要求分组报头差错率小于 10^{-9}，数据段差错率小于 10^{-7}。

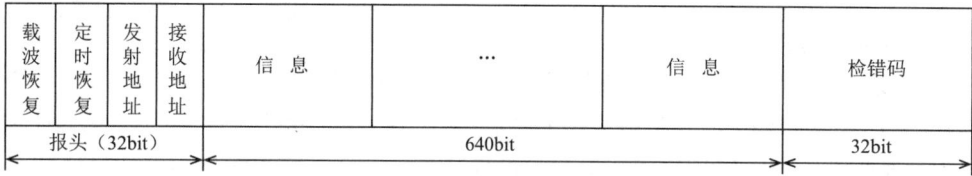

载波恢复	定时恢复	发射地址	接收地址	信　息	…	信　息	检错码
报头（32bit）				640bit			32bit

图 6-28　数据分组格式

数据分组一旦形成，发射控制单元便将其调制到载波上，之后向卫星高速发射出去，但存储器还保留其"副本"。发射时间是随机的，因此全网不需要同步。所有接收站都接收到该分组，但只有报头中地址符合接收站的才被检测出，经检验没有发现错误后便发送应答信号，否则不应答。

接收站有时会出现不能正确接收数据分组的情况，这可能有两种原因：一是随机噪声引起误码；二是由于各站发射分组的时间是随机的，因此当两个或两个以上的分组通过转发器时，在时间上可能出现重叠（又称碰撞），而波形的叠加使接收站无法正确接收数据分组。不管什么原因，未发射成功就要重发。由噪声引起的误码所造成的损失是一个分组；而发生碰撞时，相互碰撞的两个或几个分组都会损失掉，因此都需要重发，当然重发时机掌握不当，还会再次发生碰撞。

ALOHA 系统发射碰撞与重发情况示意图如图 6-29 所示。2 号站的第一个分组与 K 号站的第三个分组碰撞，于是这两个站需要分别等待不同的时间后重发，如果重发后未发生碰撞，就不再次重发。可见，每个发射控制单元必须装有随机延时电路，以获得不同的随机等待时间。一个分组重发后又发生碰撞的概率要小得多，但有时还会发生，这主要是与别的站发的分组的碰撞。一旦发生第二次碰撞，就要继续重发。发生第三次碰撞的概率要比发生第二次碰撞更小。当第二次碰撞甚至第三次碰撞所引起的时延比要求对方响应的时间短很多时，对数据传输的影响十分轻微。

应当指出，发射站能从卫星的广播中接收到自己所发射的数据分组，也就是说，发送站只需要 270ms 就可以判定自己所发的分组有无碰撞、是否需要重发。而发射站获得接收站的应答信号则需要双跳时间，即 540ms。但由于有的分组差错是噪声引起的，通过转发器时并没有发生碰撞，所以从接收站获得应答信号仍是需要的。因此，发射站一般既要接收自己发送的数据分组，又要从接收站接收应答信号。

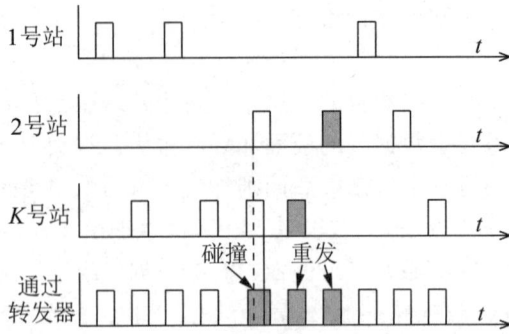

图 6-29 ALOHA 系统发射碰撞与重发情况示意图

2）ALOHA 方式的信道利用率

ALOHA 系统的一个显著特点是全网不需要定时同步，各站发射时间是完全随机的。当需要发送的分组数目不多时，ALOHA 系统可以很好地工作。此外，它还具有一定的抗干扰能力，也就是保持转发器的平均功率不变，而提高其转发突发式数据分组时的峰值功率。但在数据业务量增加到一定量时，发生碰撞的概率增多，会出现不稳定现象。

假设 ALOHA 信道中所有用户平均每秒共发送 λ 个分组，每个分组的持续时间均为 T 秒，则用户感觉到的信道利用率为

$$\rho = \frac{\text{发送初始分组所占用的时间}}{\text{总时间}} \tag{6-7}$$

因为每秒内初始发送的分组所占时间为 λT，故

$$\rho = \lambda T \tag{6-8}$$

实际上，因为存在重发分组，故每秒通过转发器的分组数要大于 λ，实际的信道利用率比用户感觉到的要高。设考虑了重发分组后，每秒通过转发器的分组总数为 λ'，我们来分析 ρ 与 λ' 的关系。

假设系统中站数远多于 1，各个站相互独立地随机产生数据分组，并忽略不计各发射站分组、编码时排队所产生的影响，则由概率论知识可知，在卫星信道中每秒钟产生分组的数目是服从泊松分布的。因此，t 秒产生 n 个分组的概率为

$$P(n) = \frac{(\lambda' t)^n e^{-\lambda' t}}{n!} \tag{6-9}$$

在时间 t 内，没有产生分组的概率则为

$$P(n = 0) = e^{-\lambda' t} \tag{6-10}$$

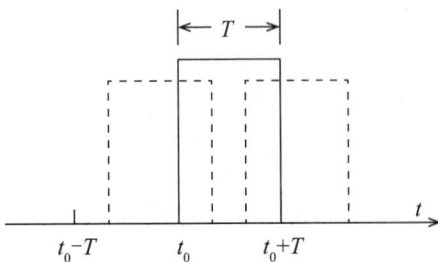

图 6-30 发生碰撞的条件

假设某个分组在 $t = t_0$ 时刻出现在转发器，其持续时间为 T，那么在 $(t_0 - T) \sim (t_0 + T)$ 的时间区间内有任何其他一个分组出现都将发生碰撞，如图 6-30 所示。这就是说，为了避免碰撞，在以 t_0 为中心的 $2T$ 区间内必须没有其他分组出现。

在 $2T$ 区间内没有其他分组出现的概率，即不发生碰撞的概率，由式（6-10）可知为 $e^{-\lambda' \cdot 2T}$，那么分组发生了碰撞而不得不重发的概率 R 就应为

$$R = 1 - e^{-\lambda' \cdot 2T} \tag{6-11}$$

而

$$\lambda = \lambda'(1 - R) = \lambda'e^{-\lambda' \cdot 2T} \tag{6-12}$$

$$\rho = \lambda T = \lambda'T \cdot e^{-\lambda' \cdot 2T} \tag{6-13}$$

有时，一个分组有可能要重发多次。因此，考虑了碰撞的因素，一个给定数据分组的平均需发次数 N 为

$$N = 1 + R + R^2 + R^3 + \cdots = \frac{1}{1 - R} = e^{\lambda' \cdot 2T} \tag{6-14}$$

由式（6-13）、式（6-14）可解出信道利用率 ρ（用户感觉到的）与每个数据分组的平均需发次数 N 的关系为

$$\rho = \frac{\ln N}{2N} \tag{6-15}$$

ALOHA 方式中 N 与 ρ 的关系曲线如图 6-31 所示。由曲线可以看出信道利用率 ρ（用户感觉到的）有一个最大值（或对上式求最大值），它发生在 $N = e = 2.718$，这时，$\rho_{max} = 0.184$，这是纯 ALOHA 系统的最大利用率（又称吞吐量）。也就是说，随着业务量的增加，开始时 ρ 是随之增加的，但到一定程度后，ρ 反而下降了。这是因为分组较多，相碰撞的机会增加，重发的次数也就多了，这样不断重复，直到出现不可控的局面。这说明 ALOHA 系统会出现不稳定现象。因此，纯 ALOHA 方式存在着利用率低、信道不稳定的缺点。

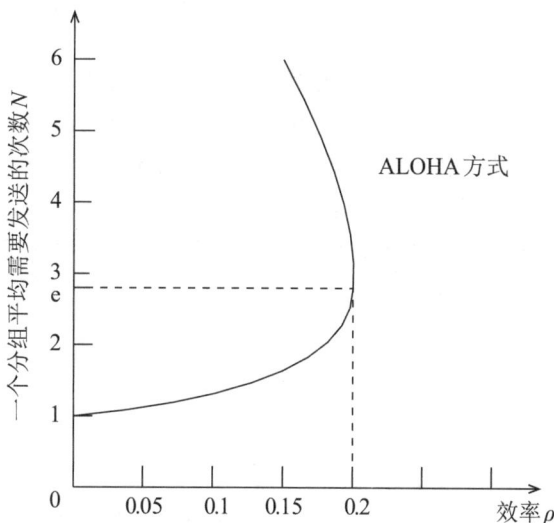

图 6-31　ALOHA 方式中 N 与 ρ 的关系曲线

2. 时隙 ALOHA

由于在一个分组的受损间隔内其他站都可能随机地发送分组，因此 P-ALOHA 中必然存在大量首尾碰撞的分组，如图 6-32（a）所示。对这些分组来说，由于其中一部分比特发生碰撞而造成了整个分组的丢失，这是一种浪费，为此，人们提出了时隙 ALOHA（S-ALOHA）的设想。

S-ALOHA 方式是在转发器入口为参考点的时间轴上等间隔地分成许多时隙（Slot，又叫时槽），各站发射的分组必须落入某一时隙内，每个分组的持续时间填满一个时隙。不像 P-ALOHA 方式那样发送是完全随机的，S-ALOHA 方式必须要在一个时隙的开始位置才能

发送分组。通过这种改进，S-ALOHA 的受损间隙缩短为只有一个时隙的长度，并且不存在首尾碰撞的情况，分组要么成功发射，要么两个分组完全碰撞，如图 6-32 (b) 所示。

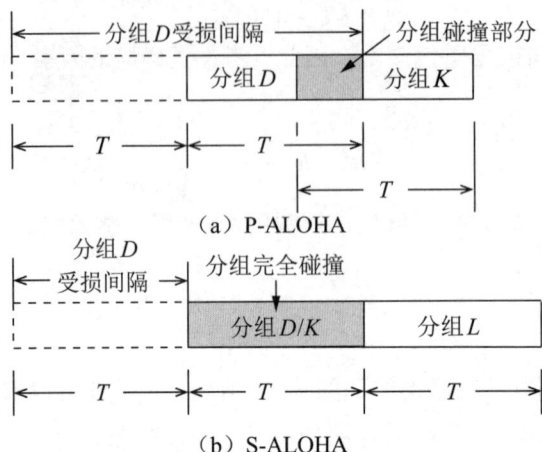

图 6-32　P-ALOHA 和 S-ALOHA 发生分组碰撞情况

S-ALOHA 的优点是吞吐量比 P-ALOHA 大一倍，最高利用率达到 36.8%。其缺点是全网需要同步与定时，每个持续时间不大于一个时隙的长度，并且具有信道不稳定性。

3. 具有捕获效应的 ALOHA

对 P-ALOHA 来说，由于两个分组的发射功率基本相当，因此发生碰撞后谁也无法正确收到碰撞的分组。如果两个碰撞分组的发射功率不同，一个比较大，另一个比较小，那么发生碰撞后功率低的分组是无法接收到的，但功率高的分组仍可能被正确接收，碰撞的小功率分组对大功率分组来说只是一种干扰。具有捕获效应（Captured）的 ALOHA（C-ALOHA）就是采用了这种原理，如图 6-33 所示。在 C-ALOHA 中，虽然其受损间隔与 P-ALOHA 的相同，但通过合理设计各站的发射功率电平，可以改善系统的吞吐量（最高可达 P-ALOHA 方式的三倍）。

4. 选择拒绝 ALOHA

选择拒绝 ALOHA（SREJ-ALOHA）是提高 P-ALOHA 方式利用率的另一种方法。SREJ-ALOHA 仍以 P-ALOHA 方式进行分组发送，但它对 P-ALOHA 方式的改进是把每个分组再细分为有限数量的小分组（Subpacket），每个小分组也有自己的报头和前同步码，它们可以独立进行差错检测，如果两个分组首尾碰撞，未遭碰撞的小分组仍可被正确接收，需要重发的只是发生碰撞的那部分小分组。SREJ-ALOHA 方式的受损间隔也与 P-ALOHA 的相同，但由于只重发分组中发生碰撞的部分（类似 ARQ 中的选择重发），因此它能得到比 P-ALOHA 方式大的吞吐量，如果不计及每个小分组中的额外开销（包括报头和前置码），SREJ-ALOHA 的吞吐量与 S-ALOHA 的相当，而且与报文长度的分布无关。但实际上，由于需要将每个分组分为若干小分组，这就增加了额外开销，SREJ-ALOHA 的吞吐量只能在 0.2~0.3 之间。可以说，SREJ-ALOHA 具有 P-ALOHA 系统无须全网定时和同步及适用于可变长度分组这两个重要优点，同时克服了 P-ALOHA 方式吞吐量小的缺点，但其实现难度要大于 P-ALOHA。SREJ-ALOHA 发生分组碰撞情况如图 6-34 所示。

随机多址访问方式既可用在通信信道中，又可用在控制信道中，如按申请分配信道的系统中，它是在发送申请信息的控制信道中最常使用的多址方式。在提供数据业务的小 LEO 系统中，用户终端向卫星发送数据通常也采用随机多址访问方式，如 Orbcomm 系统。

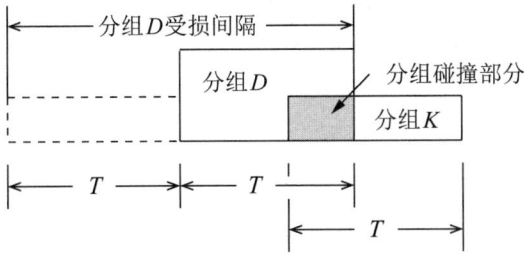

图 6-33　C-ALOHA 发生分组碰撞情况

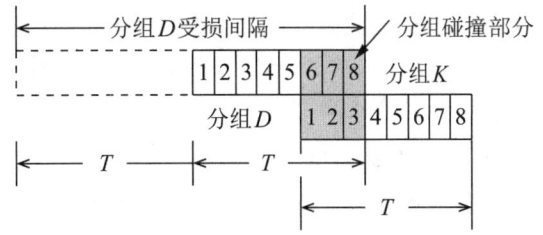

图 6-34　SREJ-ALOHA 发生分组碰撞情况

6.6.2　可控多址访问方式

可控多址访问方式也叫预约（Reservation）协议，在此方式中，它需要利用短的预约分组为长的数据报文分组在信道上预约一段时间，一旦预约成功，就可以无碰撞地实现数据报文的传输。因此，预约协议包括两个层次：一是对预约分组的多址协议，它通常采用随机多址方式；二是对实际数据报文的多址协议。下面介绍两种常用的可控多址访问方式。

1. 预约 ALOHA

P-ALOHA 和 S-ALOHA 最适用于系统中用户数较多、各用户发送的主要是短报文的应用环境。当用户需要发送长报文时，首先需要将该长报文分为许多个分组，然后在信道上传输。由于会发生碰撞，接收站通常需要很长时间才能把全部报文无差错地接收下来，因此，其时延很大。为了解决长、短报文传输的兼容问题，提出了预约 ALOHA（R-ALOHA）。其基本原理是，发送时间以帧来组织，每帧又划分为许多时隙，而时隙又分为两类：一类称为竞争时隙，用于供用户发送短报文和预约申请信息，以 S-ALOHA 方式工作；另一类称为预约时隙，用于发送用户报文，由用户独享，不存在碰撞。R-ALOHA 可控多址访问方式的工作原理图如图 6-35（a）所示。

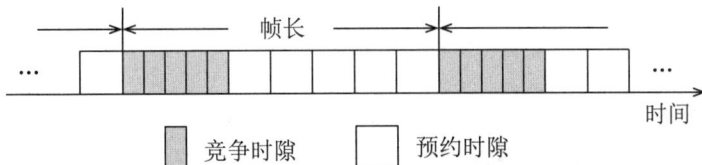

（a）R-ALOHA

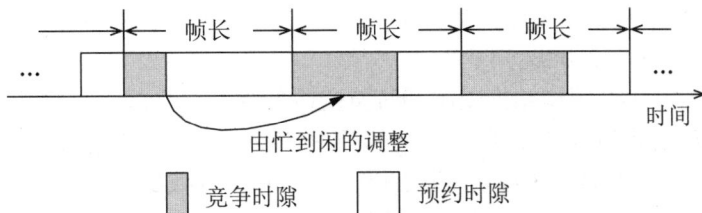

（b）AA-ALOHA

图 6-35　可控多址访问方式的工作原理图

当某个站要发长报文时，它首先通过预约时隙发送预约申请信息，告诉其他站其需要使用的预约时隙的长度，系统中所有站收到此预约信息后，根据全网排队情况计算出该站的预约时隙应处在哪一帧的哪些时隙位置，这样，其他站就不会再使用这些时隙，而由该站独享。对于短报文，可以直接利用竞争时隙发送，也可以像长报文一样通过预约来发送。显然，R-ALOHA 方式既能支持长报文，又能支持短报文，两者都具有良好的吞吐量-时延性能，但是其实现难度要大于 S-ALOHA。

2. 自适应 TDMA

另一种优于 R-ALOHA 的预约协议是自适应 TDMA（AA-TDMA，又叫 ATDMA），它可看成是 TDMA 方式的改进型，其基本原理与 R-ALOHA 方式相似，只是其预约时隙和竞争时隙之间的边界能根据业务量进行调整。AA-ALOHA 可控多址访问方式的工作原理图，如图 6-35（b）所示。

（1）当业务量非常小或都是短报文时，帧中所有时隙都是竞争时隙，系统中所有站以 S-ALOHA 方式共享整个信道。

（2）当长报文的业务量增大时，一部分时隙是竞争时隙，由各站以 S-ALOHA 方式共享使用；另一部分是预约时隙，由成功预约的各站传输长报文。此时，就是一种竞争预约的 TDMA/DA 方式。

（3）当长报文业务量进一步增大时，只有一部分时隙是竞争时隙，大部分时隙都变成预约时隙；极限情况是所有时隙都变成预约时隙，由一个大业务量站在某时间段利用整条信道传输其长报文。这时就是一种预分配的 TDMA 方式。

可见，AA-TDMA 能根据业务状况自动调整其信道共享方式，因此有时也称它为负载自适应（Load Adaptive）TDMA（LA-TDMA）。AA-TDMA 的突出优点是适应性强、使用灵活、效率高，在小业务量时，其吞吐量-时延性能与 S-ALOHA 方式相当；在中等业务量时，其吞吐量-时延性能要略优于竞争预约 TDMA/DA 方式；在大业务量时，其吞吐量-时延性能也要略优于固定帧 TDMA/DA 方式。其缺点是实现难度大。

习 题

1. 解释频分多址（FDMA）的含义，说明它与频分复用（FDM）的区别。

2. 卫星网上行链路接入采用 FDMA 方式，且每个地球站以 2.048Mb/s 的 E1 速率发送。

（1）为了在卫星上达到 $[E_b/n_0]$ =14dB，计算要求的上行链路信噪比 $[C/n_0]$。

（2）为了达到所需的 $[C/n_0]$，计算地球站的 EIRP。此时假定卫星的 $[G/T]$ = 8dB/K，上行链路损耗为 210dB。

3. 解释卫星 FDMA 系统中功率受限和带宽受限的含义。每载波采用相同的功率和相同的频宽（假定每载波带宽均为 5MHz）。对于下行链路，转发器带宽为 36MHz，输出饱和 EIRP 为 34dBW，输出补偿（回退）为 6dB，链路损耗为 201dB，接收站的 $[G/T]$ 为 35dB/K。

（1）试确定单载波（饱和 EIRP 且全频带）工作时的信噪比，并计算由回退补偿带来的可同时接入系统的载波数目。

（2）若要求的下行门限信噪比为 12dB，说明系统是功率受限还是带宽受限。

4. 试分析如何减小 FDMA 卫星通信系统的互调干扰。

5. 试回答 TDMA 卫星通信系统中的如下问题。

（1）解释在 TDMA 卫星通信系统中，为什么需要一个参考突发（子帧）？在 TDMA 业务突发（子帧）中，报头的作用是什么？

（2）解释 TDMA 帧效率的含义。

（3）在 TDMA 网络中，若业务突发的报头和参考（基准）突发都需要 560bit，突发之间的保护间隔等效为 120bit，给定一帧内有 8 个业务突发和 1 个参考突发，帧的总长度等效为 40800bit，试计算帧效率。

（4）若帧周期为 2ms，语音信道的比特速率为 64kbit/s，计算可承载的等效语音信道数。

6. 假定信息数据流的信号频谱成形滚降因子为 0.2，并采用 QPSK 调制。通过一个 36MHz 的转发器传输，计算其最大的比特速率。

7. 一个 14GHz 的上行链路，其总的传播损耗为 212dB，地球站上行链路天线增益为 46dBi，卫星的 $[G/T]$ 值为 10dB/K，要求的上行链路信噪比 $[E_b/n_0]$ 为 12dB。

（1）若采用 FDMA 方式，计算传送一条 E1（2.048Mbit/s）信号的地球站发射功率。

（2）若采用 TDMA 方式，下行链路信息速率为 8×2.048Mbit/s，计算上行地球站所需的发射功率。

8. 已知 TDMA 与 FDMA 二者的信号传输速率为 2Mbit/s，$T_F/T_b = 35$，计算 TDMA 与 FDMA 二者发射功率的差值。

9. 码分多址的含义是什么？CDMA 方式分为几类？其主要优缺点是什么？

10. 试画出一种 CDMA/DS 原理图。

11. 若一个 CDMA/DS 系统的每个地球站都由一个 1023bit 的 PN 序列进行扩频，采用 BPSK 调制方式，形成滤波器滚降系数 0.5，码片速率为 30Mc/s。若要求系统的信噪比为 12dB，试问系统能支持多少个地球站（忽略高斯噪声的影响）？转发器需要提供多宽的带宽？此时转发器传输的总信息比特速率为多少？如果系统采用 FDMA 或 TDMA 方式，你估计容量会增加吗？如果增加，需要附加什么条件吗？

12. RA-TDMA 的含义是什么？

13. P-ACOHA、S-ACOHA、R-ACOHA 协议效率最高是多少？

14. 卫星通信常用多址方式有哪几种？试比较它们的优缺点。

15. FDMA/TDMA 多址方式的含义是什么？

第7章　卫星通信网络

本章介绍通信网络的概念、分类和构成，它们是构建卫星通信网络的基础。通信网络的数学基础主要是用随机过程、泊松过程、图论、排队论等方法，为通信网络定量描述运行过程、设计通信体系结构、评价容量/时延/服务质量提供手段；卫星通信网络中的网络协议主要介绍计算机五层协议的原理体系结构和现代卫星通信网络中 TCP/IP 技术带来的问题和解决途径；介绍卫星通信网络中常用的数据链路层协议的帧结构和 HDLC 数据链路层协议；介绍基于 CCSDS 的协议体系和基于容延迟/中断网络的协议体系两种空间信息网络协议；介绍卫星认知无线网络自适应功率控制算法和软件定义卫星网络多控制器可靠部署算法。

7.1　通信网络基础

全球通信网可分为有线网和无线网，它们都可以独立组建全球通信网，目前主要采用有线、无线混合组网模式。1995 年以前，全球通信网的骨干网主要采用微波传输，其中有线骨干网主要采用同轴电缆传输，无线骨干网主要采用微波中继（接力）传输，现在主要采用光缆传输；对于全球通信网的骨干网复用方式，主要采用 PDH、SDH 和波分复用方式；交换方式主要采用电路交换、分组交换、报文交换。无线可独立组建全球通信网，以军事运用和各专用网络为主，如全球卫星通信网、全球短波通信网。

7.1.1　通信网络的概念

通信网络通常由用户终端、物理传输信道（链路）和链路汇聚点有机地组合在一起，按照约定的信令和协议完成任意用户之间的信息交换。即通信网络是一种使用交换设备、传输设备将地理空间上分散用户终端设备互联，以实现信息传输与交换的系统。

在通信网络中，信息的交换可以在两个用户间、两个计算机的进程间进行，还可以在用户和设备间进行。交换信息包括用户信息（如数据、图像、视频）、控制信息（如信令信息、路由协议信息）和网络管理信息三类。

实际上，通信网络是由硬件和软件按特定方式构成的一个通信体系，每一次通信都需要软、硬件设施的协调配合来完成。从硬件构成来看，通信网络由终端设备、交换/路由设备和传输系统构成，用来完成接入、交换和传输等基本功能。

7.1.2　通信网络的分类

通信系统是构成通信网的基础，为了便于了解通信系统与通信网络之间的关系，有必要介绍通信网络的基础知识。

通信网络结构分为媒体网络和支持网络两个部分。其中，媒体网络是通信网络的主体。

媒体网络具有三层功能，即物理层（传输）功能、链路层（复用）功能和网络层（寻址功能），对应的通信网络各层设备是传输设备、复用设备和寻址设备。实际应用的通信网络可能不具有寻址功能，或者不具有复用功能，但必须具有传输功能。

1）复用技术的分类

目前存在多种多样的复用技术，这些技术曾经或正在应用，其可按可用资源分类、按应用场合分类、按实现技术分类或按技术机理分类。其中，影响电信网络属性的是按技术机理分类，它可分为确定复用技术和统计复用技术，如图 7-1 所示。

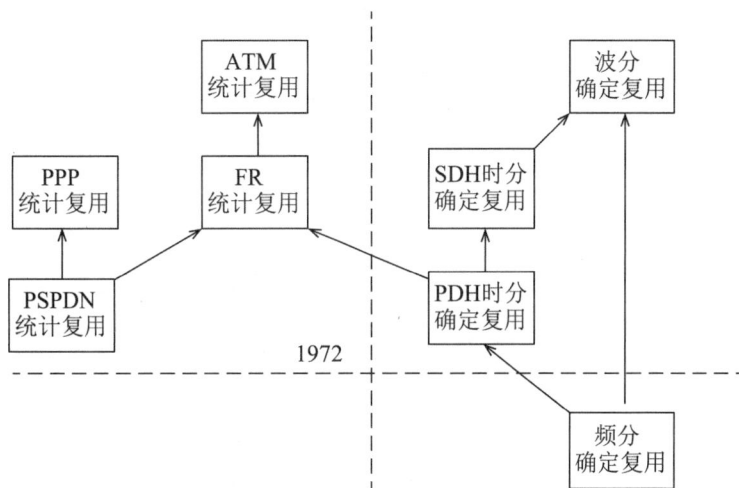

图 7-1　复用技术按技术机理分类

（1）确定复用技术的分类、机理和基本属性。

确定复用技术的分类：频分确定复用技术、准同步数字体系（PDH）时分确定复用技术、同步数字体系（SDH）时分确定复用技术、波分确定复用技术。

确定复用技术的机理：在一次呼叫过程中，同时建立两个方向的连接；每个方向只涉及一条电路；使用一条电路的一部分确定容量；在整个呼叫过程中始终专用这部分容量。

确定复用的基本属性：确定复用来源于电话网；同时建立双向对称连接适用电话业务；一个信号单独使用一条电路，获得最好的传输质量；同时建立双向对称连接，单向忙时利用率比较低。

（2）统计复用技术的分类、机理和基本属性。

统计复用技术的分类：分组交换公用数据网（PSPDN）统计复用技术、帧中继（FR）统计复用技术、点到点规约（PPP）统计复用技术、异步传递方式（ATM）统计复用技术、LAN 受控统计复用技术（令牌网）、LAT 随机统计复用技术（以太网）。

统计复用技术的机理：在一次呼叫过程中，一次呼叫只建立一个方向的连接；一次呼叫随机使用一个方向的所有连接；一个数据包竞争使用一条电路全部容量；在整个呼叫过程中断续使用随机电路。

统计复用的基本属性：统计复用来源于数据网；适用支持双向对称、双向不对称、单向各类通信业务；多个信号竞争使用一条电路，因竞争而劣化传输质量；多个信号竞争使用一条电路，电路忙时利用率比较高。

2）寻址技术的分类

目前存在多种多样的寻址技术，这些技术曾经或正在得到工程应用，其可按可用资源分类、按应用场合分类、按实现技术分类或按技术机理分类。其中，影响电信网络属性的是按技术机理分类，它可分为有连接操作寻址技术和无连接操作寻址技术，如图7-2所示。

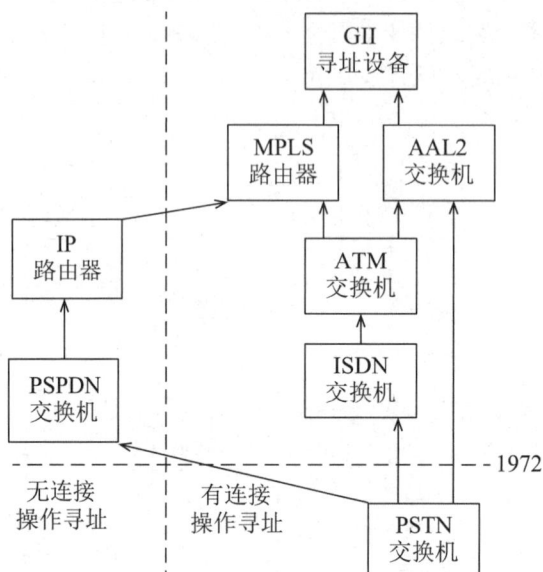

图7-2　寻址技术按技术机理分类

（1）有连接操作寻址技术的分类、机理和基本属性。

有连接操作寻址技术的分类：公用交换电话网（PSTN）交换机、综合业务数字网（ISDN）交换机、第二类适配（AAL2）交换机、多协议标签交换（MPLS）路由器、全球信息基础设施（GII）寻址设备。

有连接操作寻址技术的机理：在一次通信过程中，用户利用人机信令信号，把寻址要求通知信令网；信令网在信源与信宿之间，利用网络资源建立起连接，然后传递信号；呼叫结束，信令网释放网络资源。有连接操作寻址技术的机理如图7-3所示。

有连接操作寻址的基本属性：有连接操作寻址来源于电话网；连接建立和释放需要信令网；连接电路确定；传输延时确定。

（2）无连接操作寻址技术的分类、机理和基本属性。

无连接操作寻址技术的分类：分组交换公用数据网（PSPDN）交换机、互联协议（IP）路由器、IP工作组交换机。

无连接操作寻址技术的机理：在一次呼叫过程中，信号逐节点传递；在每个网络节点上，根据信源中的地址数据，借助路由器具有的地址知识，选择通往下一个节点的链路；在每个节点上都竞争接入；如此重复，直到到达目的地。无连接操作寻址技术的机理如图7-4所示。

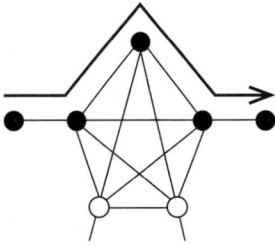

图 7-3　有连接操作寻址技术的机理　　　**图 7-4　无连接操作寻址技术的机理**

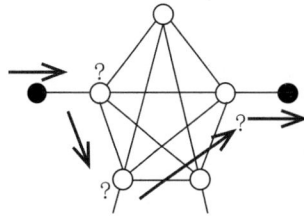

无连接操作寻址的基本属性：无连接操作寻址来源于数据网；连接电路事先不确定；传输时延不确定；传递过程不需要外界控制；如果传输时延不限，只要尚存一条链路，信源就能到达信宿。

3）媒体网络形态机理分类

（1）技术体系定义。

第一类技术体系：确定复用技术结合有连接操作寻址技术。

第二类技术体系：统计复用技术结合无连接操作寻址技术。

第三类技术体系：确定复用技术结合无连接操作寻址技术。

第四类技术体系：统计复用技术结合有连接操作寻址技术。

（2）网络形态定义。

第一类网络形态：确定复用和有连接操作寻址构成网络。

第二类网络形态：统计复用和无连接操作寻址构成网络。

第三类网络形态：确定复用和无连接操作寻址构成网络。

第四类网络形态：统计复用和有连接操作寻址构成网络。

4）电信网络的网络形态分类

电信网络的网络形态分类如图 7-5 所示。

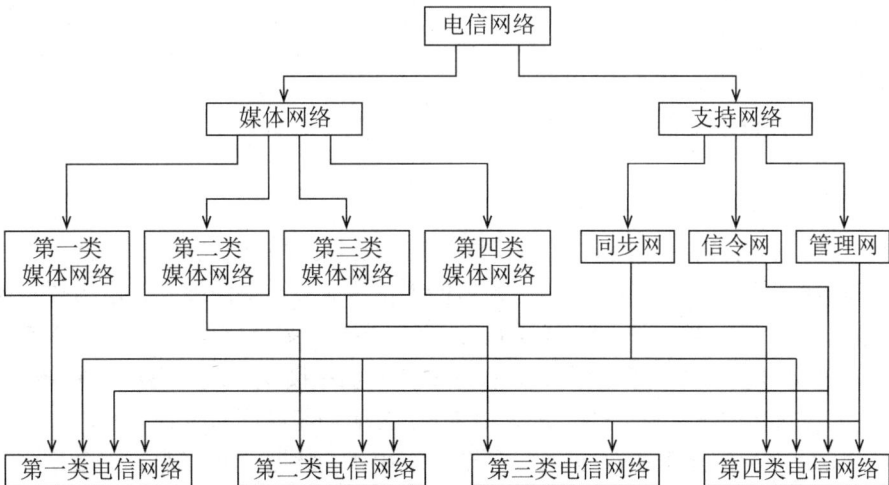

图 7-5　电信网络的网络形态分类

第一类电信网络：由第一类媒体网络、同步网、信令网和管理网组成，如公用交换电话网（PSTN）。

第二类电信网络：由第二类媒体网络、同步网和管理网组成，如互联网（Internet）。

第三类电信网络：由第三类媒体网络和管理网组成，如广播电视网（CATV）。

第四类电信网络：由第四类媒体网络、同步网、信令网和管理网组成，如宽带综合业务数字网（B-ISDN）。

5）电信网应用分类

电信网应用分类必须同时考虑传输系统、复用设备、寻址设备和用户终端的不同应用方式，如表7-1所示。

表7-1　电信网应用分类表

网络形态		PSTN	Internet	CATV	B-ISDN	DL	MSTP	ADHOC
传输	单工传输			是				
	半双工传输					是		是
	双工传输	是	是		是		是	
复用	确定复用	是		是		是	是	
	统计复用		是		是		是	
	不用复用							是
寻址	有连接操作	是			是			
	无连接操作		是	是				是
	不用寻址					是	是	
终端	固定终端	是	是	是	是		是	
	移动终端					是		是
	可搬移终端							

7.1.3　通信网络的构成

1. 公用电话交换网

目前，公用电话交换网（PSTN）不仅能提供高质量、高可靠性的话音通信，还具有几十种新业务附加功能。但随着用户对PSTN所能提供新业务需求的增长，就需要不断改进每一部交换机的功能，这显然是很难完成的。为此，就需要智能网（IN）去完成不断增长新业务的任务，而原有交换机只需要完成它最基本的交换和接续功能。用户对端到端的全数字连接的需求也在快速增长，在PSTN中大量的数字终端仍需经调制解调器才能实现通信，在xDSL等未商品化之前，速率和效率受到了很大的制约。因此，原CCITT提出了综合各种电信业务的综合业务数字网（ISDN）。这里主要介绍PSTN。

PSTN主要由终端设备、传输系统、交换设备、信令系统及相应的协议、标准组成，其中信令是实现网内通信的依据，协议、标准是构成网络系统的准则，这样才能使用户和用户之间、用户和交换设备之间、交换设备和交换设备之间有共同的语言和连接规范，使网络能够正常运行，做到互联互通，实现用户之间的信息交流。

终端设备是对应于各种电话业务的，如对应于语音业务的移动电话、无绳电话、磁卡电话、可视电话，还有对应于数据业务的计算机、智能用户电报、传真应用扫描设备、电子邮箱设置、会议电视、数据语音平台、网络电话（IP Phone，也称为 IP 电话）、电脑电话（CT）等；交换设备就是指完成通信双方的接续、选路的交换节点，有电路交换设备、分组交换设备、信元交换设备等，PSTN 以电路交换设备为主；传输设备包括信道、变换器、复用/分路等设备，如数字微波、SDH、卫星传输、光端等设备。话音通信网示意图如图 7-6 所示。

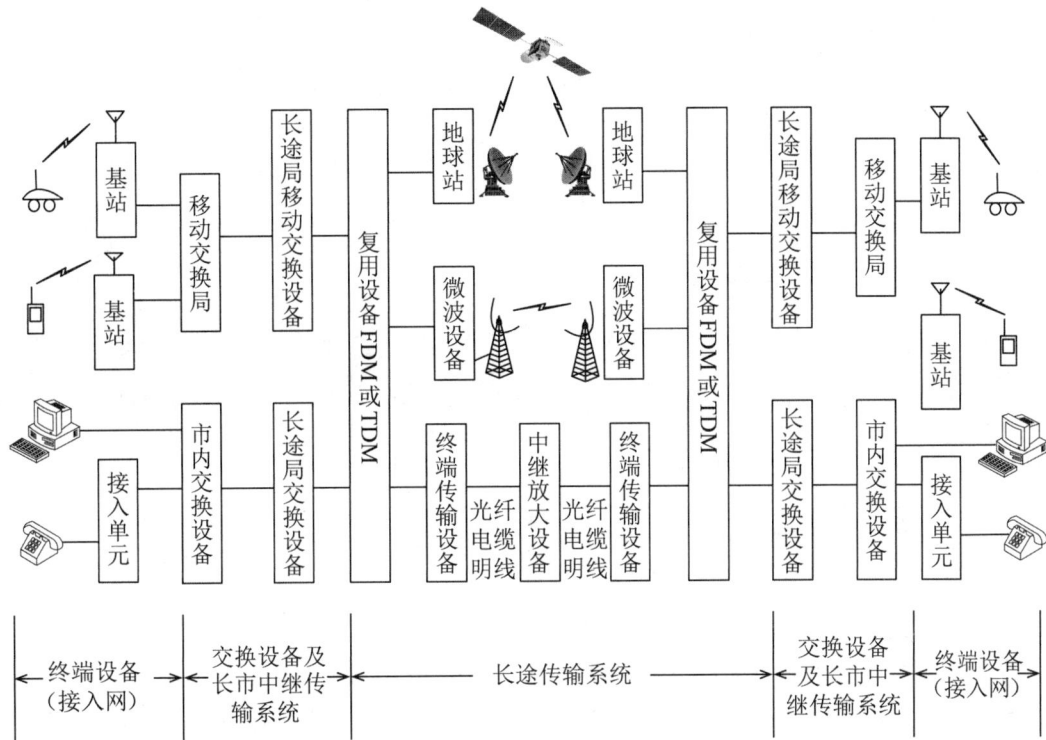

图 7-6　话音通信网示意图

2. 现有军民共用通信网络应用拓扑

当前实用的覆盖全国乃至全球的地面通信网、空间通信网，通常由多种不同类型的网络互联互通而成。军民共用通信网络示意图如图 7-7 所示。它包括的网络有 ATM 网络、X.25 分组网、PSTN/ISDN、卫星通信网络、移动通信网、FDDI 环网、局域网、IP 网及核心网等。整个网络通过以 WDM 链路、高低轨卫星链路作为核心路由器的高速通道，形成高速信息传输平台，将上述各子网互联互通，形成一个无缝覆盖的网络。

路由器是网络互联的核心设备，它负责分组的转发和为各个分组选择适当的传输路径。正是由于路由器的存在，任一用户的分组可以通过一个最优路由转发给任一目的地的用户。举例如下。

例 1：局域网用户 1 到局域网用户 2，最优路由是局域网用户 1→路由器 1-6→路由器 1-2→路由器 1-3→ATM 网络→路由器 1-7→局域网用户 2。

例 2：固定指挥所对空基骨干网指挥控制与情报获取与分发：固定指挥所→路由器 1-4→路由器 1-2→路由器 1-1→路由器 1-9→空中骨干网（路由器 3-1、路由器 3-2、路由器 3-3）。

例 3：机动指挥所对区域、全球作战指挥控制：机动指挥所→路由器 1-8→天基骨干网（路由器 2-1、路由器 2-2、路由器 2-3）。

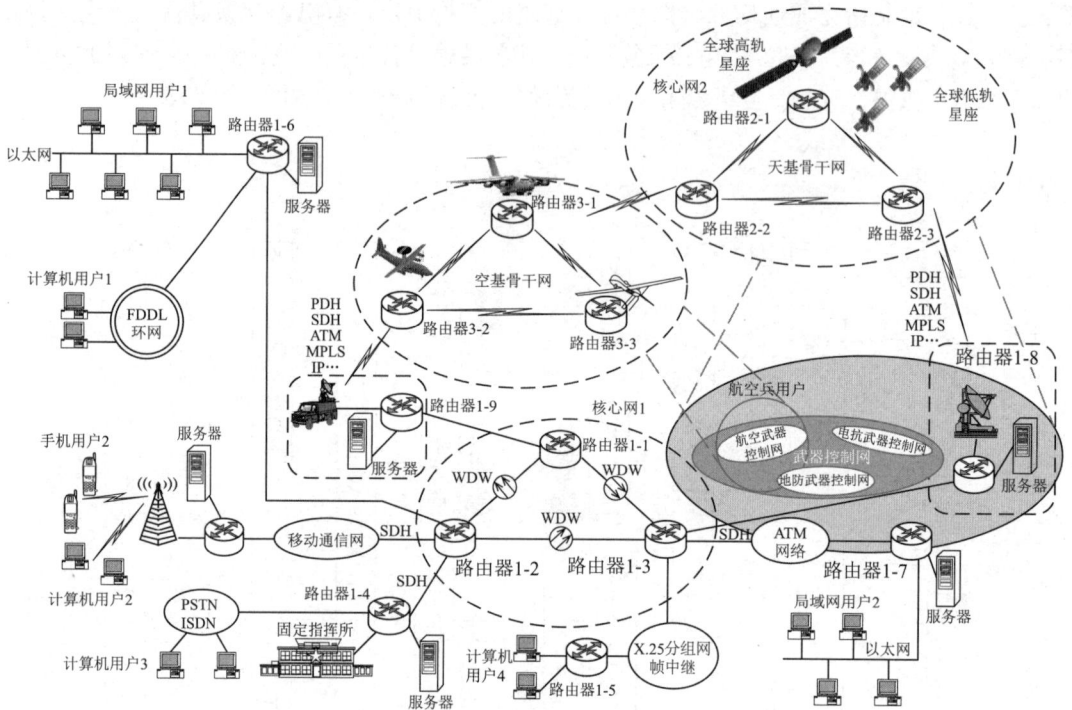

图 7-7 军民共用通信网络示意图

在上述网络中，以分组为载体来运载不同类型业务。这些业务可以是话音、数据、图像、视频，也可以是电子邮件、Web 业务等。为了向用户提供不同的服务，除通信网络本身以外，网络中还配置有不同类型的服务器。

3. 空间骨干网络体系架构

空间骨干网络体系架构示意图如图 7-8 所示。由空间节点所处层次和特点可以将空间骨干网络划分为三层：天基骨干网络、空基骨干网络、地基骨干网络。各层网络在 IP 技术为基本框架和协议的基础上，通过星间、星地、星空、空空、空地及地面有线链路连接起来，统一形成全球覆盖的一体化空间骨干网络体系。

从技术发展的趋势和业务需求来看，未来的天基骨干网络、空基骨干网络、地基骨干网络将逐步实现一体化。这需要一种有效的协议框架来屏蔽各类异构网络之间的差异，为用户提供透明服务。IP 协议标准作为成熟的地面网络基础，也是实现天、空、地网络融合的最佳选择。基于 IP 协议的空间骨干网络协议架构示意图如图 7-9 所示。这里着重介绍天基骨干网络及空基骨干网络。

1）天基骨干网络

天基骨干网络是由静止轨道通信卫星星座（包括中继卫星）、非静止轨道通信卫星星座所组成的一种立体化、交叉式多层卫星网络，通过星间链路完成数据信息在网络中的路由、交换和传输。

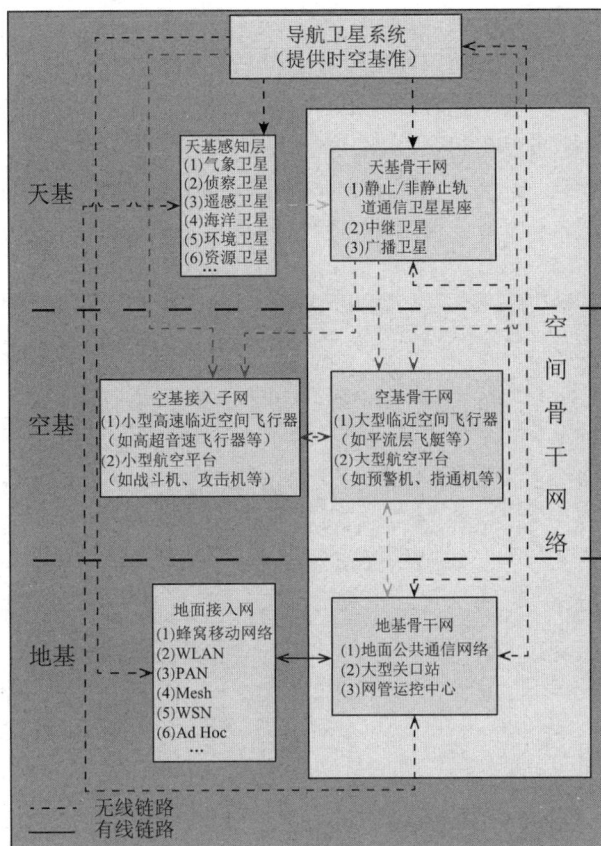

图 7-8　空间骨干网络体系架构示意图

（1）天基骨干网络的功能及其特性。

天基骨干网络具有以下功能。

其一，为天基感知层提供服务。天基感知层由各类在轨的天基传感器（气象卫星、侦察卫星、遥感卫星、海洋卫星、环境卫星、资源卫星等）组成，主要提供天气预报、侦察情报、地理测绘、环境监测等服务。通过天基骨干网络可以快速、高效、实时地把这些数据、图像、视频和语音信息传送回地面。

其二，为空基信息网络提供服务。空基骨干节点可通过天基骨干网络中继通信，进一步增大整个网络的通信范围，提高网络的健壮性和灵活性。

其三，为地面通信网络提供服务。地面通信网络发展迅速、规模庞大，但仍有许多人口稀少和自然环境恶劣的地方，由于成本和技术等因素，地面通信网络难以覆盖。天基骨干网络以其独有的优势提供全球覆盖通信与宽带多媒体服务，与地面网络互补融合发展。

其四，其他服务。为深空探测活动提供数据中继服务等。

天基骨干网络具有以下特性。

其一，传播时延大。天基骨干网络空间跨度大，由此造成的星地、星空链路的距离远，带来显著的传播时延。这对实时性要求较高的业务的影响十分严重。

其二，星上资源受限。由于卫星所处环境和技术的约束，星上载荷能力受到限制，由此带来了两个主要问题：频率资源受限、功率资源受限。随着承载业务量与业务类型的不断增加，受限的卫星资源与增长的业务需求的矛盾日益突出，这逐渐成为制约天基骨干网络乃至整个空间信息网络发展的巨大瓶颈。

其三,链路质量差。大范围的空间跨度导致的较大自由空间损耗,同时卫星信号易受到大气吸收、雨衰等影响,卫星星上资源受限。综上所述,天基骨干网络具有通信链路的高误码率特性,整个网络的性能存在瓶颈。

其四,网络拓扑时变。天基骨干网络中非静止轨道卫星星座节点运动速度快,导致网络拓扑动态变化,通信链路不连续,这给整个网络的信息传输及业务服务质量带来了挑战。

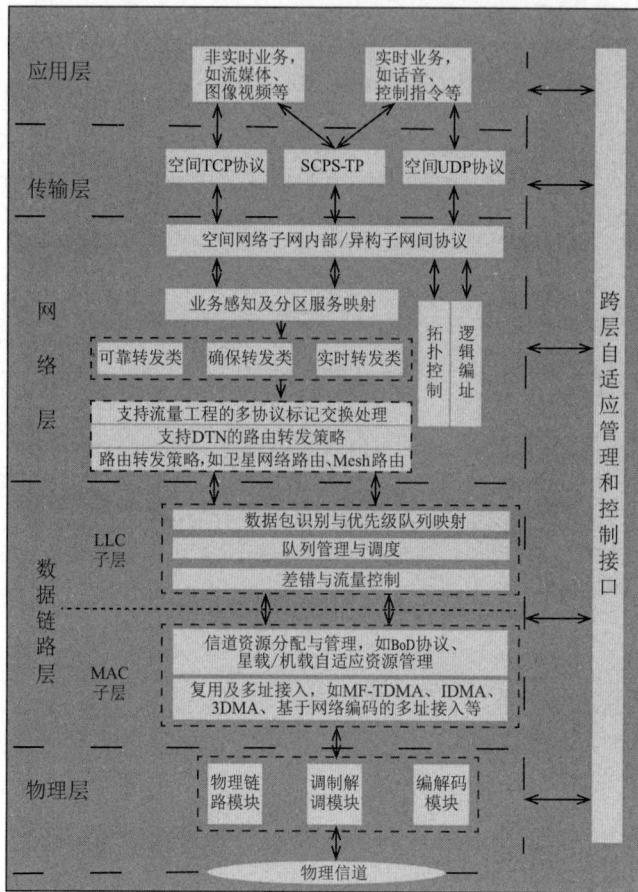

图 7-9 基于 IP 协议的空间骨干网络协议架构示意图

(2) 天基骨干网络体系架构。

天基骨干网络体系架构可以从网络拓扑结构和协议体系两方面进行说明。

网络拓扑:天基骨干网络拓扑结构示意图如图 7-10 所示。天基骨干网络由处在不同轨道高度的多层卫星星座组成,负责接收、处理、传输和转发来自天基感知层、空中平台的信息,是整个空间骨干网络的核心。

图 7-10 所示的地基部分是支持天基骨干网络正常运行的重要基础设施。管控中心是指挥控制整个网络稳定工作的枢纽,负责向卫星发射各种参数控制指令,进行网络的资源分配等;关口站负责天基骨干网络与地面公共通信网络的连接,完成星地协议转换、流量控制、路由寻址等功能。

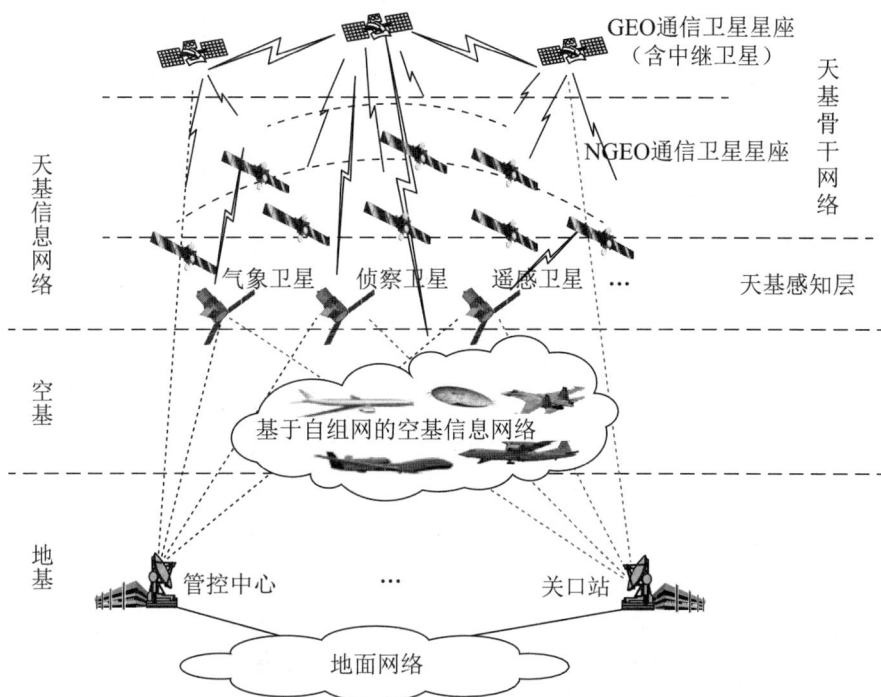

图 7-10 天基骨干网络拓扑结构示意图

协议体系：为了实现天基骨干网络与整个空间信息网络间的互联互通与信息交互，统一、兼容、高效的协议体系必不可少。相关的协议体系主要有以下三类：CCSDS 协议体系、DTN 协议体系、TCP/IP 协议体系。但对天基骨干网络来说，这三种协议体系都存在一定的缺陷，原因如下。

其一，CCSDS 协议体系主要是针对天基平台的测控任务设计的，其从网络层到应用层的功能欠缺，难以完成天基节点之间数据的路由交换。虽然后期进行了适应性改进，在 CCSDS 的基础上规范了一套空间通信协议组（SCPS），但是难以与地面的 TCP/IP 协议实现兼容。

其二，DTN 协议体系主要是针对具有大时空跨度、通信链路中断频繁、微弱信号等特性的深空探测任务设计的，因此并不适合天基骨干网络。而且该协议体系只是一个框架，还没开发具体协议，并且如何与地面成熟网络兼容也缺乏研究。

其三，TCP/IP 协议体系在地面通信网络得到广泛应用，相关研究已经十分成熟。但是，天基节点所处环境及拓扑结构与地面差异很大，而且节点的载荷能力不足，这些都直接影响到 TCP/IP 协议在天基骨干网络中的应用。

综上所述，现有的几种相关协议体系并不能很好地满足天基骨干网络的实际需求。现在普遍的设计思想是将地面成熟的 IP 互联网络向天延伸。考虑到不同协议体系的优缺点、天基节点所处环境和链路状况及现有天基网络建设实际，可以构建一种 TCP/IP 与 CCSDS 相结合的协议体系。该体系在数据链路层继续保留 CCSDS 协议的相关建议；网络层采用改进后的 IP 协议；传输层及应用层根据实际业务需求可考虑不同的协议标准。

2）空基骨干网络

空基骨干网络是由动态轨迹可预测的大型空中平台（包括大型航空器、平流层飞艇等临近空间飞行器）通过基于无线 Mesh 的自组网形式构建起一种灵活、高效的网状型网络。该网络中各个空中平台都具有路由网关功能，可以通过多跳的方式实现数据信息的路由、交换与转发。

（1）空基骨干网络功能及其特性。

空基骨干网络具有以下功能。

其一，为自身骨干节点提供服务。空基骨干节点主要包括指挥与控制平台（如预警机、指通机）、ISR 平台（如有人/无人侦察机、飞艇）、保障平台（如运输机、空中加油机）和大型作战平台（如轰炸机），这些骨干节点实时产生大量的指挥控制、侦察监视、空勤态势及战场打击等信息。这些信息可通过空基骨干网络自身或天基骨干网络中继实时、准确地传递给地面信息中心及各个空中平台。

其二，为空基接入子网提供服务。Ad Hoc 自组网形式构建的空基接入子网由战斗机、攻击机等各类小型空中平台组成。由于小型空中平台具有运动速度快、机动性能强、自身载荷受限等特性，导致整个接入子网通信链路波动频繁、拓扑结构变化迅速、作战范围和带宽受限。空基接入子网通过接入空基骨干网络，可实现整个战场态势的实时共享，有效地扩大了作战半径，提升了作战效能。

其三，为地面通信网络提供服务。通过空基骨干节点可拓展地面网络的覆盖范围。例如，谷歌的 Project Loon 项目计划，该计划通过具有无线接入功能的大型平流层热气球为处在人烟稀少或自然条件不允许等地方的用户提供网络接入服务。类似的还有谷歌的 Project Titan 项目，不同的是该项目用无人机替代了热气球。

空基骨干网络具有以下特点：与天基骨干网络类似，空基骨干网络也具有资源受限、通信链路波动、拓扑时变等特性。不同的是，由于骨干节点所处位置导致空空及空地通信链路短、传播时延小，适用于一些实时性要求高的业务。

（2）空基骨干网络体系架构。

无线 Mesh 网络具有以下特点：无线多跳网络；支持 Ad Hoc 方式互联，具有自组织、自管理、自愈能力；支持多种网络接入；拓扑结构相对稳定；兼容性强；骨干节点专门化。

由大型空中平台（包括预警机、指通机、大型无人机及临近空间飞行器等）构成的空基骨干节点相比小型空中平台来说，移动性不强，载荷大，航迹相对固定，适合基于无线 Mesh 的方式进行组网，实现高带宽、大容量、实时有效的信息分发。与传统无线 Mesh 网络类似，空基骨干节点可以作为无线 Mesh 网关和路由器节点，与现有蜂窝网络、数据链、无线传感器网络、卫星通信网络等多种异构无线移动网络互联互通，并为空基接入子网提供无线接口，使得小型空中平台接入天空地一体化网络，从而实现整个网络真正的互联互通。

基于无线 Mesh 的空基骨干网络架构示意图如图 7-11 所示。类似于由多层卫星网络构成天基骨干网络，空基骨干网络体系架构可分为两层，即接入层和中继层。接入层是由相距距离较近、存在直接互通链路的空基骨干节点组成，可为空基接入子网提供网络接入功能，各成员通过层内路由实现信息的转发。中继层由不同接入层中的某几个节点或一些独立的节点构成，通过这些节点的中继，可实现不同接入层之间的超视距通信。当存在不同空基骨干网络时，中继层成员可以与天基骨干网络互联，实现大空间跨度的覆盖。

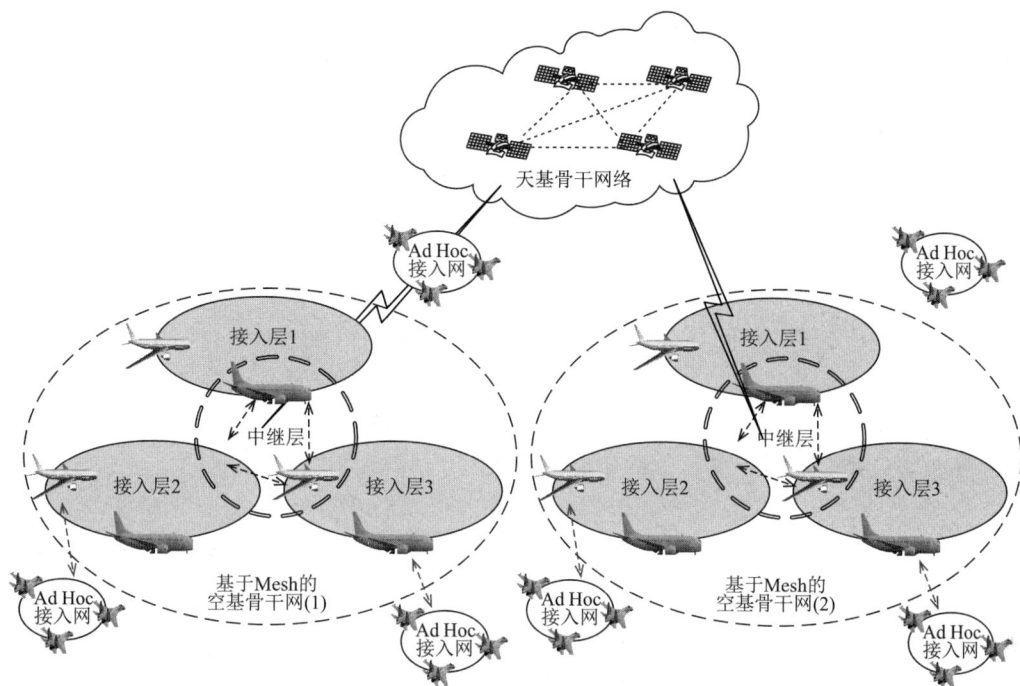

图 7-11　基于无线 Mesh 的空基骨干网络架构示意图

7.2　通信网络数学基础

为了定量地描述通信网络的运行过程，设计通信网络的体系结构，以及评价通信网络容量、时延和服务质量等，需要了解网络中每个链路、节点、交换机、路由器、用户终端等设备的输入、输出业务流的行为特征和处理过程。描述这些行为特征和处理过程的基本数学基础是随机过程和排队论，描述网络结构的基本方法是图论。

7.2.1　随机过程

随机过程是随机变量概念在时间域上的延伸。直观地讲，随机过程是时间 t 的函数的集合，在任一观察时刻，随机过程的取值是一个随机变量。或者说，依赖于时间参数 t 的随机变量所构成的总体称为随机过程。

随机过程是用来描述在一个观察区间内某一实体的随机行为。例如，在通信系统中的噪声就是一个典型的随机过程。有很多方法可以获取该随机过程的观察值或样本函数。

设 $X(t)$ 是一个随机过程，可以从两个方面来描述 $X(t)$ 的特征：一是在任意时刻 t_1，随机变量 $X(t_1)$ 的统计特征，如一维分布函数、概率密度函数、均值和方差等；二是同一随机过程在不同时刻 t_1 和 t_2 对应的随机变量 $X(t_1)$ 和 $X(t_2)$ 的相关特性，如多维联合分布函数、相关函数、协方差矩阵等。

随机过程 $X(t)$ 的一维分布函数定义为

$$F_t(x) = P\{X(t) < x\} \tag{7-1}$$

式中, $P\{\ \}$ 表示概率。

如果 $F_t(x)$ 对 x 的微分存在，那么 $X(t)$ 的一维概率密度函数定义为

$$f_t(x) = \frac{\partial F_t(x)}{\partial x} \tag{7-2}$$

通常一维分布函数不能完全描述随机过程的特征，需要采用 n 维联合分布函数。对于给定的 n 个时刻 t_1, t_2, $\cdots$, t_n，随机变量 $X(t_1)$, $X(t_2)$, $\cdots$, $X(t_n)$ 的联合分布函数为

$$F_{t_1,\,t_2,\,\cdots,\,t_n}(x_1,\,x_2,\,\cdots,\,x_n) = P\{X(t_1)<x_1,\,X(t_2)<x_2,\,\cdots,\,X(t_n)<x_n\} \tag{7-3}$$

若 $\int_{-\infty}^{+\infty}|X|\mathrm{d}F_t(x) < +\infty$ ，则随机过程 $X(t)$ 的均值函数为

$$m_X(t) = E[X(t)] = \int_{-\infty}^{+\infty}x\mathrm{d}F_t(x) \tag{7-4}$$

若对任意给定的时刻 t_1 和 t_2，存在下列函数：

$$\begin{aligned}C_X(t_1,\,t_2) &= \mathrm{cox}[X(t_1),\,X(t_2)]\\ &= E[(X(t_1)-m_x(t_1))(X(t_2)-m_x(t_2))]\end{aligned} \tag{7-5}$$

则称 $C_X(t_1,\,t_2)$ 为 $X(t)$ 的协方差函数，

$$D_X(t) = D[X(t)] = E[(X(t)-m_x(t))^2] \tag{7-6}$$

为 $X(t)$ 的方差函数。

若对任意给定的时刻 t_1 和 t_2，存在 $R_X(t_1,\,t_2)=E[X(t_1)X(t_2)]$ ，则 $R_X(t_1,\,t_2)$ 为 $X(t)$ 的自相关函数。协方差函数、自相关函数、均值函数有下列关系：

$$C_X(t_1,\,t_2) = R_X(t_1,\,t_2) - m_x(t_1)m_x(t_2)$$

例如，在对信道接入策略的研究中，通常利用马尔可夫链来建立系统模型。假设授权网络存在 M 条频率上互不重叠的信道，每条信道具有相同的传输带宽和衰落特性且信道利用率相互独立；认知网络中有 N 个认知用户（Secondary User, SU）和 1 个认知基站，认知基站和认知用户之间存在 1 条公共控制信道，所有认知用户通过认知基站实现全网时钟精确同步。认知基站通过接入许可控制保证网络中参与信道分配的认知用户数量 N，并为每个认知用户提前分配下一时隙的信道感知策略，认知用户在每一时隙的起始时刻根据所分配到的信道感知策略进行频谱感知，并在时隙末尾利用 ACK 分组经由控制信道向认知基站反馈信道接入结果，不考虑控制信道的数据传输错误与冲突。

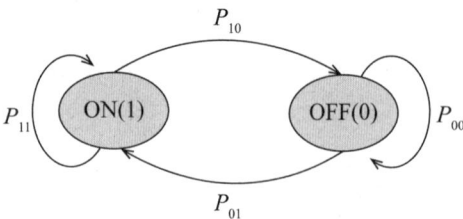

图 7-12 信道状态转移模型

根据是否被授权用户占用，信道 j 的状态转移过程可以利用时间离散的两个状态转移模型表示，如图 7-12 所示。其中，ON(1) 表示信道被授权用户占用，OFF(0) 表示信道空闲，$\{P_{ij}\}_{i,j=0,1}$ 表示信道状态转移概率。

7.2.2 泊松过程

泊松（Poisson）过程是随机过程的一个经典模型，是一种积累随机事件的发生次数的独立增量过程。也就是说，每次事件的发生是相互独立的。那么，泊松分布和泊松过程是什么关系呢？泊松分布是描述稀有事件的统计规律，即描述一段时间内发生某个次数的概率，

而泊松过程刻画"稀有事件流"的概率特性。

设一个随机过程为 $\{A(t), t \geq 0\}$，$A(t)$ 取值为非负整数，如果该过程满足下列条件，那么称该随机过程为到达率为 λ 的泊松过程。

（1）$A(t)$ 是一个计算过程，它表示在 $[0, t)$ 区间内到达的用户总数，$A(0) = 0$，$A(t)$ 的状态空间为 $\{0, 1, 2, \cdots\}$。对任意两个时刻 s 和 t，且 $s < t$，则 $A(t) - A(s)$ 为 $[s, t)$ 之间到达的用户总数。

（2）$A(t)$ 是一个独立增量过程。即在两个不同时间区间（区间不重叠）内到达的用户数是相互独立的。

（3）任一长度为 τ 的区间内，到达的用户数服从参数为 $\lambda\tau$ 的泊松分布，即

$$P\{A(t + \tau) - A(t) = n\} = \frac{(\lambda\tau)^n}{n!}e^{-\lambda\tau} \quad n = 0, 1, 2, \cdots \tag{7-7}$$

其均值和方差均为 $\lambda\tau$。由于在 τ 区间内平均到达的用户数为 $\lambda\tau$，因此 λ 为单位时间内平均到达的用户数或到达率。

泊松过程的基本特征如下。

（1）到达时间间隔 $\tau = t_{n+1} - t_n$ 相互独立，且服从指数分布，其概率密度函数为

$$P(T_n) = \lambda e^{-\lambda T_n} \tag{7-8}$$

其分布函数为

$$P(\tau_n < s) = 1 - e^{-\lambda s} \quad s \geq 0 \tag{7-9}$$

该特性说明泊松过程的到达时间间隔服从指数分布。相反，如果一个计数过程的到达时间间隔序列是相互独立且同分布的，其分布是参数为 λ 的指数分布，那么该过程是到达率为 λ 的泊松过程。因此，用户到达过程是到达率为 λ 的泊松过程与用户到达时间间隔是相互独立且服从参数为 λ 的指数分布是等价的。

（2）对于一个任意小的区间 $\delta \geq 0$，将泊松分布用泰勒级数展开，即利用

$$e^{-\lambda\delta} = 1 - \lambda\delta + \frac{(\lambda\delta)^2}{2} - \cdots \tag{7-10}$$

可得

$$P\{A(t + \delta) - A(t) = 0\} = 1 - \lambda\delta + o(\delta) \tag{7-11}$$

$$P\{A(t + \delta) - A(t) = 1\} = \lambda\delta + o(\delta) \tag{7-12}$$

$$P\{A(t + \delta) - A(t) \geq 2\} = o(\delta) \tag{7-13}$$

式中，$o(\delta)$ 表示 δ 的高级无穷小，即 $\lim\limits_{\delta \to 0} \frac{o(\delta)}{\delta} = 0$。

式（7-11）至式（7-13）的含义是：在一个充分小的时间间隔内，没有用户的概率为 $(1 - \lambda\delta)$；在一个充分小的时间间隔内，有一个用户到达的概率为 $\lambda\delta$；在一个充分小的时间间隔内有两个或两个以上用户到达几乎是不可能的。

（3）多个相互独立的泊松过程 A_i 之和 $A = A_1 + A_2 + \cdots + A_k$ 仍是一个泊松过程，其到达率为 $\lambda = \lambda_1 + \lambda_2 + \cdots + \lambda_k$，其中 λ_k 是泊松过程 A_k 的到达率。

（4）如果将一个泊松过程的到达率 p 和 $(1 - p)$ 独立地分配给两个子过程，那么这两个子过程也是泊松过程。注意：这里是将到达独立地进行分配。如果把到达交替地分配给两个子过程，即两个子过程分别由奇数号到达和偶数号到达组成，那么这两个子过程就不是泊松过程。

7.2.3 图论

图论是现代组合数学的一个分支，它研究人们在自然界和社会生活中遇到的包括某种二元关系的问题或系统（如电子线路中的节点和元件、航空图中的城市与航线等），并把其抽象为点与线的结合，用点和线互相连接的图来表示，通常称为点线图。图论就是研究点和线连接关系的理论。

图也是网络的一种表示形式，与路径上介质的性质无关（如光纤、无线等），也与处于路径连接的节点设备所完成的功能（如交换、交叉连接等）无关。在图论中，对节点常使用顶点、端这些术语，而对链路则使用边、弧或分支等术语。在通信网络设计与分析中，图论可以用于确定最佳网络结构、选择路由、分析网络可靠性等。

一般几何上将图定义成空间中的一些点（顶点）和连接这些点的线（边）的集合。

图论中将图定义为 $G = (V, E)$，其中 V 表示顶点的集合，E 表示边的集合。这样，图 7-13 所示的图可以表示为

$$V = \{v_1, v_2, v_3, v_4\}, \quad E = \{e_1, e_2, e_3, e_4, e_5, e_6\} \tag{7-14}$$

也可用边的两个顶点来表示边。如果边 e 的两个顶点是 u 和 v，那么 e 可以写成 $e = (u, v)$。这里 (u, v) 表示 u 和 v 的有序对。如果有 (u, v) 和 (v, u) 同时存在，那么它表示了以 u、v 为端点的一条无向边。如果图中的所有边都是无向边，那么称该图为无向图。这样也可以将图 7-13 所示的无向图表示为

$$G = (V, E), \quad V = \{v_1, v_2, v_3, v_4\} \tag{7-15}$$

$$E = \{(v_1, v_2), (v_1, v_3), (v_1, v_4), (v_2, v_3), (v_2, v_4), (v_3, v_4)\} \tag{7-16}$$

或

$$E = \{(v_2, v_1), (v_3, v_1), (v_4, v_1), (v_3, v_2), (v_4, v_2), (v_4, v_3)\} \tag{7-17}$$

一般图 $G = (V, E)$ 的顶点数目用 $n(n = |V|)$ 表示，边的数目用 $m(m = |E|)$ 表示。若 $|V|$ 和 $|E|$ 都是有限的，则称图 G 为有限图，否则称为无限图。

在实际应用中，图中每条边可能有一个方向是很自然的（它反映了信息流向）。当给图 G 的每条边都规定一个方向，则称图为有向图。对于有向图 $G = (V, E)$，有向边 e 可用与其关联的顶点 (u, v) 的有序对来表示，即 $e = (u, v)$，它表示 u 为边 e 的起点，v 为边 e 的终点。那么，图 7-14 所示的有向图可表示如下：

$$G = (V, E), \quad V = \{v_1, v_2, v_3, v_4\} \tag{7-18}$$

$$E = \{(v_1, v_2), (v_1, v_3), (v_1, v_4), (v_4, v_2), (v_4, v_3), (v_2, v_3)\} \tag{7-19}$$

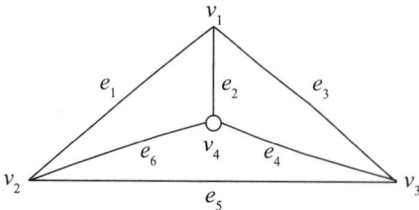

图 7-13　一个简单的无向图　　　　图 7-14　一个简单的有向图

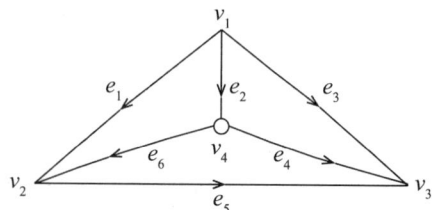

如果顶点 v 是边 e 的一个端点，则称 e 和顶点 v 相关联（Incident）；对于顶点 u 和 v，若 $(u, v) \in E$，则称 u 和 v 是邻接的（Adjacent）。在图 7-13 中，边 e_2、e_4、e_5 都与顶点 v_4 相

关联，v_4 分别与 v_1，v_2，v_3 相邻接。若两条边有共同的顶点，则称这两条边是邻接的。在图 7-13 中，边 e_1，e_2，e_3 两两相邻接。

对图 $G = (V, E)$ 和 $G' = (V', E')$ 来说，若有 $V' \subseteq V$ 和 $E' \subseteq E$，则称图 G' 是图 G 的一个子图；对于子图 G'，若 $V' \subset V$ 和 $E' \subset E$，则称图 G' 是图 G 的一个真子图。

对图 $G = (V, E)$ 的一些顶点和边的交替序列 $\mu = v_0 e_1 v_1 \cdots v_{k-1} e_k v_k$，且边 e_i 的端点为 v_{i-1} 和 v_i（$i = 1, 2, \cdots, k$），则称 μ 为一条路径（Path），v_0 和 v_k 分别为 μ 的起点和终点。如果 μ 中所有的边均不相同，那么称其为简单路径。以 v_0 为起点，v_k 为终点的路径称为 $(v_0 - v_k)$ 路径。

路径 μ 中有类似定义路径、回路的概念，只不过此时需要考虑方向性。

例如，在网络编码的相关研究中，假定在一个有向的通信网络图中，V 表示所有节点的集合；E 表示所有边的集合；v 表示网络中的任意节点，用 In(v) 表示节点 v 所有输入边的集合，Out(v) 表示节点 v 所有输出边的集合；S 表示网络中的源节点，In(S) 表示源节点的输入信息数目，代表源节点产生的信息，数目为 n，可利用上述定义完成对相应数学问题的描述。图 7-15 所示为 $n=2$ 的蝶形图模型。

假设信源节点需要发送的数据包为 $X = (X_1, X_2, \cdots, X_n)$，每个数据包都由有限域 F_q 上的符号组成。在网络中，每个需要进行编码的中间节点都包含着一个编码系数表 $G = (g_1, g_2, \cdots, g_n)$，每一个编码系数都从有限域 F_q 中选取。如果系数表中的系数对应源节点发送的数据包 X，那么经过编码后的消息可以表示为

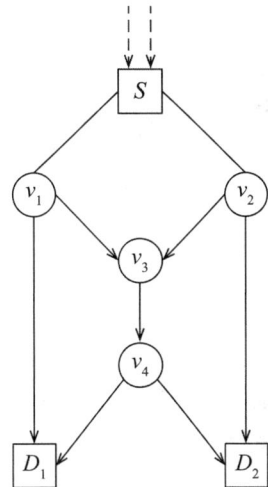

$$Y_e = \sum_{i=1}^{n} g_i X_i \qquad (7-20)$$

将它发送到下行链路 e 上，对于网络中任意中间节点 v，它可以收到来自其上游的数据包，数据包的个数为 | In(v) |。那么节点 v 可以根据收到的数据包进行编码，$e \in$ Out(v) 条输出边上的信息可以表示为 Y_e，线性编码后的数据为

$$Y_n = \sum_{g \in \ln(v)} b_{eg} X_g \qquad (7-21)$$

图 7-15　$n=2$ 的蝶形图模型

将编码后的信息发送到下行链路。任意链路 $e \in E$ 上的符号都是原始数据包 $X = (X_1, X_2, \cdots, X_n)$ 的线性组合，也就是说，在使用线性网络编码的基础上，任意一条链路 e 上的信息由唯一的线性编码函数 F_e 确定，即

$$
\begin{aligned}
Y_e &= F_e(X_1, X_2, \cdots, X_N)^{\mathrm{T}} \\
&= \sum_{i=1}^{n} b_{ei} X_i \\
&= (b_{e1}, b_{e2}, \cdots, b_{en})(X_1, X_2, \cdots, X_N)^{\mathrm{T}} \\
&= B_e X \qquad (7-22)
\end{aligned}
$$

因此，线性网络编码可以通过全局编码向量来描述。对于网络中的接收节点 D，只需要满足在该节点收到的信息包中全局编码向量的编码系数至少有 w 个线性不相关，即 Rank(D) $\geq w$，那么节点 D 就能利用高斯消元法恢复原始信息。

线性网络编码的基本思路简洁，在确定好局部编码矩阵后，可以确定唯一的全局编码向

量，因此可以通过全局编码向量对应的译码矩阵来恢复源信息。线性网络编码有效增大了网络吞吐量，并且保证了网络中信息的安全，易于在通信网络中实现。

7.2.4 排队论

网络节点对帧或数据分组的处理过程，呈现出典型的随机聚散现象特征，更是一个随机服务系统，而排队理论能够较好地描述随机聚散现象和随机服务系统的性能，主要性能参数包括顾客平均排队时延、系统中平均顾客数及驻留在系统中顾客的平均时延。

排队论在研究各种排队系统概念规律性的基础上，解决有关排队系统的最优设计和最优控制问题，是专门研究由随机因素的影响而产生的聚散现象（排队、等待）、随机服务系统工作过程的数学理论和方法的科学，也称为随机服务系统理论或拥塞理论，是一个独立的数学分支，有时也把它归纳到运筹学中。

Markov 排队论模型在排队论的开创和发展的历史中，始终扮演着重要的角色。该模型在卫星网络的信道动态接入策略、机会路由策略等领域的应用非常广泛。

应用举例：假设卫星通信网络中共有 n 个等宽信道$\{c_1, c_2, \cdots, c_n\}$可以提供给用户。由于任务需要，与作战指令直接相关的指令消息业务和短话音业务等高优先级业务传输速率相对较低。在保证高优先级业务传输的同时提高低优先级业务的传输效率，提高带宽受限的卫星通信网络的信道资源利用率。

为此，基于两个用户采用多信道 ALOHA 竞争接入卫星通信网络，采用为高优先级用户预留适当数量信道的方式保证高优先级业务的传输，预留信道数为 m（$m<n$），即预留信道为$\{c_1, c_2, \cdots, c_m\}$。

当需要传输高优先级业务的飞行平台需要接入卫星网络时，用户从 c_1 到 c_n 按照信道标号从小到大依次接入，优先选择预留的$\{c_1, c_2, \cdots, c_m\}$共 m 个信道中空闲的信道标号小的信道进行接入。当 m 个空闲信道均被占用时，在 $(n-m)$ 个非预留信道$\{c_m, c_{m+1}, \cdots, c_n\}$中按照标号由小到大选取一个空闲信道进行接入。其中，高优先级业务的传输系统被描述为 $M/M/n$ 排队模型，低优先级业务的传输系统被描述为基于强占优先级的 $M/M/n-m$ 排队模型。从而，传输低优先级业务的用户最多可以接入的信道数为 $(n-m)$ 个。传输不同优先级业务的用户在同一时间无法接入相同信道，可以将该接入策略用图 7-16 和图 7-17 所示的接入模型表示。

在图 7-16 和图 7-17 所示的接入模型中，高优先级用户可以接入任意一个信道，即对于高优先级用户接入信道时不考虑低优先级业务的存在，低优先级用户是否占用信道资源对于高优先级用户完全透明。但是，为了保证低优先级用户的低接入阻塞率和低信道切换率，高优先级用户优先接入预留空闲信道，只有在预留信道被全部占用后，才可以占用低优先级用户的信道。低优先级用户只能在感知频谱空穴后选择剩余空闲信道接入，对于等待接入的大数据量高优先级业务和其余低优先级业务均采用相应的排队模型在相应的高优先级队列或低优先级队列中排队等待空闲信道。

用户接入卫星网络的高优先级业务的到达服从参数为 λ_H 的泊松分布，低优先级业务的到达服从参数为 λ_L 的泊松分布。高优先级业务的服务时间服从参数为 μ_H 的负指数分布，低优先级业务的服务时间服从参数为 μ_L 的负指数分布。

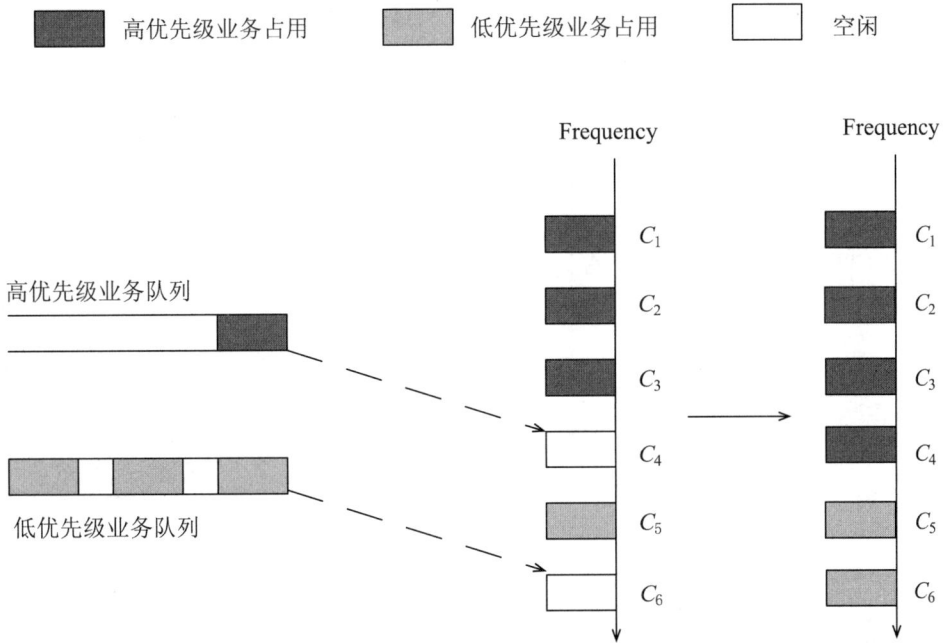

图 7-16 有空闲预留信道时接入策略模型

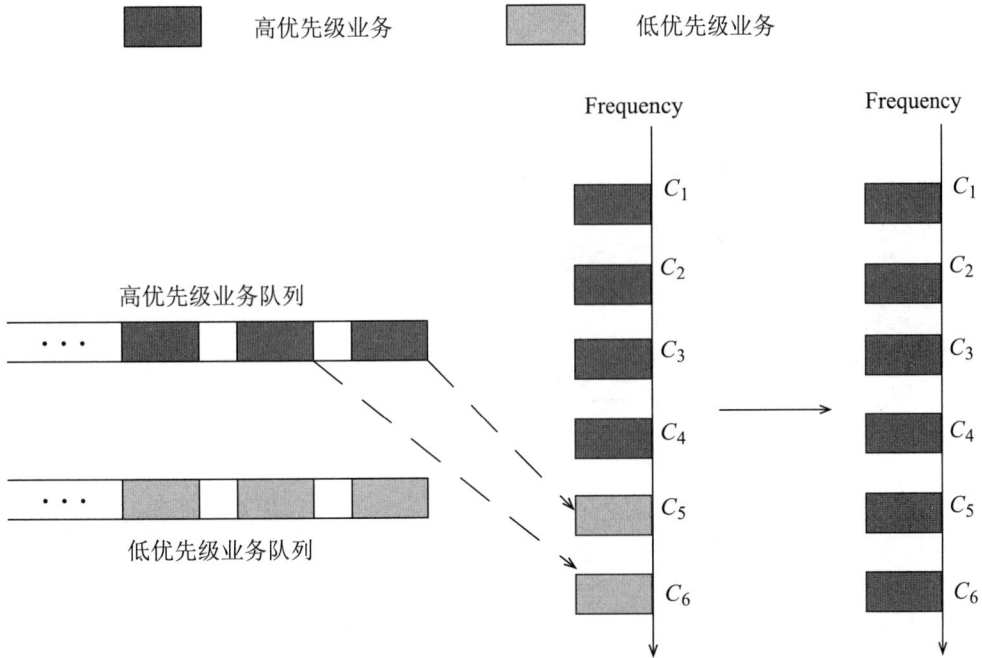

图 7-17 无空闲预留信道时接入策略模型

由于高优先级业务接入信道时，所有可用信道资源对其透明，因此定义低优先级业务被迫接入掉线状态为低优先级业务占用的信道被高优先级业务征用导致当前接入失败；低优先级业务接入阻塞状态为低优先级业务可以接入的信道被高优先级业务或低优先级业务完全占用。当低优先级业务接入卫星网络时，产生的掉线率为 P_{f-drop}，产生的接入阻塞率为 P_{block}。

根据所提出的接入策略，需要接入卫星通信网络的不同优先级业务的接入状态可分为三种：接入无碰撞状态，被迫接入掉线状态和接入阻塞状态。由此可建立图 7-18 所示的 Markov 状态转移模型。

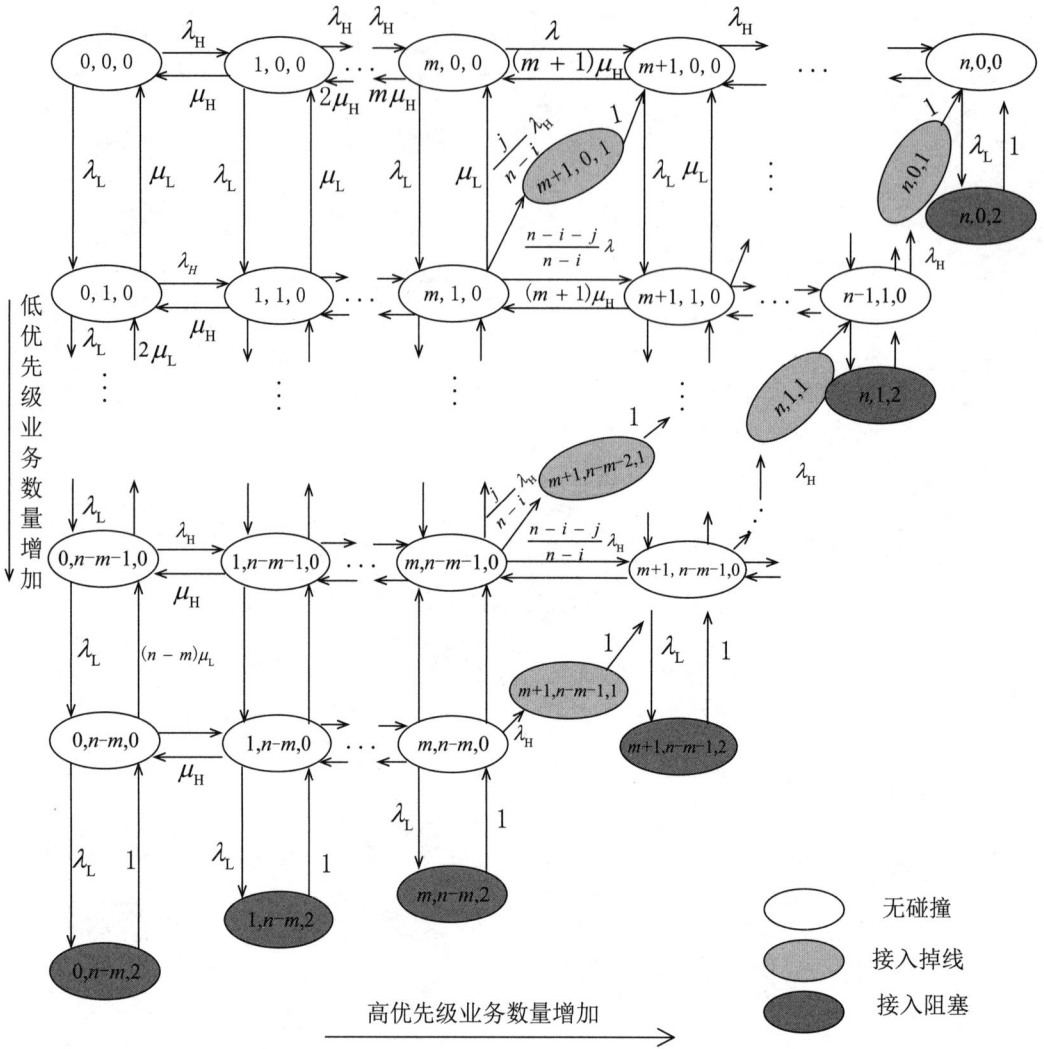

图 7-18　Markov 状态转移模型

接下来，只需要根据 Markov 过程相关理论，建立 Markov 过程对应的稳态方程式，即可进一步对所设计接入策略进行分析与评估。

7.2.5　优化理论

最优化问题（也称为优化问题）泛指定量决策问题，主要关心如何对有限资源进行有效分配和控制，并达到某种意义上的最优。它通常需要对需求进行定性和定量分析，建立恰当的数学模型来描述该问题，设计合适的计算方法来寻找问题的最优解，探索研究模型和算法的理论性质，考察算法的计算性能等。由于很多数学问题难以直接给出显式解，最优化模型就成为人们最常见的选择，计算机的高速发展也为最优化方法提供了有力辅助工具。因此，最优化方法被广泛应用于科学与工程计算、金融与经济、管理科学、工业生产、图像与信号处理、数据分析与人工智能、计算物理与化学等领域。

从数学意义上说，最优化方法是一种求极值的方法，即在一组约束为等式的条件下，使系统的目标函数达到极限。最优化问题的主要内容包括线性规划、整数规划、非线性规划、变分法、最优控制等。

最优化问题的一般形式如下。

目标函数：

$$\min f(x) , \ x \in \mathrm{R}^n \tag{7-23}$$

约束条件：

$$\mathrm{s.\,t.}\ \boldsymbol{x}g_j \geq 0, \ j = 1, \ 2, \ \cdots, \ m \tag{7-24}$$

$$h_k(\boldsymbol{x}) = 0, \quad j = 1, \ 2, \ \cdots, \ l \tag{7-25}$$

式中，$\boldsymbol{x} = (x_1, \ x_1, \ \cdots, \ x_n)^\mathrm{T}$、$x_i(i = 1, \ 2, \ \cdots, \ n)$ 是决策变量；$f(\boldsymbol{x})$ 是目标函数，约束条件由等式或不等式组成，简记为 s.t.，可行解构成的集合叫可行域；满足约束条件又使目标函数达到最小的可行解叫最优解，记为 $\boldsymbol{x}^*$，相应的目标函数记为 f^*。如果求目标函数的最大值或约束条件中的不等式约束取小于号，只需要在式子两端乘以-1，便可化为一般形式。

如果目标函数和约束条件中的函数都是线性函数，那么称该规划为线性规划，否则称为非线性规划。若决策变量 $x_i(i = 1, \ 2, \ \cdots, \ n)$ 还要求取整数值，则称该模型为整数规划模型；若只有其中一部分变量取整数值，则称模型为混合整数规划模型；若决策变量 $x_i(i = 1, \ 2, \ \cdots, \ n)$ 只有 0 或 1 两个值，则称模型为 0-1 规划模型。

需要说明的是，对有些实际问题，其目标函数不止一个，这样的优化问题称为多目标优化问题。一般的数学规划问题是有限维空间上的优化问题。此外，还有一类问题是无限维空间上的优化问题，称为泛函优化问题，如最优控制问题。

7.3 卫星通信中的网络协议

现代卫星通信是传统卫星通信技术和计算机通信技术结合的产物，早期 ARPANET 为了能与无线网、卫星通信网络等互联，建立了 TCP/IP 新参考体系结构，制定了一系列协议，并与时俱进。

7.3.1 计算机参考模型

1. OSI 参考模型

世界上第一个网络体系结构为 1974 年由 IBM 公司推出的 SNA 网络体系结构，以后其他公司也相继提出自己的网络体系结构，如 Digital 公司的 DNA、美国国防部的 TCP/IP 等，多种网络体系结构并存，其结果是各个网络体系结构不能互联互通。为了促进计算机网络管理的发展，国际标准化组织（ISO）于 1977 年成立了一个委员会，其在现有网络的基础上，提出了不基于具体机型、操作系统或公司的网络体系结构，称为开放系统互连参考模型（Open Systems Interconnection Reference Model，OSI-RM），为更好地创建计算机网络和资源共享提供支持。

2. TCP/IP 参考模型

TCP/IP 参考模型是计算机网络 ARPANET 和其后续因特网使用的参考模型。ARPANET

最初通过租用电话线将美国几百所大学和政府部门（研究所）连接起来。随着无线网、卫星通信网络等异构网络加入 ARPANET 中，已有的协议已不能解决这些网络的互联问题，所以需要一个新的参考体系结构。这个体系结构在它的两个主要协议出现以后，被称为 TCP/IP 参考模型，之后应用于互联网，将各种局域网、广域网和国家骨干网连接在一起。互联网的快速发展和广泛应用，使得 TCP/IP 成为迄今为止最成功的网络体系结构和协议规范，形成了事实上的网络互联工业标准。

7.3.2 五层协议的原理体系结构

1. 五层协议的原理体系结构

OSI 参考模型的七层协议体系结构概念清楚，体系结构完整，但结构复杂。TCP/IP 目前得到了广泛应用，它是包含应用层、传输层、网际层和网络接口层的四层体系结构。在学习、研究计算机网络原理时，为了便于理解，往往采用综合 OSI 参考模型和 TCP/IP 参考模型的优点、只有五层协议的原理体系结构。计算机网络体系结构图如图 7-19 所示。

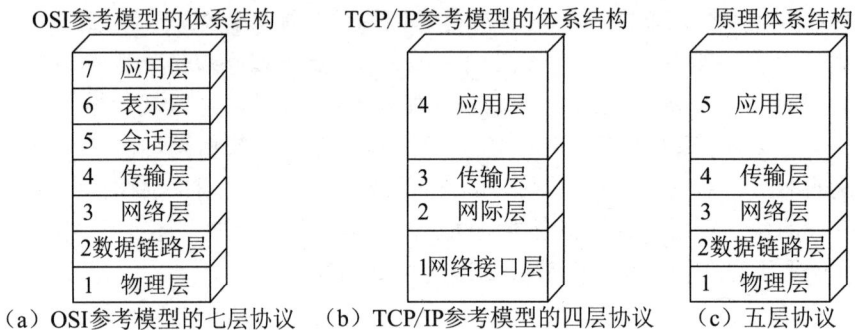

图 7-19　计算机网络体系结构图

2. 分层协议体系

在计算机网络中，协议与分层的体系结构是最重要的。计算机网络由多个互连的节点组成，节点之间需要不断交互数据与控制信息。要做到有条不紊地交换数据，每个节点都必须遵循一些事先约好的规则。这些规则明确规定了所交换的数据的格式和时序，以及在发送或接收数据时要采取的动作等。这些为在网络中进行数据交换而建立的规则、标准或约定被称为网络协议（Network Protocol），简称为协议。网络协议由语法、语义和时序三要素组成。语法，即数据与控制信息的结构或格式。例如，地址字段有多长及它在整个分组中的位置；语义，即各个控制信息的具体含义，包括需要发出何种控制信息，完成何种动作（做出何种响应）；时序，即事件实现顺序和时间的详细说明，包括数据应该在何时发送，以及数据应该以什么速率发送。

协议在我们的日常生活中和军事斗争中处处可见。例如，人们在使用邮政系统进行通信时，书写的信封格式就需要遵守国家规范来书写，这些规范对收件人和发件人的地址、姓名、邮政编码的书写多有明确的要求。又如，在古代战场上，军队统帅用击鼓鸣金的方法来指挥作战的过程，就需要建立一种将士和统帅之间共同遵守的制度或协议。例如，有节奏地击鼓表示进攻，有节奏地鸣金则表示撤退。

分层协议体系由协议集合和分层结构组成，具有五层协议的原理体系结构图如图 7-20 所示。

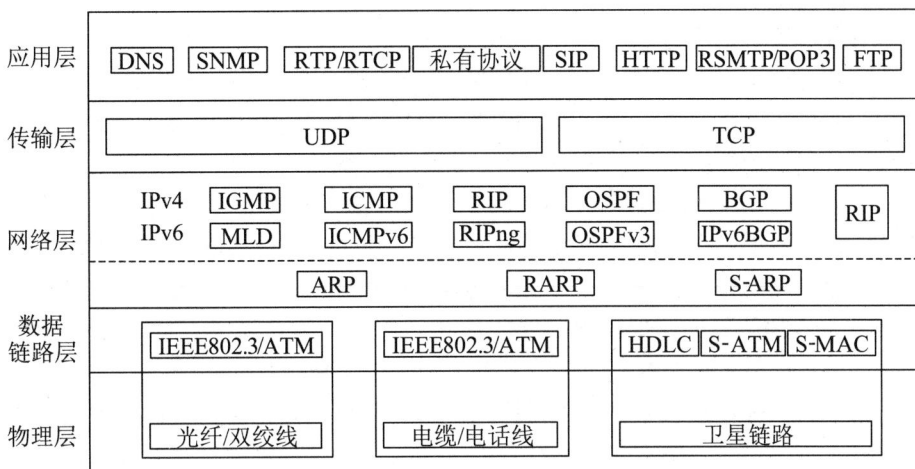

图 7-20　具有五层协议的原理体系结构图

（1）应用层协议负责为使用网络的用户提供常用的、特定的应用程序，用于规范一系列计算机网络的使用方式和功能，常用的应用层协议包括域名服务（DNS）、超文本传输协议（HTTP）、文件传输协议（FTP）、简单网络管理协议（SNMP）、邮件传输协议（SMTP/POP3）和 IP 多媒体通信协议簇等，其中 IP 多媒体通信协议簇包括会话初始化协议（SIP）、实时传输协议（RTP）和实时传输控制协议（RTCP）。

（2）传输层协议负责提供端到端的数据传输服务。针对不同用户或应用对通信质量要求的不同，传输层定义了两种端到端的协议：TCP 是面向连接的无差错传输字节流的协议，通过引入确认、超时重发、流量控制和拥塞控制等机制，进行端到端的可靠数据传输；UDP 是一个不可靠的、无连接的协议，不确认报文到达，提供端到端的数据无连接服务。

（3）网络层协议负责将数据分组从信源传送到信宿，主要解决路由选择、拥塞控制和网络互联等问题。在 TCP/IP 参考模型中，网络层包括五个协议：IP、ARP、RARP、ICMP 和 IGMP。IP 是网络层的核心，负责 IP 数据包在计算机网络上的路由转发；ARP 实现 IP 地址到物理层地址的映射；RARP 实现物理层地址到 IP 地址的映射；ICMP 用于物理层控制信息的产生和接收处理；IGMP 实现本地组播成员的管理。在五层协议模型中，将路由协议划分到网络层协议，为数据分组的转发提供转发规则。

（4）数据链路层协议负责 IP 数据包在具体通信系统上传输。一方面接收网络层的 IP 数据包，而后通过网络向外发送；另一方面接收来自物理网络的数据帧，然后抽取 IP 数据包向 IP 层传送。五层协议模型并没有规定具体链路层，只要是在其上能进行 IP 数据包传输的物理网络都可以当作数据链路层。这样的好处是可以实现不同类型物理网络的互联，而不必关注物理网络的细节。

（5）物理层协议负责为数据链路层提供一个物理连接。该层定义了数据传输规则及设备与物理介质有关的四个接口特性：机械接口特性、电气接口特性、功能接口特性和过程接口特性。物理层的传输介质通常分为有线介质和无线介质；有线介质将信号约束在一个物理导体之内，如光缆、电缆、双绞线等；无线介质则不能将信号约束在某个空间范围内，如卫星链路等。

3. 分层协议的封装与解封装

当应用程序在基于 TCP/IP 的网络上传送数据时，发送端需要对数据进行封装处理，接收端则需要对其进行解封装处理。

（1）发送端数据封装处理过程。发送端将收到的用户数据按照各层协议定义的首部格式，逐层添加应用层首部、传输层首部、网络层首部、数据链路层首部，生成下一层的数据单元。通常，传输层的数据单元称为报文段，网络层的数据单元称为数据包，数据链路层的数据单元称为帧。数据单元每经过一层，由于该层协议对数据长度的限制，若数据单元超长，则需要按长度要求进行分段（原数据单元首部不变），同时对每个分段的数据单元增加各自的首部，然后向下传输，直到通过数据链路层传到网络介质上向接收端传送。

（2）接收端数据解封装处理过程。接收端从网络介质上收到数据时，收到的数据必须经历一个从下层逐层向上传输的逆过程。每经过一层，都要读取数据首部信息，检查首部信息中的协议标志，以确定接收数据的上层协议。有的协议还要判断在发送端主机是否由于数据超长而被分包，如果是，那么先要进行合并包的处理，然后剥掉自己的首部信息再向上层传输，一直传到接收端主机的应用层为止。

下面以应用层数据在异步传输模式（ATM）中的数据封装过程为例，如图 7-21 所示。传输层收到应用层数据后，根据 TCP 对数据长度的限制，将应用层数据分割成一定长度的数据单元，然后添加 TCP 首部信息，再传递给网络层。网络层的 IP 将 TCP 报文段直接添加 IP 首部信息，再传递给数据链路层。ATM 数据链路层可分为 ATM 适配层（AAL）和 ATM 层。ATM 适配层先将 IP 数据包填充为 48B 的整数倍，再将其分割成 48B 的 ATM 业务数据单元。ATM 层协议为每个业务数据单元封装 5B 的 ATM 首部信息，最终 ATM 数据帧被当作一串比特流在物理介质中传输。

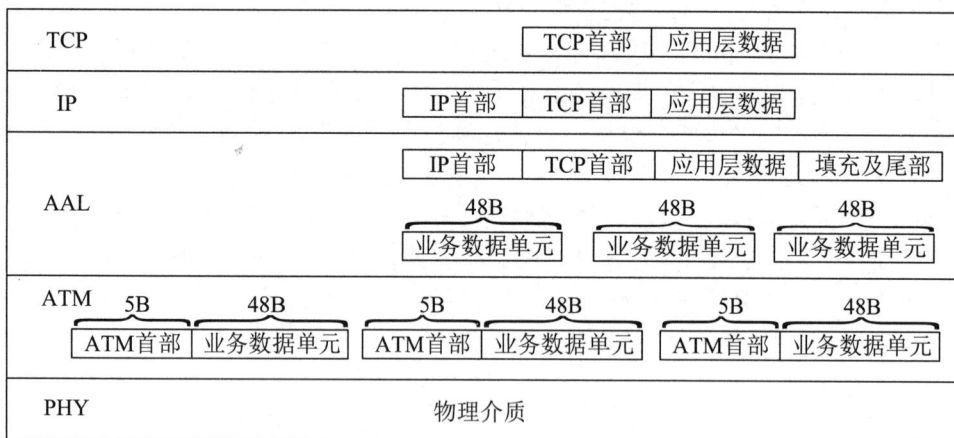

图 7-21　ATM 数据封装过程

4. 协议体系软件的实现架构和原理

计算机系统中的网络协议体系软件基本上是按五层协议的体系结构进行设计的，但在具体实现上有所不同，如图 7-22 所示。ARP 处理模块和 IP 处理模块放在同一层（数据链路层）上，ICMP、IGMP 处理模块和 TCP、UDP 处理模块放在同一层（网络层）上，动态路由协议处理模块（RIP、OSPF、BGP 等）和应用层协议处理模块放在同一层上。这样的设计主要是出于程序调度逻辑的考虑，如 MAC 模块（数据链路层）从网络接口驱动收到数据帧后判断数据帧首部的类型字段。若是 ARP 数据包（首部类型为 0×0806），则传递给 ARP 处理模块；若是 IP 数据包（首部类型为 0×0800），则传递给 IP 处理模块，因此在实现上 ARP 处理模块和 IP 处理模块在同一层上。同样，IP 处理模块将数据包首部的协议字段传递给 ICMP、IGMP 处理模块或 TCP、UDP 处理模块。TCP、UDP 处理模块将报文段首部的端口字段传递给相应的应用层协议处理模块（FTP、HTTP、DNS 等）。

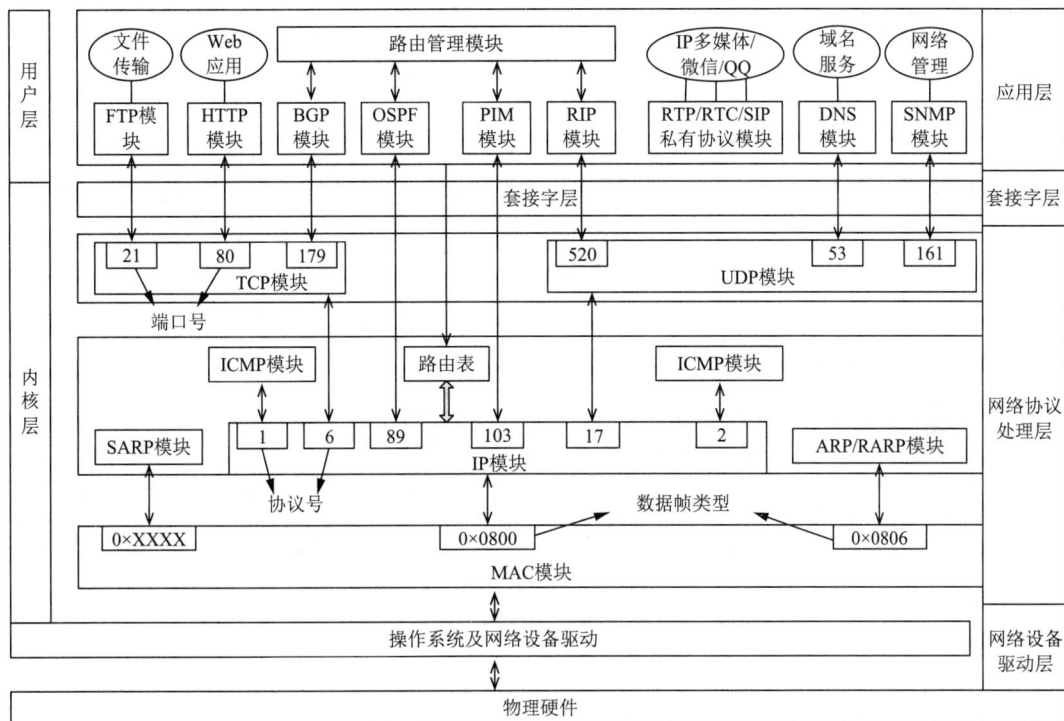

图 7-22 计算机系统中协议体系软件的实现架构

从整体上来看，计算机系统中的网络协议体系软件是在操作系统及网络设备驱动之上实现协议处理功能的，可以分为网络设备驱动层、网络协议处理层、套接字层和应用层四个部分。网络设备驱动层负责链路层数据帧的发送，以及将接收的数据帧从网络设备缓存区转移至内存缓冲区，而链路层数据帧的封装/解封装功能则由上层的 MAC 模块实现。网络协议处理层负责处理各种网络协议，每种协议基本都是按照 RFC 标准具体设计和实现的，包括 MAC/ARP 模块、IP 处理模块、ICMP/IGMP 处理模块、TCP/UDP 处理模块等。套接字层位于网络协议处理层之上，屏蔽了不同网络协议之间的差异，向上层应用软件提供一个统一的编程环境，并为上层软件提供库函数与系统函数。应用层协议一般在操作系统的用户层实现，使用套接字接口和底层进行通信。应用层协议包括常用的 HTTP、FTP、DNS、SNMP 等，此外动态路由协议（RIP）、OSPF、BGP、PIM 通常也在应用层实现。

7.3.3 现代卫星通信网络中 TCP/IP 技术带来的问题和解决途径

TCP/IP 技术最初主要是针对在地面有线通信网络中实现计算机网络通信而提出的，其优点是网络时延小、误码率低。卫星通信网络与地面计算机网络相比有许多不同的特点，如时延大、误码率高、链路不对称、网络带宽相对光缆小、网络拓扑变化频繁、网络连接具有间断性、节点资源有限等。这些特点限定了不能简单地将地面 TCP/IP 技术直接运用到卫星通信网络上。

1. 卫星通信网络中 TCP/IP 技术应用问题的分析

（1）应用层问题分析。卫星通信网络的长时延和带宽的受限特性会对应用层协议产生严重影响。由于应用层协议大多具有串行化、交互式等特点，因此长时延会使得这类交互式协议传输效率很低。与此同时，应用层中的各类互联网应用（如 Web 应用）存在大量冗余数据传输，也势必会造成卫星带宽资源的严重浪费，从而无法对所有业务提供端到端的服务质量保证。

（2）传输层问题分析。由于卫星通信网络具有传播时延长、链路误码率高、链路频繁中断、链路带宽不对称等特点，使得原本为地面有线网络设计的 TCP 用于卫星通信网络时效率很低。传输时延长使得 TCP 的最大吞吐量受限，发送窗口增长缓慢，丢包恢复缓慢；链路误码率高使得 TCP 的发送窗口无法顺利增长，同一窗口中丢失多个数据包时恢复更加缓慢；链路长时间中断使得 TCP 连接彻底终止，链路短时间中断使得 TCP 发送增长缓慢；链路带宽不对称会引起确认包拥塞，从而影响前向发送速率。

（3）网络层问题分析。路由选择是网络层技术的核心。卫星通信网络特有的拓扑结构、链路特性，都会对地面计算机网络中常用的路由协议的性能产生负面影响。比如，在基于广播链路的卫星通信网络中，OSPF 协议呼叫报文的开销会明显增长，这将占用更多的卫星通信网络带宽。此外，卫星通信网络按需建立业务传输链路的特性，使得计算机网络中的路由协议无法直接应用。

（4）链路层问题分析。数据链路层协议不具备普遍的适应性。卫星通信网络环境与地面网络环境相差很大（如长时延、高误码率、多址接入等），计算机网络的链路层协议不一定适应卫星通信链路的通信要求。若要达到较高的卫星通信网络要求的性能，需要针对不同的网络环境和用户要求，选用或设计不同的链路层协议。

2. 解决卫星通信网络中 TCP/IP 技术应用问题的途径

（1）应用层 HTTP 增强。卫星通信网络 HTTP 增强主要用于解决卫星通信网络中时延长造成 HTTP 传输效率低下的问题和协议交互冗余造成卫星链路资源浪费的问题，达到"带宽资源最省、访问效率最高"的目标。主要技术途径：一是缓存与预取相结合，提高 Web 页面本地存储命中率，节约卫星链路带宽资源；二是流程优化，缩短访问时间，提升用户体验。

（2）传输层 TCP 增强。卫星通信网络 TCP 增强主要用于解决卫星通信网络中长时延、高误码率、带宽不对称和链路频繁中断造成 TCP 传输性能下降的问题，有效提高卫星链路带宽的利用率。主要技术途径：一是针对卫星链路特性，对 TCP 流程和传输控制机制进行改进，如算法改进、变种协议、性能增强代理等；二是针对典型卫星应用场景的优化设计，如"零窗口"停发、反向 ACK 过滤、误码容忍的拥塞控制等。

（3）网络层卫星路由优化。卫星路由主要用于解决卫星通信网络特有的拓扑结构和链路频繁中断对路由协议收敛性能与协议开销造成的影响，提高卫星通信网络路由的稳定性和选路效率。主要技术途径：一是针对卫星通信网络拓扑结构的特点，综合考虑收敛性能和协议开销，选择合适的地面路由协议以应用于卫星通信网络，并进行相应的优化设计；二是针对卫星链路频繁中断的特点，开发设计卫星通信网络的自适应路由协议。

（4）链路层卫星链路协议设计。卫星链路层协议需要结合卫星网络的特点，优化帧结构功能，降低链路层帧开销，提高信息传输效率，同时解决计算机网络与卫星网络在链路层的适配问题，保障在卫星信道上不同类型数据的高效有序传输。主要技术途径：一是直接使用计算机网络数据链路层协议；二是采用自定义卫星链路帧承载计算机网络协议；三是采用国际标准的卫星数据链路层协议。

（5）服务质量保障和数据压缩。卫星网络的服务质量保证技术需要结合链路和网络拓扑的特点，对地面 IP 网络的服务质量技术进行优化设计，在资源受限的卫星网络中，为不同类型的用户和业务提供不同的服务质量保证。卫星网络的 IP 数据压缩技术可在沿用地面网络压缩技术和相关标准的基础上，针对卫星网络的高误码、点对多点和单向链路等特点，进行适应性选择和优化设计，从而提高卫星信道带宽的利用率，降低业务端到端的传输时延。

7.4 卫星通信网络中的数据链路层协议

数据链路层是将网络层传递的 IP 数据报组装成帧，以帧为单位在两个相邻节点间发送数据的。每个帧包括要传输的数据和必要的控制信息，如同步信息、链路管理、差错控制、地址信息、流量控制等。卫星网络数据链路层协议与计算机网络数据链路层协议有较大的相似性，这里以示例方式给出了几种常用的数据链路层协议的帧结构，同时给出了几种不同体制的卫星网络数据链路层协议的帧结构。

链路就是一条无源的点到点的物理线路段，中间没有任何其他的交换节点。数据链路是指当需要在一条线路上传输数据时，除了必须有一条物理线路，还必须有一些必要的通信协议来控制这些数据的传输，并通过适配器（如网卡）来实现这些协议的硬件和软件功能。

7.4.1 常用的数据链路层协议的帧结构

1. 以太网数据链路层协议

以太网（Ethernet）协议是在 20 世纪 70 年代首先由施乐（Xerox）公司开发的一种局域网规范。1982 年，IEEE 802 委员会以此为基础，发布了 IEEE 803 协议，成为现在以太网协议的通用标准，目前在计算机网络中广泛应用。

在 IEEE 803 协议中，数据链路层被分割为两个子层：逻辑链路控制（Logical Link Control，LLC）和媒体接入控制（Medium Access Control，MAC）。LLC 子层负责向高层协议提供有链接的服务，MAC 子层负责数据封装和差错检测，并通过 LLC 子层才能向高层协议提供服务，因此早期的以太网 MAC 帧规定的载荷是 LLC 帧。随着 IP 成为网络层事实上的标准，且 IP 使用的服务都是无连接、无确认的，LLC 协议的服务处理成了一种不必要的负担，因此这种格式已不再使用。现在普遍使用的以太网链路帧（MAC 帧）是直接封装 IP 包、ARP 包的，如图 7-23 所示。

以太网链路帧包含的字段有前导码字段、目的地址字段、源地址字段、类型字段、数据字段及校验和字段。其中，前导码字段占 8B，前 7 个字节的比特模式为 10101010，第 8 个字节的比特模式为 10101011，用于链路时钟同步；地址字段包括目的地址字段和源地址字段，各占用 6B，用于标识接收站和发送站的地址，它可以是单站地址，也可以是组地址或广播地址；类型字段，用以标识使用以太网链路帧的上层协议类型，如 0×0800 代表以太网链路帧内包含一个 IPv4 数据包；数据字段用来承载上层协议数据，其最小长度为 46B，最大长度为 1500B；校验和字段占用 4B，用来确定接收的帧是否正确，它只提供检测功能，若检测到一个错误，则丢弃该帧。

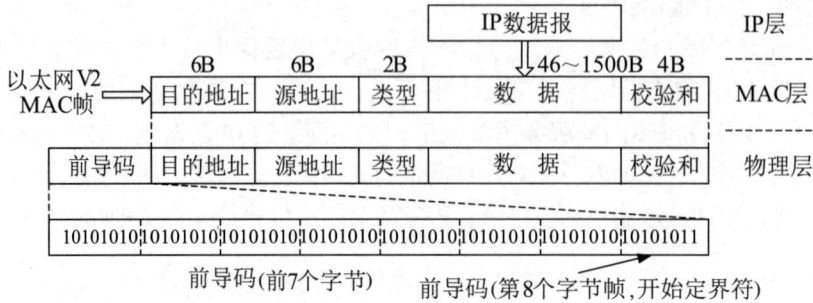

图 7-23 以太网链路帧（MAC 帧）格式

2. 以太网数据链路层的接入控制方法

在早期以太网中，各站点在物理上通过总线拓扑或星形拓扑连接在一起，其逻辑拓扑结构是总线状的；所有站点共享以太网信道，并且一次只能有一个站点使用这个信道；若两个站点同时使用该信道，它们发送的帧就会发生碰撞。IEEE 803.3 标准定义了载波侦听多点接入/碰撞检测（CSMA/CD，Carrier Sense Multiple Access With Collision Detection，CSMA/CD）作为以太网的接入方法。一个站点在发送数据帧前，首先要对信道进行侦听，若发现信道空闲，则发送数据帧并继续侦听信道；在发送数据帧过程中，若检测到两个站点信号发生碰撞，并致使两个帧都发生损坏，则停止发送该数据帧，回退一定的时间后再次发送该数据帧。随着交换式以太网技术的出现，各站点在逻辑上的拓扑结构变为星状连接，同时各站点信道接入方法变为全双工模式。

3. 以太网技术的应用

以太网技术在局域网中常用快速以太网和千兆以太网两种，部分局域网的核心层应用万兆以太网。同时，随着光纤技术和路由交换技术的发展，以太网技术在城域网中也得到了越来越广泛的应用。

7.4.2 高级数据链路层协议

高级数据链路控制（High-Level Data Link Control，HDLC）协议是一种面向比特的同步数据链路层协议，由国际标准化组织根据 1974 年 IBM 公司的同步数据链路控制（Synchronous Data Link Control，SDLC）协议扩展开发而成。HDLC 协议既可以工作在点对点链路方式下，又可以工作在点对多点链路方式下；该协议既适用于半双工链路，又适用于全双工链路。HDLC 子集被广泛用于 X.25 网络、帧中继网络。点对点协议（Point-to-Point Protocol，PPP）也是一种 HDLC 扩展协议。

1. HDLC 协议

1）HDLC 帧结构

HDLC 帧格式如图 7-24 所示，主要由标志字段（01111110）、地址字段、控制字段、信息字段和帧校验字段组成。数据链路层在信息字段的头尾各加上 24bit 的控制信息，这样就构成一个完整的帧。

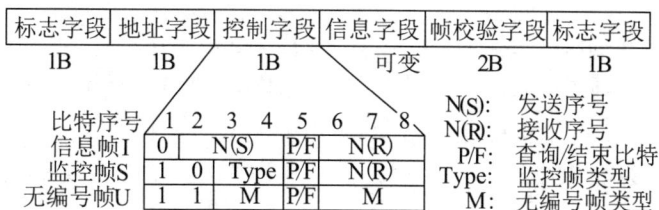

标志字段	地址字段	控制字段	信息字段	帧校验字段	标志字段
1B	1B	1B	可变	2B	1B

比特序号	1	2	3	4	5	6	7	8
信息帧 I	0	N(S)			P/F	N(R)		
监控帧 S	1	0	Type		P/F	N(R)		
无编号帧 U	1	1	M		P/F	M		

N(S)：　发送序号
N(R)：　接收序号
P/F：　查询/结束比特
Type：　监控帧类型
M：　无编号帧类型

图 7-24　HDLC 帧格式

（1）各字段的意义。

我们知道，物理层要解决同步的问题，而数据链路层要解决帧同步的问题。所谓帧同步就是从收到的比特流中正确无误地判断出一个帧从哪个比特开始并到哪个比特结束。为此，HDLC 帧规定了在一个帧的开头（首部的第一个字节）和结尾（尾部中的最后一个字节）各放入一个特殊的标记，作为一个帧的边界。这个标记就叫标志字段 F（Flag）。标志字段 F 由 6 个连续 1 和两边各一个 0 组成，共 8bit。在接收端，只要找到标志字段，就可以很容易地确定一个帧的位置。在两个标志字段之间的比特串中，如果碰巧出现了和标志字段 F 一样的比特组合，那么就会在处理 HDLC 帧首部时误认为找到了一个帧边界。为了避免出现这种错误，HDLC 采用零比特填充法使一帧中的两个标志字段 F 之间不会出现 6 个连续 1。

地址字段 A 也是 8bit。在使用非平衡方式传输数据时，地址字段总是写入次站的地址。但在平衡方式时，地址字段总是填入确认站的地址。全 1 地址是广播地址，而全 0 地址是无效地址。因此，有效的地址共有 254 个。这对一般的多点链路是足够的。但对使用分组无线电来说，用户可能很多，所以地址字段就做成可扩展的。这时用地址字段的比特 1 表示扩展比特，其余 7bit 为地址比特。

帧校验字段 FCS 共 16bit。它采用的生成多项式是 CRC-CCITT。所校验范围是从地址字段的第 1 个比特起，到信息字段的最末 1 个比特为止。

控制字段 C 共 8bit，HDLC 的许多重要功能都靠控制字段来实现，并构成各种命令与响应，以便对链路进行监视与控制。HDLC 帧划分为三类，即信息（Information）帧、监控（Supervisory）帧（用于控制数据流）和无编号（Unnumbered）帧（用于控制链路，不包含帧序号），其简称分别是 I 帧、S 帧和 U 帧。

（2）信息帧字段。

若控制字段的比特 1 为 0，则该帧为信息帧。比特 2~4 为发送序号 N(S)，而比特 6~8 为接收序号 N(R)。N(S) 表示当前发送的信息帧中的发送序号是由对方确定并填入的，而 N(R) 表示本站所期望收到的帧的发送序号。由于是全双工通信，所以通信的每一方各有一个 N(S) 和 N(R)，通信双方总共有两个 N(S) 和 N(R)。控制字段的比特 5 是查询/结束（Poll/Final）比特，简称 P/F 比特。主站发出的命令帧中若将 P 比特置为 1 则表示要求对方立即发送响应。在对方确认的帧中若将 F 比特置为 1 则表示要发送的数据已经发送完毕。

（3）监控帧字段。

若控制字段的比特 1~2 为 10，则对应的帧为监控帧 S。监控帧共有四种，取决于比特 3~4 的值。表 7-2 所示为这四种监控帧的名称和功能。

表 7-2 四种监控帧的名称和功能

第 3、第 4 比特	帧 名	功 能
0 0	RR（Receiv Ready）接收就绪	准备接收下一帧 确认序号为 N(R)-1 及其以前的各帧
1 0	RNR（Receiv Not Ready）接收未就绪	暂停接收下一帧 确认序号为 N(R)-1 及其以前的各帧
0 1	REJ（Reject）拒绝	从 N(R) 起的所有帧都被否认 但确认序号为 N(R)-1 及其以前的各帧
1 1	SREJ（Selective Reject）选择拒绝	只否认序号为 N(R) 的帧 但确认序号为 N(R)-1 及其以前的各帧

上述四种监控帧中，前三种用在连续 ARQ 协议中，最后一种只用于选择重传 ARQ 协议。

（4）无编号帧字段。

若控制字段的第 1、第 2 比特都是 1，则这个帧就是无编号帧 U。无编号帧本身不带编号，即无 N(S) 和 N(R) 字段，而是用 5bit（比特 3、4、6、7、8）来表示不同功能的无编号帧，在这 32 种组合中，目前只定义 15 种。无编号帧主要起控制作用，可在需要时随时发出。

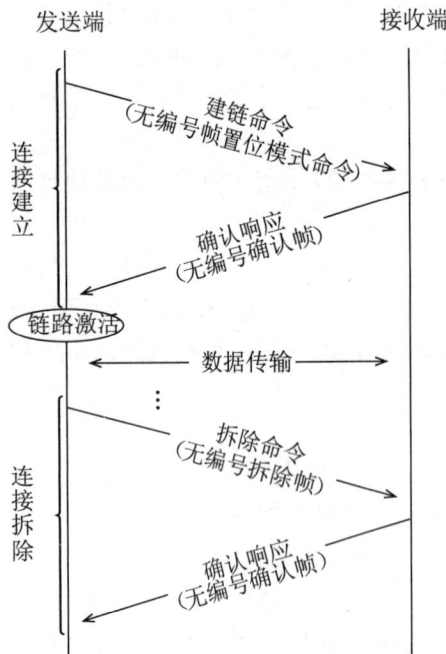

图 7-25 HDLC 协议在平衡链路上的交互过程

2）HDLC 协议交互流程

HDLC 协议是一种面向连接的服务，包括链路建立、数据传输和链路拆除三个阶段，若在数据传输过程中出现无法经重发恢复的差错，则还需要进行链路复位，并通知网络节点的高层协议。HDLC 协议定义了非平衡链路结构和平衡链路结构这两种链路结构类型。非平衡链路结构由一个主站和若干个从站组成，主站具有链路建立和管理的主控权，从站根据主站的指令建立或拆除连接；平衡链路结构由两个地位平等站点组成，每个站都可以发送命令帧和响应帧，是计算机网络常用的链路结构类型。HDLC 协议在平衡链路上的交互过程如图 7-25 所示。

对于平衡链路结构工作时，发送端通过发送无编号帧置位模式命令（Set Asynchronous Balanced Mode，SABM）启动建立链路，接收端则发送无编号帧确认，至此发送端与接收端之间链路建立完毕。发送端发送信息帧后，要求接收端在一定时间内发送应答帧。接收端收到该信息帧后，取帧校验字段进行循环码校验，若不正确则丢弃；若正确则检查帧序号是否正确。只有当帧校验字段与帧序号都正确时，接收端才发出确认应答，否则发出拒绝应答并请求重发。在完成信息传输或信息传输阶段出现差错时，均可拆除数据链路。连接中的任意一方通过发送一个拆链帧宣布连接终止，对方都需要用无编号确认帧做应答，表示接受拆链。

2. PPP

PPP 是 HDLC 的一种扩展数据链路层协议，在远程接入 Internet 中得到了广泛应用。PPP 是面向字节的串行链路通信协议，支持 IP 地址的动态分配和管理、同步或异步物理层的传输、网络协议的复用、链路的配置、质量检测和纠错等功能，同时支持多种配置参数选项的协商。

PPP 链路层组帧与 HDLC 的区别如下。

PPP 链路层组帧方式参照了 HDLC 帧格式，并在其基础上增加了 2B 的协议字段，以使数据端能够准确区分 PPP 数据帧承载的数据协议类型。PPP 帧格式与 HDLC 帧格式的对比如图 7-26 所示。

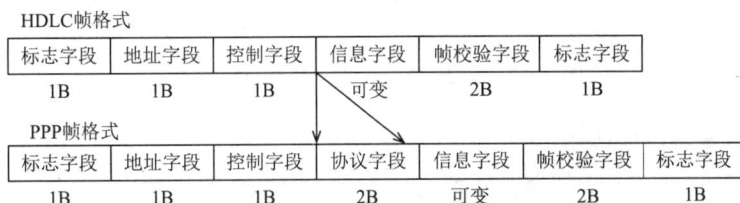

图 7-26　PPP 帧格式与 HDLC 帧格式的对比

标志字段与 HDLC 相同，为 0×7E，是帧的定界符，用以识别单个的 PPP 帧。地址字段为固定值 0×FF，表示所有站点均可以接收该帧。控制字段为固定 0×03，表示 PPP 帧为无编号帧，即 PPP 没有使用序号和确认机制来保证传输的可靠性。协议字段用于指示信息字段所封装的数据协议类型。例如，协议字段为 0×0021 表示信息字段封装了 IPv4 协议，为 0×C021 表示信息字段封装了链路控制协议（Link Control Protocol，LCP）。信息字段承载网络层的协议数据包，默认最大长度为 1500B。帧校验字段（16bit）默认采用循环冗余校验（CRC）算法计算校验码，保证数据帧的正确性，若发生错误则丢弃。

PPP 采用字节填充定界法来组帧，当信息字段中出现和标志字段一样的字节序列（0×7E）时，使用控制转移字节（0×7D）进行填充。为了实现透明传输，发送方在对帧进行 CRC 校验计算后，要检查在标志字段之间的整个帧，将出现的每个标志字节（0×7E）转变成 2B 序列（0×7D，0×5E），将出现的每个控制转移字节（0×7D）转变成 2B 序列（0×7D，0×5D），接收方则要执行相反的操作。

3. X.25 协议

X.25 协议是一个广泛使用的协议，它由 ITU-T 提出，是面向计算机的数据通信网络的，它由传输线路、分组交换机、远程集中器和分组终端等基本设备组成。X.25 协议由 HDLC 协议演变而来，于 1976 年首次提出，它是在加拿大 DATAPAC 公用分组网相关标准的基础上制定的，在 1980 年、1984 年、1988 年和 1993 年又进行了多次修改，是目前使用最广泛的分组交换协议。X.25 协议是数据终端设备（Date Terminal Equipment，DTE）和数据通信设备（Date Cmmmunication Equipment，DCE）之间的接口协议。该协议实现了接口协议的标准化，采纳并修改了国际标准化组织的 HDLC 协议，命名为链路访问规程（Link Access Process，LAP），后来又做了进一步修改，并命名为平衡型链路访问规程（Link Access Process-Balance，LAPB），使得各种 DTE 能够自由连接到各种分组交换网上。LAP 和 LAPB

实质上都是 HDLC 协议的子集，LAPB 是 X.25 使用的数据链路层协议。作为用户设备和网络之间的接口协议，X.25 协议主要定义了数据传输通路的建立、保持和释放过程所要遵循的标准，在数据传输过程中进行差错控制和流量控制的机制及提供的基本业务和可选业务等。X.25 分组格式及链路层帧格式如图 7-27 所示。

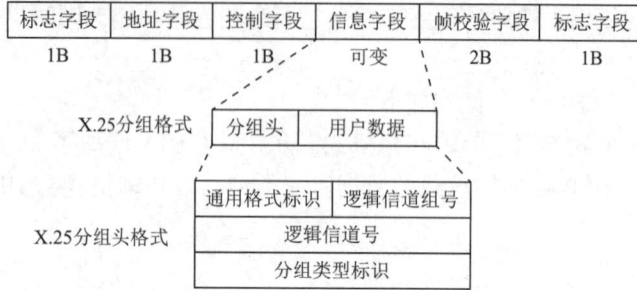

图 7-27　X.25 分组格式及链路层帧格式

4. 帧中继数据链路层协议

帧中继技术是在 X.25 分组交换技术的基础上发展起来的一种快速分组交换技术，被广泛用于连接局域网的广域网中。在通信线路质量不断提高，用户终端智能化也不断提高的基础上，帧中继技术在 X.25 分组交换技术的基础上简化了差错控制、流量控制路由选择功能，目前在数字链路层采用简化的方法转发和交换数据分组。帧中继也采用虚拟电路技术，用地址字段实现帧多路复用和解复用，从而充分利用网络资源。

帧中继的帧格式与 HDLC 类似，但无控制字段，也不提供差错处理和流量控制的相应字段，帧中继的数据链路层帧格式如图 7-28 所示。

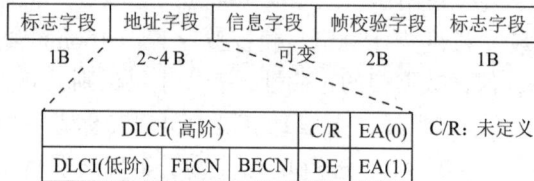

图 7-28　帧中继的数据链路层帧格式

5. 异步传输方式数据链路层协议

现有的电路交换和分组交换在实现宽带高速的交换任务时都有自身的缺点。对于电路交换，当数据的传输速率非常高，以及其突发性变化非常大时，对交换的控制就变得十分复杂。对于分组交换，当数据传输速率很高时，协议数据单元在各层的处理将成为很大的开销，无法满足实时性很强的业务的时延要求。特别是基于 IP 的分组交换网不能保证服务质量。

如何能够将电路交换的实时性和高服务质量与分组交换的灵活性结合起来呢？人们设想过"未来最理想的"一种网络应当是宽带综合业务数字网（B-ISDN），它结合了电路交换和分组交换的优点。目前来看，B-ISDN 并不成功，但异步传输方式（Asynchronous Transfer Moder，ATM）技术还是得到了广泛的应用。这里异步传输方式（ATM）中的"异步"是指将 ATM 信元"异步插入"到同步数字体系（Synchronous Digital Hierarchy，SDH）比特流中。

ATM 技术继承了 X.25 分组交换技术和帧中继技术的优点，动态复用链路带宽，链路利用率高，通信协议简单，交换机对接收帧只检错、不纠错，降低了用户信息端到端的传输时延，并将数据帧的传输时延抖动控制在一定范围内，以保证对时延和时延抖动敏感的话音和视频信号的传输。

ATM 数据链路层可分为 ATM 适配层和 ATM 层。与以太网、HDLC 等数据链路层协议将上层协议数据直接封装到数据链路层帧净荷中不同，ATM 适配层将上层协议数据填充为48bit 的整数倍，再将其分割为若干个 48bit 的 ATM 信元净荷。ATM 层的主要功能是 ATM 信元成帧、信元定界、产生和验证头部差错控制、物理传输帧的适配器等。ATM 终端节点和中间交换节点都需要 ATM 层，而 ATM 层只在终端节点中实现。

1）ATM 数据链路层帧格式

信元长度主要由两个互相矛盾的因素决定。当采用分组交换时，分组越长，分组首部的额外开销就相对越小。对于某些应用，如分组话音通信或分组图像通信，过长的分组将导致时延增大（因为实时话音或图像的比特信息要等到装配成一个完整的分组后才能发送到线路上），使通信质量变差。当时延较大并有回声时，恢复后的话音质量更差。因此，在选择最佳分组长度时应折中处理。

ATM 信元采用固定长度的分组，它由 5B 的首部和 48B 的信息字段组成，如图 7-29 所示。其中，ATM 信元首部包括基本流量控制（General Fluid Control，GFC）、虚通道标志（Virtual Path Identifier，VPI）、虚通路标志（Virtual Channel Identifier，VCI）、净荷类型（Payload Type，PT）、信元丢失优先级（Cell Loss Priority，CLP）和信头差错控制（Head Error Control，HEC）字段。

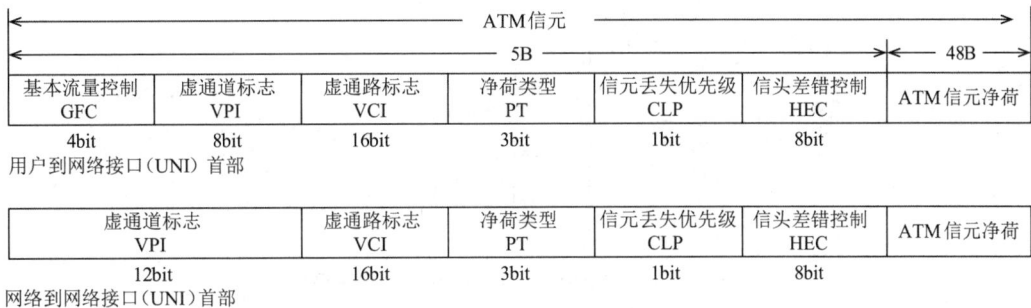

图 7-29　ATM 数据链路层帧格式

信元首部包含着在 ATM 网络中传递所需的信息。ATM 信元有两种不同的首部，分别对应于用户到网络接口（User-to-Network Interface，UNI）和网络到网络接口（Network-to-Network Interface，NNI）。在这两种接口上的 ATM 信元首部仅仅是前两个字段不同，后面的字段全部一样。与 HDLC 协议采用搜索特殊的帧同步字节实现帧定界不同，ATM 信元定界是通过对 HEC 的计算来获得的，接收方通过对 HEC 字段（包括 CRC 编码）的检查来判断 ATM 信元首部前 4bit 的正确性，若信元首部符合 CRC 编码规则，则说明接收到一个合法的 ATM 信元首部。基本流量控制（GFC）用于控制进入 ATM 网络的业务流。VPI/VCI 唯一标识一条虚连接，ATM 交换机通过 VPI/VCI 值标识该信元的方向。净荷类型（PT）用于说明 ATM 信元净荷承载的信息内容类型（控制、管理或用户信息）。CLP 用于指示网络拥塞时，信元是否可以丢失（0 表示不能丢弃，1 表示可以丢弃）。

2）ATM 链路建立流程

ATM 支持永久虚电路和交换式虚电路两种分组交换方式。永久虚电路可以长期存在且任意使用，而交换式虚电路需要在每次使用时建立连接。ATM 交换式虚电路的工作流程可分为连接建立、数据传输和连接释放过程。源主机在一条特殊的虚电路上发送一条"建立连接"（SETUP）消息，与目的端主机建立连接；目的端主机若接收到呼叫请求，则以"连接"（CONNECT）消息响应，如图 7-29 上部所示。连接释放跟连接建立类似，首先向挂断的主机发送一条"释放"（LEASE）消息，此消息经各节点传到连接的另一端，并且在传送过程中，每个节点都需要确认释放消息，最终释放虚电路，如图 7-30 下部所示。

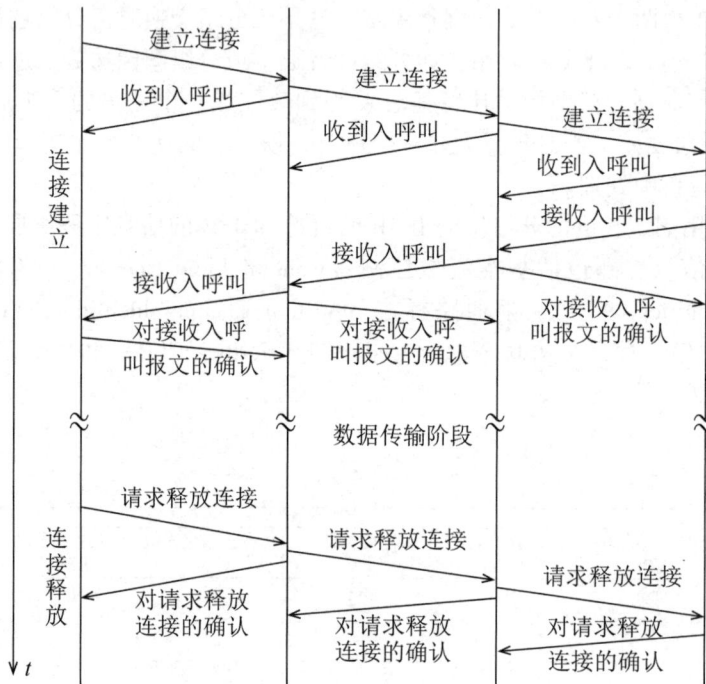

图 7-30 ATM 建立连接、数据传输和释放连接的过程

7.5 空间信息网络协议

空间信息网络（Spatial Information Networks，SIN）是由在轨运行的多颗卫星及卫星星座组成的骨干通信网，可为各种空间任务如气象、环境与灾害监测、资源勘察、地形测绘、侦察、通信广播和科学探测等提供通信服务。

空间信息系统由空间探测器、中继站、地球站、控制中心等构成，其上行链路承担着传输指令信息、遥测遥控信息、跟踪导航信息、自控和轨道控制信息等任务，其下行链路承担着传输科学数据、文件、声音、图像等信息任务。从目前空间信息网络协议体系研究和应用情况来看，主要有四类协议体系结构，即基于 CCSDS 的协议体系结构、基于 TCP/IP 的协议体系结构、CCSDS 与 TCP/IP 结合的协议体系结构、基于容延迟/中断网络的协议体系结构。

7.5.1 基于 CCSDS 的协议体系结构

空间数据系统咨询委员会（CCSDS，Consultative Conmmittee for Space Data System）于 1982 年 1 月由全球主要航天组织机构联合成立，其目的是建立一个长期的论坛，用于对发展利用空间数据系统过程中的常见问题进行讨论，对适应于航天测控和空间数据传输系统的各种通信协议和数据传输规范进行采纳和开发。CCSDS 按照会员的使命与任务，将其分为成员、观察员、联络和工业合作组织，目前已有 11 个成员、28 个观察员、13 个联络和 148 个工业合作组织加入。我国国家航天局（CNSA）于 2008 年成为 CCSDS 组织的第 11 个成员。中国在承担的"实践五号"卫星研制任务中在国内首先采用了 CCSDS 协议，2008 年 4 月发射的我国第一颗数据中继卫星"天链一号 01 星"在数据链路层使用了 CCSDS 协议。采用 CCSDS 标准的国外卫星有美国的"天基红外系统"（SBIRS）和"国家极轨环境业务卫星系统"（NPOESS）、英国的战术光学卫星（TopSat）和军事通信卫星天网-5（Skynet-5）、法国的星座卫星"蜂群"（ESSAIM）和军事通信卫星锡拉库斯-3（Syracuse-3）、意大利的通信卫星西克拉尔（SICRAL）等。

CCSDS 目标如下：主持制定和推广应用与空间信息有关的国际标准；支持空间飞行任务的合作与成果共享，是通过标准化的实现来达成的；指导各空间组织的基础设施建设，以获得最大的交互操作性；把空间飞行任务信息系统与全球信息基础设施相结合。CCSDS 制定了一系列应用于空间数据系统的标准，已经被世界上许多国家和组织采用，被 ISO 认为是具有空间信息技术标准的国际权威。

21 世纪，CCSDS 的战略目标是建立和不断扩大空间飞行任务信息系统的配套交换能力，在整个太阳系建立一个国际性可交互操作的空间数据通信与导航的基础设施，支持近地的、深空的和飞向太阳系的其他星体的飞行器，以保证其安全性和可靠性，减少飞行任务的成本和集成时间，提高空间信息的利用价值。

CCSDS 建议包含了普通在轨系统（Common Orbiting System，COS）和高级在轨系统（Advanced Orbiting System，AOS）两个部分。普通在轨系统是对常规任务的空间数据系统提出的建议，是基于地面测控通信平台提出的，已经普及；高级在轨系统则是进入 20 世纪 90 年代后，为适应新的系统和新的空间任务提出的具有多种业务数据处理、针对空中测控通信平台的建议，如在中继卫星、空间站、载人飞行器等方面已经有了一些应用。CCSDS 标准化建议内容如表 7-3 所示。在 CCSDS700 系列建议中，AOS 为空间系统网络结构提出了通用标准，所应用的航天器不止一个，它可以被近地轨道、静止轨道和深空中的多个航天器同时、广泛地应用。

CCSDS 建议制定了分组遥控（TC）协议、分组遥测（TM）协议、高级在轨（AOS）协议；后来 CCSDS 对这三个协议重构，制定了空间分组协议（SPP）、TM/TC 同步与信道编码协议、TM/TC/AOS 空间数据链路协议（SDLP）等，用来替代以前的标准。1999 年，CCSDS 制定了空间通信协议（Space Communications Protocol Specification，SCPS）。该协议针对空间传输环境的特性，修改和扩展了 TCP/IP 协议簇，制定了网络层协议 SCPS-NP、安全协议 SCPS-FP。

表 7-3 CCSDS 标准化建议内容

系列	类别	描述
100	遥测	标准化的遥测包括分组、帧格式、应用
200	遥控	标准化的遥控包括分组、帧格式、应用
300	辅助数据系统	时间码格式、航天器标识码等
400	射频 & 调制解调	射频 & 调制解调系统
500	跟踪和导航	无线电测量和轨道数据
600	信息交互	信息接入和交互系统建议
700	高级在轨系统	高级在轨系统
900	交叉支持	交叉支持的概念、服务和结构

1. CCSDS 协议结构

CCSDS 协议结构由应用层、传输层、网络层、数据链路层和物理层组成。CCSDS 协议结构如图 7-31 所示。

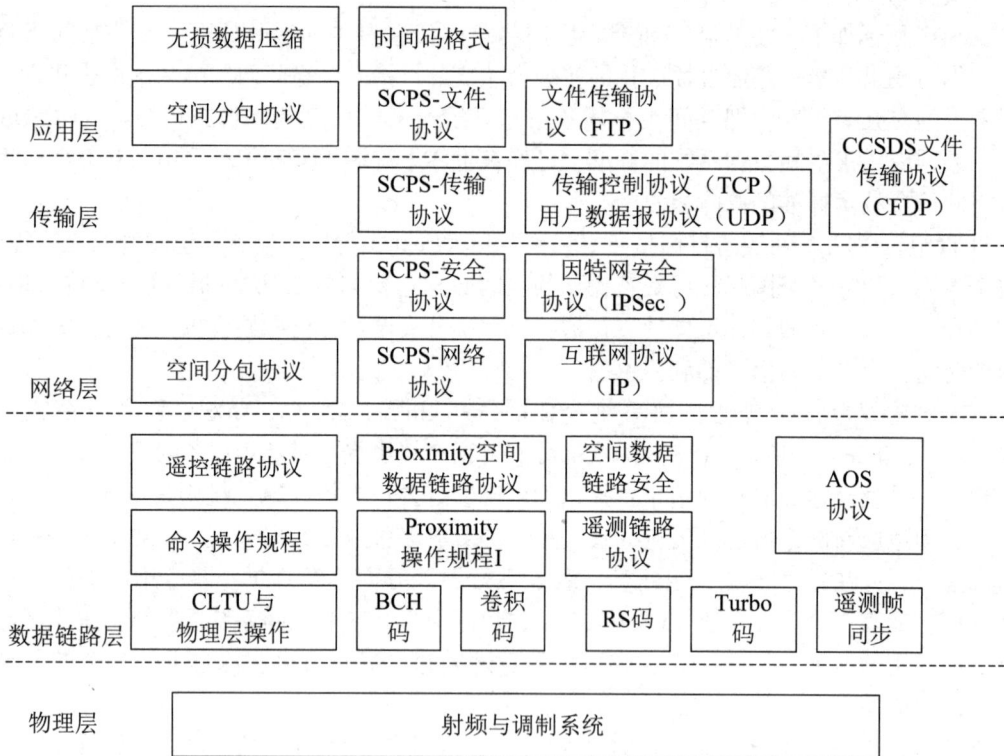

图 7-31 CCSDS 协议结构

1）物理层

在物理层，CCSDS 制定了《无线电频率和调制体制》建议书。其中规定了近地和深空任务的无线电频率和调制体制，以及关于数据中继卫星系统的内容。

2）数据链路层

数据链路层是空间数据系统的核心层，包括 CCSDS 数据链路层协议和信道编码。在空间链路上，CCSDS 数据链路子层定义了用数据包传输协议的方法。同步和信道编码子层定义了传输"帧"的同步和信道编码的方法。目前，CCSDS 已经开发了以下三个数据链路层协议。

（1）分包遥测和分包遥控：实现的码速率中等，业务相对简单，适用于常规航天器的数据系统。

（2）高级在轨数据系统：实现的码速率范围宽，业务种类多，而且具有网络接入能力，可与地面因特网互联，实现空间多媒体通信，适用于大型和载人航天器。

（3）近地空间链路：目前主要是点对点的通信，今后还将开发点对多点和多点对多点的通信，适用于互相接近的航天器之间附加的空间链路。

3）网络层

为了应用于空间环境，提高网络可靠性，CCSDS 开发了一套与地面网络协议 FTP、TCP/IP 在功能上平行的协议，即空间通信协议规范 SCPS。

为了实现空间网络的路由功能，CCSDS 规定了两个网络层协议，即空间分包协议（SPP）和 SCPS-NP。SPP 基于无连接，不保证数据的顺序发送和完整性。LDP 是单向的，可以是点对点或组播路由。与标准 IP 相比，SCPS-NP 有三个方面的改进：其一，既支持面向连接的路由，又支持面向无连接的路由；其二，NP 提供 4 种报头供用户针对效率和功率进行选用；其三，与 ICMP 相比，SCPS 控制信息协议（SCMP）提供了链路中断信息。因特网的 IPv4 和 IPv6 分组也可以通过空间数据链路协议传输，与 SPP、SCPS-NP 可以复用或独用空间数据链路。

4）传输层

CCSDS 传输协议 SCPS-TP 向空间通信用户提供端到端传输服务。TP 针对网络拥塞、误码或链路中断导致的数据丢失，能够进行识别和区分处理，并实现了头部压缩、选择否定确认、时间戳、速率控制等功能。

传输层数据一般由网络层协议传输，在某些情况下也可以直接由链路层协议传输，因特网的 TCP 和 UDP 可以运行于 IPv4、IPv6、SCPS-TP 之上。

SCPS 安全协议（SCPS-SP）和因特网安全协议（IPSec）可以和传输层协议配合使用，提供端到端的数据保护。

5）应用层

在应用层，CCSDS 制定了一些面向应用的协议，如数据压缩、时间码等。CCSDS 开发了三个应用层协议：图像数据压缩、无损数据压缩、SCPS 文件协议（SCPS-FP）。空间任务也可以选用非 CCSDS 建议的应用协议来满足空间任务的特定需求。

CCSDS 考虑了应用层的标准，该标准分为两个子系列：710 系列——基于因特网是空间通信协议；720 系列——上层协议。其中，710 系列主要关心改进的因特网协议，使它能够为地面网络提供最大的兼容性。

在传输层和应用层，CCSDS 开发了一个文件传输协议（CFDP），该协议可广泛应用于从相对简单的近地轨道航天器到需要多种地面设施的通信链路支持的轨道器、着陆器等各种航天任务。在简单任务中，CFDP 仅保留最核心的通过单一链路传输文件的功能；而在复杂任务中，CFDP 可以提供多链路组成的任意网络对文件进行存储转发的功能。该协议不仅包括文件传输所需的各种功能，还具备文件管理的业务，以控制和管理文件存储介质。

作为 720 系列的第一个标准，CFDP 的主要目标是解决文件在空间链路环境应用中的各种问题，它的重要目标之一是保证这个新的协议在多跳文件传输环境中的正常应用，使得星际航天器和地面控制站之间能够发送和接收数据，途中可以经过数据中继卫星。根据空间任务需要传输文件类型的不同，CFDP 提供了 6 种方案和 5 种不同类型确认信息的 QoS。

2. SCPS 协议簇

1999 年，CCSDS 提出了一套与地面网络中 TCP/IP 相对应的从网络层到应用层的空间通信协议，称之为 SCPS 协议簇。在开发协议时，CCSDS 借鉴了地面网络中的 TCP/IP，并根据空间链路的特点，对其进行相应的裁剪、修改和扩充，在空间通信中得到了广泛应用。随着航天任务的不断增多和要求的不断提高，经过多年的不断应用与发展，CCSDS 于 2006 年发布了 SCPS 协议规范蓝皮书，对其进行了相应的改进与扩充，使其可以更好地适应空间通信的需求。SCPS 主要由以下四部分组成。

（1）SCPS 网络协议（SCPS Network Protocol，SCPS-NP）。该协议类似于 TCP/IP 协议簇中的 IP，能够支持多种路由选择方式，如动态路由、静态路由和泛洪路由等，并且可以在多种复杂的空间环境中进行通信。该协议的包头可以根据任务的不同而变化，从而达到最优的比特利用率。

（2）SCPS 安全协议（SCPS Security Protoocl，SCPS-SP）。该协议位于 SCPS 层次模型中的网络层和传输层之间，负责把相应的数据包封装在一个特定的包内，使得数据包可以安全传输。该协议能够提供三种服务：保密性、完整性和鉴权功能服务。

（3）SCPS 传输控制协议（SCPS Transport Protocol，SCPS-TP）。该协议能够在一条或多条数据链路之间实现数据可靠的端到端服务。

（4）SCPS 文件处理协议（SCPS File Protocol，SCPS-FP）。该协议类似于 TCP/IP 协议簇中的 FTP，能够对航天器的指令、软件传送和数据下载等任务进行相应的优化。

SCPS 协议参考 TCP/IP 分层设计思想，与 OSI 参考模型、TCP/IP 相关协议是相互对应的。SCPS 的体系结构模型关系如图 7-32 所示。

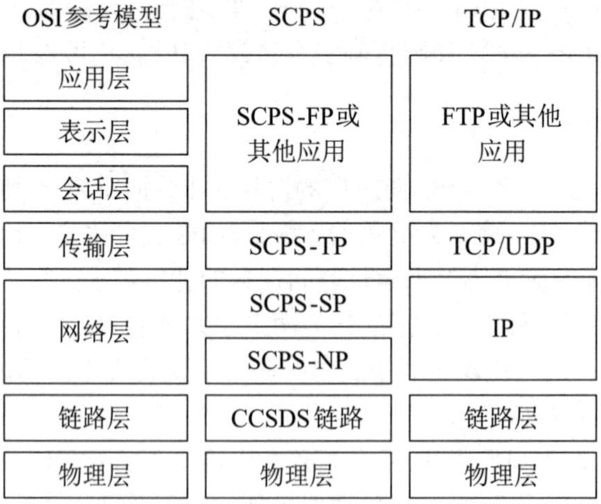

OSI 参考模型	SCPS	TCP/IP
应用层	SCPS-FP或其他应用	FTP或其他应用
表示层		
会话层		
传输层	SCPS-TP	TCP/UDP
网络层	SCPS-SP	IP
	SCPS-NP	
链路层	CCSDS 链路	链路层
物理层	物理层	物理层

图 7-32　SCPS 的体系结构模型关系

SCPS 协议簇与 TCP/IP 协议簇相似，为空间数据传输提供端到端的服务，具体的 SCPS 协议簇提供的端到端服务的协议栈模型如图 7-33 所示。

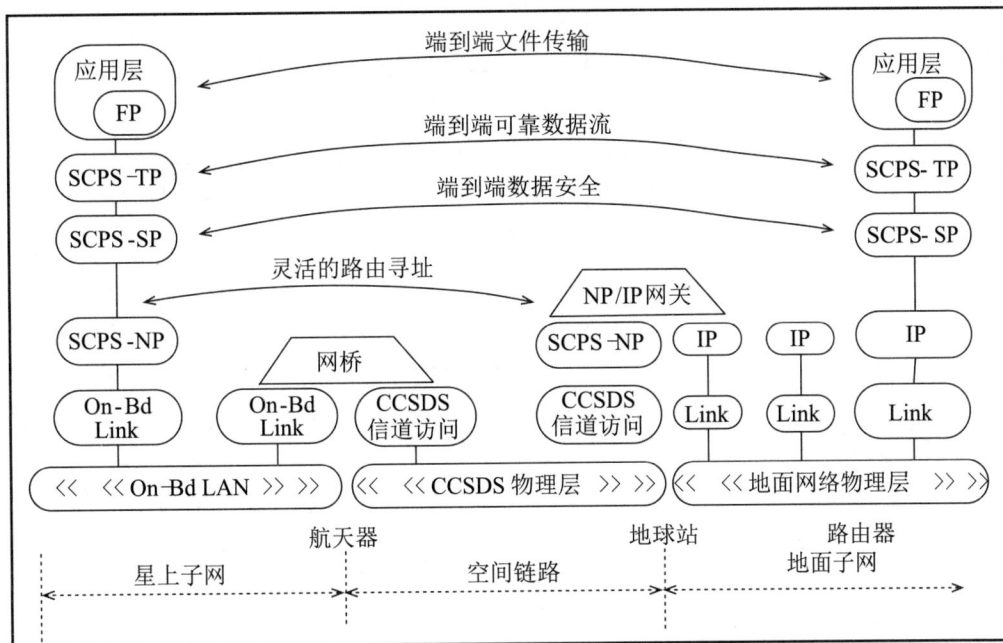

图 7-33　SCPS 协议簇提供的端到端服务的协议栈模型

3. CFDP

由于星上计算机日益强大的功能，越来越多的通信传输任务在星上自动完成，因此需要一个统一的应用层空间通信协议来支持这些任务。FTP 作为 TCP/IP 系统中最常用的地面应用层协议，虽然被多次改进后应用于空间通信，取得了一定的成功，但由于其底层 TCP/IP 不能完全满足空间通信要求，无法完成拓扑结构不定的通信任务，因此 CCSDS 从 1996 年开始推行其制定的 CFDP，并于 2005 年 6 月发布了此协议的蓝皮书。

CCSDS 是一个面向传输的应用层协议，同时集成了 OSI 传输层协议的功能，解决了其他 FTP 改进协议不能克服的问题。它支持端到端的文件传输，这些通信节点可以是卫星、地球站或中继星。在端到端相互不可见时，文件传输可以通过一个或多个中继点（中继星、地球站）实现。用户只需要决定文件传输的时间和目的地，CFDP 负责端到端的连接和传输。

1）CFDP 结构

CFDP 包括五个模块：协议实体（Protocol Entity，PE）、用户（User）、虚拟文件库（Virtual Filestore，VF）、管理信息数据库（Management Information Base，MIB）、底层通信系统（Underlying Communication System，UCS）。CFDP 结构图如图 7-34 所示。

用户实际上可以人为操作或由程序完成软件任务。它主要用来向协议实体发送请求及接收指示，这些请求和指示的定义由协议实体提供。每个协议实体同时最多只能有一个用户，在某些情况下也可以没有用户，如在中继点上运行的协议实体就不需要用户介入。

协议实体分为核心传输进程和扩展传输进程。核心传输进程是指不经过中继节点的单跳连接，发送方直接将数据发送给接收方；扩展传输进程是指传输过程经过多个中继点转发的连接，发送过程需要中间网络节点提供存储转发功能。两种传输都需要向用户提供唯一的服务接口，传输性能取决于服务质量的选择，其使用情况如图 7-35 所示。

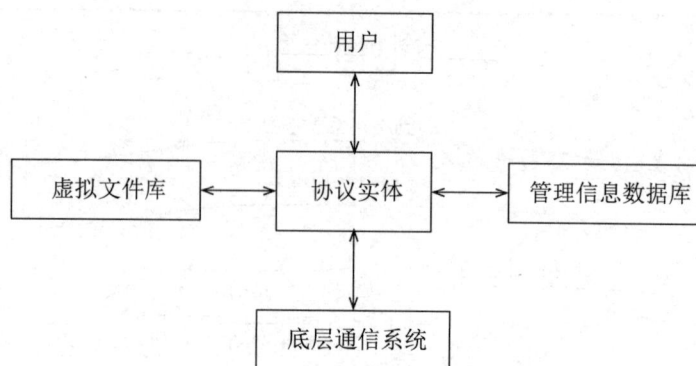

图 7-34　CFDP 结构图

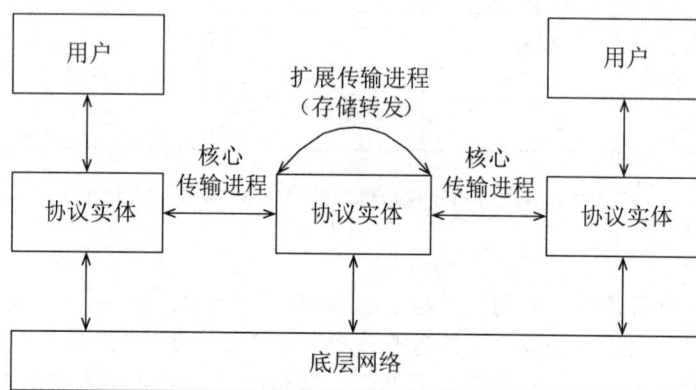

图 7-35　CFDP 传输进程

　　CFDP 的工作流程是将文件从一个存储介质复制到另一个存储介质，因此虚拟文件库就是协议实体需要访问本地的存储介质。各种介质提供的访问能力和方式是不同的，为了避免这种底层访问的差别带来的问题，CFDP 提供了一套接口函数，为文件操作提供了统一的访问接口，称为虚拟文件库。各节点在协议实现时需要将虚拟文件库与本地实际存储介质的软件和硬件进行映射。

　　CFDP 从概念意义上定义了一个统一的底层通信系统，称为单元数据传输层（Unit Data Transfer Layer），为所有给定 CFDP 地址域的 CFDP 实体提供访问接口。由于协议本身提供了差错控制机制，并且协议帧中的信息也不依赖底层协议，因此 CFDP 在传输过程中不受底层网络的限制，可以适应多种底层网络协议，既可以是 CCSDS 建议的 Proximity-1、SCPS 等协议，又可以是地面网络中常用的 TCP/IP 等通信协议，如表 7-4 所示。

　　为了完成一次文件传输，很多重要信息需要先由本地用户传递给本地的协议实体，再由本地协议实体传递到目的端协议实体。这些信息都是静态的，是以系统数据表的形式存储在管理信息数据库中的，以便用户通信时调用。存储的信息包括地址映射关系、定时器的设定值等。

表 7-4　常见的 CFDP 适应的底层网络协议

CFDP 传输进程				
Pvrox-1	CCSDS Packet Service	SCPS TP	TCP	UDP
		SCPS NP	IP	
Pvrox-1	CCSDS AOS	CCSDS TM/TC Frames	以太网	PPP
物理层信道				

2）CFDP 的特点

CFDP 最显著的特点就是引入了差错控制机制，使其成为一种跨越应用层和传输层的协议，在传输过程中不受底层网络的限制。CFDP 的差错控制机制使用 ARQ 模式，确认模式使用 NAK，接收方只在发现有数据包丢失或接收出错时，才通知发送方重传这些数据。ACK 不用对每个数据段进行确认，而只用于保证文件传输结束时双方能够及时关闭数据传输进程，释放相关资源。除此之外，与地面的文件传输协议相比，CFDP 还有以下主要特点。

（1）在单向、半双工、全双工链路中传送效率高。

（2）具有通过一个地球站多次通信完成文件传输的能力。

（3）具有通过多个地球站接力，在卫星可见弧段内完成文件传输的能力。

（4）可以适应严重不对称的信道带宽。

（5）使链路开销最小化。

（6）保证用户接收到文件时文件具有基本可用性，通常后续通信可以改善文件的质量。

（7）通过缓存共享降低对航天器数据存储容量的要求。

（8）能够适应从近地轨道到深空的各种需求。

7.5.2　基于容延迟/中断网络的协议体系结构

容延迟/中断网络（Delay/Disruption Tolerant Networks，DTN）是指能够在长延时、断续连接等受限网络环境中进行通信的新型网络体系，很多应用都能从 DTN 中获得好处。DTN 的概念在 2003 年由美国推进试验室最先提出，之后因特网研究任务组（IRTF，Internet Research Task Force）在星际网络研究组的基础上组建了容延迟/中断网络组对 DTN 进行研究。由于 TCP/IP 对 DTN 不适应，因此为了更好地开发用于 DTN 的协议规范，IRTF 创建了一个新的研究小组（DTNRG，DTN Research Group）来分析 DTN 领域更广泛的区域。

DTN 中路由与传统的网络路由有很大区别。DTN 自身的特点决定了该网络中的节点在把信息传递到特定目的地的过程中会遇到很多困难。

一是长延时。端到端的延时非常大且不稳定，这个延时不仅来自低的信道容量，更主要的是节点间的信道可能处于间隙性的长时间的断开状态。

二是瞬时不可达。端到端的路径在某个时间段可能不存在，网络长时间处于分割状态，这也是节点间信道不稳定性积累起来的表现。

三是存储空间有限。中间节点的存储空间十分有限。由于数据要经历长的延时，其在网络中滞留的时间很长，这就决定了网络中的存储空间会被很快消耗掉。另外，DTN 的应用场景中，节点功率和性能是受限的（如传感器网络），这使得存储问题更加突出。

四是动态非结构化拓扑。网络拓扑是非结构化的,它随时间而变化。在多数情况下,DTN 中的节点之间不具有层次关系,是非结构化的。另外,节点间信道的不断建立和拆除造成了网络拓扑的不断变化。

事实上,DTN 模型改变了传统网络中的路由协议及算法的基本前提:在通信期间,源节点和目的节点之间存在一条相对稳定的路径。因此,DTN 中的路由并不是在某种准则下寻找当前可用的最佳路径。DTN 中很可能在任何时间都没有路径存在,而同时报文必须长时间占用中间节点的缓存空间,其路由问题应该是在以上两点限制下的优化问题。

DTNRG 于 2007 年提出了 DTN 网络体系结构和 Bundle 协议(BP),2008 年定义了汇聚层协议,包括 TCPCLP(TCP Convergence Layer Protocol)协议、Saratoga 协议、LTP(Licklider Transmission Protocol)协议等,同时为了改进 BP 的不足,制定了补充方案。一些团体也开发了一些用于 BP 的模拟工具,如 JPL 实验室开发的 MACHETE 仿真工具。它的仿真过程只包含委托传输、集束优先级、集束报告,而信息分段和重组没有包括在内。

DTN 体系的核心方法是在应用层和下层(数据链路层或传输层)之间加入中间层,即束层(Bundle Layer)。DTN 协议栈体系结构如图 7-36 所示。束层包括 BP 和汇聚层协议。BP 通过 TCPCLP 应用于 TCP 之上,通过 Saratoga 应用于 UDP 之上,通过 LTP 应用于数据链路层或 UDP 之上,为 DTN 应用程序提供服务。DTN 中 BP 是主要协议,使用 BP 协议数据单元"束"(Bundle)进行数据传输,使用不同的汇聚层协议,使 BP 适用于所有网络环境。

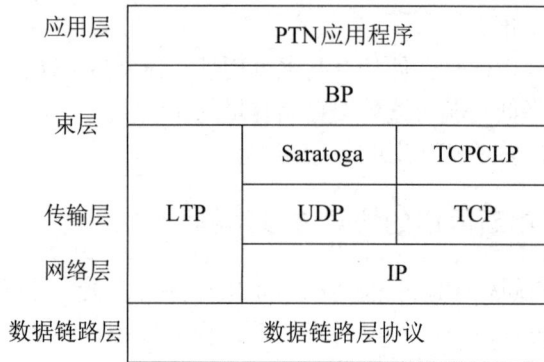

应用层	PTN应用程序		
束层	BP		
		Saratoga	TCPCLP
传输层	LTP	UDP	TCP
网络层	IP		
数据链路层	数据链路层协议		

图 7-36 DTN 协议栈体系结构

(1)在传统传输层(如 TCP、UDP 等之上)和应用层之间加入束层,在该层解释和翻译不同的协议,使得不同类型的数据报告能够融合,完成网络的互联互通。BP 是一个网络间的存储–转发协议,它的核心功能是委托传输、集束优先级、集束报告及分段和重组。委托传输提供了端到端集束传输,集束优先级为用户提供了一个服务质量机制,而分段和重组通过允许使用复合通道和允许集束在汇聚层用比较大的集束长度进行数据传输来减少传输时间。

(2)汇聚层协议包括 TCPCLP、Saratoga 协议及 LTP。

①TCPCLP。TCP 可以作为 DTN 的汇聚层协议,此时 TCP 汇聚层被命名为 TCPCLP。先建立 TCPCLP 连接,在 TCPCLP 连接上,集束进行双向传输。TCPCLP 连接和 TCP 连接同时建立和关闭,并一一对应。

②Saratoga 协议。Saratoga 协议是一种点对点协议,主要实现文件单跳传输,特别是大文件单跳传输,通过使用文件偏移量说明符来有效传输不同尺寸的文件。节点使用标志信息说明节点的存在、容量和需求。当接收方拒绝或接受本次数据传输之后,生成并回送一个描

述性报文，包括拒绝接收或空缺数据边境的信息，利用这个信息进行选择性重传。Saratoga 协议能够传输任意数据报文，能够在束交换和文件传输之间执行映射。

　　Saratoga 协议是一个基于 UDP 的简单的汇聚层协议，其特点是充分利用链路，适合深空链路不对称的环境。Saratoga 协议使用最低有效带宽，具有基于否定确认的自动重传机制，并且具有文件校验和机制，用于检查传输错误，从而具有可靠的传输能力。

　　③LTP。LTP 是用于深空环境的点到点协议，是 BP 的标准基本汇聚层协议，运行于数据链路层之上或 UDP 之上，广泛适用于各种网络。LTP 是用来取代 TCP/IP 的，它在高延时的空间通信链路上为 BP 提供汇聚层服务。LTP 具有以下特点。

　　a. 提供单向传输服务，通过使用两个独立的单向通行链路来实现双向通信的功能。

　　b. 提供选择重发机制，发出数据之后等待对端确认，收到对端确认报文之后 LTP 才传输新的数据。

　　c. 支持无数据丢失，同时容忍链路中断服务；可以采用低容量或非对称链路上的最小开销进行设计；可对分片进行扩展；可取消对个别的传输或接收；可加速重传；具有部分可靠性。

　　LTP 将数据块分为两个部分：一部分数据的传输需要有确认和重传机制，接收端必须发送接收报告，对这部分数据进行确认，并且在必要时重传这些数据；另一部分数据不需要可靠传输，不需要确认和重传。这两部分的长度都可以为零，这时数据块变成两种情况：数据块全是需要确认和重传机制的，LTP 提供类似于 TCP 的功能；数据块全是不需要确认和重传机制的，LTP 提供类似于 UDP 的功能。通过 LTP，未被接收到而需要重传的消息得到了保存，从而使 DTN 有能力克服受限网络通信链路中断的问题。

　　源文件经 BP 与 LTP 封装的过程如图 7-37 所示。

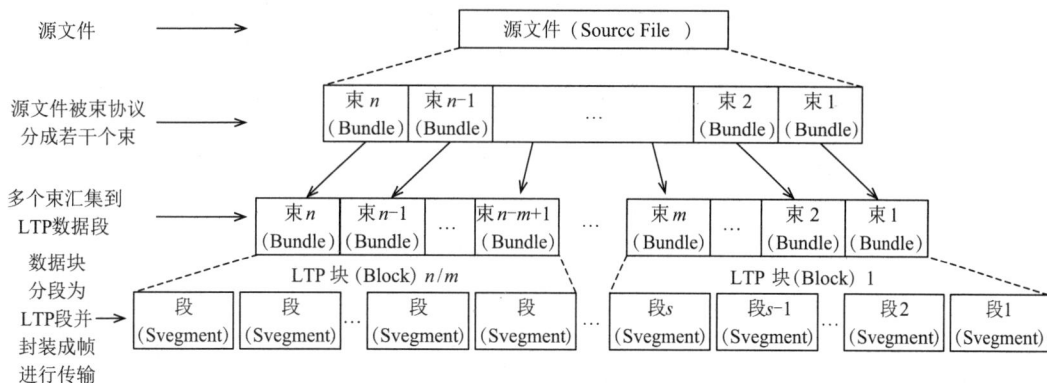

图 7-37　源文件封装过程

7.6　卫星通信网络研究中的综合应用

7.6.1　卫星认知无线网络自适应功率控制算法研究

　　资源管理是认知无线电的关键技术，其中功率控制是资源管理的研究热点之一。在认知无线网络中，认知用户的发送功率是对其他用户造成干扰的主要原因，有效的功率控制算法不仅可以保证认知用户在避免对授权用户造成有害干扰的前提下满足自身业务的传输需求，还能降低认知用户之间的相互干扰，提高通信网络的性能。

1. 卫星认知无线网络功率控制算法面临的挑战

在基于 Underlay 模式的卫星认知无线网络中，空间电磁环境的复杂性导致认知用户所在网络环境处于不断变化之中，认知用户需要不断调整发射功率以满足自身的信干比需求，相应的功率控制算法应具有较快的收敛速度以适应外部环境变化。现有功率控制算法应用于卫星认知无线网络时主要存在以下不足。

（1）业务 QoS 支持能力弱。卫星认知无线网络组网形式的多样化和覆盖范围的广域性使得网络中存在多种不同类型 QoS 需求认知用户的概率增大，而传统认知无线电功率控制算法均以支持单一业务类型的认知无线网络为研究对象，未考虑认知用户不同业务服务质量和认知用户信道使用优先级的差异性，事实上不同业务的 QoS 需求与认知用户的发送功率密切相关。

（2）功率控制健壮性低。信道增益是认知无线电功率调整的重要依据，传统功率控制算法均以认知用户能够准确获知网络中所有链路的信道状态信息为前提，忽略了信道检测不确定性对算法性能的影响。在卫星认知无线网络中，受卫星信道衰落和终端检测性能的影响，认知用户所检测到的信道状态与真实状态之间通常存在一定误差，降低了功率分配结果的有效性，进而影响功率控制算法的健壮性。

2. 支持时延约束的卫星认知无线网络自适应功率控制算法

在认知无线网络中，认知用户可以在不干扰主用户（Primary User，PU）正常通信的前提下，通过一定的频谱共享机制使用授权网络频谱资源。在 Underlay 模式下，主用户和认知用户可以同时占用信道，网络吞吐量较 Overlay 模式有较大提高，但前提是主用户接收端接收信噪比满足门限要求。可见，在 Underlay 频谱共享模式下，合理的功率控制机制是保证认知用户的数据传输不会干扰主用户正常通信的关键。本节研究 Underlay 模式下卫星认知无线网络的功率控制与优化问题。

功率控制与优化技术已经在地面认知无线网络中取得了丰硕的研究成果，但在卫星网络中的研究报道还相当有限。S. Vassaki 等提出了一种基于最小中断概率的卫星认知网络功率控制策略，有效降低了认知用户数据传输对主用户通信的影响，却忽略了认知用户自身的传输容量与传输效率问题；XU Ding 等提出了一种基于时延 QoS 约束的认知无线网络功率控制算法，该算法在满足认知用户业务时延 QoS 要求的前提下寻找认知用户的最大/最小允许发送功率，但算法的最优解难以获得；L. Musavian 等提出了一种基于有效容量的认知网络功率控制与优化算法，该算法假设认知用户已知网络中任一信道的状态信息（Channel State Information，CSI），以认知用户的有效传输容量最大化为优化目标，提高了认知用户的传输效率，但实际网络中 CSI 对认知用户并非实时可知。陈鹏等以带内数据传输量最大化为目标，提出了一种基于卫星 Underlay 认知无线电的上行链路中信道检测门限与功率分配联合优化算法，在系统存在多个认知用户时提高了带内数据传输量，但算法实现过程过于复杂。在卫星 Underlay 认知网络中，由于信号空间传播距离较大且地理环境复杂，信道存在衰落、阴影、遮蔽等效应，使得认知用户无法准确获知每一条信道的 CSI。另外，认知用户的发送功率除了需要考虑避免对主用户正常接收的干扰，还应考虑最大化信道传输容量及满足自身业务的 QoS 要求，从而提高整个网络的吞吐量。

综上所述，本节提出了一种高效的支持 QoS 适用于单信道卫星 Underlay 认知网络的功率控制与优化算法，该算法以认知用户的信道有效容量最大化为优化目标，同时考虑认知用户的发送功率受主用户限制以及认知用户业务的 QoS 约束条件，分别讨论与推导了完全信道状态信息（Perfect Channel State Information，PCSI）与非完全信道状态信息（ImPerfect Channel State Information，IPCSI）条件下认知用户的最大允许发送功率及其所获得的最大信道有效容量，并对影响认知用户发送功率的因素进行了仿真分析。

1）网络模型

为了便于分析，本节假设授权用户网络（卫星通信网络）采用 GEO 卫星，地面无线网络为认知用户网络。由于 GEO 卫星通信覆盖范围较大，地面卫星通信节点的位置分布通常较为分散，卫星节点之间通信的相互干扰通常忽略不计，因此本节的研究场景可以简化为单信道环境主用户与认知用户的功率控制与优化问题。认知用户发射机 SU_ Tx 在不干扰主用户接收机 PU_ Rx 正常工作的前提下可以与主用户发射机 PU_ Tx 共享频谱资源，从而完成与认知用户接收机 SU_ Rx 之间的通信。卫星认知网络功率干扰模型如图 7-38 所示。其中，g_{PP}，g_{PS}，g_{SS}，g_{SP} 分别表示不同类型链路所对应的信道传输增益，假设所有信道均为块衰落信道（Blocking Fading Channel）。

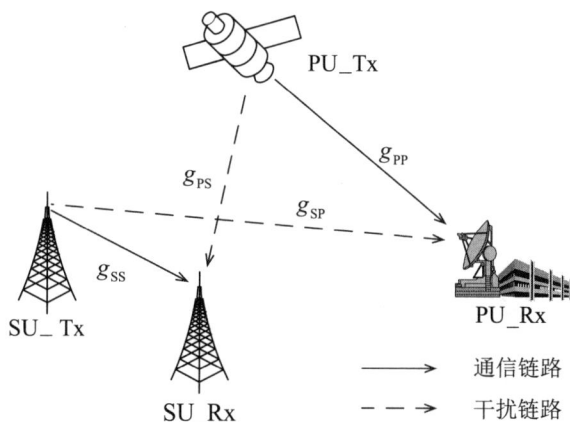

图 7-38　卫星认知网络功率干扰模型

Nakagami 分布由于其与实验数据良好的吻合性和数学分析的简便性及适应环境的灵活性，自提出以来被广泛应用于无线信道衰落模型中。假设地面认知网络无线信道（g_{SS}，g_{SP}）服从 Nakagami 信道衰落模型，则信道增益的概率密度函数可以表示为

$$f_{g_j}(g_j) = \frac{(m_j)^{m_j}(g_j)^{m_j-1}}{\Gamma(m_j)}\exp(-m_j g_j) \tag{7-26}$$

式中，$\Gamma(\cdot)$ 表示完全 Gamma 函数；$g_j \in \{g_{PP}, g_{PS}, g_{SS}, g_{SP}\}$；$m_j$ 表示信道 g_j 所对应的 Nakagami 的衰落因子，描述由于散射和多径传播造成的信号衰落程度。当 $m = 1/2$ 时，Nakagami 信道近似于 AWGN 衰落信道；当 $m = 1$ 时，Nakagami 信道近似于 Rayleigh 衰落信道；当 $m>1$ 时，Nakagami 信道近似为 Rician 衰落信道。由式（7-26）可得，地面认知网络无线信道传输增益的期望值为

$$E[g_j] = \int_0^\infty g_j f_{g_j}(g_j)\,\mathrm{d}g_i = \int_0^\infty \frac{(m_j)^{m_j}(g_j)^{m_j}}{\Gamma(m_j)}\exp(-m_j g_j)\,\mathrm{d}g_i \tag{7-27}$$

对于卫星链路（g_{PP}，g_{PS}），假设信号 $R(t)$ 由服从 Rayleigh 分布的散射分量 $A(t)$ 与服从 Nakagami 分布的直射分量 $Z(t)$ 组成，即 $R(t) = A(t) + Z(t)$，根据 Rayleigh 信道和 Nakagami 信道的衰落特性，此时 $A(t)$ 与 $Z(t)$ 信号包络的概率密度函数分别为

$$\begin{cases} p_A(a_j) = \dfrac{a_j}{b_0}\exp\left(\dfrac{-a_j^2}{2b_0}\right), & a \geqslant 0 \\ p_Z(z_j) = \dfrac{2(m_j)^{m_j}}{\Gamma(m_j)\Omega^{m_j}}z_j^{2m_j-1}\exp\left(\dfrac{-m_jz_j^2}{\Omega}\right), & z \geqslant 0 \end{cases} \tag{7-28}$$

式中，$2b_0 = E[A^2]$ 表示信号散射分量的平均功率；m 表示 Nakagami 信道的衰落因子；$\Omega = E[Z^2]$ 表示信号直射分量的平均功率。结合式（7-28），根据文献［11］，此时接收信号包络 r_j 的概率密度函数为

$$p_R(r_j) = \left(\dfrac{2b_0m_j}{2b_0m_j+\Omega}\right)^{m_j}\dfrac{r_j}{b_0}\exp\left(-\dfrac{r_j^2}{2b_0}\right){}_1F_1\left(m_j,\ 1,\ \dfrac{\Omega r_j^2}{2b_0(2b_0m_j+\Omega)}\right) \tag{7-29}$$

式中，${}_1F_1(.,\ .,\ .)$ 为合流超几何函数（$p=1$，$q=1$）[12]。令 $K = \dfrac{1}{2b_0}\left(\dfrac{2b_0m_j}{2b_0m_j+\Omega}\right)^{m_j}$，$c = \dfrac{\Omega}{2b_0(2b_0m_j+\Omega)}$，由于信号功率 $S(t) = R^2(t)$，此时信道增益 g_j 的概率密度函数可以表示为

$$f_{g_j}(g_j) = K\exp\left(-\dfrac{g_j}{2b_0}\right){}_1F_1(m_j,\ 1,\ cg_j) \tag{7-30}$$

由式（7-30）可得卫星网络无线信道传输增益的期望值为

$$E[g_j] = \int_0^\infty g_jf_{g_j}(g_j)\,\mathrm{d}g_i = K\int_0^\infty g_j\exp\left(-\dfrac{g_j}{2b_0}\right){}_1F_1(m_j,\ 1,\ cg_j)\,\mathrm{d}g_i \tag{7-31}$$

假设卫星认知网络数据分组以帧的形式进行传输，每一帧持续时间为 T_f，链路带宽为 B，噪声功率谱密度为 N_0。为了保证主用户网络（卫星网络）的传输效率，卫星数据发送不考虑地面网络的频谱共享问题，忽略地面卫星节点的移动性，即卫星以恒定的功率 P_P 进行数据发送。与之相反，地面发射终端作为认知用户共享卫星频谱资源，其信号发射功率 P_S 需要根据卫星链路状况动态调整以避免干扰过大导致卫星通信链路的中断。

2）支持时延约束的功率控制算法设计

卫星链路信道状态信息（CSI）是地面认知用户发送功率调整的重要依据。在实际网络中，由于各种因素的限制和影响（如时延、信道衰落、SU 检测效率等），认知用户并不一定能够实时准确地获得卫星链路的 CSI。因此，本节分别针对 PCSI 与 IPCSI 下的功率控制问题进行设计与分析。假设 PCSI 信道下认知用户发射终端可以实时地获得卫星链路的 CSI，而 IPCSI 信道下由于认知用户发射终端自身的移动性而产生的多普勒效应及卫星链路的时延特性和信道衰落的影响，使得认知用户所接收到的卫星链路 CSI 与真实值之间存在一定误差。

（1）PCSI 信道环境下的功率控制与优化。

功率控制的目的是保证认知用户在不干扰主用户正常通信的前提下实现自身业务的有效传输，本节引入了有效容量作为功率控制算法的优化目标。有效容量是指在满足 QoS 约束条件下信道所能支持的最大连续传输速率。根据 Shannon 定理 $C = B\log_2(1+S/N)$ 可知，当带宽 B 与噪声功率 N 一定时，信道容量与信号发射功率有关，因此最大有效容量的优化问题

可以转化为在满足 QoS 约束条件下求解认知用户的最大允许发送功率。

假设认知用户的当前数据缓存队列长度为 Q，为了满足传输时延要求，认知用户的最大允许队列长度为 L，则时延衰落因子 θ 可以定义如下：

$$\Pr(Q \geq L) = \mathrm{e}^{-\theta L}, \quad \theta \geq 0 \tag{7-32}$$

式中，Pr（·）表示概率值。可见，θ 越大，$Q \leq L$ 的概率越大，业务时延需求的满足程度也就越高。由于信道衰落为块衰落（单个空时码块内衰落恒定不变），根据文献［14］，归一化有效信道容量可以表示为

$$C_{\mathrm{eff}} = -\lim_{t \to \infty} \frac{1}{\theta B T_f} \ln(E\{\mathrm{e}^{-\theta \sum_{n=1}^{t} R(n)}\}) \tag{7-33}$$

式中，$\{R(n), n = 1, 2, \cdots\}$ 表示时间离散且各态历经的平稳随机服务过程[15,16]。由块衰落信道特性可知，$R(n)$ 是一组相互独立的变量，因此信道有效容量的优化问题可以等效为每一块内有效容量的最大化，即

$$C_{\mathrm{eff}} = -\frac{1}{\theta B T_f} \ln(E\{\mathrm{e}^{-\theta R(n)}\}) \tag{7-34}$$

假设认知用户与主用户终端的发射功率分别为 P_S 和 P_P，根据 Shannon 定理可知，此时认知用户链路 SU_ Tx→SU_ Rx 的信道容量 R（n）可以表示为

$$R(n) = B T_f \log_2\left(\frac{P_S g_{SS}}{P_P g_{PS} + N_0 B}\right) \tag{7-35}$$

将式（7-35）代入式（7-34），利用 $\log_2(a) = \ln(a)/\ln(2)$ 可得

$$\begin{aligned}
C_{\mathrm{eff}} &= -\frac{1}{\theta B T_f} \ln\left(E\left\{\mathrm{e}^{-\theta B T_f \log_2\left(1 + \frac{P_S g_{SS}}{P_P g_{PS} + N_0 B}\right)}\right\}\right) \\
&= -\frac{1}{\theta B T_f} \ln\left(E\left\{\left(\mathrm{e}^{\ln\left(1 + \frac{P_S g_{SS}}{P_P g_{PS} + N_0 B}\right)/\ln(2)}\right)^{-\theta B T_f}\right\}\right) \\
&= -\frac{\ln(2)}{\theta B T_f \ln(2)} \ln\left(E\left\{\left(1 + \frac{P_S g_{SS}}{P_P g_{PS} + N_0 B}\right)^{\frac{-\theta B T_f}{\ln(2)}}\right\}\right) \\
&= -\frac{1}{a \ln(2)} \ln\left(E\left\{\left(1 + \frac{P_S g_{SS}}{P_P g_{PS} + N_0 B}\right)^{-a}\right\}\right)
\end{aligned} \tag{7-36}$$

式中，$a = \theta B T_f/\ln(2)$。当认知用户发射功率过大，使得卫星链路信噪比低于接收门限时，将引起链路中断。为了避免认知用户数据传输对主用户正常通信的干扰，此时认知用户的有效容量优化问题可以表示为

$$\max_{P_S \in [0, P_{S\_pk}]} C_{\mathrm{eff}}(a, P_S) = -\frac{1}{a \ln(2)} \ln\left(E\left\{\left(1 + \frac{P_S g_{SS}}{P_P g_{PS} + N_0 B}\right)^{-a}\right\}\right)$$

$$\mathrm{s.t.} \ \frac{P_P g_{PP}}{P_S g_{SP} + N_0 B} > \gamma_{\mathrm{th}} \tag{7-37}$$

式中，γ_{th} 表示卫星终端的信噪比接收门限，P_{S_pk} 表示 SU_ Tx 的最大发射功率。为了不失一般性，考虑认知用户的平均发送功率 $E[P_S]$。为了避免卫星链路 PU_ Tx→SU_ Rx 的中断，根据自然对数的单调递减特性可知，式（7-37）中有效容量的最大化可以转化为求解

$\varphi(a,\ P_S)$ 最小化的问题：

$$\min_{P_{SS} \in [0,\ P_{S\_pk}]} \varphi(a,\ P_S) = E\left\{\left(1 + \frac{P_S g_{SS}}{P_P g_{PS} + N_0 B}\right)^{-a}\right\}$$

$$\text{s. t. } E[P_S] < \frac{1}{g_{SP}}\left(\frac{P_P g_{PP}}{\gamma_{th}} - N_0 B\right) \tag{7-38}$$

令 $P_{out}(g_{SP},\ g_{PP}) = \frac{1}{g_{SP}}\left(\frac{P_P g_{PP}}{\gamma_{th}} - N_0 B\right)$。由式（7-38）可知，当卫星发送功率 P_P、接收门限 γ_{th}、噪声功率谱密度 N_0 和带宽 B 确定时，g_{SP} 和 g_{PP} 是决定 $P_{out}(g_{SP},\ g_{PP})$ 的两个重要因素。由于式（7-38）中的最优解是一个凸优化问题，因此可以采用 Lagrangian 方法进行求解。定义 Lagrangian 函数如下：

$$L(P_S,\ \lambda) = \varphi(a,\ P_S) + \lambda(E[P_S] - P_{out}(g_{SP},\ g_{PP})) \tag{7-39}$$

式中，λ 表示 Lagrangian 乘子。令 $\partial L(P_S,\ \lambda)/\partial(P_S) = 0$，$\partial L(P_S,\ \lambda)/\partial(\lambda) = 0$ 可得

$$\begin{cases} \dfrac{\partial L(P_S,\ \lambda)}{\partial P_S} = \lambda - \dfrac{a g_{SS}}{P_P g_{PS} + N_0 B}\left(1 + \dfrac{P_S g_{SS}}{P_P g_{PS} + N_0 B}\right)^{-(a+1)} = 0 \\[3mm] \dfrac{\partial L(P_S,\ \lambda)}{\partial(\lambda)} = P_S - P_{out}(g_{SP},\ g_{PP}) = 0 \end{cases} \tag{7-40}$$

理论上，当 $P_S = P_{out}(g_{SP},\ g_{PP})$，$\lambda = \dfrac{a g_{SS}}{P_P g_{PS} + N_0 B}\left(1 + \dfrac{P_{out}(g_{SP},\ g_{PP}) g_{SS}}{P_P g_{PS} + N_0 B}\right)^{-(a+1)}$ 时，式（7-38）取最小值，即有效容量达到最大值。但是考虑到实际应用情况，需要针对不同 $P_{out}(g_{SP},\ g_{PP})$ 的取值分别进行讨论。

① $P_{out}(g_{SP},\ g_{PP}) < 0$：由 $P_{out}(g_{SP},\ g_{PP}) = \frac{1}{g_{SP}}\left(\frac{P_P g_{PP}}{\gamma_{th}} - N_0 B\right) < 0$ 可得 $\frac{P_P g_{PP}}{N_0 B} < \gamma_{th}$，即卫星网络由于自身链路性能恶化导致传输中断，此时 SU_Tx 可以自由使用卫星频谱，即 $P_{S\_max} = P_{S\_pk}$。

② $P_{out}(g_{SP},\ g_{PP}) > P_{S\_pk}$：由于 SU 的发送功率 $P_S \in [0,\ P_{S\_pk}]$，因此该条件下最大允许发送功率 $P_{S\_max} = P_{S\_pk}$。

③ $0 \leqslant P_{out}(g_{SP},\ g_{PP}) \leqslant P_{S\_pk}$：由式（7-40）可知，此时 SU_Tx 的最大允许发送功率 $P_{S\_max} = P_{out}(g_{SP},\ g_{PP})$。

（2）IPCSI 信道环境下的功率控制与优化。

假定链路 SU_Tx→PU_Rx 的瞬时复合信道脉冲响应为 h_{SP}，则 h_{SP} 服从零均值循环对称复高斯（ZMCSGS）随机分布，即 $h_{SP} \sim CN(0,\ 1)$。由于节点自身的移动性及信道反馈时延的影响，SU_Tx 所检测到的 h_{SP} 具有一定的滞后性。根据相关文献可知，时域信道相关系数可以用来表征时变信道中前后两个脉冲响应之间的关系，因此有

$$h_{SP} = \rho \hat{h}_{SP} + \sqrt{1 - \rho^2}\,\xi \tag{7-41}$$

式中，$\rho \in [0,\ 1]$ 表示时域信道相关系数，当 $\rho = 1$ 时，$h_{SP} = \hat{h}_{SP}$，此时 IPCSI 信道等价于 PCSI 信道。$\hat{h}_{SP} \sim CN(0,\ 1)$ 表示 SU_Tx 实际接收或检测到的信道脉冲响应，ξ 为与 $\hat{h}_{SP}$ 相互独立的随机变量且 $\xi \sim CN(0,\ 1)$，信道传输增益 $g_{SP} = |h_{SP}|^2$。由式（7-38）可知，此时最大有效容量的约束条件为

$$E[P_{\mathrm{S}}g_{\mathrm{SP}}] < \left(\frac{P_{\mathrm{P}}g_{\mathrm{PP}}}{\gamma_{\mathrm{th}}} - N_0 B\right) \tag{7-42}$$

令 $Q_{\mathrm{av}}(g_{\mathrm{SP}},\ g_{\mathrm{PP}}) = \dfrac{P_{\mathrm{P}}g_{\mathrm{PP}}}{\gamma_{\mathrm{th}}} - N_0 B$，由 $g_{\mathrm{SP}} = \left|\rho\hat{h}_{\mathrm{SP}} + \sqrt{1-\rho^2}\xi\right|^2$，式（7-42）可以表示为

$$
\begin{aligned}
Q_{\mathrm{av}}(g_{\mathrm{SP}},\ g_{\mathrm{PP}}) &> E\left[\left|\rho\hat{h}_{\mathrm{SP}} + \sqrt{1-\rho^2}\xi\right|^2 P_{\mathrm{S}}\right] = \\
&E[\rho^2\hat{h}_{\mathrm{SP}}^2 P_{\mathrm{S}}] + E[(1-\rho^2)P_{\mathrm{S}}]E[\xi^2] + E[\rho\sqrt{1-\rho^2}(\hat{h}_{\mathrm{SP}}\xi^* + \hat{h}_{\mathrm{SP}}^*\xi)P_{\mathrm{S}}]
\end{aligned} \tag{7-43}
$$

式中，$(\cdot)^*$ 表示取复共轭。由于 ξ 是与 $\hat{h}_{\mathrm{SP}}$ 无关的独立随机变量，$\xi \sim CN(0,\ 1)$，且 $E[\xi] = E[\xi^*] = 0$，$E[\xi^2] = 1$，又因为 $\hat{g}_{\mathrm{SP}} = \left|\hat{h}_{\mathrm{SP}}\right|^2$，所以式（7-43）可以进一步简化为

$$Q_{\mathrm{av}}(g_{\mathrm{SP}},\ g_{\mathrm{PP}}) > E[(\rho^2\hat{g}_{\mathrm{SP}} + 1 - \rho^2)P_{\mathrm{S}}] \tag{7-44}$$

根据式（7-39），定义 Lagrangian 函数如下：

$$L(P_{\mathrm{S}},\ \lambda) = \varphi(a,\ P_{\mathrm{S}}) + \lambda(E[(\rho^2\hat{g}_{\mathrm{SP}} + 1 - \rho^2)P_{\mathrm{S}}] - Q_{\mathrm{av}}(g_{\mathrm{SP}},\ g_{\mathrm{PP}})) \tag{7-45}$$

令 $\partial L(P_{\mathrm{S}},\ \lambda)/\partial(P_{\mathrm{S}}) = 0$，$\partial L(P_{\mathrm{S}},\ \lambda)/\partial(\lambda) = 0$ 可得

$$
\begin{cases}
\dfrac{\partial L(P_{\mathrm{S}},\ \lambda)}{\partial P_{\mathrm{S}}} = \lambda(\rho^2\hat{g}_{\mathrm{SP}} + 1 - \rho^2) - \dfrac{ag_{\mathrm{S}}}{P_{\mathrm{P}}g_{\mathrm{PS}} + N_0 B}\left(1 + \dfrac{P_{\mathrm{S}}g_{\mathrm{SS}}}{P_{\mathrm{P}}g_{\mathrm{PS}} + N_0 B}\right)^{-(a+1)} = 0 \\[4mm]
\dfrac{\partial L(P_{\mathrm{S}},\ \lambda)}{\partial(\lambda)} = (\rho^2\hat{g}_{\mathrm{SP}} + 1 - \rho^2)P_{\mathrm{S}} - Q_{\mathrm{av}}(g_{\mathrm{SP}},\ g_{\mathrm{PP}}) = 0
\end{cases} \tag{7-46}
$$

由式（7-46）可得式（7-45）取最小值时的最优解，即

$$
\begin{cases}
\lambda = \dfrac{ag_{\mathrm{SS}}}{P_{\mathrm{P}}g_{\mathrm{PS}} + N_0 B} \cdot \dfrac{1}{\rho^2\hat{g}_{\mathrm{SP}} + 1 - \rho^2}\left(1 + \dfrac{P_{\mathrm{S}}g_{\mathrm{SS}}}{P_{\mathrm{P}}g_{\mathrm{PS}} + N_0 B}\right)^{-(a+1)} \\[4mm]
P_{\mathrm{S}} = \dfrac{Q_{\mathrm{av}}(g_{\mathrm{SP}},\ g_{\mathrm{PP}})}{\rho^2\hat{g}_{\mathrm{SP}} + 1 - \rho^2}
\end{cases} \tag{7-47}
$$

与 PSCI 信道环境下 P_{S} 的最优值类似，IPCSI 信道环境下最优 P_{S} 同样需要根据不同 $Q_{\mathrm{av}}(g_{\mathrm{SP}},\ g_{\mathrm{PP}})$ 取值进行分别讨论。

① $Q_{\mathrm{av}}(g_{\mathrm{SP}},\ g_{\mathrm{PP}}) < 0$：由 $Q_{\mathrm{av}}(g_{\mathrm{SP}},\ g_{\mathrm{PP}}) = (\dfrac{P_{\mathrm{P}}g_{\mathrm{PP}}}{\gamma_{\mathrm{th}}} - N_0 B) < 0$ 可得 $\dfrac{P_{\mathrm{P}}g_{\mathrm{PP}}}{N_0 B} < \gamma_{\mathrm{th}}$。此时卫星传输中断是由自身链路性能恶化导致的，因此 SU_ Tx 可以自由使用卫星频谱，最大发送功率 $P_{\mathrm{S\_max}} = P_{\mathrm{S\_pk}}$。

② $\dfrac{Q_{\mathrm{av}}(g_{\mathrm{SP}},\ g_{\mathrm{PP}})}{\rho^2\hat{g}_{\mathrm{SP}} + 1 - \rho^2} > P_{\mathrm{S\_pk}}$：与 PCSI 信道环境类似，该条件下 SU_ Tx 由于自身最大发送功率的限制使得 $P_{\mathrm{S\_max}} = P_{\mathrm{S\_pk}}$。

③ $0 \leqslant \dfrac{Q_{\mathrm{av}}(g_{\mathrm{SP}},\ g_{\mathrm{PP}})}{\rho^2\hat{g}_{\mathrm{SP}} + 1 - \rho^2} \leqslant P_{\mathrm{S\_pk}}$：由式（7-45）可知，SU_ Tx 最大允许发送功率 $P_{\mathrm{S\_max}} = \dfrac{Q_{\mathrm{av}}(g_{\mathrm{SP}},\ g_{\mathrm{PP}})}{\rho^2\hat{g}_{\mathrm{SP}} + 1 - \rho^2}$。

7.6.2 软件定义卫星网络多控制器可靠部署算法

由于传统卫星网络存在可拓展性差、设备难以更新升级、多种协议并存、无法为不同需求的用户提供细粒度的服务等问题，近年来软件定义卫星网络（Software Defined Satellite Network，SDSN）开始走进研究人员的视野。SDSN 采用软件定义网络（Software Defined Network，SDN）架构将控制平面与转发平面分离，通过控制器管理整个网络，提高了网络的可扩展性和可编程性。低轨道（Low Earth Orbit，LEO）卫星星座作为卫星网络转发平面的主要组成部分，如何高效地对其进行管理正得到越来越多的关注和研究。不同于地面 SDN，LEO 卫星网络拓扑高速动态变化、业务时间空间分布更加不均匀，因此有更多因素需要考虑。

现有 SDSN 控制器部署研究仍然存在一些不足。一是忽略控制器处理时延而将其简化为传播时延。这相当于忽视不同控制器剩余处理能力的差异，默认所有数据包都拥有相同的处理时间。而实际上，当控制器负载较大，处理能力接近饱和时，处理时延也是网络时延的重要组成部分，不应该被忽略。二是缺乏对网络可靠性的考虑。SDN 中的可靠性问题已得到充分研究，而 SDSN 控制器可靠部署问题仍缺乏足够的重视。基于上述不足，本节提出一种 SDSN 多控制器可靠部署算法并利用改进的人工鱼群算法进行求解。该算法将处理时延加入控制时延模型以实现对网络时延的更好优化，同时通过定义节点失效概率及链路失效概率衡量网络的可靠性。通过与现有 SDSN 控制器部署方法的对比，MCRDA 算法在保证较小的控制时延的前提下，实现了控制器间的负载均衡，并可使网络可靠性提高 30%以上。

1. 模型构建

SDSN 网络可描述为 $G = (V, E)$，其中 V 为网络中节点集合，E 为网络中直连链路集合。构建模型所用参数及其说明如表 7-5 所示。

表 7-5　构建模型所用参数及其说明

网络参数	说明
$V = \{v_1, v_2, \cdots, v_N\}$	网络节点集合
$E = \{e_1, e_2, \cdots, e_L\}$	网络直连链路集合，直连链路总数 L
$C = \{c_1, c_2, \cdots, c_M\}$	控制器集合，控制器总数 M
$S = \{s_1, s_2, \cdots, s_N\}$	交换机集合，交换机总数 N
d	任意节点 v_i 和 v_j 之间最短路径长度
$E_{i,j} \subseteq E$	节点 v_i 和 v_j 之间最短路径经过的直连链路集合
$V_{i,j} \subseteq V$	节点 v_i 和 v_j 之间最短路径经过的节点集合
q_j	交换机 s_j 流请求速率
p_i	控制器 c_i 处理能力
$T = \{t_1, t_2, \cdots, t_K\}$	时间片集合
$A = \{a_1, a_2, \cdots, a_N\}$	控制器部署位置
$X = \{\cdots, x, \cdots\}$	网络控制域划分

在表 7-5 中，$x_{i,j}$ 和 a_j 均为二进制变量，用于表征交换机-控制器连接关系及控制器部署位置，其取值方法如下：

$$x_{i,j} = \begin{cases} 1, & \text{交换机 } s_j \text{ 连接到控制器 } c_i \\ 0, & \text{其他} \end{cases} \tag{7-48}$$

$$a_j = \begin{cases} 1, & \text{节点 } v_j \text{ 上部署了控制器} \\ 0, & \text{其他} \end{cases} \tag{7-49}$$

在对其他参数进行定义前，对模型进行说明如下：网络中所有节点均作为交换节点使用，控制器可部署于网络中的任意一节点上；控制器部署位置确定后不可更改；针对拓扑快速动态变化的 LEO 卫星网络，使用时间片划分思想进行建模与仿真，并假设在一个时间片内网络拓扑、业务、控制器与交换机连接关系保持不变；网络重规划仅在时间片切换时进行。

1）控制时延

控制器到交换机的响应时间是一个重要的 QoS 参数，为了使网络能够满足不同用户的 QoS 需求，控制器的部署应当使得网络中控制器到交换机间的响应时间（控制时延）尽量短。由于卫星网络的覆盖范围广，为了减小控制时延就要求控制器在网络中的分布尽量均匀，如果控制器部署得过于集中，那么必然造成一部分卫星节点的控制时延过大，影响网络性能。因此，本节定义了最远距离以限制控制器的集中。

定义 1：最远距离 D。D 代表网络中交换机与最近控制器之间距离的最大值，若该值较大，则说明部分卫星节点距离控制器较远，网络中的控制器分布比较集中；反之则说明控制器在网络中分布得较为均匀。其定义如下：

$$D = \sum_{k \in T} \max_{j \in S} \min_{i \in C} d \tag{7-50}$$

现有大部分卫星网络控制器部署研究及地面广域网研究在处理时延时都忽略了控制器处理时延，而本节在实验模型中加入处理时延，将控制器与交换机间的控制时延定义如下。

定义 2：控制时延 T。其定义如式（7-51）所示。T_i 表示交换机 s_j 与控制器 c_i 进行交互所花费的时间，其计算方法如式（7-52），其中 c 为自由空间光速。将控制器 c_i 的控制时延 T_i 定义为其与所属控制域内全部交换机的控制时延之和，如式（7-53）。出于负载均衡的考虑，将整个网络的控制时延 T 定义为各个控制器控制时延按负载加权的和，q_i 表示控制器 c_i 的负载，如式（7-54）所示。

$$T = \frac{q_j}{p_i} + 2 \cdot q_j \cdot \frac{d}{c} \tag{7-51}$$

$$T_i = \sum_{j=1}^{N} \left[x \cdot \left(\frac{q_j}{p_i} + 2 \cdot q_j \cdot \frac{d}{c} \right) \right] \tag{7-52}$$

$$q_i = \sum_{j=1}^{N} (x \cdot q_j) \tag{7-53}$$

$$T = \frac{\sum_{i=1}^{M} (q_i \cdot T_i)}{\sum_{i=1}^{M} q_i} \tag{7-54}$$

由控制时延的定义可知，负载较大的控制器对网络控制时延的影响更大，而在控制器处理能力相同的条件下，负载较大的控制器往往有较大的处理时延及传播时延，故其控制时延也较大。因此，在部署控制器及为控制器分配交换机时，如果出现过载控制器，那么将严重影响网络的控制时延。本节对控制时延的定义在保证网络时延性能的同时兼顾了控制器间的负载均衡性能。

2）控制链路的可靠性

控制链路的可靠性也是规划网络时必须考虑的重要因素，由于卫星网络的栅格性，网络中两个节点间往往存在多条联通的路径，因此能够通过控制器选择与控制关系的构建在保证网络时延的情况下尽可能选择可靠性更高的控制链路，进而提高网络的可靠性。本节对于控制链路可靠性的分析主要基于链路失效概率与节点失效概率。

定义 3：链路失效概率 r_e。直连链路的失效概率主要由直连链路的长度决定，长链路失效概率更大。

$$r_e = (1 - \alpha_u)^{d_e} \tag{7-55}$$

式中，α_u 代表单位长度的链路失效概率。由于卫星网络中轨道间链路和轨道内链路的差别，不同类型的链路应当具有不同的单位长度链路失效概率。卫星网络中的轨道间链路数不是恒定的，卫星节点在极点附近会关闭其轨道间链路而保留轨道内链路，频繁地开闭使得轨道间链路应当具有比轨道内链路更高的单位长度链路失效概率。

定义 4：节点失效概率 r_n。节点失效概率表示网络中的节点无法正常行使功能的概率。为了便于仿真，本节在 0~0.1 范围内差异化地确定各个节点的失效概率，且不同节点的失效概率相互独立。

定义 5：控制节点失效概率 ξ。在选择控制器时为了保证网络的可靠性，应当尽量将控制器部署在节点失效概率较小的节点上。

$$\xi = \frac{\sum_{n=1}^{N} (r_n \cdot a_n)}{M} \tag{7-56}$$

定义 6：控制链路可靠系数 R。其定义如式（7-57）所示。控制链路可靠系数由控制链路上的节点失效概率及直连链路失效概率共同决定，交换机 s_j 与控制器 c_i 间的控制链路可靠系数 R_i 的计算方法如式（7-58）所示。控制器 c_i 所属控制域的控制链路可靠系数定义为控制域内所有控制链路可靠系数的平均值。同样出于负载均衡的考虑，整个网络的控制链路可靠系数 R 定义为各个控制域控制链路可靠系数按负载加权的和，如式（7-59）所示。

$$R = \prod_{e \in E} (1 - r_e) \cdot \prod_{n \in V} (1 - r_n) \tag{7-57}$$

$$R_i = \frac{\sum_{j=1}^{N} R \cdot x}{\sum_{j=1}^{N} x} \tag{7-58}$$

$$R = \frac{\sum_{i=1}^{M} (q_i \cdot R_i)}{\sum_{i=1}^{M} q_i} \tag{7-59}$$

控制链路可靠系数能够反映网络的可靠性，可靠系数大的网络控制器与交换机之间的连接更不容易中断，发生控制链路失效的概率更小。

定义 7：节点吸引度 λ_j。节点吸引度代表了网络节点 v_j 对控制器的吸引力，控制器更倾向于部署在吸引度大的节点上。该值由节点失效概率及其所连接的直连链路共同决定，若节点所连接的直连链路越多，链路失效概率越小，节点失效概率越小，则节点吸引度越大，该节点应对失效的可靠性越好。

$$\lambda_j = \sum_{e_{j,\,n} \in E} R_{j,\,n} \tag{7-60}$$

3）目标函数

通过上述定义可以将 SDSN 多控制器可靠部署问题概括如下：

$$\left[\min D,\ \max \sum_{j=1}^{N} (\lambda_j \cdot a_j) \right],\ [\max R,\ \min T] \tag{7-61}$$

$$\text{s. t. } \forall j \in S,\ \sum_{i=1}^{M} x = 1 \tag{7-62}$$

$$\forall i \in C,\ q_i < p_i \tag{7-63}$$

$$\sum_{n=1}^{N} a_n = M \tag{7-64}$$

$$\frac{\sum_{n=1}^{N} (r_n \cdot a_n)}{M} < \frac{\sum_{n=1}^{N} r_n}{N} \tag{7-65}$$

式（7-61）第一项为控制器部署位置的优化目标，后一项为控制关系构建的优化目标。在实际求解近似最优解时，由于两项优化目标难以同时取最优，故对第一项优化目标构造非劣解集，而主要对后一项进行优化。式（7-62）表示每个交换机仅受唯一一个控制器控制；式（7-63）表示控制器负载不能超过控制器处理能力；式（7-64）为对控制器数量的限制；式（7-65）表示控制节点平均失效概率应小于所有节点的平均失效概率。

2. 求解算法

人工鱼群算法具有实现简单、健壮性强、对初值和参数选择不敏感、全局寻优能力强、收敛速度快等优点，本节选择人工鱼群算法求解 SDSN 控制器部署问题。人工鱼群算法所用参数汇总表如表 7-6 所示。人工鱼群算法中共包括四种行为：觅食行为，鱼群趋向于向视野范围内食物浓度高的区域移动；聚群行为，人工鱼趋向于聚集成群，在避免过分拥挤的情况下不断向邻居伙伴的位置中心移动；追尾行为，当一条人工鱼发现食物后附近的人工鱼会尾随而来；随机行为，人工鱼在水中自由游动。人工鱼根据环境的变化在上述四种行为间互相转换，人工鱼群算法流程如图 7-39 所示。

经典的人工鱼群算法在运算时步长固定，若步长选择过小，则算法收敛速度慢，可能无法到达最优解；若步长选择过大，则算法可能在最优解周围震荡而无法准确收敛于最优解。因此为了提升算法寻优能力并加快算法收敛速度，本节采用指数函数型衰减的步长，步长更新方法如式（7-66）所示。式中，$\text{Step}_{\max}$ 为最大步长；$\text{Step}_{\min}$ 为最小步长。在运算前期，步长较大使样本能够快速地接近最优解；在运算后期，步长逐渐减小使样本能够准确停留在最优解的位置。

表7-6　人工鱼群算法参数汇总表

算法参数	说明
Step	步长
Visual	视野
delta	拥挤度因子
fishnum	种群数量
try_number	试探次数
MAXGEN	迭代次数
gen	当前迭代次数

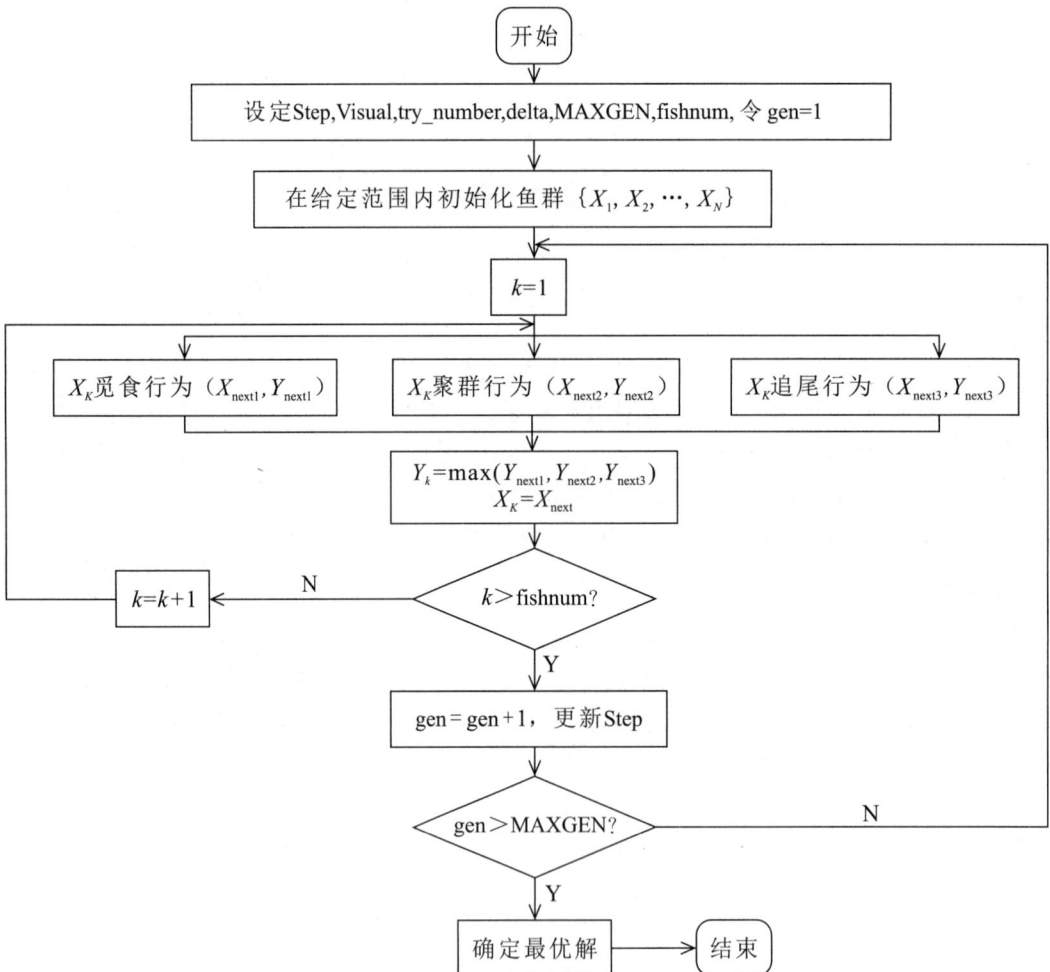

图7-39　人工鱼群算法流程

$$\mathrm{Step} = \mathrm{Step}_{\max} \cdot \left(\frac{\mathrm{Step}_{\min}}{\mathrm{Step}_{\max}} \right)^{\frac{\mathrm{gen}-1}{\mathrm{MAXGEN}-1}} \tag{7-66}$$

利用改进的人工鱼群算法求解 SDSN 控制器部署问题的 MCRDA 算法的具体步骤如下。

输入：SDSN 网络 G、卫星网络流量分布 f、控制器处理能力 p、控制器数量 M、人工鱼群算法参数。

输出：控制器部署矩阵 A、控制域划分方式 X。

1：采集 d, r_n, r_e 等网络参数。

2：生成初始样本。

3：while gen<MAXGEN do。

4：更新步长 Step。

5：while k<fishnum do。

6：计算各样本目标函数值。

7：利用改进的人工鱼群算法更新样本位置。

8：endwhile。

9：构造非劣解集并排除无效解。

10：endwhile。

11：得到 X、A。

习　题

1. 计算机参考模型有哪几类？

2. 五层协议架构中各有哪些常用协议？

3. 试述异步传输模式（ATM）数据封装过程。

4. 简述现代卫星通信网络中 TCP/IP 技术的应用问题和解决途径。

5. 什么叫空间信息网络？有哪几类协议体系结构？

6. CCSDS 协议结构中各层包含哪些内容？

7. 试述 DTN 中路由与传统的网络路由有什么区别。

8. 什么是 HDLC 协议？画出 HDLC 帧格式，叙述 HDLC 协议交互流程。

9. 计算机网络中常用的单播路由协议、组播路由协议有哪些？简述其应用场景。

10. 什么叫卫星认知无线网络？其在功率控制算法中面临着哪些挑战？

11. 什么叫软件定义卫星网络（SDSN）？现有 SDSN 控制器部署仍然存在哪些不足？

第8章 卫星通信网络协议与典型应用技术

本章主要讲述卫星通信网络协议典型应用技术，解决地面互联网对卫星通信适应性问题，具体内容包括卫星通信中典型的路由技术与应用、卫星网络 TCP 增强技术与应用、HTTP 增强技术在卫星网络中的应用及优化设计、卫星网络 IP 压缩技术的典型应用、不同体制卫星网络的 QoS 实现和卫星数字视频广播。

8.1 卫星通信中典型的路由技术与应用

在计算机网络中，单一网络类型无法满足各种用户的多种需求，不同类型网络之间的互联互通，是通过路由器来完成的。所谓路由技术，就是采用一种或多种策略，使不同类型的网络互联互通，并为数据分组从源节点到目的节点的转发选择一条或几条理想的路径。路由技术是通过在路由器上运行路由协议来实现的；路由协议发送和接收路由分组，通过获取网络中每个拓扑结构的变化，并根据这些变化调整路由器的路由表，从而在转发数据分组时选择最佳路径。卫星网络拓扑结构不断变化及卫星链路常常中断的特点，使得卫星网络环境下的性能与地面计算机网络的性能不尽相同。

8.1.1 计算机网络中常用的路由协议

计算机网络中常用的单播路由协议有 RIP、OSPF、EIGRP（Enhanced Interior Gateway Routing Protocol，增强型内部网关路由选择协议）、IS-IS，组播路由协议有 PIM-DM、PIM-SM、PIM-SSM（Protocol Independent Multicast Source-Specific Multicats，协议无关组播源特定组播），它们分别适用于不同的应用场景。

1. 单播路由协议

（1）路由信息协议（Routing Information Protocol，RIP）是所有路由协议中使用最早的一种。RIP 在使用上非常简单，并且协议的开销较小，对路由器的处理和存储能力要求不高。虽然该协议已经使用了非常长的时间，但是依然广泛应用于今天的网络设备和 IP 网络中。

RIP 是一种基于距离矢量的路由选择协议，网络中每个运行 RIP 的路由器需要维护到其他目的网络的距离记录（距离单位为跳数）。RIP 将"距离"定义为：从路由器到直连网络的距离为 0，从路由器到非直连网络的距离为每经过一个路由器则距离加 1。

（2）开放最短路径优先（Open Shortest Path First，OSPF）协议是目前在大型网络中使用最多的路由协议。OSPF 协议是基于链路状态算法来选择路由的，解决了 RIP 等路由协议收敛慢、冗余链路和跳数限制等问题。所谓的"链路状态"，就是本路由器都和哪些路由器相邻，以及该链路的"度量"。OSPF 协议将这个"度量"用来表示费用距离、时延、带宽等。与 RIP 相比，OSPF 协议具有以下优点。

①由于 OSPF 路由器之间交换的信息不是路由，而是链路状态，因此不会产生计算上的环路。

②OSPF 路由器不会周期性地发送路由信息，而是一旦网络发生变化，最先检测到这一变化的路由器将此消息传至整个网络，这样可以有效减轻网络负载。

③OSPF 协议在选择最优路由的同时保持到达同一目的网络的多条路由，可以很好地平衡网络负载。

但是，OSPF 协议也存在着一些缺陷。OSPF 协议采用最短路径优先（Shortest Path First，SPF）算法，该算法计算复杂且计算频率比较高，这样会消耗较多的 CPU 和内存资源。另外，在规划、设计、建设和维护 OSPF 网络的时候，需要考虑和配置很多参数，这些对相关人员的专业知识提出了较高的要求。

综上所述，OSPF 协议的最佳使用环境是网络规模大、拓扑结构复杂、存在冗余链路和对性能要求较高的环境。

（3）EIGRP 使用的扩散更新算法（Diffusing Update Algorithm，DUAL）类似于距离矢量算法，其核心逻辑是距离矢量，但它传输拓扑信息的目的是像链路状态一样描绘出网络的地图。EIGRP 保存了拓扑表中所有邻居发来的路由，在当前路由消失时能够快速切换到替换路由。

（4）中间系统到中间系统（Intermediate System-to-Intermediate System，IS-IS）协议最初是国际标准化组织（ISO）为它的无连接网络协议（Connectionless Network Protocol，CLNP）设计的一种路由协议。为了提供对 IP 的路由支持，互联网工程任务组在 RFC1195 中对 IS-IS 协议进行了扩充和修改，使它能够同时应用在 TCP/IP 和 OSI 环境中，这种修改后的协议被称为集成 IS-IS 协议。IS-IS 协议是一种链路状态协议，其使用 SPF 算法进行路由计算。

2. 组播路由协议

（1）协议无关组播密集模式（Protocol Independent Multicast Dense Mode，PIM-DM）协议总是假定网络上有组播接收者，无论网络上是否有组播成员需要该数据，都要把数据先扩散到整个网络上，建立起一棵组播转发树，也称为最短路径树（Shortest Path Tree，SPT）。若网络上某些子网的分支上的确没有组播成员需要该数据，便采取相应的措施通知上游数据发送者，把此分支从扩散的组播转发树上剪掉。被剪掉的分支在一定的时间间隔后被重新嫁接回去，以减少被剪分支中组播成员的加入时延。

（2）协议无关组播稀疏模式（Protocol Independent Multicast Sparse Mode，PIM-SM）协议总是假定网络上没有组播接收者，默认不向网络中转发组播数据，直到收到加入组播的申请。PIM-SM 协议采用共享树（Rendezvous Point Tree，RPT）进行组播数据转发，源路由器收到源主机发向该组的组播数据，首先将此数据包通过单播的形式转发到汇聚点（Rendezvous Point，RP）路由器，然后由汇聚点路由器沿着共享树转发到组内各成员。接收者要想接收组播数据，就需要先发送加入组申请。接收者发送的加入组申请将向上传送至汇聚点。

8.1.2　FDMA/DAMA 卫星网络路由方案

在 FDMA/DAMA 卫星网络中，路由方案的选择与设计应重点考虑链路按需建立/拆除及链路的单向性对路由协议的影响。

1. FDMA/DAMA 卫星网络单播路由方案设计

FDMA/DAMA 卫星网络采用自动检测或通过人工动态设置的方式实现信道接入控制，以达到动态申请卫星资源的目的。因此卫星链路不是一直存在的，未建立卫星链路时前路路由也不存在。路由协议需要通过相邻路由器间交互路由信息来动态获取全网的路由信息。在卫星信道建链成功后，路由协议最长需要几十秒的时间才能达到路由收敛，这样会导致一些 IP 应用协议由于信令建立时间过长，造成用户终端呼叫失败，影响正常通信。因此，动态路由协议并不适合在 FDMA/DAMA 卫星网络中直接应用。

与计算机网络不同，FDMA/DAMA 卫星网络中卫星链路的建立具有阶段性，因此在卫星链路的建立过程中需要自适应路由技术。FDMA/DAMA 卫星网络根据卫星用户的通信需求动态申请卫星资源，卫星链路建立后自动建立路由。自适应路由技术提供了一种可控的路由建立机制，避免了用户对路由的复杂配置，同时对地面网络和地球站的用户完全透明。

2. FDMA/DAMA 卫星网络组播路由方案设计

在 FDMA/DAMA 卫星网络中，组播业务的应用方式与计算机网络有所不同。例如，在一次卫星视频会议中，通常先由视频组播的发起者选择组播数据流的接收者，然后向网控中心申请到各个接收者所在远端站的广播信道。为了节约卫星带宽，往往只建立从组播源到各个接收者的单向广播信道，而不存在接收者到组播源的反向信道。采用 PIM-SM、PIM-SSM 协议的接收者要想接收组播数据，就要先通过反向信道向组播源或汇聚点发送加入组申请。因此，在 FDMA/DAMA 卫星网络中不适合采用 PIM-SM、PIM-SSM 协议。

PIM-DM 协议在源端路由器配置静态组播接收组后，不需要接收者向组播源发送加入组申请，当路由收到组播数据流后，直接向下游转发。因此，FDMA/DAMA 卫星网络中的组播接收者通常由组播发起者指定，也不存在剪枝与嫁接过程。因此，PIM-DM 协议不需要接收者到组播源的反向信道，比较适合在 FDMA/DAMA 卫星网络中使用。

8.1.3 MF-TDMA 卫星网络路由方案

在 MF-TDMA 卫星网络中，路由方案的选择与设计应重点考虑网状拓扑结构和广播型链路对路由协议的影响。

1. MF-TDMA 卫星网络中单播路由方案设计

MF-TDMA 卫星网络拓扑结构较为简单，各个地球站连接在卫星信道上，任意两站之间仅有一跳距离。

通过上文路由协议的适应性分析可知，采用水平分割的 RIP 更适合在 MF-TDMA 卫星网络中应用。

（1）MF-TDMA 卫星网络在应用组网时，卫星侧接口与本地接口的网段配置可能属于不同的管理机构，极易造成网段配置重叠。

（2）与地面路由交换设备相似，MF-TDMA 卫星终端存在两次数据查表转发操作（三层路由寻址、二层地址解析），但由于卫星链路长时延的影响，增大了数据包在卫星终端内的转发时延，从而降低了系统传输效率。

根据 MF-TDMA 卫星网络的上述特点及应用需求，下面提出一种更加适应卫星网络环境的路由协议——卫星 RIP（RIP-Satellite，RIP-S），它基于标准的 RIP 改进而来，采用了两项技术——扩展的无编号 IP 技术与双层寻址路由技术，既可规避网段冲突又高度集成了转发功能，可灵活应用于 MF-TDMA 卫星网络。

1）扩展的无编号 IP 技术

无编号 IP 技术本是一种计算机网络中点到点链路上节约 IP 地址的方案，同时能节约点到点链路上路由设备的路由表开销。所谓无编号 IP，实际上就是路由器的串行接口在没有配置有效 IP 地址时，可以借用其他接口的 IP 地址，使该接口能够正常使用。将无编号 IP 技术扩展，使其不仅可以在点到点链路上实现，而且可以在广播型链路的以太网口上实现。这样，MF-TDMA 卫星终端的卫星侧接口可以借用本地接口的地址，从而避免了为其分配地址，既可以节约 IP 地址与路由表开销，又能解决 MF-TDMA 卫星网络内网段冲突问题。

2）双层寻址路由技术

双层寻址路由技术是三层路由寻址与二层地址解析的集成实现技术。三层路由寻址指的是通过数据包的目的 IP 地址获取下一跳路由节点的 IP 地址，二层地址解析指的是通过下一跳路由节点的 IP 地址获取其物理地址（在卫星网络中，站号为卫星终端的物理地址）。双层寻址路由技术通过一次路由即可完成下一跳路由节点的 IP 地址与对应物理地址的寻址。该技术利用 RIP 定期更新的特性，并使用 RIP-S 自定义的路由报文格式，使整个卫星网络的路由收敛和链路层地址解析同时完成，一次查表即可完成数据的转发工作。RIP-S 生成的路由表与标准路由表相比，每条路由项中均增加了下一跳路由节点 IP 地址对应的链路层地址（站号）字段。

MF-TDMA 卫星网络可以使用标准的 RIP 实现域内的路由选择。通过结合扩展的无编号 IP 技术和双层寻址路由技术的 RIP-S，可以进一步优化卫星终端的内部结构与路由流程，并提高卫星网络的传输效率。

2. 组播路由方案设计

MF-TDMA 卫星网络也是按需建立卫星链路的，但与 FDMA/DAMA 卫星网络不同的是，在业务通信前，系统为每个地球站预留一定的卫星带宽，用于管理信息、路由信息的传输，即任意两个地球站之间都存在双向通信链路。因此，PIM-DM、PIM-SM 和 PIM-SSM 协议都可以用于 MF-TDMA 卫星网络，下面就这几种组播路由协议在 MF-TDMA 卫星网络中的应用性能进行简要分析。

1）PIM-DM 协议

PIM-DM 协议的路由方式采用扩散、剪枝模式来发送数据，当某地球站需要传输多路组播数据流时，需要和接收组播的数据的远端站建立双向卫星链路。地球站在收到组播数据流后，即使下游设有该组播数据流的接收者（但存在 PIM 邻居路由器），也会向所有的卫星链路发送组播数据，从而造成卫星链路的拥塞，影响该卫星链路上正常的业务接收。因此，PIM-DM 协议不适用于 MF-TDMA 卫星网络地球站有多路组播数据流传输的情况。

2）PIM-SM 协议

为了使 PIM-SM 协议正常地工作，在 PIM-SM 域内所有路由器必须知道 RP 地址。确定 RP 地址有两种方法：一是静态配置，它要求为每个路由器配置一个组或一系列组的 RP 地址，但当网络规模变大或不同的组播组在域内使用不同的 RP 地址时，配置问题尤其严重；二是动态方法，即引导路由器（Boot Svtart Rputer，BSR）产生"引导"消息，这些消息用来选举一个活跃的 BSR，同时包含组到 RP 的映射信息，用于散布 RP 的信息。

当组播源与该组的 RP 地址不在同一个地球站时，组播数据需要先通过单播发送到 RP 路由器所在的地球站，然后由 RP 路由器组播发送到有接收者的地球站。这样，组播数据流需要卫星链路两跳，未能充分发挥卫星网络的广播和单跳的特性。

3）PIM-SSM 协议

在 MF-TDMA 卫星网络中，选择 PIM-SSM 协议作为组播路由方式是比较适合的。PIM-SSM 协议利用了稀疏模式的所有优点，但其完全不使用共享树的转发方式，而是使用最短路径树的转发方式。当某个地球站的业务终端想要接收某条组播数据流时，会向组播源发送接收请求，并在沿途路由器上建立 (S, G) 转发状态，组播源收到该请求后发送组播数据流，该组播数据流会沿着建立好的路径传送给接收者。

通过上述分析可知，与 PIM-DM 协议和 PIM-SM 协议相比，PIM-SSM 协议更适用于 MF-TDMA 卫星网络。

8.1.4　DVB-RCS 卫星网络路由方案

在 DVB-RCS 卫星网络中，路由方案的选择与设计应重点考虑星型网络拓扑结构和点到多点链路对路由协议的影响。DVB-RCS 卫星网络拓扑结构及链路特点如图 8-1 所示。

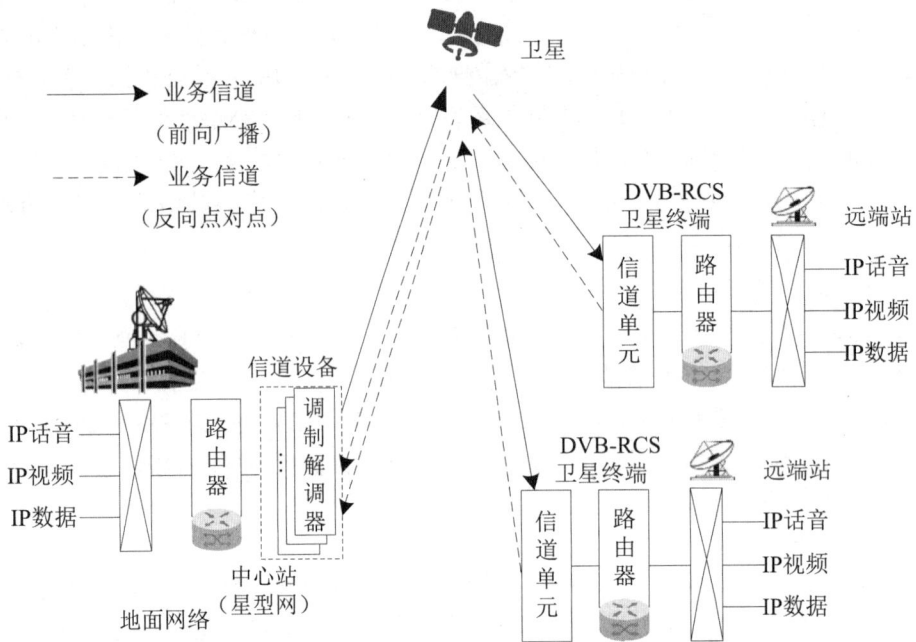

图 8-1　DVB-RCS 卫星网络拓扑结构及链路特点

1. DVB-RCS 卫星网络单播路由方案设计

DVB-RCS 卫星网络中远端站间的通信需要经过中心站转发，两站不能直接互通，这对路由协议来说，属于点对多点网络。在计算机网络的路由协议中，只有 OSPF 协议支持点对多点网络。但采用 OSPF 协议对远端站路由器的性能要求较高，同时会占用较大的信道带宽。

DVB-RCS 卫星网络的路由解决方案需要充分考虑系统的网络拓扑结构，设计专门的卫星路由协议解决域内路由选择问题。在 DVB-RCS 卫星网络中，远端站之间必须经过中心站转发才能实现互通，小站之间没有必要直接交互路由信息。DVB-RCS 卫星网络的路由解决思路如下。

（1）远端站 DVB-RCS 卫星终端通过标准路由与相连的路由器交互路由信息，获取本地可达路由信息，并配置默认路由，指向中心站。

（2）远端站 DVB-RCS 卫星终端定期/触发向中心站上报本地的可达路由信息。

（3）中心站路由器负责收集全网路由信息的更新，并进行卫星网络内的路由计算，同时维护远端站 IP 地址与 MAC 地址的映射与转换。

（4）远端站 DVB-RCS 卫星终端设置路由缓存，为到达的用户 IP 数据包选择最佳路由并得到下一跳 DVB-RCS 卫星终端 MAC 地址。当本地缓存无法查找到对应 IP 数据包的下一跳 DVB-RCS 卫星终端 MAC 地址时，可到中心站进行查询。

2. DVB-RCS 卫星网络组播路由方案设计

在 DVB-RCS 卫星网络中，组播源一般放置在中心站中，前向链路采用 TDM 体制，从中心站到远端站的通信链路一直存在。如果采用 PIM-DM 协议，那么即使远端站没有组播接收者，组播数据流也会周期性地向远端站进行广播，从而造成 DVB-RCS 卫星网络前向链路带宽资源的浪费。因此，在 DVB-RCS 卫星网络中适合采用 PIM-SM 协议和 PIM-SSM 协议，当远端站的接收者需要接收某条组播数据流时，首先通过反向信道向组播源或汇聚点发送加入组申请。当 DVB-RCS 卫星网络采用 PIM-SM 协议时，将汇聚点放置在中心站，就可以避免组播数据流在卫星网中传输的两跳问题。PIM-SM 协议在 DVB-RCS 卫星网络中的应用如图 8-2 所示。

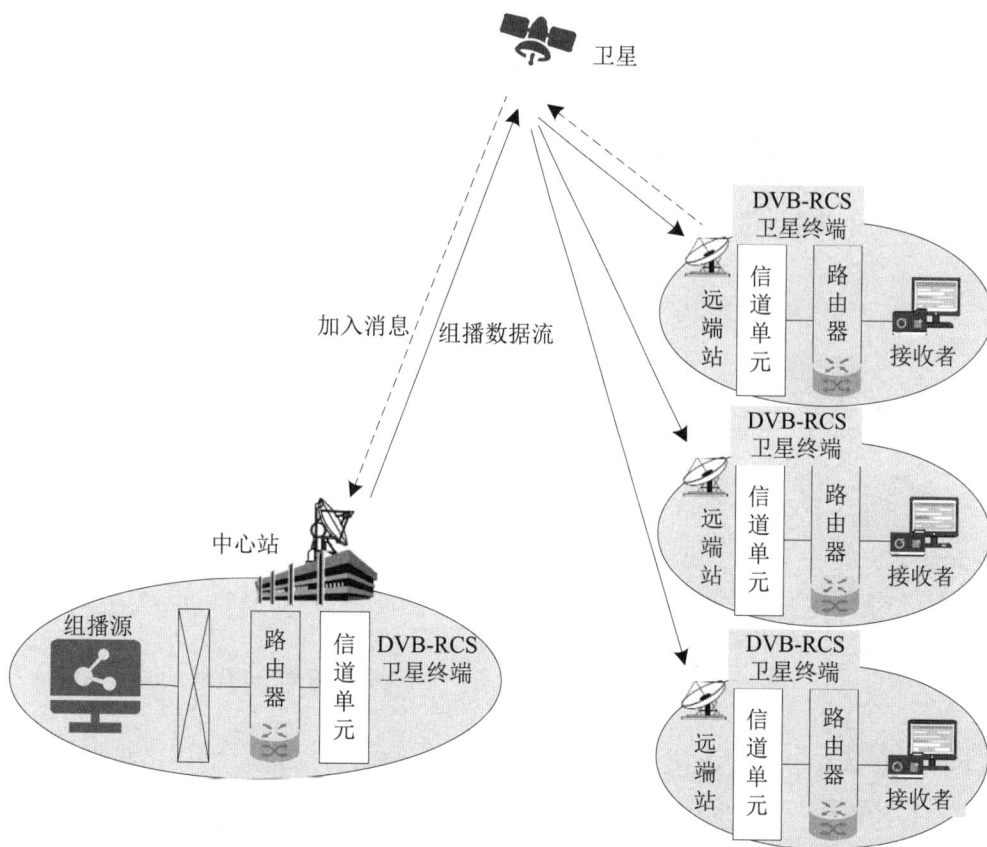

图 8-2　PIM-SM 协议在 DVB-RCS 卫星网络中的应用

8.1.5　基于星上处理的卫星网络路由方案

在基于星上处理的卫星网络中，路由方案的选择与设计应重点考虑多种链路类型（点到点链路、广播链路）及星上受限的处理能力对路由协议的影响。

1. 基于星上处理的卫星网络单播路由方案设计

在基于星上 IP 路由的卫星网络中，星载路由器的接口链路有 FDMA 和 TDMA 两类调制解调器，如图 8-3 所示。星载路由器的 TDMA 接口与地球站之间组成一个链路类型为广播的网络，动态路由协议的适应性可参考 MF-TDMA 卫星网络，适合应用 RIP。星载路由器的 FDMA 接口与地球站之间组成一个链路类型为点到点的网络。在点到点的链路上，OSPF 协议在没有路由信息变化时，只需要保持相互间的 Hello 呼叫信息包，流量很小，而 RIP 交互的路由信息包中包括整个路由表的路由信息，开销比 OSPF 协议要大得多，因此适合应用 OSPF 协议。

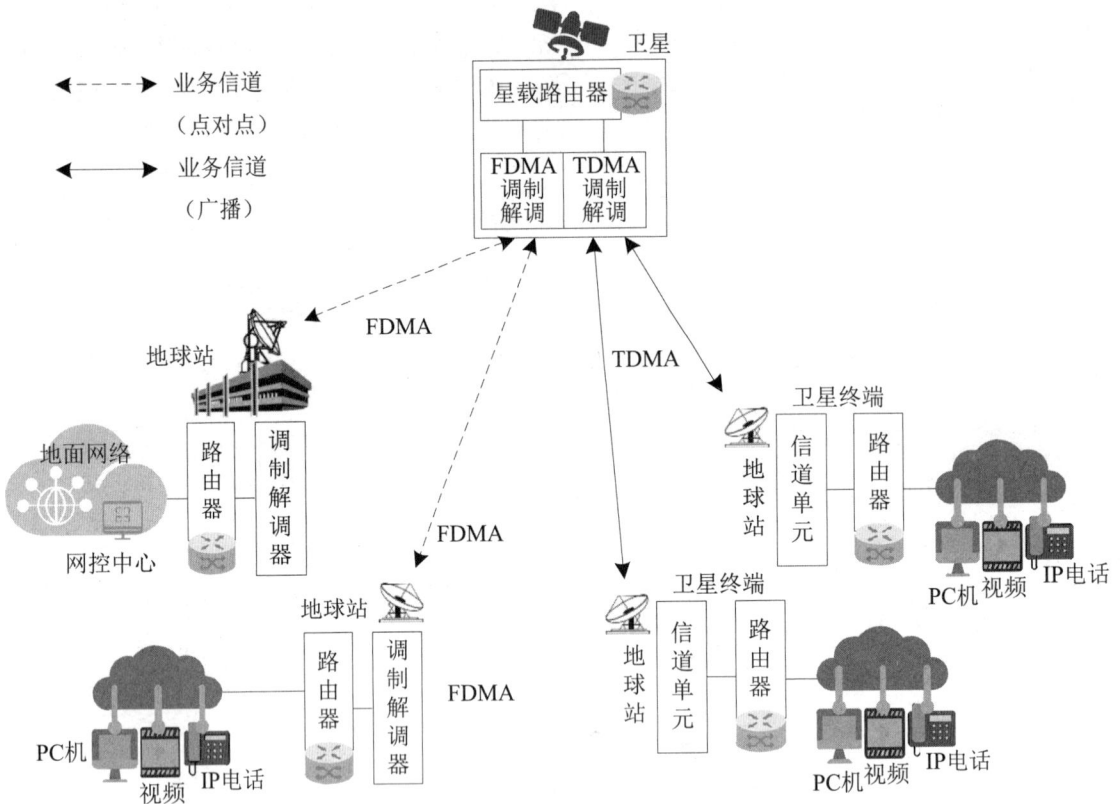

图 8-3　基于星上 IP 路由的卫星网络拓扑结构及链路特点

综上所述，基于星上 IP 路由的卫星网络单播路由解决方案为，根据星载路由器的端口类型进行路由分域，星载路由器的 FDMA 接口区域内应用 OSPF 协议，TDMA 接口区域内应用 RIP，不同区域的路由信息通过路由重分布实现共享。

2. 基于星上处理的卫星网络组播路由方案设计

在基于星上 IP 路由的卫星网络中，网络的拓扑结构与计算机网络相比有着明显的差别，特别是同一个波束内的所有地面路由器处在点对多点网络中。PIM-DM 协议、PIM-SM 协议和 PIM-SSM 协议在计算机网络和基于透明转发的卫星网络中应用时，网络类型包括点对点网络和广播网络。组播路由协议在应用于基于星上 IP 路由的卫星网络（点对多点网络）时存在以下几点问题。

（1）向上游发送加入消息。如图 8-4 所示，在基于星上 IP 路由的卫星网络中，地面路由器收到接收者 IGMP（Internet Group Management Protocol，互联网组管理协议）的加入消息后，生成 PIM（Protocol Independent Multicast，协议无关组播）加入消息向组播的上游路由器发送。在点对多点网络中地面路由器的上游路由器为星载路由器，当星载路由器的端口 1 收到该 PIM 加入消息后，生成组播路由表项。对星载路由器来说，组播源的上游路由器也与自己的端口 1 相连，因此组播路由表项的出口列表为空。这样，星载路由器就不会产生 PIM 加入消息，继续向上游发送，组播数据也就不能通过星载路由器转发给接收者所连接的地面路由器。

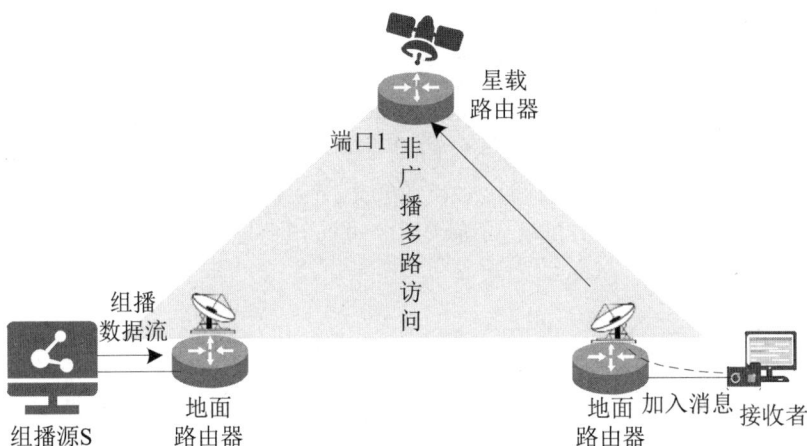

图 8-4　基于星上 IP 路由的卫星网络中接收者向组播源发送加入消息

（2）同端口组播数据转发。在计算机网络中，当路由器从一个端口收到组播数据包后会向其他端口进行转发，但不包括数据接收端口。而在基于星上 IP 路由的卫星网络中，同波束内的地面路由器处于星载路由器的同一端口下。当星载路由器收到组播数据包后，需要向输入端口转发该组播数据包，因此需要对组播路由转发表的生成算法进行优化才能满足这一需求。

由上述分析可知，标准的组播路由协议不适合直接在基于星上 IP 路由的卫星网络中应用。此外，PIM-DM 协议和 PIM-SM 协议的组播路由转发表是由数据流驱动生成的，即当路由器收到组播数据包后才动态生成组播路由转发表。受限于星载路由器的处理能力，采用该方式产生组播路由转发表会有一定时延，同时会对星载路由器的处理器产生很大的网络负荷。因此，基于星上 IP 路由的卫星网络组播路由协议应以 PIM-SSM 协议为基础，并结合基于星上 IP 路由的卫星网络的特点（如点到多点网络类型、同端口转发），开发卫星网络专用的组播路由协议。

8.2　卫星网络 TCP 增强技术与应用

TCP 是一种针对地面有线网络而设计的面向连接的传输层协议，为用户（应用层的进程）提供可靠的传输服务。卫星网络 TCP 增强技术，是指解决基于卫星信道 TCP 适应性问题的技术，TCP 流程和传输控制机制是影响其在卫星网络中的传输性能的主要因素。

8.2.1　TCP 工作流程和传输控制机制

1. TCP 工作流程

TCP 主要通过"三次握手"的连接建立、"序号与确认"的数据传输和"四次握手"的连接拆除来保障面对连接的可靠通信。

1）连接建立

TCP 的连接建立主要通过"三次握手"实现，分为请求连接（SYN）、请求确认（SYN+ACK）和确认连接（ACK）三个步骤。主机 A 向主机 B 发出连接请求，主要用于通知主机 B 可以开始建立 TCP 连接，并进行数据包的序号同步；主机 B 收到连接请求后，若同意，则发回确认；主机 A 收到主机 B 的确认后，通知上层应用进程连接已经建立，并向主机 B 发回连接确认；当主机 B 收到主机 A 的确认后，也通知上层应用进程，此时可靠的连接已经建立。

2）数据传输

TCP 在数据传输过程中的可靠性主要靠"序号与确认"来维护。当主机 A 的 TCP 向主机应答才会删除此副本。若在计时器时间到之前还没有收到确认，则重传此报文段的副本。

3）连接拆除

当数据传输结束后，通信双方都可以发出释放连接的请求。比如，主机 A 的应用进程先向其 TCP 发出连接释放报文段，并且不再发送数据。主机 A 的 TCP 通知对方要释放从 A 到 B 这个方向的连接，主机 B 收到该报文段后随即向主机 A 发出确认，并通知上层应用进程。此时连接处于"半关闭"状态。即主机 B 不再接收来自主机 A 的数据，但如果主机 B 仍有数据发送，主机 A 就可以继续接收（但该情况通常较少）。主机 A 只要能正确收到数据，就仍需要向主机 B 发送确认。若主机 B 不再向主机 A 发送数据，则用同样的方式去关闭连接。

2. TCP 传输控制机制

TCP 传输控制机制主要有流量控制机制、拥塞控制机制和差错控制机制。在过去的 20 多年，TCP 历经多次调整和改动形成了几种不同的协议版本，但各种版本的 TCP 都包括这三大机制，只是具体实现时采用了不同的算法而已，下面对它们进行简单介绍。

1）流量控制机制

该机制主要用于确保发送端发送的数据量不超过接收端的最大处理能力。其原理类似于通过一根相对较粗的管道向小容器注水，只要发送端流量控制得当，保证其输出的水量不超过小容量接收端水桶的容量，接收端的水就不会溢出。TCP 的流量控制具体通过滑动窗口算法来实现。在发送端，TCP 保持一个发送缓冲区，该缓冲区用于存放两类数据：一类是已经发送但未得到确认的数据；另一类是等待发送的数据。在接收端，TCP 保持一个接收缓冲区，该缓冲区用于存放接收应用程序还未读取的数据。为了避免缓冲区空间的耗尽，接收端通过接收窗口（Receiver Window，RWND）来告知发送端接收数据的能力。该窗口值的大小与接收方应用进程工作的快慢（从缓冲区中读取数据的速度）有关，通常设置为接收端缓冲区剩余空间的大小。

　　2）拥塞控制机制

　　该机制的主要作用是在网络负载超出其处理能力而导致拥塞发生时，将网络恢复正常。制约因素不再是接收端的容量，而是输水管（网络）内部的承载能力。如果没有拥塞控制机制，当水以很快速度到来时，输水管来不及输送就会造成发送端水的溢出，如果发送端仍不减缓注入水的速度，情况就会更糟糕。因此，为解决上述问题，在拥塞控制机制中引入了拥塞窗口（Congestion Window，CWND），发送端可根据自己所估计的网络拥塞程度设置窗口值。地面网络常用的 TCP 拥塞控制机制主要包括 TCP-Tahoe、TCP-Reno、TCP-SACK等。其中，TCP-Tahoe 是于 1988 年提出的早期 TCP 拥塞控制版本，包括三个最基本的拥塞控制阶段，分别是慢启动、拥塞避免和快速重传。在 TCP-Tahoe 机制中，无论出现数据传输超时，还是接收到多个重复 ACK 应答报文，TCP 发送端都会将拥塞窗口设为初始值 1，并回退到慢启动阶段。由此可见，TCP-Tahoe 机制没有区分网络拥塞程度，只是一味地减少数据传输流量，所以限制了协议吞吐量，降低了对网络资源的利用。TCP-Reno、TCP-SACK 机制都是在 TCP-Tahoe 机制的基础上发展而来的。

　　3）差错控制机制

　　该机制是保障 TCP 可靠传输的一个重要环节，主要通过确认包、定时器和重传来实现。TCP 为每个数据包分配一个 32 位的序列号，该序列号是累积的，并且接收端需要对每个数据包进行确认。发送端在发送数据的同时，启动一个重传定时器，如果在重传定时器超时之前收到数据包的确认，那么定时器会被关闭；如果在定时器超时之前还未收到确认，那么认为该数据包已经丢失，需要重传。

8.2.2　FDMA/DAMA 卫星网络 TCP 增强技术应用

　　在 FDMA/DAMA 卫星网络中，各站业务信道单独占用 1 个卫星载波。当两站之间通信时，卫星信道终端会建立带宽固定的、双向的点对点通信链路，通信过程中两站分别占用各自的带宽进行通信，互不影响。为实现增强效果，需要分别在各站上配置 TCP 增强单元，如图 8-5 所示。

　　在 FDMA/DAMA 卫星网络中，TCP 增强单元除了具有卫星 TCP 增强功能，还需要支持面向多路信道、多方向的应用场景。

　　如图 8-5 所示，在常规的点对点应用中，各站 TCP 增强单元可根据具体应用需求做以下配置。

　　（1）配置两站之间加速速率为当前信道速率。在两站间仅传输 TCP 业务的情况下，该配置就能够确保 TCP 连接的发送速率不会超过信道速率，进而不会拥塞信道。

　　（2）拥塞控制机制的配置主要有以下两种情况。

　　① 如果两站之间仅传输 TCP 业务，可将拥塞控制方式配置为基于速率的拥塞控制。根据（1）的配置，信道不会拥塞，认为丢包都是由误码引起的，重传时不必降速，这样可以大大提高 TCP 传输速率。

② 如果两站之间还传输其他非 TCP 业务（如基于 UDP 的视频等），由于 UDP 业务传输挤占了信道带宽，可能会导致信道拥塞，此时可将拥塞控制方式配置为基于误码容忍的拥塞控制。这样能够确保在信道拥塞时 TCP 业务降速传输，从而尽快解除拥塞。

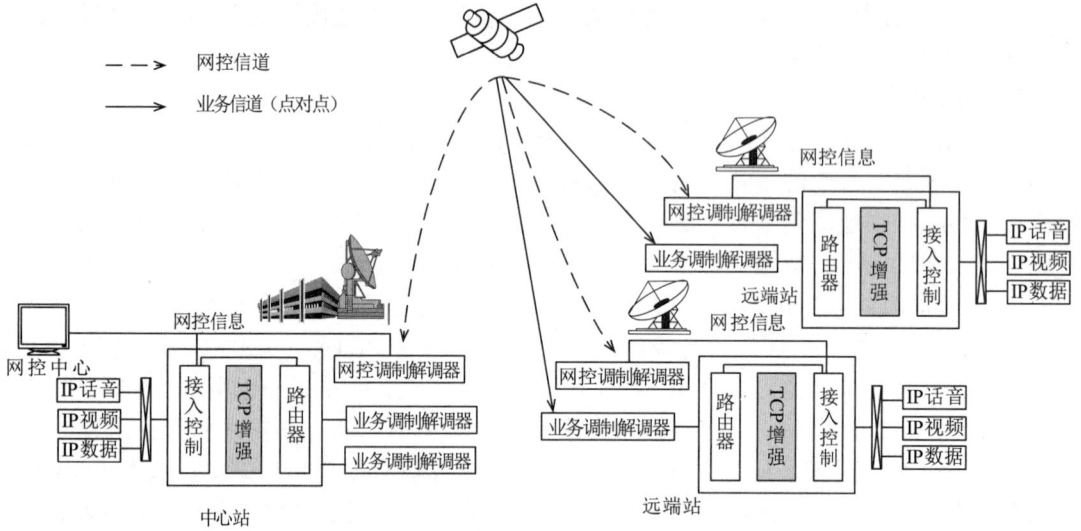

图 8-5　FDMA/DAMA 卫星网络 TCP 增强技术应用

在面向多路信道、多方向的应用场景中，主要通过配置多方向的 TCP 增强路由表来实现对各方向的 TCP 增强，如图 8-6 所示。在该场景下，假设 A 站为中心站，其存在多路卫星信道，可同时与各小站（B 站、C 站）进行通信。A 站 IP 地址规划为 192.168.1.0/24；B 站和 C 站 IP 地址规划分别为 192.168.2.0/24 和 192.168.3.0/24。

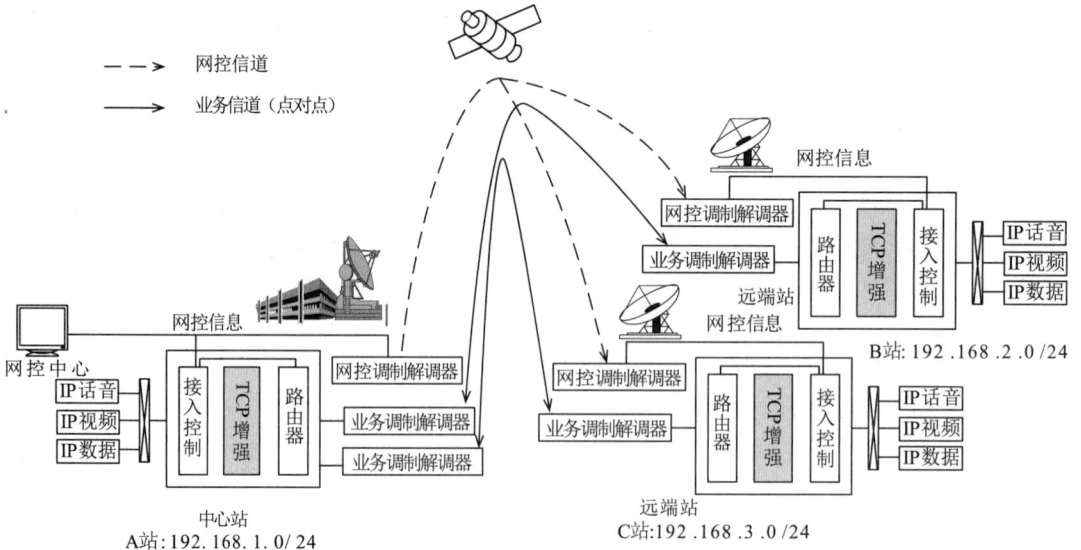

图 8-6　面向多路信道、多方向的应用场景

在 FDMA/DAMA 卫星网络中，TCP 增强单元对面向多路信道、多方向的增强是通过配置多个方向的增强路由表来实现的。在 A 站 TCP 增强单元上配置两个路由表，分别为 A 站到 B 站、A 站到 C 站的路由，同时为这两个路由表指定信道速率。A 站 TCP 增强路由表如

表 8-1 所示。

表 8-1　A 站 TCP 增强路由表

表路由	源网段	目的网段	信道速率（Mbit/s）
路由 1（A 站—B 站）	192.168.1.0	192.168.2.0	2
路由 2（A 站—C 站）	192.168.1.0	192.168.3.0	8

在 TCP 增强单元收到 TCP 数据后，首先查找 TCP 增强路由表，判断该 TCP 连接属于哪条路由。如果属于路由 1，那么按照 2Mbit/s 进行增强处理；如果属于路由 2，那么按照 8Mbit/s 进行增强处理。

8.2.3　TDMA 卫星网络 TCP 增强技术应用

TDMA 卫星网络主要采用网状网来承载 IP 业务，各站之间可实现点对多点或多点对多点的通信，其通信带宽需要进行实时的申请与分配，各站之间竞争使用带宽资源。如图 8-7 所示，A 站与 B 站、A 站与 C 站、B 站与 C 站之间可以同时通信，且各站间通信时所获得的带宽资源大小是动态变化的。为实现增强效果，各站都需要配置单元。

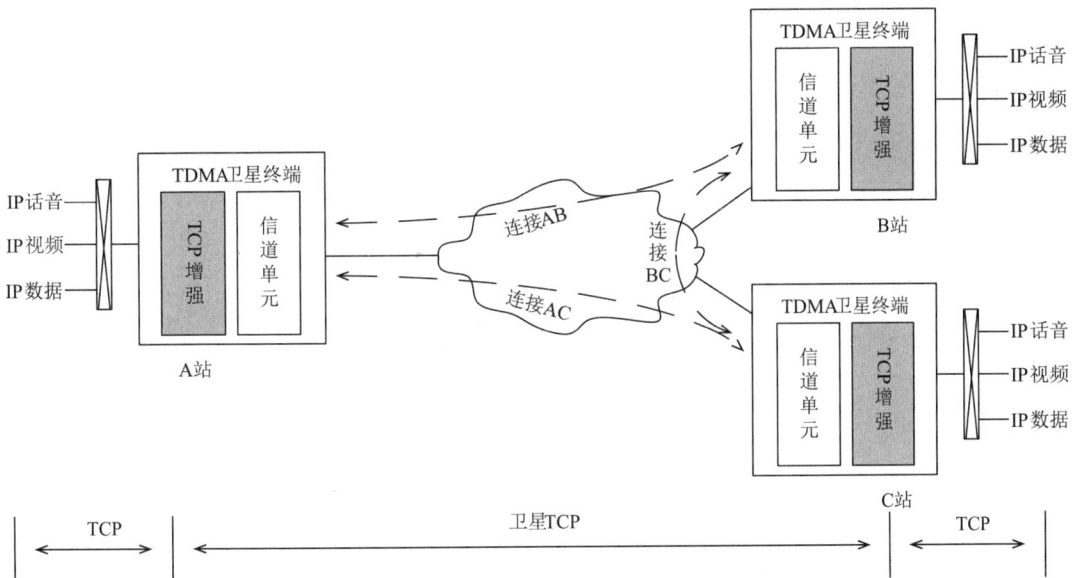

图 8-7　TDMA 卫星网络 TCP 增强技术应用

TDMA 卫星网络与 FDMA/DAMA 卫星网络中的 TCP 增强技术最大的不同在于，判断丢包原因的策略不同。在 FDMA/DAMA 卫星网络点对多点通信时，各站间独享带宽进行通信，彼此互不干扰，一旦链路上出现丢包，就认为是链路误码引起的，重传丢失的数据包即可；而在 TDMA 卫星网络点对多点通信时，各站间竞争使用带宽，其丢失的原因不能单纯地判定为由误码引起的，极有可能是因为拥塞导致的，因此采用误码容忍的拥塞控制机制比较合适。

在具体工程应用中，需要将各站 TDMA 卫星终端的 TCP 增强单元的加速速率设置为该站的最高发送速率，同时将拥塞控制方式配置为基于误码容忍的拥塞控制。当 TDMA 卫星网络中并发传输的业务较少时，每个站能保持较高的传输速率；当 TDMA 卫星网络中有大量并发业务传输时，初期，发送站会因为申请不到足够的带宽资源而导致发送缓冲区溢出，进而发生丢包现象，通过配置基于误码容忍的拥塞控制机制，可以使每个发送站最终稳定在一定的传输速率上。

8.2.4　DVB-RCS 卫星网络 TCP 增强技术应用

　　DVB-RCS 卫星网络主要以信关站为中心，通过卫星与各远端站连成星型网络。在各站之间通信时，可通过各自的 TCP 增强单元实现对 TCP 业务的加速处理。由于 DVB-RCS 卫星网络前向和反向信道具有明显的不对称性，因此各站共享前向出境大载波，反向则竞争使用小载波。此时可通过采用反向 ACK 过滤技术来降低 ACK 报文对 DVB-RCS 卫星网络中反向信道的占用。另外，由于在 DVB-RCS 卫星网络中，任意两个远端站间通信都需要经历两跳卫星时延，因此需要考虑两跳的卫星时延对 TCP 增强技术的影响，并调整相关 TCP 参数。

8.3　HTTP 增强技术在卫星网络中的应用及优化设计

8.3.1　HTTP 增强技术在卫星网络中的应用部署

　　一种典型的卫星用户上网应用场景主要由各远端站、中心站和通信卫星组成。其中，中心站与地面 Internet 相联，各远端站用户需要通过中心站实现对地面 Internet 的访问。

　　在该应用场景下，HTTP 增强技术通常在各远端站和中心站的 IP 增强设备中实现，主要有缓存、预取和流程优化技术，这三种技术有其各自适用的应用场景。比如，缓存技术更适用于用户群（多个用户）上网的场景，对于单用户意义不大；预取和流程优化技术对单用户、用户群上网的场景均能起到一定的优化作用。

　　另外，上述三种技术在卫星网络中也有一定的应用部署策略，具体可分为单端部署和双端部署两种方式。单端部署是指仅在各远端站的 IP 增强设备中部署 HTTP 增强单元，具体实现缓存和预取功能。双端部署则是在中心站和各远端站处均部署 HTTP 增强单元，具体实现缓存、预取和优化功能。相对于单端部署，双端部署虽然对中心站 IP 增强设备能力要求高，但是一种相对完备的解决方案，主要表现在两个方面：一是能更全面地使用 HTTP 增强技术，如流程优化技术只能双端部署应用；二是能更好地达到 HTTP 增强效果，如通过双端部署的方式可实现基于远端站和中心站的两级缓存和预取机制，使远端站和中心站用户上网体验均会有大幅度提升。

8.3.2　结合卫星广播特性的 HTTP 增强技术优化设计

　　在 HTTP 增强技术双端部署的应用中，当远端站 A 中某用户访问 Internet 上的某网页时，若远端站 A 的 IP 增强设备处没有该网页对象的缓存，则需要进一步向中心站 IP 增强设备发送单播请求消息。若中心站 IP 增强设备有该对象的缓存信息，则直接向远端站 A 发送单播应答响应；若没有，则先去 Internet 上 Web 服务器取回，然后在信关站存储一份并向远端

A 发送单播应答响应。远端站 A 的 IP 增强设备会存储该响应，以便下一次本站其他用户能用局域网的速度访问该网页对象。在这种方式下，某远端站用户访问的网页只能被该远端站本地 IP 增强设备存储，达不到全网存储的效果。

在结合卫星广播特性的卫星 HTTP 增强技术优化设计中，可充分利用卫星广播特性，通过信关站的 HTTP 增强模块向同一组播组内的远端站 HTTP 增强模块发送组播应答消息，达到"一人访问，全网共享"的效果，即全网只要有一个用户访问某网页，该网页的信息就会被自动推送到各远端站的 HTTP 增强模块中。这样，HTTP 的运行效率能得到最大限度的提升，全网用户都能用局域网的速度对推送过来的网页进行访问。

8.4　卫星网络 IP 压缩技术的典型应用

8.4.1　基于点对点窄带卫星信道的应用

日益增长的业务应用与相对受限的卫星信道带宽之间存在着严重的矛盾，而 IP 压缩技术是调和这一矛盾的重要方法之一。在基于点对点的窄带卫星信道中，IP 头压缩技术能极大地节省卫星带宽资源，是 IP 话音（VOIP）业务能较好推广应用的关键。下面通过理论计算，对不同编码方式下的 VOIP 话音 IP 头压缩效果进行说明。

IP 头压缩效率与 IP 头长度、封装净荷的大小密切相关，这取决于所采用的话音编码方式。地面网络常用的话音编码方式有 G.729、G.723、G.711 等，而卫星网络通常采用 2.4kbit/s 的话音编码方式。下面我们以地面网络常用的 G.729（8kbit/s）和卫星网络常用的 2.4kbit/s 话音编码为例，计算使用 IP 头压缩（ROHC）技术后，传输一路 IP 话音所需的带宽。

对于采用 G.729（8kbit/s）话音编码的情况，以 20ms 打包时间为例，可换算出 1 个 IP 包中话音净荷大小为 20B（字节）。按照标准的 IP/UDP/RTP 承载，加上 HDLC 链路层帧头和 IP 话音净荷开销后，所占用的带宽为 $8 \times (44 + 20)/20 = 25.6$kbit/s。使用 ROHC 压缩算法可以将 40B 的 IP/UDP/RTP 头压缩到 1B，压缩后所占用的带宽为 $8 \times (11 + 20)/20 = 12.4$kbit/s。

对于采用 2.4kbit/s 的话音编解码的情况，以 20ms 打包时间为例，可换算出 1 个 IP 包中话音净荷大小为 6B，如图 8-8 所示。按照标准的 IP/UDP/RTP 承载，加上 HDLC 链路层帧头和 IP 话音净荷开销后，所占用的带宽为 $8 \times (44 + 6)/20 = 20$kbit/s。使用 ROHC 压缩算法可以将 40B 的 IP 头最终压缩到 5~7B，压缩后所占用的带宽为 $8 \times (11 + 6)/20 = 6.8$kbit/s。

由此可以看出，在窄带卫星链路上传输 VOIP 业务，其卫星信道传输速率不应低于 6.8kbit/s。

8.4.2　基于点对多点卫星信道的应用

TDMA 卫星终端的压缩单元可根据具体的业务类型选择合适的压缩技术，如 IP 头压缩技术适合 VOIP 话音压缩，IP 净荷压缩技术适合 IP 数据压缩。相对于点对多点卫星信道，在点对多点的组网应用中，IP 数据压缩技术更能节省卫星带宽资源。在地球站规模为 100、全网支持 5000 路 IP 话音的工程应用中，采用编码方式为 2.4kbit/s 的 IP 话音，传输 1 路需要占用 20kbit/s 的带宽资源，传输 5000 路需要占用 100Mbit/s 的带宽资源。若采用 IP 头压缩技术，传输 5000 路仅需要占用 34Mbit/s 的带宽资源，可节约 66Mbit/s 的带宽资源。由此可知，IP 头压缩技术能在很大程度上节省卫星带宽资源。

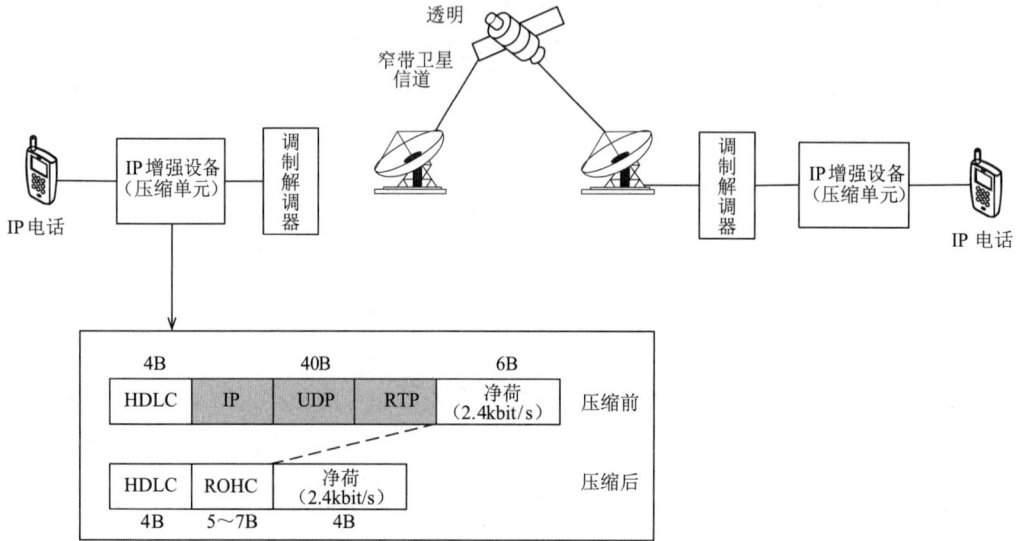

图 8-8　基于点对点的窄带卫星信道应用场景

8.5　不同体制卫星网络的 QoS 实现

卫星通信技术的进步和用户需求的推动使得卫星网络正在向宽带化、IP 化的方向发展，宽带卫星网络不仅能够为用户提供数据业务，还能为用户提供话音、互联网业务、多媒体业务，如何提升这些业务的服务质量（Quality of Service，QoS）成为亟需解决的问题。QoS 技术旨在根据网络中业务的需要为其提供不同的服务质量保证。卫星网络中卫星链路、卫星通信体制、网络拓扑结构的特点决定了地面 IP 网络的 QoS 技术不能直接应用于卫星网络，而需要结合卫星网络的特点进行优化设计或者适应性改进。

8.5.1　IP 网络常用 QoS 模型及在卫星网络中的适应性分析

1. IP 网络常用 QoS 模型

IP 网络在设计之初主要以简单、易于扩展的方式实现不同计算机网络之间的互联，业务主要以单纯的数据业务为主。网络采用尽力而为的方式为业务提供服务，网络设备对所有的 IP 分组一视同仁，按照 IP 分组到达的先后顺序为其提供服务，各业务流能够公平地使用网络资源。IP 网络最典型的应用就是互联网。随着互联网的飞速发展，IP 网络承载的业务逐渐从单一的数据业务向数据、话音、交互式多媒体业务转变。然而，不同类型的业务对网络服务性能的要求不同，如话音、视频等业务对传输时延、抖动十分敏感，文件传输、电子邮件等业务对传输时延、抖动不敏感，但对网络传输的可靠性要求比较高。

为了满足多样化业务的传输需求，互联网工程任务组（The Internet Engineering Task Force, IETF）作为全球互联网最权威的技术组织，提出了 IP 网络一系列的 QoS 技术，常用的主要包括综合服务模型（Integrated Services，IntServ）（RFC1633）和区分服务模型（Differentiated Services，DiffServ）（RFC2475）。国际电信联盟-电信标准化部门（ITU Telecommunication Standardization Sector，ITU-T）作为电信网络影响较大的标准化组织，从实际网络运营的角度，提出了 IP 网络 QoS 功能架构模型。

1）IETF 的综合服务模型

综合服务模型是一种基于流的服务模型。业务流是一组具有相同特征业务数据包的集合，如具有相同的目的 IP 地址、端口号。综合服务模型采用传统电路交换思想，在业务通信之前先通过信令建立一条业务发送端和接收端之间的虚连接链路，并对链路上各节点的资源进行预留，然后该业务的业务流就在预留好的链路上传输，从而达到保证传输质量的目的。由此可见，综合服务模型为业务流提供的是一种端到端的 QoS 保证。

综合服务模型通常使用资源预留协议（Resource Reservation Protocol，RSVP）来完成资源预留工作。RSVP 是综合服务模型的核心部分。它是一种信令协议，可以用于单个流，也可用于聚集流的资源预留。基于 RSVP 的资源预留过程可以由用户计算机发起，也可以由网络中连接用户网络的路由器发起。

2）IETF 的区分服务模型

综合服务模型是面向业务流的，而区分服务模型是面向 IP 数据包的。目前，区分服务模型因其实现简单、扩展性好的特点，在网络中的应用逐渐引起人们的重视。

区分服务模型在网络的边界路由器将网络中的 IP 数据包划分为不同的优先级，并对同一优先级的 IP 数据包标记相同值。后续路由器在接收到 IP 数据包后，会直接根据标记值对 IP 数据包进行优先级排队，并按照一定的策略对优先级队列进行调度，为不同优先级的业务提供不同的服务保证。这种模型基于本地的资源情况对优先级队列进行区别调度处理。

3）ITU-T 的 IP 网络 QoS 功能构架模型

IETF 提出的区分服务模型和综合服务模型是网络实现 QoS 保证的基础。实际网络运营过程中，由于付费标准不同和用户业务类型的差别，需要为不同用户、不同业务提供不同的 QoS 保证，仅采用 IETF 定义的 QoS 模型需要分别对网络中每个节点进行配置，实现起来比较复杂，且难以为用户进行统一的 QoS 管理。从实际网络运营的角度，基于 IP 网络现有的研究成果，ITU-T 在综合服务模型和区分服务模型的基础上通过 Y.1291 标准提出了 IP 网络通用 QoS 功能架构，如图 8-9 所示。该架构中 QoS 的功能模块分布在数据平面、控制平面和管理平面。数据平面包括与用户业务流处理有关的各模块；控制平面包括用户与网络之间的相关控制信息模块；管理平面包括对用户、业务和网络进行综合管理的相关模块。

2. IP 网络 QoS 技术在卫星网络中的适应性分析

1）卫星链路特点的影响

卫星链路具有长时延、高误码、带宽非对称、带宽受限和按需建立的特点，卫星网络的这些特点会导致现有的 IP QoS 技术应用于卫星网络环境时效率下降或不可用。

（1）长时延和高误码。如果采用综合服务模型，业务呼叫会触发通信双方交互信令进行资源预留，预留完成后才能进行业务通信。卫星链路的长时延会增加信令交互时间，导致呼叫建立时间变长或呼叫超时失败。卫星链路通常具有较高的误码率，从而导致网络中数据包的丢失。综合服务模型中，信令数据包的丢失会导致业务呼叫建立时间变长。而区分服务模型无须交互信令，链路时延长和误码率高对该 QoS 模型影响不大。

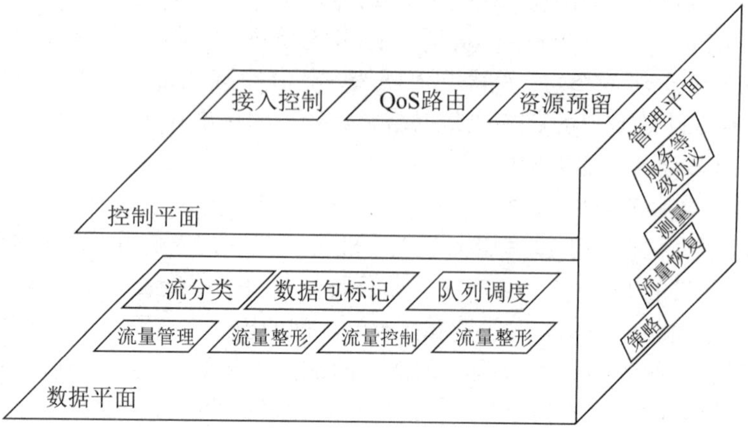

图 8-9　ITU-T 提出的 IP 网络通用的 QoS 功能架构

（2）带宽非对称。卫星网络前向链路和反向链路之间存在较大的带宽不对称性，前向链路带宽远大于反向链路带宽，众多小站终端共享窄带反向链路。当网络中业务流较多时，信令交互和状态更新信息会消耗宝贵的卫星资源，从而引起窄带反向链路拥塞，降低网络资源使用效率。而区分服务模型中各网络节点无须交互信令，不会额外占用卫星资源，实现起来较简单。

（3）带宽受限和按需建立。由于卫星链路带宽通常远小于地面网络带宽，因此拥塞易发生在卫星链路上。同时，为节省卫星资源，卫星链路通常是按需建立的。比如，在 FDMA 卫星网络中，卫星链路带宽一经分配，其大小在整个通信过程中不会再调整；而在 TDMA 卫星网络中，卫星链路的带宽大小通常是实时动态变化的。地面网络的 QoS 技术无法实时感知卫星链路的实际可用带宽，从而进行拥塞控制，因此需要结合不同体制卫星网络的资源分配和管理机制，对地面网络的 QoS 技术进行适应性改进，或者在卫星链路层进行 QoS 调度。

2）卫星网络拓扑结构的影响

在卫星网络中，星型网络拓扑结构应用广泛，大部分业务都需要通过中心站转发，对中心站核心路由器提出了较高的要求。若采用综合服务模型，大量的信令传输和资源预留状态的维护会进一步加重核心路由器的负担。若采用区分服务模型，核心路由器只需要基于 IP 包头的 DSCP 值，将业务数据包划分成基于优先级的聚集流，给有限的几个聚集流提供队列管理调度和转发，实现区分服务保证。

卫星网络显著区别于地面网络的最大优点就是卫星网络具有良好的广播能力，广播网中常存在大量的单工站。如果使用综合服务模型，通信双方需要周期性地交互信令，这显然不适用于没有反向信道的单工站，此时只能使用区分服务模型。

空天组网和天地一体化网络的发展，使得卫星网络的拓扑结构变得越来越复杂，卫星节点开始具有路由转发的能力。站点之间的通信可能要经过多跳路由，且每一跳路由的卫星链路带宽都不一定相同，区分服务模型只能在逐跳路由的卫星链路上为业务提供相对的 QoS 保证，无法为业务提供端到端的 QoS 保证。而综合服务模型需要对每一条业务流在沿途卫星节点进行资源预留，这增加了网络的复杂性。因此，地面网络的 QoS 模型无法直接应用于卫星网络。卫星网络的 QoS 机制应将区分服务模型和综合服务模型结合起来，对于实时业务采用资源预留的方式；对于其他业务，基于区分服务模型，将业务划分为几个优先级，为不同优先级的业务提供不同的 QoS 保证。这样既能保证关键实时业务的传输质量，又能使网络业务不会太复杂。

3）IP 网络 QoS 功能构架的适应性分析

卫星网络不仅要承载常规的话音、视频、IP 数据等业务，还要面临承载新兴业务的挑战，其 QoS 机制要能够解耦服务和网络，允许服务和网络独立演进。IP 网络 QoS 的功能架构基于层次化的原则，将 QoS 功能模块按照管理平面、控制平面和数据平面分开部署，具有良好的扩展性。因此，卫星网络 QoS 功能架构的实现可以参考 IP 网络。但是，卫星链路按需建立和动态变化的特点使得卫星网络的 QoS 机制又与地面网络不同，卫星网络中控制平面和数据平面的相关功能模块需要结合卫星网络的特点进行改进。

控制平面的接入控制主要是根据网络资源情况判决是否允许用户接入。卫星网络卫星链路资源是按需分配、动态变化的，且卫星资源的分配方式与通信体制密切相关，因此接入控制模块需要结合不同体制的卫星网络无线资源管理和分配机制对业务进行控制。

控制平面的 QoS 路由是在网络中寻找一条满足业务 QoS 需求的路径。卫星网络的 QoS 路由与地面网络不同，卫星网络的带宽瓶颈在卫星链路上，而卫星链路是由卫星资源管理中心统一分配的。卫星链路一旦建立，业务路由必须按照链路建立结果进行配置。因此，卫星网络的 QoS 路由关键在于卫星资源管理中心如何结合业务的 QoS 参数按需分配卫星链路。

控制平面的资源预留通常使用 RSVP 为业务流建立一条端到端的路径，以保障业务传输。卫星链路的特点决定了卫星网络并不适合采用基于大量交互式协议（如 RSVP）的资源预留模块，但是卫星网络可以借鉴综合服务模型的思想，采用自定义资源预留协议或结合卫星网络的接入控制实现卫星网络中的资源预留。

数据平面流量控制模块用于限制业务传输速率，预防拥塞。卫星网络带宽通常远小于地面网络带宽，对地面网络发往卫星的业务进行流量控制就变得十分必要。为了最大化地利用卫星带宽资源，流量控制模块需要实时与卫星信道单元交互可用的带宽资源信息，并据此限制网络中的业务输出流量。在网络拥塞时，该模块会主动丢弃数据包，调整网络流量，以解除网络过载，防止在网络瓶颈处形成拥塞。

8.5.2　卫星 IP 网络 QoS 技术

1. 卫星网络 QoS 功能组成

典型的卫星网络环境包括用户终端、卫星终端和卫星网络管理中心。卫星网络的 QoS 功能架构由管理平面、控制平面和数据平面的 QoS 功能模块组成。其中，管理平面的 QoS 模块部署在卫星网络管理控制中心；控制平面的 QoS 模块分布在卫星终端及卫星网络管理控制中心；数据平面的 QoS 模块包括网络层的 QoS 模块组和链路层的 QoS 模块组，主要部署在卫星终端中。卫星终端中网络层的 QoS 模块组、接入控制、资源预留和 QoS 路由功能模块可独立于卫星终端，部署在专用的 QoS 设备中。卫星 IP 网络 QoS 功能模块是一个全集，在实际的卫星网络环境中可根据不同体制卫星通信的特点部署在其中的某几个模块组。

1）卫星网络管理中心

卫星网络管理中心是全网管理的核心，负责对用户、业务和网络进行综合管理，与服务质量相关的管理包括策略管理、SLA 管理和流量测量。策略管理主要是根据卫星通信体制及网络拓扑结构的特点制定业务流的管理及接入控制策略；SLA 管理主要指根据与用户签订的关于服务等级的协议，把这些信息转换成具体的策略信息，包括用户业务的接入控制策略、业务流的优先级等级等；流量测量主要通过实时检测用户的业务流量，生成计费信息，并对流量使用超出约定的用户进行管理。

卫星网络管理中心通常还会部署 QoS 路由服务器。QoS 路由服务器通过与卫星资源管理中心交互，获取卫星链路分配信息，并根据链路分配结果生产满足业务 QoS 需求的路由。

2）卫星终端/专用的 QoS 设备

卫星终端/专用的 QoS 设备主要负责在用户业务进入卫星网络时进行控制平面和数据平面的 QoS 处理。其中，控制平面 QoS 模块包括接入控制、资源预留和 QoS 路由。

接入控制模块一方面通过检测 IP 业务的呼叫信令（如 SIP 信令）和资源预留信令获取业务当前接入资源需求，另一方面通过与卫星终端中的本地资源控制代理交互获取当前卫星资源可用信息，基于业务接入需求和当前卫星可用资源信息，允许或拒绝业务接入。QoS 路由模块根据 QoS 路由服务器生成的 QoS 路由配置，转发业务数据。卫星网络的资源预留模块主要是针对实时业务的，基于自定义的资源预留协议结合卫星网络的接入控制进行资源预留。网络层的 QoS 模块组由业务分类/标记、队列调度、流量整形、流量控制等模块组成。链路层的 QoS 必须部署在卫星终端，每个卫星终端中根据具体传输体制的不同包含了一组或几组链路层的优先级队列，并根据本地资源控制代理的可用资源情况进行优先级队列调度，实现链路层 QoS 的功能。

3）用户终端

不同类型的用户终端用于产生不同类型的业务流。为了更好地实现对业务的 QoS 保障，用户终端可集成资源预留模块，发起资源预留请求。此外，网络还可利用用户终端的控制信令（如 SIP 信令）进行业务的接入控制。

卫星 IP 网络 QoS 体系架构中管理平面的 QoS 模块与地面 IP 网络的功能及实现方式基本相同，本书不再详细介绍。控制平面的 QoS 路由是结合卫星资源分配结果建立的，该路由必然是满足业务 QoS 需求的最佳路径，本书不再对 QoS 路由进行介绍。资源预留协议用于多星组网的卫星网络环境中，可采用自定义资源预留协议。数据平面 QoS 模块的功能与地面 IP 网络的基本相同，但是在不同的卫星体制中具体的实现方式存在较大的差别。

2. 卫星网络 QoS 需要关注的几个问题及解决思路

1）与卫星资源管理相结合的接入控制策略

卫星链路资源有限且远少于地面链路，当网络中空闲资源不足以保障新业务传输时，新业务的接入会竞争现有业务的传输资源，从而影响现有业务的传输质量，这在实际网络运营时是不可接受的。因此，需要采用接入控制技术，在业务接入网络时进行控制，以防止网络过载，提高网络中业务的 QoS 和资源利用率。

在支持综合业务传输的卫星 IP 网络中，不同类型业务的流量属性和 QoS 需求不同。根据业务属性，网络中的业务大体可以分为两类：实时业务和非实时业务。实时业务包括话音、视频等多媒体业务，这类业务通常具有较高的时延、抖动需求，且在网络中传输时速率可预知。非实时业务包括电子邮件、文件传输、短消息等业务，这类业务对可靠性要求较

高，对时延、抖动不敏感，传输速率通常可以自动根据网络拥塞情况实时调整。接入控制机
制需要对实时业务和非实时业务采取不同的接入控制策略。

（1）实时业务的接入控制策略。

对于实时业务，接入控制模块根据信令协议（资源预留协议或呼叫信令）携带的业务
流量参数，结合当前各类业务流实际占用卫星资源的情况做出接纳决策。

目前，实时业务的呼叫信令应用最广泛的是 SIP 信令，SIP 信令也是下一代网络的重要
协议。下面结合卫星网络 QoS 的功能组成，以 SIP 信令为例，对实时业务的接入控制流程进
行说明。

当 SIP 用户摘机拨号后，接入控制模块通过实时检测业务的呼叫请求信令，截取 SIP 业
务的会话建立信令（如 SIP INVITE），并对 SIP 信令进行解析，提取信令中包含的会话媒体
类型、编码名等信息。其中，m = audio10000RTP/AVP 中的 audio 表明该呼叫为语音业务；
10000 为话音业务的端口号；PCMA、PCMU 为主叫电话能够支持的话音编码格式。

接入控制模块从 SIP 信令获得的信息是定性的，不能用来请求卫星资源，需要将这些定
性的信息转换为精确的定量 QoS 参数，如 PCMA 话音业务的传输速率应为 64kbit/s。

卫星网络中实时业务的接入控制流程如图 8-10 所示。

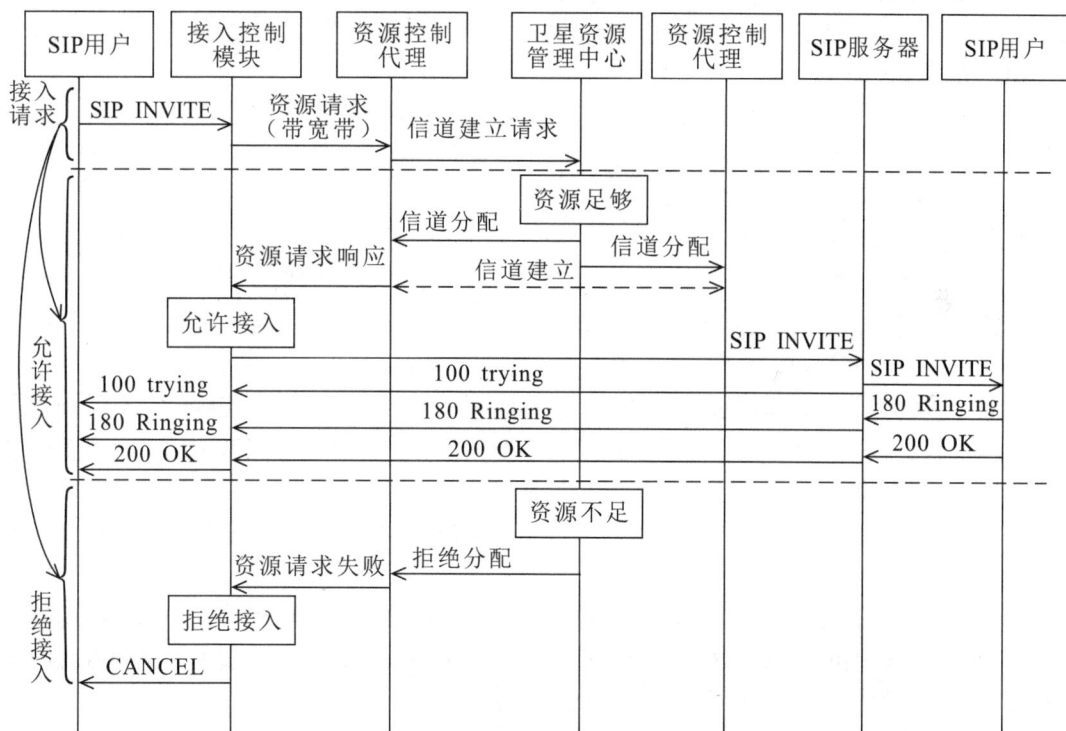

图 8-10　卫星网络中实时业务的接入控制流程

接入控制模块依据这些定量 QoS 参数，通知本地的资源控制代理，向卫星资源管理中
心发起资源申请。卫星资源管理中心根据当前资源的实际使用情况查看当前剩余资源是否能
够满足业务需求。如果能够满足，那么卫星资源管理中心为业务分配信道，并通知接入控制
模块。接入控制模块接收到资源请求的肯定应答后允许业务接入，继续后续信令交互过程。
相反，如果卫星资源不足，那么拒绝接入，接入控制模块向 SIP 用户发送 CANCEL 信令。

　　由此可见，对实时业务的接入控制需要卫星网络的接入控制、SIP 服务器、资源控制代理、卫星资源管理中心互相协作完成。采用这种方式，由于业务开始传输时，卫星信道已经完成预留，因此可以为实时业务的传输提供保证。

　　（2）非实时业务的接入控制策略。

　　对于非实时业务，卫星网络管理中心需要根据用户与网络提供商签订的服务等级协议，确定用户应该获得的 QoS 参数（如优先级、最大可用带宽、保证带宽等），并将这些 QoS 参数通知接入控制模块。接入控制模块根据各用户业务流量的统计复用特性和当前网络中已有各类业务的 QoS 需求，在网络资源紧张时，按照保证带宽为用户业务流提供业务接入服务；在网络可用资源较多时，按照最大可用带宽为用户业务流提供业务接入服务。

　　2）与优先级调度相结合的流量控制技术

　　现有的路由器等网络设备都具有先进的 QoS 保障措施，如流量控制、基于各种调度策略的优先级队列调度，但是这些策略只有在网络接口拥塞时才起作用。卫星网络环境中业务流能够使用的链路带宽通常远小于设备网络接口的速率。商用路由器的限速通常无法和优先级调度结合起来，对网络接口的限速会导致各个优先级队列数据包的丢失。

　　与优先级调度相结合的流量控制技术将优先级队列调度和流量控制结合起来，基于卫星网络实际可用带宽按照队列调度策略调度不同优先级队列的数据发送，实现对输出业务流限速的同时为业务提供区分服务质量保证。其中，对输出业务流的限速是通过令牌桶技术来实现的。

　　（1）令牌桶技术。

　　令牌桶是通过制定令牌的填充速率来控制数据的发送速率的，令牌产生的速率决定了该令牌桶的数据输出速率。它可以是一种长时间平稳的平均速率。但是，令牌桶对输出速率的控制并不十分严格，允许受限的突发速率。

　　与令牌桶相关联的参数有令牌桶的容量和令牌产生的速率。其中，令牌桶的容量决定了其输出速率的突发大小，令牌产生的速率决定了该令牌桶的数据输出速率。

　　令牌以恒定的速率 r 产生，产生的令牌被放入令牌桶中。令牌桶被填满后，多余的令牌将被丢弃。

　　数据传送调度以包为单位进行。当输入数据队列中的数据包经过令牌桶时，首先查看令牌桶中是否有足够的令牌数来发送队列中的首个数据包，且每个令牌能够传送一个字节的数据。如果令牌数足够，数据包就会被发送；如果令牌数不足，数据包就在队列内等待令牌的积累，直到桶中的令牌足够发送这个包时，数据才能被调度。数据包被发送后，就从令牌桶中删除相应数量的令牌。

　　当输入数据流的速率小于令牌的填充速率时，多余的令牌在令牌桶得到积累，但总的令牌数不会超过令牌桶的容量。这样，通过控制令牌产生的速率就可以控制流出队列数据的平均速率，控制令牌桶的容量就可以限制突发数据输出。

　　令牌桶发送数据包的过程主要涉及令牌的添加和包的调度。

　　令牌桶是按照恒定的速率 r 增加的，即每隔 $1/r$ 时间产生一个令牌。但每个令牌桶都有特定的容量，令牌桶中的令牌数不能超过令牌桶的容量，否则再产生的令牌就会被丢弃。

　　实际中比较常见的令牌添加方式主要有以下两种。

　　①周期性添加：每隔一定的时间间隔 Δt 就添加令牌，添加的令牌数为

$$\Delta T - r\Delta t$$

②一次性添加：只有当令牌桶中没有令牌时才添加令牌，添加的令牌数为

$$\Delta T = r\ (t_c - t)$$

式中，t_c 为当前时间；t 为上次添加令牌的时间。

数据包到来后，直接与桶中的令牌数相比较，如果有足够的令牌就被转发，如果没有足够的令牌就等待令牌桶中令牌的积累，等待队列满时数据包就会丢失。这种令牌桶处理方式在突发流量的处理上没有优势，也就是说，当存在较大的突发流量时，令牌桶可能会由于没有足够的令牌而无法处理数据包，增加数据包的时延；在没有突发流量且数据包到达速率较大时，数据包处理流程也不连续，有时会因为令牌数不足而造成丢包。

目前业界采用了欠债转发的数据包处理方法来解决这种无谓的丢包问题，当数据包到来后，令牌桶中有足够的令牌，数据可以被直接发送。当令牌桶中的令牌数不足时，可以先借用定量的令牌转发数据包，即令牌的欠债转发。转发后，令牌桶中的令牌数为负；当下次添加令牌时，先还清所欠债务，再继续转发数据包。这种处理方法较前者在处理突发数据包时有优势，能够保证数据包发送的连续性。

（2）与优先级调度相结合的流量控制技术的实现流程。

与优先级调度相结合的流量控制技术对于接收到的数据包，首先按照分类规则将业务流划分成不同的优先级，然后以一定的速率按照队列调度策略调度不同优先级队列的数据包发送，具体流程如图 8-11 所示。

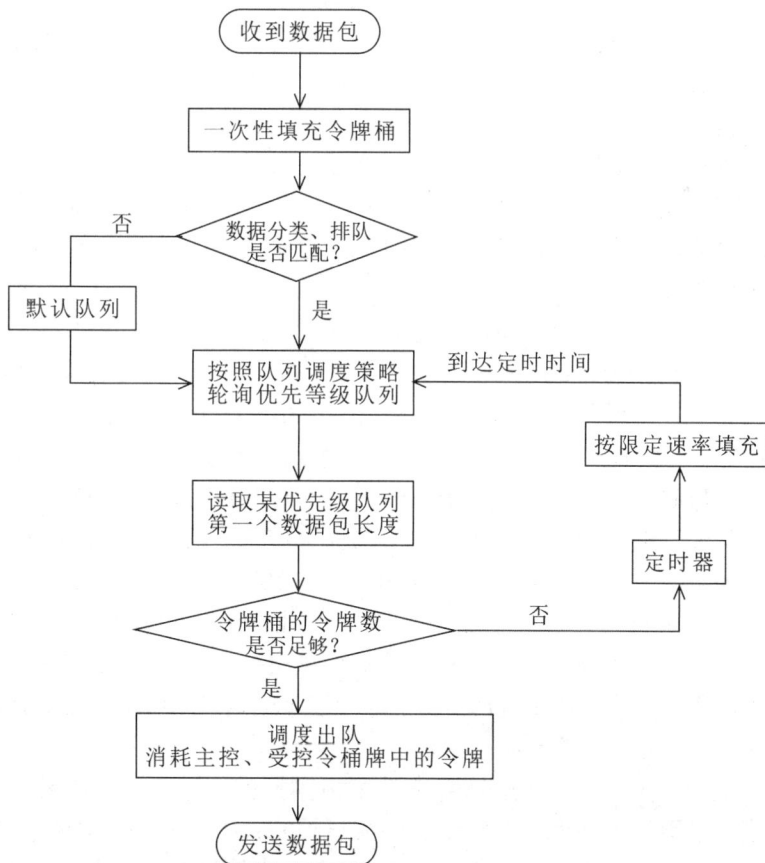

图 8-11　卫星网络中与优先级调度相结合的流量控制技术的实现流程

　　与优先级调度相结合的流量控制技术通常应用于网络设备向卫星网络发送数据的输出接口上。初始时首先要填满令牌桶。网络输出接口在接收到数据包后，采用一次性添加方式填充令牌桶，并按照分类规则对数据包进行分类、排队，然后按照优先级调度策略轮询优先级队列，找到当前应该发送的数据包。若某优先级缓存队列中有要发送的数据包，则查看流量控制令牌桶中令牌数是否足够发送该数据包。如果令牌桶的令牌数足够，则可以发送该数据包，同时令牌桶中的令牌数按数据包的长度减少；如果令牌桶的令牌数不足，则启用定时器，根据包长及控制速率设定定时器的超时时间，定时周期到后按照限定速率填充令牌桶。当令牌数足够发送该数据时，数据才能被发送出去。

　　采用上述方法就可以将队列调度与流量控制技术结合起来，通过控制令牌桶的填充速率来控制优先级队列的调度速率，从而保证卫星链路不拥塞。

8.5.3　FDMA/DAMA 卫星网络中 QoS 实现

　　在 FDMA/DAMA 卫星网络中，通信的总频段被划分成若干大小不等的频段，每个频段作为一个信道分配给不同的用户使用，相互通信的两个用户在开始通信之前，首先需要根据业务量大小向卫星网络请求分配一对独立的卫星信道。其中，一个信道用于用户发送业务给对端用户，另一个用于接收对端用户发送的业务数据。分配成功后，两个用户就可以在分配好的信道上进行通信。FDMA 网络最典型的应用是用户终端（IP 电话、计算机等）直接连接 FDMA 卫星终端，通过卫星实现与卫星网络中其他用户的通信或接入 Internet。

　　FDMA/DAMA 卫星网络信道按需分配后具有点对多点通信和通信带宽大小固定的特点。

　　（1）信道按需分配：卫星网络每次在为用户建立 FDMA 卫星链路时，可以根据用户实际通信需求分配相应大小的卫星带宽，每次通信卫星信道带宽大小可以不同。

　　（2）点对点通信：信道分配后，互相通信的两个卫星终端之间建立的是点对点链路，即一个 FDMA 卫星终端在某一时刻只能与一个 FDMA 卫星终端进行双向通信。

　　（3）通信带宽大小固定：卫星信道一旦分配，卫星链路的带宽大小固定，整个通信过程中不再实时进行调整。

　　FDMA/DAMA 卫星网络点对点通信和通信带宽大小固定的特点使得 FDMA 卫星链路与地面有线线路十分类似，FDMA/DAMA 卫星网络的 QoS 实现可以参考地面 IP 网络，即在网络层部署 QoS 模块组，无须在链路层进行 QoS 调度。FDMA 卫星链路按需分配和带宽通常远小于地面网络的特点，使得 FDMA/DAMA 卫星网络采用接入控制模块实时获得当前 FDMA 卫星信道的建立与释放情况及可用信道带宽的大小，并通知网络层的 QoS 流量控制模块对发往 FDMA 业务调制解调器的业务流进行基于当前可用带宽的优先级调度和流量控制，即采用自适应信道的 QoS 机制为网络中不同类型的业务提供不同的 QoS 保证。

　　FDMA/DAMA 卫星网络中 QoS 功能模块可独立于业务调制解调器，部署在专用的 IP 增强设备中，如图 8-12 所示。图 8-12 中 QoS 功能模块包括接入控制模块和网络层 QoS 模块组。接入控制模块通过与管理调制解调器交互获得卫星链路实际可用带宽信息，通知网络层 QoS 流量控制模块当前可用卫星带宽。

　　网络层 QoS 模块组主要包括数据分类/标志、队列调度、流量控制和流量整形模块。其中，流量控制模块采用与优先级调度相结合的流量控制技术，基于 FDMA 卫星链路固定带宽计算业务传输速率，基于该速率调度不同优先级队列中的数据包出队；流量整形模块不是对每条业务流进行独立整形，而是对发往每个卫星业务调制解调器的所有业务流按照流量控制的速率进行统一整形，使得 IP 数据包能够按照卫星链路速率均匀地向外发送，减少数据突发引起的链路丢包。

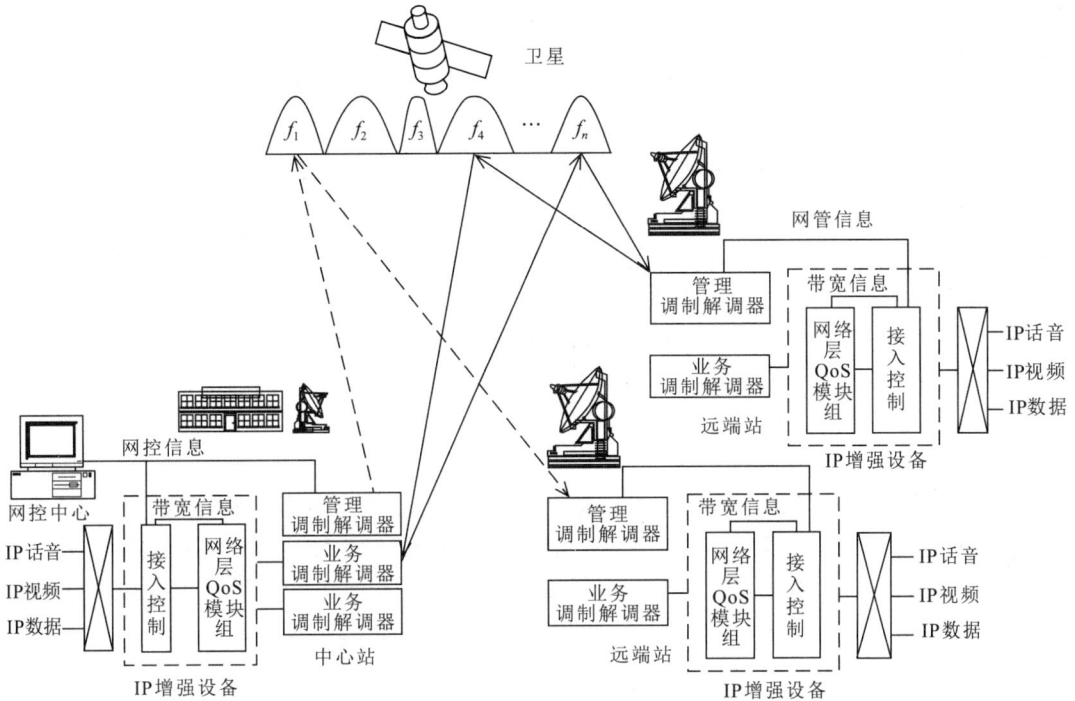

图 8-12　FDMA/DAMA 卫星网络

8.5.4　典型体制卫星网络的 QoS 实现

1. TDMA 网络 QoS 实现

在 TDMA 网络中，通信载波被划分成若干时隙，所有站点使用一载波进行通信。载波按照时间划分成时隙，多个时隙构成一帧，各站发送信号在一帧时间内的不同时隙通过卫星转发。TDMA 网络需要精确的时间同步基准来保证所有站点能够在正确的时隙内发送数据，不会给其他站点造成干扰。

与 FDMA/DAMA 卫星网络相比，TDMA 卫星网络具有卫星资源分配方式灵活可变、带宽动态可调整和点对多点通信的特点。

（1）卫星资源分配方式灵活可变。

TDMA 卫星网络中卫星资源的分配方式可以分为以下四种。

① 连续速率分配（Constant Rate Assignment，CRA）方式。在该方式下，每帧都为卫星终端分配固定数量的时隙，并且时隙在每帧中的位置可以固定不变，从而保证业务具有最小的传输时延和抖动。这种分配方式比较适用于话音、视频等传输速率相对固定的实时业务。

②基于速率申请（Rate Based Dynamic Capacity，RBDC）方式。卫星终端基于业务的传输速率向卫星资源管理中心主动发送申请，卫星资源管理中心根据业务速率为其分配时隙，并保证在连续几个超帧（基于整个网络的时隙规划预先配置）范围内终端能够使用申请的时隙。几个超帧过后，如果该终端没有主动发送新的申请，那么收回分配的时隙。来自同一

终端的后续 RBDC 请求会覆盖其前一个 RBDC 请求，因此如果业务速率不固定，那么业务申请到的时隙数量也是动态变化的。这种时隙分配方式比较适用于 HTTP 等速率变化较大的实时交互类业务。

③基于容量申请方式（Volume-based Dynamic Capacity，VBDC）。卫星终端基于当前设备缓存中业务量的大小实时向卫星资源管理中心发送申请，随着缓存数据量的变化，请求的时隙个数也动态变化，来自同一终端的 VBDC 请求会将其上各请求覆盖。这种时隙分配方式由于数据有可能在缓存一段时间后再次被发送，因此业务的时延比前两种方式的要大，适用于对时延不敏感的非实时业务，如 FTP 文件传输、电子邮件等。

④自由分配方式（Free Capacity Assignment，FCA）。由于卫星资源分配是以帧为周期实时动态变化的，在网络负载较小的情况下，网络中存在大量的剩余时隙，这时卫星资源管理中心可以按照一定的算法将空闲的资源分配给业务终端。这种分配方式可以保证用户数据到达后，无须等待资源申请周期就可以直接发送业务数据。

由此可见，TDMA 卫星网络可针对不同类型业务的传输特性采用不同的资源分配方式。

（2）带宽动态可调整。

TDMA 卫星网络中资源管理通常采用基于请求的动态分配机制。具体来说，卫星终端会根据传输的业务特性及业务量的变化情况，实时动态地向卫星资源管理中心请求所需的卫星资源，卫星资源管理中心则基于请求向卫星终端分配相应的资源。对于每个地球站，信道容量的分配是以时隙为单位进行的，而且时隙的数量可逐帧动态改变。

（3）点对多点通信。

在 TDMA 卫星网络中，下行链路通常是面向多个目标站点的，每个站点接收下行链路上不同时隙的数据。每个 TDMA 信道单元使用一个调制设备就能在不同时隙向网络中的任一站点发送数据，实现点对多点通信。

TDMA 卫星网络通信体制的上述特点决定了 TDMA 网络的 QoS 实现比 FDMA 网络的要复杂得多。由于 TDMA 卫星网络具有卫星资源分配方式灵活可变的特点，不同类型的时隙适用于不同类型的业务，因此 TDMA 卫星网络需要使用接入控制模块识别网络中的业务类型，对于不同业务申请不同类型的时隙。TDMA 信道带宽逐帧动态变化的特点会导致网络层的 QoS 模块无法及时获取卫星信道的带宽大小，因此依据信道带宽的大小对业务进行流量控制的方法不可行，需要部署链路层 QoS 模块，进行链路层 QoS 调度。但是，用户网络的业务流量过大时卫星终端在链路层的数据包封装、QoS 调度将会消耗大量资源，为降低卫星终端在链路层的处理代价，TDMA 网络需要部署网络层的 QoS 模块，基于卫星信道的预估带宽采用与优化级调度相结合的流量控制技术，进行网络层的 QoS 调度。

因此，TDMA 卫星网络中 QoS 机制应包括接入控制模块、网络层 QoS 模块组和链路层 QoS 模块组，采用跨层的 QoS 保障机制。链路层 QoS 模块组要求 TDMA 卫星网络 QoS 功能模块应部署在 TDMA 卫星终端设备中。

接入控制模块通过识别网络中的业务类型，对于不同业务申请不同类型的时隙，如对于实时业务申请 CRA 类型的时隙，以降低 TDMA 时隙逐帧动态分配对实时业务传输性能的影响；对于网页浏览业务，基于业务的传输速率申请 RBDC 类型的时隙。

网络层 QoS 模块组包括数据分类/标志、队列调度、流量控制和流量整形模块。

链路层 QoS 模块组包括 QoS 参数映射和队列调度。QoS 参数映射用于实现网络层 QoS 参数到链路层 QoS 参数映射，卫星链路层按照映射的 QoS 参数为其提供相对应的服务；由于卫星终端发往同一接收站点的业务数据可以有多种类型业务，不同类型业务的服务需求不同，因此需要链路层使用一组优先队列进行 QoS 调度，而当卫星终端与多个接收站点通信时，卫星终端的链路层就需要有多组优先队列进行 QoS 调度。

2. DVB-RCS 网络 QoS 实现

QoS 功能部署：基于 DVB-RCS 的卫星网络大多采用星型网络拓扑结构。前向链路（出境载波）采用 TDM 体制，主要负责向所有的用户终端发送广播信息及与远端站之间交互的通信。反向链路采用 MF-TDMA 体制，主要实现远端站向中心站回传数据。

DVB-RCS 卫星网络具有网内各站共享前向出境载波、反向链路竞争使用的特点。DVB-RCS 系统的前向出境载波通常是一个速率范围较大的载波，该载波上承载着中心站发出的所有数据，并且前向出境载波在网络建设之初就已经被规划好，带宽大小固定不变。从远端站向中心站发送信息的反向链路虽采用 MF-TDMA 体制，但对于某个远端站在一次通信过程中只会使用一个载波，后续通信过程与 TDMA 相同，各个站竞争使用不同时隙传输业务。

DVB-RCS 卫星网络前、反向链路通信体制的差异决定了其前向链路和反向链路上业务的 QoS 处理方式存在差别。前向链路使用一个带宽固定的大载波，业务 QoS 处理可以参考 FDMA 网络，即采用接入控制和网络层 QoS 模块组。但是，DVB-RCS 卫星网络通常要支持大量用户，针对不同用户和用户业务的 QoS 需求为其提供区分业务服务，因此中心站需要部署高性能的专用 QoS 服务器来管理前向链路上的业务流。

反向链路是基于 MF-TDMA 的，反向链路上业务的 QoS 处理可以参考 TDMA 网络的 QoS 机制，QoS 功能模块部署在卫星终端中。

1）中心站的 QoS 服务器

中心站的 QoS 服务器由接入控制模块和网络层 QoS 模块组实现，网络层 QoS 模块组由数据分类/标记、队列调度、流量控制和流量整形模块组成。中心站的接入控制模块按照用户 QoS 参数通知网络层 QoS 的流量控制模块对用户的流量进行控制。DVB-RCS 系统中所有远端站共享前向出境载波。中心站通常要管理上万或几十万个远端站的卫星终端，为了能够为众多用户进行精细带宽管理，网络层 QoS 的流量控制模块常采用多级带宽管理机制。

多级带宽管理机制可以根据网络规划或用户需求灵活设置，下面举例进行说明。基于 DVB-RCS 卫星网络的用户通常分为个人用户和专网用户两大类。在对网络的前向带宽进行管理时，需根据付费情况为个人用户和专网用户划分能够保证其正常使用的带宽。对于个人用户，可以进行下一级的带宽管理，即为每个用户设置保证使用的带宽；而对于专网用户，则可以设置每类业务使用带宽的范围，或者通过设置业务的优先级，使得所有业务竞争使用带宽。

多级带宽管理通常采用预分配和动态分配相结合的方式来实现。预分配是指先为各类业务或用户预留一定的带宽资源，这部分预留的带宽资源是必须保证的，不需要竞争。某类业务在传输时，首先使用分配给该类业务的保证带宽。由于很多 IP 业务都具有突发性，某业务在某一时间段内的瞬时带宽可能会超过预留的带宽资源，而其他业务在该时段内的带宽可能有剩余，这时可以动态计算各类业务的实际使用带宽，如果使用的带宽小于分配的带宽，则剩余带宽可以给非实时业务流使用。一旦被借用的业务需要使用被借出的带宽时，借用者必须立即归还。这种带宽分配策略在多种业务或用户竞争使用信道资源时，可动态分配系统的剩余带宽资源，从而最大限度地提高卫星带宽的使用效率。

2）远端站卫星终端的 QoS 实现

DVB-RCS 系统中远端站基于 TDMA 体制竞争使用反向链路，因此反向链路的 QoS 实现与 TDMA 相同。但由于每个远端站只可能与中心站进行通信，因此链路层只需要一组优先级队列。

3. 基于星上处理卫星网络 QoS 实现

QoS 功能部署：基于星上处理的卫星网络与基于透明转发器的 TDMA 卫星网络、FDMA 卫星网络的结构的最大区别在于，卫星节点具有路由交换能力。卫星节点作为整个网络的数据交换中心，为保证不同类型的业务在转发过程中能够被合理分配卫星资源，需要具有 QoS 机制。

在基于透明转发器的 TDMA 卫星网络、FDMA 卫星网络环境中，两个地面用户之间的业务传输只需要面向资源受限的卫星链路在发送端进行一次 QoS 调度，就可以顺利到达接收端。而在基于星上处理的卫星网络环境中，两个地面用户之间的业务传输需要先面向资源受限的卫星链路在发送端进行一次 QoS 调度，然后在卫星节点进行第二次调度。区分服务模型只能为逐跳路由提供相对的服务保证。为保证卫星网络中业务端到端的 QoS，基于星上处理的卫星网络需要采用综合服务模型的思想。但是，在综合服务模型中，资源预留协议比较复杂，且对大量业务进行资源预留会增加网络开销，为此基于星上处理的卫星网络，一方面采用资源预留和区分服务相结合的 QoS 机制，对实时业务进行资源预留，对非实时业务仍采用区分服务模型；另一方面结合接入控制模块，采用自定义的资源预留协议，进一步降低协议开销。

在具有星上处理的卫星网络环境中，由于使用了资源预留协议，因此星上节点和地面卫星终端中都需要部署资源预留模块。同时，卫星终端和卫星节点之间的星地链路可以采用 TDMA 和 FDMA 多种通信体制，不同体制下 QoS 的实现可参考前面几节的相关内容。其中，卫星终端需要部署接入控制模块、资源预留模块、网络层 QoS 模块组和链路层 QoS 模块组；卫星节点需要部署资源预留模块、网络层 QoS 模块组和链路层 QoS 模块组。基于星上处理卫星网络的 QoS 功能部署如图 8-13 所示。

卫星终端作为业务接入端，实现边缘路由器的功能。在自定义的资源预留协议中，资源预留的过程是由接入控制模块发起的。接入控制模块根据 IP 业务类型执行不同的接入策略。对于有带宽需求的业务，提取业务的接入需求参数，触发资源预留过程。对于其他业务，进行基于业务 QoS 参数的流量控制。

卫星节点作为卫星网络路由交换的关键节点，除具有网络层 QoS 和链路层 QoS 的功能外，还具有资源预留功能。根据其端口状态和流量信息，进行星上资源的规划并最终基于业务接入请求实现业务传输资源的预留。星上各出口的带宽资源分为保证带宽和非保证带宽。保证带宽主要用于为会话类业务提供资源预留，会话类业务使用的带宽总和不能超过保证带宽，一旦成功预留资源，便为该业务分配待定优先级；保证带宽的实时剩余带宽和非保证带宽供除会话类业务之外的其他业务使用，这些业务基于优先级共享这类带宽，其中信令等的优先级最高。

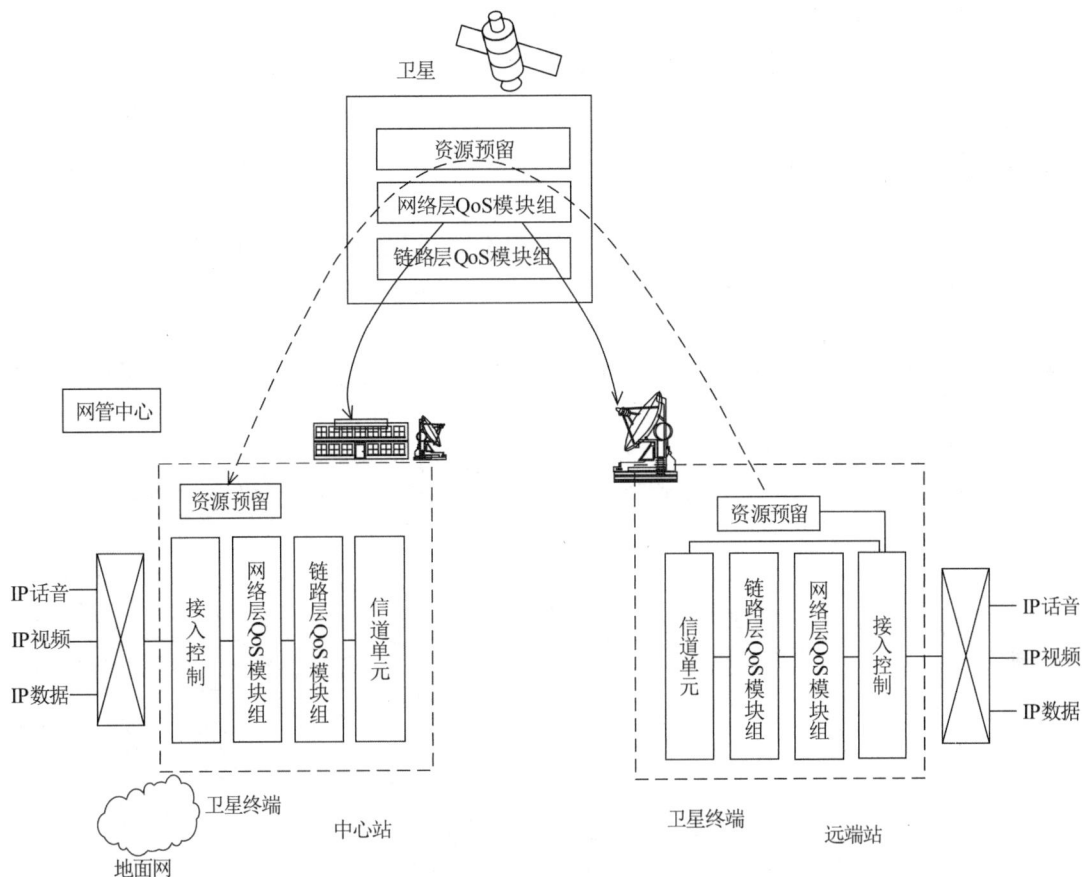

图 8-13 基于星上处理卫星网络的 QoS 功能部署

8.6 卫星数字视频广播

卫星数字视频广播（DVB-S）系统作为新兴的数字广播技术，因其高效、灵活的优点在全球范围内得到广泛应用。DVB-S 标准的出现，为在卫星信道中传输视频、音频和数据提供了一种灵活、高效的方式。通过卫星电缆和地面信道，DVB-S 可将数字化的电视节目和其他服务信息传送到用户端。DVB-S 在视音频数字化传输方面的巨大优势和潜力必将得到广泛发展和应用。

DVB 是欧洲数字视频广播标准，其传输系统涉及卫星、有线电视、地面等所有传输媒体，对应的 DVB 标准有 DVB-S（卫星数字视频广播）标准、DVB-C（数字有线电视广播）标准和 DVB-T（数字地面电视广播）标准。其中，DVB-S 标准几乎被所有的卫星广播数字电视系统采用。目前，世界上许多国家都在发展数字卫星电视系统，原因在于其具有以下独特的优点。

（1）数字电视通过卫星传输后，由于采用了数字传输和误码保护技术，接收的信号质量、抗噪声及其他干扰的能力较强。

（2）数字卫星电视系统由于采用数字压缩技术及数字调制技术，大大节省了空间的频率资源。

（3）采用大规模集成电路，使设备功耗降低，体积减小，可靠性提高并易于与计算机联网。

8.6.1 系统组成

典型的数字卫星广播传输系统是由 MPEG-2 信源编码和复用、信道编码、地面站发射设备［数字调制、上变频器和高功率放大器（HPA）］、卫星转发器［低噪声放大器、输入带通滤波器（BPF）、频率变换、行波管放大器（TWTA）］、地面站接收设备（下变频器和低噪声放大器、数字解调）、信道译码、MPEG-2 解复用和信源译码等组成的，如图 8-14 所示。

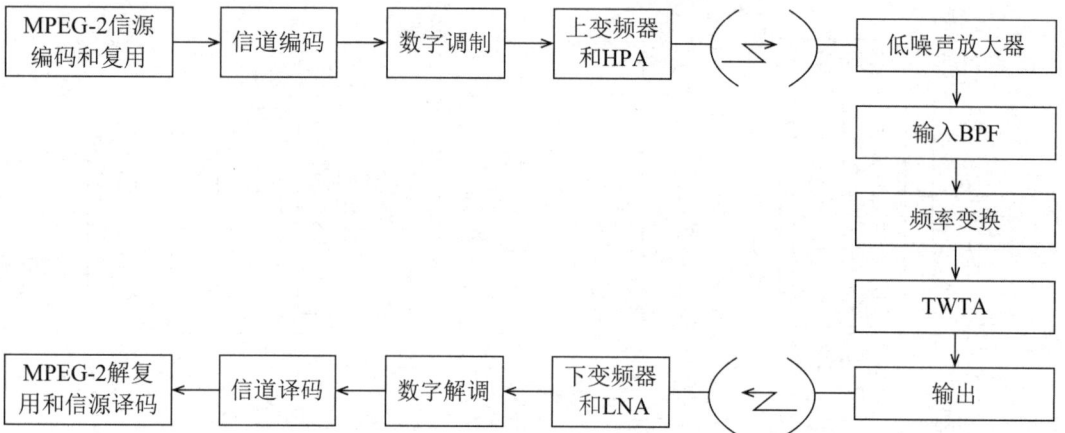

图 8-14 数字卫星广播传输系统框图

MPEG-2 信源编码和复用是先采用压缩编码技术去掉与传输信息无关的多余度，然后经过信道编码人为地加入一些冗余度，使二进制的数字信息序列具有自动检错和纠错能力，以抗击传输过程中的各种干扰，提高传输的可靠性和有效性。信道编码器送出的信息序列先通过调制器变换为适合卫星信道传输的信号波形，经过地球站的上变频和高功率放大环节，再通过天线向卫星发射上行信号。卫星转发器将接收到的上行信号经过低噪声放大、下变频和功率放大环节生成卫星广播的下行信号，并转发至其服务区域内。接收站的前端先将下行信号经低噪声放大、下变频和功率放大环节生成中频信号，再经解调器变换为数字信息序列，由于在信道传输过程中受到各种干扰，需要经过信道译码器对其中的错误进行检测和纠正，然后通过信源译码及解复用恢复出原始的视频、音频和数据信息。

DVB-S 系统框图如图 8-15 所示，一个数字传输系统的质量在很大程度上依赖于所采用的信号调制方式和信道的差错控制方式，调制是为了使信号与信道的特性相匹配，差错控制是为了保证信号在有噪声和干扰的信道传输过程中误码最少。在 DVB-S 系统中主要采用MPEG-2 信源编码和复用技术。DVB-S 系统根据卫星带限和非线性恒参信道特性采用级联的卷积码和 RS 码前向差错控制方式及 QPSK 调制技术。

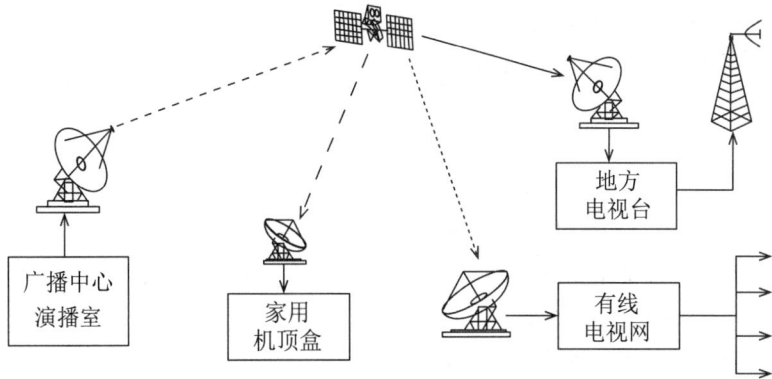

图 8-15 DVB-S 系统框图

8.6.2 卫星数字电视传输标准

目前，ITU 已经批准了 3 种数字电视传输格式（标准），即欧洲的 DVB（Digital Video Broadcasting，数字电视广播）、美国的 ATSC（Advanced Televison Systems Committee，高级电视制式）和日本的 ISDB（Integrated Services Digital Broadcasting，综合业务数字广播）。

DVB 的概念是 20 世纪 90 年代由欧洲 DVB 组织率先提出的。该组织有欧洲和美国的上百个组织参加，其目的是制定欧洲的 DVB 标准。欧洲 DVB 组织选定 ISO/IEC 为音频压缩编码方式，而以 MPEG-2 标准为视频压缩编码标准。欧洲 DVB 组织针对不同的传输媒介制定了相应的广播系统规范，是一个包括地面、电缆和卫星数字电视广播在内的系统标准，分别称为 DVB-T 标准、DVB-C 标准和 DVB-S 标准。其中，DVB-S 标准是用于 Ku 频段（11/12GHz）传输多路标准清晰度电视（SDTV）和高清晰度电视（HDTV）的信道编码和调制系统。DVB-S 标准既可以用于一次节目分配，即直接向用户提供 SDTV 和 HDTV 的直接到家（DTH）业务，又可用于二次节目分配，即通过再调制进入 CATV 前段，进而向其用户提供相应的节目。DVB-S 标准主要涉及发送端的系统结构与信号编码、调制等方式，而接收端是开放的，各厂商可以开发自己的接收设备。DVB-S 信源编码方式采用 MPEG-2 标准，视频、音频和数据编码、节目流复用都属于信源编码部分，而不属于数字电视传输问题。

ATSC 标准由美国大联盟（GA）提出，它是基于高清晰度电视同时支持标准清晰度电视及数据广播、多声道环绕立体声和卫星直播的标准，但该标准侧重于数字电视的地面传输。在卫星电视广播方面，1994 年 4 月，由美国休斯（Hughes）公司开发的首家数字卫星电视广播系统 Direc TV 正式开播，该系统共租用了 30 多个卫星转发器，采用 MPEG-2 标准传送数字压缩电视信号。ATSC 信道编码的外码为（204，188）的 RS 码，内码为 3/4 的卷积码，交织深度为 52。

日本的 ISDN 是由日本数字广播专家组（DIBEG）制定的数字电视传输标准。日本于 1995 年 7 月通过的 DVB 标准与欧洲的 DVB-S 标准是一致的。不同之处在于，DVB-S 标准主要考虑标准清晰度电视（SDTV），并对编码速率做出了规定，而日本制定的标准未对编码速率做出规定，主要考虑为将来的全数字化高清晰度电视（HDTV）提供兼容性。

《卫星数字电视广播信道编码和调制标准》（GB/T 17700—1999）是我国于 1999 年制定的卫星数字电视传输的国家标准。该标准采用了《用于 11/12GHz 卫星业务中电视、声音和数据业务的数字多节目发射系统》（ITUnes-Rb0.1211），并根据我国的情况做了两点补充：

①将应用范围扩展到 C 频段的固定卫星业务；②增加了在特定条件（如传输带宽有余而功率不足）下使用 BPSK 调制方式的内容。

习　题

1. 简述 FDMA/DAMA 卫星网络路由方案。
2. 简述 MF-TDMA 卫星网络路由方案。
3. 简述 DVB-RCS 卫星网络路由方案。
4. 简述 TCP 工作流程和传输控制机制。
5. 简述 FDMA/DAMA 卫星网络 TCP 增强技术的典型应用。
6. 简述 DVB-RCS 卫星网络 TCP 增强技术的典型应用。
7. 简述基于星上处理的卫星网络 TCP 增强技术的典型应用。
8. 简述 HTTP 增强技术在卫星网络中的应用部署方法。
9. 简述结合卫星广播特性的 HTTP 增强技术的优化设计方法。
10. 简述基于点对点窄带卫星信道的典型应用。
11. 简述基于点对多点卫星信道的典型应用。
12. IP 网络常用 QoS 模型有哪些？
13. IP 网络 QoS 技术在卫星网络中如何使用？
14. TDMA 网络、DVB-RCS 网络、基于星上处理卫星网络等典型体制卫星网络的 QoS 是如何实现的？
15. 地面模拟视频广播有哪几种方式？
16. 数字电视标准包括哪几种？
17. 数字电视编码方法有哪些？
18. 视频和音频为什么要压缩？

第 9 章　VSAT 卫星通信网络

VSAT 的中文含义为甚小口径终端（Very Small Aperture Terminal），它是指使用小口径天线的卫星地球站。在 VSAT 出现之前，传统的卫星通信系统，如固定卫星通信业务、专用卫星通信业务等，都是以话音通信为主要业务对象、以地球站为通信中继站的。这些卫星通信系统虽然业务量较大、设备复杂、全网拥有的地球站数目较少，但能充分利用卫星转发器的频带和功率资源，最大限度地提高系统容量。VSAT 对不断增长的业务量和网络的变化有灵活的自适应能力，易于处理全网各地球站信息业务的调度和重新组合，可以传输数据、图像、计算机联网、数字话音和实时交互型业务等综合数字业务，因此得到了广泛运用。本章主要介绍 VSAT 的发展及特点、VSAT 系统的基本组成与原理、VSAT 网络协议、VSAT 卫星通信网络的新应用、VSAT 的网络管理及典型 VSAT 卫星通信网络。

9.1　VSAT 的发展及特点

9.1.1　VSAT 的发展

（1）初期阶段（1980 年以前）。

在确定小口径天线的前提下，人们对地球站组网方式进行了大量初期研究工作。随着 1980 年大功率卫星的使用，出现了 C 波段单收 VSAT 站。这个阶段的 VSAT 使用扩频技术，提供速率一般小于 9.6kbit/s 的低速率数据业务，主要用于单向数据传输，如商品信息、新闻报道等业务。此时 ALOHA 争用信道方案，被证实在卫星通信中可以有效进行数据双向传输。

（2）第一代 VSAT（1983—1988 年）。

1983 年出现了第一个工作于 C 波段、传输低速数据的双向交互式系统，其被称为第一代 VSAT。在此期间，休斯公司推出了工作于 Ku 波段、传输高速数据的 VSAT 产品，并且这一产品得到迅速推广。第一代 VSAT 的特点：主要工作于 Ku 波段，应用于数据通信，具有星状的网络结构及随机连接时分多址、SCPC 等多址方式，用硬件定义多路复用网络，如用硬件定义多端口、多规程、多用途系统。

（3）第二代 VSAT（1987 年—20 世纪 90 年代中期）。

VSAT 已从单纯数据向数据、话音、图像信号等综合业务方向转变，进入 ISDN 领域，实现局域网、城域网之间的互联。第二代 VSAT 具有以下特征。其一，采用分布式网络管理，网络管理不仅能够发现问题，而且可以调整、改变网络配置。此外，网络管理还可以在网络中规定虚拟子网络，它能够不受主网络制约而完全自主控制。其二，支持以标准数据通信协议为基础的交换网络，如 X.25 协议，可提供多主站连接、点对点通信、混合地面/卫星网络的组合通信，采用开放式结构，便于与其他组网方案兼容。其三，多址方式，又称带宽管理方法，主要解决平衡网络响应时间和数据吞吐量问题。采用混合多址技术，提供最佳网络响应时间和数据吞吐量，如自适应预约 S-ALOHA 多址技术，使随机的 TDMA 和 TDMA 模式之间实现动态转变。其四，采用大容量控制处理单元（CPU）的设计方案，使端口扩展所需的硬件减少，而电路、组件、连接器的减少，提高了系统的可靠性；每个远端站都有独立的 PAD 机和卫星接续单元，拥有多个端口，可分别传输分批或交互式数据业务。其五，用软件来配置网络，使它的灵活性大大超过以硬件为基础的网络，且修改方便，易于升级，性能更加可靠。

（4）第三代 VSAT（20 世纪 90 年代至今）。

从 20 世纪 90 年代中期开始，VSAT 逐步向第三代发展，开始出现全部由软件定义的 VSAT。一系列先进技术的出现必将不断提升和完善第三代 VSAT。

9.1.2 VSAT 的特点

（1）面向用户而不是面向网络，VSAT 与用户设备直接通信，而不像传统卫星通信网那样中间经过地面电信网络后再与用户设备进行通信。

（2）小口径天线，天线口径一般小于 2.4m，在某些环境下可达 0.25m。

（3）智能化（包括操作智能化、接口智能化、支持业务智能化、信道管理智能化等）功能强，可无人值守。

（4）安装方便，只需要简单的工具和一般的地基（如普通水泥地面、楼顶、墙壁等）。

（5）低功率的发射机，一般在几瓦以下。

（6）集成化程度高，VSAT 从外表看只能分为天线、室内单元（IDU）和室外单元（ODU）三部分。

（7）VSAT 站有很多，但各站的业务量较小。

（8）一般用作专用网，而不像传统卫星通信网那样主要用作公用通信网。

（9）互操作性好，在同一个 VSAT 内，跨越不同的地面网，能够保证采用不同标准的用户设备进行通信。

9.2 VSAT 系统的基本组成与原理

9.2.1 VSAT 卫星通信网络的组成

VSAT 卫星通信网络一般由一个主站和大量的 VSAT 小站及卫星转发器组成，它们协同工作，共同构成一个广稀路由（站多、各站业务量小）的卫星通信网络，如图 9-1 所示，其支持范围很广的双向综合电信和信息业务。主站又称中心站或中央站，是 VSAT 卫星通信网络的心脏，它使用较大口径的天线，一般为 3.5~8m（Ku 波段）或 7~13m（C 波段）。

在以数据业务为主的 VSAT 卫星通信网络中，主站既是业务中心也是控制中心。主站通常与主计算机放在一起或通过其他（地面或卫星）线路与主计算机连接，作为业务中心（网络的中心节点）。同时，主站内有一个网络控制中心（NCC），负责对全网进行监控、管理、控制和维护。

在以话音业务为主的 VSAT 卫星通信网络中，控制中心可以与业务中心在同一个站内，也可以不在同一个站内，通常把控制中心所在的站称为主站（中心站）。

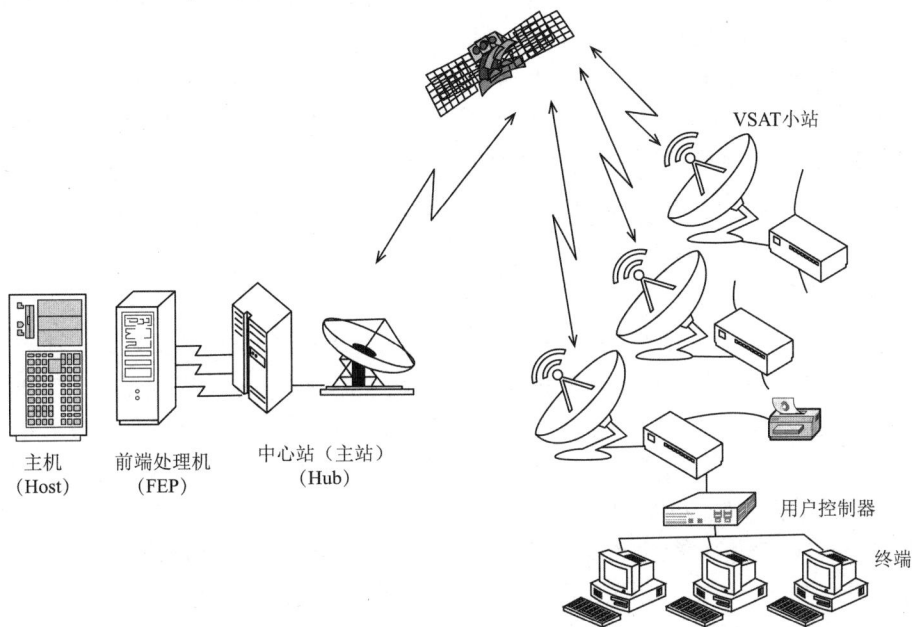

图 9-1　VSAT 卫星通信网络的组成

由于主站涉及整个 VSAT 卫星通信网络的运行，其故障会影响全网正常工作，故其设备皆有备份。为了便于重新组合，主站一般采用模块化结构，设备之间采用高速局域网的方式互连。

9.2.2　VSAT 卫星通信网络的结构

VSAT 卫星通信网络的结构可分为星状结构、网状结构和混合结构三种。

采用星状结构的 VSAT 卫星通信网络最适用于数据广播、收集等进行点到多点间通信的应用环境，如具有众多分支机构的全国性或全球性单位作为专用数据网，以改善其自动化管理、发布或收集信息等。

采用网状结构的 VSAT 卫星通信网络（在进行信道分配、网络监控管理等时一般仍采用星状结构）较适用于点到点之间进行实时性通信的应用环境，如建立单位内的 VSAT 专用电话网等。

采用混合结构的 VSAT 卫星通信网络最适用于点到点或点到多点之间进行综合业务传输的应用环境。此种结构的 VSAT 卫星通信网络在进行点到点间传输或实时性业务传输时采用网状结构，而进行点到多点间传输或数据传输时采用星状结构，并且可采用不同的多址方式。此种结构的 VSAT 卫星通信网络综合了前两种结构的优点，允许两种差别较大的 VSAT站（小用户用小站，大用户用大站）在同一个网内较好地共存，能进行综合业务传输，选择最合适的多址方式，有较大的发展前景。

9.2.3 VSAT 通信组网

VSAT 通信组网非常灵活，可根据用户要求单独组成一个专用网，也可与其他用户一起组成一个共用网（多个专用网共用同一个主站）。

一个 VSAT 卫星通信网络实际上包括业务子网和控制子网两部分，业务子网负责交换、传输数据或话音业务，控制子网则负责对业务子网的管理和控制。传输数据或话音业务的信道可称为业务信道，传输管理或控制信息的信道可称为控制信道。目前，典型 VSAT 卫星通信网络的控制子网都是星状网，而业务子网的组网则视业务的要求而定，通常数据网为星状网，而话音网为网状网。

1. 数据 VSAT 的组网

在数据 VSAT 卫星通信网络中，小站和主站通过卫星转发器构成星状网，其中主站是 VSAT 卫星通信网络的中心节点。这种星状网结构充分体现了 VSAT 系统的特点，即小站要尽可能小。主站拥有较高的有效全向辐射功率（EIRP）和较大的接收品质因数（G/T），这使所有小站均可与其互通。由于小站天线口径小、发射 EIRP 低，接收 G/T 小，因此小站之间不能直接通信，必须经主站转发。

数据 VSAT 卫星通信网络通常是分组交换网，数据业务采用分组传输方式，其工作过程如下：任何进入 VSAT 卫星通信网络的数据在发送之前进行格式化，即把较长的数据报文分解成若干固定长度的信息段，加上地址和控制信息后构成一个分组，在传输和交换时以一个分组作为整体来进行，到达接收点后，再把各分组按原来的顺序装配起来，恢复成原来的报文。

以星状网的主站为参考点，数据 VSAT 卫星通信网络使用的卫星信道可以分为外向（Outbound）信道和内向（Inbound）信道。在数据 VSAT 卫星通信网络中，业务信道和控制信道是一致的，即业务子网和控制子网具有相同的星状结构。

主站通过卫星转发器向小站发送数据的过程叫作外向传输。用于外向传输的信道一般采用时分复用方式（TDM）。从主站向各小站发送的数据，由主计算机进行分组化，组成 TDM 帧，通过卫星以广播方式发向网中所有小站。每个 TDM 帧中都有进行同步所需的同步码，帧中每个分组都包含一个接收小站的地址。小站根据每个分组中携带的地址进行接收。

小站通过卫星转发器向主站发送数据的过程叫作内向传输。用于内向传输的信道一般采用随机争用方式（ALOHA 一类），也有采用 SCPC 和 TDMA 的。由小站向主站发送的数据，由小站进行格式化，组成信道帧（其中包括起始标记、地址字段、控制字段、数据字段、CRC 和终止标记），通过卫星按照采用的信道共享协议发向主站。业务信道和控制信道通常使用同一外向信道或内向信道。

2. 话音 VSAT 的组网

对使用同步卫星转发器的话音 VSAT 卫星通信网络来说，用户的要求通常是希望网内任意两个 VSAT 小站能够直接通话而不是经过主站转发（双跳使响应时间超过 1s，用户不易习惯）。这个要求决定了话音 VSAT 卫星通信网络应该是网状网，即话音 VSAT 卫星通信网络的业务子网是网状网，而控制子网是星状网，网控中心所在的站称为中心站。

在话音 VSAT 卫星通信网络的业务子网中，业务信道（话音信道）较多采用简单易行的 SCPC 方式（也可以用 TDMA 等多址方式）。对以话音业务为主、采用线路交换的话音 VSAT 卫星通信网络来说，显然采用按申请分配信道资源的方式是比较合适的，同时在少数大业务量站间可分配一定数量的预分配信道。

话音 VSAT 卫星通信网络的控制子网相当于一个数据网。在控制子网中，小站与主站之间一般采用 TDM/ALOHA 体制，即外向传输采用 TDM，内向传输采用 ALOHA、S-ALOHA 或其他改进方式。此种方式技术简单，造价低廉，因此在实用系统中应用较多（如 TES 系统）。

9.2.4　VSAT 的主要业务种类和典型应用

除了个别宽带业务，VSAT 卫星通信网络几乎可支持所有现有的业务，包括话音、数据、传真、LAN 互连、会议电话、可视电话、低速图像、可视电话会议、采用 RF 接口的动态图像和电视、数字音乐等。

现有 VSAT 卫星通信网络的主要业务及典型应用如表 9-1 所示，从表中可以看到，VSAT 卫星通信网络可对各种业务采用广播（点→多点）、收集（多点→点）、点-点双向交互、点-多点双向交互等多种传递方式。

表 9-1　现有 VSAT 卫星通信网络的主要业务及典型应用

主要业务		典型应用
广播和通信业务	数据	数据库、气象、新闻、仓库管理、遥控、金融、商业、远地印刷品传递、报表、零售等传真（Fax）单向新闻广播、标题音乐、广告和空中交通管制
	图像	
	音频	
	视频	
	TVRO	
	商业电视	
采集和监控业务	数据	新闻、气象、监测
	图像	图表资料和固定图像
	视频	高压缩监视图像
双向交互业务（星型）	数据	信用卡核对、金融事务处理、销售点数据库业务、集中库存控制、CAD/CAM、预定系统、资料检索等
双向交互业务（点对点）	数据	CAP-CPU、DTE-CPU、LAN 互连、电子邮件、用户电报等
	话音	稀路由话音和应急话音通信
	视频	压缩图像电视会议

9.3　VSAT 网络协议

9.3.1　传输体制

传输体制包括基带信号形式、中频与射频调制制度、多址连接方式和信道分配方式等。

1. 数据 VSAT 卫星通信网络的传输体制

由于数据 VSAT 卫星通信网络是一个不对称网，因此外向和内向传输应选择不同的体制，主要考虑的原则如下。

（1）外向传输：主站发射信息量大，因此转发器的频带和功率利用率必须很高；小站接收信息量小，要求设备尽可能简单。

（2）内向传输：小站发射信息量小，要充分利用小站的发射功率，尽量降低其发射功率，使小站经济实用；主站接收来自多个小站的突发性业务，要求其信号解调设备能在足够短的时间内实现载波同步及位定时同步。

（3）VSAT 系统中有相当数量的小站建在大中城市市区，因此要求尽量降低它与相邻卫星系统及地面微波中继通信系统之间的干扰，要尽可能采用不同频段或采用扩频。

对数据 VSAT 卫星通信网络来说，不同的产品、不同的系统主要表现在采用不同的内/外向信道多址方式上。在 VSAT 卫星通信网络中，外向信道的基带复用一般采用统计复用的 TDM 方式，而内向信道一般采用分组复用方式。

目前，几乎所有系统的外向信道都采用 TDM 方式，因为其功率和频带利用率最高。差别主要表现在，有些系统采用统计复用，有些系统采用扩频。外向信道的多址访问是通过帧格式中的地址域来完成的。

对于内向信道可采用固定分配、按申请分配和随机争用（指 ALOHA 一类）等多址访问方式。对以数据为主的 VSAT 卫星通信网络来说，由于数据业务每次突发的持续时间一般很短，通常采用随机争用方式，包括纯 ALOHA 方式及在此基础上提出的各种改进方式。对个别大业务量的站可以采用预分配方式。

纵观当今的各种 VSAT 产品，主要有三种典型的内/外向信道多址方式。

（1）TDM/CDMA 体制：外向信道采用 TDM 方式，内向信道采用 CDMA 方式，内外向均用扩频，但外向不具备码分功能，对所有小站用同一个 PN 码扩频。由于这种系统扩频增益很大，大大降低了功率谱密度，减小了与地面微波及邻星之间的干扰，降低了传输要求。此方式在 C 波段工作时，也可使用尺寸小的天线，即用 1.2m 的天线可实现双向通信，单收站仅需 0.6m 的天线。因此，小站简单、造价低，得到了广泛的应用。此方式的优点是，外向传输发射一个 TDM 载波时对卫星功率利用率最高，且抗干扰性强和隐蔽性好。内向信道采用 CDMA 方式避免了碰撞问题，且对过载不敏感。缺点是频带利用率低，网的容量较小。典型代表为 ContelASC 公司（现 GTESpacenet 公司）的产品。

（2）TDM/SCPC 体制：外向信道采用 TDM 方式，可以进行一定的扩频（扰码），每个小站接收一个 TDM 载波，同时搜索小站地址或用选择自己时隙的方法，从中提取发往本站的数据。内向信道采用 SCPC 方式，每个小站一个载波，技术简单、造价低廉。但每个 VSAT 无论有无业务均占用一个固定载波和固定空间段。换频需换晶体，灵活性差、抗干扰能力较差，小站天线的口径为 1.2~1.8m（Ku 波段）或 1.8~2.4m（C 波段），我国采用 2.5~3m。当 C 波段工作在大城市时，由于地面微波干扰严重，选址不方便。典型代表为美国 VSI 公司（原 TG 公司）的产品，国内 714 厂已有生产能力。

（3）TDM/TDMA 体制：外向信道采用 TDM 方式，内向信道采用 TDMA 方式。这是一种先进的系统。主站设备少，主要发挥软件功能。这种系统信道利用率最高，容量大，灵活性好，扩容方便，可工作在 C 或 Ku 波段。换频由主站通过控制主站和 VSAT 的频率合成器来实现，因此比较方便，受干扰影响小。当内向采用多个载波时，便产生多载波 TDMA（MC-

TDMA），即一个转发器的频带容纳多个不同的载波，各载波以窄带 TDMA 方式工作。网中各站发射或接收所用的频率和时隙均可调整。由于采用了 TDMA、FDAM 和 TDM 的组合，系统灵活性提升，系统容量显著增加。因此，在地面蜂窝移动通信系统中，每当移动终端从一个小区进入另一个小区时就会产生切换，即正在进行的呼叫必须被选路到另一个基站，如果切换失败，则该呼叫就被强迫终止，这对用户而言就是通信中断。与初始呼叫阻塞相比，从业务质量上讲，强迫终止更难于被用户接收。ITU-T 规定初始呼叫阻塞的概率和经过几次成功切换后的呼叫被强迫终止的概率应分别在百分之几和万分之几的数量级。采用这种方式的网络效率最高，但技术较复杂。典型代表为美国休斯公司的 PES 系统和日本 NEC 公司的 NEXTAR 系统。目前国内也在开展这方面的研制。

从内外向传输的不同工作原理可看到，数据 VSAT 卫星通信网络与一般卫星通信网络不同，它是一个典型的不对称网络，即收发链路两端的设备不同，执行功能不同，内向和外向业务量不对称，信号强度不对称（主站发射功率大，以适应 VSAT 小天线的要求；VSAT 发射功率小，用主站高的接收增益来接收 VSAT 的低电平信号）。

2. 话音 VSAT 卫星通信网络的传输体制

对话音 VSAT 卫星通信网络来说，无论采用哪种多址方式和交换方式，最终都应实现等效的线路交换。

话音 VSAT 卫星通信网络控制子网的传输体制与数据网是一致的，而业务子网则是典型的网状网结构。要实现网状网，SCPC 是一种简单可行的信道多址方式，SCPC 信道分配则采用 DAMA（按申请分配或按需分配）方式。目前，投入使用的系统大部分是采用 DAMA-SCPC 方式的话音 VSAT 卫星通信网络。为了兼顾少数大业务量站间业务，可以配置部分点对点预分配（固定分配）的信道。

这种网状网的业务信道除了可以用于话音业务，还可以用于数据业务，其分配方式和交换方式与话音业务的类似。

话音 VSAT 卫星通信网络的信道分配方式通常是按需分配与预分配相结合的。

按需分配的呼叫过程有以下三个基本阶段。

（1）呼叫建立：主叫方通过控制信道向网控中心发出呼叫申请信息，网控中心在确认卫星信道和被叫方设备有空闲的情况下，向主叫方和被叫方分配卫星信道，随后，主叫方和被叫方进行导通测试，建立线路。在这个阶段，网控中心的主要任务是在规定的时间内建立线路，并使插入的附加呼损尽可能小。

（2）通话：线路建立后，两方即可进行通话或数据传输。

（3）拆线：通话结束后，由通话的主叫方或通话双方（取决于系统设计）向网控中心发出通话结束信息，网控中心在收到该信息后会发回确认信息并回收卫星信道，同时将用户信道设备置闲。在这个阶段，网控中心的主要任务是及时、准确地回收空间资源和地面资源。

除了 SCPC 多址方式，TDMA 方式也是一种适合话音业务乃至综合业务的多址方式。TDMA 的特点是子信道按时隙划分，两种交换方式具有良好的兼容性，十分适用于构成综合业务 VSAT 卫星通信网络。当 TDMA 用于话音业务时，由于每载波容纳的用户站数目不够多，因此当网内站数较多时，可能不得不采用多载波方式。随着卫星通信技术的发展和设备成本的降低，采用 TDMA 方式的 VSAT 卫星通信网络将会有较大发展。

9.3.2　VSAT 卫星通信网络中的通信协议

从信道共享的特点来看，数据 VSAT 卫星通信网络比较接近本地网（LAN）。从 VSAT 卫星通信网络的覆盖范围来看，其是一个广域网（WAN）；从 VSAT 卫星通信网络单节点、无层次的网络结构来看，其网内路由选择功能比较简单，即其第三层协议功能比较简单；从星状网络结构来看，其是一种不平衡的链路结构，所有通信都是在一个主站与其他小站之间进行的。据此，可得到 VSAT 卫星通信网络的协议结构，如图 9-2 所示。图 9-2 中有关各层协议的具体内容请参阅相应的标准。

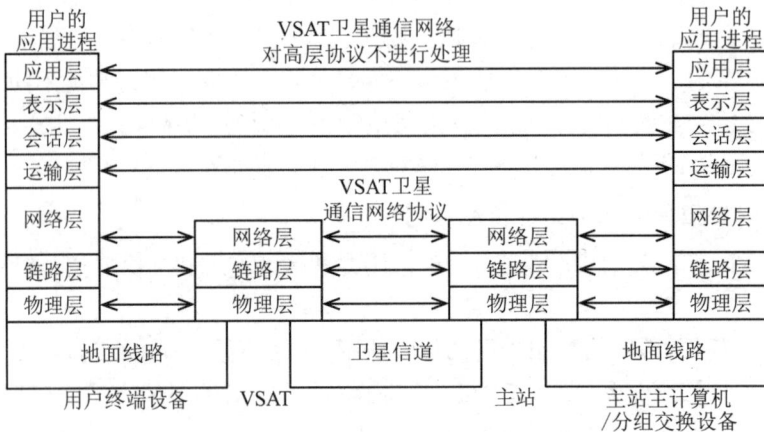

图 9-2　VSAT 卫星通信网络的协议结构

9.4　VSAT 卫星通信网络的新应用

9.4.1　VSAT 站的分类

随着用户对 VSAT 卫星通信网络用途多样化的要求，对多址连接、宽动态业务的处理、复合组网、数据综合和保密性的需求迅速增加，促进了 VSAT 的应用开发，出现了 VSAT 多种新组合网络。其技术概要如表 9-2 所示，大体上可分为五类。

（1）非扩展频谱 VSAT，使用 Ku 波段，地面干扰大大减小，可采用非扩展频谱方式，相移键控调制和自适应带宽的协议。天线口径为 1.2～1.8m，可用作高速率、双向交互通信，如 STARCOM 系统属于此类。

（2）扩展频谱 VSAT，天线口径为 0.6～1.2m，工作于 C 波段，为使卫星的辐射功率通量密度不超过 FCC 的规定，一般采用直接序列扩展频谱技术，提供单、双向数据业务。

（3）扩展频谱 USAT，天线口径为 0.3～0.5m，为移动车辆用户而设计，改进后可用于固定业务。采用复杂的混合扩展频谱调制和连接技术，提供双向数据业务，是目前最小的双向数据通信地球站。

（4）T1 和准 T1 小口径 TSAT 地球站，天线口径为 1.2～3.5m，用于 T1 和准 T1 速率，传输点对点或其他拓扑结构的双向话音、数据和图像业务，无中心站结构。

（5）TVSAT，天线口径为 1.8～2.4m，用于文娱性的电视单收（TVRO）、商用电视（BTV）节目的播送，也可接收高清晰度电视或其他广播节目的视频、音频及高速数据等。

表 9-2　五类 VSAT 技术概要

类型	VSAT	VSAT（扩展频谱）	USAT（扩展频谱）	TSAT	TVSAT
天线口径/m	1.2～1.8	0.6～1.2	0.3～0.5	1.2～3.5	1.8～2.4
波 段	Ku	C	Ku	Ku/ C	Ku/ C
外向信息速率/（kbit/s）	56～512	9.6～32	56	56～154	—
内向信息速率/（kbit/s）	16～128	1.2～9.6	2.4	56～1544	—
多址方式（内向）	Aloha、S-Aloha R-Aloha DA-TDMA	CDMA	CDMA	PA	—
多址方式（外向）	TDM	CDMA	CDMA	PA	PA
调制方式	BPSK/QOSK	DS	FH/DS	QPSK	FM
协同工作	有或无主站	有主站	有主站	无主站	有主站
使用的协议	SDLC、X.25、ASYNC、BSC	SDLC、X.25	专用	—	—
网络运行	公用/专用	公用/专用	专用	专用	公用/专用

9.4.2　利用 VSAT 实现卫星广域网

广域网由局域网和城域网互联组成，可为局域网中个人计算机、数据终端用户提供大量的通信、计算和信息处理能力，有着广阔的发展前景。网状结构与星状结构结合的卫星广域网如图 9-3 所示。卫星广域网可提供大面积覆盖，且具有高度的网络灵活性、业务量自适应的带宽连接特性和综合经济性，因而对各局域网互连有吸引力。

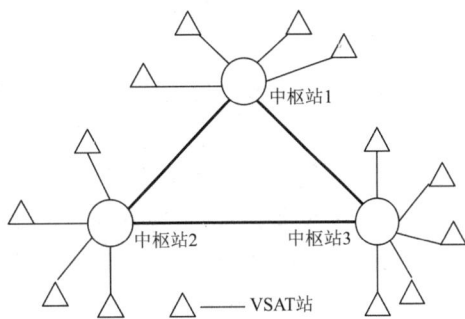

图 9-3　网状结构与星状结构结合的卫星广域网

卫星广域网可根据不同的要求，提供下列拓扑。

（1）点对点结构，如局域网之间互连、局域网和城域网互连、局域网与远地主机互连。

（2）星状结构，如局域网到信息数据库中心（IDC）、局域网到计算中心（SCC）、局域网到城域网。

（3）网状结构，如局域网到局域网、局域网到城域网等。

9.4.3　VSAT 卫星通信网络与传统的移动通信系统结合

VSAT 卫星通信网络可与传统的移动通信系统相结合，并进行单、双向数据和话音业务，其利用卫星链路将移动电话局与小区基站连接起来，从而扩大移动通信的覆盖范围。卫星链路传送网络控制信息（数据），并实现与陆地有线电话网络（话音）的接续。移动交换局借助公用交换电话网将呼叫转接至目的地。

9.4.4　VSAT 卫星通信网络与综合业务数据网络结合

综合业务数据网络（ISDN）的基本概念，是把用户端所产生或所需要的信号，如话音、图像、文本、数据等，通过单一接续线路，以数字方式传送。CCITT 对 ISDN 的定义：在用户与网络接口之间提供数字接续，以便支持各种通信业务的网络。

1. ISDN 的基本特征

（1）以数字化的电话网为基础，它是电路交换的网络，也能处理分组交换数据业务。

（2）用户对用户的接续全部是数字化的。

（3）用户线路包含两条 64kbit/s 全双工信道（B 信道）和一条 16kbit/s 信令信道（D 信道），称为窄带 ISDN，相对应的还有宽带 ISDN。

（4）无论用户使用的话音、文本、数据、图像等通信业务的类型和数量如何，都仅分配一个号码。

（5）不仅支持在用户线路之间建立接续，而且支持在相同业务终端设备之间建立接续。

卫星通信系统在未来的 ISDN 中将起到两个基本作用。

其一，在 ISDN 网内提供两点或多点信息传输；其二，若能提供必要的用户与网络、网络与网络接口，卫星系统也可构成 ISDN。CCIR 和 CCITT 均就卫星 ISDN 有关标准和规定进行了研究。INTELSAT 已经提供了一系列与 ISDN 兼容的全球业务。

2. 卫星 ISDN 的性能要求

1）误码性能

从传输作用来看，要求卫星在 ISDN 中成为长途、高质量国际接续的一部分。在 ISDN 的规范中，是用假设基准接续（HRX）来确定全程接续各主要传输线段的性能要求的，这一假设基准接续是以 CCITT 建议 G.821 为基础的。

如图 9-4 所示，最长的传输线段可能接续为 27500km。其中划分为三个基本段：延伸至市话局级的本地级性能段、中级性能段和高级性能段。对于窄带 ISDN 中的 B 信道，其传输速率为 64kbit/s。为满足在 27500km 接续上提供 1×10^{-6} 的端到端的误码要求，G.821 规定了假定基准接续总的误码率性能。

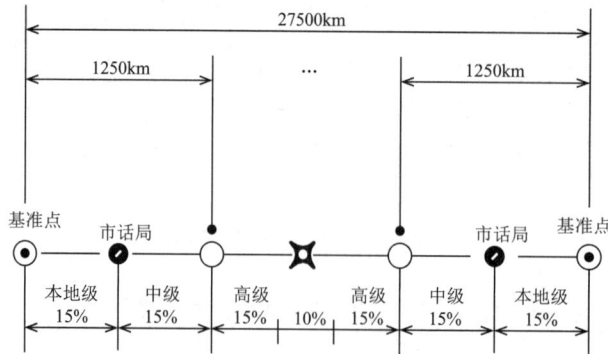

图 9-4　以 CCITT 建议 G.821 为基础的 ISDN 假想基准接续

在 1min 间隔内，90% 的时间为 4 个误码或更少。

在 1s 间隔内，99.8% 的时间为 64 个误码或更少。

在 1s 间隔内，92% 的时间无误码。

图 9-4 中还标出了各段的误码率分配，其中长途（国际）接续（1250km）占 20%，为使卫星传输能满足此要求，CCIR 建议 614 提出了以下指标。

在 1min 间隔内，误码率劣于 1×10^{-6} 的时间不超过 2%。

在 1s 间隔内，误码率劣于 1×10^{-6} 的时间不超过 0.03%。

在 1s 间隔内，有误码的时间不超过 1.6%（相当于 98.4% 的时间无误码）。

在 15GHz 以下工作的卫星假设基准数字通路（HRDP）的误码率：在任何月份的 10% 以上的时间内不应超过 1×10^{-7}；在任何月份的 2% 以上的时间内不应超过 1×10^{-6}；在任何月份的 0.03% 以上的时间内不应超过 1×10^{-3}。

2）传输时延

传输时延是卫星通信中人们特别关心的一个问题。我们都知道，地球站—卫星—地球站链路平均单程时延的典型值为 260ms，与地面线路相比要大得多。在电话通信中，人们对此往往感到不适。CCITT 建议书 G.114 规定，对任何话音接触，单向时延不能超过 400ms，这意味着要将卫星线路限制在一条卫星上行线、一条卫星下行线、一条星际链路（ISL）及有关的地面链路上。因此，国内卫星通信系统与国际卫星通信系统将不能一起使用。实际上，人们对话音传输时延仅仅是一个习惯问题，正如詹姆斯·马丁在他的《卫星通信系统》中介绍的那样，用户打过多次卫星电话后，他就会很快地习惯这种传输时延，并且随着卫星通信的广泛应用，这种电话会话会逐渐显得文雅起来。为使卫星在 ISDN 中得到更广泛的应用，INTELSAT 建议 CCITT 进一步适当放宽对话音单向传输时延的限制。至于非对话数据业务，容许的时延要根据所需要的与传输速率有关的信道效率，以及所用的前向纠错（FEC）和自动请求重发（ARQ）技术来确定。若 ISDN 通过具有卫星线路的网络段接续，则国内和国际连接方式中，数据分组平均时延的最坏情况分别为 700ms 和 900ms。CCITT 第 7 研究组认为，4 次卫星跳接将是合理的限制，它容许包括两个串联的国际卫星系统，每端再加上一个国内系统。

3）回声干扰

与传输时延有关的另一个问题是回声干扰，如果某个通话者由于 540ms（双向）的时延而听到其本人的回声，就会受到很大的干扰。使用回波抵消器可有效解决此问题，从而保证卫星通信系统与 ISDN 的兼容。

9.4.5　VSAT 会议电视网络

随着社会经济的发展，人们对电视会议这种动态图像信息交流方式的需求日益增长。高速 VSAT 系统的出现和压缩电视会议编码技术的发展，为 VSAT 系统传输电视会议提供了可能。

电视会议将活动的图像信号进行数字压缩，以较低的传输速率在 VSAT 卫星通道上同时传输图像和话音。对于活动较少的场景，当前技术可以获得基本满意的活动图像效果。根据用户对图像动态情况的要求不同，可供电视会议选择的压缩编码速率已经系列化，即 64kbit/s、128kbit/s、384kbit/s、768kbit/s、2048kbit/s。根据用户调查统计，大多数用户认为 112～128kbit/s 是保证电视会议最低质量水准的压缩编码速率。然而，如果从图像性能和经济方面综合考虑，那么 384kbit/s 可能是最佳的平衡点。

在多址接续方式上，虽然 TDMA 方式能使多个 VSAT 站共有一个卫星载波，但对于电视会议这种点对点通信，一般采用 SCPC 方式更适宜。只有在召开电视会议时，电视会议组参与用户终端才与网中发起者终端共用一对双向卫星载波。结束任务后，卫星载波将交还 VSAT 网络管理中心，以实现卫星转发器资源共享。理论计算表明，对于 Ku 波段，VSAT 小站的传输速率与其天线口径、高频功率放大器之间的关系如表 9-3 所示。

表 9-3 VSAT 小站的传输速率与其天线口径、高频功率放大器之间的关系

传输速率	天线口径	高频功率放大器
64 kbit/s	1.8m	1~2W
384~768 kbit/s	2.4~3.6m	3~4W
2048 kbit/s	4m	5~6W

与其他 VSAT 系统一样，网络管理与控制功能是电视会议传输网络的核心部分。它由网络管理中心（NMC）集中管理，并且基本实现了自动化。NMC 包括一个天线口径在 4.5m 以上的卫星监视站，用以监视星上载波的占用和分布，同时监控所有 VSAT 小站、执行性能诊断、分配卫星信道、建立和拆除通信线路等。网络管理中心的监控是由一组电话和指令控制计算机驱动的调制解调组成的。各 VSAT 站具有一个监视器和控制数据端口，该端口能够与一个供远地自动拨号接入 VSAT 的电话 Modem 相连接。指令控制计算机能够知道在一定的时间间隔里，哪些 VSAT 终端正在使用什么频率传输何种业务。网络管理中心可监测各 VSAT 站的传输质量、BER、发信功率、接收信号强度等。网络管理中心的操作员可以控制中心站发送/接收频率、发送功率电平、开/关设备和设备诊断等功能。VSAT 站具有本地报警功能，如果出现故障，如 AGC 或 BER 发生恶化、接收载波失步，就会向网络管理中心发出电话呼叫。这时网络管理中心将启动诊断程序来查明故障的性质，必要时还可用电话拨通与之相通的另一个 VSAT，以便进一步确诊故障的起因。当设备发生故障时，监控计算机将终止传输，并通知维修人员更换故障的机盘后再重新启用。如果确定是降雨衰减导致的故障，那么监控计算机将命令 VSAT 站提高其发送功率。这样，VSAT 系统在使用卫星功率方面要比不受控制时的效率提高约 50%，所以在系统设计时不必对预定的衰减留有较大的余量，而是在实际线路工作时按每分钟的衰减情况及时进行余量调整，可采用较低的卫星 EIRP。

在网络监控过程中，监控计算机的眼睛和耳朵是 VSAT 自身的诊断、指令和监视软件程序；操作员的主要任务是接收来自用户的呼叫，对来自监控计算机的信息做出反应，或者根据计算机的要求排除线路故障。

9.5 VSAT 的网络管理

随着通信现代化的不断发展，在 20 世纪 80 年代初期，发达国家相继将计算机技术应用到通信系统中来，即在一个通信网络中设立一个计算机工作站，对全网进行各种监视、维护、测试和控制等，以保证整个通信系统能够正常、可靠、高效地运行。

网络管理在整个通信网中占据着相当重要的地位，可以说它是全网的"心脏"和"神经中枢"，其功能和作用广泛分布在网络的各个分系统及其组成部件之中。网络管理系统是决定通信网成败的关键，它能够向通信系统的管理操作员和广大用户提供可靠、周到、准确、全面的服务。网络管理系统的水平标志着通信网智能化程度的高低，也是衡量一个通信网技术先进与否的一项重要指标。

VSAT 卫星通信网络由一个主站和分散在很远地方的几百个甚至上千个远端小站组成。为了降低系统成本，对小站设备尽量简化其结构、减小体积，不配置备用冗余设备。并且，VSAT 系统的主要服务对象大多是一些专业用户或边远山区，这些地区对通信设备的维护技术条件较差。在这种情况下，为了保证 VSAT 卫星通信网络能够可靠、正常地工作，配置智能化程度较高的网络管理系统就更为重要。网络管理系统是 VSAT 网络总体设计中的一项重要内容，也是决定全网性能、效率和正常运行的关键因素之一。

9.5.1　VSAT 网络管理的功能

概括起来讲，VSAT 网络管理的功能应包括行政管理、运行管理和规划管理三个方面的内容。

1. 行政管理

网络的行政管理主要包括网络结构、设备配置、设备清单、自动计费和保安管理等。

1）网络结构、设备配置和设备清单管理

这部分管理决定着全网硬件设备的配置和通信功能的实现，其信息内容存储于各自相应的数据库中，主要包括以下内容。

（1）确立 VSAT 卫星通信网络的拓扑结构（星状网、网状网或混合网）及接到小站终端和主站的用户设备等。

（2）确定主站和 VSAT 远端小站的设备构成（含备用冗余设备及控制倒换设备），包括加入和删除远端小站、加入和删除网络端口、修改网络部件参数等。

（3）确定全网各处理机的硬件结构。

（4）确定全网实时单元的系统参数。

（5）确定全网通信信道的分配（按不同的分配协议进行），包括增减卫星信道（入站链路和出站链路）、向小站分配信道、启动或关闭网络组成部分。

（6）确定全网 VSAT 小站发送信息的时间及对公共通信资源、空间卫星资源的管理。

2）自动计费管理

由于 VSAT 小站分布区域很大，站数多，各站工作业务大多是随机地占有卫星信道，所以在主站必须设立自动计费功能，由网络管理系统实时记录任一小站工作的时间（年、月、日、时、分、秒）、通信时长、数据分组数、字符数等，并根据对网络资源的使用情况决定其费用，存入数据库中。

3）保安管理

保安管理有时又称保密管理。保安管理有两层意义：一是安全管理，即对网络的异常情况（如故障、错码、阻塞、超时等）进行登记和处理，同时放弃并禁用失败的网络部件，以防危及网络安全；二是密钥管理，即 VSAT 网络的管理操作者运用"密钥"来阻止无权用户侵占或使用该网络的地面通信资源和卫星空间资源，以确保该网络的完整性，使其能够在安全健康的状态下正常运行。

2. 运行管理

运行管理功能包括全网正常工作状态检测（数据采集、归档存储及形成报告）、操作员接口、全网监视控制、网络资源的动态分配管理等。

1）全网正常工作状态检测

为了保证整个 VSAT 卫星通信网络能够正常有效地工作，在一般情况下，网络管理中心必须自动定时采集主站和所有小站的工作参数，如发射功率、接收电平、BER、频率偏移等，并归档存入数据库，将其作为保持网络状态和性能的依据，以满足长期管理的要求。网络管理员可通过访问数据库来监视网络的非实时工作状态。同时，网络管理系统还应该定期地将所采集的有关数据进行分类、汇集，并向各个对应的小站提供其工作状态和通信业务情况报告。

2）操作员接口

操作员接口功能给操作员提供了一个友好的用户界面，包括命令输入、响应显示和告警指示等功能。操作员利用这种接口功能能够迅速、准确、有效地执行对整个网络的管理，检测和监视网络的在线工作状态，以及识别可能对网络正常工作造成重大影响的各种变化趋势。

3）全网监视控制

对 VSAT 卫星通信网络的实时监视控制是网络管理系统的重要内容之一。尤其是对远端小站发射频率、功率和时间的监控更为重要。因为这些参数如果协调不好就会使 VSAT 网络出现干扰，影响通信质量。其监控的基本方式是在主站入站链路解调器的输出端检测出以上参数，并将它们送入设在主站的网管主计算机，计算出需要调整的参数，再以适当的指令通过出站链路发送到远端小站，由小站的微处理器来执行调整，以确保发射的频率、功率和时间达到规定的指标要求。对远端小站来说，如果要检测或查询有关工作状态参数，就必须通过入站和出站传输链路，并由主站的中心交换机转接后，查询网络管理中心的数据库。

监控系统还担负着对全网通信业务的实时统计，这些统计出的数据将被用作计费和对通信网工作质量评价的依据。若统计结果表明有某几个远端用户的通信质量恶化，则由监控系统经出站链路向用户发出告警指示，并控制相应的小站设备参数，以改善通信质量。如果监控系统获悉网内同时工作的用户数（吞吐量）或工作时间超过全网的负荷能力，使全网处于不稳定状态，那么网络通信业务数据库会经出站链路向全网告警，并停止优先级低的业务，以保证全网正常运行。

监控系统还对主站和远端小站的所有硬件设备的工作状态进行监视。一旦发现主站某一部件发生故障便立即启动控制机构，自动切换到冗余备用部件。如果发现某一小站出现故障，那么监视系统会通过出站链路通知用户故障的原因、故障发生的部位，同时指示用户更换相应的部件。

监控系统的控制功能一般为集中控制方式，即由主计算机来执行对全网通信设备的自动切换控制。

4）网络资源的动态分配管理

VSAT 网络资源（尤其是空间卫星资源）是十分宝贵的。要想合理、有效地利用网络资源，一方面要根据用户的业务种类及其业务量大小，选择适当的多址协议；另一方面要通过网络管理系统，根据网络的业务负荷情况动态地分配、使用网络资源，以确保全网的综合效率达到最佳状态。

对于数据 VSAT 卫星通信网络，大都使用随机多址方式，经常由于用户数的急剧增加或个别用户突然发送大块数据报文，导致业务量增长过快，因此影响整个网络系统的正常运行，造成信道拥挤，使网络处于不稳定工作状态，降低网络的吞吐量和性能。

所以，在网络管理系统中，由主站的检测机构来监视各用户小站发往主站的数据包。如果拥挤和碰撞而重发所占的比例超过一定的规定标准，就认为网络过负荷，出现不稳定状态（拥塞现象）。这时网络管理系统将会自动取消较低优先级用户的发送资格，将网络负荷调整到适当状态。

在许多用户中，如果有个别用户要求发射大块数据报文，那么可先向主站发出申请，得到认可后主站就从可用信道中分配一条连续信道给该用户，同时取消一些较低优先级用户以调整网络负荷。一旦通信结束，网络管理系统就发出指令，让小站立即退出该信道，并释放回备用信道群的信号。

采用这种方法可以动态地分配网络资源，调整网络负荷，使全网处于理想的工作状态，网络的效率也最佳。

3. 规划管理

当网络管理系统正常运行后，它会采集到网络的许多性能参数，如用户数、用户的平均业务量、网络吞吐量、系统响应时间、网络拥塞情况及各小站分布地区的雨衰情况等。这些数据信息会反馈给网络总设计师，用于验证原设计方案，同时为该网络的扩建及新 VSAT 卫星通信网络的设计提供宝贵的经验和技术资料。

9.5.2　网络管理系统机构的连接

VSAT 的网络管理功能分布在全网的各个组成部分，包括主站的各重要设备及远端小站。网络管理系统的核心是一台设在主站的较大的主计算机，网络管理协议和数据库则驻留在这台主计算机中。主计算机负责处理网络数据库和所有非实时的网络管理工作。实时网络管理功能则分布在网内所有的处理设备之中，包括小站和主站的处理设备及主站的网络管理计算机，共同构成一个星状网络管理系统。为了实现主站对全网 VSAT 小站的智能化管理，以及小站将网络管理信息回传给主站，其网络管理系统的结构连接一般有以下两种形式。

（1）通过卫星链路连接网络管理系统。

这种方式应用比较普遍，特点是直接利用已有的设备和卫星信道，结构简单，成本低，对于各专业用户单独建立的 VSAT 卫星通信网络更为适合。VSAT 主站对小站的网络管理信息通过出站链路发送出去，而 VSAT 小站对主站的网络管理信息通过入站链路的信道访问协议进行回传。

这种方式的缺点是网络管理信息的传输受气候条件影响较大，延时比较长，一旦通信设备发生故障，其网络管理系统就会失去效能。

（2）通过地面公用电信线路连接网络管理系统。

这种方式将卫星通信线路与网络管理信息传输线路分开，使一般的通信信号经空间卫星线路传输，而将网络管理数据信息由地面通信线路传输。

该方式的优点是网络管理系统可靠性高，网络管理数据受外界自然条件影响较小，传输延时也大大缩短，监测控制的实时性能好。其缺点是要增添一定的设备，并占有一定的地面通信线路，费用较大。它主要用在邮电主管部门建设的大型 VSAT 卫星通信网络中。

9.5.3　VSAT 中的简单网络管理协议

完整的 VSAT 卫星通信网络由卫星通信设备、计算机网络设备、其他辅助设备和业务系统等各部分组成，既有基带数据设备，又有中频设备、射频设备，这些设备由多家不同的厂商提供。设备多，被监控点分散，监控平台多样，这为网络管理带来了很大不便。VSAT 中广泛使用简单网络管理协议（Simple Network Management Protocol，SNMP），用来实现对多家厂商各种设备的统一监控，提高网络管理的效率和质量。下面简要介绍 SNMP 的相关概念及其在 VSAT 中的应用。

SNMP 是 Internet 体系结构委员会（IAB）提出的基于 TCP/IP 的网络管理协议（应用层协议），现在已经可以在其他网络协议上使用，如 IPX/SPX、DECNET、Appletalk 和 X.25等，成为网络管理方面事实上的标准。SNMP 由以下三个要素组成。

（1）一个或多个被管理的网络设备，每个都含有一个代理进程（Agent 软件）和一个管理信息库（MIB）。

（2）一个或多个网络管理站（NMS 软件）。

（3）代理进程和网络管理站之间交换管理信息的协议。

SNMP 有以下三个标准。

（1）管理信息结构（SMI）。描述管理对象及在 NMS（网络管理系统）和 Agent 之间传送的管理信息定义，是关于 MIB 的一套公用的结构和表示符号。

（2）网络管理协议。网络管理信息互换的规则。

（3）管理信息库。管理对象的集合，包含数千个数据对象，NMS 可以通过 Agent 来控制 MIB 数据对象，进而控制、配置或监控网络设备。

SNMP 的核心思想是在每个网络节点上存放一个管理信息库，由节点上的代理负责维护。NMS 与代理进程交换信息，通过代理进程对这些信息库进行管理，从而实现对网络内各种设备、设施和资源的监视与控制。SNMP 参考模型如图 9-5 所示。

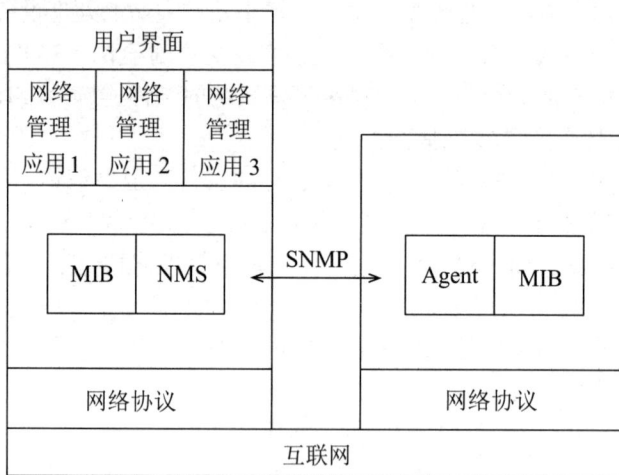

图 9-5 SNMP 参考模型

当出现新的被管理对象时（如新的网络设备），只要定义新的 MIB 及其相应的 Agent，已有的 NMS 虽然不识别该 MIB 中变量的含义，但是通过标准化的通信原语和 MIB 格式，完全能够获得每个变量对应的值。新设备的制造厂家可以开发相应的管理应用程序，处理NMS 已读取的 MIB 信息。

关于管理进程和代理进程之间的交互信息，SNMP 定义了以下五种报文。

（1）get-request 操作：从代理进程处提取一个或多个参数值。

（2）get-next-request 操作：从代理进程处提取一个或多个参数的下一个参数值。

（3）set-request 操作：设置代理进程的一个或多个参数值。

（4）get-response 操作：返回一个或多个参数值。这个操作是由代理进程发出的。它是前面三种操作的响应操作。

（5）trap 操作：代理进程主动发出的报文，通知管理进程有某些事情发生。

基于这五种报文，SNMP 从被管理设备中收集数据有两种方法：一种是基于轮询的方法，另一种是基于中断的方法。

在 VSAT 卫星通信网络中，网络管理站设在主站，小站或主站都配置 Agent 主机，这些 Agent 主机负责存储管理信息库，并与被管理设备连接。Agent 进程与 NMS 通过 SNMP 所规定的标准化通信原语进行通信，它们可以读取或改变 MIB 变量值，并将其转换为被管理设备能识别的指令和数据格式，以便执行。NMS 负责记录所有被监控对象和所有 Agent 的管理信息库。NMS 可以通过浏览器和专用软件来监控这些对象。被监控对象的状态信息通过 NMS 和 Agent 轮询收集。由被监控对象报告的重要信息，如故障信息，可通过 SNMP 中断方式通知 NMS。

9.6　典型 VSAT 卫星通信网络

9.6.1　混合式地球站网络概述

混合式地球站（Hybrid Earth Station，HES）系统是休斯网络系统公司（HNS）生产的一种 VSAT 系统，主要用于话音和数据业务并重的情形。它在传送实时性要求不高的数据业务时采用星状网，而在传送实时性要求较高的话音业务时采用网状网，因此 HES 系统是一种星状网与网状网相结合的混合式网络，如图 9-6 所示。

HES 系统实际上是综合卫星商用网（ISBN）和电话地球站（Telephony Earth Station，TES）相结合的产物，ISBN 和 TES 系统也是 HNS 的产品。TES 主要用于远端站之间的双向数字化话音传输，可附带进行数据传输；ISBN 主要用于主站与远端站之间的数据传输，可附带进行数字化话音传输，还具有单向（主站→远端站）视频传输能力。从网络结构来看，TES 是网状网，ISBN 是星状网。在 ISBN 系统中，远端站之间的通信必须经主站转接，需要"双跳"才能实现；而在 TES 系统中，远端站之间的通信只需单跳即可实现，适用于话音通信这种对实时性要求较高的情形。

在 HES 系统中，TES 和 ISBN 共用射频和天线单元，除此之外，两个系统基本是独立的，网络管理及星上频率资源的使用也是分开的。TES 和 ISBN 原有的部分设备（室内单元的中频、射频设备）须做相应的改动。在主站，由射频终端送来的中频（70MHz）信号一分为二，经适当处理后，分别被送到 TES 的网络管理系统（NCS）和 ISBN 的系统控制中心（SCC）；由 NCS 和 SCC 送来的信号，各自经适当处理后，变为中频信号，然后合路送至射频终端（RFT）。在远端站，TES 和 PES 共用天线、室外单元（ODU）和射频模块（RFM），此时的 RFM 应选用混合型射频模块（RFM 混合），置于 TES 机箱内，PES 的中频模块（IFM）电缆与 RFM 模块相连，其 IFM 也选用混合型中频模块（IFM 混合）。

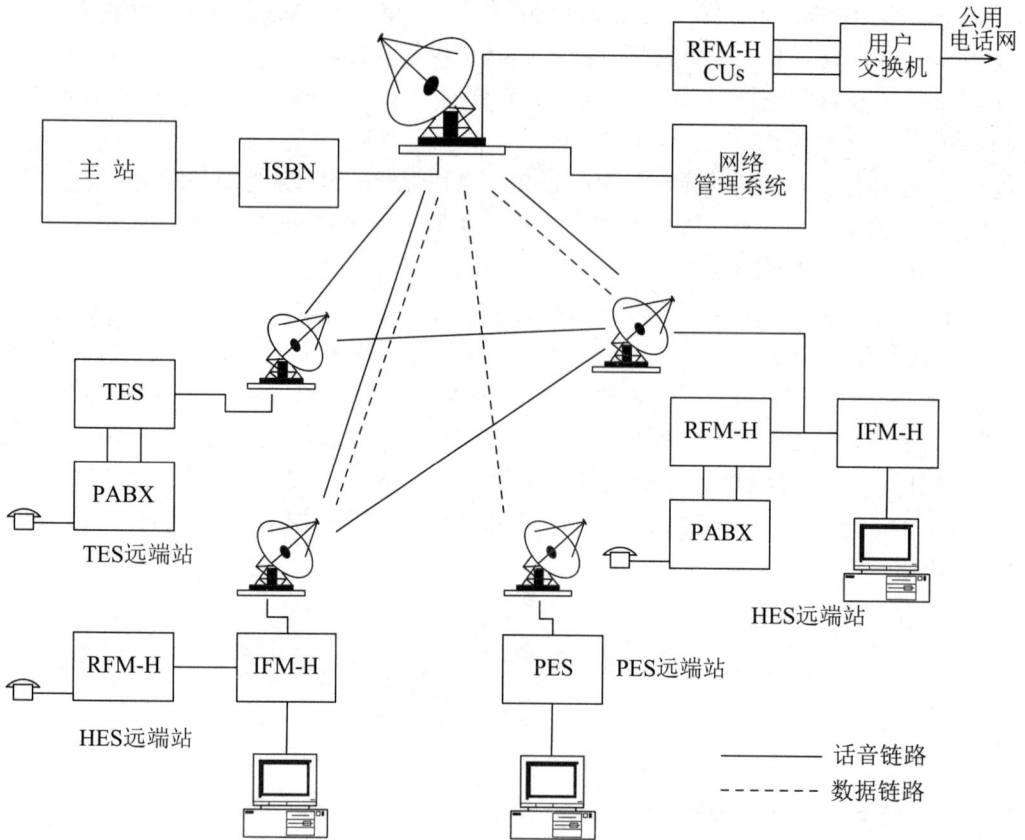

图 9-6 HES 系统的网络结构

9.6.2 小型电话地球站系统

电话地球站（TES）是一种网状的、以电话业务为主的网络。利用 TES 网，可以借助单跳卫星传输线路提供灵活、有效及价格低廉的话音与数据通信。TES 兼容各种各样的电话设备及交换协议，具备通用交换网络的功能，能够将大量的远端用户连接起来。

1. 空间传输方式

TES 将占用的频段划分为多个信道，信道分为控制信道和业务信道两种类型。其中，业务信道可分为若干子信道，控制信道可分为反向信道和前向信道。远端站与主站、远端站与远端站之间以单路单载波（SCPC）方式使用业务信道，进行话音和数据传输；NCS 与远端站之间使用控制信道进行网络管理数字信息的传输，其中前向信道采用 TDM 广播方式，反向信道采用 ALOHA 方式。控制信道数与网络的规模有关，一个中等规模的网络通常需要一个前向控制信道和两个反向控制信道。业务信道数的设置需满足不同层次的通话呼损率要求。

TES 系统中的任何两个远端站都可经由卫星单跳直接进行话音、同步或异步数据的通信，而无须通过 NCS 所在的控制站，从而缩短了卫星线路上的延迟和减少了信道的重复使用。

为了有效地利用宝贵的卫星资源，TES 系统采用了按需分配多址技术（Demand

Assigned Multiple Access，DAMA）。当一远端站要同另一远端站通信时，首先经由反向控制信道（Inbound Control Channel，ICC）向 NCS 发出请求，NCS 通过前向控制信道（OutBound Control Channel，OCC）向两远端站发出频率分配等信息以建立两远端站之间的链路，两远端站通信完毕后链路撤销，频率交由其他用户使用。

值得说明的是，与业务信道的网状结构不同，控制信道的网络结构是星形的。

2. 系统组件功能

图 9-7 所示为 TES 远端站示意图，其核心是信道单元（Channel Unit，CU）。CU 的主要特性如下。

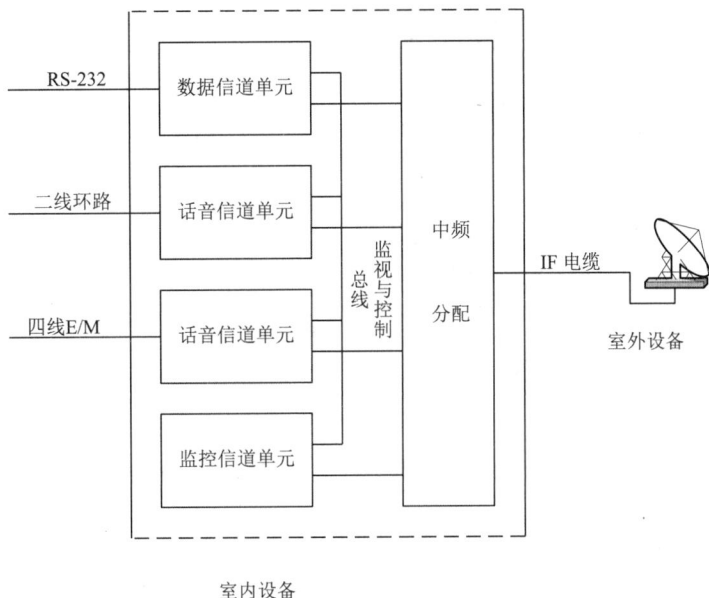

图 9-7　TES 远端站示意图

1）地面线路接口

地面线路接口主要有四线 E/M 电话接口、二线环路电话接口、RS-232 数据接口。

2）编码方式

编码方式主要有 32kbit/s 自适应差分脉冲编码调制（ADPCM）、16Mbit/s 和 9.6Mbit/s 残余激励线性预测（RELP）。

CU 的突出之处在于，同样的硬件从 NCS 下载不同的软件，既可作为 VCU（话音 CU），也可作为 DCU（数据 CU）和 MCU（监控 CU），从而使 TES 具有很大的灵活性。同样的硬件，在不同的软件设置下，既可传话音又可传数据，还可开电话会议和数据会议。特别应当指出的是，国际卫星组织（Intelsat）已将休斯网络系统公司的 TES 定为稀路由电话卫星通信 DAMA 体制的标准。休斯公司的 TES 系统支持多种信令，其中包括中国一号信令。

DiaWareTM 软件为 TES 系统提供了灵活且简便的电话编码方案。

3. 网络结构与功能

1）网络结构

TES 系统由卫星、网络控制系统和远端站构成网络。TES 业务子网是一种以话音为主，话数兼容的网格形（或星形）卫星通信网。图 9-8 中的 NCS 是全网的控制中枢。TES 的控制子网采用星形结构。

　　地球站间的话音通信均经单跳卫星信道实现，各远端站的监视与控制及按需分配多址访问（DAMA）工作方式由网控中心集中控制与管理。小型 TES 基本网络结构如图 9-8 所示。

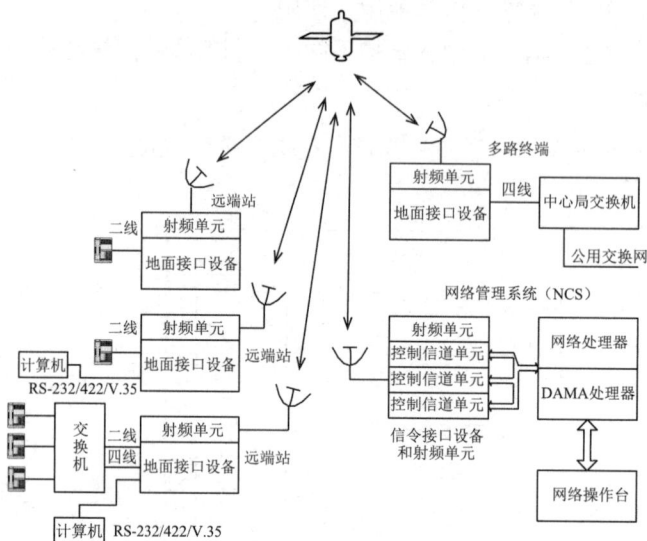

图 9-8　小型 TES 基本网络结构

　　网络的传输体制采用单路单载波方式。

　　网络的业务交换采用按需分配电路交换，在地面与交换机相连，构成两级交换网，还可在全国或部分地球站召开电话会议。

　　2）网络的主要功能

　　小型 TES 系统可实现的功能如下。

　　（1）话音业务的按需分配，网内任何站之间均可建立话音链路。

　　（2）预分配或按需分配的数据业务，与数据分组交换机或卫星数据接口设备相连可实现与 X.25 数据网络的连接。

　　（3）配以电话音频桥可实现电话会议功能，网内的任何一个用户均可在 NCS 的控制下召开电话会议。

　　（4）根据要求，该系统可实现点对多点的数据广播业务。

　　（5）可实现中国一号信令电话接口，用于公众网经卫星的联网。

4. 主要技术及特点

　　1）用户设备的接口

　　系统与用户设备的接口包括话音接口和数据接口。其中，话音接口提供四线 E/M 接口，也可以通过二/四线变换来提供二线接口。其 Ⅱ 型产品可提供二线环路接口，这使得它可以接入用户交换机，并且可以与手机相接。此外，其 Ⅱ 型产品还具有中国一号信令接口功能。数据接口为标准的 RS-232D 接口，还可提供传真控制板，使传真速率达到 9.6kbit/s。

　　2）话音压缩编码

　　模拟音频信号输入到小型 TES 后，会被变换成脉冲编码调制（PCM）信号。为了节约带宽，系统对 PCM 话音信号采用数字信号处理（DSP）进行低速编码（LRE）。该设备使用的低速编码有两种方式，即自适应差分脉冲编码调制（ADPCM）和残余激励线性预测（RELP）编码。

设备使用了符合 CCITTG.721 标准的 32kbit/s 自适应差分脉冲编码调制算法，从而使话路数比使用普通的 PCM 编码增加一倍，满足了长话质量。

残余激励线性预测（RELP）编码是将标准的 PCM 信号变换成 16kbit/s 或 9.6kbit/s 的话音编码信号，并保持较好的话音识别率和接近长途传输的话音质量，使用 RELP 编码的话音容量是普通 PCM 系统的 6.67 倍。

3）话音激活载波

通常一个电话呼叫中只有 30%~40% 的时间在讲话，小型 TES 利用这一特点，在信号传输时，只在有话音信号时才发射信号占用卫星功率，从而使一个给定的卫星功率的系统话音容量扩大了 2.5 倍。

传统的话音激活系统是采取硬门限比较法，即将话音能量与一个预置的电平相比较来完成的。而在小型 TES 系统中，是将话音与话音电平的短期变化测量及话音信号的频谱特性一起作为激话条件的。这种方法能更准确和敏感地检测话音信号，从而更有效地利用卫星空间段。

4）自适应空闲噪声

在话音激活系统中，空闲话音信号是不被传输的，所以在讲话的空闲时接收端无任何输出。为了避免信道中断，传统的话音激活系统在信道空闲时会在接收端加入一个固定的高斯（Gaussian）噪声。在该设备中插入的空闲信道噪声则取自对发送端背景噪声的测量，并在接收端模拟该噪声特性，向受话者发送一个背景噪声，这一过程由 CU 自动完成。这种方法减小了有话音和无话音空闲时背景噪声的差异，使两者间可平滑转变，听起来更加自然。

5）先进的回波抵消技术

由于卫星的信号传输时延长，回波抵消是一个不可缺少的部分。该设备中的回波抵消器是与发射信号和接收信号相关的。当只有回波时，信号完全相关；当双方都讲话时，信号则不相关。回波抵消器能够检测到双方同时讲话的情形，并尽量不依赖于交换网络中变化范围较大的信号电平，以便在较大范围内提供较好的性能。

6）维特比（Viterbi FEC）译码

采用 FEC 卷积编码和维特比译码可提供 5dB 的编码增益。维特比算法可在较低的 Ebi/No 下进行译码，并且译码过程中时延较短，有 R3/4 或 R1/2 编码率的选择，可提供利用卫星功率和频带的最佳折衷办法。

7）每呼叫电平控制

在网状卫星通信系统中，上行功率要求达到链路预算结果，而上行功率在每次呼叫中都可能变化，这种变化是由网状网的不一致引起的。影响上行功率的几种因素如下。

（1）天线口径。

（2）信道传输比特率。

（3）地球站在卫星覆盖图中的位置。

（4）呼叫信道误码率的要求。

网状卫星通信系统使用独特每呼叫链路估价算法，以在主叫与被叫地球站间确定最佳工作电平，并且自动在呼叫间调节功率，以保证卫星和地球站的功率。即使所有地球站 100% 的时间与网内最差的远端站通信，也没有必要操作与改变网络的任何参数。

8）数字调制技术

采用 BPSK 或 QPSK 调制。

9）无导频技术

系统中无导频，不需要导频收发设备，从而大大降低了设备复杂性和成本，提高了设备可靠性。

10）大规模数字信号处理技术

实现终端硬件技术的软件化，对于不同的功能要求（如 MCU、VCU、DCU 等），只需要拨动开关位置或装入不同的软件，而不需要改动硬件，维护简单，使用方便，组网灵活，可靠性高。

11）采用固态器件

由于混合式地球站系统（HES）中全部采用长寿命的固态器件，因此该技术使得系统的寿命可以达到十五至二十年。同时，由于采用了 SCPC 的积木式结构，系统能适应长期的业务扩展需求，直至地球站的有效各向同性辐射功率受限。

12）计算机技术的应用

计算技术在网络管理中的应用使系统完成了自动化管理的目标，从原则上来讲，远端站可以无人值守。

5. 网络管理、控制和与寻址

在 VSAT 卫星通信系统中，网络管理是整个系统的核心，是决定网络成败的关键因素。网络管理在卫星通信系统中执行各种控制、监视、维护和测试等功能，从而保证网络正常、可靠地运行。

通常各种网络管理功能分布在网络的各个组成部分中。在主站，有一个较大的处理机负责处理网络的数据库和所有网络非实时工作。而实时网络管理功能则分布在网内所有的处理设备中，包括主站和小站的处理设备及主站的网络管理计算机。

TES 系统采用集中控制方式，所有管理控制功能均由网络管理计算机及有关数据库和远端监控设备共同实现。网络管理计算机可以安装在系统中的任一远端站上，我们把与网络管理计算机有关的通信设备称为网络控制系统（NCS）。

TES 系统的 NCS 采用 DEC（Digital Equipment Corporation，美国数字设备公司）的 VAX 系列工作站，操作系统为 VMS，软件采用模块化设计，可以采用多台计算机并行处理方式。这样，根据用户的需要，可以配置不同规模的 NCS，也可以随着网络的扩展逐渐增加 NCS 配置。

1）网络管理系统的主要功能

网络管理系统的功能包括行政、运行和规划三个方面。其中，行政管理功能主要有网络结构管理、设备清单管理、安全管理、计费管理、表报管理；运行管理功能包括数据采集、归档、报告产生、操作接口功能、网络监视与控制、资源存取管理；规划管理功能主要向规划人员提供足够的信息和数据，协助规划人员对网络做出最佳设计。

（1）按需分配管理。

TES 系统中，多个地球站共享转发器频率资源。NCS 根据各站的申请动态地分配卫星信道。依据用户和业务的要求，分配给 TES 系统的可用频带被分成多个频率组，不同速率的话音或数据业务使用不同的频率组，速率相同的业务也可以使用不同的频率组。这样，当一个系统有多个用户同时使用时，可以方便地进行管理和收费。同样，也可以把用户分成不同等级，满足不同的呼损率要求。

NCS 可随时监视各远端站的呼叫申请，完成拨号处理，判断被叫 CU 的忙闲状态，检查频率资源的使用情况，分配适当的卫星信道，并在通话结束后，收回占用的卫星信道，记录通话双方的号码和通话时长，形成通话记录。

（2）网络配置管理。

网络配置数据存放于网络配置数据库中，它们决定着全网的设备配置和通信，其中包括以下内容。

①设备配置，确定全网各站的硬件结构，使用的软件类型及有关参数。

②地址分配，确定 VCU 的电话号码及号码处理方法，确定 DCU 和其他类型 CU 的连接方式等。

③频率及信道配置，对频率资源进行分组，确定各类信道的有关参数，规定各站使用频率的权限等。

④软件配置，确定不同 CU 所使用的软件及有关参数。

操作员可用网络配置管理功能完成增减 TES 远端站，增减网控及有关通信设备，增减卫星信道，启动或关闭网络组成部分，改进网络的硬件和软件，发放新软件，逐步增加网络功能等工作。

（3）网络数据记录。

一个系统的正常运行和完善，必须依赖系统实际的运行状况。NCS 能够经常采集和保存网络状态、性能数据及有关的运营数据，记录、归档并打印成报告。

事件记录和告警。NCS 能够记录全网产生的各类事件并产生告警信息，操作员可根据 NCS 记录的文件和告警信息进行故障诊断，处理系统中的故障和错误。

呼叫记录数据。NCS 能够记录系统中的电话、数据、电话会议和数据广播等业务活动，包括业务的参与方、起止时间、通信时长、业务类型等。这类数据主要用于计算网络工作费用，并根据对网络资源的使用情况分配或收取费用。

（4）安全管理。

在 TES 系统中，NCS 是全网的控制和分配中心，一旦 NCS 出现故障，就会影响到全网的通信，严重时可造成全网通信中断。因此，必须防止误操作和非操作员操作 NCS。在 NCS 中，所有操作员被分成 16 个等级，每个等级赋予不同的功能，且每个操作员分配各自的账号和口令，这样就可以避免操作员的误操作和非法人员的操作。

（5）网络监控管理。

通过网络监控管理功能，操作员可随时监视全网的运行状态，并能对每个 CU 进行控制。

①监视全网频率分配。操作员可以监视全网的频率分配和使用状态，以确定业务是否平衡、是否需要重新对频率分组或增减全网的转发器频率。

②监视全网工作状态。操作员可监视全网各部分的工作状态，帮助查找系统中的故障。

③网络控制。网络控制功能包括系统中某一组成部分的启动或关闭、硬件复位、设备软件的重装、系统参数的修改等。

2）NCS 软件

NCS 软件由三部分组成，即网络管理软件子系统、按需分配处理软件子系统和操作员控制台软件子系统。

（1）网络管理软件子系统。

网络管理软件子系统是网控系统的核心，它管理和控制系统配置数据库，主要具备以下功能。

①TES 远端终端的软件装载。

②存储和管理网络产生的各种数据。

③监视和控制系统的各组成部分。

每个网络管理系统必须有也只能有一个网络管理软件子系统。

（2）按需分配处理软件子系统。

按需分配处理软件子系统又称按需分配处理单元，它主要完成以下功能。

①对卫星电路实现按需分配。

②完成不同类型的拨号之间的转换。

如果要求按需分配单元备份，则可以配置两套按需分配处理软件子系统，但必须安装在两台计算机系统上。

（3）操作员控制台软件子系统。

网络操作员控制台是 NCS 与操作员之间的接口，操作员控制台软件子系统支持一台高分辨率的彩色显示器，用于操作员和 NCS 之间的对话处理。

NCS 软件采用窗口式操作，完成参数配置，实现监控与管理功能。

3）NCS 硬件

NCS 硬件是用 DEC 公司的 VAX 系列工作站实现的，工作站之间采用细线以太网互联，通信协议为 DECNET。

NCS 可以有多种配置方式，根据用户个数和通信容量选定。支持 NCS 软件子系统的硬件如下。

①网络控制处理器↔网络管理软件子系统。

②网络服务处理器↔按需分配处理软件子系统。

③网络操作员控制台↔操作员控制台软件子系统。

（1）网络控制处理器（NCP）。

NCP 执行网络管理软件子系统并管理系统配置数据库。每个 TES 系统必须配置一个网络控制处理器。

NCP 用 DEC 公司的 VAX 系列工作站实现，采用 VMS 操作系统。数据库管理软件则采用 RTI 公司的 INGRES 数据库管理系统。

按需分配处理软件子系统和操作员控制台软件子系统也可以装在 NCP 上，这样就可以用一台 VAX 系列工作站实现 NCS 的所有功能。

（2）网络服务处理器（NSP）。

作为 NCS 的一部分，NCP 和 NSP 协同工作，若无 NCP 运行，NSP 是不能工作的。根据系统配置，NSP 既可支持操作员控制台软件子系统，又可支持按需分配处理软件子系统，对应地称为 NOC-NSP 和 DAMA-NSP。

（3）网络操作员控制台（NOC）。

NOC 包括键盘、显示器和鼠标。一个 NCS 硬件可配置多达十六台 NOC。

（4）处理器要求。

NCP 和 NSP 由 DEC 公司的 VAX 系列工作站实现，采用 VMS 操作系统，对 VAX 系列工作站的基本要求如下。

①可以采用不同的 CPU。

②至少 20MB 内存。

③至少 300MB 硬磁盘。

④用于打印各种报告和文件的打印机。

⑤采用标准的 DECNET 通信软件包。

⑥采用数据库管理软件来管理 NCS 的各种数据库。

4）控制信道设备（CCE）

控制信道设备用于实现 NCS 计算机和远端站之间的控制交换信息的传输，它由控制信道单元（CCU）组成，支持前向控制信道和反向控制信道。支持前向控制信道的 CU 称为前向控制信道单元（OCCU），支持反向控制信道的 CU 称为反向控制信道单元（ICCU）。

（1）控制信道设备的功能。

NCS 计算机与 CCU 的接口为异步字符填充接口。对前向控制信道的数据流来说，CCU 负责删除填充字符，形成 HDLC 帧，并发送到前向控制信道上。对反向控制信道的数据流来说，CCU 从卫星的反向控制信道上接收 HDLC 帧，转换成字符填充方式的异步数据送给 NCS 计算机。

（2）控制信道设备的硬件配置。

CCU 安装在标准的 TES 机箱内，一个 TES 系统支持多达几十个 CCU，每个 CCU 支持一条控制信道（前向控制信道或反向控制信道）。控制信道设备的典型配置图如图 9-9 所示。

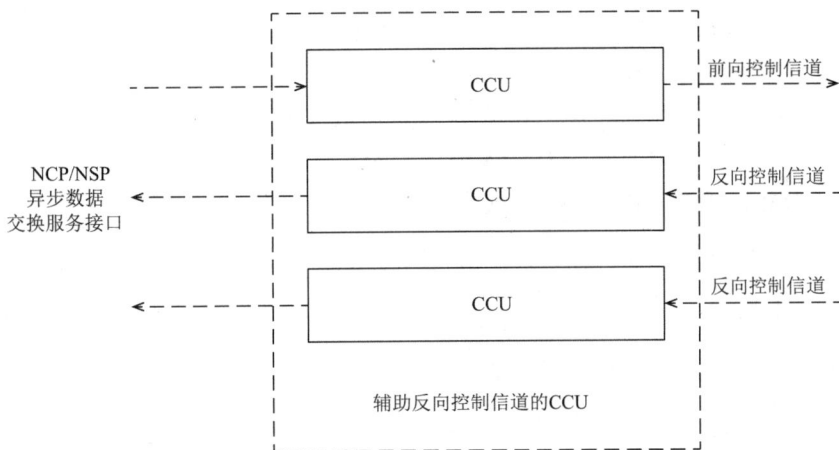

图 9-9　控制信道设备的典型配置图

与其他 CU 一样，CCU 提供与射频终端（RFT）的中频接口，用于控制信道前向、反向信号的接收和发送。CCU 与 NCS 计算机的接口采用 CCU 的数据接口，这些数据接口直接与 DEC 服务器相连。DEC 服务器作为以太网的一部分可以与 NCS 的任意一台计算机通信，因此所在 NCS 的计算机可以直接读写 CCU。

（3）信道的监控。

当系统工作时，每个 CCU 可以通过卫星实现连续的自环检测。对于 OCCU，它接收经卫星环回的一部分自环数据，而对于 ICCU，它可以周期性地发送自环检测数据，从而实现信道质量的检测。

NCS 可根据 CCU 的这些能力，周期性地检测 CCU 和卫星信道质量。当卫星信道质量下降或 CCU 损坏时，可自动切换到备用的信道频率或 CCU。

（4）CCU 支持的 CU 个数。

在考虑 CCU 支持的 CU 个数时，我们先假设以下两个条件：其一，OCCU 的信息速率为 19.2kbit/s，平均通话时间为 3min；其二，ICCU 的信道速率为 19.2kbit/s，信道利用率为 5%，平均通话时间为 3min，则每个 ICCU 和 OCCU 支持的 CU 数目如表 9-4 所示。

表 9-4　每个 ICCU 和 OCCU 支持的 CU 数目

CU 利用率	每个 ICCU 支持的 CU 数目/个	每个 OCCU 支持的 CU 数目/个
20%	383	4714
30%	289	2844
40%	233	2157
50%	194	1737
60%	167	1454
70%	146	1250
80%	130	1097

6. NCS 的标准配置

TES 系统的 NCS 的主要特点之一是模块化，且扩展非常灵活，其设备组成如图 9-10 所示。它的基本配置有以下三种。

其一，小规模配置，适用于中小规模网络的初期建设。

其二，中规模配置，具有备份 DAMA 处理单元。

其三，大规模配置，可以支持一个转发器。

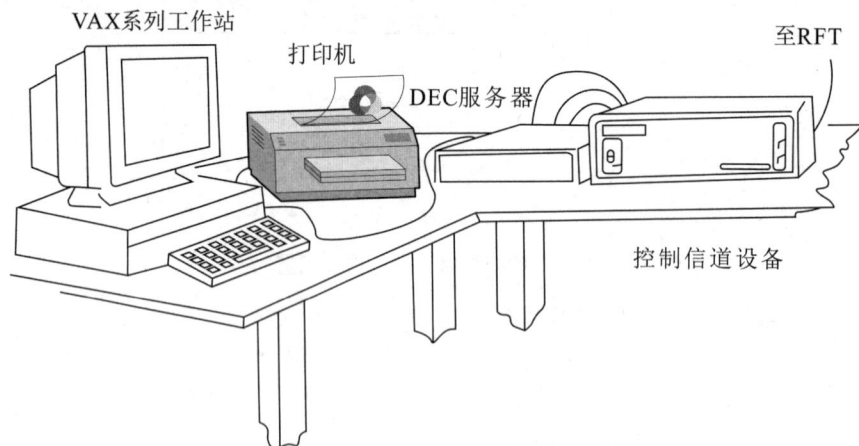

图 9-10　NCS 设备组成

NCS 的小规模配置如图 9-11 所示，这种配置是把所有软件都装在一台 VAX 系列工作站上，还配备一台监视器，用于支持 NOC 和无备份的 DAMA 处理单元。控制信道设备至少应包括 3 个 CCU、1 个 OCCU 和 2 个 ICCU。

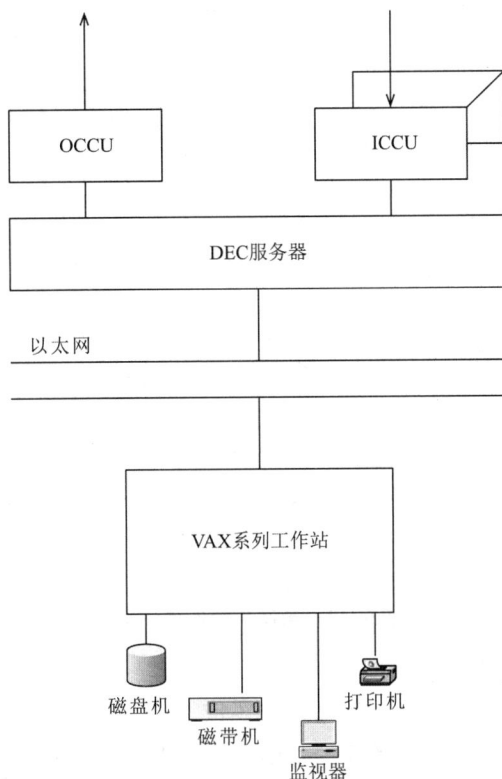

图 9-11　NCS 的小规模配置

7. 卫星信道

一个可用的卫星频带被分成若干个离散的卫星信道。在卫星通信系统中，卫星信道有两种类型，其中用于通信业务的信道称为业务信道，用于管理业务的信道称为控制信道。系统中的业务信道如图 9-12 所示。这些信道的带宽、功率和信道间隔将根据特定网络的要求进行选择。通常信道占用的带宽由信道的比特率、调制方式、FEC 编码率来确定，它们由网络控制系统上的软件来设置。

业务信道分两种：一种是话音业务，如当采用 32kbit/s ADPCM 和 $\frac{3}{4}$ 纠错编码率时，信道间隔为 30kHz；另一种是数据业务，可按照实际业务的需求由网络控制系统（NCS）进行预置。系统中的业务信道被编号，并在网络管理系统的控制下成对地进行分配。

控制信道也分两种，即前向控制信道和反向控制信道。控制信道至少需要一个前向控制信道和两个反向控制信道，其速率可达 19.2kbit/s（或者 9.6kbit/s、4.8kbit/s），纠错编码率为 $\frac{1}{2}$。控制信道中传递两类信息，一类是按需分配的控制信息，另一类是网络监控信息。

1）控制信道

小型 TES 系统需要专用的信道来传输 NCS 与各远端站之间的呼叫控制和管理等信息。随着网络业务量的增加，可增加控制信道单元（CCU）的数量，即相应的前向控制信道和反向控制信道。为了提高控制信道设备（CCE）的可靠性，可增加备份 CCU。在 NCS 的控制下，CCU 可自动或由 NCS 操作切换为 OCCU 或 ICCU。

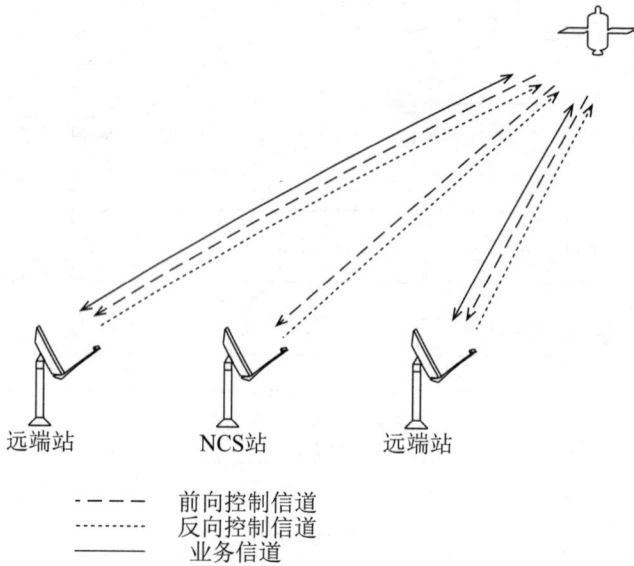

远端站　　　　NCS站　　　　远端站

- - - - 前向控制信道
········· 反向控制信道
———— 业务信道

图 9-12　系统中的业务信道

（1）前向控制信道（OCC）。

NCS 站到各远端站之间的信息，是通过一个或多个专用的 OCC 发送的。空闲的各远端站 CU 均须监视和接收指定的 OCC 载波。利用寻址原理，所有的 CU 都能接收 NCS 的广播信息或指定信息。

OCC 的操作方式如下。

①传输多址方式为 FDMA/SCPC。

②来自 NCS 处理器的数字信息直接调谐到 OCC 频率的 CCU 上。

③OCC 发送的信息格式遵循高级数据链路控制规程（HDLC）。

④无信息发送时发送 HDLC 标志（为连续载波）。

⑤每组信息包含一个地址段，用于区分是对所有 CU（远端站 CU）的广播信息还是对某个特定的 CU 的广播信息。

⑥所有 CU 在启动时均接收 OCC 载波，并从 OCC 载波上获得工作软件。CU 空闲时也调谐到 OCC 频率上来接收 OCC 载波（收频率合成器调谐到 OCC 频率上）。

⑦信息分组包含当前使用的 ICC 频率、对远端站 CU 的请求响应、其他系统信息和周期广播信息。

HDLC 帧的标准格式为

标志 F 01111110	地址 A 8bit	控制 C 8bit	信息 I 0 或 Nbit	帧检验序列 FCS 16bit	标志 F 01111110

OCC 信息格式如图 9-13 所示。

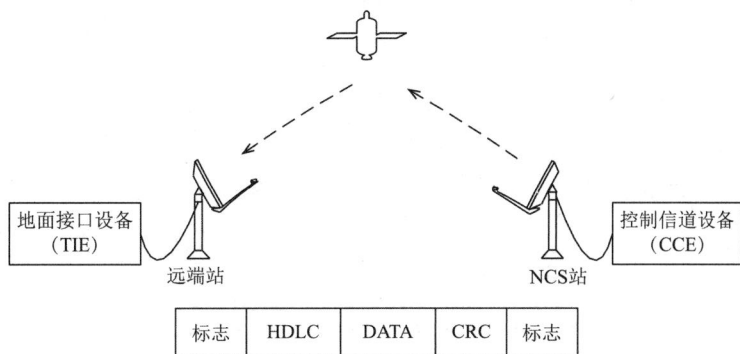

图 9-13　OCC 信息格式

（2）反向控制信道（ICC）。

从远端站 CU 到 NCS 站的信息通过两个或更多的 ICC 传输。每个 ICC 是一个指定的 SCPC 载波，随着网络的扩展，可使用两个以上的 ICC。每个 CU 随机地选择当前由 OCC 广播的 ICCs 中的 ICC。

ICCs 使用随机 ALOHA 卫星多址存取方式，因此多个 CU 使用同一个信道，如果发生碰撞，接收端将无法正确接收该分组。若 NCS 不能正确地接收到信息，则不应答，CU 将在随机延时后重发。使用的 ICCs 频率由 NCS 在 OCC 上周期性广播，使网络内所有 CU 均知道该频率。这种技术允许 ICCs 信道的分配和数量变化而不影响用户的成功呼叫。当 CU 不参与业务呼叫时，发频率合成器调谐到 ICC 频率上。

NCS 周期性地请求接收 ICC 载波的 CCU 在其指定的 SCPC 频率上发射突发信号，以提供经过卫星的环路进行自环测试，确认被监视 CU 的可用性，这些测试结果用于确定哪些 ICCs 可广播给远端站操作。

ICCs 的操作方式如下。

①传输多址方式为 FDMA/ SCPC，纯 ALOHA 方式。

②空闲 CU 调谐到 ICC 频率上（发频率合成器调谐到 ICC 频率上）。

③任何一个用于发信息给 NCS 的 CU 都要从当前的 OCC 周期广播数据中广播的 ICC 频率中选择。

④信息以 HDLC 分组发出。

⑤由于信息工作在争用模式，因此发送的 CU 将定时等待 NCS 在 OCC 发出的应答。

⑥若在收到应答前定时器溢出，则认为是发生了碰撞，信息将随机延后重发。

⑦支持 ICC 的特定 CCU，直接与 NCS 相连，从而获得 NCS 的信息。

ICC 信息格式如图 9-14 所示。

报头：296 个符号（含定时恢复同号和控制）。

报尾：30 个符号（FEC 同步）。

HDLC 分组：可变长度分组。

物理参数：QPSK 调制解调；19.2kbit/s 信息速率；R1/2FEC 编码率；ALOHA 多址方式。

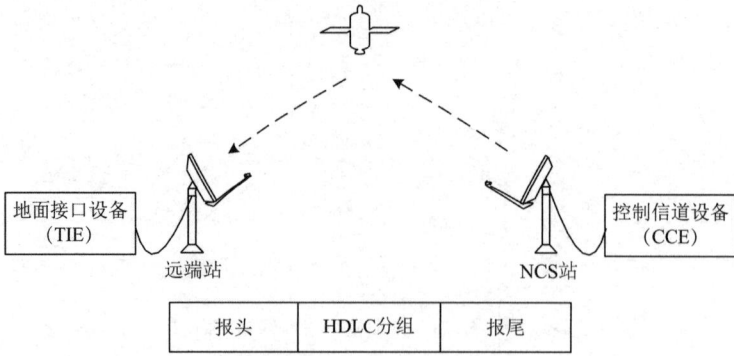

图 9-14 ICC 信息格式

2）业务信道

业务信道用于支持网络内各远端站间的话音与数据通信，其工作在 FDMA/ SCPC 模式，并由 NCS 成对分配以支持全双工通信。为了便于管理，一对信道中的频率是临时被定义的。小型 TES 系统中使用两种类型的信道，即话音传输信道和数据传输信道。此外，还有会议传输信道。

（1）话音传输信道。

话音信道单元（VCU）提供电话接口，拥有两个 VCU 组成的卫星信道称为话音传输信道。话音传输信道是用户收完电话拨号位申请建立的。话音是由 NCS 中的 DAMA 处理装置指定分配的，主叫和被叫 VCU 在传输话音业务前会交换控制信息（通过指定的话音传输信道）以建立连接。业务信道分组格式如图 9-15 所示。

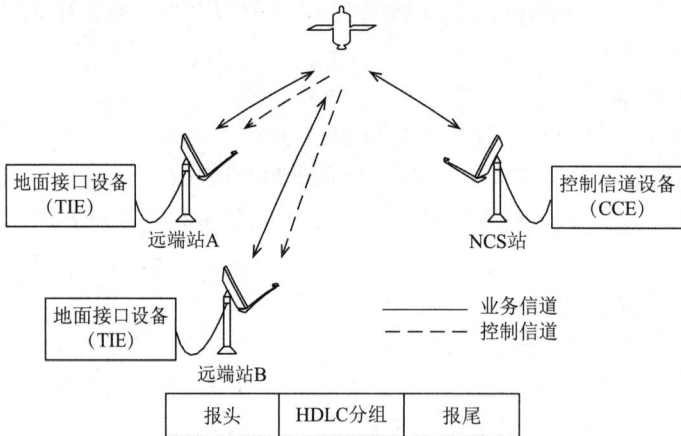

图 9-15 业务信道分组格式

报头：296 个符号（含定时恢复、同步和控制）。

报尾：80 个符号（FEC 同步）。

HDLC 分组：可变长度分组。

物理参数：QPSK 调制解调；32kbit/s 信息速率；R3/4 纠错编码率；单路单载波多址方式（SCPC）。

（2）数据传输信道。

数据信道单元（DCU）提供 RS-232D 数据接口，拥有两个 DCU 组成的卫星信道称为数据传输信道。数据传输可分为同步或异步方式。同步数据传输的用户接口速率等于卫星信道速率，而异步数据传输的用户接口速率则低于卫星信道速率。传输同步数据时不同于传输话音信号，无论接入的数传设备是否传输数据，都会连续激活载波。传输异步数据时载波可突发。

（3）会议传输信道。

会议传输信道分两种：电话会议和数据广播。

电话会议使用三个信道：第一个是被主席电话会议申请者用户（始终可发射）占用的信道；第二个是在电话会议中供其他用户轮换发射时占用的信道；第三个是将前两个音频信号合路后广播给其他所有只收用户的信道。

数据广播使用一个信道，主叫（广播申请者）用户发送，其他用户接收。每个电话会议中的用户与数据连接中的数据用户一样均被事先指定。会议是否激活由 NCS 操作员命令控制，使用的频率可分时给几个会议使用。

8. 网络寻址

1）地址分配

在电话呼叫中的路由选择是在主叫 VCU 收到用户拨号数字后，向 NCS 发送一个含有拨号数字的呼叫请求（NCS 数据库中含有拨号数字串和 CU 的对应表），NCS 根据拨号数字寻找被叫 CU 来建立呼叫。

2）联选

当与用户交换机（PBX）/电话交换局（CO）相连时，可能需要数个 CU 才能满足业务量的要求，这一组 CU 称为联选组。当一个拨号地址被赋给一个联选组时，NCS 的 DAMA 处理器会从联选组当前可用的 CU 中选择最近使用最少的 CU 作为被叫 CU。若无 CU 可用，则拒绝该电路请求。如果某 CU 已被作为联选组的一个 CU，那么它就不能再被赋予其他拨号地址。

3）可编程拨号数字处理

所有 VCU 中均含有处理拨号数字的软件，该软件由 NCS 下行加载给 CU。该软件的指令包含在 TES 可编程拨号数字语言（DIALogic）中。

可编程拨号数字语言中含有一系列的处理拨号数字串指令，包括加、删除、数字计数及基本转移指令。每个 VCU 都要加载可编程数字语言串，用以处理 CU 接收和发送的电话号码。其数字处理串在 NCS 中产生，并加载给 VCU。不同拨号情形的 VCU 可加载不同的可编程数字语言处理串。

4）网络用户群

通过 NCS 的网络用户群（NUGS），使用不同的编号计划将网络分成几个相互独立的子网。当 NUG 为默认设置时，每个 CU 都是一个超级 NUG 中的一员，均属于一个系统用户群。另外，某些 CU 可被定义为 NUG，作为一个专用网。

9. 系统的启动与建立

CU 在工作前都有加电启动过程，包含操作软件、配置数据。所有的远端站及控制信道均要加电启动后才能进入工作状态。启动的前提是网络控制处理器（NCP）、网络管理处理器（NSP）及射频单元均已正常工作。

下行加载操作软件及配置参数的应用，使设备具有很大的灵活性，若想改变 CU 功能，则不需要改动 CU 硬件，只需要加载不同的软件即可，同时在增加功能时只需要修改软件。

CU 只有在获得启动程序和配置数据后才能启动并进入工作状态。所有的 CU 在其 EEP-ROM 中都含有最简单的启动程序，用于启动软件加载过程。

1）电擦除可编程只读存储器（EEPROM）参数

EEPROM 参数用于设置 CU 的 OCC 频率及从 OCC 中接收信息，该参数对于一个系统是固定的，但使用计算机和专用设置软件可以对其进行修改。

EEPROM 参数如下。

（1）OCC 的下行加载数据率，对于远端站 CU 为卫星转发的 OCC 数据率，对于 CCU 为到 NCS 端口的数据速率。

（2）FEC 编码速率、调制解调方式及下行的 OCC 频率。

（3）用于将 IF/ RF 的接口电平传输到 NCS。

（4）用于区分是远端站 CU 还是 CCU。

2）开关和跳接器设置

机箱及 CU 的几个开关和跳接器必须设置正确，这样才能使设备正常工作。

（1）机箱地址：在机箱后面板上用于设置机箱在系统中的地址，该地址在系统中必须是唯一的。

（2）电话接口跳接器：当 CU 作为 VCU 时用于选择接口类型和音频信号电平。Ⅰ型和Ⅱ型的 CU 硬件是不同的，因而其机箱也不能互换。Ⅰ型 CU 的机箱地址和电话接口参数均需要操作员人工设置；而对于Ⅱ型 CU，只需要人工设置机箱地址，电话接口参数则由 NCS 软件设置并下行加载给 CU。

3）远端站 CU 的启动

远端站 CU 的启动加载过程分为七步：加电初始化、频率搜索、频率控制、引导程序加载、配置加载、操作程序加载、附加程序加载。

下面就远端站 CU 的启动加载过程做进一步的解释。

（1）加电初始化：加电后 CU 先完成自检，在自检成功后开始执行 EEPROM 软件，然后利用 EEPROM 中存储的参数，使用解调器搜索 OCC 频率。

（2）频率搜索：由于本系统的最小卫星信道频率间隔小于卫星频率漂移，CU 在接收指定载波时会产生模糊，因此为消除卫星频漂的影响，CU 解调器要完成频率初始捕获过程。

①当正常接收 OCC 频率时，接收频率合成器的频率设置在 EEPROM 中。

②解调器搜索 OCC 载波。

③如果解调器锁定并接收到了 NCS 的启动指令，则搜索结束。

④如果解调器没有锁定或锁定但接收不到 NCS 的启动指令，则频率合成器的频率步进一步。

⑤如果频率合成器的频率还在有效的搜索范围内，则从②开始执行。

⑥如果频率合成器的频率超出了有效的搜索范围，则重新设置为正常 OCC 频率，再从①开始执行。

在搜索范围内重复搜索过程，直至 OCC 载波被寻找到。一旦找到 OCC 载波，搜索过程结束，并开始下行加载。搜索过程结束后，为了消除卫星频率的漂移，CU 进行频率跟踪。

（3）频率控制：CU 的接收（RX）频率应能调节，以使 CU 解调器在整个卫星频漂的范围内跟踪所有卫星载波。根据使用卫星载波的不同，还需要调节每个 CU 的发送（TX）频率，以保证正确传输所需的保护带宽。

①下变频器的跟踪。一旦 CU 完成接收 OCC 频率的搜索，就必须跟踪其所接收到的载波，以消除卫星频漂的影响。CU 通过调节其 RX 端的频率合成器来完成，当 CU 调谐到业务信道时，将利用 OCC 所得到的卫星频率偏移（以下简称频偏）来分配和调整其接收频率。

②上行频率控制。射频终端（RFT）的上变频器的本振及 CU 调制器频率将载波频率保持在所要求的频率偏差内，所以通常并不需要调整本振频率，当发射频率超过容许频偏时，可调节 RFT 的本振频率。调整时应在仪表监视下进行，不能随便调整。

（4）引导程序加载（Boot Code Down Load）：一旦锁定和跟踪到 OCC 后，CU 的第一步是接收并装入引导程序。引导程序中包含随后加载的操作程序和配置数据所需的所有类别与结构信息。启动程序和 EEPROM 程序的不同之处在于其具有发射功能，而 EEPROM 程序中无发射功能，只有接收程序。

由 EEPROM 程序解释执行的一组特殊信息包含在引导程序中，并由 NCS 周期性广播。在接收这些信息时，CU 将启动程序装入其 RAM 中。CU 记忆其加载的信息组，如果最后一组循环冗余检验（CRC）失败，则在下一次广播启动程序中接收。当完成一系列分组信息加载后，处理器执行启动程序。

（5）配置加载（Configuration Load）：根据每个 CU 的配置不同来加载不同的配置数据。系统中的每个 CU 仅由以下两个参数确定。

其一，四个十六进制指轮开关用于确定系统中的每个机箱的地址；其二，机箱中的每个插槽具有一个插槽号码，并由硬件可读。

利用该识别信息，CU 随机从周期性广播信息中选择一个可用的 ICC 频率，并给 NCS 发送配置加载请求，NCS 则通过 OCC 发送一个总配置信息给 CU。总配置信息里含有根据 CU 功能（VCU、DCU）所需的操作程序类型及所需的配置参数类别和所使用附加软件的类别。CU 将发出一系列请求信息，请求 NCS 发送配置参数，这些参数只发送给请求的 CU。

（6）操作程序加载（Operational Code Load）：配置加载后，CU 向 NCS 发送操作程序加载请求。操作程序由 NCS 广播，允许同时有多个 CU 加载接收。每次下行加载均有所加载软件的标志，因而 CU 可以判断当前广播程序是否是其所需要的，如果是，就接收该程序（尽管是其他 CU 申请的）。如果 NCS 完成了一个周期的广播，而某个 CU 还未能完成，CU 可再次向 NCS 发送申请，以加载丢失的或加载未完的程序。因此，一次成功的程序加载是一个 NCS 与 CU 的相互对话过程。

（7）附加程序加载（Patch Load）：操作程序加载后，某些 CU 需加载附加程序作为操作软件，在 CU 请求时进行加载这些含有标志的程序。

4）CCU 启动

NCS 端的 CCU 启动同上所述的 CU 启动类似，不同之处在于 CU 的数据接口直接与 NCS 相连，因而加载不经过卫星信道。

5）CCU 频率跟踪

对于 OCCU，其频率跟踪方式与远端站 CU 的相同，每个 OCCU 跟踪其发射的 OCC 载波，仅在 CCU 变为工作方式时才开始跟踪并发射 OCC 信号。

ICCU 频率跟踪则不同，由于各远端站 CU 上的变频器不同，其发射频率稍有变化。ICCU 会对接收到的各远端站 CU 突发的频偏取平均值，并根据该平均频偏来跟踪。

备用 CCU 则跟踪某一个正在工作的 OCC 载波。

6）自动 CCU 备份

CCU 的 DAMA 处理器会进行连续监视，若自环测试失败次数超过允许值，则 OCCU 将自动选择可用的空闲 CCU。CCU 一般采用 $m:n$ 备用方式，即所有 m 个备用 CCU 为 n 个工作的 CCU 提供备份。

10. 监控信道单元（MCU）

MCU 作为远端站的一种可选单元，它在硬件上与 DCU 和 VCU 相同，装入监控软件即可实现 MCU 功能。每个 MCU 可通过多点接口监控数个 CU，并在 NCS 与 CU 间建立连续控制，无论 CU 是否正在进行业务呼叫。另外，MCU 还支持外部设备监控（M&C）接口，可对某些 RFT 单元进行监视和控制。

与 DCU 和 VCU 不同，MCU 一直调谐在 ICC 和 OCC 频率上，与 NCS 建立连续通信，其功能是传送其控制范围内 CU 与 NCS 间的控制和状态信息。通常无 MCU 时，DCU 的重新配置需要人工干预。

多点连接（Multi Drop Connection）：MCU 与其控制范围内的所有 CU 通过多点接口来连接。MCU 收到 NCS 发送给其控制范围内 CU 的信息后，通过多点连接将信息发送给指定的 CU。任何 CU 的响应都通过多点连接返回给 MCU，然后 MCU 通过 ICC 发送给 NCS，所有信息经 MCU 透明传输。无论 NCS 决定状态询问是直接给 CU 还是通过 MCU，其响应均以同样的方式处理。

其中，用于 MCU 连接的机箱端接跳接器 W1 的设置如下：当机箱在机架的顶部或底部时设在 A 的位置上，其他所有中间位置的机箱设在 B 的位置上。如果只有一个机箱，那么可不设置。顶部机箱多点接口输出连接第二个机箱的输入，第二个机箱的输出连接下一个机箱的输入，依次类推，从而完成由该 MCU 控制下全部机箱的连接。

11. 业务信道的建立和拆除

1）话音信道的建立和拆除

NCS 中的呼叫建立和拆除软件，提供 VCU 间的 DAMA 处理功能。NCS 与 VCU 间的通信通过 OCC 和 ICC 完成。

（1）话音信道的呼叫建立过程。

话音信道的呼叫建立流程如图 9-16 所示，主要包括以下步骤。

①主叫 PBX/CO 占用 PBX/CO 到主叫 VCU 之间的线路。

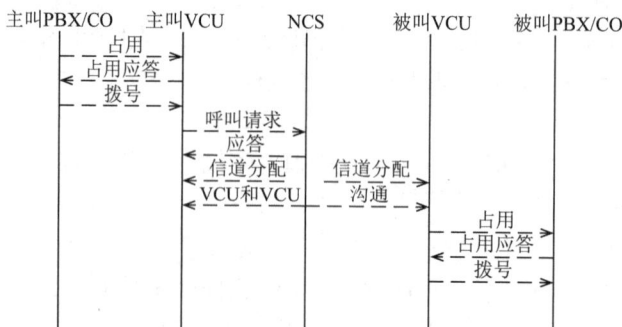

图 9-16 话音信道的呼叫建立流程

②主叫 VCU 给主叫 PBX/CO 发回占用应答，同时准备接收主叫 PBX/CO 的拨号。

③当主叫 VCU 收到最后一位号码后，产生一个包含所拨号码的呼叫请求发送到 NCS。

④NCS 收到呼叫请求后，立即发回一应答。

⑤NCS 把所拨号码与被叫 VCU 对应起来，检查是否处于空闲状态，如果被叫 VCU 空闲，主叫和被叫 VCU 均置忙状态，并在频带池中选择可用空闲频率，并将其标志置忙状态。

⑥NCS 发送信道分配命令，其中指明哪个 VCU 是主叫，哪个 VCU 是被叫，同时含有所分配的业务信道频率，并记录该次分配的内容。

⑦主叫 VCU 和被叫 VCU 接收到信道分配命令后均调谐到指定的频率上，并在此信道上进行互通测试。

⑧被叫 VCU 向被叫 PBX/CO 发送占用状态。

⑨被叫 PBX/CO 发回占用应答。

⑩被叫 VCU 将拨号发送给被叫 PBX/CO。

⑪被叫 PBX/CO 使被叫用户振铃。

（2）话音信道的呼叫拆除过程。

话音信道的拆除流程如图 9-17 所示，主要包括下列步骤。

①一方挂机后，PBX/CO 向 VCU 发送挂机命令。

②挂机方 VCU 应答该挂机命令，同时在话音信道中给对方 VCU 发送一个拆除指示。

③对方 VCU 应答该拆除指示，同时通知本地的 PBX/CO。

④挂机方 VCU 接收到对方 VCU 应答（或等待时间计时溢出）后回到控制信道向 NCS 发送通话完成信息，NCS 应答该信息。

⑤被叫拆除方 PBX/CO 发送拆除应答给本地 VCU 挂机信号，VCU 转向控制信道，并向 NCS 发送通话完成信息。

⑥NCS 收回该对业务信道，在 ICC 上向两个 VCU 发送通话终止命令，并将两个 VCU 置闲。

⑦NCS 产生一次通话记录。

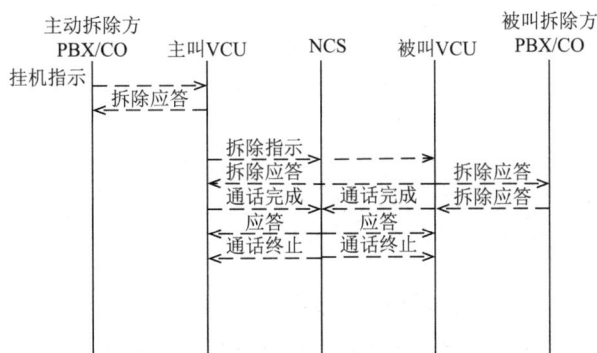

图 9-17　话音信道的拆除流程

2）数据信道的建立和拆除

数据信道的建立和拆除由 NCS 操作员控制，数据信道单元（DCU）用于与地面数据终端设备（DTE）相连。

（1）数据信道的建立过程如图 9-18 所示，主要包括以下步骤。

①远端站 CU 已安装好。

②NCS 已将远端站 CU 定义为 DCU。

③CU 配置加载。加载启动程序，申请并接收操作程序；加载完毕为空闲，等待其他 CU 加载或下一步。

④NCS 操作员定义一个数据连接。

⑤NCS 将连接信息分配给 DCU。

⑥DCU 请求连接激活。

⑦NCS 分配卫星信道。

⑧DCU 调到指定信道频率上并建立数据通道。

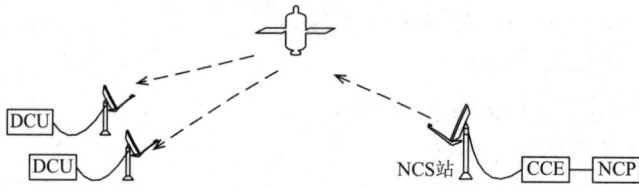

1. NCS将连接信息发给DCUA和DCUB

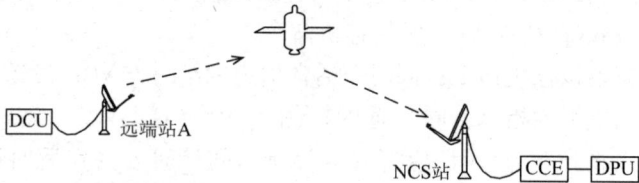

2. DCUA请求连接电路

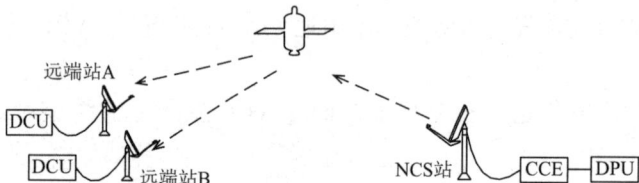

3. NCS（DAMA处理器）分配数据连接电路信道

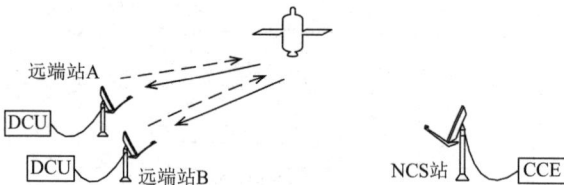

4. 数据信道建立并保持

图 9-18　数据信道的建立过程

（2）数据信道的拆除过程如图 9-19 所示，主要包括以下步骤。

①NCS 操作员删除数据连接。

②NCS 发出清除命令给 DCU（通过 MCU）。

③NCS 按需分配处理单元（DPU）收回卫星信道。

④DCU 变为空闲状态。

例如，当远端站无 MCU 时，在 NCS 操作员删除数据连接后，需要远端站操作员复位

DCU 来清除数据信道。

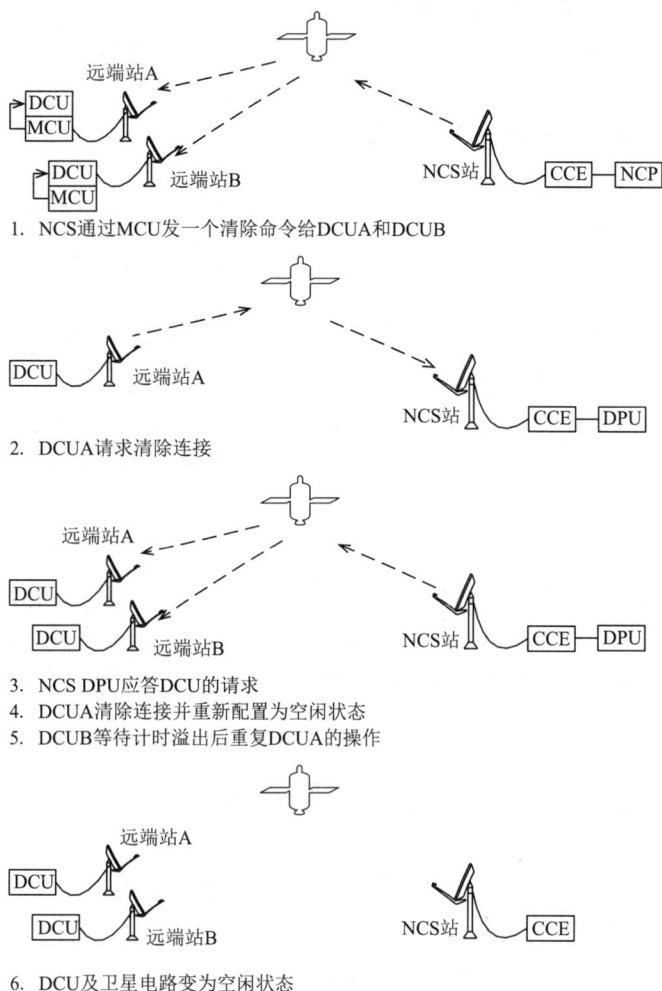

图 9-19　数据信道的拆除过程

9.6.3　ISBN 的基本技术体制

综合卫星商用网（Integrated Satellite Business Network，ISBN）是一种星状数据通信系统，可以实现数据和话音的双向通信。该系统由卫星数据主站（HUB）和若干个人地球站（Personal Earth Station，PES）组成。所有的 ISBN 业务都通过一颗静止卫星上的一个或多个转发器，在主站和小站之间以数字方式传递。ISBN 还可以向小站的电视接收机发送电视广播信号。利用 ISBN 可以将数据中心主机与分布在全国的分支机构终端相连接，进行及时和有效的以数据为主的业务传输。ISBN 可支持主站与远端站、远端站与远端站间的数据交互、批处理及局域网的联网业务。

1. ISBN 介绍

1）ISBN 的主要特点

ISBN 的突出之处在于能灵活和有效地使用宝贵的卫星转发器资源。中心站（主站）发往远端站的前向信道使用时分复用（TDM）技术，其信息速率为 512kbit/s 或 128kbit/s；远端站发往主站的反向信道使用 TDMA 技术，其信息速率为 256kbit/s、128kbit/s 或 64kbit/s。与使用多个低速前向信道相比，使用高速前向信道可以增加业务量而减少主站设备。在反向信道上使用 TDMA 技术，可使许多远端站按照业务需求，动态共享一个信道。ISBN 采用的几种反向信道接入方式大大提高了系统的效率与性能。这几种方式分别是竞争访问（Access Contention）、预约分配（Transaction Reservation）和固定分配（Dedicated Streams）。还有一种名为 Flexroute 的方式，可以使 PES 小站的每个端口根据所传业务性质的变化，实时动态地选择以上几种反向信道接入方式。由于这些工作方式均由软件定义，因此大大提高了系统的性价比。

设在 ISBN 主站的网络控制系统（NCS）的核心是图形工作站，通过该工作站，系统管理员可以方便地对整个网络进行监控。其主要特点是：对网络设备运行情况进行监视；实时调整主站和远端站的参数；使用 DEC4000 系列的 VAXS 工作站；采用 VMS 操作系统；拥有图形化用户界面；自动初始化和检测网络中新加入的远端站；产生关于峰值时间、信道利用率、主站和远端站的端口利用率等统计报告；具有在线帮助程序。

2）空间传输方式

在 ISBN 中，使用一个或多个 TDM 前向信道，以及一个或多个 TDM 反向信道。其中，反向信道的载波传输有三种方式，即 S-Aloha 方式、预约分配方式和数据流方式。

S-Aloha 方式适用于小数据量业务，如字符型的交互式业务等。在 ISBN 中，该访问方式也用于远端站网络信息的报告和预约的申请。

预约分配方式适用于大数据量业务，如文件的传输等。使用这种方式时，远端站首先以 S-Aloha 方式向主站申请信道，这一申请包括传输数据的字节数等信息，主站通过前向信道给远端站分配传输时隙，并保持传输信道直到信息传输结束。

数据流方式用来保证重要数据的及时传送。其传输时隙可以是预先分配的，也可以是按需分配的，如用于电话业务。

在以上三种方式的基础上，ISBN 的 Flexroute 功能可以使远端站的任一端口在上述三种方式中的任意两种之间，根据业务量进行自适应调整，以达到系统最优化的目的。在休斯公司最新发布的 ISBN 的软件版本中，S-Aloha 方式和预约分配方式的信道（时间）占用比例可以根据系统的实时业务种类及数量进行自适应调整，从而大大提高了信道利用率，并缩短了响应时间。

3）ISBN 协议

ISBN 主要支持的协议如下：SNA/SDLC（PU-4 到 PU-2）、GroupPollSNA/SDLC（PU-4 到 PU-2）、SNA/SDLCPU-4 到 PU-4、SNA/SDLCPUT2.1（LU6.2）、HDLC Frame Pass Through、令牌网（Token-Ring）、同步比特透明（Synchronous Bit Transparent）、异步比特透明（Asynchronous Bit Transparent）、X.25、数据广播（Data Broadcast）、以太网（Ethernet）、BSC、HASP、比特透明（Bit Transparent）等。

4）局域网和帧中继

在局域网业务互联中，ISBN 的突出特点有两条：第一，不需要外接网络设备或其他设备，卫星设备端口可以和 LAN 直接互联；第二，LAN 的传输可以占用反向或前向信道的所有带宽，如 512kbit/s 和 128kbit/s。

由于卫星信道传输质量的不断提高，以及用户设备纠错能力的不断改善，ISBN 可以将帧中继直接作为一种传输手段，而且可以将卫星信道和地面信道互为备份。

5）话音和视频传输

PES 的主要功能是进行数据传输，但也可以用于 5.6kbit/s 的话音业务，以及数字或模拟电视业务的传输。远端站的室内单元（IDU）可输出一个可选的 L 波段的信号，经由电缆可馈送至卫星接收机和视频监视器，以进行视频广播的解调与显示。

2. ISBN 结构

1）ISBN 结构拓扑

ISBN 是一种非对称或不平衡的星状网，如图 9-20 所示，主要表现在主站和远端站之间的链路、转发器功率及接入方式上。

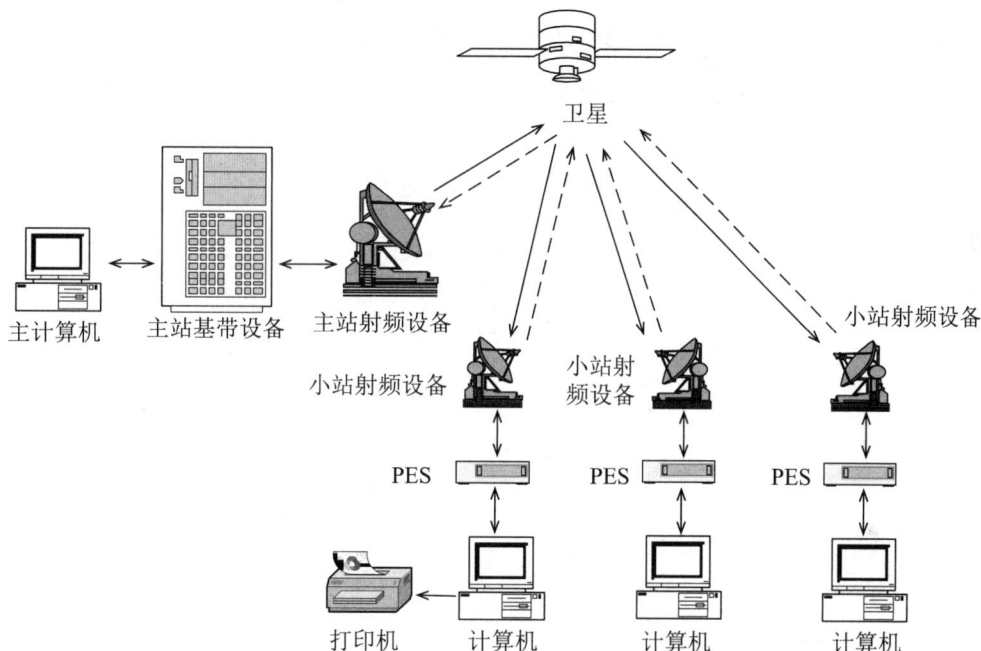

图 9-20　ISBN 结构

PES 天线口径小、发射的功率电平低，入站信号占用转发器的功率较小；中心站具有较大口径的天线，发射的功率电平也较高，以提供足够强的信号供 PES 接收，入站信号占用转发器的功率较大。

出站信道与入站信道的接入方式也不相同。出站信道采用 TDM 广播，而入站信道可采用多种方式（S-Aloha 方式、预约分配方式、数据流方式）。

2）ISBN 与网络群

一个 ISBN 系统由一个或一个以上的网络群组成。一个网络群由一个管理网和多个业务网组成。管理网用于监控信息的传输，业务网由一个前向信道和至多 32 个反向信道组成，用于传送业务数据，如图 9-21 所示。

3）频率分配

ISBN 系统所用的空间频率资源可以划分给各个网络使用，每个网络至少需要一个出站信道和一个或多个入站信道，如图 9-22 所示。

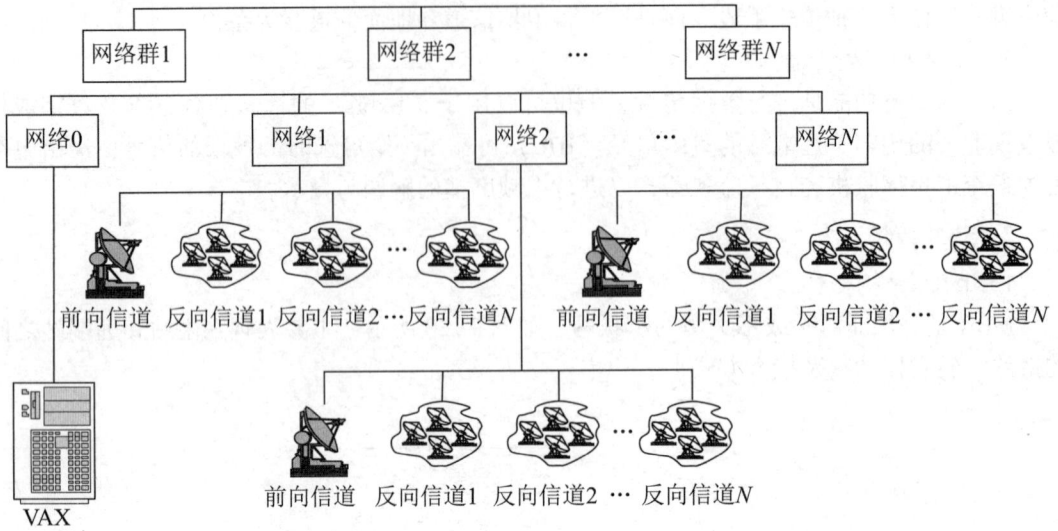

图 9-21 ISBN 与网络群

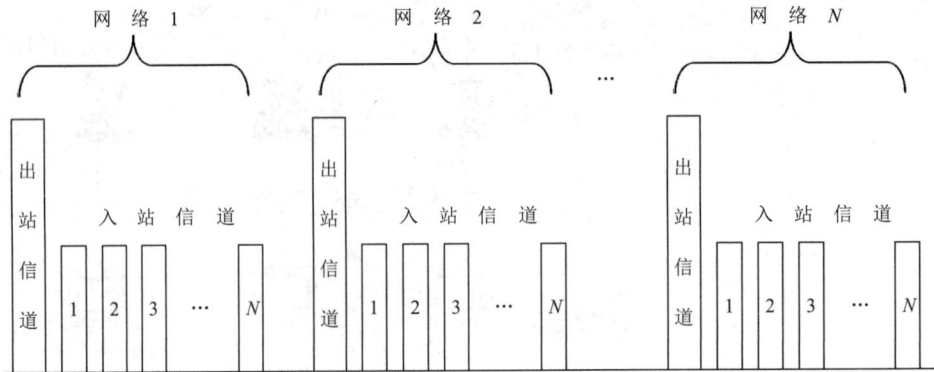

图 9-22 ISBN 系统频率分配

各信道带宽取决于数据速率、纠错方式和调制方式。例如，当出站信道数据速率为 512kbit/s，FEC 速率为 1/2，调制方式为 BPSK 时，其信道带宽应为 1.6MHz。而入站信道数据速率为 128kbit/s，FEC 速率为 1/2，调制方式为 BPSK 时，其信道带宽应为 0.4MHz。

4）空间链路接入方式

出站信道传输中心站到远端站的业务信息和网控信息，是连续的比特流，采用 TDM 方式。注意：业务分组无须周期性地出现在发射流中，且不通过时隙，而通过分组头里的地址来确认发往不同站址的信息。

TDM 出站信道是一个 512kbit/s（或 128kbit/s）的连续比特流，包含连续的可变长度分组。中心站的群按其服务等级定期被查询，同时每个群被允许在下一个群发送之前发送其部分或全部分组序列。每个群按先进先出的原则发送分组。

入站信道中传输的是远端站到中心站的突发比特流。入站数据被打包并突发发送。允许每个用户发送一段业务信息的时隙是由中心站集中控制并分配的，应根据每个用户的需要而设定。每个 PES 内的各个数据端口板可由系统操作员分别设置为三种接入方式中的任一种，或者 PES 可以以进程为基础在任意两种方式之间动态地转换——取决于反向信道数据对这个进程在时间上的要求。这三种接入方式分别是 S-Aloha 方式、预约分配方式和数据流方式（既可以预先固定分配，又可以按需分配）。

5）灵活路由（Flexroute）与入站信道切换

（1）灵活路由。

通过一个实际端口的用户数据是不可预测的，所使用的接入方式最好能根据业务量的变化情况动态选择。当使用灵活路由时，可将一个端口设置成具有两种接入方式进行工作，如采用固定分配和预约分配方式，可进一步在固定分配和预约分配方式下设定一个高速率门限和低速率门限，当数据速率超过高速率门限时，使用高速率接入方式；当数据速率等于低速率门限时，使用低速率接入方式。灵活路由除了能动态地切换设备的接入方式，还可应用于需要进行入站信道切换的场合。

（2）入站信道切换。

入站信道切换特性允许 PES 远端站从当前的入站信道切换至另一个入站信道。例如，某远端站申请的固定分配时隙，在当前调谐的入站信道已不再使用，中心站可自动地分配给其他入站信道上的时隙，该 PES 可调谐至新的入站信道频率上，发送其数据或话音分组。ISBN 系统允许操作员将入站信道分成若干组，远端站只允许在指定的一组入站信道内进行入站信道切换。这样，一部分远端站可不受其他站的影响。这一特性在共享中心站的环境下的作用十分大。

6）前向信道的帧结构

出站信道采用 TDM 帧格式。每 360ms 为一个超帧，一个超帧可再分成 8 个 45ms 的包含数据分组的帧。其中，首帧中含有超帧头，用于远端站 TDMA 的同步。当出站信息不足以利用全部超帧时，剩余时段用标志位填满。每帧由分组（实时分组和非实时分组）组成。只要有实时分组，总是在帧首优先发送。除最后一帧外，非实时分组可以跨越相邻帧的边界。前向信道的帧结构如图 9-23 所示。

7）反向信道的帧结构

反向信道采用 TDMA 帧结构，分为超帧和帧。每个超帧的帧长为 360ms，每个帧的帧长为 45ms。每个帧又可分为多个时隙。入站信道可含有一连串的 TDMA 突发，这些突发长度可变，可包含若干个分组，占用多个时隙。每个突发的起始由前置码来指示，中心站利用前置码来检测突发的开始和它的相关载波相位及钟定时信息。反向信道的帧结构如图 9-24 所示。

入站信道的帧又可分为分配子帧和争用子帧。分配子帧用于为 PES 提供预约能力，而争用子帧用于 PES 的随机接入。其中，分配子帧中包括 STREAM（数据流方式，每个超帧都要固定地发送 1、2、4、8 次）和 TRANSACTION（对应预约分配接入方式），争用子帧包括用户 ALOHA（用于用户数据的传输）和控制 ALOHA（用于监控及预约请求信息的传输）。距离调整信息流（RANGING STREAM）是由 PES 远端站发射的、用于供中心站调整发射定时偏移和发射电平的信号，从而补偿各远端站信号传输距离的差异。入站帧的业务类型如图 9-25 所示。

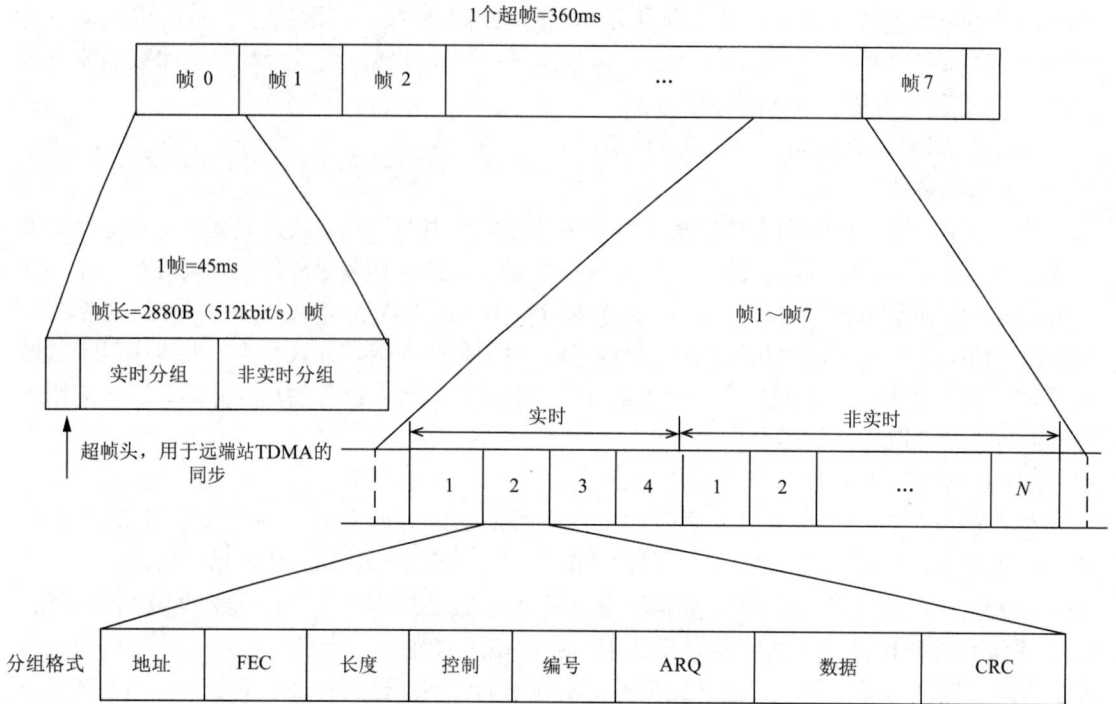

图 9-23　前向信道的帧结构

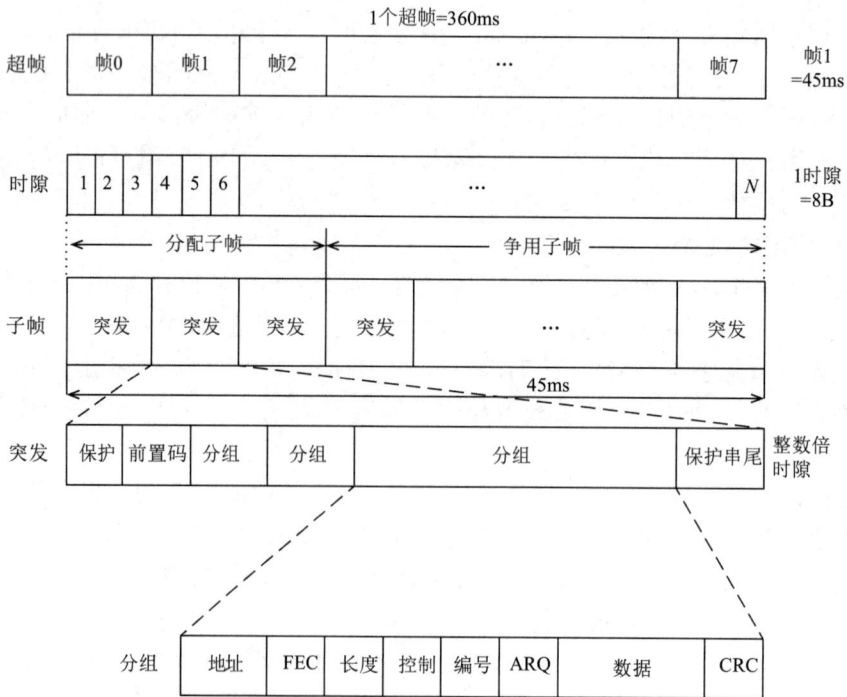

图 9-24　反向信道的帧结构

距离调整数据流	数据流	预约传输	用户 ALOHA	控制 ALOHA

图 9-25　入站帧的业务类型

8）反向信道与前向信道的分组格式

反向信道与前向信道的分组可分为三种格式：有规程处理的数据分组、无规程处理的数据分组及话音分组。

有规程处理的数据分组格式既有 CRC，又有自动请求重发（ARQ）机制，传输最可靠。

无规程处理的数据分组格式和话音分组格式一样，没有 ARQ 机制。数据分组的长度可变（10~256B），话音分组的长度固定（98B）。反向信道与前向信道的分组格式如图 9-26 所示。

地址 2	长度FEC 1	长度 1	分组控制 1	会话编号 1	ARQ控制 2	数据段 0~246	循环校验 2

（a）有规程处理的数据分组格式（10~256B）

地址 2	长度FEC 1	长度 1	分组控制 1	会话编号 1	序列号 2	数据段 0~246	循环校验 2

（b）无规程处理的数据分组格式（10~256B）

地址 2	长度FEC 1	长度 1	分组控制 1	会话编号 1	数据块 90	循环校验 2

（c）话音分组格式（98B）

图 9-26　反向信道与前向信道的分组格式

9）ISBN 的调制方式

基本的数字调制方式有 ASK、FSK 和 PSK，在 ISBN 系统中主要采用 PSK。有理论证明，在相同的误码率下，PSK 要求的信噪比比其他调制方式的小。利用被调载波相位相干的方法，还可以实现多维 PSK，以提高频带利用率。

由于卫星信道时延的可变性及突发型传输方式的应用，通常采用 BPSK 和 QPSK。在给定信道带宽的情况下，QPSK 所能传输的数字信号比特率是 BPSK 的 2 倍。在 C/n_0 相等的情况下，QPSK 获得的 E_b/n_0 是 BPSK 的 1/2，故 QPSK 的误码率比 BPSK 的误码率要大。如果要获得相同的误码率，那么 QPSK 系统的 C/n_0 必须为 BPSK 的 2 倍。也就是说，QPSK 与 BPSK 相比，是以增加发送功率或降低抗噪声性能为代价而提高传输速率的。

信息论已经证明，在高斯白噪声的条件下，信道容量的表达式为 $C=B\log_2(1+S/N)$，其中 B 为信道的传输带宽；S 为信号的功率；N 为噪声的功率。

10）ISBN 的差错控制方式

ISBN 采用的基本差错控制方式有两种，即前向纠错（FEC）和自动请求重发（ARQ）。

ARQ 的三种基本形式中，停止与等待 ARQ 因卫星传播时延太大而不予采用；连续 ARQ 适用于信道误码率很低的情形；有选择的 ARQ 信道有效利用率较高，因而得以广泛应用。

FEC 是一种无反馈差错控制方式，编码过程选用纠错码（卷积编码），接收端的译码器不仅可以检测错码，还可以纠正错码（维特比译码）。当信道的误比特率为 10^{-6} ~ 10^{-3} 时，采用 FEC 可显著降低误码率。与 ARQ 相比，FEC 的可靠性较差，当信道错误超过 FEC 的纠错能力时，译码后可能出现在信道错码基础上再引入附加差错的情况。而 ARQ 方式由于需要进行部分消息的重新传输，因此降低了信道的有效利用率。采用 FEC/ARQ 混合方式，可发挥两者的优势。图 9-27 所示为 FEC/ARQ 混合差错控制方式。内层的 FEC 方式把传输信道改造为误码率较低的优质信道，外层的 ARQ 在内层 FEC 提供的优质信道的基础上检错。码组的出错概率（重传概率）可以很小。ISBN 反向/前向信道的有规程处理分组就采用这种方式。

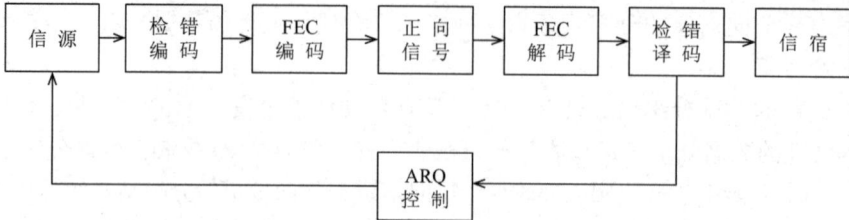

图 9-27　FEC/ARQ 混合差错控制方式

ISBN 可支持 SNA/SDLC、X.25 等多种协议。为了有效地利用空间链路资源，避免不必要的卫星信道时延效应，ISBN 系统采用了一种被称为协议欺骗的机制。这种机制允许在中心站和远端站各自的端口板和数据终端之间局部地实施轮询过程，而空间链路只传送必不可少的协议监控信息和用户数据。最佳数据链路控制 ODLC 就是为主站数据端口群（DPC）上的进程与远端站数据端口板（如 MPC 等）上的进程之间通过空间链路通信而设计的。当本地规程处理使能时，ODLC 提供这些进程之间序列分组的无差错传输。

下面以 SNA/SDLC 为例来说明 ODLC 的基本原理，其同样适用于 X.25 等协议。图 9-28 所示为主站端口与远端站端口多点共享结构示意图。连接在主站端口板上的前端处理器作为 SDLC 的初级站，而连接在远端站端口板上的用户数据设备（终端等）作为 SDLC 次级站。SDLC 初级站通常对其次级站进行轮询，发送问询信号并等待响应，SDLC 次级站只有在接收到查询信号后方可发送信息。某次数据传输的最长等待时间为次级站数目乘以问询/响应时间。如果轮询信号经过空间链路传输，那么问询/响应时间将超过 540ms，假如有 10 个次级站，最长等待时间将会超过 5.4s。

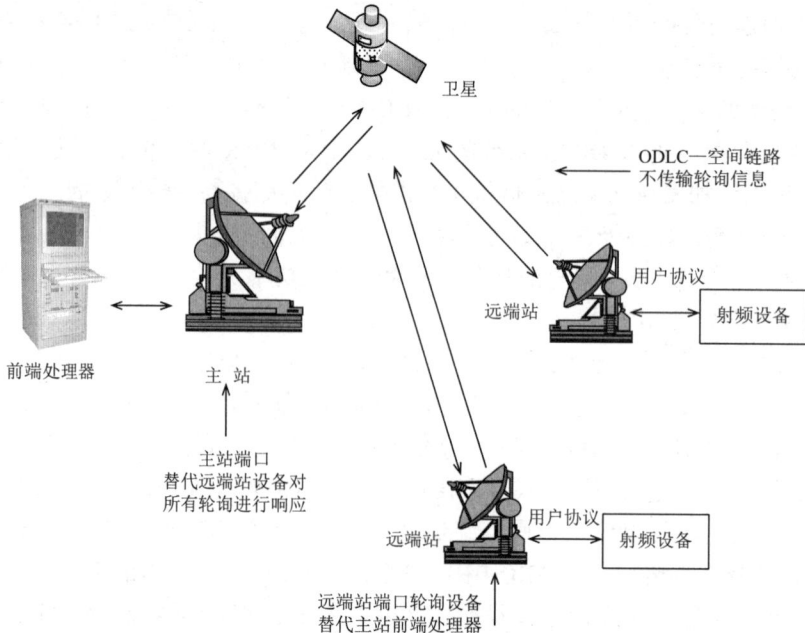

图 9-28　主站端口与远端站端口多点共享结构示意图

显然，卫星信道的时延效应对通信效率产生很大的影响。为了减少这种效应，ISBN 采用最佳数字链路控制 ODLC 规程，令主站端口板"顶替"或"模拟"远端站的用户数据设备（次级站），对轮询信号做出响应；令远端站端口板"顶替"或"模拟"主站前端处理器（初级站），向用户数据设备发送轮询信号。尽管在空间链路上不传输轮询信号，但初级站与各次级站之间的 SDLC 规程仍得以完成，这就是协议欺骗机制，如图 9-29 所示。

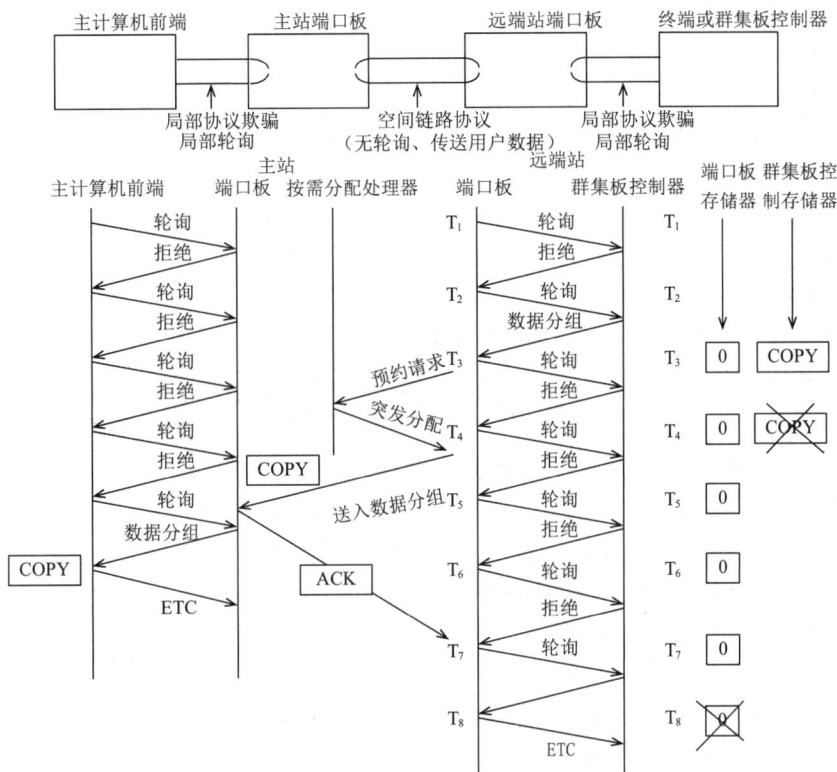

图 9-29　空间链路协议欺骗机制

远端站用户设备向主站发送数据的过程如下。①远端站端口板轮询其用户设备。②远端站用户设备以数据（Message）做响应。③远端站接收到信息后，向用户设备发送 ACK，并通过空间链路向主站发送数据信息。若数据分组较长，远端站将其分作多个空间链路分组（ODLC 分组）进行发送。空间链路规程保证分组信息的无差错传送。④主站端口板接收并存储该分组信息。⑤主站端口板响应轮询信号，并将远端站发送的数据信息送至主计算机前端。⑥前端处理器接收到该分组后向主站端口板发送 ACK 信息。

主站前端向远端站用户设备发送信息的过程如下。①主计算机前端中断轮询，发送带有指定远端站地址的信息至主站端口板。②主站端口板收到该数据信息后，向前端发送 ACK，同时通过前向信道向指定远端站发送该信息。若该信息太长，则将其分为多个 ODLC 分组进行发送。ODLC 规程保证分组信息无差错传送。③指定的远端站接收到该信息后中断轮询，并将数据分组发送至指定的用户设备。④用户设备接收到后，向端口板发送 ACK。

ODLC 规程有两种基本的工作模式：规程处理模式和直通模式（Pass-Through 模式，又称无规程处理模式）。规程处理模式采用 16bit CRC 和 ARQ（自动请求重发），以保证空间链路上信息的无差错传输；直通模式可用来进行透明传输，提供类似帧中继方式的服务，它有 CRC 检错功能，但无 ARQ。直通模式可用于点对点同步/异步透明传输、HDLC 点对点透明传输及话音传输。

习　题

1. VAST 的中文含义是什么？

2. VAST 的特点是什么？

3. 在 VSAT 卫星通信网络中有哪三种典型的反向信道、前向信道多址方式？它们各自的特点是什么？

4. VAST 卫星通信网络由哪两类子网组成？其各自的作用是什么？

5. 电话地球站（TES）系统可以实现的功能有哪些？

6. VSAT 网络管理的功能有哪些？

7. 电话地球站（TES）系统主要使用的技术有哪些？

8. 试叙述电话地球站（TES）前向控制信道的操作方式，并画出其信息格式。

9. 试叙述电话地球站（TES）反向控制信道的操作方式，并画出其信息格式。

10. 画出电话地球站（TES）业务电路分组格式，并说明其内容。

11. 试叙述电话地球站（TES）话音信道的建立和拆除的过程。

12. 试叙述电话地球站（TES）数据信道的建立和拆除的过程。

13. 为什么说 ISBN 是不平衡的星状网？

14. 画出反向信道、前向信道的帧结构图，并说明各分组的作用。

15. 入站帧的业务类型有哪些？

16. 反向与前向信道的分组格式有哪些？并画出其结构。

17. ISBN 如何采用 FEC/ARQ 混合方式？

18. 什么是协议欺骗？为什么要进行协议欺骗？

第 10 章　卫星数据链

卫星数据链是指利用卫星信道，采用卫星通信协议或特殊的通信协议和消息格式，实时传递经过过滤筛选的指挥、控制、情报、战场态势等格式化战术消息，提供面向指挥所、作战部队和武器平台之间广域链接的数据链系统。本章主要介绍了卫星数据链的特点、卫星数据链的应用、美英军典型卫星数据链和天基通用数据链。

10.1　卫星数据链的特点

卫星数据链具有一系列的优点，如超视距、高带宽、适应复杂地理环境、抗干扰、传输信道稳定可靠等。卫星链路一般不受距离和地理环境条件等因素的限制，具有动中通的特点，当突发事件发生时，可以迅速、机动、灵活地按战时指挥关系建立全国或局部指挥控制数据链。卫星数据链还可以很方便地实现广播功能，迅速完成宽带情报的分发广播和战场态势信息分发，这是其他数据链无法比拟的。卫星数据链应用示意图如图 10-1 所示。

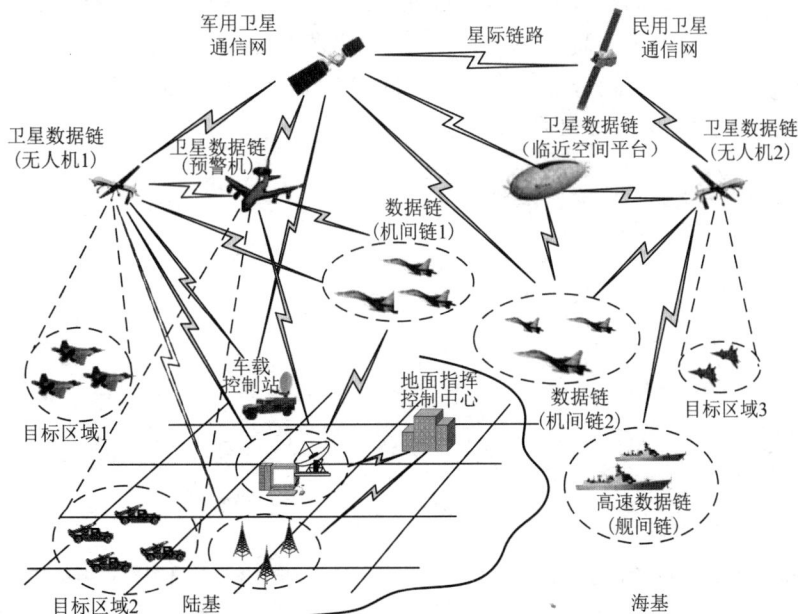

图 10-1　卫星数据链应用示意图

卫星数据链与一般卫星通信系统的区别在于，卫星数据链既要提供卫星信道，又要按照约定的规程和应用协议来封装并安全地传输规定格式的数据和控制消息，具有高时效性的特点。而一般卫星通信系统只提供卫星通信传输信道，并不关心传输的内容。因此，在设计卫星数据链系统时要充分考虑以下问题。

（1）信道容量。卫星信道资源宝贵，采用商用卫星通信系统的按需分配卫星资源技术或利用卫星信道的广播特性，可以使资源得到充分利用；当容量受限时，待传送的数据要进行优先级的设定，如监控数据应具有较高的优先级，而其他低优先级的数据要在发送队列中等待。

（2）时延。卫星信道存在固有传输时延，这对部分监视类数据（如航迹信息）的时效性有影响，导致其不适宜通过卫星传送导航和定位等信息。因此，在进行卫星信道的体制选择和消息格式设计时都要考虑如何减少时延。

10.2　卫星数据链的应用

卫星数据链主要有距离延伸、中继传输、广播分发三类应用。

10.2.1　卫星数据链的距离延伸应用

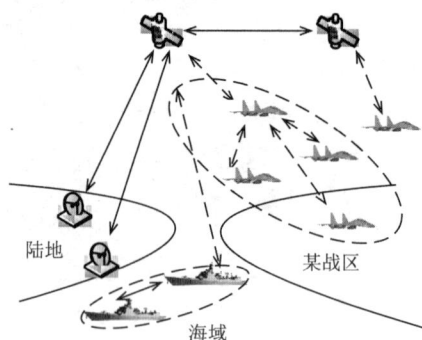

数据链的作战效能与直接预期作用范围相关，传统的数据链受视距传输限制及信道质量不稳定的影响，通信效果较差。利用卫星链路是扩展数据链作用范围和覆盖能力的一种有效方法。卫星数据链的距离延伸应用如图 10-2 所示。

10.2.2　卫星数据链的中继传输应用

目前，许多空军武器的作战半径远远超过了视距范围：无人机需要把信息不间断地回传和接受姿态控制信息的上传；高速制导炸弹需要在视距外能随时加载攻击目标参数、修正航向等。采用卫星作为中继传输节点将大大扩展武器的作用范围，提高其作战的灵活性。卫星数据链的中继传输应用如图 10-3 所示。

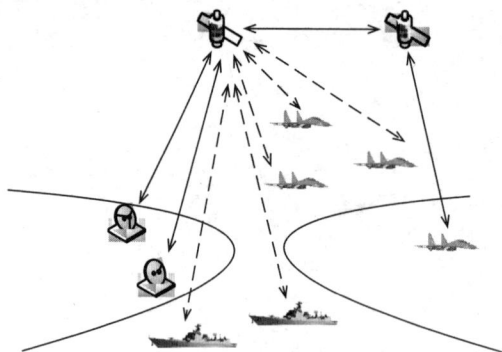

图 10-2　卫星数据链的距离延伸应用　　　　　图 10-3　卫星数据链的中继传输应用

10.2.3　卫星数据链的广播分发应用

随着传感器类型和数量的增加，敌我态势和情报信息大量涌现，并且需及时传送给部队使用，基于陆基的数据链信息分发手段已无法满足现代战争的需求。卫星情报信息分发网可以支持高速的点对多点情报信息分发，是实现战场信息广播的有效方式。

卫星数据链还有一个显著优点：当传感器类型和数量增加时，敌我态势和情报信息大量产生，通过地面网络实现多目标的信息分发将占用较大带宽，且只能解决基于陆基单元的信息分发。而利用卫星通信便于广播分发的特点，卫星数据链可以支持点对多点的情报信息分发。我军卫星通信技术已经成熟，利用通信卫星实现超视距对空组网通信的条件已经初步具备，因此可以利用卫星来中继数据链以扩展其通信距离。卫星数据链的广播分发应用如图 10-4 所示。

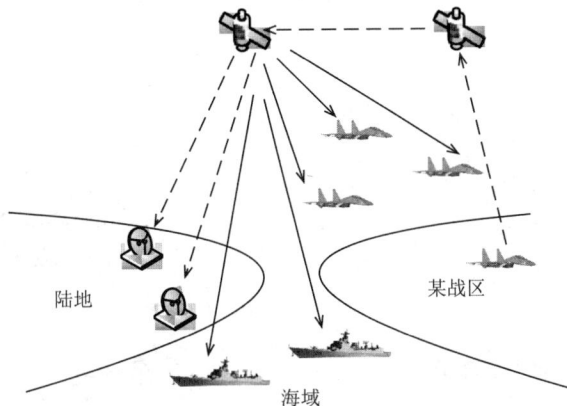

图 10-4　卫星数据链的广播分发应用

10.3　美英军典型卫星数据链

10.3.1　卫星战术数据链 J

1. 网络结构

美国军队早在 1995 年便把 16 号卫星数据链（SAT Link-16）改为卫星战术数据链 J（S-TADIL J）。S-TADIL J 工作在 UHF 频段，其功能与 STDL 类似，都是由 Link-16 衍生而来的，主要是通过增加卫星链路功能延伸 JTIDS 的传输距离，提供卫星中继超视距数据链，以提高数据链信道的利用率和使用的灵活性。S-TADIL J 结构如图 10-5 所示，其网络结构如图 10-6 所示，STGC 是 S-TADIL J 网关控制单元，动态地分配发送顺序和时间分配信息，STGU 是 S-TADIL J 的网关单元。

1995 年 8 月，美国海军首次对 S-TADIL J 进行了内部演示，包含采用下列传输速率和格式进行交换的 J2.0、J3.0、J3.3 和 J7.0。

（1）DAMA 方式下数据传输速率为 2400bit/s 和 4800bit/s。

（2）非 DAMA 方式下数据传输速率为 2400bit/s、4800bit/s 和 9600bit/s。

初始开发的指控处理器模型不能使 S-TADIL J 和 JTIDS 同时工作。1996 年进行的演示包括 4 艘舰船，同时使用了 11 号卫星数据链、JTIDS 和 S-TADIL J，在 S-TADIL J 上交换 J2.0、J2.2、J2.3、J2.4 和 J7.0 消息。同年又进行了另一次演示，包含所有的 S-TADIL J 监视消息。1997 年 7 月增加了操作员消息（OTM），支持对超出 HF 话音范围的协调；8 月增加了战区弹道导弹防御（TBMD）消息；9 月完成了接收能力演示，接着对带有 S-TADIL J 的 4 型指挥控制处理器（C2P）进行了检验和验收测试。4 型 C2P 可将由战术数据系统传来的数据自动以兼容的 Link-4A、Link-11 链路转发至其他单位，新的 5 型 MODEL C2P 则相容于 Link-16 与 S-TADIL J。

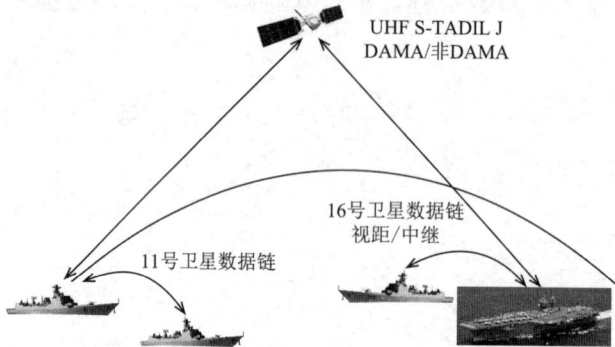

图 10-5　S-TADIL J 结构

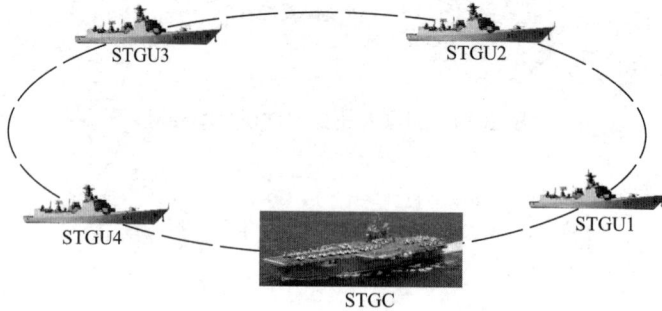

图 10-6　S-TADIL J 网络结构

2. S-TADIL J 的性能特点

S-TADIL J 具有以下性能特点。

1）工作频段

S-TADIL J 工作在 UHF 频段。该数据链可以提供如下能力：当 Link-16 丢失中继连接时，可以回退；连续连接时不受 JTIDS 或 Link-11 距离的限制；采用指挥控制处理器数据转发和并行工作方式，以保持一个无缝连接的公共监视图。

2）多链路工作

指挥控制处理器（C2P）能够自动进行数据向前传送（ADF），并使用一个实时数据库，使 Link-4A、Link-11、Link-16 和 S-TADIL J 协同工作。

3）网络协议

所有的 STGU 从 STGC 接收一个时隙表（TSL），在读出 STGC 列出的 32 位数字后，第一个 STGU 立即发射，网络随即进行无时延 DAMA 处理。每个 STGU 按照 TSL 的顺序进行发射，直到把该表发射完。TSL 的顺序是由每个单元响应的质量决定的，最强的为第一个，最弱的排在最后。

4）网络性能

S-TADIL J 以一个 STGC 作为主控链路，数个 STGU 或具有 S-TADIL J 能力的单元 STGU

作为基本成员，以改进后的令牌通过（Token Passing）协议进行区域组网。

3. 消息标准

美国海军于 1994 年开始进行 JRE 的 C2P 接口设备的可行性研究，目的是满足一个网内有 16 个单元、监控数据 20s 更新一次的要求，以及在 JTIDS/Link-16 和 S-TADIL J 之间实现无缝和无中断连接交换的要求。1995 年，美国海军进行了 STADIL 的第一次室内演示，涉及以下信息交换：J2.0（位置与标识）、J3.2（航空跟踪）、J3.3（水面跟踪）、J7.0（降落跟踪）。使用的传输速率和格式如下：2.4/4.8kbit/s DAMA，2.4/4.8/9.6kbit/s 非 DAMA 方式。

S-TADIL J 的信息种类有 PPLI、监视信息、电子战等信息、信息管理、任务管理信息、状态信息。

S-TADIL J 的消息格式如下。

PPLI：J2.0/J2.2/J2.3/J2.5/J2.6。

监视信息：J3.0/J3.1/J3.2/J3.3/J3.4/J3.5/J3.6/J3.7。

电子战等信息：J5.4/J2.0/J14.0/J14.2。

信息管理：J7.0/J7.1/J7.2/J7.3/J7.4/J7.5/J7.7/J8.0/J8.1。

任务管理信息：J9.0/J10.2/J10.3/J10.5/J10.6。

状态信息：J13.2/J13.3/J13.4/J13.5。

S-TADIL J 帧结构示意图如图 10-7 所示，在帧结构中，网络报头包含提供给 STGU 的专用数据，用于协议控制，包括发送总长度和 STGC 的 TSL。传输报头识别 JU/PU 报告职责。多个 70bit J 系列消息字映像成 9B，最多 25 个 J 消息字封装成一个包。

图 10-7　S-TADIL J 帧结构示意图

考虑系统实时性，网络给出了 20s 的网络循环时间，这限制了有效单元的数量，特别是在 DAMA 方式下工作时，由于非 DAMA 操作没有经过验证并推荐，因此要实现 20s 的实时目标，单元的最大数量限制在 8 个。S-TADIL J 20s 内的通过量如图 10-8 所示。

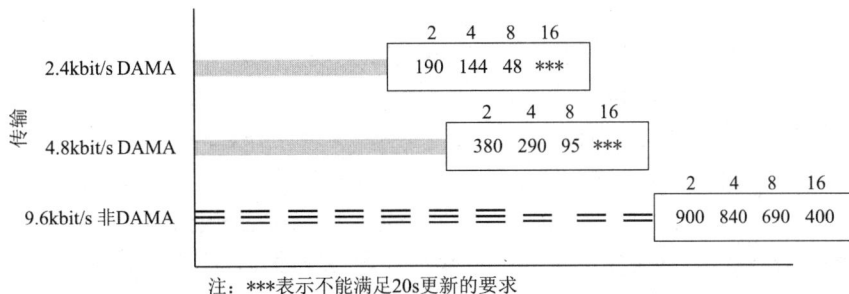

注：***表示不能满足 20s 更新的要求

图 10-8　S-TADIL J 20s 内的通过量

上述的通过量是在每条航迹平均 2.4 个 J 消息字的假设下得出的，当然如果航迹消息的载荷大，则可以提高打包效率。另外，提高发送速率也可增加航迹容量。

10.3.2 卫星战术数据链

1. 网络结构

卫星战术数据链（STDL）系统由英国皇家海军研制，它是一个近实时的战术数据链系统，采用 SHF（3~30GHz）卫星通信，并且采用了单一 SHF 频段的时分多址（TDMA）方式，主要解决数据链受视距限制的问题，其系统主要工作模式为网络模式、广播模式、群链路模式，如图 10-9 所示。

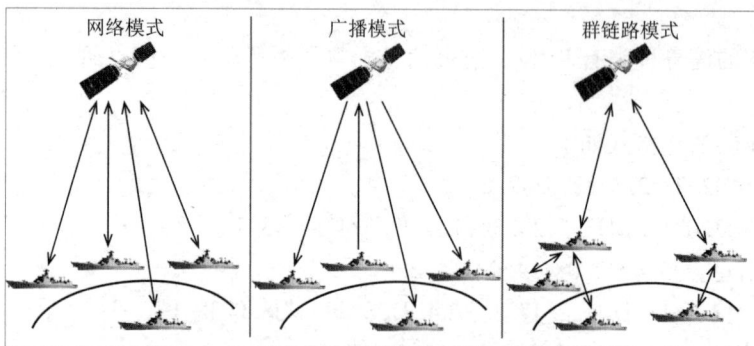

图 10-9 STDL 的三种工作模式

1）网络模式

一组配备卫星战术数据链单元采用通用调制解调器（Modem）的时分多址工作方式，每个参与者使用 Link-16 消息格式，根据分配的时隙，在混合发射方式下发射自己的信息，并接收来自其他卫星战术数据链单元（SatUs）的类似传输。STDL 的研制初期不能以 TDMA 方式工作，直到通用调制解调器出现后，才可以以这种方式工作。

2）广播模式

在广播模式下，一个指定的配备卫星战术数据链单元可以连续广播所有其他静默的卫星单元接收的数据。通用调制解调器选择连续接入工作方式，以便数据在广域上广播。当然，广播装置可以是一个数据转发器，它能够从其他源如空中预警和空中管制飞机获取信息。在实际使用时，把具有许多时隙的 TDMA 分配给理想的广播装置，而带有优先中断指定时隙的 TDMA 具有更大的灵活性。

3）群链路模式

两个或多个分散的群，即具有重叠作战区域或处于支持配置状态的特遣部队，可以通过卫星战术数据链互相连接。这些群内部可以通过其他的数据链，如 MIDS/JTIDS/Link-16、Link-11 或 Link-22 正常交换数据。以任何一种方式都可以实现两路群间数据交换，首先在 TDMA 方式（通用调制解调器投入使用前不能使用）中的两个发射单元之间对时隙进行分路，再通过使用两个独立的卫星信道，以及其他群的接收信道上的某群的发射机来实现全双工操作。

无论采用何种方法，被指定的单元都将起到数据转发的作用，并将作为卫星转发单元。

2. 系统组成

海岸设备由英国军用卫星通信系统（UKMSCS）、STDL 网络设计功能（SNDF）、卫星计划局（SPA）组成，包含控制器海岸功能（CSF）、过渡系统计划计算机（ISPC）、网络实现计划（NIP）和网络控制终端（NCT）。舰船设备由下列部分组成。

（1）网络终端（NT），通用调制解调器（Modem）。

（2）网络终端计算机（NTC），数据链处理器系统（DLPS），这是一个前端处理器，以与美国海军指挥控制处理器（C2P 模式 5）相似的方式处理所有皇家海军数据链路和数据转发。

（3）NT（UM）-NTC（DLPS）链路，这是一种 IEEE 802.3 以太网协议。

（4）网络控制初始化数据准备设备（NCIDPF），其处理 MIDS/JTIDS Link-16 和 STDL/Link-16 初始化数据（ID）。

STDL/Link-16 以 1 到 64 的网络配置标识符（NCI）的形式规定时隙结构。在这些结构内，每种设计的网络参考指示器（NRI）都是唯一的，每个用户有最少两个时隙，在一个 TDMA 帧内，用户位置被定义为 1 到 32。某些时隙可以与 Link-22 相似的方式指定为优先中断时隙。

23 型护卫舰没有装备 MIDS/JTIDS Link-16，所以不具有初始化卫星战术数据链的 NCID-PF。因此，采购了一种专门的设备，使卫星战术数据链初始化和控制外围设备，用于链接数据链处理器系统。

卫星战术数据链岸上设备包括军用卫星通信系统、卫星计划部门、岸上功能管理器、过渡系统计划计算机、网络实现计划、网络控制终端。卫星战术数据链网络设计与分布如图 10-10 所示。

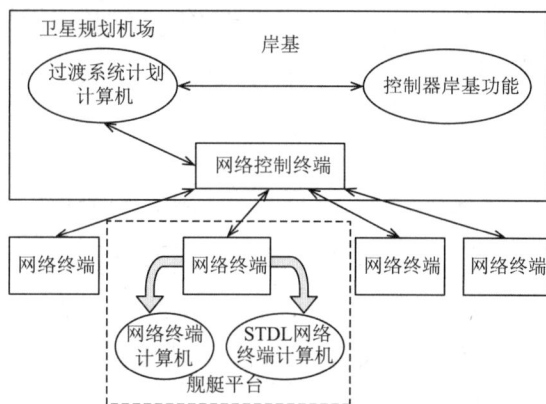

图 10-10　卫星战术数据链网络设计与分布

舰上设备包括网络终端（NT）（以后将被通用调制解调器代替）、网络终端计算机（NTC）。NTC 是一个数据链前端处理器，类似于美国海军数据链中的 C2P 模式 5，网络终端和网络计算机之间为 IEEE 802.3 协议。舰上设备配置如图 10-11 所示。

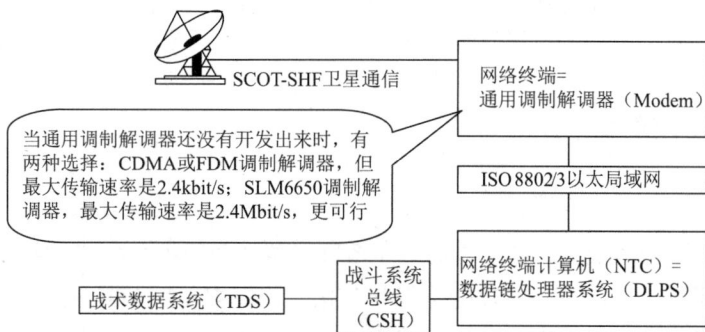

图 10-11　舰上设备配置

卫星战术数据链在使用通用调制解调器之前使用 CDMA 调制解调器或 FDMA 调制解调器，传输速率为 2.4kbit/s，必要时 CDMA 调制解调器可提供最高 19.2kbit/s 的传输速率。

卫星战术数据链是一个近实时的战术数据链系统，采用 SHF（3~30GHz）卫星战术数据链系统发布和接收 Link-16 战术数据和自由电文，采用 Link-16 链路（增加了一些卫星战术数据链的特殊消息：STM）。卫星战术数据链保持一个实时数据链路，但容量和速率可能会减小，每帧最大时隙数为 32（19.2kbit/s），可以支持 16 个发送单元，每帧里面发送时隙数决定于集合数据速率。

卫星战术数据链要求所有的时隙分布在一帧内，帧持续时间与集合数据速率的关系如表 10-1 所示。同一个用户的多个时隙必须相邻，TDMA 的时隙结构和时隙分配决定于通用调制解调器（UM）系统网络实现计划（NIP）。卫星战术数据链的特殊信息 STM 如表 10-2 所示。

表 10-1　帧持续时间与集合数据速率的关系

帧持续时间		集合数据速率
640ms	19.2kbit/s	19.2kbit/s，9.6kbit/s，4.8kbit/s，2.4kbit/s
1.28s	9.6kbit/s	1.2kbit/s，600bit/s，300bit/s，150bit/s
2.56s	4.8kbit/s	75bit/s，数据速率<300bit/s 时不使用 TDMA 模式
5.12s	更低速率	

表 10-2　卫星战术数据链的特殊消息 STM

卫星战术数据链 消息分类（STM 分类）	卫星战术消息 内容（STM 内容）
STM 01	网络配置（Network Configuration）
STM 02	请求承载状态（Request Bearer Status）
STM 03	容量超载（Capacity Overload）
STM 04	承载状态 Bearer Status（Response to STM 02）
STM 05	请求网络配置设计（Request Network Configuration Design）
STM 06	交叉或距离中继时延（Interleaving and Range Delay）
STM 08	基带控制和业务交换内容（Base band Control and Traffic Exchange Content）

10.3.3　JTIDS 距离扩展

1. 系统组成

JTIDS 在有限数量的时隙上使用 TDMA 体系进行话音和数据的发送和接收。当需要通过中继与非视距单元进行通信时，时隙的数量将翻倍。当更多使用 JTIDS 的系统开始运行并要求向联合数据网络传送监视信息时，问题将更为严重。为解决 JTIDS 在进行中继或超视距传输时大量占用有限数量时隙的问题，美国空军决定实施联合距离延伸计划，利用卫星网关连接远程的 JTIDS 网络是其中的一个方案。JTIDS 距离扩展（JRE）设备构成如图 10-12 所示。

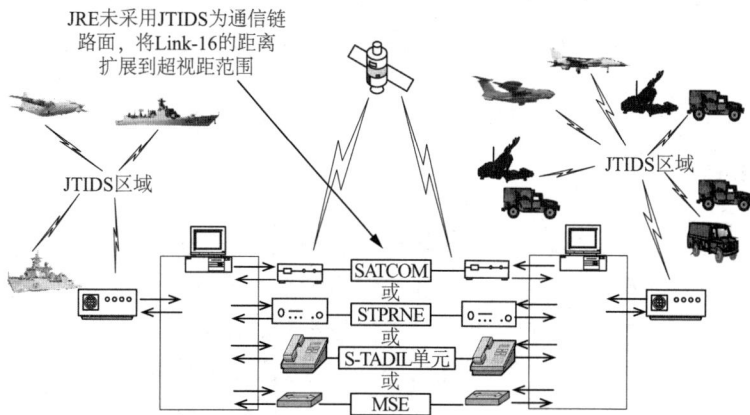

图 10-12　JTIDS 距离扩展（JRE）设备构成

JTIDS 距离扩展（JRE）卫星网关系统有两种实施选择：一是在现有系统（如陆军防空炮兵旅战术作战中心）中嵌入 JRE 处理；二是在一个单独的系统中提供 JRE 处理能力。两种选择都具有一定的优点和缺点。JRE 利用广泛采用的计算机协议和标准，实现美国军队不同信息网络的互联。

2. JRE 的发展与应用

JRE 计划分三个阶段进行，第一阶段和第二阶段为演示验证，通过卫星发送 TADIL J 消息，验证是否能够通过卫星转发 TADIL J 格式的报头，并且检验是否能满足战区导弹防御的时延要求；第三阶段通过卫星距离扩展把一些实际的远距离 JTIDS 网络连接起来。目前，JRE 已经装备于美国陆、海、空各军种。

JRE 的目的是提供一种不同于 MIDS/JTIDS 的 J 系列 Link-16 链路的信息交换媒体，以达到超视距扩展通信距离的目的，其主要作用如下。

（1）支持大范围分散力量的操作。

（2）向司令部提供有关后方梯队的描述。

（3）避免 MIDS/JTIDS 由于多跳造成的容量饱和。

（4）提供专用的空中 MIDS/JTIDS 中继。

（5）提供没有空中中继时的地面和水面单元间的 Link-16 数据通信。

美国正在开发 JRE 应用协议（JREAP）军用标准，其附件将给出关于 UHF 卫星通信（令牌传递协议）、点对点的 SHF 卫星通信或基于 SIPRNET 的 IP 协议，或 EHF-MDR 卫星通信的 TDMA 组播协议。JRE 正在打算用一个 MIDS/JTIDS 终端/网络同时与四类媒体接口，并包含基于地理、跟踪标识和 J 系列信息的数据传送过滤。接收和服从的协议将反映出所选媒体的时延，并根据不同的媒体指定网络管理和监控设施。美国海军的 S-TADIL J 将被 JREAP 采纳并列为另外一种 JRE 格式。

JRE 概念的成功论证表明，利用卫星资源是扩展战区 JTIDS 网络范围及释放宝贵时隙的有效选择。考虑到 JRE 论证的成功和未来的发展，JRE 将通过增加带宽和提供可靠连接，使一个战区内的所有 JTIDS 用户受益。

10.4　天基通用数据链

10.4.1　通用数据链

美国军队的全球信息栅格网络由不同轨道的通信卫星、广播卫星、中继卫星及其支撑的应用系统，以及地面的固定通信网、移动通信网络和信息处理系统等组成，它们共同为各级用户提供信息接入、传输、交换和分发的公用信息平台，同时为各类航天器提供公共的信息传输与分发平台。美国军队 2020 年空间信息网络长期发展规划体系结构如图 10-13 所示。

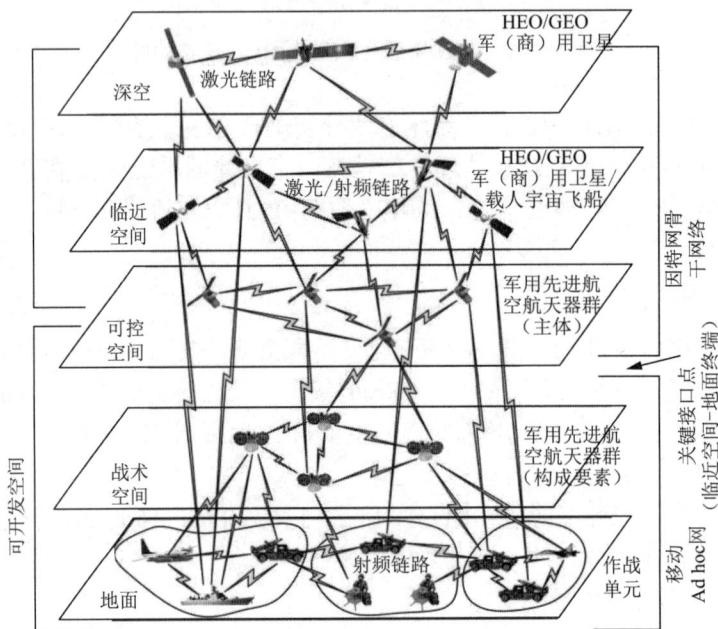

图 10-13　美国军队 2020 年空间信息网络长期发展规划体系结构

1994 年，美国军队发布的《战术数据链发展战略》将原来通用数据链（Common Data Link，CDL）只用于传输未处理数据的定义扩展到也可传输处理过的数据，进一步拓展了未来 CDL 的应用空间。

CDL 体系结构由顶层应用、CDL 网络结构、网络管理、SNMP 管理信息库、通信与传输安全和 CDL 波形标准组成，并由相应的标准附件来描述。CDL 标准的体系结构如图 10-14 所示，CDL 标准的协议栈结构如图 10-15 所示。2002 年 11 月，北大西洋公约组织（North Atlantic Treaty Organization，NATO）（简称北约）在美国军队 1991 年制定的《CDL 波形规范》的基础上，发布了北约图像系统互操作数据链标准 STANAG AR7085 的第 1 版，2004 年 1 月发布了该标准的第 2 版。

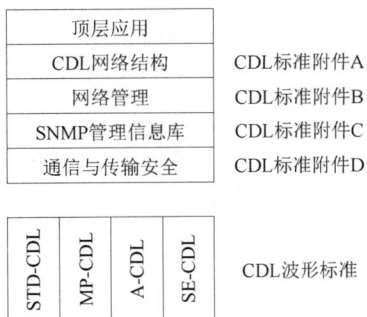

图 10-14　CDL 标准的体系结构

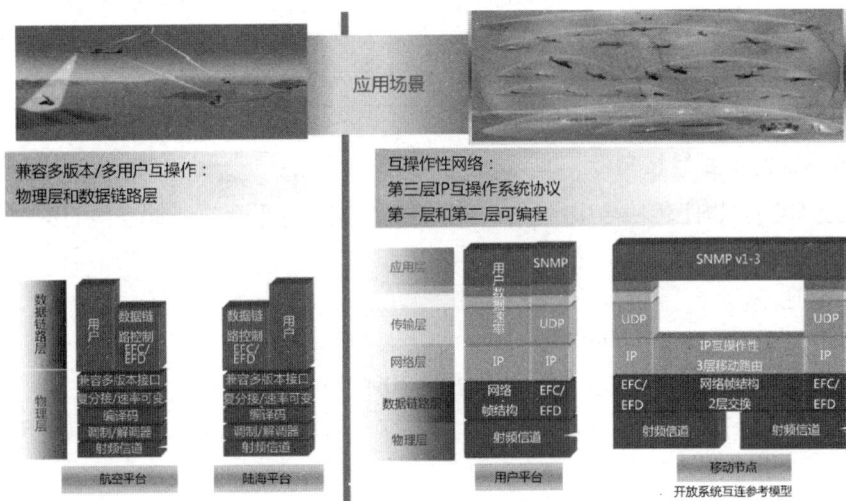

图 10-15　CDL 标准的协议栈结构

　　在美国军队的 CDL 体系架构中，按照应用领域的不同将 CDL 系列数据链划分为五类，同时 CDL 标准中还定义了四种基准波形，包括标准型 CDL（STD-CDL）（轻量化战术 CDL 又称 TCDL，可用于战术无人机）、先进型 CDL（A-CDL）、扩展型卫星 CDL（SE-CDL）和组网型 CDL（N-CDL）来支持其定义的五类链路，其中扩展型卫星 CDL（SE-CDL）可能是美国军队"联合全域指挥与控制"（JADC2）战略的关键技术，通过卫星中继实现跨洲际、多域 ISR 数据的高速无缝传输。其核心优势在于"全球覆盖、高带宽、抗毁性"，未来可能与激光通信、人工智能（AI）驱动的动态网络管理进一步融合。CDL 标准定义的五类数据链如表 10-3 所示。

表 10-3　CDL 标准定义的五类数据链

类型	波形	速率（Mbit/s）	频段	适用范围、典型应用平台和特点	
I 类	STD-CDL	274	Ku/X	陆基基地与速度在 2~3Ma 以下、高度在 46km 以下的机载平台	U-2、全球鹰；高带宽全双工
	TCDL	10-45	Ku/C		战术无人机（如 MQ-9 死神）、特种部队通信、车载机动中继；轻量化、战术机动性、快速响应、抗毁性、低成本

类型	波形	速率（Mbit/s）	频段	适用范围、典型应用平台和特点	
Ⅱ类	A-CDL	500+	Ka	陆基基地与速度在 5Ma 以下、高度在 46km 以下的机载平台；下一代 ISR 平台；超宽带、抗干扰	
Ⅲ类	N-CDL	137（共享）	Ku	陆基基地与速度在 5Ma 以下、高度在 152km 以下的机载平台；多无人机协同，动态宽带分配	
Ⅳ类	SE-CDL	可达 500~5000	Ka/X 可扩展到 E/Q/V	轨道高度在 750 海里（约 1389km）以下的卫星	全球监视、跨越协同、战略通信；自适应调制、多波束/相控阵天线、安全增强（如采用量子密钥分发或抗量子加密算法，防范未来算力攻击）
Ⅴ类				轨道高度更高的中继卫星	

1. 传输系统的主要战技指标

（1）通信距离：视距传输与中继平台（含卫星、航空等平台）不同高度的覆盖范围有关。

（2）工作频段：X、S、Ku 等频段。

（3）传输速率。

上行链路：200kbit/s~68Mbit/s。

下行链路：10kbit/s~274Mbit/s（最高可达 1096Mbit/s）。

（4）纠错编码方式：卷积编码（码率 1/2，约束长度为 7），Viterbi 译码；RS 编码；交织编码。

（5）组网方式：点对点、点对多点。

（6）发射功率：几十瓦到千瓦级。

（7）抗干扰方式：采用直接序列扩频（前向链路）。

（8）调制解调：前向链路 BPSK；反向链路 OQPSK。

（9）加密方式：KG-68 和 KG-135。

2. 数据链标准

北约（NATO）也发布了一系列的标准化协议（STANAG）。NATO STANAG 系列标准包括大量适用于情报、监视、侦察系统的标准。现行主要的 NATO STANAG 标准可大致分为四类：数据标准、接口标准、通信标准、控制标准。

10.4.2　CDL 在美国军队中的应用

20 世纪 90 年代中后期，美国军队的宽带数据链进入了高速发展的阶段，美国军队基于 CDL 标准又开发出了多种满足不同作战任务的宽带数据链，如战术通用数据链（TCDL）、监视与控制数据链（SCDL）和战术互操作陆基数据链（TIGDL）等，使宽带数据链的应用更加广泛，作用也更加突出。同时，随着武器平台信息水平的提高，原先点对点式的 CDL 已无法满足越来越多作战单元希望获取侦察情报的需求，具备多点数据分发能力的 CDL 系列数据链［如多平台通用数据链（MP-CDL）］成为未来 CDL 系列数据链发展的重点，并且 CDL 系列数据链的各项技术指标（如带宽）也在不断提高。到目前为止，美国军队空基、地基宽带数据链建设已经逐渐完善和成熟。

（1）标准型 CDL 设计用于将机载侦察平台所获取的海量侦察情报传送给地（海）面处理站，同时让地（海）面用户也能够向机载平台发送信息。目前已经实现的标准型 CDL 包括能力受限的通用数据链（LCCDL）、TIGDL、MIST、MIDL 和通用高宽带数据链（CHBDL）等。CHBDL 是海军 CDL，是海军采用 MIST 技术实现的海军用宽带数据链，主要装备于大型舰船上。

（2）先进型 CDL 是标准型 CDL 的扩展，其链路的可靠性比标准型 CDL 的更高。先进型 CDL 是一种自适应速率且支持 IP 协议的 CDL 系列数据链，主要用于实现空-空平台之间的高速数据交换，并且支持在空中平台之间进行超视距中继，中继队列最多可达 12 个传感器平台。目前已经使用的先进型 CDL 是机载信息传输系统（ABIT）。它是一种自适应速率、抗干扰的空空数据链，其传输速率最高可达 548Mbit/s。ABIT 数据链系统在 2001 年 7 月的一次模拟战术任务中，成功地演示了其宽带图像传输能力和中继功能。

（3）组网型 CDL 是为了适应未来信息化战争海量信息分发需求而研发的产品。与标准型 CDL 相比有了较大的发展，因为它具有了标准点对点 CDL 所不具备的多址访问和共享带宽能力，支持点对多点（广播式）数据传输结构，最多可同时向 50 个机载或地面节点广播数据。美国军队研制的多平台通用数据链（MP-CDL）是典型的组网型 CDL。MP-CDL 是一种高效的视距、空-空和空-地、一点对多点和点对点的网络化宽带数据链。它是美国军队首个网络化的通用数据链，为大量机载和地（海）面平台提供同时向多个机载和地面站分发传感器数据。未来，MP-CDL 还将具备数据中继能力，以实现超视距通信。MP-CDL 具备两种工作模式："广播"模式和"点对点"模式。预计 MP-CDL 将主要装备于 RC-135 "联合铆钉"信号情报侦察飞机、E-8C 雷达型侦察飞机、E-3 预警机、RQ-4 "全球鹰"无人侦察机、"护栏"侦察机地面站、陆军"分布式公用地面站"和空军"分布式公用地面站"等平台上。北约也十分有"兴趣"将 MP-CDL 安装在其未来的地面移动目标侦察飞机（北约泛大西洋先进雷达飞机）上。

（4）扩展型卫星 CDL 是一种多平台通用的星-空-地数据链，上行链路的传输速率为 200kbit/s～2Mbit/s，下行链路的传输速率有三种，即 274Mbit/s、50Mbit/s 和 3.088Mbit/s 等。目前两种卫星 CDL 系统投入了使用，分别是高跨距（Senior Span）和更高跨距（Senior Spur）。Senior Span 采用国防卫星通信系统（DSCS）II/III 的 SPAN 机载数据链系统（SADL）。MP-CDL 未来也将具备扩展型卫星 CDL 能力，以实现超视距通信。预计将装备扩展型卫星 CDL 的侦察平台主要包括 U2 侦察飞机、"全球鹰"无人机、"捕食者"中高空无人侦察机等。

美空军在 2000 年的 Linked Seas 00 演习中，经"全球鹰"无人机通过 CDL 将雷达图像数据同时传给岸上的陆军"战术应用系统"（TES）与海上乔治·华盛顿航母上的终端。美海军也测试了由海上舰艇经由 CDL 使用 CHBDL-ST（AN/USQ-123）的 2 个直径为 1m 的天线，同时下载并发送了合成孔径雷达图像（全双工操作），经处理后，再将图像传送给 F/A-18 战斗机。

用于"空-地"数据交换的标准型 CDL，用于"空-空"数据交换的先进型 CDL，用于实现多点数据分发、CDL 系列数据链组网的组网型 CDL，用于实现"星-空-地"数据交换的扩展型卫星 CDL 及由 CDL 衍生出的 TCDL 等构成了美国军队的 CDL 体系。通用宽带数据链体系如图 10-16 所示。

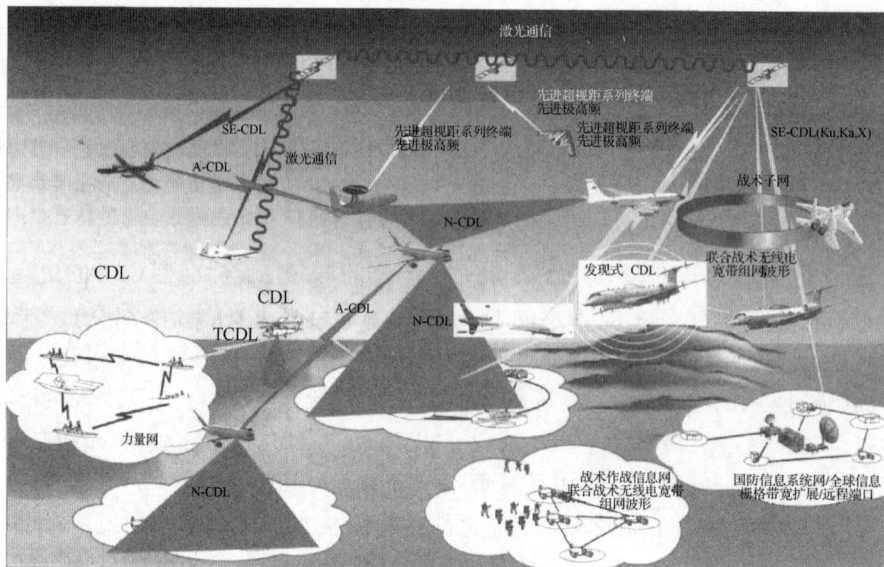

图 10-16　通用宽带数据链体系

（5）数据链集成应用。

为了实现数据链与平台的集成及多数据链的互操作，在数据链应用过程中，美国军队和北约开发了多种数据链集成应用设备，主要有指挥控制处理器（C2P）、防控系统集成器（ADSI）、数据链处理器（DLP）/机载数据链处理器（ADLP）、多战术处理器（MTP）等。2002 年，美国军队为了降低原有平台改造和新研平台将来升级的费用和风险，同时针对数据链集成应用中出现的互操作问题，提出了通用链路集成处理器（CLIP）计划，期望能够为各平台提供所需战术数据链能力的通用软件方案，且能够将平台的任务计算机/战斗系统与战术数据链能力相隔离，从而使战术数据链系统和能力的改变不会对主平台造成影响，以使其可供多种军用平台和设备使用，包括飞机、舰艇、岸基指控站和地面战术单元等。

为满足支持网络中心战、马赛克战的需求，不断提升 GIG 体系和赛博空间能力，实现多数据链协同，一体化数据链是未来的发展方向。为满足大规模远距离战场态势感知范围、自动化指挥系统速率和容量需求，战术数据链向借助威胁通信等远传信道，构建一体化数据链系统。一体化数据链包括低层的三军专用数据链、中层的 Link-16 数据链和上层的卫星数据链，实现战场范围的战术信息共享和分发。

10.4.3　天基 CDL

鉴于 CDL 在空基中的成功应用，美国军队于 21 世纪初进行了"空转天"的尝试。2001年，美国空军研究实验室航天器分部（AFRL/SV）提出为"世纪技术卫星"（Techsat-21）微卫星"合成孔径雷达"（SAR）星座配备 CDL 载荷，从而出现了天基 CDL 的概念。2004年，推出了使用天基 CDL 作为"作战响应空间"（ORS）计划的标准通信结构，并通过 ORS计划逐步实现了 CDL 的天基应用。天基通用数据链是 CDL 由空基向天基的延伸，能够兼容美国军队 CDL 标准，可以利用现有战场 CDL 地面设施完成卫星任务下达和数据实时接收的功能。实践表明，天基 CDL 可以突破一般数据传输手段的限制，大幅度提高以侦察卫星为代表的天基 ISR 平台作战使用效能。可以预测，天基 CDL 将逐步应用于美国军队整个空间感知网络，并将实现天空地 ISR 平台一体化发展。

ORS 计划分两步走，首先通过 TacSat 项目验证天基 CDL 的可行性和应用潜力，再通过 ORS-1 卫星引导天基 CDL 向实战应用过渡。2003 年，美国国防部转型办公室提出了 TacSat 项目（低成本小型卫星），并于 2006 年 12 月发射了 TacSat-2，于 2009 年 5 月发射了 TacSat-3，均将天基 CDL 技术作为重点有效载荷之一，采用"商用货架式"（COTS）空基产品。

2011 年 9 月，美空军太空与导弹系统中心在阿拉斯加使用"米诺陶 4"火箭，成功发射了首颗 10 信道 TacSat-4 战术微型卫星。

1. 美国军队天基 CDL 技术验证阶段

TacSat-2 是 ORS 计划下的第一颗技术验证卫星，由美国空军研究实验室负责研制，采用 413km×424km 的近圆轨道，倾角为 40°，轨道周期为 92.9min，具有全色/多光谱成像侦察能力，空间分辨率优于 1m。其使用基于 F-16 战斗机"战术航空侦察系统（TARS）"的 274Mbit/s 宽带 CDL 系统，主要由微波调制解调器组件（MMA）、电控阵列（ESA）发射天线和贴片接收天线、收发滤波器和低噪声放大器组成。该系统支持三种数字链路，上行链路传输速率为 200kbit/s，用于为卫星下达指令，也可以上传大型软件；低速下行链路传输速率为 10.71Mbit/s，用于卫星状态、试验数据或传感器数据的下传；高速下行链路传输速率为 274Mbit/s，用于传输图像数据。该系统支持 BPSK、QPSK、Bi-BPSK 和 QPSK 调制方式。MMA 是天基 CDL 的核心部件，可完成信号处理、调制、解调、定时、加密等工作。TacSat-2 天基 CDL 系统组成如图 10-17 所示。

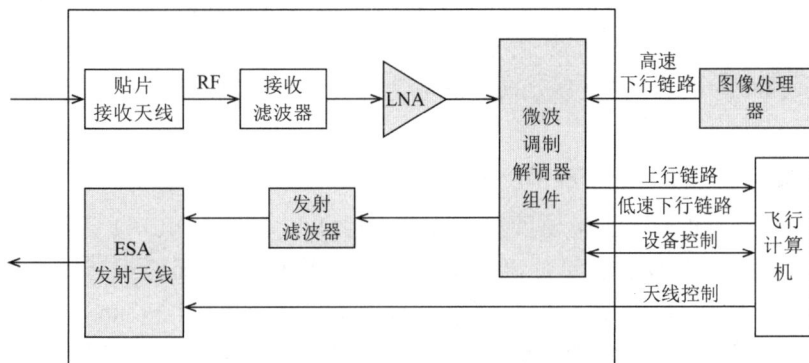

图 10-17　TacSat-2 天基 CDL 系统组成

TacSat-2 天基 CDL 系统演示示意图如图 10-18 所示。

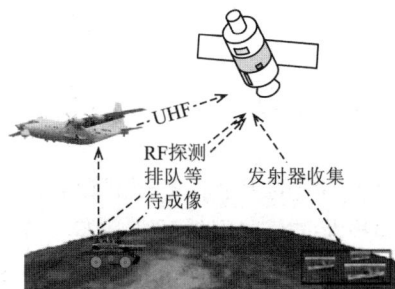

图 10-18　TacSat-2 天基 CDL 系统演示示意图

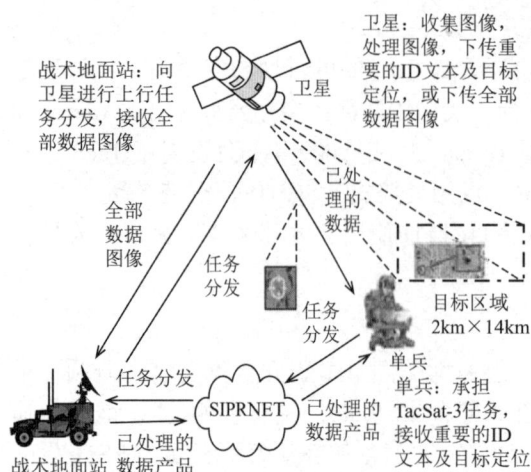

图 10-19　TacSat-3 天基 CDL 系统传输示意图

作为 TacSat-2 的后续验证项目，TacSat-3 天基 CDL 系统除支持 274Mbit/s 高速下行链路外，还支持较低速率的手持式"远程操作视频增强接收机"（ROVER），并且增加了网络能力，其传输示意图如图 10-19 所示。TacSat-3 采用 460km 的近圆轨道，倾角为 40°，轨道周期为 93.6min，携带有"先进快速响应战术军用成像光谱仪"，具有可见光、近红外和高光谱谱段成像能力。同 TacSat-2 相比，支持较低速率的手持式"远程操作视频增强接收机"，增加了网络能力。地面系统采用陆军空间与导弹防御作战实验室的战术地球站（TGS）作为地面终端，采用拖车式 3.05m 直径的 S 频段自动跟踪天线和 1m 直径的 Ku 频段卫星通信天线。

TacSat-4 战术微型卫星采用高椭圆轨道，轨道远地点高度为 1200km，近地点高度为 700km，可以覆盖 3700km² 的区域。单颗 TacSat-4 通信卫星的轨道周期为 4h，对特定区域的平均覆盖时间为 2h，而且在一天之中可能过顶 3 次；一个由 4 颗 TacSat-4 卫星组成的星座，可在北纬地区提供交叠覆盖，能够为用户提供一周 7 天、一天 24 小时的覆盖能力。主要载荷包括用于蓝军跟踪和动中通的 UHF 频段和 X 频段双模通信试验多信道转发器，以及用于数据流的太空公司飞行器通信有效载荷。TacSat-4 卫星重 450kg，信道带宽为 25MHz，寿命为 3 年。TacSat-4 不要求天线定向，能够适应复杂地形的动中通，而且与美国军队现有电台互通。

2. 美国军队天基 CDL 初步应用阶段

2008 年 10 月，ORS-1 卫星项目获得批准。2011 年 6 月，ORS-1 卫星搭乘人牛怪-1（Minotaur-1）火箭成功发射，这标志着美国军队天基 CDL 系统初步进入实战应用阶段。ORS-1 卫星的主承包商为古德里奇（Goodrich）公司，采用约 398km×405km 的近圆轨道，倾角为 40°，轨道周期为 90.5min，携带经过改造的西耶尔-2（SYERS-2）多光谱成像载荷，将为美国中央司令部（USCENTCOM）直接面向作战用户，提供实战型 ISR 能力支持。

ORS-1 天基 CDL 是专门按天基成像侦察卫星设计的具备"空间等级"的天基 CDL 系统，也是美国军队真正意义上的首个天基 CDL 系统。ORS-1 卫星通过"虚拟任务控制中心"（VMOC）和"分布式通用地面系统"（DCGS）融入了美国军队的 ISR 网络体系。该系统运行后，在执行战术任务过程中，从战场指令下达到完成数据下传的时间有望达到 2.5min。

其中，VMOC 是一个基于网络环境的卫星任务规划和数据接收处理的综合系统，它通过标准的可视化界面，协助作战用户及时获取卫星任务状态、规划调度资源，针对不同用户需求，实现最大作战效能；DCGS 是美国军队各军种通用的多源 ISR 信息综合应用系统，可对来自卫星、飞机及地面和海上 ISR 平台的数据信息进行近实时接收、分布式处理和分发。

在未来的发展阶段中，美国军队将继续通过 ORS-1 及后续计划推动天基 CDL 的实战应用，并将重点发展向地面段转移，以促进空间 ISR 系统与现有 ISR 体系的集成，同时进一步通过 AFSCN 和 GIG 完全融入 ISR 战术体系，增加中继卫星支持遥测、指令数据的超视距传输，从而形成空天一体化的 ISR 作战网络，并最终全面满足美国军队作战的需求。

10.4.4　天基 CDL 系统的发展趋势

美国军队天基 CDL 系统的发展充分借鉴了空基 CDL 系统的发展经验，走出了一条空转天的新型技术发展道路。实践表明，天基 CDL 在天基 ISR 战术应用领域具有广阔的应用前景。未来，天基 CDL 技术将以 ORS 计划为契机，逐步辐射到整个美国军队空间侦察体系，甚至扩展到民用卫星遥感领域。2015 年 ORS 计划 ISR 网络如图 10-20 所示。

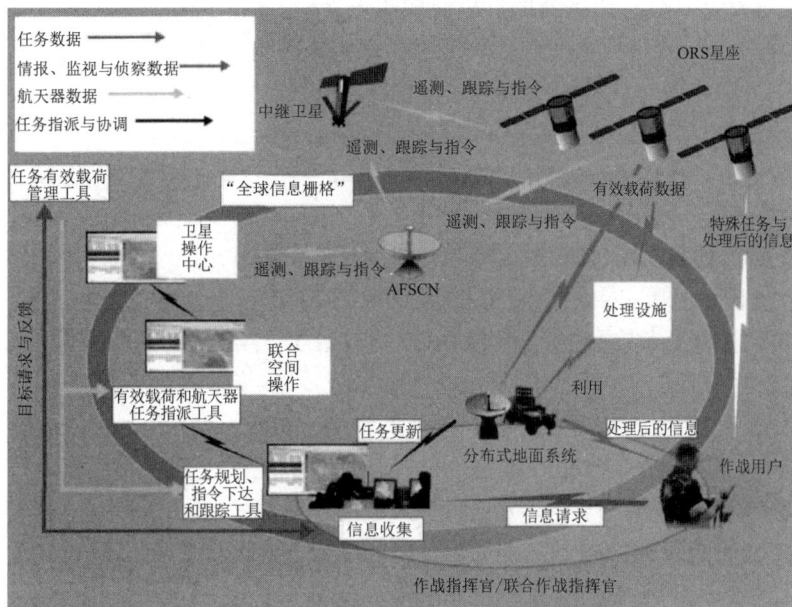

图 10-20　2015 年 ORS 计划 ISR 网络

美国军队天基 CDL 系统的发展趋势主要体现在以下几个方面。

（1）借助 ORS 计划，快速转入全面应用阶段。

经过 TacSat-2、TacSat-3 的验证，以及 ORS-1 卫星的成功发射，美国军队天基 CDL 作为一项新兴技术，在短短几年的时间里就完成了从概念到验证，再到初步应用的转化过程。天基 CDL 技术得以快速研发成功，一方面在于空基 CDL 技术的高度成熟，为天基 CDL 提供了较高的起点；另一方面，航天技术快速研发也是 ORS 概念的内在要求。

（2）加速网络体系更新换代，促进指控系统转型。

天基 CDL 载荷需要相应的地面基础设施，美国军队虽然已经充分利用了现有的空基 CDL 地面基础设施，但仍需要对传统的卫星控制网络和军事航天系统指控管理体系进行升级、改造。同时，面向战场作战的应用模式对美国军队空间系统的指控体系提出了新的要求。未来，结合 ORS 计划的现阶段目标，美国军队将继续推进与天基 CDL 技术相适应的地面设施建设、网络体系集成和相关技术研发，并在此基础上开展战术作战应用（空间系统）中指控系统的转型。

（3）引发应用模式跃变，发挥民用领域应用潜力。

天基 CDL 技术具有提供实时战术图像的能力，为空间成像系统的应用模式带来了一次巨大的变革。地面用户可以根据紧急任务需求，现场提出成像要求，并通过手持终端等设备直接接收处理后的卫星图像，该应用模式不仅能够支持美国军队作战，在民用领域也有着巨大的发展潜力。

（4）形成标准商用货架产品，降低产品成本，形成商用市场。

目前，以 L3 通信公司为代表的设备制造商已经能够提供模块化的天基 CDL 载荷产品，以及相应的地面系统解决方案。商用卫星遥感运营商可以通过标准的卫星接口，在其下一代成像卫星上直接应用天基 CDL 技术，以达到扩大军方市场和缩短图像产品交付周期的效果。未来，伴随着美国军队 ORS 计划的成功，天基 CDL 载荷很可能率先登陆美国运营商的商用成像卫星系统，为美国军队提供商用卫星侦察能力支持。

习　题

1. 卫星数据链定义是什么？
2. 卫星数据链主要作用是什么？
3. 试比较美国军队 Link-4A/11/16/22 数据链的主要能力。
4. 外军典型卫星战术数据链（S-TADIL J、STDL）、JTIDS 距离扩展（JRE）主要包括哪些基本功能？
5. 卫星数据链有什么优缺点？
6. 卫星数据链的发展趋势是什么？
7. CDL 是如何定义的？其主要功能是什么？
8. 画出 CDL 系统组成方框图，并简要说明各部分作用。
9. CDL 波形规范中定义了哪几种 CDL 数据链？各自的适用环境是什么？
10. MP-CDL 的技术特点有哪些？
11. 简述 TCDL 的主要性能和应用范围。
12. 简述在无人机侦察中 CDL 是如何应用的。
13. 简述美国军队天基 CDL 系统的发展过程和发展趋势。

第 11 章　卫星移动通信系统

本章主要介绍地面移动通信系统、卫星移动通信系统、卫星移动通信系统的特点、卫星移动通信技术、卫星移动通信系统中信道分配与切换策略、典型高轨卫星移动通信系统和典型低轨卫星星座发展现状等。

11.1　地面移动通信系统

在过去的十几年中，移动通信是电信领域中发展最为迅速和活跃的领域之一。截至 2025 年 6 月底，我国 5G 基站总数达到 455 万个，较上年末净增 23.5 万个，占移动基站总数的 35.3%。随着社会的进步和经济的进一步发展，人类对移动通信的要求越来越高。就移动通信而言，单纯依靠地面移动通信系统是不够的。因为要实现移动通信，除了要有移动通信终端（如手机），还必须具备的一个前提条件是要有基站。各类基站的覆盖区半径通常都小于几十千米，因此要使移动中的人们能随时随地得到通信服务，就必须建立足够多的基站。然而，由于经济方面的原因，基站一般只建在人口稠密地区，在业务量稀少的农村地区、偏远地区和海岛等区域一般不建立基站。另外，在沙漠、海洋、湖泊和空中等区域根本无法建立基站，因此地面移动通信系统一般只能为城市及其附近地区提供服务。根据预测，即使在工业化国家，地面移动通信系统也只能覆盖部分区域，50% 的日本领土和 80% 的美国领土目前还不能被地面移动通信系统覆盖；全球人口的 5% 至 10% 将居住在或旅行到很难被地面电信设施覆盖的区域；目前陆地移动通信服务的人口覆盖率约为 70%，但仅覆盖了约 20% 的陆地面积，不到 6% 的地球表面积，对飞机等空间通信覆盖还十分有限。为解决地面移动通信系统不能覆盖区域的移动通信问题，比较可行的解决办法是采用卫星移动通信系统。所谓卫星移动通信系统是指提供卫星移动业务（MSS）的通信系统，其典型特征是利用卫星作为中继站向用户提供移动业务。所利用的卫星既可以是对地静止轨道（GSO）卫星，又可以是非对地静止轨道（non-GSO）卫星，如中等高度地球轨道（MEO）、低高度地球轨道（LEO）和高椭圆轨道（HEO）卫星等。因此，可以说卫星移动通信是传统的固定卫星通信与移动通信交叉结合的产物。从表现形式来看，它既是一个提供移动业务的卫星通信系统，又是一个采用卫星作为中继站的移动通信系统。卫星移动通信系统的提出既不是为了代替地面移动通信系统，也不是为了与之竞争，而是作为它的补充。卫星移动通信系统能扩大移动通信的地理覆盖和业务覆盖范围，除提供常规的移动通信业务外，还可向空中、海面和复杂地理结构的地面区域的各类移动用户提供服务。

11.2　卫星移动通信系统

卫星移动通信系统的类型划分方式有两种。一种是按应用来分，可分为海事卫星移动通信系统（MMSS）、航空卫星移动通信系统（AMSS）和陆地卫星移动通信系统（LMSS）；另一种是按系统采用的轨道来分，可分为 GSO 卫星移动通信系统和非 GSO（如 LEO、MEO、HEO 等）卫星移动通信系统。

11.2.1　系统组成

卫星移动通信系统一般由空间段、地面段和用户段三部分组成，如图 11-1 所示。

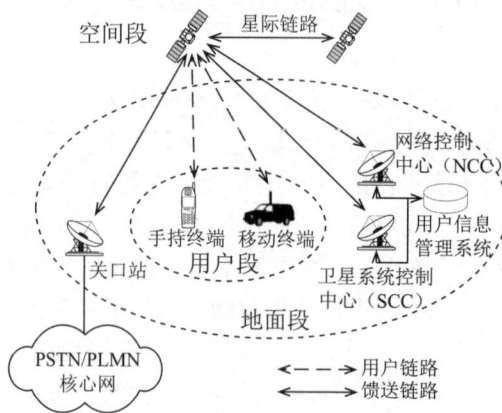

图 11-1　卫星移动通信系统的基本组成

空间段可以是 GSO 卫星或非 GSO（如 LEO、MEO、HEO 等）卫星；地面段一般包括卫星系统控制中心、网络控制中心及各类关口站（Gateway）等；用户段由各种终端组成，如手持终端和移动终端等。地面段中的卫星系统控制中心负责保持、监视和管理卫星的轨道位置、姿态并控制卫星的星历表等；网络控制中心负责处理用户登记、身份确认、计费和其他的网络管理功能等；关口站负责呼叫处理、交换及与地面通信网的接口等。地面通信网可以是公共交换电话网（PSTN）、公共地面移动网（PLMN）或其他各种专用网络。不同的地面通信网要求关口站具有不同的网关功能。

11.2.2　网络结构

根据移动用户之间能否直接通过卫星进行通信而把卫星移动通信系统的网络结构分为两大类。第一类是星型结构，在此结构中移动用户之间不能直接进行通信，它们之间要通信就必须经关口站中继，通过卫星两跳才能实现，大部分系统都采用这种结构。第二类是网型结构，此结构中移动用户之间可直接进行通信。在网型结构中，还可根据系统是采用集中控制还是分布控制，进一步把网络结构分为完全的网型结构及网型和星型相结合的网络结构，目前使用完全的网型结构的卫星移动系统较少。在星型结构的卫星移动通信系统中，移动用户终端和关口站通过卫星转发器构成星状网，关口站是整个网络的中心交换节点。采用星型结构的优点是卫星可以简单一些，用户终端可以相对小一点；其缺点主要是在采用 GSO 卫星时，若移动用户之间需要通信，则端到端的传输时延太大，不能满足 400ms 的要求。对使用 GSO 卫星的以话音业务为主的卫星移动通信系统来说，通常希望系统内任意两个移动终端之间能够直接通话而不是经过关口站转发（双跳使响应时间超过 1s，用户不易习惯）。这个要求决定了这类卫星移动通信系统应该是网型结构。采用网型结构的优点是传播时延较小。

11.3　卫星移动通信系统的特点

与地面蜂窝移动通信网相比，卫星移动通信系统有以下特点。

（1）通信的无层次性。地面蜂窝移动通信网是分层次的，或者说分为长途和本地两类（如本地网、长途网等）；但在卫星移动通信系统内，移动用户之间的通信费用与距离基本无关，所有移动终端以相同身份连接到同一个网络，通信是不分层次的。

（2）单节点的交换网络。在地面蜂窝移动通信网中，用户信息从一方到另一方一般要经历几个交换机；但在采用 GSO 卫星的卫星移动通信系统中，一般只有卫星一个中继节点，或者由卫星和关口站共同组成一个中继节点。

（3）信道传播时延大。一条地面信道的传播时延一般在 1ms 以下，而在采用 GSO 卫星的卫星移动通信系统中信道的传播时延约在 300ms；采用 MEO 卫星的卫星移动通信系统的信道单跳时延在 100ms 左右。

（4）在传统的地面蜂窝移动通信系统中，基础设施在地面，蜂窝区是固定的，移动用户可在蜂窝区内漫游；而采用非 GSO 卫星的卫星移动通信系统的基础设施在空中，蜂窝小区的位置随着地球的自转和卫星的运动而移动。与卫星移动速度相比，用户移动速度非常缓慢，在通信时间内用户位置可被看成是固定的，因此采用非 GSO 卫星的卫星移动通信系统可被看作一个倒置的蜂窝系统，但其小区的覆盖范围是远大于地面蜂窝移动通信系统的。

11.4　卫星移动通信技术

利用卫星进行移动通信，具有覆盖范围大、通信距离远、组网灵活、通信费用基本与距离无关、不受地面现有设备的限制及受地形地物影响小等突出优点。但由于用户在进行通信时往往是处于运动状态的，因此与固定业务的卫星通信系统相比，卫星移动通信系统在技术上有以下特点。

（1）卫星功率有限与移动站低增益天线之间的矛盾十分突出。在移动站低增益天线的情况下（受载体和移动过程中指向跟踪问题的限制，移动站的天线一般较小），为保证通信质量，要求卫星要有比较高的天线增益和较大的发射功率；由于一个移动站占用卫星功率过多，又限制了系统的容量，采用多波束天线是解决此问题的有效途径。

（2）系统是在非高斯信道中工作的，电波传播情况复杂。由于移动站采用低增益天线（弱方向性）并在移动中通信，因此产生多径效应和多普勒频移是不可避免的。测试表明，由于多径效应引起的信号衰落深度达数分贝乃至几十分贝；在陆地，还可能遇到建筑物、树木、山谷等地形地物的遮蔽，对通信产生严重影响，对此要加以恰当处理或解决。采用分集接收是解决此问题的有效途径。

（3）众多用户共享有限的卫星（频率与功率）资源。不像固定卫星通信系统那样，只有有限数量的地球站，对面向个人的卫星移动通信系统来说，为确保系统的经济效益必须有大量低增益天线的移动终端。

（4）移动台要求有高度的机动性，故小型化具有十分重要的意义。其中核心问题是保证用户在运动中通信的问题。为此，还要解决以下一系列关键技术问题。

①卫星向覆盖区提供高的有效全向辐射功率（EIRP），以满足大量低品质因子（G/T）值的移动站的需求。为此，可采用中低轨道卫星、大口径天线及多波束天线等解决方案。

②抗衰落技术。如采用空间分集、频率分集、纠错技术及合适的调制解调方式等。

③网络管理与控制。由于移动卫星通信系统的特点之一是大量用户共享有限的卫星功率与频率资源，因此为获得对资源的有效利用，需要有一个高效而灵活的网络结构、信道申请与分配方式、与地面网络的接口等。

④射频技术。适应各类移动台结构要求的天线、高稳定度的频率源（考虑到系统通常传输低速率信号、载波间隔小和多普勒频移的影响等，其要求尤为突出）、高效率的功率放大器等都是需要进一步研究的。

⑤从系统总体看，必须采取空间段与地面段相匹配的优化设计方案。

11.5 卫星移动通信系统中信道分配与切换策略

11.5.1 卫星移动通信系统中信道分配

信道分配与多址访问方式紧密相关。对 FDMA、TDMA、SDMA、CDMA 不同多址方式而言，就是以这样的方式把频带、时隙、波束和地址码分配给各用户使用。因此，信道分配的目的是使用户能够使用信道。

1. 信道分配的主要类型和有关基本概念

信道分配的主要类型有预分配（PA）、按申请分配（DA）、动态分配（DYA）、随机分配（RA）等。在卫星移动通信系统中，由于移动站业务的随机性、接入的稀疏性，因此为充分利用系统资源，对移动站而言一般采用按申请分配方式分配。早期卫星移动用户业务量较少，随着卫星互联网的广泛应用，宽带业务大量增加。相同的无线电频谱通常不能在相邻波束内使用，如铱星系统（Iridium）、中轨系统（ICO）采用 TDMA、FDMA 体制就会引起波束干扰，只有采用 CDMA 体制才允许相邻波束内使用相同的频率。对于具有多波束的卫星移动通信系统，根据把总频谱资源分配给各波束的方式不同，进一步把按申请分配方式细分为固定、灵活和动态三种。卫星移动通信系统中信道（波束）分配策略的分类如图 11-2 所示。

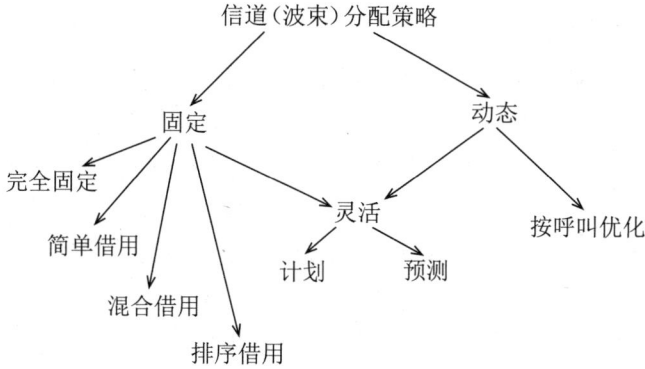

图 11-2 卫星移动通信系统中信道（波束）分配策略的分类

信道分配由网络控制中心（NCC）或关口站负责集中分配，根据系统类别不同，可分为单级集中控制方式和多级集中控制方式。

单级集中控制方式是指系统中所有的信道资源都由一个网络控制中心负责分配，信道分配采用星型网络结构，一般在 GSO 卫星移动通信系统中采用 LMSS、MSAT、Mobilesat。

多级集中控制方式是指系统中存在不同层次的多个信道分配中心，各自负责辖区内的信道分配，一般在非 GSO 卫星移动通信系统中采用。网络控制中心管理所有卫星和关口站，网络控制中心只负责把系统资源分配给各关口站，再由关口站把信道资源分配给各波束，在各波束内仍由关口站按照逐呼叫处理原则分配信道。

在多波束系统中，同一无线电频段同时被多个波束使用（空分复用），但这些使用相同频段的波束之间必须间隔一定的距离，以不产生共信道干扰或使共信道干扰足够小。把无线电频段可以被空分复用而不会造成共信道干扰或使其足够小的最小距离称为共信道复用距离。在实际使用中，常取为不能同频复用的两个波束中心点之间的距离（与多址方式、调制方式、移动环境和要求的业务质量等因素有关）。图 11-3 所示为多波束卫星移动通信系统中有关波束覆盖及主要参数的示意图。对于 CDMA 方式，取 $D = \sqrt{3}R' = 2R$（相邻波束可以使用相同的频率）；对于 TDMA 和 FDMA 方式，一般取 $D = \sqrt{21}R' = \sqrt{28}R$（每 7 个波束可进行一次频率复用）。

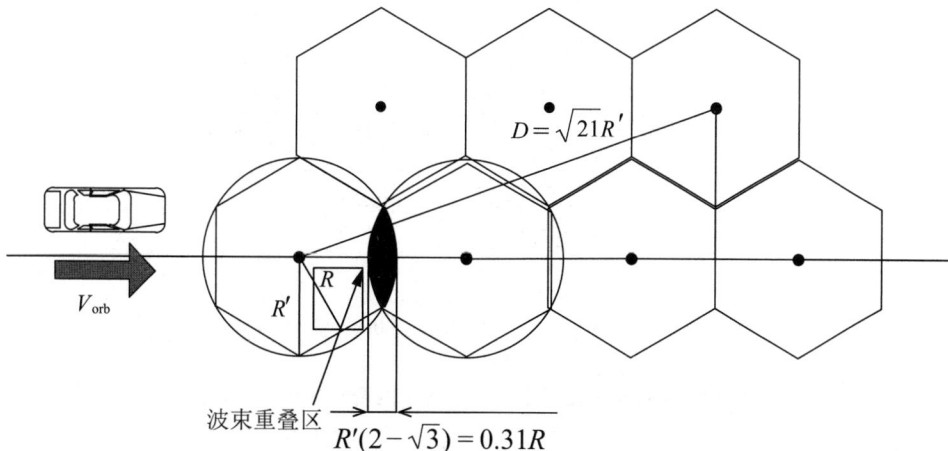

图 11-3 多波束卫星移动通信系统中有关波束覆盖及主要参数的示意图

2. 固定信道分配策略

固定信道分配（Fixed Channel Allocation，FCA）策略是指给每个波束固定分配一组信道，固定分配给某个波束的信道可以再次分配给共信道复用距离外的波束。多波束卫星移动通信系统中的两种主要复用方式如图 11-4 所示。图 11-4（a）所示为共信道复用距离 $D = \sqrt{21}R'$ 的 7 波束频率复用方案，在此方案中把系统总频率资源分成 7 组，每组分配给一个波束使用，每 7 个波束可进行一次频率复用，如以同频复用的第 2 号频率组为例，分配给第 2 号频率组的所有波束都满足共信道复用距离的要求；图 11-4（b）所示为 ICO 系统采用的 4 波束频率复用方案，其频率复用原理与 7 波束方案是类似的。

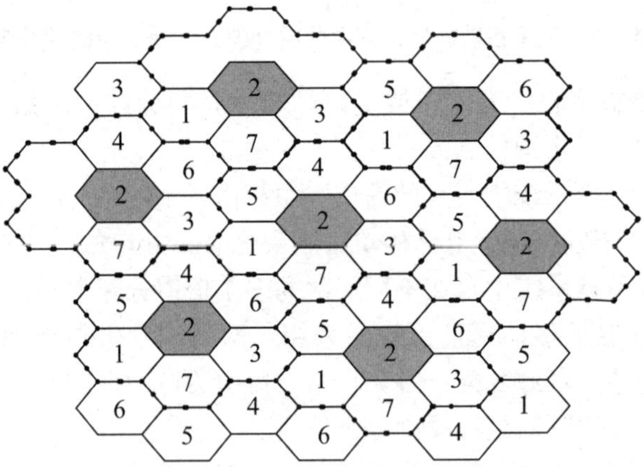

（a）共信道复用距离 $D = \sqrt{21}R'$ 的7波束频率复用方案

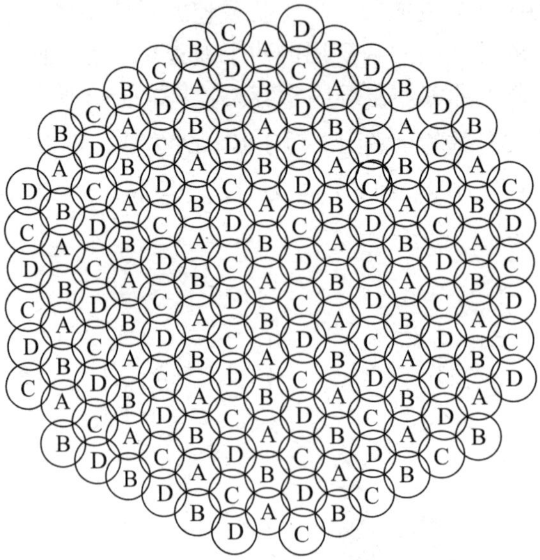

（b）ICO系统采用的4波束频率复用方案

图 11-4　多波束卫星移动通信系统中的两种主要复用方式

完全固定分配策略是指在每个波束中，只有存在空闲信道时才能接收一个新来的呼叫，否则呼叫被阻塞。由于波束覆盖范围大，相邻波束所覆盖区域的业务特性可能忙闲不均，因此提出了多种改进策略，即业务繁忙的波束可从业务空闲的波束借用部分信道，称此为信道借用策略。

简单借用信道分配策略是指在固定分配给本波束的信道都忙的情况下，通过从邻近波束借用一条空闲信道来接收一个新的呼叫，只要该信道不与一个正在进行的通信相互干扰，即满足共信道复用距离的要求。当一条信道被借用后，处于共信道复用距离内其他波束就不能再使用它，即借用信道被锁住。简单借用信道分配策略在低到中等业务量条件下呼叫阻塞概率较低；但在高业务量时，由于借用信道会额外锁住其他 5 个波束，因此信道利用率会有一定的下降。

混合借用信道分配策略是对简单借用信道分配策略的改进。它把固定分配给各波束的信道分为两组，一组只能在指定波束内使用，另一组可被相邻波束借用。

排序借用信道分配策略是指在混合借用信道分配策略的基础上，根据业务情况动态改变两组信道的比例。对每条信道的借用概率进行排序，每当一个呼叫到达时，选择最合适的信道来分配。为降低被借用信道对额外波束的锁住效应，还可采用波束内切换。

3. 动态信道分配策略

动态信道分配（Dynamic Channel Allocation，DCA）策略是指所有波束没有固定分配的信道，所有信道都能在任一波束内使用，但需要由网络控制中心统一分配。当有一个新呼叫出现时，网络控制中心选择一条最合适的信道来分配。当任一呼叫结束时，重新安排信道分配计划。

在 DCA 策略中，网络控制中心要根据所采用的成本函数算法计算每条信道在每个波束中的使用成本，当一个呼叫到达时，网络控制中心选择一条成本最低的信道来分配。

成本函数算法决定了不同的 DCA 策略，它与信道的使用状况、未来的阻塞概率及复用距离等因素有关。

4. 灵活信道分配策略

灵活信道分配策略综合了 FCA 策略和 DCA 策略，把相同总信道分成两组：一组固定分配给每个波束，它能满足轻业务量负荷条件下每个波束对信道容量的要求；另一组称为灵活信道，当某个波束内业务量增加，固定分配的信道不够使用时，由网络控制中心统一分配一部分灵活信道给这些波束。

分配灵活信道的方式有计划方式和预测方式。

计划方式：需要对业务分布的未来变化在时间和空间上均有准确预测，在预先获知的业务量改变峰值时刻改变灵活信道的分配计划。

预测方式：每个波束都需要周期性地测量其业务密度或阻塞概率，以便网络控制中心能及时重新分配灵活信道。

11.5.2　卫星移动通信系统中呼叫切换

在地面蜂窝移动通信系统中，每当移动终端从一个小区进入另一个小区时就会产生切换，即在进行的呼叫必须被选路到另一个基站，如果切换失败，则该呼叫就被强迫终止，这对用户而言就是通信中断。与初始呼叫阻塞相比，从业务质量上来讲，强迫终止更难于被用户接收。ITU-T 规定初始呼叫阻塞概率和经过几次成功切换后的呼叫被强迫终止的概率应分别在百分之几和万分之几的数量级。

为避免强迫终止，需要进行呼叫切换。与地面蜂窝移动通信系统相比，卫星移动通信系统切换的特点如下：一个波束相当于地面蜂窝移动通信系统中的一个小区，通常要大 2 个数量级，即地面蜂窝移动通信系统小区范围为几至十几千米、卫星波束范围为几百至几千千米。在卫星移动通信系统中，切换主要是由卫星波束移动引起的，与地面蜂窝移动通信系统不同。

对于采用 GSO 的系统，波束是静止的，因此切换主要是由用户移动引起的，由于每个呼叫的时间一般为 3min，所以车载用户穿越需要几小时，与移动站穿越卫星波束所花时间相比几乎可以忽略不计，穿越波束重叠区也需要几十分钟；对采用 GSO 的卫星移动通信系统来说，其呼叫切换概率非常小，除了机载站，其他移动站几乎可以认为没有切换。

表 11-1 所示为几种典型系统中有关波束覆盖和移动的参数。

表 11-1　几种典型系统中有关波束覆盖和移动的参数

系统名称	铱星系统（Iridium）	全球星系统（Globalstar）	中轨道卫星系统（ICO）
总卫星数（主用+备用）/个	66+6	48+8	10+2
轨道高度/km	780	1410	10355
卫星运动速度/（km/h）	26864	25754	17570
星下点移动速度/（km/h）	23937	21092	6700
多址访问方式	TDMA/FDMA/TDD	CDMA/FDMA/FDD	TDMA/FDMA/FDD
波束数/卫星	48	16	163
系统中总波束数/个	3168	768	1630
波束直径/km	600	2254	—
卫星覆盖区直径/km	4700	5850	12900
卫星可视时间/min	11.1	16.4	115.6

1. 切换的主要类型

在地面蜂窝移动通信系统中，切换主要分为四种类型：小区内切换（呼叫结束时用于优化信道分配），同一基站控制器（BSC）内不同小区之间的切换，相同移动交换中心（MSC）/访问位置寄存器（VLR）业务区、不同 BSC 的小区之间的切换，以及不同 MSC 业务区的小区之间的切换。

不同的切换类型需要系统具备的控制功能是不同的，如改变地面线路连接、位置更新、计费等。

对卫星移动通信系统来说，无论是否采用星际链路、移动用户之间是否可以直接通信，网内用户与网外用户之间的通信都必须经过关口站。关口站承担系统的主要控制功能，包括信道分配、切换控制、移动性管理、呼叫选路和交换、与其他系统的互连互通、计费等。关口站通常把地面蜂窝网中的移动交换中心（MSC）、基站分系统（BSS）、归宿位置寄存器（HLR）、访问位置寄存器（VLR）、设备标志寄存器（EIR）及签权中心（AUC）等综合在一起。

　　对于一个关口站，通常包括能同时跟踪多颗卫星并与之通信的多套跟踪地球站设备（对于 GSO 系统，通常只有一套地球站设备）、一个关口站控制器（负责控制和管理多套跟踪地球站）、MSC、HLR、VLR、EIR、AUC 等功能块，如图 11-5 所示。关口站控制器完成的功能类似于地面蜂窝移动通信系统中基站分系统（BSS）中的基站控制器（BSC），而跟踪地球站类似于同一 BSS 中受 BSC 控制的基站收发台（BTS）。如果考虑卫星的中继作用，那么对于没有采用星上交换的卫星，由卫星和跟踪地球站共同组成一个 BTS；对于采用星上交换和星际链路的卫星，其无线电收发部分完成的仍是 BTS 的功能，而其星上交换和星际链路功能则可看成是 BSC 的功能。

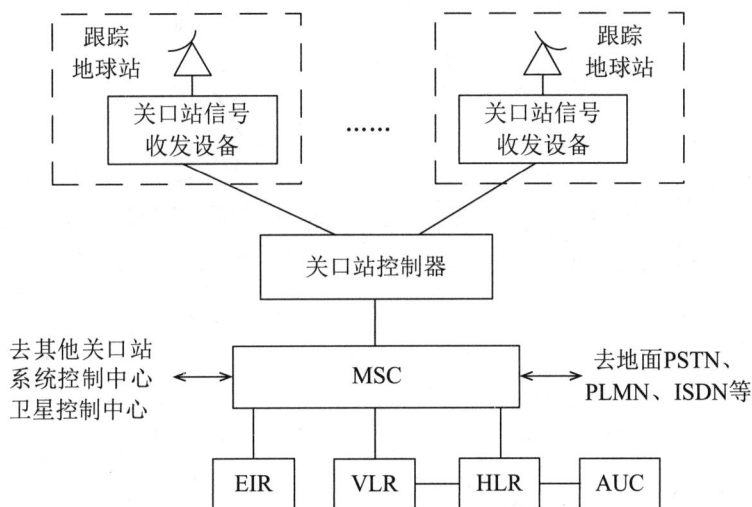

图 11-5　关口站的典型组成方框图

　　虽然一个关口站的业务区类似于地面蜂窝网中的一个 MSC 的业务区，一颗卫星的覆盖区类似于一个 BSC 的管理区域，但由于一颗卫星的覆盖范围较大且其波束覆盖区是移动的，因此在某些情况下，一颗卫星可能会同时覆盖两个或多个关口站的业务区，即其波束分别受两个或多个关口站控制，这与地面网络中一个 BSC 只受一个 MSC 管理的情况是不同的。

　　因此，在卫星移动通信系统中，根据切换是否在同一关口站的业务区和是否在同一卫星覆盖区的波束之间进行而分为五类，如图 11-6 所示。

　　（1）波束内切换。这种切换用于在呼叫结束后，使用成本函数较高的信道的呼叫需要切换到成本函数较低的信道。

　　（2）同一关口站和卫星的不同波束间切换。这种切换相当于同一基站控制器（BSC）内不同小区之间的切换，它只涉及两个波束的信道分配和修改同一关口站（不采用星上交换）或卫星（采用星上交换）的交换机的路由表。

　　（3）同一关口站、不同卫星的不同波束间切换。这种切换相当于同一 MSC、不同 BSC之间的切换，它涉及两颗卫星的信道分配；对于采用星上交换和星际链路的系统，需要改变两颗卫星星上交换机的路由表和星际链路的路由表；对关口站而言，需要为该连接切换地球站设备和修改关口站交换机的路由表。

（4）不同关口站、同一卫星的波束间切换。这种切换涉及两个关口站之间的切换，包括信道分配、改变地面线路连接、位置更新和计费等，对于采用星上交换的卫星还需要改变其交换机的路由表。

（5）不同关口站、不同卫星的波束间切换。这种切换相当于地面蜂窝移动通信系统中不同 MSC 业务区之间的切换，它涉及两个关口站和两颗卫星之间的切换。对于关口站涉及信道分配、改变地面线路连接、位置更新和计费等问题，采用星上交换的卫星需要改变其交换机的路由表和星际链路连接表。

对多模式终端来说，还涉及卫星系统与地面蜂窝移动通信系统之间的切换。

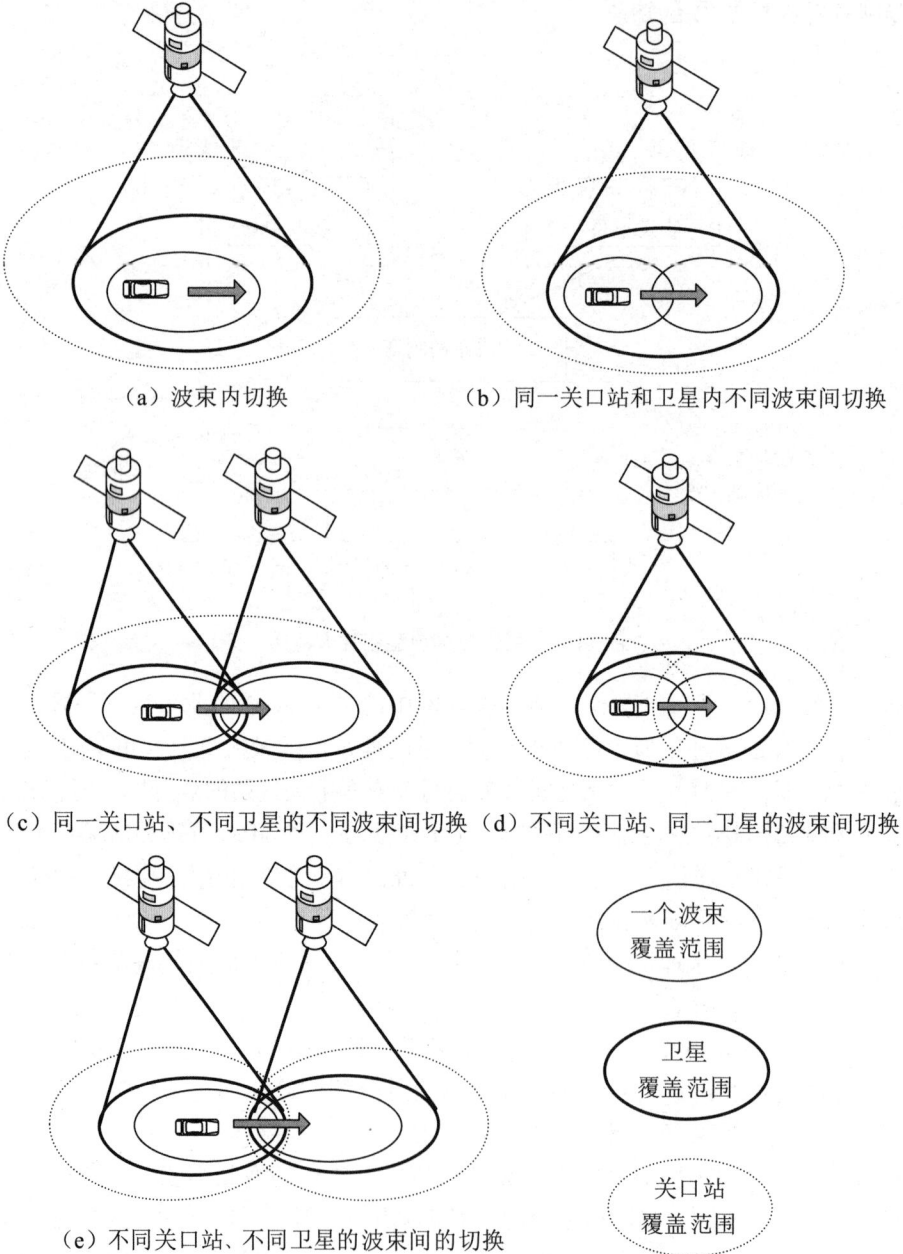

（a）波束内切换　　　　　　　（b）同一关口站和卫星内不同波束间切换

（c）同一关口站、不同卫星的不同波束间切换（d）不同关口站、同一卫星的波束间切换

一个波束
覆盖范围

卫星
覆盖范围

关口站
覆盖范围

（e）不同关口站、不同卫星的波束间的切换

图 11-6　卫星移动通信系统中切换的主要类型

2. 切换的一般过程

对覆盖全球的卫星移动通信系统来说，一个波束相当于地面蜂窝移动通信系统中的一个小区，一颗卫星的覆盖范围类似于一个 BSC 的控制范围，一个可同时与多颗卫星建立连接的关口站类似于一个 MSC，系统中所有关口站一般由一个专用通信网络（地面/卫星）互联起来，整个系统类似于一个国家的通信网络。这些通信网络都有自己的国家码，当有网外用户呼叫网内用户时，地面通信网络根据国家码选路到被叫卫星移动通信系统，由系统根据用户号码选路到被叫用户。因此，其切换后的一系列处理过程与一个国内地面移动通信系统相似，尽管它覆盖全球且一个关口站可能同时具有地面蜂窝网中 BSC 和 MSC 的功能。

本书主要以覆盖全球的卫星移动通信系统为例说明切换过程。

在切换过程中，一般涉及三个有关信号强度的门限，如图 11-7 所示。

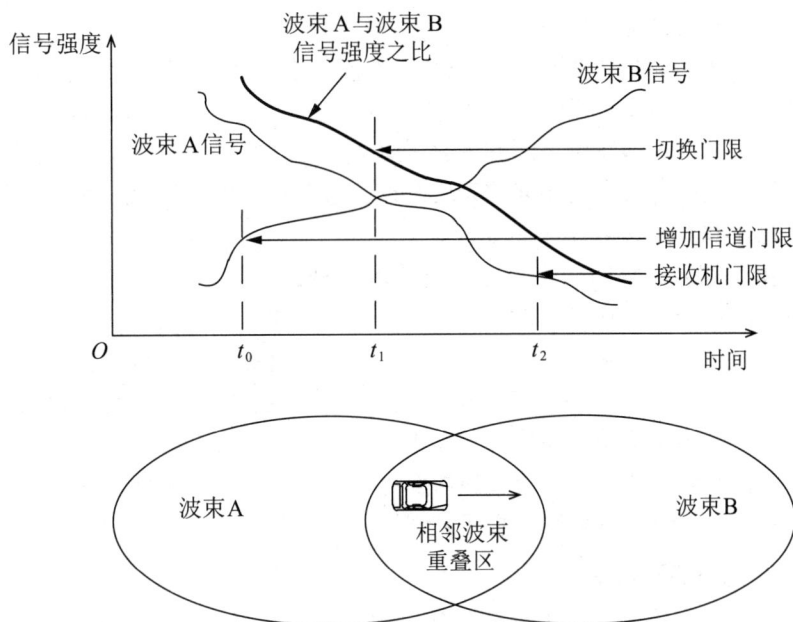

图 11-7　描述切换过程的一般示意图

（1）增加信道门限：邻近波束的导频信号或广播信道信号强度超过此门限时就进入增加信道状态或分集接收状态（仅对于采用分集接收的 CDMA 系统），一旦超过此门限就启动切换过程，这通常发生在穿过新到达波束边界的时刻。

（2）切换门限：当前使用波束的导频信号或广播信道信号强度与邻近波束的导频信号或广播信道信号强度相等的值，一旦低于此门限，就开始执行切换过程。

（3）接收机门限：如果当前使用波束的导频信号或广播信道信号强度下降到此门限，并且没有完成到其他波束的切换，那么当前正在进行的呼叫被迫终止。对于采用分集接收的 CDMA 系统，移动站就拆除与原先波束的信道，完成分集接收，因此又称拆除信道门限。

卫星移动通信系统中的呼叫切换，通常经历的过程如下。

（1）移动站需要周期检测当前使用波束和邻近波束的导频信号或广播信道的信号强度的变化，也需要检测当前使用信道的传输质量，并将结果通知给当前关口站，以确定是正在穿越相邻波束之间的边界还是相邻波束重叠区。

（2）当检测到邻近波束的导频信号或广播信道的信号强度的变化超过增加信道门限（t_0）时，说明该移动站进入相邻波束重叠区，就进入增加信道状态或分集接收状态，通知关口站，启动切换过程，为该移动站设置新的激活波束集。所谓激活波束集是指邻近该移动站的、当前可用波束的集合，是该移动站的潜在切换对象，也可用于对该移动站的定位（波束覆盖区大致位置）。

（3）当检测到当前波束的导频信号或广播信道的信号强度与邻近波束的信号强度之比小于切换门限（t_1）时，开始切换过程，即移动站终止利用当前波束进行通信，等待分配信道利用新波束进行通信；对于分集接收 CDMA 系统继续进行分集接收。

（4）切换过程开始后，就需要在新到达的波束内为该移动站按照初始呼叫信道分配算法进行信道分配，释放原先使用信道；如果采用了波束内切换或信道重新安排，则按照重新安排算法进行信道优化分配和切换。

（5）在新到达的波束内，可能因业务忙，不能马上得到分配信道，移动站从切换门限点移动到接收机门限点需要一段时间（时刻 t_1 到时刻 t_2），只要在这段时间内分配信道，通信就不会被强迫终止。相邻波束之间的重叠区越大，允许切换排队时间越长，呼叫强迫终止概率就越低，但重叠区太大会使相邻波束之间产生过多的干扰，从而影响系统容量，这对于相邻波束同频操作的 CDMA 系统更是如此。

（6）为了降低切换失败的概率，还可以采取两种办法：其一，在分配信道时给予切换过来的呼叫较高的优先级；其二，设置保护信道，就是在每个波束或整个系统内固定设置一部分只分配给切换过来的呼叫的保护信道，其余信道则由初始呼叫和切换过来的呼叫共享。

（7）针对卫星移动信道存在衰落和阴影效应，信号强度可能会经历较大的变化，从而可能造成误切换。因此，移动站在检测到在用波束导频信号或广播信道信号强度降低时，还需要连续观察一段时间才能确定是否真的需要进行切换；另外，还可通过信号强度越来越强的变化过程及所处的大致位置来进一步提高切换的可靠性。

3. CDMA 系统中的软切换

由于 CDMA 方式允许相邻波束同频复用并采用分集接收，因此可以实现软切换。其基本原理如图 11-7 所示。当移动站从波束 A 向波束 B 移动时已经通过波束 A 与关口站建立通信，此时它不断地监测当前前向链路导频信号强度的变化。当检测到一个信号强度大于增加信道门限的导频信号时，移动站就发出一个导频强度测量信息，管理波束 A 和波束 B 的关口站（可能是也可能不是同一个关口站）收到这个信息后，同时向该移动站发送切换命令，采用分集接收与波束 A 和波束 B 的关口站同时通信，并向关口站发送切换完成信息。当移动站继续向波束 B 移动时，移动站检测到波束 A 导频信号强度下降到低于接收门限时，停止分集接收并启动其终止定时器，当计时到后，移动站向外发送导频信号强度测量信息，波束 A 和波束 B 的关口站收到此信息后，由波束 B 的关口站向移动站发出切换完成命令。移动站收到切换完成命令后，仅与波束 B 的关口站保持通信链路，同时返回切换完成信息。波束 A 的关口站收到移动站发出的切换完成信息后，终止与移动站的连接，这样就完成了从波束 A 到波束 B 的软切换。

可知，在移动站越区时可以与两个波束的关口站同时通信，缓慢实现相邻波束的切换，从而不仅实现了信号的软切换，而且能做到分集接收，改善系统的性能。

另外，还有一种更复杂的情况就是多区间的切换，即移动站从波束 A 进入波束 A 和波束 B 的重叠区，再进入波束 A、波束 B 和波束 C 的重叠区，然后进入波束 B 和波束 C 的重叠区，最后进入波束 C，从而完成多区之间的切换，如图 11-8 所示。软切换的优点：提高系统的可靠性和通信质量。软切换的缺点：降低系统容量，设备和控制较为复杂。图 11-9 所示为各类切换方式占用总信道数的百分比。

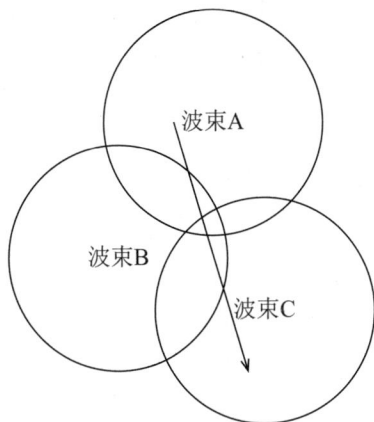

图 11-8　三区切换的移动线路　　　　　　图 11-9　各类切换方式占用总信道数的百分比

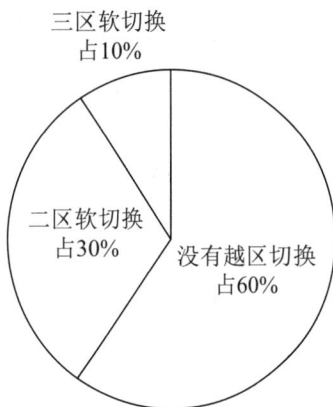

11.5.3　卫星移动通信系统中信道分配和切换策略的性能分析

切换和信道分配是紧密相关的两个问题，所谓信道分配是在用户发起呼叫时需要系统为其初始分配一条信道的过程，通常只涉及一个波束；在用户通信过程中，由于原先分配的信道无法再使用而需要系统为其重新分配一条信道并收回原先分配的信道的过程称为切换，通常涉及两个或多个波束。

定义描述用户移动性的参数 a：

$$a = \frac{2R}{V_{\text{orb}} T_{\text{m}}} \tag{11-1}$$

式中，R 是在把卫星波束覆盖区看成六边形蜂窝时该六边形内接圆的半径；V_{orb} 是移动站对于卫星的运动速度；T_{m} 是呼叫平均持续时间。

在分析时做以下假设。

（1）以铱星系统为分析背景，取 $V_{\text{orb}} = 26600\text{km/h}$，$R = 212.5\text{km}$，波束重叠区宽度为 $R/5$（最大宽度为 $0.31R$）。

（2）呼叫持续时间 t_{d} 服从均值为 T_{m} 的指数分布。

（3）若需切换过去的波束中没有空闲信道，允许该呼叫进行排队，其在队列中允许的最大等待时间为

$$t_{w\text{max}} = \frac{aT_{\text{m}}}{10} \tag{11-2}$$

（4）切换主要是由卫星移动引起的，称呼叫初始产生的波束为"源波束"；呼叫持续时间到达的其他波束为"中转波束"。移动站沿波束最大直径方向以固定速度 V_{orb} 穿越波束。

（5）移动站在一个波束中的移动距离和所需时间：处于"源波束"时，移动距离服从 $0 \sim 2R$ 之间的均匀分布；所需时间 t_{mc1} 和 t_{mc2} 分别表示移动站在"源波束"和"中转波束"

中发生一次切换所需的时间。

这样，一个呼叫在其"源波束"中发生切换的概率为

$$P_{h1} = P_r\{t_d > t_{mc1}\} = \frac{1-e^{-a}}{a} \tag{11-3}$$

由于呼叫持续时间服从指数分布，一个呼叫从发生"源波束"到"中转波束"的第一次切换后，其剩余持续时间仍服从指数分布（这就是指数分布的无记忆性），这样，由假设（5）可知，在所有"中转波束"中发生切换的概率为

$$P_{h2} = P_r\{t_d > t_{mc2}\} = e^{-a} \tag{11-4}$$

图 11-10 所示为切换概率 P_{h1} 和 P_{h2} 与移动性参数 a 的关系曲线。显然，当 $a \rightarrow 0(\infty)$ 时，P_{h1} 和 P_{h2} 趋于 1 （0）。

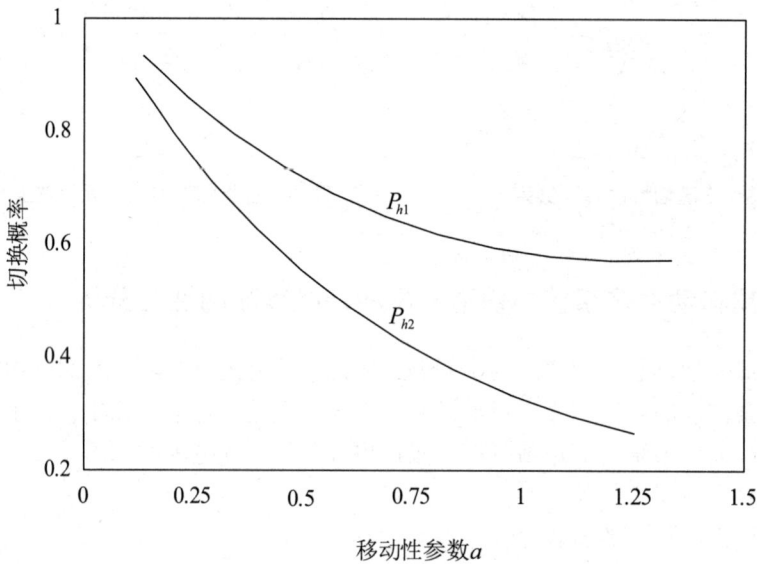

图 11-10　切换概率 P_{h1} 和 P_{h2} 与移动性参数 a 的关系曲线

从上面分析可见，切换请求的产生是无记忆的，一个呼叫至少产生 i 次（$i = 1, 2, \cdots$）切换概率为

$$Q_i = P_{h1} P_{h2}^{i-1}$$

若 P_{b1} 为新产生呼叫被阻塞的概率，P_{b2} 为切换失败概率，则一个新到达呼叫被接收并且进行了 i 次（$i = 1, 2, \cdots$）成功切换的概率为

$$V_i = (1 - P_{b2})^{i-1}(1 - P_{b1}) \tag{11-5}$$

由于第 i 次（$i = 1, 2, \cdots$）切换失败而使一个正在进行的呼叫被强迫终止的概率为

$$B_i = (1 - P_{b2})^{i-1} P_{b2} \tag{11-6}$$

一个新到达呼叫在其呼叫持续时间内成功切换次数的平均值为

$$n_i = \sum_{i=1}^{\infty}\{iQ_iV_i\} = \frac{(1 - P_{b1})P_{h1}}{1 - (1 - P_{b2})P_{h2}} \tag{11-7}$$

图 11-11 所示为在 $P_{b1} = P_{b2} = 0$ 的情况下，对于固定的每波束内呼叫到达速率和天线半功率波束宽度，每呼叫平均切换次数 n_h 与 LEO 卫星轨道高度的关系曲线。

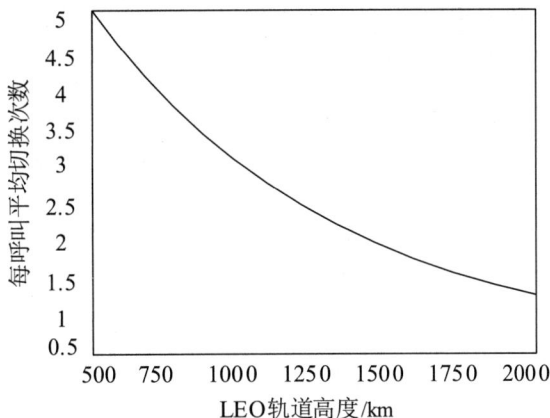

图 11-11　每呼叫平均切换次数 n_h 与 LEO 卫星轨道高度的关系曲线

切换失败而使一个正在进行的呼叫被强迫终止的概率为

$$P_{\text{drop}} = \sum_{i=1}^{\infty} \{Q_i B_i\} = \frac{P_{b2} P_{h1}}{1 - (1 - P_{b2}) P_{h2}} \tag{11-8}$$

这样，初始呼叫被阻塞或切换失败被强迫终止而使一个呼叫被清除的概率为

$$P_{\text{ns}} = P_{b1} + (1 - P_{b1}) P_{\text{drop}} \tag{11-9}$$

显然，对于相同的每波束新到达呼叫产生的业务量，各种信道分配策略和切换方式的性能优劣可以用呼叫被清除概率 P_{ns} 来衡量，图 11-12 和图 11-13 分别为 LEO-MSS 和 GSO-MSS 中各种信道分配和切换策略的比较。

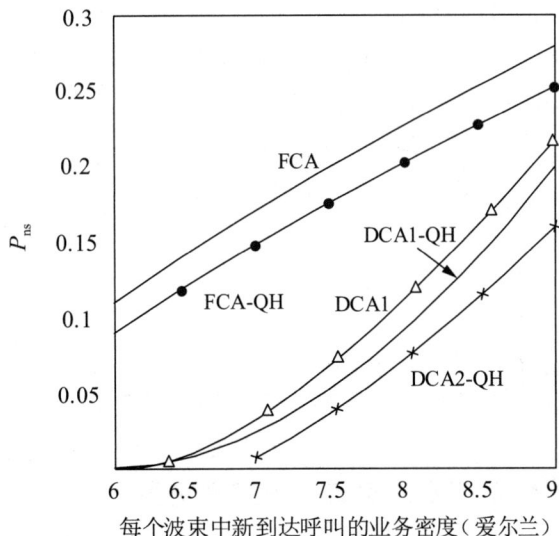

图 11-12　LEO-MSS 中各种信道分配和切换策略的比较

比较中使用了下列参数：呼叫平均持续时间 $T_m = 3\text{min}$；共信道复用距离 $D = \sqrt{21} R'$（7 波束复用一次频率方案）；系统中总可用信道数为 70，对于固定信道分配策略（FCA），每波束固定分配 10 条信道；$2R = 425\text{km}$，$V_{\text{orb}} = 2600\text{km/h}$，$a \approx 0.32$；当采用切换排队（QH）

时，切换请求队列的最大长度为 10。图 11–12 和图 11–13 中的 DCA1 和 DCA2 分别表示动态信道分配策略成本函数计算法 1 和计算法 2，QH 表示允许切换请求进行排队等待。

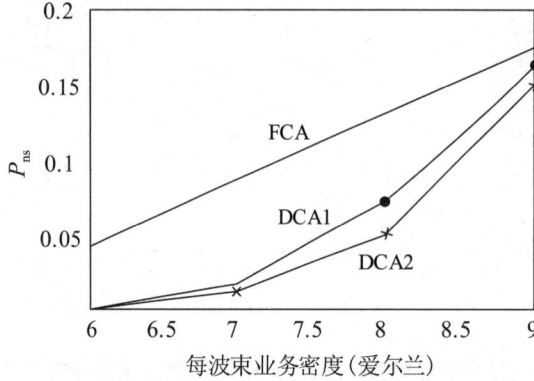

图 11–13 GSO–MSS 中各种信道分配策略的比较

从图 11–12 中可以看到，DCA2 性能最好，DCA1 次之，FCA 最差，在各种情况下，采用切换排队等待都能得到较好的性能。

由于假定 GSO-MSS 中没有切换，因此 $P_{h1} = P_{b2} = 0$，则 $P_{b2} = P_{drop} = 0$，$P_{ns} = P_{b1}$。结合图 11–12 和图 11–13 可以看出，LEO-MSS 的移动性远大于 GSO-MSS，使得 LEO-MEO 具有较高的呼叫被清除概率 P_{ns}。假设 $P_{ns} = 3\%$，每个用户产生的业务量为 20merl，则可以进一步对于每种信道分配方式得到每个波束中可以容纳的用户数，如表 11–2 所示。从表中同样可以看到，GSO-MSS 具有较高的信道容量。这同样说明，因用户移动导致的切换会使系统容量下降。需要指出的是，虽然 GSO-MSS 具有较高的信道容量，但由于假定 GSO-MSS 和 LEO-MSS 具有相同的卫星功率波束宽度，因此 GSO-MSS 的波束半径（$R \approx 1000km$）要远大于 LEO-MSS 的波束半径（$R \approx 200km$）；而由于假设两者每波束的总业务量是相同的，因此，GSO-MSS 能支持的每波束用户密度显然比 LEO-MSS 的小。

表 11–2 各种分配方式的容量比较（$P_{ns} = 3\%$，20merl/用户）

LEO-MEO ($a \approx 0.32$)	分配方式	用户数/波束	GSO-MSS ($a \to \infty$)	分配方式	用户数/波束
	FCA–QH	238		FCA	275
	DCA1–QH	362		DCA1	365
	DCA2–QH	368		DCA2	375

11.5.4 卫星移动通信系统中交换方式的主要类型

对采用星际链路的 LEO 卫星移动通信系统来说，每颗卫星就是一个交换节点，而星际链路就是卫星的出/入中继线，由卫星和星际链路共同组成一个空间交换网络。由于卫星是移动的，星际链路也不是固定的，因此由卫星和星际链路组成的空间交换网络的拓扑结构是时变的，要求系统的路由选择算法能适应时变的网络拓扑结构，这是动态路由研究的问题。

交换方式的主要类型如下。

1）传统交换方式的主要类型及特点

传统的交换方式主要分为电路交换、报文交换和分组交换三类。

电路交换方式要求通信网络在收、发双方之间建立一条物理的传输通道，在通信过程中该电路由收、发双方固定使用而不管是否有信息传输，只有当双方通信结束拆除电路后，其他用户才能再使用该电路，如同用户专线。电路交换方式的优点是信息传输时延小且固定；缺点是电路资源被通信双方独占，电路利用率低。

报文交换方式的基本原理是"存储—转发"，即如果用户 A 要向用户 B 发送信息，用户 A 无须像电路交换方式中那样先建立一条到用户 B 的物理电路，而只需要与本地交换机接通，由交换机暂时把用户 A 要发的报文接收和存储起来，交换机根据报文中提供的用户 B 的地址在交换网内确定路由，并将报文送到输出线的队列上排队，等到该输出线空闲时立即将该报文送到下一个交换机，最后送到终点用户 B。报文交换方式的优点是交换机要对用户的信息进行存储和处理，无须建立一条专用电路，信道利用率较高；但存在一个主要缺点是信息传输时延大，而且时延变化也大，因此不适合传输像话音这样的实时性业务。报文交换方式适用于电报和电子信箱业务。

分组交换方式仍采用"存储—转发"的原理，但不像报文交换方式那样以报文为单位进行传输和交换，而是把报文截成许多比较短的、被格式化的分组，传输和交换是以分组为单位进行的。由于分组长度较短，具有统一的格式，便于在交换机中存储和处理，分组进入交换机后只在存储器中停留很短的时间进行排队和处理，一旦确定了新的路由，很快就传输到下一个交换机或用户终端。分组交换方式的主要优点是实现了所有用户信息对电路的统计复用，信道利用率较高，可靠性高；其主要缺点是由网络附加的信息较多、处理较复杂，各分组的时延仍有一定的离散性。因此，其最适合传输速率不太高的数据业务，不适合话音和高速数据通信。

2）快速分组交换的提出

随着业务的综合和宽带化的发展，信道速率得到了不断的提高，信道质量也得到了持续改善，传统的电路和分组交换方式已经无法满足业务的需要。对于电路交换方式，当业务的传输速率及突发性变化比较大时，交换的控制就显得十分复杂且信道利用率较低；对于分组交换方式，当业务的传输速率很高时，协议处理成为很大的开销，很难满足业务对实时性的要求。因此，快速分组交换（FPS）方式被提出。

快速分组交换方式的基本特点就是简化通信协议和发展高速交换机。国际上广泛采用的快速分组交换方式有两种：帧中继（Frame Relay，FR）和异步转移模式（Asynchronous Transfer Mode，ATM）。它们是根据网络中传输的帧长是可变的还是固定的来划分的。当帧长可变时就是帧中继；当帧长固定时就是 ATM（在 ATM 中称一个固定长度的帧为信元）。另外，帧中继主要考虑如何接入一个网络，即考虑网络边界问题；而 ATM 则使用在网络中间的核心部分，所考虑的问题是如何用一个综合的交换设备对各种不同类型的信息进行交换。

3）帧中继

帧中继是一种减少节点处理时间的技术。其基本原理是只要知道正在接收的一个帧的目的地址就立即开始转发该帧。当一个节点发现帧出错时，立即中止这次传输，当中止传输的指示到达下个节点后，下个节点也立即中止该帧的传输。最后，该帧就从网络中消除。丢弃帧由源站用高层协议请求重发。与分组交换方式相比，帧中继具有以下特点。

（1）在帧中继网络中没有网络层，数据链路层也只是一般网络的一部分。端到端的确认由第二层来完成，而不是像分组交换方式那样由第四层来完成。

（2）在帧中继方式中，中间站只负责转发帧而不发送确认帧，即没有逐段的链路差错控制能力。只有在目的站收到一帧后才向源站发回端到端的确认。

（3）帧中继没有数据链路层的流量控制能力。在帧中继中差错控制和流量控制均由高层协议来完成。

4）异步转移模式（ATM）

ATM 是一种采用异步时分复用技术的、专用的、面向分组的传输模式。在 ATM 中，信息流以信元（Cell，长度为 53B 的分组）为单位进行复用。信元由信元头（Header）和信息域组成，信元头的主要作用是在一个采用异步时分复用的信道上识别出属于同一条虚信道的信元。根据信源的激活情况和能获得的资源按申请分配信元。一条虚信道上的信元序列的完整性由 ATM 层负责维护。

ATM 还是一种面向连接的技术。当申请建立连接时，信元头的值被分配给一条连接的每个部分；当不需要时，就释放这些值。在一个呼叫的持续时间内，由信元头标识的这条连接始终保持不变。信令和用户信息在不同的虚信道内传输。

ATM 能够为所有业务（含无连接业务）提供一种共同的、灵活的传输能力。

ATM 是与同步传输模式（Synchronous Transfer Mode，STM）相对应的。STM 实际上就是电路交换方式；而 ATM 则综合了分组交换方式的统计占用频带、使用灵活和电路交换方式的传输时延小的优点。这里的 ATM 和 STM 中所隐含的异步和同步之间的对应关系不同于数据通信中的异步和同步的概念。在数据通信中，同步还是异步是根据通信双方采用的信号同步方式来进行区分的，即采用起止式同步方式的称为异步；采用帧同步或字符同步方式（均以位同步为基础）的称为同步。而 ATM 和 STM 中所蕴含的异步和同步关系主要是指信号复用信道方式，STM 是根据信号在一条物理信道中所处的位置（一帧中时隙位置或载波中的频带位置）来识别的；而 ATM 是根据信号本身携带的标识来识别的，即用"有标识电路"（ATM）代替"定位置的电路"（STM）。两者的相似之处在于均把信息分成若干离散单元，且以时分复用方式送到目的地。

ATM 是目前能把话音、数据和图像等多种业务进行综合传输和交换的最好方式之一，其主要设想是：尽量把交换的处理负担从交换机转移到通信的两端，以最大限度地减少交换机的处理时间，并给用户和网络操作者以最大的灵活性。

11.5.5 卫星移动通信系统中的交换方式

一个通信系统采用的交换方式主要决定于该系统的业务类型、业务量和网络结构。

对于窄带卫星移动通信系统（如 Iridium、Globalstar、ICO 和 Inmarsat 系统等），其业务量类型与地面蜂窝移动通信系统是一样的，即以话音为主，兼传数据和传真等其他业务。对于宽带卫星通信系统（如 Teledesic 系统），以多媒体业务为主。

对于 GSO 卫星移动通信系统，其业务量的特点与地面蜂窝移动通信系统是相似的。对于非 GSO 卫星移动通信系统，其业务量的特点是具有极强的突发性和极大的动态范围。

卫星移动通信系统的网络结构主要分星型结构和网型结构两类。对于星型结构，所有的交换都是在地面关口站进行的；对于采用星际链路的网型结构，交换主要是在星上进行的。

地面关口站的交换任务比较简单，主要完成卫星系统与地面系统之间的连接。图 11-14 所示为卫星移动通信系统的网络结构示意图。

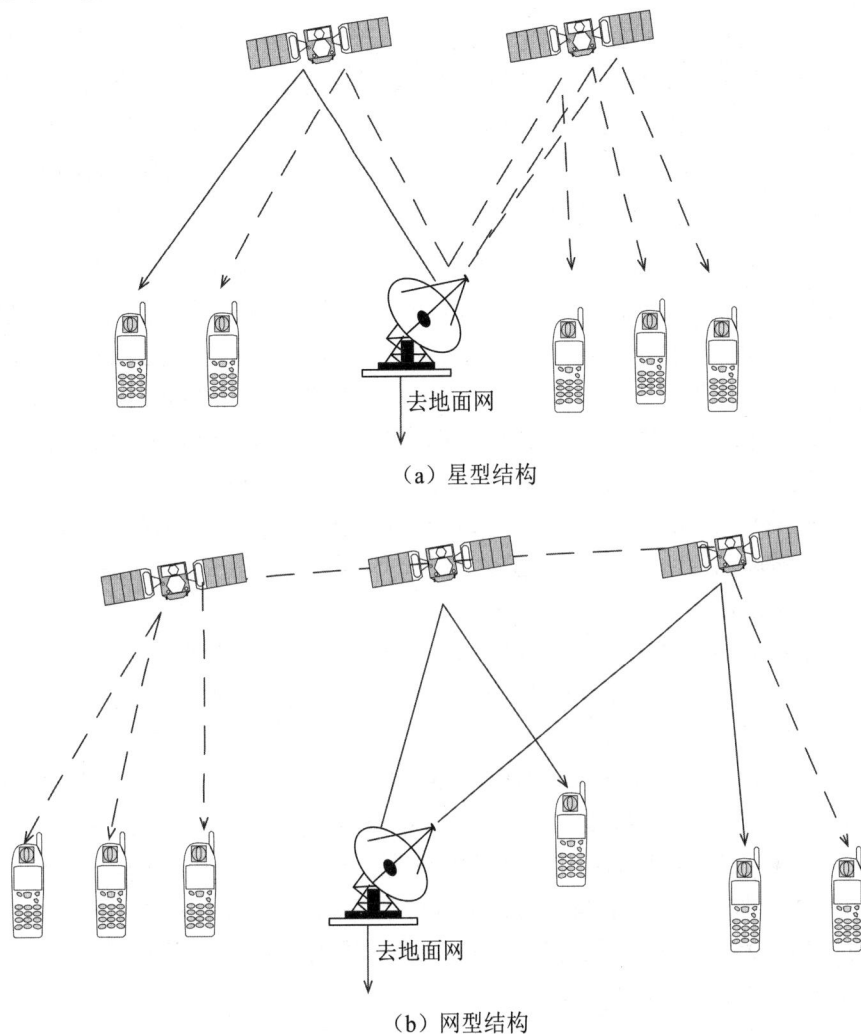

（a）星型结构

（b）网型结构

图 11-14　卫星移动通信系统的网络结构示意图

对于采用星型结构的卫星移动通信系统，所有交换都是在关口站进行的，其交换方式与地面网络中的交换方式基本是一致的；对于以话音业务为主的系统（如 ICO、Iridium、Globalstar 等系统），一般采用电路交换方式；对于一些像 Orbcomm 这些以低速数据业务为主的小 LEO 系统，一般采用分组交换方式；对于宽带多媒体卫星移动通信系统，采用帧中继或 ATM 等快速分组交换方式较好。

对于采用星际链路的网型结构的卫星移动通信系统，主要交换都是在空间进行的，地面关口站主要承担系统内用户与系统外用户之间的接口及简单交换任务，关口站交换机仍以电路交换方式为主。对于空间交换网络，由于每颗卫星和每条星际链路的业务量和动态范围大，并且具有时变的网络拓扑结构，传统的电路或分组交换方式很难满足要求，因此采用快速分组交换方式是一种较好的解决办法。

11.5.6 空间交换网络中的路由选择

在采用星上交换和星际链路的系统（如 Iridium 和 Teledesic）中，由卫星和星际链路组成的空间交换网络具有时变的拓扑结构和动态范围很大的业务量，在这类网络上采用快速分组交换是比较合适的。对空间交换网络上的快速分组交换而言，其差错控制和流量控制都比较简单，最复杂的是路由选择问题。这里介绍一种简化路由选择的低复杂度的方法。

1. 一种简化路由选择的低复杂度的方法

首先，把星际链路（ISL）分为轨道面内 ISL（连接同一轨道内的相邻卫星）和轨道面间 ISL（连接邻近同方向运动轨道面上的相邻卫星）两类。对于轨道面内 ISL，其距离和天线指向是固定的；而对于轨道面间 ISL，其距离和天线指向都是连续变化的。在反向运动的相邻轨道面之间通常不采用星际链路，这是由于每条链路的通信时间非常短。除同方向运动轨道面间 ISL 具有距离的连续变化特性外，星际链路的动态拓扑结构还具有离散分布的特性，即卫星在接近两极地区时为减小相互干扰，会关闭一些 ISL（还会关闭部分波束），这意味着拓扑中一些 ISL 存在着开关状态。以 Iridium 系统为例，每颗卫星上的 ISL 数目在 2~4 之间变化。星际链路拓扑结构中距离的连续变化性和 ISL 的离散开关性进一步增加了面向连接的网络操作的复杂性。

其次，把卫星移动用户（MU_A）和地面固定用户（FU_B）之间的一个端到端连接分为三段：①由所有卫星对之间的无线电链路组成的星际链路（ISL）段，它实际上是一个具有动态拓扑结构的空间网状子网；②上/下行链路（UDL）段，它包括移动用户和卫星之间的业务链路（SL）和卫星与关口站之间的馈电链路（FL）；③关口站到固定用户之间的地面网链路（TNL）段，关口站负责馈电链路（FL）与地面网链路（TNL）之间的接口。图 11-15 所示为采用星际链路的卫星移动通信系统的端到端连接分段划分。在下面的分析中，称在一个端到端连接中提供 SL 和 FL 子段的两颗卫星分别为首卫星和末卫星。显然，由于是双工通信，在一个 ISL 段中的首卫星同时是一颗末卫星。构成一个端到端连接所需的处于首、末卫星之间的所有其他卫星称为中间卫星。

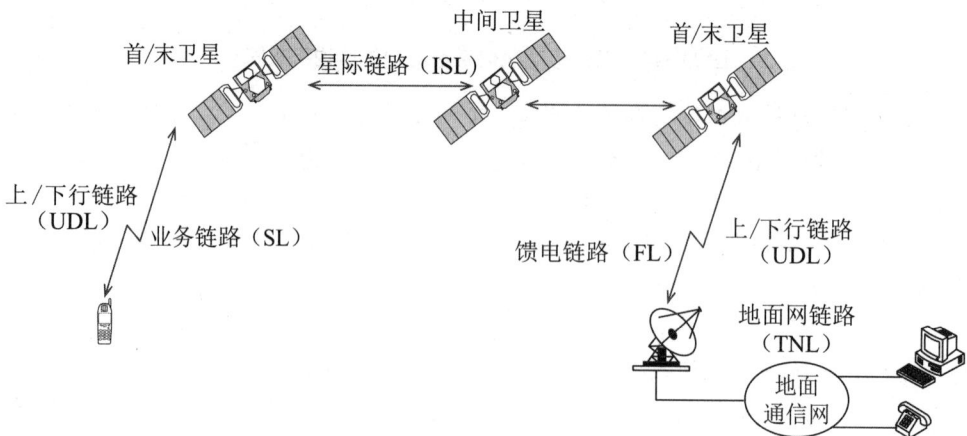

图 11-15 采用星际链路的卫星移动通信系统的端到端连接分段划分

再次，假设空间交换网络采用的交换方式基于 ATM，即把交换网络分为虚拟电路（VC）和虚路径（VP）两层 ATM 运输功能，VP 和 VC 分别是用虚电路标识（VCI）和虚路径标识（VPI）在一条物理电路上定义的逻辑信道。在每个 ATM 信元报头中都包括 VPI 和 VCI，每个 VPI 和 VCI 都只对一条物理电路有效。一个端到端连接实际是许多 VC 和 VP 级联，分别构成一个 VC 连接（VCC）和 VP 连接（VPC）。ATM 面向连接的通信能确保信元的序列，在两个 ATM 末端用户之间建立的 VCC 在整个通信过程中保持不变。空间交换网络拓扑结构的动态特性，使得在一个用户的通信过程中，其 VP 和 VC 连接可能经常需要在不同的路径之间进行切换，称为虚连接切换，首卫星、末卫星和中间卫星的运动都会造成虚连接切换。显然，新旧路径上信号经历的传播距离发生了变化，使得信号的端到端传播时延也就不同，因此，这种连接切换会引入严重的时延抖动。图 11-16 画出了这种虚连接切换的示意图，在 t_0 和 t_1 时刻，移动用户 A 和 B 使用的首末卫星没有切换，但使用的中间卫星发生切换，如在首末卫星 b 和 d 之间分别使用了不同的中间卫星 X、Y 和 Z，因此需要在不同的 VPC 之间进行切换；而在 t_n 时刻，首、末卫星分别切换到卫星 c 和 f。

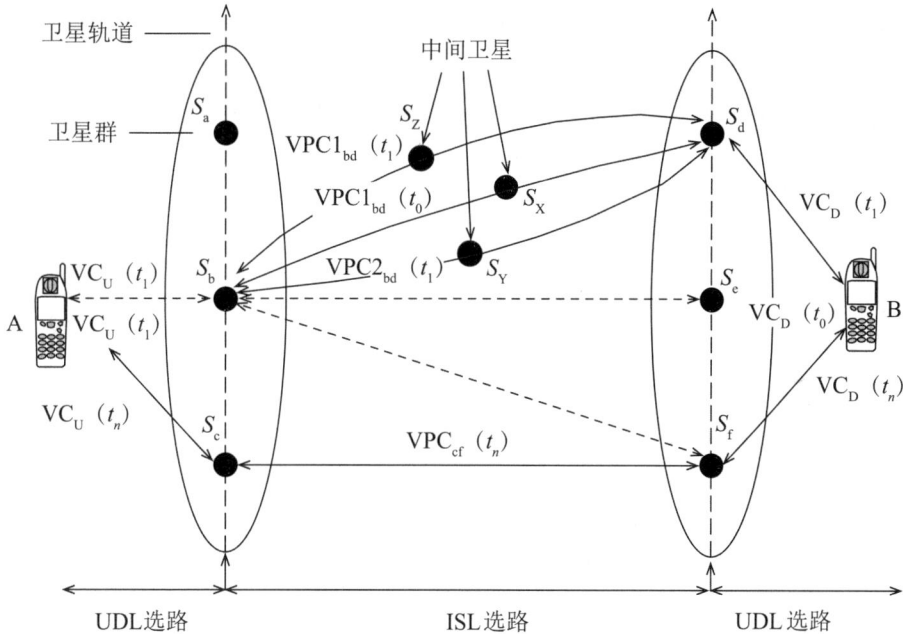

图 11-16　空间交换网络虚连接切换示意图

幸运的是，空间交换网络拓扑结构的连接时变性和离散开关性是周期性的，这就可以为端到端连接的连续操作建立一个与时间有关的虚拟拓扑。

根据网络拓扑的周期性，把周期 T 划分为 k 个时间段 Δt，对于每个时刻 $t_k = k\Delta t (k = 0, 1, \cdots, k - 1)$ 确定一个对应的网络拓扑图，这样，系统拓扑就可以用这 k 个拓扑的连续切换来近似，任一时刻的系统拓扑都是这 k 个拓扑图中的一个。显然，k 应足够大，以便能考虑到所有可能的拓扑图（所有卫星之间的可能的互连关系）。图 11-17 画出了把动态拓扑结构用周期性的离散拓扑近似的示意图。离散拓扑结构图中除了需要给出可能的互连关系，还应包括有关卫星间相对距离的信息。为使离散拓扑结构给出的有关卫星间的相对位置关系与实际情况接近，应使 k 尽可能大。采用这个方法就可以事先为每个连接以 Δt 作为时间间隔建立一个路由选择和切换表，实际使用时只需查询表格即可，这样就把一个动态的拓扑结构转变为一系列按照预先设定的次序以 Δt 作为时间间隔进行切换的已知拓扑结构，在时间间隔 Δt 内，空间交换网络具有固定的拓扑结构。因此，用一个相对简单的方法解决了一个非常复杂的问题。

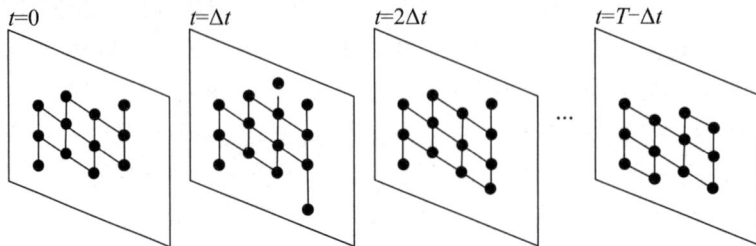

图 11-17 空间交换网络动态拓扑结构用周期性的离散拓扑近似的示意图

2. Teledesic 系统的分布自适应路由选择算法

在 Teledesic 系统中，由于其空间交换网络的拓扑结构是动态变化的，每颗卫星与其同一轨道面内的其他卫星保持固定的轨道位置，但与地面终端和其他轨道面内的卫星的相对位置和距离是连续变化的。另外，当业务通过空间交换网络时，分组需要在每颗卫星上排列以便选路；由于卫星波束内的业务量具有大的动态范围，因此每颗卫星上的分组队列长度相差很大，每个分组在每颗卫星上的等待排队时间也有较大的动态变化。这两个因素都会影响星上快速分组交换机的分组路由选择。

为适应拓扑结构和等待时间的时变性，Teledesic 系统使用了基于目的分组寻址和分布自适应路由选择算法，以获得最小的时延和时延变化范围。系统采用固定长度的短分组，每个分组都包括目的终端的网络地址、用于识别该分组在一个连接中的位置的序列信息和用于校验报头完整性的差错控制部分的报头及一个携带已编码用户数据（话音、数据和图像等）的承载部分。分组的打包和拆包由网络边缘的终端负责。此分布自适应路由选择算法根据由每颗卫星向全网发布的有关信息来了解网络的当前状态，从而为每个分组找出一条到达目的地的具有最小时延的路径。算法也控制星际链路的连接和断开。

网络使用无连接协议。同一个连接的分组可能在空间交换网络中走不同的路径，每颗卫星都独立地根据最小时延原则对每个分组进行选路，如图 11-18 所示。由于不同分组经历的时延不同，后发的分组可能会先到达目的地，为此，同一连接内的分组在到达目的地后还需要缓存以便对分组进行重新排序。

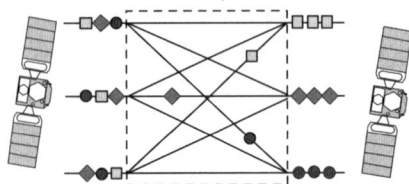

图 11-18 Teledesic 系统的分布自适应路径选择算法

11.6　典型高轨卫星移动通信系统

11.6.1　国际卫星移动通信系统

1979 年 7 月成立的国际海事卫星组织是一个主要提供卫星移动业务（MSS）的国际性卫星通信组织，其于 1994 年更名为国际移动卫星组织。1982 年提供业务，是世界上第一个提供全球卫星移动业务的卫星通信系统。国际卫星移动通信系统在航空、陆地和海事等移动领域提供 AMSS、LMSS 和 MMSS 等多种业务。现在国际卫星移动通信系统在轨卫星包括三代星 2 颗、四代星 4 颗、五代星 5 颗、六代星 1 颗。它们覆盖了地球上大约 85% 的土地和世界上大约 98% 的人口。国际移动卫星 Inmarsat 如图 11-19 所示。

图 11-19　国际移动卫星 Inmarsat

11.6.2　瑟拉亚系统

瑟拉亚（Thuraya）系统是区域性静止卫星移动通信系统，由波音公司制造，于 2000 年 10 月首发，其通信公司总部设在阿联酋的阿布扎比。其系统网络覆盖欧洲、北非、中非、南非等地区，约涵盖全球 1/3 的区域。终端整合了卫星、GSM、GPS 三种功能，向用户提供语音、短信、数据（上网）、传真、GPS 定位等业务，即 GSM 音质的话音通信，9.6kbit/s 数据和传真，标准的二代 GSM 业务及增强业务。截至 2024 年 7 月，瑟拉亚系统的在轨卫星数量为 3 颗。其中，Thuraya-4A 支持 4G/5G 兼容性和更高宽带服务。Thuraya 卫星是非常先进的大型商用通信卫星，它包括卫星平台和有效载荷两部分。卫星平台分为指向控制、姿态维持、电源和热控等部分。图 11-20 所示为 Thuraya 卫星。

图 11-20　Thuraya 卫星

Thuraya 卫星采用 12.25m 口径卫星天线，可以产生 250～300 个波束，提供和 GSM 兼容的移动电话业务。移动卫星终端包括手持终端、车载终端和固定终端等。星上采用数字信号处理技术，可以实现手持终端之间或终端和地面通信网之间呼叫的路由功能，便于公共馈电链路覆盖和点波束之间的互联，以高效利用馈电链路带宽和便于各个点波束之间的用户链路互联；能够重新配置波束覆盖，能扩大波束也可以形成新的波束，实现热点区域的最优化覆盖，灵活地将总功率的 20% 分配给任何一个点波束。

11.6.3　亚洲蜂窝系统

亚洲蜂窝系统卫星（ACeS）系统是由印度尼西亚等国建立起来的，由洛克希德·马丁公司制造，于 2000 年 2 月首发，以雅加达为基地，覆盖东亚、东南亚和南亚的区域卫星移动通信系统。因商业竞争和技术迭代，ACeS 于 2014 年前后逐步停止服务，其卫星资源被整合或退役。ACeS 系统包括静止轨道卫星、卫星控制设备（SCF）、一个网络控制中心（NCC）、三个信关站和用户终端等部分，空间段包括两颗静止轨道卫星（Garuda-1、Garuda-2）。卫星装有两副 12m 口径的 L 波段天线，每副天线包括 88 个馈源的平面馈源阵，用 2 个复杂的波束形成网络控制各个馈源辐射信号的幅度和相位，从而形成 140 个通信点波束和 8 个可控点波束；覆盖我国约 45 个点波束，EIRP 高达 73dBW。另外，该卫星还有 1 副 3m 口径的 C 波段天线，用于信关站和 NCC 之间通信。图 11-21 所示为 ACeS 卫星。

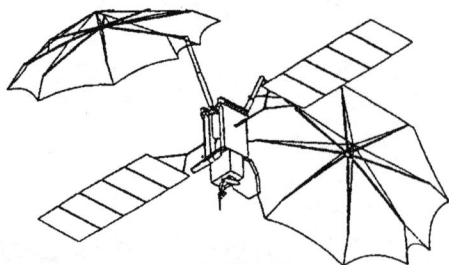

图 11-21　ACeS 卫星

11.7　典型低轨卫星星座发展现状

11.7.1　低轨卫星星座国外发展现状

2000 年 3 月，第一代铱星系统商业运营失败后，其先进技术在军事领域得到了较为广泛的应用。太空互联网经过了近 20 年相对平静的时期，迎来了一股新的发展浪潮，即大型低地球轨道（LEO）卫星星座提供全球宽带接入，这必将成为未来 6G 的重要支撑。2015 年，谷歌（Google）向太空探索技术（SpaceX）公司投资 10 亿美元，其目的之一便是打造太空互联网，同年 1 月马斯克宣布太空探索技术公司将开展卫星互联网宽带接入项目，即"星链"项目，并计划发射约 42000 颗卫星组建低轨卫星通信系统。美国军方深度介入，在其中嵌入了"下一代国防太空架构""黑杰克"等计划内容，有 600 多颗卫星是军用卫星，战时整个星链计划都可为美国军方提供服务。此前，该公司的"猎鹰"火箭和"龙"飞船已经取得了成功。

与上一代系统相比，这些系统的主要区别在于更为先进的数字通信有效载荷（下一代前向纠错编码技术、高级信道编码技术）、高级调制方案、多波束与相控阵天线、更高的工作频段和更复杂的频率复用方案、卫星与 5G/6G 融合发展。目前低轨卫星轨道和频谱资源竞争将愈演愈烈，这便成为低轨通信卫星能够正常运行的先决条件，因此加快低轨卫星通信系统建设具有重要战略意义。以美国为代表的低轨道卫星通信系统得到了蓬勃发展的同时，我国为了抢占未来发展的战略制高点，启动了"鸿雁""腾云""虹云""飞云""快云""行云"等一系列的国家战略工程，2021 年中国卫星网络集团有限公司成立，国网系统和天地一体化信息网络低轨接入网计划进行了资源整合，称之为"星网系统"，使我国卫星互联网得到了快速推进。

新一代低轨星座集通信、导航、遥感等多种功能于一体，是构建空天地一体化信息网络的基础，这使得持续对全球太空、航空、海洋、地面目标近距离观察成为可能。其各类遥感数据和现有数据链及未来宽窄数据链结合起来，大大提升了目标态势感知能力，使目标发现、计算融合、精确打击和效果评估水平达到前所未有的新高度，在未来空天战场上发挥着重要信息支撑作用，必将大大提升新型数据链全球作战应用能力，具体表现在以下几方面：一是进一步提高军事通信的全球广域覆盖、低时延、高速数据传输能力；二是以其导航增强、独立导航、精确定位功能全方位提升导航、定位和授时能力；三是以其全球广播式自动相关监视（ADS-B）、全球船舶自动识别（AIS）、全球气象水文实时数据采集（DCS）功能支撑未来全球高精度无盲区监视，大幅度提高实时、不间断、统一授时能力。

当前国际主要低轨通信卫星发展现状如表 11-3 所示。

表 11-3　当前国际主要低轨通信卫星发展现状

国家	公司	名称	数量	建设年份	轨道高度	频段	覆盖与用途
美国	铱星	铱星 Iridium	66+9 颗	一代 1998 年，二代 2019 年；极轨星座，全球覆盖；轨高为 780km；频段 L、Ka；宽带，授时和定位（STL），3S			
美国	劳拉和高通	全球星 Global star	48+8 颗	一代 1998 年，二代 2019 年；轨道倾角为 52°；轨高为 1414km；频段为 L、S、C；南北纬 70°；国防话音、数据与定位			
美国	轨道科学	轨道卫星 ORBCOM	41 颗	一代 1999 年，二代 2016 年；混合轨道，共 7 个轨道，轨道倾角分 45°、0°、70°、108°；频段为 VHF；人口密集区覆盖，提供工业物联网（IIOT）、机对机（M2M）服务			
美国	太空探索技术	星链 StarLink	41927 颗	已发射近 7000 颗星，2027 年；轨道倾角 35°~81°；轨高为 328~580km 等；频段为 Ku、Ka、V；全球覆盖，宽带			
英国印度	一网集团	一网 OneWeb	1980 颗	2025 年	极轨道 1200km	Ku、Ka	宽带
加拿大	Telesat	光速星座 LightSpeed	198 颗	2027 年	780km	Ka	全球服务
俄罗斯	国家航天集团	球体计划 Sphere/Sfera	600 颗	2030 年	870km	—	提供通信、导航、遥感服务
德国	KLEOConnect	KLEO	624 颗	—	1050km	Ka	工业物联网
美国	亚马逊	柯伊伯 Kuiper	3236 颗	2029 年	590~630km	Ka	全球南北纬 56°；宽带

1. 美国军方低轨卫星星座研究计划

美国国防高级研究计划局（DARPA）、美国太空发展局（SDA）等在内的美国军方机构发起包括"下一代国防太空体系"和"黑杰克"项目在内的多项新型军事低轨卫星星座研究计划。美国太空发展局于 2023 年 1 月，将"国防太空架构"（National Defense Space Architecture，NDSA）重新命名为"可增殖作战单元空间架构"（Proliferated Warfighter Space Architecture，PWSA），该架构基于低轨卫星轨道，并结合高、中、低轨导弹预警卫星等军用、民用卫星，融合了通信、监视、跟踪、导航和态势感知等多功能于一体，可实现全球目标指示、预警、跟踪、瞄准、打击、评估等功能。

1）美国军方国防太空架构"传输层 0 期"

2020 年 5 月，美国太空发展局发布了《太空传输层 0 期工作说明》。"传输层"是美国未来"国防太空架构"的骨干，将为美国军方全球作战平台提供一种有保证、韧性、低延迟的军事数据和连通能力。"传输层 0 期"又称"作战人员沉浸期"，旨在为后续发展提供演示验证和基线。以下简要介绍传输层 0 期概况。

（1）国防太空架构。

美国太空发展局正在为美国军方开发新一代太空架构——"国防太空架构"，旨在构建一种"扩散型低地球轨道"太空架构，统一整合美国国防部新一代太空能力，实现韧性军事

感知 和数据传输。美国太空发展局新一代太空体系架构构想示意图如图 11-22 所示。

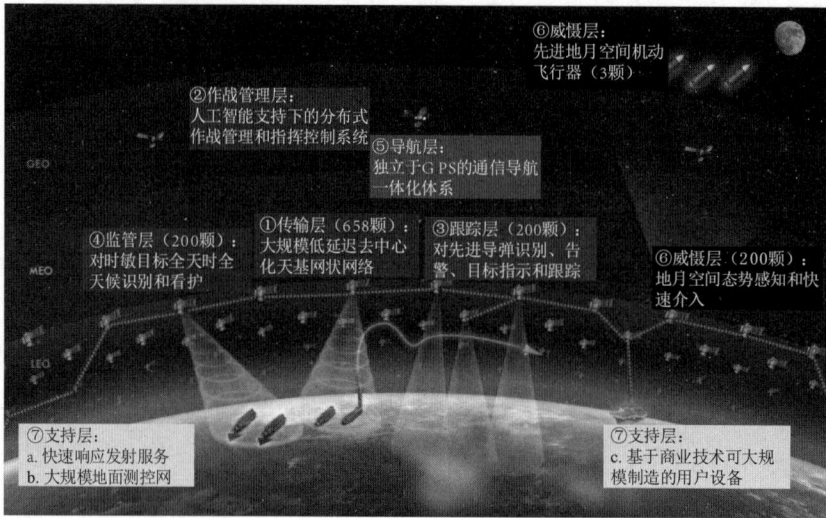

图 11-22　美国太空发展局新一代太空体系架构构想示意图

①传输层：可在全球范围内向各种作战平台提供有保证、韧性、低延迟的军事数据和连接。搭载 Ka 频段天对地通信链路、四个光通信终端、一个 Link-16 有效载荷，以及战斗管理、指挥、控制和通信（BMC3）计算存储模块。

②作战管理层：提供基于分布式人工智能的作战管理、指挥、控制与通信，包括星上智能自主任务规划、数据处理、加密分发等，支持在战役规模实现时敏杀伤链闭合。每个传输层卫星都携带一个有效载荷，使用计算机动态管理卫星及各层之间的交互，并称之为作战管理层。该层将托管在大多数卫星上，负责在轨处理数据（或"边缘计算"）。

③跟踪层：提供防御先进导弹（包括高超音速武器）威胁的天基目标探测、预警、跟踪与瞄准指示。跟踪层将配备红外传感器来发现和跟踪导弹威胁，还可以跟踪高超音速飞行器。该层基于高超音速和弹道跟踪太空传感器（HBTSS）研发（HBTSS 项目已经归 SDA 管理，外媒透露，PWSA 的跟踪层将包括 HBTSS）。

④监管层：情报、监视和侦察（ISR）功能属于监管层的范围，ISR 卫星负责探测和跟踪地面目标。SDA 除了推出自己的托管层星座，还将整合已经收集传感数据的商业卫星，以及由国家侦察局和其他情报机构运营的间谍卫星。提供对时敏、发射左侧（美国军方一种导弹防御战略，即利用非动能技术提前攻击敌方核导弹威胁）表面机动目标的全天候（24×7）监视（如支持瞄准先进导弹）。

⑤导航层：提供 GPS 拒止环境下（如 GPS 信号强度受限、干扰、欺骗环境）的定位、导航和授时（A-PNT）功能，增强太空对抗条件下的联合作战保障能力。由于低轨道卫星星座覆盖全球的网状网络的性质，传输层卫星将能够传输精确的位置、导航和授时数据。

⑥威慑层：提供地月空间范围的目标态势感知与快速进出与机动，应对太空攻防提出的挑战。可以提供太空态势感知能力，探测和跟踪太空物体，避免卫星碰撞。除此之外，还将研发监视地月空间的关键飞行器，将太空军事推进到更广的空间。

⑦支持层：提供大规模小卫星星座快速机动发射测控的运载系统与地面设施，部署便携式、系列化、智能化卫星应用终端，为灵活、弹性、敏捷的在轨系统提供配套地面系统支

持，构建天地一体、经济实用的下一代太空体系。确保地面和发射段能够支持响应式太空架构，包含地面指挥与控制设施和用户终端，提供快速响应发射服务。

（2）传输层"0 期"星座。

2020 年 4 月，美国太空发展局发布了"传输层 0 期"征询草案。"传输层 0 期"是一种测试和训练"螺旋"，其最终成果主要有两个方面：一是系统能力实验和演示，可以整合并实现与其他运行实体兼容；二是可以作为后续阶段发展基线。

传输层由太空段和地面段（主要由政府提供）组成。太空段包括一个由 20 颗卫星组成的异构星座。地面段位于美国海军研究实验室 Blossom 跟踪设施（BPTF）的卫星运行中心。

"传输层 0 期"星座包含两个近极轨平面，轨道面高度为 1000km，倾角在 80°～100°（注意：由于星座构建关系，90°倾角不可取）。每个平面的卫星分为两组：A 组卫星提供连接整个星座的完整网络基础设施，B 组卫星通过综合广播系统（IBS）和 Link-16 支持平面交链和任务通信。A 组卫星在平面上均匀分布，可以支持与地面的连续联络和双向交链。B 组呈"簇"状，可支持在多个时间段内对某一战区的连续覆盖，并进行测试和实验。美国军方国防太空构架"传输层 0 期"如图 11-23 所示。

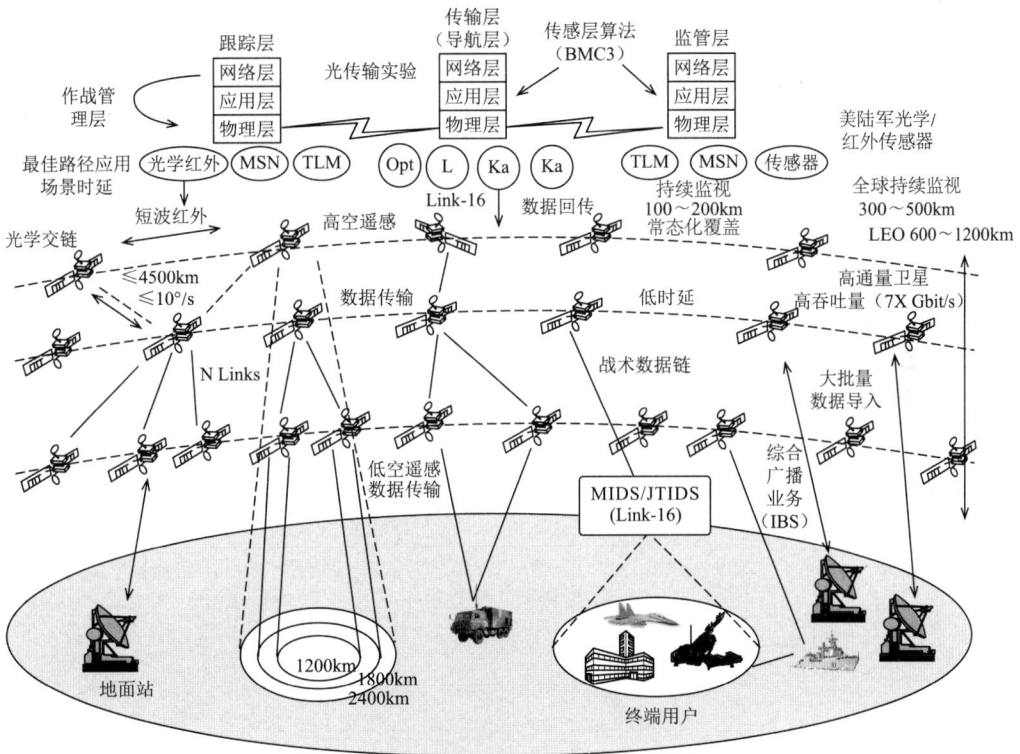

图 11-23　美国军方国防太空构架"传输层 0 期"

（3）主要目标。

"传输层 0 期"有以下主要目标。

①测试、评估和以极低延迟将数据从运行中心通过星座传递给作战人员的能力，包括光学星间链路。

②演示从传输层外天基信号源发送和接收宽带数据，并将这些数据传输到地面的能力。

③演示有限的战斗管理指挥控制和通信（BMC3）功能，包括上传和演示应用软件的

能力。

④演示从不同位置传输大容量综合广播系统（IBS）数据、接收传输的 IBS 数据馈送、生成 IBS 消息及为特定地理区域解调 IBS 消息并将这些结果发送给 BMC3 的能力。

⑤演示地球站通过卫星通信链路存储、中继、发送和接收 Link-16 消息的能力。演示卫星向各种用户（如飞机、导弹防御系统、海军和地面）发送 Link-16 消息的能力。

⑥证明在不使用全球定位系统的情况下，保持共同相对时间基准的能力。

这些目标，经过美国负责研究和工程的国防部副部长下辖的全网络化指挥控制（FNC3）部门的分析和审查，将成为"联合全域指挥控制"（JADC2）的重要推动因素。JADC2 将把所有域（海洋、陆地、空中、太空和网络）的分布式传感器、射手和数据连接到所有部队。JADC2 的主要功能要素将直接"映射"到 SDA 的太空层。例如，JADC2 的传感层直接映射到监管层和跟踪层，而 JADC2 的指挥控制功能区与战斗管理功能直接相关。

2）可增殖作战单元空间架构各期计划

2019 年，SDA 成立，随后便着手开展了 PWSA 的开发工作，该工作主要包括以下几个阶段。

第 0 期（2022 财年）——战士沉浸式体验：演示项目，以实现超视距瞄准、先进导弹探测和跟踪所需的性能。

第 1 期（2024 财年）——初始作战能力：战术数据链的区域持久性、先进的导弹探测和超视距瞄准。

第 2 期（2026 财年）——第 1 阶段所有人员的全球持久性：这将纳入从 0 阶段运行至少两年中吸取的经验教训。

第 3 期（2028 财年）——相对第 2 阶段的先进改进：这包括更好的导弹跟踪灵敏度、更好的超视距瞄准能力、额外的 PNT 能力、蓝/绿激光通信和受保护射频通信的进步。

第 4 期（2030 财年）——"各层的持续进步，包括被确定为当前或未来对作战人员构成威胁的附加功能。"

可增殖作战单元空间架构各期计划情况如表 11-4 所示。

表 11-4　可增殖作战单元空间架构各期计划情况

期	各层次	卫星数量/颗	与承包商签署合同情况
0	传输层	20	2020 年 SDA 签署"国防太空架构"28 颗卫星合同，其中 20 颗传输层数据中继卫星签给了约克空间系统公司、洛克希德·马丁公司，8 颗跟踪层的导弹跟踪卫星签给了 SpaceX、L3 哈里斯公司
	跟踪层	8	
1	传输层	126	2022 年 SDA 签署第一批传输层 126 颗卫星合同，签给了约克空间系统公司、洛克希德·马丁公司、诺斯罗普·格鲁曼公司
	跟踪层	35	2023 年 3 月 SDA 签署第一批跟踪层 1 期 35 颗卫星合同，其中，L3 哈里斯公司 14 颗、诺斯罗普·格鲁曼公司 14 颗、雷神公司 7 颗（CesiumAstro 公司提供与 Link-16 战术数据网络兼容的 Ka 频段电子扫描阵列天线，实现卫星与飞机之间的通信）
	演示和实验系统（跟踪层第一批）	12	2022 年 10 月 SDA 与约克空间系统公司签署第一批演示和实验系统（T1DES）计划的一部分 12 颗卫星（卫星配备军用 UHF 和 S 频段通信有效载荷）

续表

期	各层次	卫星数量/颗	与承包商签署合同情况
2	传输层（测试版）	90	2023 年 8 月 SDA 签署第二批传输层（贝塔）数据传输卫星，其中诺斯罗普·格鲁曼公司 36 颗、洛克希德·马丁公司 36 颗、火箭实验室 18 颗
	传输层（阿尔法）	100	2023 年 11 月 SDA 签署第二批传输层 100 颗卫星合同，其中，签给了诺斯罗普·格鲁曼公司 38 颗、约克空间系统公司 62 颗，每颗 1000 万美元
	传输层	20（大约）	待定
	跟踪层	52（大约）	待定
	演示和实验系统	20（大约）	待定

SDA 在 2023 年 11 月 28 日的一份新闻稿中表示，与该机构合作的运营商进行了被动和主动网络进入，获得了良好的同步，并使用第 0 批传输层卫星上的 L 波段无线电从卫星向位于"五眼"伙伴国领土内的地面试验场发送了多条战术信息。SDA 主任 Derek Tournear 表示："当我们展示增殖作战人员空间架构的可行性及其通过现有战术数据链路向作战人员提供天基能力时，我再怎么强调这一技术成就的重要性也不为过。""这不仅是 Link-16 首次从太空广播，也是将世界上最优秀的作战部队转变为真正互联的超视距联合部队的开始。"SDA 表示，这一成就也是国防部全领域联合指挥与控制（JADC2）努力的"飞跃"，将可用的传感器连接到全球可用的作战平台。SDA 的 PWSA 传输层是 JADC2 在太空中的主干力量。

据未来宇航 2024 年 8 月 29 日报道，美国国防部宣布，美国空军研究实验室授予美国国防承包商雷神公司一份为期三年、总金额 5170 万美元的合同，用于为军用飞机开发高通量卫星通信天线，以提高使用多个商业通信卫星星座构成的混合通信网络能力。根据合同要求，雷神公司将开发可集成于各类军用飞机的多频段、高通量卫星通信天线。该合同属于"利用商业空间互联网进行国防实验"（DEUCSI）计划，旨在借助美国"星链"、英国"一网"、卢森堡"欧洲卫星公司"（SES）O3B 等商业通信卫星星座，构建先进的混合通信网络，增强美国军队在陆上、海上和空中之间无缝共享信息的能力。

目前，雷神公司及其他国防承包商，包括美国的 L3 哈里斯技术公司（L3Harris）、诺格公司（Northrop Grumman）、洛马公司（Lockheed Martin ）和英国的 BAE 系统公司，正在开发天线及支持技术，以让军事用户通过一套通用的用户终端访问低轨、中轨和静止轨道组成的商业通信网络。

3）"黑杰克"计划

"黑杰克"计划是美国国防高级研究计划局（DARPA）于 2018 年启动的研发项目，旨在利用现代商业卫星技术构建一个小型、安全、低成本的低地球轨道（LEO）军事卫星星座，并提供与目前在地球同步轨道运行的军事通信卫星类似的功能。"黑杰克"计划解决方案的特点是由商业供应商提供小型卫星，再搭载通信、导航、侦察、预警等多类军用传感器有效载荷，从而构建出低成本且具备高度韧性的军用低轨星座。"黑杰克"星座卫星项目所设计的"大脑"被称为"赌场老板"（Pit Boss）系统。目前，"黑杰克"已发射 6 颗卫星并开展了相关演示工作，将为美国太空发展局的国防太空架构（NDSA）项目提供低轨卫星星座的相关技术及经验，进一步为美国军队未来太空体系结构的模型提供参考。"黑杰克"星座运行概念图如图 11-24 所示。

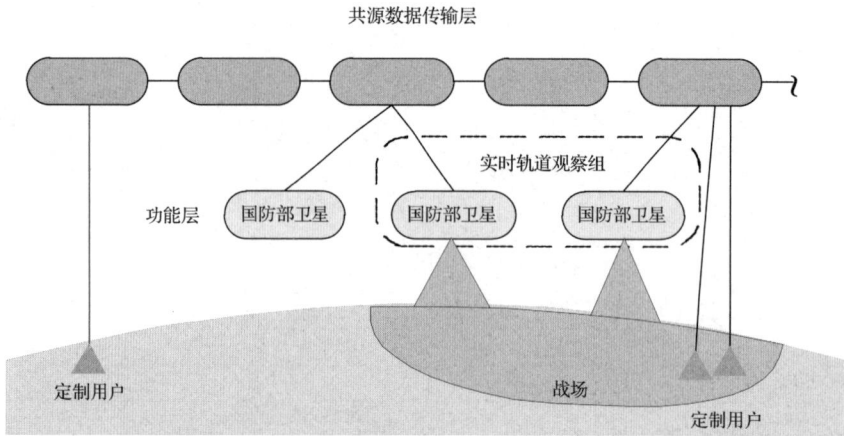

图 11-24   "黑杰克"星座运行概念图

2018 年 4 月，DARPA 发布"黑杰克"项目广泛机构公告并发布了项目理论上的进度时间表。项目实施分为三个阶段：第一阶段主要开展系统架构研究与设计，在 2018—2019 财年最多选取 2 个卫星平台团队和 6 个载荷团队启动研究工作；第二阶段进行详细设计与集成，在 2019—2021 财年最多支持 2 个卫星平台团队和 4 个载荷团队研制 2 颗试验卫星和相应的载荷工程样机；第三阶段开展发射和在轨飞行试验，2021 财年择机发射 2 颗试验卫星，开展为期 6 个月的在轨试验。若在轨试验顺利，最终演示验证系统将部署 18 颗"黑杰克"卫星构成的低轨卫星星座。

"黑杰克"项目的 20 颗卫星演示将模拟一个由 90 颗卫星组成的功能层。这 20 颗卫星分布在两个轨道面上，每个轨道面有 10 颗卫星，演示低成本传感器能力、实时在轨有效载荷处理、利用商业数据传输层实现低延迟全球连接及"赌场老板"自主能力。首项验证任务称"曼德拉草（Mandrake）1"，是一颗配备超算处理芯片的立方星；第二项验证任务称为"曼德拉草 2"，包括两颗小卫星，将配备光学星间链路来进行宽带数据传输。DARPA 称，这些卫星可能会构成后续低轨光学网状网络的基础。拟发射的第三个有效载荷称为"百搭牌"（Wildcard），为一台软件定义无线电装置，将实验从低轨道卫星到战术电台的链接。

2018 年 11 月，DARPA 与空客防务和航天公司、蓝峡谷技术公司、Telesat 公司签署合同，为项目开发卫星平台总线。

2020 年 4 月，DARPA 选定洛克希德·马丁公司为"黑杰克"项目卫星集成商，为卫星平台总线、有效载荷和"赌场老板"之间的接口进行定义和管理。同年 6 月 12 日，DARPA 宣布向雷神公司授予 3740 万美元的合同，为"黑杰克"开发天基预警传感器，主要研制过顶持续红外（OPIR）有效载荷。

2021 年 1 月，SEAKR 工程公司发射了"黑杰克"第一颗卫星——"曼德拉 1"实验卫星，验证了关键的硬件和芯片级技术。"曼德拉 1"采用了数字孪生技术，近实时地反馈了低轨道卫星辐射和处理器性能的信息。2021 年 5 月，DARPA 授予诺斯罗普·格鲁曼公司第二阶段合同，价值 1330 万美元，用于开发卫星的定位、导航和授时（PNT）有效载荷，帮助军用飞机在 GPS 降级和拒止的环境中导航。诺斯罗普·格鲁曼公司的软件定义 PNT 技术将为作战人员提供不依赖于现有卫星导航系统、来自低地轨道的灵活信号。依靠低轨卫星可靠的 PNT 能力，作战人员不仅能够完成兵力投送和联合作战等传统任务，还能够完成新兴的自主和分布式任务。

2022 年 9 月，"曼德拉 2"实验卫星成功发射，成功完成星间光链路（OISL）天基激光通信演示，在 114km 内传输了约 280 GB 数据，工作总时长超过 40min，未来还将进行天地激光通信演示。"曼德拉 2"实验卫星的特点是低成本，其激光通信终端重约 10km、功率为 50W，成本则下降一个数量级，约数十万美元，可确保美国国防部能够大规模广泛使用。星间光链路是七层"国防太空架构"（NDSA）中传输层的关键组成部分，而传输层则是美国军队"联合全域指挥控制"（JADC2）网络的骨干卫星通信网络。

2023 年 6 月，"黑杰克"搭载太空探索技术公司"运输车 8 号"（Transporter-8）发射了 4 颗名为"土星"的卫星，DARPA 同时表示不会再发射新的卫星。每颗"土星"最多可携带 200kg 的有效载荷，包括 1 个"赌场老板"子系统、1 个"风暴国王"（Storm King）射频有效载荷及 4 个激光通信终端。4 颗"土星"将通过数月的调试后开始演示卫星架构的交互应用。

"赌场老板"低轨卫星通信系统的特点如下：①能够取代过去昂贵、庞大、易被攻击高轨监视卫星，持久监视地球上的情况能力，使低轨宽带互联网通信卫星成为可能；②能够"利用全球 LEO 星座获取目标定位、特征描述和持续跟踪信息"，如先进导弹威胁探测、识别及跟踪能力，提供天基对地面移动目标指示，增强导航、PNT 能力、太空到地面通信及关键数据在全球范围内的快速分发；③将集成人工智能和机器学习技术，以增强未来的应用能力。

2. 星链（StarLink）系统

1）总体规划

SpaceX 公司的低轨星座项目最早于 2015 年被提出，旨在提供全球高速宽带接入服务。2016 年 11 月和 2017 年 3 月，SpaceX 公司先后向 FCC 提出申请，计划部署两期、总数近 12000 颗的低轨卫星。该项目随后被正式命名为星链（Starlink），成为迄今为止人类提出的最大的巨型星座项目。2018 年 3 月和 11 月，SpaceX 公司提交的两期星座申请文件先后获得了 FCC 的正式许可。2019 年 10 月，SpaceX 公司再次向 FCC 提交了第三期 30000 颗卫星的建设计划并获批准。至此，星链三期共计 4.2 万颗卫星的建设规划正式确立。星链分为三层：340km、550km 和 1150km。星链系统的星座模式如图 11-25 所示。

图 11-25　星链系统的星座模式

（1）"星链"第一期星座计划。

"星链"第一期星座计划轨道参数如表 11-5 所示。一期（Phase1）星座由轨道高度在 550km 左右的 4408 颗卫星组成，主要部署第一代卫星（Gen1v1.0、Gen1v1.5），提供给北美和欧洲区域服务。这些卫星主要采用 Ku、Ka 频段，单星通信容量（传输速率）约 18Gbit/s，全系统数据吞吐量可达 100Tbit/s；过顶时间 4.1min；延时低于 50ms；波束数量及覆盖：单颗星有 4 个相控阵天线，每个相控阵天线生成 16 个波束，一共是 64 个波束，其中 48 个发波束、16 个收波束，单块相控阵天线直径约 0.6m，单波束星下点覆盖半径约 8km。2024 年 8 月，美国联邦通信委员会修改了 SpaceX"第一代星链"4408 颗卫星的运营许可，批准 SpaceX 使用"第二代星链"技术对其进行升级，允许"第一代星链"卫星使用先进波束成形技术和配备数字处理技术进行窄波通信。窄波可以充分使用许可频率，并增加网络容量，新的卫星质量约为 300kg。

表 11-5　"星链"第一期星座计划轨道参数

轨道参数	第一阶段部署（1584 颗）	第二阶段部署（2825 颗）			
轨道面数/个	72	72	36	6	4
单轨卫星数量/颗	22	22	20	58	43
轨道高度/km	550	540	570	560	560
轨道倾角/°	53	53.4	70	97.6	97.6
卫星数量/颗	1584	1584	720	348	172
	1584	2824+1（备份星）			
卫星总数/颗	4409				

（2）"第二代星链"（Gen2）星座部署方案。

2020 年 5 月，SpaceX 公司正式向 FCC 提交 3 万颗"第二代星链"星座申请，使用 Ku、Ka 和 E 频段频率提供固定卫星服务（FSS）。由于"第二代星链"星座的规模非常大，遭遇了众多卫星运营商和研究机构的反对，涉及太空碎片、通信干扰、发射窗口限制等多方面问题。2021 年 8 月，SpaceX 公司提出使用"超重-星舰"（SuperHeavy-Starship）部署 29988 颗卫星和使用"猎鹰-9"部署 29996 颗卫星两套方案，并针对申请进行了修正补充，以提升网络的均匀一致性，并提升网络对极地地区的覆盖，满足偏远地区和军方用户的需求。2022 年 1 月，SpaceX 确定用"超重-星舰"部署方案如表 11-6 所示。

表 11-6　"第二代星链"星座部署方案（29988 颗）

高度/km	轨道倾角	轨道面数	每个轨道面上的卫星数/颗	卫星总数/颗
340	53°	48	110	5280
345	46°	48	110	5280
350	38°	48	110	5280
360	96.9°	30	120	3600
525	53°	28	120	3360
530	43°	28	120	3360
535	33°	28	120	3360
604	148°	12	12	144
614	115.7°	18	18	324

（3）"星链"卫星方案。

"星链"系统由分布式小卫星组成，采用模块化、集成化、小型化设计。SpaceX 公司不断优化生产工艺和流程，目前已实现批量制造。"星链"卫星采用了平板设计，以最大限度地减小卫星体积。每颗卫星配备了至少 4 个相控阵天线及单翼式可折叠太阳翼，还安装了定制的追踪器，可以确定每颗卫星的位置、高度和运行方向，确保卫星通信的精度。"星链"卫星还配备了霍尔离子推进器，可以自主进行在轨机动、轨道保持、位置调整与脱轨离轨，卫星具备在轨碎片跟踪和自主避让能力。部分卫星配备了激光通信链路，速度高达 200Gbit/s。

"星链"卫星有多个版本。2018 年，SpaceX 公司开始测试其卫星技术，通过"猎鹰-9"火箭将 2 颗测试卫星送入 514km 轨道上。2019 年 5 月发射首批 60 颗 V0.9 版卫星，每颗卫星的质量为 227kg，具有多个高通量天线和太阳翼。2019 年 11 月，"星链"开始部署 V1.0 版卫星，V1.0 版相比 V0.9 版增加了 Ka 波段，卫星质量增加至 260kg。V0.9 版和 V1.0 版是"星链"早期的两个版本，后续"星链"还推出了 V1.5、V2mini 和 V2.0 版。"星链"卫星基本参数对比如表 11-7 所示。

表 11-7　"星链"卫星基本参数对比

序号	"星链"版本	质量/kg	推进	卫星通信频段	太阳翼	应用
1	试验星	400	—	Ku	2 块	试验验证
2	V0.9	227	氪离子推进器	Ku	单板	一代星链
3	V1.0	260	氪离子推进器	Ku、Ka、毫米波星间链路	单板	一代星链
4	V1.5	295	氪离子推进器	Ku、Ka、激光星间链路	单板	一、二代星链
5	V2mini	750	氩离子推进器	Ku、Ka、E、激光星间链路	2 块	一、二代星链
6	V2.0	1250	氩离子推进器	Ku、Ka、E、V、激光星间链路	单板	二代星链

目前 V1.5 版卫星在"二代星链"中占据较大比例，卫星质量提升至 295kg，增加了星间激光链路，使卫星间能够直接相互通信，每颗 V1.5 版卫星配备 4 个激光通信模块，分别连接到同一轨道面上的前后两颗卫星及不同轨道面上的左右两颗卫星上。

V2mini 版卫星的质量约为 800kg，配备了最新的氩气推进器，推力是 V1.5 版卫星的 2.4 倍，比冲量是 1.5 倍。V2mini 版卫星拥有两个可折叠太阳翼，展开后宽度约 30m，表面积约 104.96m²，拥有更强大的相控阵天线，并使用 E 波段回程技术使带宽达到之前版本的 4 倍。另外，V2mini 版卫星的峰值功率可达 5kW，极大地提高了近地轨道的通信能力。

V2.0 版卫星主要用于"二代星链"，仍在研制测试中。每颗卫星质量高达 1250kg，长度约 7m，传输速率可达 140~160Gbit/s，拥有约 25m² 的天线。V2.0 版卫星性能更强且配备激光星间链路，支持直接连接蜂窝网络的服务，支持手机直连。目前已经通过"猎鹰-9"发射多颗试验卫星，可以与手机直连通信。SpaceX 公司未来计划使用"超重-星舰"发射 V2.0 版卫星，因为其体积较大，所以无法通过"猎鹰-9"火箭批量发射。

2）星链卫星发射部署进展情况

星链（Starlink）是由 SpaceX 公司于 2014 年提出的低轨互联网星座计划，可进一步提升美国军队导航定位系统的精度和抗干扰能力，可用于对洲际弹道导弹弹头的直接碰撞式拦截，也可有效推动军事通信网络与商业通信网络之间的无缝切换。

SpaceX 公司曾计划于 2019 年至 2024 年间在太空搭建由约 1.2 万颗卫星组成的"星链"网络提供互联网服务，其中 1584 颗将部署在地球上空 550km 处的近地轨道上，并从 2020 年开始工作。该计划拟用 4.2 万颗卫星来取代地面上的传统通信设施，从而在全球范围内提供价格低廉、高速且稳定的卫星宽带服务。目标是建设一个全球覆盖、大容量、低时延的天基通信系统，在全球范围内提供高速互联网服务。

　　2022 年 5 月 22 日，SpaceX 公司的星链卫星互联网服务取得阶段性的测速结果，显示该服务下载速度达到了 301Mbit/s。2025 年 3 月 28 日，SpaceX 公司宣布星链卫星互联网已在亚美尼亚上线，这使其服务覆盖的国家和地区达 130 个，用户数量突破了 500 万。

　　截至 2025 年 3 月 29 日，星链已累计发射 245 批共 8142 颗卫星，其中手机直连（Direct to Cell，DTC）卫星 570 颗。先前文章已揭示星链 DTC 星座构型为：359.7km 高度、53.16° 倾角、312 颗星（312/24/6），且预测后续会加密达到 624 颗星。随着星链 DTC 卫星数量的增多，在轨构型呈现两个变化：其一，原有 53.16° 倾角星座，已开始加密，呈现 624 颗星（624/48/6）构型，与半年前的预测一致；其二，新增发射 43° 倾角的卫星 233 颗，其构型为：356.5km 高度、43° 倾角、312 颗星（312/26/11），且面内已部署备份轨位卫星，加快商用进程。

　　进入 2023 年以来，SpaceX 公司明显加快了星链的发射部署进程，由 2019 年平均每 110.95 天发射一批到 2020 年平均每 26.14 天发射一批、2021 年平均每 19.21 天发射一批、2022 年平均每 10.74 天发射一批、2023 年平均每 6.62 天发射一批，再到 2024 年仅 3.8 天发射一批。截至 2024 年 8 月 1 日，在累计发射的 6803 颗卫星中，已陨落卫星 562 颗，新发射调整入轨卫星 43 颗，在轨活跃卫星 6241 颗。当前，已部署共计 10 个壳层，主要信息如表 11-8 所示。

表 11-8　星链卫星总体情况

壳层	累计发射批次/次	累积发射卫星数/颗	活跃卫星数/颗	轨道倾角/°	所属系统
1	29	1725	1394	53	一期 LEO
2	8	408	404	70	一期 LEO
3	7	243	233	97.6	一期 LEO
4	32	1637	1548	53.2	一期 LEO
5	13	699	687	43	二代 Gen2
6	62	1387	1358	43	二代 Gen2
7	18	389	387	53.2	二代 Gen2
8	6	121	121	53.2	二代 Gen2
9	4	81	42	53.2	二代 Gen2
10	5	113	67	53.2	二代 Gen2
合计	184	6803	6241	—	—

　　3）星链各壳层覆盖情况

　　星链系统当前可实现对全球任意区域的连续无缝覆盖。壳层 4、7、8、9、10 均采用 53.2° 倾角，对中低纬度区域形成重点覆盖，尤其是在南北纬 50 度以内区域，可提供平均 10 重以上的覆盖。在南北纬 50° 区域形成最优覆盖，单壳层的覆盖重数便可达到 25 重。壳层 2 采用 70° 倾角，对高纬度区域形成重点覆盖，在南北纬 70° 区域形成最优覆盖；壳层 3 采用 97.6° 倾角，在南北极区附近形成最优覆盖；壳层 5 和 6，由于轨道倾角更小，所形成的最优覆盖相较其他壳层更偏向低纬度。星链各壳层覆盖性分析如图 11-26 所示。

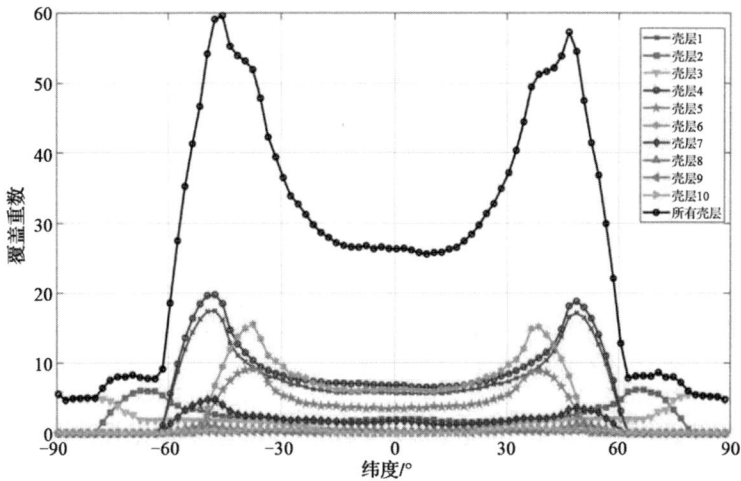

图 11-26 星链各壳层的覆盖性分析

4）星链军事运用情况

（1）多方渗透，企图倍增军事优势。

"星链"项目虽然以提供高速互联网服务为名，打着"民用"的幌子，但其背后却有着深厚的美国军方背景。这从部分发射场建在美国范登堡空军基地内、技术验证试验列入卫星和空军战斗机进行保密互联等内容中可以看得很清楚。而且，"星链"卫星可搭载侦察、导航、气象等载荷，从而在侦察遥感、通信中继、导航定位、打击碰撞、太空遮蔽等方面，增强美国军方的作战能力。事实上，"星链"已经与美国军方进行了多次合作。

全面建成之后，"星链"可在全球实施全天时无缝侦察和监视，使战场态势对美国军方的单向透明，让美国军方的掌握态势感知主动权；可提供覆盖全球的大带宽、高速率军事通信服务，为美国军方的构建起覆盖无人机、战略轰炸机、核潜艇等作战平台的强大指挥通信网；可显著提升定位精度和抗干扰能力，为远程精确打击提供更精准导航定位信息，提高毁伤效能；可搭载天基武器系统，甚至直接作为武器平台，成为遍布太空的"智能卵石"，威胁他国航天器的安全。

（2）密集"织网"，企图重构网络版图。

2023 年 3 月 31 日，美国空军官网发文称，F-35A 在测试中成功使用"星链"卫星进行了数据传输，一周时间的试验结果证明，通过"星链"卫星传输数据，比传统的连接方式快 30 倍，传输速率可以达到 160Mbit/s。专家认为，如果把"星链"终端装在无人僚机上，则可将其打造成一个战术无人中继平台，将数据传输共享给战斗机。在此基础上，无人机操作员可以同时指挥大量无人机执行集群任务。万物互联是信息时代的高阶形态，网络是连接万物的基础支撑。"星链"项目是地球重新"织网"的超级工程，居高临下、依天构网可以有效克服地理地形束缚，为空中、远海、高山、荒原、僻地等提供可与地面宽带相媲美的无线宽带互联网接入服务，甚至重绘世界网络版图。如果 SpaceX 公司在太空再架设数台根服务器，"星链"甚至可以成为第二套独立的全球互联网，推动世界网络版图重塑重构。这将对各国捍卫网络空间主权、维护自身信息安全构成重大挑战。

（3）跑马圈地，企图垄断航天资源。

轨位和频率作为太空战略资源极为稀缺。目前，地球同步轨道资源利用已接近饱和，中低轨资源争夺将更趋激烈。地球低轨可容纳约 5 万颗卫星，"星链"项目如果按计划发射4.2 万颗星，占比将超过 80%。SpaceX 公司妄图通过在太空跑马圈地，抢占发展先机，垄断战略资源。"星链"与自动驾驶、物联网、云数据、智慧城市建设等深度结合，可拓展形成全新产业价值链，打造庞大"星链"生态圈，进而垄断今后的航天应用市场。垄断与霸权互为因果、互相联系，"星链"的相关动向，极有可能被痴迷霸权的美国深度利用并为祸世界。

（4）"星链"升级为"星盾"，"星链"向军事化迈出了关键一步。

自从 SpaceX 公司的"星链"互联网卫星星座广泛参与俄乌冲突后，外界普遍认识到"星链"的军事化用途。美国"太空新闻"网站于 2022 年 12 月 3 日称，SpaceX 公司近日宣布针对国家安全和军事部门推出新一代"星盾"业务，显示"星链"向军事化迈出关键一步。

2023 年 12 月 2 日，SpaceX 公司宣布成立了一个名为"星盾"的新业务部门，目标客户是美国国家安全机构和五角大楼。SpaceX 公司宣称，"星盾"将利用近地轨道上的"星链"卫星星座满足美国国防和情报机构日益增长的需求。该公司明确宣称："'星链'最初用于消费者和商业，而'星盾'设计用于政府服务，初步重点是三个领域：地球观测、安全通信和有效载荷托管。SpaceX 公司与国防部和其他合作伙伴正在进行的工作表明，我们有能力大规模提供太空和地面服务。"相比"星链"卫星系统与五角大楼合作时的遮遮掩掩，"星盾"计划几乎完全公开地瞄准美国军方的需求。美国"太空新闻"网站认为，当前五角大楼是美国航天领域最主要的投资方。"星盾"宣传的多种先进功能可能需要依托于第二代"星链"卫星才能实现，后者质量和体积更大、功能更复杂。12 月 1 日，美国联邦通信委员会批准"星链"项目部署最多 7500 颗第二代卫星。

接受《环球时报》记者采访的中国专家介绍说，在"星盾"涉及的三个业务领域中，除了安全通信是基于"星链"现有通信能力的升级，地球观测和载荷托管都是进一步的功能拓展，也更强化了其军用色彩。"星链"卫星系统研制之初，外界就猜测 SpaceX 公司可能会以该卫星平台为基础，配置不同的功能模块来执行相应的任务。其中最受关注的就是为"星链"卫星配备光学传感器或合成孔径雷达，执行地面探测和侦察任务。由于"星链"卫星星座数量众多，它们的接力侦察甚至可以实现对地面目标的实时跟踪。另外，外界很难区分这些军事化色彩浓重的"星盾"卫星与提供传统民用通信服务的"星链"卫星，这进一步模糊了太空军事化的门槛，可能引发未来的争端。俄罗斯此前已经表示可能将"星链"等准军事化卫星列为合法打击对象。

3. 英国的"一网"（OneWeb）计划

在竞争中成立，希望有所作为。英国"一网"公司是英国政府部门持有的公司，于2014 年成立，目标是建立低轨卫星星座，为偏远地区或互联网基础设施落后的地区提供价格适宜的互联网接入服务。2016 年 1 月，英国"一网"公司和欧洲空中客车防务及航天公司合资成立"一网"卫星公司，进行"一网"卫星星座的生产，并计划发射 4.8 万颗低轨星座卫星，"一网"计划采用无星间链路的极轨道星座，实现全球覆盖。2017 年 6 月，一期"一网"星座的系统设计由 720 颗卫星组成的星座方案和频率规划获得了美国联邦无线电管理委员会（FCC）的批准。2021 年 1 月，"一网"卫星公司计划第一阶段将 1200km 高度的

LEO 卫星数量减少到 6372 颗，包括在 18 个圆形轨道平面上的 720 颗卫星，它们的轨道高度为 1200km，轨道倾角为 87°，使用 Ku 波段进行用户通信，使用 Ka 频段进行关口站通信；第二、三阶段计划发射 8500km 中地球轨道 1280 颗卫星。用户工作频率，上行为 12.75～14.5GHz，下行为 10.7～12.7GHz；馈电链路，上行为 27.5～30.0GHz，下行为 17.8～20.2GHz。地面段方面预计需要 44 个关口站（如英国、北欧、格陵兰、冰岛、北冰洋、加拿大、非洲、东南亚、美国主要地区及我国中部），每个关口站最多配备 10 个口径为 2.4m 的天线。在用户侧，"一网"系统支持使用 30～75cm 抛物面天线、相控阵天线和其他电调向天线。由于卫星不使用卫星间链路，只能在用户和地球站同时位于卫星视线（LOS）范围内的区域提供服务。2019 年 2 月，一期"一网"星座的首批 6 颗卫星进入轨道。"一网"星座模式图如图 11-27 所示。

图 11-27　　"一网"星座模式图

　　资金不足，多国合力。英国希望弥补脱欧后无法使用"伽利略"卫星导航系统的遗憾，而印度试图建立属于自己的卫星导航系统。"一网"卫星公司在 2020 年 3 月递交了破产保护申请，随后，英国政府和印度巴帝全球公司最终与英国"一网"卫星公司达成收购协议，分别注资 5 亿美元。同时，日本软银集团、美国休斯网络系统公司、欧洲通信卫星公司等进行了注资。

　　"一网"卫星公司原计划使用俄罗斯制造的联盟号火箭发射 6 次通信卫星，每次 36 颗，共 216 颗，但需要英国政府承诺不会用于军事目的，并要求英国政府不再持有"一网"卫星公司的股权，据环球网 2022 年 3 月 3 日报道，由英国政府部分持有的英国通信网络公司"一网"表示，将暂停在俄罗斯运营的拜科努尔发射基地的所有发射任务。

　　北京时间 2023 年 3 月 10 日，搭载第 17 批 40 颗"一网"卫星的"猎鹰九号"运载火箭，从佛罗里达卡纳维拉尔角太空军基地（CCSFS）发射升空，卫星进入近地轨道，至此，"一网"卫星升空总数达到 582 颗，约占初级星座计划 648 颗星的 90%，目前，"一网"卫星通信服务已经覆盖高纬度和部分中纬度地区，即将覆盖全球。

4. 俄罗斯的"球体（Sphere/Sfera）计划"

　　俄罗斯是传统的航天强国，是第一颗人造地球卫星的发源地，具有深厚的航天技术根基。近年来，为制衡美国的"星链计划"和英国的"一网"计划，2018 年，经俄罗斯总统普京批准，俄罗斯全面启动"球体计划"，计划投入 1300 亿元。

　　按照该计划，俄罗斯将于 2021 年至 2030 年期间，建造并发射约 600 颗卫星，以保障全球通信、广播、卫星定位（导航）、地球监视、互联网和物联网的宽带接入。按计划，该系统将包括 15 颗通信卫星，即 7 颗"快车"（Express）、4 颗"快车-RV"（Express-RV）和 4 颗"亚马尔"卫星；12 颗用于宽带互联网访问的"Skif"卫星；264 颗用于物联网的"马拉松"卫星；251 颗地球观测卫星。

　　中国环球网于 2022 年 10 月 24 日报道，俄塔社于 10 月 23 日称，俄罗斯国家航天集团宣布，莫斯科时间 22 日 22 时 57 分，"联盟-2.1b"运载火箭从俄东方航天发射场升空，将"球体"项目首颗卫星"斯基泰人（Skif）-D"和 3 颗"信使-M"卫星顺利送入预定轨道。

5. 柯伊伯（Kuiper）系统

　　2019 年 4 月，亚马逊提出一项名为柯伊伯（Kuiper）的全球卫星宽带服务计划，旨在为成千上万仍无法获得基本宽带互联网接入服务的人提供服务。柯伊伯系统空间段由 3236 颗先进的 NGSO 卫星组成，分布在 630km（51.9°）、610km（42°）、590km（33°）三组不同高度和倾角的面上，实现全球覆盖；网络采用全局软件定义的网络 SDN 控制器进行管理，控制器负责为用户和关口站进行波束分配。

北京时间 2023 年 10 月 6 日，美国联合发射联盟公司（ULA）的宇宙神 5 号火箭从佛罗里达州卡纳维拉尔角太空军基地发射升空，将亚马逊柯伊伯宽带星座的两颗原型卫星送入近地轨道。

6. 光速星座（LightSpeed）

光速星座是加拿大电信卫星公司（Telesat）于 2019 年提出的一个由 198 颗卫星组成的全球网络连接星座，光速星座计划为企业、政府和军队市场等具有更高价格容忍度的客户提供高度安全的利益服务。

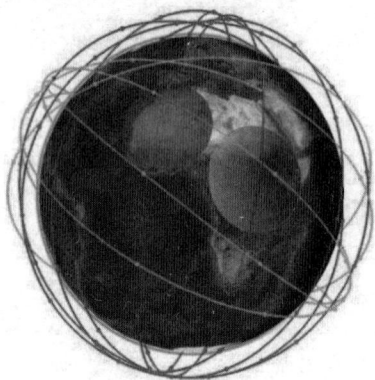

图 11-28　光速星座模式

光速星座的 Ka 波段星座由不少于 117 颗卫星组成，卫星分布在两组轨道面上：①第一组轨道面为极轨道，由 6 个轨道面组成，轨道倾角为 99.5°，高度为 1000km，每个平面至少 12 颗卫星；②第二组轨道面为倾斜轨道，由不少于 5 个轨道面组成，轨道倾角为 37.4°，轨道高度为 1200km，每个平面至少有 10 颗卫星。光速星座极轨道和倾斜轨道中卫星的视场（Fields of Regard，FoR）如图 11-28 所示，用户的最小仰角为 20°。同一轨道组内的同一平面内或相邻平面内，以及在两个轨道组间的相邻卫星，都将通过激光卫星间链路进行通信。由于使用星间链路，用户将能够从世界上任何地方连接到系统，即使用户和关口站不在同一卫星的视线内。

每颗卫星将作为 IP 网络的节点，并将携带具有直接辐射阵列（DirectRadiating Array，DRA）的高级数字通信有效载荷。有效载荷包括具有解调、路由和重新调制功能的星上处理模块，从而解耦上下行链路，这代表了当前弯管架构的重要创新。DRA 将能够在上行链路方向上形成至少 16 个波束，在下行链路方向上形成至少 16 个波束，并且将具有波束成形和波束调形功能，其功率、带宽、大小和视轴动态地分配给每个波束以最大限度地提高性能并最大限度地减少对 GSO 和 NGSO 卫星的干扰。此外，每颗卫星将具有 2 个可调向的关口站天线，以及用于信令的宽视场接收器波束。

光速星座设计有多个分布在世界各地的关口站，每个关口站配备多个 3.5m 天线。渥太华的控制中心将监测、协调和控制资源分配过程，以及无线电信道的规划、安排和维护。该系统将在 Ka 频段（17.8~20.2GHz）的较低频谱中使用 1.8GHz 的带宽，用于下行链路，而在 Ka 频段（27.5~30.0GHz）的带宽为 2.1GHz，用于上行链路。

光速星座的特点如下：①提供了极轨道全球覆盖；②倾斜轨道更关注全球大部分人口集中区域覆盖；③星上处理路由流量，与透明有效载荷相比，将改善链路性能并增加容量；④直接辐射天线，允许根据客户的位置和时间提供波束；⑤光学星间链路，实现全球网状连接和全球任何地方的高容量服务；⑥该网络还拥有一个专有的系统资源管理器（SRM），用于实时编排所有要素并保证合同服务水平。该网络具有 50 个关口站和多个分布在全球的 POP 接入点，从而形成一个弹性地面网络，具备支持第二层以太网的软件定义网络（SDN），提供与 Metro 以太网论坛（MEF）兼容的以太网服务。

据 SpaceNews 网站 2024 年 4 月 1 日消息，加拿大政府将为光速星座提供 16 亿美元贷款，推动本国航天产业发展。加拿大电信卫星公司计划通过公司股权融资方式再筹集 16 亿美元，以满足建设预算 35 亿美元的需求。

7. 美国军队的"作战响应空间"（ORS）计划（快速响应卫星）

1997 年美国军队提出了"网络中心战"（NCO）概念，2001 年美国国防部向国会提交了《网络中心战》报告，全面阐述了"网络中心战"的理论及其发展战略。2002 年 8 月，美国国防部在政府国防政策报告中指出，"网络中心战"是"通过部队的网络化而进行的军事行动"。2005 年 1 月，美国国防部部队转型办公室（OFT）发布《网络中心战实施战略》报告，提出了"网络中心战"的策略和未来发展方向。数据链系统将战场指挥控制（指控）系统、情报系统、武器平台通过数字化手段连接起来，实现在规范消息格式和通信协议下的实时信息交换、共享和分发，为指控、态势共享、侦察监视和火力协同等作战任务提供通信能力支撑。进入 21 世纪以来，美国军队提出了分布式杀伤、马赛克战和决策中心战等作战概念，对数据链体系建设提出了全新要求，尤其强调了实时性和机动性的空战场环境。

1）美空军作战响应空间（ORS）的基本概念与发展

2001 年美国军队首次提出天基 CDL 概念。CDL 作为美国军队充分定义并取得高度成功的数据链系列，长期应用于空基 ISR 平台，其功能贴近天基 ISR 平台的需要。将 CDL 向天基拓展不仅可以节省重新研制天基 ISR 数据链系统的成本和时间，还可以直接利用美国军队现役的 CDL 地面系统，有效配合空基 ISR 平台，形成多来源的战术 ISR 能力。随着天基 ISR 平台的广泛应用，利用平台上雷达、光学设备完成对目标区域的情报侦察成为获取战场信息优势的关键因素之一。然而，侦察获得的情报如果仅依靠传统的战术数据链，其传输的灵活性、机动性及传输容量就难以满足现代战争对情报实时分发的需求。

美国国防部部队转型办公室于 2005 年提出了美空军作战响应空间（ORS）概念，其核心思想是航天能力遵循指挥员的要求进行设计，具体目标是航天系统的开发时间由几年缩短至几个月，部署时间由几个月缩短至几小时，作战反应时间缩短至几秒或实现实时。ORS 不仅为美国军事学术添加了与时俱进的新思想，也为美军军事航天体系的建设和发展起到指导作用。

2004 年，鉴于空基 CDL 在空基 ISR 平台上的长期稳定运行，美国军队推荐使用天基 CDL 作为 ORS 计划的标准通信结构。在 ORS 计划的牵引下，实施天基 CDL 技术验证和实战应用"两步走"战略，从而逐步完成天基 ISR 平台与现有 ISR 战术体系的集成。

2）技术验证阶段

2003 年，美国国防部部队转型办公室提出了"战术卫星"项目（TacSat），旨在通过一系列成本低廉的小型卫星，验证可实现战场快速响应的卫星平台和有效载荷技术。分别于 2006 年 12 月和 2009 年 5 月发射的"战术卫星-2"（TacSat-2）和"战术卫星-3"（TacSat-3）均将天基 CDL 作为重点验证的有效载荷技术之一。其中，技术验证阶段是在空基载荷上进行物理结构改进和软件接口重设，并依托 TacSat 计划，以验证空间工作环境中 CDL 传输的可行性，该计划由 6 颗 TacSat 卫星组成，其中 TacSat-1 由于火箭故障计划被迫废弃，TacSat-2 和 TacSat-3 与地面不同的 CDL 终端共同构建验证系统，同时由于 TacSat-3 新增星上处理功能，大大缩减了任务完成时间。后续的 TacSat-4、TacSat-5 和 TacSat-6 主要面向作战需求，分别从持续覆盖、通信导航对抗一体化及纳卫星通信方面进行验证。

3）实战应用阶段

实战应用阶段是在前一阶段对技术体系完善的基础上依托 ORS 项目进行基于作战场景的验证。该项目由 ORS-1 到 ORS-4 系列发射计划组成。2008 年 10 月，"作战响应空间-1"卫星（ORS-1）项目获得批准，正式启动。2011 年 6 月 29 日，ORS-1 卫星搭乘"米诺陶-1"火箭成功发射。在 TacSat 验证项目的基础上，这颗 ORS 计划下的首颗业务卫星配备了重新设计的天基 CDL 系统。ORS-1 卫星的发射，标志着美国军队天基 CDL 已成功完成前期技术验证阶段，并初步进入实战应用阶段。

作为实战应用系统，ORS-1 卫星通过"虚拟任务控制中心"（Virtual Mission Operations Center，VMOC）和"分布式通用地面系统"（DCGS）完全融入了美国军队的 ISR 网络体系，从战场指令下达到完成数据下传的时间最快可达 6.5min，如图 11-29 所示。战场作战部队可通过战区的战术地面站（TGS）制定卫星成像任务和接收图像数据，并将数据集成到 DCGS 系统之中进行进一步的处理和分发；而对于常规任务，空间操作中心（SOC）可通过美国本土的 CDL 地面站制定成像任务和接收图像数据，生成图像情报产品，并通过 SIPRNET 向作战用户分发，如图 11-30 所示。ORS-2 计划加载雷达成像载荷已验证全气候夜视能力，后续 ORS-3、ORS-4 从作战的角度分别验证飞行器的快速重构和滑轨发射能力。

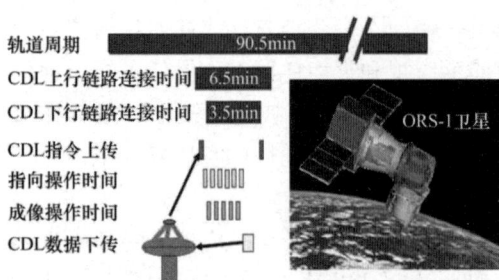

图 11-29 ORS-1 卫星执行战术任务时的 CDL 操作时间安排

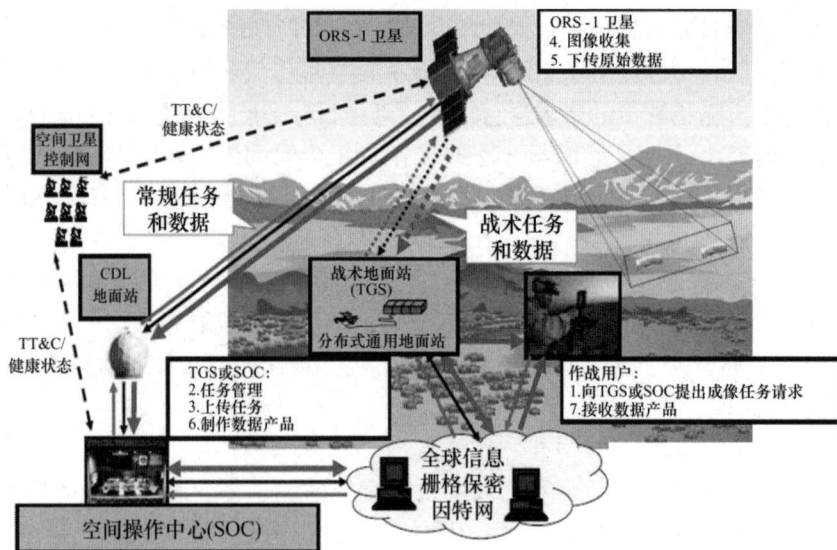

图 11-30 ORS-1 卫星作战概念

8. 美国军队空天飞机的发展

空天飞机是指可重复往返于地球表面和空间轨道之间，并可在轨道与轨道间执行各种有效载荷运输任务的空天飞行器系统。它像普通飞机一样起飞，以高超声速在大气层内飞行，在 30~100km 高空的飞行速度可达 12~25 马赫，并直接加速进入地球轨道，成为航天飞行器，返回大气层后，像飞机一样在机场着陆。在此之前，航空和航天是两个不同的技术领域，由飞机和航天飞行器分别在大气层内、外活动，航空运输系统是重复使用的，航天运载系统一般是不能重复使用的。而空天飞机能够达到完全重复使用和大幅度降低航天运输费用的目的。

20 世纪 60 年代初，美国空军将领就对空天飞机的性能做出一些要求，有关机构开始对空天飞机进行探索性试验，当时它被称为"跨大气层飞行器"。20 世纪 60 年代发展的 X-15、X-23 和 X-24 等方案，为后来的空天飞机研制奠定了重要的基础。由于当时的技术、经济条件相差太远，且应用需求不明确，因而中途夭折。1994—1996 年，由美国空军大学、空军科学技术顾问委员会完成的一系列关于未来军事装备的研究报告均建议把空天飞机作为今后 20~30 年最重要的武器装备之一。

先进技术验证机：为了达到以技术验证的名义掩盖不可告人军事用途的目的，波音公司在 X-37B 身上集成了人类宇航和制造业的最先进技术，使其成为人类空间技术的集大成者。最典型的就是运用了超燃冲压发动机。这种发动机，简单地说就是在吸气发动机中，使用超音速的气流在极短时间内完成压缩、燃烧和吸排气任务，从而实现可重复使用。这一技术代表了吸气式发动机的最高水平。此外，X-37B 还综合运用了耐高温复合材料技术、超音速燃烧技术、微秒级喷油点火技术等大量高精尖技术。

轨道飞行测试器：X-37B 是 X-37 系列中的一种成熟型号。X-37 是美国航天局（NASA）于 1999 年开始与波音公司联手研发的，主要目的是取代航天飞机。2004 年，NASA 退出该项目，将它移交给军方。X-37 项目共研制了 3 个型号试验飞行器。其中 X-37A 主要是试验型，X-37C 是未来用于载人的型号，X-37B 则是专门应美国空军的要求而发展的型号。

2010 年 4 月 22 日，美国空军花费 10 年研制的全新"空天飞机"X-37B（OTV-1）首次试飞。这种外形和功能都酷似小型航天飞机的战机将通过火箭送入轨道环绕地球飞行，然后以滑翔方式返回地面。据悉，该机将从佛罗里达州卡纳维拉尔角空军基地升空，并且在加利福尼亚州着陆。

2020 年 5 月 17 日，美国空军 X-37B（OTV-6）航天器在佛罗里达州卡纳维拉尔角空军基地发射升空。这是美国空军首次向外界公布 X-37B 航天器的飞行任务。当地时间 2022 年 7 月 10 日，美国《空军杂志》网站报道，隶属美国空军的一架 X-37B 空天飞机在太空中连续飞行超过 780 天，已经刷新了之前的最长在轨纪录。美国东部时间 2022 年 11 月 12 日 5 时 22 分，美国空军 X-37B 无人航天飞行器结束最新一次任务返回地球，在美国佛罗里达州肯尼迪航天中心着陆。在轨时间 908 天，再次打破自身纪录。

2023 年 12 月 29 日新华社新闻，美国空军 X-37B（OTV-7）无人航天器 28 日晚升空，执行第七次飞行任务。SpaceX 公司在佛罗里达州肯尼迪航天中心成功发射美国空军 X-37B "轨道实验飞行器"。

美国军事网于 2019 年 11 月 8 日报道，美国空军希望把隐身战机和神秘的 X-37 空天飞机连接起来。美国空军正在把肩负的连接多种平台和战场的使命提升到新的高度。空军隐形性能最强的喷气式飞机和一款绝密的空天飞机将来可能会共享信息。美国空军战略、整合和需求事务副参谋长办公室的联合部队一体化防务负责人戴维·熊代准将 7 日在华盛顿举行的"'防务一号'展望"活动上表示，将 X-37B 与战斗机相连能展现出"从所有领域展开行动的能力"。这其中就包括执行战时任务期间的信息共享。他没有回答 X-37B 在这样的展示中有何种传感器可供 F-22 和 F-35 使用的问题。采购、技术和后勤事务助理国防部长办公室的设计师普雷斯顿·邓拉普在此次活动上宣布，在 F-22 和 F-35 多年不兼容后，空军下个月将测试两种机型如何能够交流作战空间的信息；同时普雷斯顿·邓拉普认为，国防部需要扩展在任何未知地点传递重要信息的能力。

11.7.2　低轨道卫星星座国内发展现状

首先，我国的五大航天工程（腾云、飞云、快云、虹云、鸿雁）是由国家为长远发展而统一组织运筹、投资的综合性大型工程，属于基础设施建设项目，这些航天计划将来都是会相互配合运行的。与虹云工程最先配合的是几乎同时发射升空的"鸿雁星座"计划，其将专门为地球上的船舶提供卫星通信服务，组网后还可以为外太空的卫星及空间站提供外太空网络通信服务。行云工程作为中国首个低轨窄带通信卫星星座，致力于打造最终覆盖全球的天基物联网。另外，各类试验卫星也在逐步推进，"天象"试验 1 星、2 星（中电网通一号 A 星、B 星），卫星搭载了国内首个基于 SDN（软件定义网络）的天基路由器，在国内首次实现了基于低轨星间链路的组网传输，并在国内首次构建了基于软件重构功能的开放式验证平台。2021 年 4 月 26 日，总部位于河北省雄安新区的中国卫星网络集团有限公司成立，整合优化国家航天力量，推出了国网星座（GW 星），计划建成一个由 1.3 万颗卫星组成的卫星网络。2024 年 7 月 10 日，由中国联通牵头，联合中国星网等 10 家央企成立了"下一代互联网创新联合体"。我国推出的低轨卫星计划如表 11-7 所示。

表 11-7　我国推出的低轨卫星计划

公司	名称	数量/颗	建设年份、用途，主要参数
中国卫星网络集团	国网星座或 GW 星座	13000	计划 2035 年完成，其中包含两个子星座；GW-A59 子星座，计划发射卫星 6080 颗，分布在 500km 以下极低轨道；GW-A2 子星座，计划发射卫星 6912 颗，分布在 1145km 的近地轨道；构建全球通信网络、提供高速互联网接入服务、支持数字经济发展
上海垣信卫星科技有限公司	千帆星座或 G60 星链	15000	计划 2030 年完成，2024 年发射 108 颗（已有 18 颗在轨），2025 年发射 648 颗，2027 年完成一期 1296 颗卫星组网建设；轨道高度分为 1000km、500km、300km，宽带多媒体
上海蓝箭鸿擎科技有限公司	鸿鹄-3 星座或 Honghu-3	12000	2023 年已经完成鸿鹄号、鸿鹄 2 号实验卫星的发射，宽带卫星互联网
香港航天科技集团	金紫荆星座	112	目前已经发射 12 颗，对地观测空间分辨率为 3m；遥感卫星星座
国电高科	天启星座	38	计划 2024 年完成全部组网计划，目前已经入轨卫星 25 颗。我国首个窄带卫星物联网星座
时空道宇	吉利未来出行星座	168	计划 2025 年完成一期 72 颗卫星入轨，目前在轨卫星 30 颗，集通信、导航、遥感于一体的星座，服务于吉利汽车未来出行生态的低轨卫星星座
零重空间	灵鹊星座	378	计划 2025 年前完成 166 颗卫星的一期组网建设，遥感卫星星座

续表

公司	名称	数量/颗	建设年份、用途、主要参数
国星宇航	星时代星座	192	目前在轨 18 颗，国内首个 AI 星座
长光卫星技术股份有限公司	"吉林一号"星座	138	计划 2030 年完成全部卫星组网，具备 0.5m 超高分辨率，目前在轨 108 颗，累计覆盖面积超过 1.33 亿平方千米，遥感卫星星座
极光星通	极光星座	12	验证不同星间距下宽带星间极光通信，测试星间数据稳定传输能力，为未来组建卫星互联网巨型星座提供数据支持。已经发射极光星座 01/02 星
银河航天（北京）科技有限公司	"银河"（Galaxy）星座	1000	已经发射 8 颗进行组网和服务验证，轨高 550km、1156km；工作于 Ka、Q/V 等频段；宽带卫星互联网

（1）鸿雁星座系统（鸿雁工程）。

2018 年 12 月，长征二号丁运载火箭从酒泉卫星发射中心点火，将 7 名"乘客"送入太空。其中，受到外界高度关注的鸿雁星座首星"重庆号"成功入轨，标志着该星座建设全面启动。鸿雁星座计划由数百颗低轨卫星和全球数据业务处理中心组成，首期投资 200 亿元，是我国首个投资规模最大的国家级商业航天项目。该星座由中国航天科技集团东方红卫星移动通信有限公司负责建设和运营，具有在复杂地形条件下的全球实时通信能力。

"重庆号"是鸿雁星座的试验星，由中国航天科技集团所属深圳航天东方红海特卫星有限公司抓总研制。其采用 CAST5 高性价比微小卫星平台、核心的综合电子系统等，功能密度和性能进一步提高，空间环境适应能力更强，为未来商业航天系统批量化低成本研制奠定了基础。

2018 年年初，中国航天科技集团提出了该计划，力求从"航天强国"和"网络强国"战略、"一带一路"倡议等需求出发，建设具有国际领先水平的全球低轨卫星移动通信与空间互联网系统。鸿雁星座建成后，将开展面向全球的智能终端通信、物联网、移动广播、导航增强、航空航海监视、宽带互联网接入等服务，能向地面固定、手持移动、车载、船载、机载等各类终端提供数据接入和传输，在确保网络信息安全的基础上，实现"沟通连接万物、全球永不失联"。

鸿雁星座首发试验星有效载荷包括通信载荷和导航增强载荷两部分，目前已完成多项在轨载荷试验。未来可开展 Q/V 频段卫星传输试验，并逐步拓展到亚毫米波（太赫兹），这些应用可以大大提高大情报分发和通信传输能力。

（2）天基互联网系统（虹云工程）。

2018 年 12 月，虹云工程首颗实验卫星成功发射入轨，开启了我国低轨网络卫星组网的第一步。虹云工程计划在距离地球表面 1000km 左右的上空布置 156 颗低轨宽带卫星，建设一个能够覆盖全球的无线通信网络，为中国及其他国家提供无线宽带服务。虹云工程是我国集中力量建设的重要天基互联网工程，组网卫星载荷多种先进技术，为我国互联网覆盖及太空开发提供重要技术支撑。目前，虹云工程的首要目的是进行综合性卫星实验，携带各种高科技实验设备，技术含量远远高于星链卫星。根据我国特点，在地面基站已经覆盖的地区无须提供卫星网络宽带，天基互联网只需要对偏远地区进行覆盖服务即可。而且，虹云工程还有一个更加先进的技术，可以施行定向网络信号覆盖。

虹云工程首星（虹云·武汉号）是我国首颗低轨宽带通信技术验证卫星，同时是首次将毫米波相控阵技术应用于低轨宽带通信的卫星，能够利用动态波束实现更加灵活的业务模式。除通信主载荷外，虹云工程首星还承载了光谱测温仪和3S（AIS/ADS-B/DCS）载荷，将实现高层大气温度探测和船舶自动识别系统（AIS）信息、飞机广播式自动相关监视（ADS-B）信息和传感器数据信息采集（DCS），实现通、导、遥的信息一体化，可广泛应用于科学研究、环境、海事、空管等领域。虹云工程旨在构建覆盖全球的低轨宽带通信卫星系统，以天基互联网接入能力为基础，融合低轨导航增强、多样化遥感，实现通、导、遥的信息一体化，构建一个星载宽带全球移动互联网络，实现网络无差别的全球覆盖。

（3）天基物联网系统（行云工程）。

我国首个天基物联网系统被命名为行云工程，将通过构建由80颗低轨窄带通信卫星组成的星座系统，发挥通信卫星"全球覆盖、通信距离远、通信容量大、成本低"等优势，将全球范围内各种信息节点和传感器等智能终端进行有效连接，形成覆盖全球的物联网信息系统。

如果互联网是人与人之间的联网，那么物联网就是物与物之间的联网。天基物联网是对地面物联网的有力补充，能应用于海洋岛屿通信、石油电力监管、农机数据采集与运输、工程机械信息传输等众多行业领域。

行云工程将分三步建设。首先，发射两颗卫星进行技术试验验证和示范应用；其次，构建一个小型的卫星星座；再次，完成80颗卫星的全球组网，在全球范围内为全世界提供天基物联网服务。

（4）空天飞机发展（腾云工程）。

我国正在研制的"空天飞机"被称为腾云工程，是一种可执行航天发射任务并能多次重复使用的新一代天地往返飞行器，能在地面机场水平起飞，理念与"云霄塔"类似。近期，我国已经有了技术上的突破。中国科学院高温气动力国家重点实验室工作人员向媒体透露，其团队正研制的新风洞模拟马赫数可达10~25马赫，试验流场直径为2.5m。中国首创的二级可重复使用的新型空天飞机如图11-31所示。

图11-31 中国首创的二级可重复使用的新型空天飞机

我国正在研制的空天飞行器可以两用：载人时，可用于太空旅游、输送航天员等；货运时，可用于发射各类卫星、空间站货物补给、太空应急救援等。我国的腾云工程即将取得阶段性成果，即完成三步走战略的第一步。腾云工程属于空天往返飞行项目，将突破以组合动力、机体/推进一体化技术为代表的核心技术，建成空天飞行器技术综合研究体系。其中以研制空天往返飞行器为主。在 2017 年的全球航天探索大会上，中国航天科工集团展示"腾云工程"，其主要目标是在 2030 年之前，设计并制造完成中国首架可水平起飞、水平着陆且多次重复使用的空天往返飞行器。起飞方式类似于美国的航天飞机，也就是空天飞机由一级火箭背负升空，但升空两者分离后空天飞机继续上升执行任务，而一级火箭则不是完全抛弃，也不是像"猎鹰九号"那样垂直降落，而是调整角度后像大型飞机那样滑翔降落到加长跑道上，从而实现空天飞机和一级运载火箭均可多次重复利用的目标。换句话说，正常降落的一级火箭在稍加检修后，仅需一天时间就能再次背负第二架空天飞机再次升空，不但成本大幅下降，而且发射密度更大，甚至能够让空天飞机实现航班化。

　　从外形来看，这种以子母机组合的运输往返系统的设计理念比较新颖，其中被扛着的"小飞机"与美国的 X-37B 非常相似。"小飞机"实际上是轨道飞行器，需要下面的空天飞机将其送入轨道，它依靠自己的火箭动力变轨，重返地球的方式与 X-37B 类似，而下面的空天飞机是该两级入轨系统的"主角"。中国新型空天飞机如图 11-32 所示。

图 11-32　中国新型空天飞机

　　相比卫星，空天飞机灵活性高、综合侦察能力更强、实时性更好。而且，空天飞机具备更多的任务执行能力，如可作为侦察监视与预警平台，在太空轨道运行的过程中获取敌方情报；也可作为空间武器发射平台和天基系统的支援平台，用于反卫星作战，包括对敌方卫星进行跟踪和干扰，战时还可以使其失灵或将其击毁。相比只能使用一次的宇宙飞船，以及不完全重复使用的航天飞机，空天飞机最大的技术优势是可以完全重复使用，而且具备经济性高、安全性强等特点。由于空天飞机可以从普通机场起飞，因此还可作为快速远距离运输机，具备全球一小时快速抵达能力，这有利于解放军的快速反应作战能力的提升。

　　相比传统的运输机，空天飞机拥有不可替代的技术优势，由于空天飞机具有较高的飞行轨道和速度，因此几乎可以避免现有防空武器的拦截。

　　参考消息：2024 年 9 月 8 日有新闻报道了标题为"中国可重复使用航天器技术趋成熟"的文章，转载于香港《南华早报》9 月 6 日中的报道，题目为"中国神龙空天飞机结束飞行，标志技术'成熟'"。报道称，中国可重复使用试验航天器，在轨飞行 268 天后，于 9 月 6 日在戈壁沙漠的预定地点着陆。2023 年 5 月，中国可重复使用试验航天器在轨飞行 276 天返回地球。官方媒体称赞，这标志着中国可重复使用航天器技术研究取得重要突破。另据报道，2023 年 12 月 14 日，中国用长征二号 F 运载火箭发射一型可重复使用的试验航天器，这次飞行任务的具体目标和有效载荷等情况尚不清楚。

　　(5) 天象。

　　"天象" 1、2 星由中国电子科技集团牵头研制，是我国首个基于 Ka 频段星间链路的双星组网小卫星系统，也是首个实现传输组网、星间测量、导航增强、对地遥感等功能的综合性低轨卫星。

　　"天象"卫星每颗仅重 65kg，可实现多种功能的快速自如切换，突破了多功能重构的软件技术，构建了一个地面指令、地面上注、卫星软件重加载的开放试验平台。一旦有需要，就可以通过软件来定义新的功能，实现小卫星功能的拓展，或者实现新的功能组合。

"天象"卫星搭载了国内首个适应高动态条件的 SDN 天基路由器，这是"天象"卫星关键的核心技术之一。天基路由器包含路由计算和数据转发两项技术。路由计算非常复杂，耗费资源多，对 CPU（中央处理器）的要求也比较高，对质量甚小的小卫星来说，是一个比较大的负担。SDN 技术的应用，实现了路由计算和数据转发的分离，这样，负责路由计算的控制器就可以从卫星上分离出来，在地面进行，大大减轻了小卫星的负担。

"天象"卫星的另一个核心技术是星间链路的设计。据介绍，"天象"卫星的星间链路采用了高动态的传输体制，通过较高速率的可靠的组网传输，实现各种数据、图片、语音、视频信息在星间、星地传输。通俗地说，两颗"天象"卫星通过星间链路实现信息共享。

天基路由器和星间链路、天基网络控制各负其责，却又密切合作，实现星间组网传输。此次卫星技术验证成果将支撑天地一体化信息网络中的低轨接入网星座建设，提供全天时全天候高精度的应急救灾、航空航海信息服务，面向民众提供全球覆盖、按需服务的移动多媒体信息接入，满足多样化应用需求。

"天象"卫星的相关技术将直接用于低轨接入网的研制建设。低轨卫星由于轨道低，信号衰减小，地面接收信号的终端就可以做得很小，如硬币那么大，甚至更小。这样，通、导、遥一体的低轨接入网有可能为万物互联提供重要的技术基础，将填补我国低轨星座的空白，为我国及"一带一路"沿线国家乃至全球用户，提供天基物联网、天基航空航海监视、移动宽带接入的无死角信息服务。

（6）"吉林一号"高分 02A 星。

"吉林一号"高分 02A 星是由长光卫星技术有限公司自主研发的新型光学遥感卫星。覆盖面积累计达 1.33 亿平方千米。该卫星充分继承了"吉林一号"卫星成熟单机及技术基础，可获取全色分辨率优于 0.75m、多光谱分辨率优于 3m、幅宽大于 40km 的推扫图像，具备高分辨、大幅宽、高定位精度、高速数传等特点。"吉林一号"完成 138 颗卫星组网后，具备对同一区域每天最多 25 次或 27 次的重访能力，可为农业、林业、资源、环境等行业用户提供更加丰富的遥感数据和产品服务。

①综合技术指标先进。

"吉林一号"高分 02A 星采用了长焦距光学双相机共基准装调，结合双频 GNSS 定轨及高精度双星敏定姿技术，实现了高分辨率、大幅宽和高无控定位精度的优化组合。星下点分辨率为 0.75m，幅宽为 40km 的同时，无控定位精度优于 20m。

②具备高速数传能力。

"吉林一号"高分 02A 星每秒可获取约 300 平方千米的亚米级 5 谱段影像数据，通过采用双通道相控阵数传技术，最大数传能力可达到 1.8Gbit/s，极大提高了大幅宽遥感数据的时效性。

由于卫星要围绕地球做圆周运动，所以它不可能每时每刻待在目标头顶，有"过顶时间"，在这段时间内，目标可能逃出"吉林一号"的侦察范围。要解决这个问题，只能发射更多的卫星上天，缩短卫星的"重访"时间，即保证在一段时间内有 2 颗卫星过顶，这样周而复始地进行接力侦察。为此，长光卫星技术股份有限公司计划在 2025 年前发射138 颗"吉林一号"卫星，组成一张覆盖全球的卫星网络，据测算，这样可以在每 10min 内就有一颗卫星"重访"目标上空，而在 10min 内，一般的兵器跑不了太远，依然在侦察范围内。

截至 2024 年 6 月，长光卫星技术股份有限公司已经通过 22 次成功发射，实现了 108 颗"吉林一号"卫星在太阳同步轨道上运行，而未来，在实现 138 颗卫星组网的"小目标"之后，长光卫星技术股份有限公司还将发射更多的"吉林一号"卫星，直到可以做到对地面目标 24 小时不间断的监控。

2024 年 9 月，长光卫星技术股份有限公司对外发布世界首个高清全球年度一张图——"吉林一号"全球一张图。作为中国商业航天发展十年的重要成果、全球数字经济发展的重要基础，"吉林一号"全球一张图可为各行业用户提供全球高清卫星遥感数据及应用服务，助力农林水利、自然资源、金融经济等产业高质量发展。该项成果填补了国际空白，其分辨率、时效性及定位精度等指标均达到国际领先水平。

此次发布的"吉林一号"全球一张图，是从 690 万景"吉林一号"卫星影像中精选出 120 万景影像制作而成的。该成果累计覆盖面积达 1.3 亿平方千米，实现了除南极洲及格陵兰岛外的全球陆地区域亚米级影像全覆盖，具有覆盖范围广、影像分辨率高、色彩还原度高等特点。

习　题

1. 卫星移动通信可以应用到哪些场合？
2. 简述卫星移动通信与卫星通信的关系。
3. 简述卫星移动通信和移动通信的关系。
4. 卫星移动通信系统是如何组成的？各部分作用是什么？卫星移动通信系统的特点有哪些？
5. 卫星移动通信系统的组网形式有哪几种？
6. 卫星移动通信系统中采用星型网络结构和网格型网络结构各有什么优缺点？
7. 选择卫星移动通信工作频段要考虑哪些因素？卫星移动通信系统常用工作频段是什么？
8. 卫星移动通信中呼叫切换有哪些特点？
9. 卫星移动通信中的交换方式主要有哪些类型和特点？
10. 影响非 GSO 卫星波束内业务量变化的主要因素有哪些？
11. 为什么在卫星移动通信系统中移动用户需要进行位置登记？
12. 卫星采用多波束天线对卫星移动通信系统有哪些影响？
13. 在卫星移动通信系统中，有哪些把系统总的信道资源分配到各波束的方法？
14. 什么叫共信道复用距离？
15. 在卫星移动通信系统中，根据切换是否在同一关口站的业务区和是否在同一卫星覆盖的波束之间进行而分哪五类？
16. 在卫星移动通信系统中切换过程一般涉及哪三个有关信号强度的门限？
17. 卫星移动通信系统中典型交换方式有哪几种？空间交换网络中的典型路由选择有哪几种？
18. 典型高轨卫星移动通信系统有哪几个？简要分析其特点。
19. 简要分析美国国防部高级研究计划局（DARPA）发布的"黑杰克"项目中"赌场

老板"（Pit Boss）低轨卫星通信系统的特点与典型军事应用演示计划。

20. 试分析美国太空发展局发布的太空架构（可增殖作战单元空间架构，PWSA）"传输层 0 期"传输层、作战管理层、跟踪层、监管层、导航层、威慑层和支持层的作用与典型军事应用演示计划。

21. 分析美国星链（StarLink）系统的发展、特点与典型军事应用场景。

缩 略 语

AA-TDMA	AdAptive TDMA	自适应 TDMA
ACC	Ack Cram Counter	应答拥塞控制
ACeS	Asia Cellular Satellite system	亚洲蜂窝系统
ACK	ACKnowledgement	确认应答
ADF	Automatic Data Forward	自动数据转发
ADPCM	Adaptive Differential Pulse Code Modulation	自适应差分脉码调制
ADS-B	Automatic Dependent Surveillance-Broadcast	自动相关监视系统（航空器）
AEHF	Advanced Extremely High Frequency	先进极高频系统
AFRL	Air Force Research Laboratory	空军研究实验室
AIS	Automatic Identification System	自动识别系统（船舶）
ALOHA	Additive Links on-Line HAWAI	原意为夏威夷人问候语，后用于表示最早无线计算机网的一种网络协议
AMSS	Aeronautical Mobile Satellite Service	航空卫星移动通信系统
API	Application Programming Interface	应用程序编程接口
AQP	Address Resolution Protocol	地址解析协议
ARCTICSAT	ARCTIC SATellite	"北极"卫星
ARQ	Automatic Repeat reQuest	自动请求重传
ASTP	Advanced Space Technique Plan	先进空间技术计划
ATDM	Adaptive TDM	自适应 TDM
ATDRSS	Advanced Tracking and Data Relay Satellite System	高级跟踪与数据中继卫星系统
ATM	Asynchronous Transfer Mode	异步传输方式
ATSC	Advanced Television Systems Committee	高级电视制式
AWACS	Airborne Warning And Control System	机载警戒与控制系统
AWGN	Additive White Gaussian Noise	加性高斯噪声
BCD	Bursts Channel Demodulator	突发信道解调器
BCU	Broadcast Channel Unit	广播信道单元
BDP	Bandwidth-Delay Product	带宽延时积

BDS	BeiDou Navigation Satellite System	北斗卫星导航系统
BER	Bit Error Rate	误比特率
BMC3	Battle Management Command Control and Communications	作战管理与指挥控制通信系统
BNC	Coaxial Cable Connector	N 型连接器
BPSK	Binary Phase Shift Keying	二进制相移键控
C-ALOHA	Captured-ALOHA	捕获效应 ALOHA
CAN	Controller Area Network	控制器局域网络
CATV	Community Antenna Television	有线电视网
CCE	Control Channel Device	控制信道设备
CCSDS	Consultative Committee for Space Data Systems	空间数据系统咨询委员会
CCU	Control Channel Unit	控制信道单元
CDL	Common Data Link	通用数据链
CDMA	Code Division Multiple Access	码分多址接入
CELP	Codebook Excited Liner Predictive	码激励线性预测编码
CES	Central Earth Station	地面中心站核心网
C4ISR	Command, Control, Communication, Computer, Intelligence, Surveillance and Reconnaissance	指挥、控制、通信、计算机、情报、监视与侦察
C/N	Carrier/Noise (carrier-to-noise ratio)	载波/噪声（载波噪声比）
CN	Core Network	核心网
CNR	Carrier Noise Ratio	载噪比
CO	Central Office	电话交换局
CO	Circular Polarization	圆极化
C2P	Command and Control Processor	指控处理器
CRC	Cyclical Redundancy Check	循环冗余校验
CSMA/CA	Carrier Sense Multiple Access With Collision Detection	带碰撞检测的载波侦听多点接入
CU	Channel Unit	信道单元
CWND	Congestion Window	拥塞窗口
DAASS	Delayed Acks After Slow Start	延迟应答
DAM	Direct Memory Access	直接访问存储器
DAMA	Demand Assigned Multiple Access	按需分配多址
DARPA	Defense Advanced Research Projects Agency	美国国防部高级研究计划局
DAP	Demand Assignment process	按需分配处理器
DBS	Direct Broadcast Satellite	直播卫星

DBMS	Database Management System	数据库管理系统
DC	Downlink Convertor	下变频器
DCE	Circuit Convertor Equipment	数据线路端接设备（数据通信设备）
DCS	Data Communication System	数据通信系统
DCU	Data Channel Unit	数据信道单元
DLPS	Data Link Processor System	数据链处理器系统
DPC	Data Port Cluster	数据端口群
DS	Direct-Sequence	直接序列扩频
DSCS	Defense Satellite Communication System	国防卫星通信系统
DSI	Digital Sound Interpolation	数字话音内插
DSL	Digital Subscriber Line	数字用户线
DSP	Digital Signal Processor	数字信号处理器
DSP	Defense Support Program	美国国防支援计划
DTH	Direct-To-Home	直接到户
DTH TV	Direct-To-Home Television	直接到户电视
DTMF	Dual Tone Multifrequency	双音多频
DVB	Digital Video Broadcasting	数字视频广播
DVB-C	Digital Video Broadcasting-Cable	数字有线电视广播
DVB-S	Digital Video Broadcasting-Satellite	卫星数字视频广播
DVB-T	Digital Video Broadcasting-Terrestrial	陆地数字视频广播
EARC	Extraordinary Administrative Radio Conference	临时世界无线电行政会议
ECN	Explicit Congestion Notification	显式拥塞通告
EEPROM	Electrically Erasable Programmable Read-only Memory	电可擦除可编程只读存储器
EHF	Extremely High Frequency	极高频
EIRP	Equivalent Isotropically Radiated Power	等效全向辐射功率
E&M	Ear and Mouth	E/M 信令
ESA	Electronically Steerable Array	电控阵列
FACK	Forward Acknowledgement	前向应答
FCC	Federal Communications Commission	联邦通信委员会
FDMA	Frequency Division Multiple Access	频分多址接入
FEC	Forward Error Correction	前向纠错
FH	Frequency Hop	跳频扩频
FNC3	Fully Networked Command Communication Control	全网络化指挥控制
FPGA	Field Programmable Gate Array	现场可编程门阵列

FSS	Fixed Satellite Service	固定卫星业务
FTP	File Transfer Protocol	文件传输协议
GA	Gateway	关口站
GEO	Geostationary Earth Orbit	静止地球轨道
GEOScan	Geosean Global Meteorology and HYdrology	全球气象水文
GIS	Geographic Information System	地理信息系统
GNSS	Global Navigation Satellite System	全球导航卫星系统
GPS	Global Positioning System	全球定位系统
GSM	Global System for Mobile Communication	全球移动通信系统
GSO	Geosynchronous Earth Orbit	同步地球轨道
HDTV	High Definition Television	高清晰度电视
HDLC	High-level Data Link Control	高级数据链路控制
HEO	Highly Elliptical Orbit	高椭圆轨道
HES	Hybrid Earth Station	混合地球站
HP	Horizontal Polarization	水平极化
HPA	High-Power Amplifier	高功率放大器
IAB	Internet Architecture Board	互联网架构委员会
IBS	Integrated Broadcasting System	综合广播系统
ICC	Inbound Control Channel	反向控制信道
ICMP	Internet Control Message Protocol	Internet 控制报文协议
IDU	Indoor Unit	室内单元
IE	Internet Explorer	因特网浏览器
IEEE	Institute of Electrical and Electronics Engineers	电气和电子工程师协会
IF	Intermediate Frequency	中频
IFL	Interfacility Link	室内外设备互连链路
IFM	Interfacility Module	中频模块
IGSO	Inclined Geosynchronous Satellite Orbit	倾斜地球同步轨道
INMARSAT	International Maritime Satellite	国际海事卫星组织
IP	Internet Protocol	因特网协议
IPX	Internetwork Packet Exchange	网间数据包交换
IS	International Satellite	国际卫星
ISBN	Integrated Satellite Business Network	综合卫星商用网
ISDB	Integrated Satellite Digital Broadcasting	综合业务数字广播
ISDN	Integrated Service Digital Network	综合业务数字网
ISL	Inter-Satellite Link	星间链路
ISO	International Standards Organization	国际标准化组织

IT	Information Technology	信息技术
ITU	International Telecommunications Union	国际电信联盟
JADC2	Joint All-Domain Command and Control	联合全域指挥与控制
JTIDS	Joint Tactical Information Distribution System	联合战术信息分配系统
JPL	Jet Propulsion Laboratory	喷气推进实验室
JRE	Joint Range Extension	联合范围扩展
JREAP	Joint Range Extension Application Protocol	联合范围扩展应用协议
JU	JTIDS Unit	JTIDS 单元
KDC	Key Distribution Center	密钥分发管理中心
KDE	Key Distribution Equipment	密钥分发密码机
KPI	Key Performance Indicator	关键性能参数
LAN	Local Area Network	局域网
LAP	Link Access Procedure	链路接入规程
LAPB	Link Access Procedure（Balanced）	平衡型链路接入规程
LA-TDMA	Load Adaptive TDMA	负载自适应 TDMA
LCU	Loopback Channel Unit	环回信道单元
LDPC	Low Density Parity Check	低密度校验码
LEO	Low Earth Orbit	低地球轨道
LHCP	Left Hand Circular Polarization	左旋圆极化
LMSS	Land Mobile Satellite System	陆地移动卫星系统
LNA	Low-Noise Amplifier	低噪声放大器
LNC	Loopback Channel Unit	低噪声变频器
LO	Local Oscillator	本地振荡器
MAC	Media Access Control	媒体访问控制
M&C	Monitor and Control	监视和控制
MACSAT	MAC Satellite	多址通信卫星
MBA	Multiple Beam Antenna	多波束天线
MC-TDMA	Multiple Carrier TDMA	多载波 TDMA
MCPC	Multiple-Channel Per Carrier	多路单载波
MCU	Monitor Channel Unit	监视信道单元
MDR	Multichannel Data Recorder	多路数据记录器
MEO	Medium Earth Orbit	中地球轨道
MF-TDMA	Multiple-Frequency TDMA	多频时分多址
MIB	Message Interchange Bus	报文交换总线
MIB	Management Information Bank	管理信息库
MICROSAT	Microsoft Satellite	微型卫星

MIDS	Multifunction Information Distribution System	多功能信息分发系统
MILSTAR	Military Satellite	军事卫星通信系统
MMA	Microwave Modem Assembly	微波调制解调器组件
MMB	Master Message Bus	主站报文总线
MMSS	Marine Mobile Satellite System	海事卫星移动通信系统
MP-CDL	Multi-Platform Common Data link	多平台通用数据链
MPEG	Moving Picture Experts Group	移动图像专家组
MSS	Mobile Satellite Service	卫星移动业务
MUOS	Mobile User Objective System	移动用户目标系统
NASA	National Aeronautics and Space Administration	（美国）国家航空航天局
NCC	Network Control Center	网络控制中心
NCI	Network Configuration Identification	网络配置标识符
NCIDPF	Network Control Initialize Data Preparation Facility	网络控制初始化数据准备设备
NCP	Network Control Processor	网络控制处理器
NCS	Network Control System	网络控制系统
NCT	Network Control Terminal	网络控制终端
NG-OPIR	Next-Generation Overhead Persistent Infrared	下一代过顶持续红外
NIP	Network Implementation Plan	网络实现计划
NMS	Network Management Station	网络管理站
NOC	Network Operating Center	网络操作中心
NOC	Network Operator Console（IllumiNET）	网络操作员控制台
NRI	Network Reference Indicator	网络参考指示器
NSP	Network Service Processor	网络服务处理器
NT	Network Terminal	网络终端
NTC	Network Terminal Computer	网络终端计算机
NVRAM	Nonvolatile Random Access Memory	非易失性随机存储器
OAM	Operation And Maintenance	操作和维护
OBP	On-Board Processing	星上处理
OBR	On-Board Routing	星上路由
OBS	On-Board Switching	星上交换
OCC	Outbound Control Channel	前向控制信道
ODLC	Optimum Data Link Controller	最佳数据链路控制
ODU	Out door Unit	室外单元
OFDM	Orthogonal Frequency Division Multiplexing	正交频分多路复用

OFT	the full name of the Office of Force Transformation at the US DepartmentofDefense	美国国防部部队转型办公室
ORS	Operational Response Space	作战响应空间
OSI	Open System Interconnection	开放系统互联
OSPF	Open Shortest Path First	开放式最短路径优先
OTM	OperaTor Message	操作员消息
PABX	Private Automatic Branch Exchange	用户自动交换机
PAD	Packet Assembler/Disassembler	分组装/拆
P-ALOHA	Pure-ALOHA	纯 ALOHA
PAMA	Pre-Assigned Multiple Access	预分配多址
PBX	Private Branch Exchange	用户交换机
PCM	Pulse Code Modulation	脉码调制
PCS	Personal Communication Service	个人通信服务
PES	Personal Earth Station	个人地球站（休斯公司）
PLC	Port Level Conversion Module	端口电平转换模块
PLL	Phase Locked Loop	锁相环
PLMN	Public Land Mobile Network	公共地面移动网
P2P	Point to Point	点对点
PPLI	Precise Participant Location and Identification	参与者精确定位与识别
PSK	Phase Shift Keying	相移键控
PSTN	Public Switched Telephone Network	公共交换电话网
PVC	Permanent Virtual Circuit	永久虚电路
PWSA	Prolifated Warfighter Space Architecture	可扩展作战单元空间架构
QoS	Quality of Service	服务质量
QPSK	Quadri-Phase Shift Keying	四相相移键控
RA	Random Access	随机多址
R-ALOHA	Reserved ALOHA	预约 ALOHA
RAM	Random Access Memory	随机访问存储器
RAN	Radio Access Network	无线接入网络
RDPC	Remote Data Port Module	远端站数据端口板
RELP	Residual Excited Linear Predictive	残余激励线性预测编码器
RES	Reserved Slot	预约时槽
RF	Radio Frequency	射频
RFM	Radio Frequency Module	射频模块
RFT	Radio Frequency Terminal	射频终端
RHCP	Right Hand Circular Polarization	右旋圆极化

RIP	Routing Lnformation Protocol	路由信息协议
RIP	Real-time TransPort Protocol	实时传输协议
ROM	Read-only Memory	只读存储器
RTD	Round Trip Delay	往返时延
SACK	Selective ACKnowledgment	选择性确认
S-ALOHA	Slot-ALOHA	时隙 ALOHA
SAR	Synthetic Aperture Radar	合成孔径雷达
SATLink-16	Satellite Link-16	16 号卫星数据链
SB	Signal Battery	信号电池
SBIRS	Space-Based Infrared System	天基红外系统
SCC	Satellite Control Center	卫星控制中心
SCDL	Surveillance & Control Data Link	监视与控制数据链
SCF	Satellite Control Facility	卫星控制设备
SCP	System Control Processor	系统控制处理器
SCPC	Single Channel Per Carrier	单路单载波
SCPS-TP	Space Communication Protocol Standard -Transmission Protocol	空间通信协议标准—传输协议
SDA	Space Development Agency	美国太空发展局
SDLC	Synchronous Data Link Control	同步数据链路控制
SDH	Synchronous Digital Hierarchy	同步数字体系
SDMA	Space Division Multiple Access	空分多址接入
SDN	Software Defined Networking	软件定义网络
SDTV	Standard Definition Television	标准清晰度电视
SG	Signal Ground	信号地
SHF	Super High Frequency	超高频
SIC	System Interface Cluster	系统接口群
SIPRNET	Secret Internet Protocol Routing Network	机密互联协议路由网
SLEP	Service Life Extension Program	寿命延长计划
SMC	Short Message Client	短消息客户端
SMI	Structure of Management Information	管理信息结构
SMS	Short Message Service	短消息服务
SMTP	Simple Mail Transport Protocol	简单邮件传输协议
SNA	System Network Architecture	系统网络结构
SNDF	STDL Network Design Function	STDL 网络设计功能
SNMP	Simple Network Management Protocol	简单网络管理协议
SOC	System Operator Control	系统操作员控制台

SPA	Satellite Plan Agency	卫星计划局
SPF	Shortest Pcoth First	最短路径优先
SPX	Sequenced Packet Exchange Protocol	序列分组交换协议
SREJ-ALOHA	Selected Reject-ALOHA	选择拒绝 ALOHA
SS-FDMA	Satellite-Switched FDMA	卫星交换 FDMA
SSPA	Solid State Power Amplifier	固态功率放大器
SS-TDMA	Satellite-Switched TDMA	卫星交换 TDMA
S-TADIL J	Satellite-Tactical Digital Information Link J	卫星战术数字情报链 J
STDL	Satellite Tactical Data Link	卫星战术数据链
STGC	Satellite TADIL Gateway Controller	卫星 TADIL 网关控制器
STGU	Satellite TADIL Gateway Unit	卫星 TADIL 网关单元
STM	STDL Message	卫星战术数据链消息
STP	Satellite Transport Protocol	卫星传输协议
TADIL	Tactical Digital Information Link	战术数字情报链
TARS	Tactical Aviation Reconnaissance System	战术航空侦察系统
TCDL	Tactical Common Data Link	战术通用数据链
TCP	Transmission Control Protocol	传输控制协议
TCP	Traffec Control Process	业务控制处理器
TDM	Time Division Multiplexing	时分复用
TDMA	Time Division Multiple Access	时分多址接入
TDRSS	Tracking and Data Relay Satellite System	跟踪与数据中继卫星通信系统
TES	Telemetering Evaluation Station	遥测结果计算站
TES	Telephony Earth Station	电话地球站（休斯公司）
TGS	Tactical Ground Station	战术地球站
TIE	Terminal Interface Equipment	地球站接口设备
TIGDL	Tactical Interoperable Ground Data Link	战术互操作陆基数据链
TMIB	Traffec Message Interchange Bus	业务报文交换总线
TSAT	Transformational Communications Satellite	转型卫星通信系统
TSL	Time Slot List	时隙表
TT&C	Tracking, Telemetry and Command Station	跟踪、遥测和指令站
TWTA	Travelling Wave Tube Amplifier	行波管放大器
TX	Transmit	发送
UART	Universal Asynchronous Receiver and Transmitter	通用异步接收与发送电路
UC	Uplink Converter	上变频器
UDP	User Datagram Protocol	用户数据报协议

UFO	UHF Following	特高频后继星
UHF	Ultra High Frequency	超高频
UKMSCS	UK Military Satellite Communications Systems	英国军用卫星通信系统
ULP	Up Layer Protocol	上层协议
UM	Universal Modem	通用调制解调器
UMIB	Utility Message Interchange Bus	应用报文交换总线
UPS	Uninterrupted Power Supply	不间断电源
USAT	Ultra Small Aperture Terminal	极小口径终端
UT	Universal Time	世界时
UW	Unique Word	独特码
VCU	Voice Channel Unit	话音信道单元
VHF	Very High Frequency	甚高频
VMOC	Virtual Mission Operating Center	虚拟任务控制中心
VOC	Virtual Operator Control	虚拟操作员控制台
VOX	Voice Activation	话音激活
VP	Vertical Polarization	垂直极化
VSAT	Very Small Aperture Terminal	甚小口径终端
WAN	Wide Area Network	广域网
WARC	World Administrative Radio Committee	世界无线电行政会议
WCDMA	Wideband Code Division Multiple Access	宽带码分多址接入
WGS	Wideband Global Satcom	宽带全球卫星通信系统
WRC	World Radio Conference	世界无线电通信大会
XID	Exchange Identification	交换识别

参 考 文 献

[1]　吕海寰，蔡剑铭，甘仲民，等. 卫星通信系统 [M]. 北京：人民邮电出版社，1996.

[2]　朱立东，吴廷勇，卓永宁. 卫星通信导论 [M]. 北京：电子工业出版社，2015.

[3]　张更新，张航. 卫星移动通信系统 [M]. 北京：人民邮电出版社，2001.

[4]　孙晨华，张亚生，何辞，等. 计算机网络与卫星通信网络融合技术 [M]. 北京：国防工业出版社，2016.

[5]　张军. 天基移动通信网 [M]. 北京：国防工业出版社，2011.

[6]　李建东，盛敏，李红艳. 通信网基础 [M]. 北京：高等教育出版社，2021.

[7]　孙晨华，李辉，张方明，等. MF-TDMA 宽带卫星通信网络 [M]. 北京：电子工业出版社，2021.

[8]　谢希仁. 计算机网络 [M]. 7 版. 北京：电子工业出版社，2007.

[9]　骆光明，杨斌，邱致和，等. 数据链 [M]. 北京：国防工业出版社，2008.

[10]　闵士权. 卫星通信系统——工程设计与应用 [M]. 北京：电子工业出版社，2015.

[11]　王伟，梁俊，肖楠. 多层卫星通信网络结构设计与星际链路分析 [J]. 电视技术，2011 (23)：114.

[12]　肖楠，梁俊，张基伟. 多层卫星通信网络结构设计与分析 [J]. 现代防御技术，2012 (3)：104-105.

[13]　李昀翰，马建鹏，何熊文，等. 多层卫星网络动态接入技术 [J]. 天地一体化信息网络，2022 (1)：36.

[14]　郭子桢，梁俊，肖楠，等. 软件定义卫星网络多控制器可靠部署算法 [J]. 西安交通大学学报，2021 (2)：159.

[15]　《当代中国》丛书编委会. 当代中国的航天事业 [M]. 北京：中国社会科学出版社，1986.

[16]　张军. 天基移动通信网 [M]. 北京：国防工业出版社，2011.

[17]　张雅声，冯飞. 卫星星座轨道设计方法 [M]. 北京：国防工业出版社，2019.

[18]　张世显. 成像侦察卫星组网关键技术研究 [D]. 西安：空军工程大学，2019.

[19]　张振浩. 基于 GEO/LEO 卫星网络的自治性路由技术研究 [D]. 西安：空军工程大学，2010.

[20]　张育林，范丽，张艳，等. 卫星星座理论与设计 [M]. 北京：科学出版社，2009.

[21]　杨知行. 数字微波接力信道与电路 [M]. 北京：人民邮电出版社，1988.

[22]　陈豪、胡光锐，邱乐德，等. 卫星通信与数字信号处理 [M]. 上海：上海交通出版社，2011.

[23]　李晖，王萍，陈敏. 卫星通信与卫星网络 [D]. 西安：西安电子科技大学，2018.

[24]　石文孝. 通信网理论与应用 [M]. 北京：电子工业出版社，2016.

[25]　肖楠. 星地混合认知无线网络频谱感知与动态资源分配技术研究 [D]. 西安：空军工程大学，2016.

[26]　朱巍. 基于网络编码的卫星接入与分发技术研究 [D]. 西安：空军工程大学，2016.

[27]　张振浩. 面向远程作战的空天网络组网关键技术研究 [D]. 西安：空军工程大学，2017.

[28]　谷代平，朱人杰，黄炎，等. DTN 协议栈的研究及网关设计 [J]. 数字通信世界，2019 (02)：84-86.

［29］ 孙玉. 电信网络总体概念讨论［M］. 北京：人民邮电出版社，2007.

［30］ 王俊峰，孙富春，李磊. 空间信息网络组网技术［M］. 北京：科学出版社，2014.

［31］ 杨运年. VSAT 卫星通信网［M］. 北京：人民邮电出版社，1997.

［32］ 梁俊，林东东，陶孝锋，等. 基于作战响应空间的美军天基 CDL 研发进展与启示［J］. 空军工程大学（军事科学版），2017，17（4）：29-33.

［33］ 梁俊，罗永强，黄国策，等. 数据链技术与应用［M］. 西安：空军工程大学，2018.

［34］ 苗青，蒋照菁，王闯. 下一代铱系统发展现状与分析［J］. 产业观察，2019（07）：21-24.

［35］ 梁俊，胡猛，管桦，等. 空间骨干网络体系架构与关键技术研究［J］. 空军工程大学（自然科学版），2016（17）：52－58.